2025年度 受験用

栃木県 公立高等学校

⑥年間 スーパー過去問

JN023081

年　度	収　録　内　容	別　冊
2024	英語・数学・社会・理科・国語・解説	解答用紙
2023	英語・数学・社会・理科・国語・解説	解答用紙
2022	英語・数学・社会・理科・国語・解説	解答用紙
2021	英語・数学・社会・理科・国語・解説	解答用紙
2020	英語・数学・社会・理科・国語・解説	解答用紙
2019	英語・数学・社会・理科・国語・解説	解答用紙

イワニチで学ぶ。

IWANICH

日大進学コース（6時間型）

充実した高校生活を送りながら
日本大学を中心とした大学進学を目標とする

特別進学コース（7時間型）

少人数体制で国公立大学・
難関私立大学への現役合格を目標とする

県内屈指の
現役大学
進学率!!

85.1%

就職・その他 3名
短期大学部 2名
専門学校 20名
国公立大学・他私立大学 28名

卒業生 168名

日本大学 115名

（2023年度卒業生）

大学合格実績
2015年度～2024年度（過去10年間）

国公立大学　133名
筑波大学・茨城大学・宇都宮大学・群馬大学・埼玉大学
北海道大学・岩手大学・新潟大学 等

日本大学　1023名
日本大学進学者 1023名

他私立大学　1066名
早稲田大学・上智大学・青山学院大学・学習院大学
中央大学・明治大学・立教大学・法政大学 等
※ 在籍者 日大進学コース1503名
　　　　　特別進学コース 308名

夏のオープンスクール	**7/20**(土) **7/21**(日) **8/3**(土) **8/4**(日) **8/5**(月)

● 学校紹介，校内見学，ミニ講座，個別相談など

秋の入試説明会	**10/20**(日) **10/27**(日) **11/10**(日)

● 学校紹介，募集要項説明，ミニ講座，個別相談など

夏の部活動体験	**8/18**(日) **8/24**(土) **8/25**(日)

部活動の記録（2023年度）

・卓球部 インターハイ出場
・ソフトテニス部 インターハイ出場
・女子硬式野球部 全国大会出場
・ライフル射撃部 全国大会出場
・ソーシャルメディア部 全国大会出場

※詳細については，学校までお問い合わせください。

 岩瀬日本大学高等学校

〒309-1453　茨城県桜川市友部1739
【入試広報室直通】TEL：0296(75)6467　FAX：0296(76)2662
URL▶https://www.tng.ac.jp/iwase/　e-mail▶iwanyu@tng.ac.jp

合格のための 入試レーダー 栃木県

2024年度入試はどう行われたか(全日制)

●一般選抜 実施要綱
(出願から合格発表まで)
→特色はP.2へ

1回だけ，変更ができる

学力検査は5教科

---

① 志願資格

(1)中学校を卒業した者または2024年3月卒業見込みの者。

(2)外国において，学校教育における9年の課程を修了した者など。

② 通学区域

県内どこからでも，全ての県立高校に志願できる。

③ 出願手続

(1)原則として，1校1学科(系・科)に限り出願する。ただし，農業・工業・商業に関する学科を志願する場合は，同一校のそれぞれの学科のうち異なる系・科を第3志望まで出願することができる。

(2)小山高等学校の数理科学科，小山南高等学校のスポーツ科を第1志望とする者は，同一校の普通科を第2志望として出願できる。

願書提出期間：2月20日(火)及び2月21日(水)正午まで

手続：必要書類を，中学校長を経て志願先高等学校長に提出する。

④ 出願変更

入学志願者は，1回に限り，出願先高等学校または志望の系・科を変更することができる。なお，第2・3志望だけの変更もできる。

変更期間：2月26日(月)及び2月27日(火)正午まで

⑤ 学力検査

期日：3月6日(水)　集合　午前8時40分

教科：国語，社会，数学，理科，英語

学力検査時間割：

時　　間	9：25～10：15	10：40～11：30	11：55～12：45	13：40～14：30	14：55～15：45
教　科	国　語	社　　会	数　学	理　科	英　語

配点：各教科100点(教科内配点は学校・学科により基準の配点を基に増減可)。
　　　ただし，小山高等学校の数理科学科は数学の得点を1.5倍する。

会場：出願先高等学校

英語リスニングテストの音声について　※コードの使用期限以降は音声が予告なく削除される場合がございます。あらかじめご了承ください。

リスニングテストの音声は，下記アクセスコード(ユーザー名／パスワード)により当社ホームページ(https://www.koenokyoikusha.co.jp/pages/cddata/listening)で聞くことができます。(当社による録音です)

〈アクセスコード〉ユーザー名：koe　パスワード：24511　使用期限：2025年3月末日

6 面接等

学校・学科によって面接を実施するところもある。

期日：3月6日(水)の学力検査終了後または3月7日(木)

なお、小山南高等学校スポーツ科では、3月7日(木)に実技検査を行う。

7 選抜の方法

(1)入学者の選抜は、調査書、学力検査の成績、面接及び実技検査を行った場合
　はその結果等を資料として総合的に行うものとする。

(2)学力検査と調査書との比重の置き方については、決められた範囲内で、各学
　校・学科(系・科)ごとに定めるものとする。

8 合格者の発表

期日：3月12日(火)　午前10時

●特色選抜

1 募　集

(1)志願資格

　保護者とともに県内に居住し、志願する高等学校が示す資格要件を満たす者。

(2)募集定員

　県教育委員会が公示する当該学校・学科(系・科)の定員の30％程度を上限と
　する範囲で、各学校・学科(系・科)ごとに定めるものとする。ただし、小山
　南高等学校のスポーツ科は50％程度とする。

志願理由書等

2 願書提出

願書提出期間：1月31日(水)及び2月1日(木)　正午まで

手続：必要書類を、中学校長を経て志願先高等学校長に提出する。

3 面接等

期日：2月7日(水)及び2月8日(木)　集合　午前8時40分

なお、面接の日に作文、小論文または学校独自検査を課す学校もある。

4 合格内定者の通知

期日：2月14日(水)　中学校長あてに通知

5 一般選抜への出願

特色選抜の不合格者は、入学考査料の再納付はせずに一般選抜に出願できる。

●海外帰国者
・外国人等
の特別措置

A．海外特別選抜

1 実施校

全ての学校・学科(系・科)とする。

2 志願資格

一般選抜の志願資格を満たし、次のア、イに該当する者。

ア．外国における在住期間が原則として継続して2年以上で、帰国後2年以内
　の者とする。ただし、外国における在住期間が長期にわたる者については帰
　国後3年以内、外国人等については入国後3年以内の場合は、その事情によ

っては，高等学校長の判断によって志願資格を認定することができる。
　イ．保護者が県内に居住しているか，当該年の入学式の行われる日の前日までに居住予定であること。
　　　ただし，保護者が引続き海外に居住する場合は，県内に保護者に代わる身元引受人がいる場合に限る。

③ 出　願
　期日：1月31日(水)及び2月1日(木)　正午まで

④ 面接等
　面接を行う。加えて学校により，学校独自検査及び作文を実施する場合がある。
　期日：2月7日(水)　　集合時刻は各学校より通知される。

⑤ 合格内定者の通知
　期日：2月14日(水)
　海外特別選抜で不合格となった者は，一般選抜の学力検査または海外特別措置を志願することができる。

B．海外特別措置
① 志願資格・検査日程
　志願資格は前記Aに，検査日程は一般選抜の学力検査に準ずる。

② 特別措置の内容
　国語，数学，英語，作文，面接とする。ただし，学力検査の問題・検査時間は一般選抜と同じである。海外特別選抜と同一の学校・学科(系・科)に出願している受検者は面接及び作文(海外特別選抜で作文を実施した場合)を免除する。

栃木県公立高校　2025年度入試全日程(予定)

願書等提出	出願変更	学力検査	合格者発表
2月19日(水) 20日(木)	2月25日(火) 26日(水)	3月6日(木) ※学校により面接，実技	3月12日(水)

●特色選抜の日程は，願書等提出が1月30日(木)～31日(金)，面接等が2月6日(木)～7日(金)(ただし，一日で行う学校は2月6日)，合格者内定通知が2月13日(木)の予定。
詳しくは今後の県教育委員会の発表をお待ちください。

英語 出題傾向と対策

●出題のねらい

　英語の出題のねらいは、「聞く・話す・読む・書く」の各領域にわたって、中学で学ぶ基礎的・基本的事項の習熟度を見る、というもの。具体的には、①基本的な語句や文法事項を理解しているか、②日常的な対話を聞いて、要点を把握できるか、③状況に応じて、日常的な事柄を英語で表現できるか、④自分の考えていることを英語で表現できるか、⑤まとまりのある英文を読んで、話の流れや要点を把握できるか、などを見ている。全体に、知識を生かして考え、判断し、表現する能力を重視しており、解答方法は半数が記述式。

●何が出題されたか

　大問5題で構成されている。①は放送問題。英文を聞いて要旨を把握する問題である。②は適切な語句を選ぶ問題、整序結合問題と条件作文。基礎的な文法事項や語形変化、およびEメールを読んでその流れに合う英文をつくる問題が出題されている。③〜⑤は長文読解総合問題で、課題文は説明文、物語、対話文である。設問の内容は、指示語の理解を問うもの、本文の内容を日本語でまとめるもの、本文の内容に合う英文を選ぶものなど、文脈や要旨が把握できているかを問う読解力を見るものがほとんどである。全般的に、記述式解答の占める割合が高い。しかも、単語で答えるものや抜き書きではなく、自分で考えて自分の言葉で答えるものが多い。英語だけでなく日本語でも、文をつくる力が必要とされる。

〈英語出題分野一覧表〉

分野		2021	2022	2023	2024	2025予想※
音声	放送問題	★	■	★	★	◎
	単語の発音・アクセント					
	文の区切り・強勢・抑揚					
語彙・文法	単語の意味・綴り・関連知識					
	適語(句)選択・補充					
	書き換え・同意文完成					
	語形変化		●	●	●	◎
	用法選択					
	正誤問題・誤文訂正					
	その他					
作文	整序結合	●	●	●	●	◎
	日本語英訳　適語(句)・適文選択					
	日本語英訳　部分・完全記述					
	条件作文				●	◎
	テーマ作文	●	●	●		△
会話文	適文選択					
	適語(句)選択・補充					
	その他					
長文読解	内容把握　主題・表題		●			△
	内容把握　内容真偽	●	●	●	●	◎
	内容把握　内容一致・要約文完成	●		●		△
	内容把握　文脈・要旨把握	●		●		△
	内容把握　英問英答	●			●	◎
	適語(句)選択・補充	★	★	★	★	◎
	適文選択・補充			●	●	△
	文(章)整序			●		△
	英文・語句解釈(指示語など)	●	●	●	●	◎
	その他(適所選択)					

●印：1〜5問出題、■印：6〜10問出題、★印：11問以上出題。
※予想欄　◎印：出題されると思われるもの。　△印：出題されるかもしれないもの。

●はたして来年は何が出るか

　記述式の問題が多く出されることは、来年度以降も変わらないであろう。自分で考えて、自分の言葉で答える問題が多く出されていると、難しく感じるかもしれない。しかし、解答するうえでポイントとなる語句や文法事項は基本的なものばかり。この点は例年変わらず、根本的には平素の学習で十分対応できる問題にしてある。問題構成は、来年度も本年度に準じたものになると見てよい。読解問題は3題あるのが常で、対話文・物語・説明文などさまざまな文章が使われる。表現力の問題では、引き続き条件作文や自分の考えを自由に述べる作文が出題されるだろう。また、近年の特徴として、会話表現の出題が多くなっている。

●どんな準備をすればよいか

　語学学習は基礎からの積み重ねと、実際に何度も使うことが大切だ。したがって、基礎固めとして、中1の教科書から順に丹念に復習し直すことから始めよう。単語の綴りや文法事項を確かめながら、教科書を何度も音読する。基本的な英文に慣れることこそ、速読速解力を養う重要な第一歩だ。さらに読解力を高めるには、副読本や読解問題集でさまざまな英文を読むこと。短めで平易な内容の文章から始め、徐々にレベルアップしていこう。その過程で、知らない表現が出ていても、前後の文脈から意味を判断する力を養うとよい。また、作文問題に備え、基本的な表現を応用して、自分の身近な事柄(例えば、趣味や将来の夢など)を書く練習をしておこう。文章内容や表現は簡単なものでよい。肝心なのは、積極的に英語で表現しようとする心構えだ。リスニングについては、継続して英語の発音に耳を慣らしておく必要がある。教科書用の教材でもよいが、ラジオやテレビの初級レベルの英会話講座を利用すれば、会話表現の習得にも役立つ。

数学 出題傾向と対策

●出題のねらい

例年同様，学習指導要領に基づき，中学校３年間で学習する広い領域からの偏りのない出題により，数学の全般的な力を見る，というのが出題のねらいである。基礎的・基本的事項についての知識，理解，処理技能を見ることはもちろん，解答だけでなく，式や途中の計算を書かせることにより，解答に至るまでの論理的な思考力や判断力，表現力を見ることができるように，出題の工夫がなされている。日常の学習で十分解答できるように配慮しながらも，論述形式の問題を重視する，という方針がうかがえる。

●何が出題されたか

2024年度の出題構成は，大問が６題，総設問数が28問である。

①は各分野からの基礎事項を問うもので，数と式，図形などから計８問。②は数の性質，方程式の応用，文字式を利用した説明など。③は平面図形から４問。作図，証明問題と，計量題２問。証明問題は，２つの三角形が合同であることを示すもの。④はデータの活用，場合の数・確率から計４問。データの活用は，適切な箱ひげ図を選ぶものなどが出題されている。場合の数・確率は，数字が書かれた玉を利用した問題。⑤は関数で，放物線と直線に関するものと，図形が移動したときの，時間と２つの図形が重なっている部分の面積の関係について問うもの。⑥は数と式から，数量を求めるものと文字式を利用した問題。

〈数学出題分野一覧表〉

分野	年度	2021	2022	2023	2024	2025予想※
数と式	数・式の計算, 因数分解	★	★	★	★	◎
	数の性質, 数の表し方	●	●		■	◎
	文字式の利用, 等式変形	■		■	●	◎
	方程式の解法	●	●	●	●	◎
	方程式の解の利用		●			△
	方程式の応用	●	●	●	●	◎
関数	比例・反比例, 一次関数	■	●	●	●	◎
	関数 $y=ax^2$					◎
	関数 $y=ax^2$ とその他の関数	●	★	★	★	◎
	関数の利用, 図形の移動と関数など	★	★	★	★	◎
図形	（平面）計量	★	■	■	★	◎
	（平面）証明, 作図	■	■	■	●	◎
	（平面）その他	●	●			
	（空間）計量	●	■	■	●	◎
	（空間）頂点・辺・面, 展開図				●	△
	（空間）その他					
データの活用	場合の数, 確率	●	●	●	■	◎
	データの分析・活用, 標本調査	★	★	★	★	◎
その他	特殊・新傾向問題など	★	★	★		△
	融合問題					

●印：1問出題，■印：2問出題，★印：3問以上出題。
※予想欄 ◎印：出題されると思われるもの。 △印：出題されるかもしれないもの。

●はたして来年は何が出るか

出題構成は例年同様，大問６～７題で，うち４～５題が独立小問集合形式，残りの１～３題が総合問題になるものと思われる。小問数は，今年度とほぼ同様で28問程度と推測したい。論述問題の数も例年どおりとなるだろう。具体的には，①は数と式，図形などからの基本的な計算力や知識を見るもの，②は数の性質，方程式の応用題（文章題），文字式を利用した説明問題など，③は確率，データの活用，標本調査など，④は図形，⑤は関数，⑥以降は複数分野の融合題と考えておきたい。方程式の応用題は，立式から途中の計算，答えまでを記述する形式になるものと見られ，図形での証明問題も必出と思われる。

●どんな準備をすればよいか

過去数年の出題内容を見てもわかるように，栃木県立の入試問題は，証明，作図を含めた幅広い，偏りのない出題となっている。内容は基本的なものが中心で，いわゆる難問奇問は見あたらない。そこで対策だが，まず，中学校３年間の教科書を復習することから始めよう。教科書にある確認問題や練習問題をくまなく解くことはもちろん，解法や定理，公式を導くための過程を十分に理解し，論理的な思考力と記述力を養うことが大切である。答えを導くまでの思考過程に重点をおいた設問が多いことをふまえ，答えだけを求めればよいというような学習法は避けるようにしよう。次に，教科書よりもややレベルの高い問題集を選び，実践的な演習を。これと合わせて複数の分野にまたがる融合題にも挑戦して，総合力を養っておきたい。なお，直前対策として，過去数年間の入試問題を模擬試験として解き，出題のパターンや時間配分などを体得して本番に臨むとよいだろう。

社会 出題傾向と対策

●出題のねらい

　例年と同様に，地理，歴史，公民の三分野にわたって基礎的な知識や理解を見る問題がほとんどである。従来どおり基礎的用語の学習を試す問題も多く見受けられるが，図や資料から読み取れる内容をもとに，社会的事象に対する考え方や表現力を見る論述問題も複数出題されている。出題形態の多様化も本県の特徴の１つであり，基礎的な知識を柔軟に応用する力が問われている。また，比較的新しい社会的な事柄の出題が見られ，現在の日本をとりまく社会状況への関心と理解も同時に要求されている。

●何が出題されたか

　今年度は，昨年度と同じく地理，歴史，公民が２題ずつで，総小問数は例年と同様の45問程度であった。出題分野別では三分野バランスよく出題されている。論述の問題数，図を利用した問題も例年と同様である。
　具体的な出題内容は，[1]は日本地理で，諸地域の気候，人口などに関する問題，地形図の読み取り問題。[2]は世界地理で，世界の諸地域の気候や産業，社会の様子などに関する問題。[3]は古代から近世までの歴史で，各時代の資料をもとに文化や社会などの基礎知識を問う問題。[4]は近代から現代までの日本と世界の歴史で，地図や写真を用いた政治や社会の様子などに関する問題。[5]，[6]は公民で，政治，経済，国際社会，人権と憲法，労働と福祉などに関する問題。どの分野にも論述問題が出された。

●はたして来年は何が出るか

　来年度も地理，歴史，公民の三分野から総合的に出題され，基礎的な用語を試す問題から，理解力・思考力を試す論述問題まで幅広く出題されると考えられる。表や図を用いた応用問題の出題は確実であろう。具体的には日本地理では諸地域の特色に関する問題，特に社会問題と関連づけた出題が想定され，世界地理では気候や産業，人口，宗教といったあらゆる角度からの出題が予想される。歴史では古代から現代まで基礎的事項の範囲内でやや細かい問題が出題され，公民では政治や国際社会に関する問題や特に経済で応用問題が出題される可能性が考えられる。

●どんな準備をすればよいか

　基礎的用語，特に社会科教科書においてゴシックで強調されている用語の暗記などは不可欠の前提条件である。また，本県では特に図・表を用いた問題が多く出題される傾向にあり，地理，歴史，公民を問わず社会科教科書に記載されている図や表にはもう一度全て目を通し，それらから読み取れるものは何であるかをきちんと把握し直す必要がある。また，論述問題に対しては，教科書の内容に対するしっかりした学習があれば十分対応できると思われるが，本県では規定された用語の使用が指示されていたり，書き出しが指定されていたりする場合が多いので，書き方によく慣れておく必要がある。自分で問題を想定して練習してみるのもよいが，やはり過去の問題に当たって自分で納得のいく文章をつくってみるのが近道である。近年では論述問題の出題が全国的に増加しているから，本県の過去の出題を押さえたうえで，他県の問題に積極的にチャレンジしてみるのも有効であろう。

〈社会出題分野一覧表〉

分野	年度	2021	2022	2023	2024	2025予想※
地理的分野	地 形 図	●			●	△
	ア ジ ア	産人	地人			◎
	ア フ リ カ			産	産	△
	オ セ ア ニ ア	地産	人			△
	ヨーロッパ・ロシア	地			地	△
	北アメリカ					△
	中・南アメリカ			地産人		△
	世 界 全 般	地 人	地産人	地	地産人	◎
	九 州・四 国			総	地産	△
	中 国・近 畿	地 人	地			△
	中 部・関 東		地	地産		△
	東北・北海道	地	総	人		△
	日 本 全 般		人	産	地産人	◎
歴史的分野	旧石器～平安	●	●	●	●	◎
	鎌 倉		●	●	●	◎
	室町～安土桃山	●	●	●	●	◎
	江 戸	●	●	●		◎
	明 治	●	●		●	◎
	大正～第二次世界大戦終結			●	●	◎
	第二次世界大戦後		●		●	◎
公民的分野	生活と文化					△
	人権と憲法		●	●	●	◎
	政 治			●	●	◎
	経 済		●	●	●	◎
	労働と福祉	●		●		◎
	国際社会と環境問題		●	●	●	◎
	時 事 問 題					

注）地理的分野については，各地域ごとに出題内容を以下の記号で分類しました。
　　地…地形・気候・時差，産…産業・貿易・交通，人…人口・文化・歴史・環境，総…総合
※予想欄　◎印：出題されると思われるもの。　△印：出題されるかもしれないもの。

理科 出題傾向と対策

●出題のねらい

出題のねらいは，中学校学習指導要領に示されている目標や内容をもとに，物理，化学，生物，地学の4分野から均等に出題し，基礎的・基本的な知識と理解，思考力，判断力，表現力などを総合的に見ることにある。特に，実験・観察を通して，事象を科学的に分析し，実証的・数量的に考察する力を見るようにした。自然科学の概念や科学の方法に関する面についての思考・表現力を問う設問へ重点が置かれ，記述式問題を中心とした構成となっている。受検生の多様な力を多面的にとらえることができるよう工夫されている。

●何が出題されたか

各領域から偏りなく出題されている。小問数は40問程度で，論述や計算題を含む記述式問題（作図題含む）が5割程度を占める。この点は，例年と同様である。

1は各領域の基礎的知識を問う小問集合題で8問からなる。2は生物どうしのつながりについて，知識と理解を問う。3は電力や電力量，回路について，知識と数的な処理能力を問う。4は気象について，知識と理解を問う。5はダニエル電池について，知識と考察力を問う。6は地層について，知識と科学的な考察力を問う。7は植物のなかまについて，知識と理解を問う。8は浮力について，理解を問う。9は化学変化と原子・分子から，炭酸水素ナトリウムの熱分解について，知識と理解を問う。化学反応式を書く問題やグラフを作成する問題も見られた。

〈理科出題分野一覧表〉

分野		2021	2022	2023	2024	2025予想※
身近な物理現象	光と音	●	●	●	●	◎
	力のはたらき(力のつり合い)	●				◎
物質のすがた	気体の発生と性質	●				△
	物質の性質と状態変化		●			◎
	水溶液	●				◎
電流とその利用	電流と回路				●	◎
	電流と磁界(電流の正体)	●				◎
化学変化と原子・分子	いろいろな化学変化(化学反応式)			●		◎
	化学変化と物質の質量				●	◎
運動とエネルギー	力の合成と分解(浮力・水圧)				●	◎
	物体の運動		●			◎
	仕事とエネルギー			●	●	◎
化学変化とイオン	水溶液とイオン(電池)	●	●		●	◎
	酸・アルカリとイオン			●	●	◎
生物の世界	植物のなかま				●	◎
	動物のなかま	●	●			◎
大地の変化	火山・地震	●	●	●		◎
	地層・大地の変動(自然の恵み)	●		●		◎
生物の体のつくりとはたらき	生物をつくる細胞					△
	植物の体のつくりとはたらき	●	●			◎
	動物の体のつくりとはたらき	●		●	●	◎
気象と天気の変化	気象観察・気圧と風(圧力)	●				△
	天気の変化・日本の気象	●	●	●		◎
生命・自然界のつながり	生物の成長とふえ方				●	◎
	遺伝の規則性と遺伝子(進化)	●	●			◎
	生物どうしのつながり			●		◎
地球と宇宙	天体の動き			●		◎
	宇宙の中の地球	●		●	●	◎
自然環境・科学技術と人間						△
総合	実験の操作と実験器具の使い方	●	●	●	●	◎

※予想欄 ●印：出題されると思われるもの。 △印：出題されるかもしれないもの。
分野のカッコ内は主な小項目

●はたして来年は何が出るか

学習指導要領に基づき，思考力・判断力・表現力の伸長を判定するため，今後も，記述力重視，また理科的現象を視覚的な要素を含めて表現する力を重視する傾向は，ますます強まっていくものと思われる。大問数が多いため，出題分野は例年同様広いであろうが，基礎的知識の確認を求める設問と，覚えた知識を活用する力を見る設問に分かれていくと推測される。実験・観察が出題されやすい分野としては，「化学変化と原子・分子」「動・植物の体のつくりとはたらき」「日周運動・年周運動」「大気の動きと大気中の水の変化」などがあげられる。思考力を試す問題では，「化学変化とイオン」「大地のつくりと変化」などが要注意だ。

●どんな準備をすればよいか

まず，毎年幅広い範囲から出題されることを十分肝に銘じ，平常の学校での学習を大切にすること，家庭学習を計画的に行うこと，の2点を着実に実行する必要がある。もちろん，基本は教科書だが，その内容についてあいまいな点があれば，参考書や事典などでさらに詳しく調べ，知識を確実にしておこう。学習の基本は繰り返しだ。教科書を常に身近に置こう。次に，記述式の解答形式に対する対策をしっかり行うこと。教科書や参考書などの説明文・解説文をよく読み，その書き方・スタイルに慣れること。また，できればその言い回しなどを真似して覚えておきたい。入試が近づいてきたら，問題集などで練習しておくとよい。内容（答え）はわかっているのに表現しにくいことが多い，というのが記述式解答である。よく心にとめておこう。そして，さらに大切なのは，実験や観察のノートをきちんとつくること。特に，その結果について，データの読み取り方，考察の仕方やポイントなどを，わかりやすくまとめておくようにしよう。

国語 出題傾向と対策

●出題のねらい

　中学校での学習をふまえて，基礎的な知識とそれに基づいて考え判断する能力を重視している。記述式の問いとともに作文が必ず出題されており，しっかりとした表現力が求められているのも特徴といってよいだろう。現代文の読解問題(論理的文章と文学的文章)では，文脈を確実につかみ，内容を正確に読み取っていくことに主眼がある。特に文学的文章では，登場人物の心理を深く理解する力が必要である。古文の読解問題では，日頃の学習で得た基礎知識をもとに内容を読み取っていく応用力を見ようとしている。

●何が出題されたか

　大問数は５題で，漢字の読み書き問題１題，現代文の読解問題で論理的文章と文学的文章が各１題，古文の読解問題１題，国語の知識と作文の問題１題である。三の論理的文章では，内容理解に関する設問が出題され，45字以内の記述式解答の設問がある。三の文学的文章では，内容理解に関する設問や語句に関する設問が出題され，40字以内と65字以内の記述式解答の設問がある。四の古文では，歴史的仮名遣いのほかは内容理解に関するもので，20字以内で記述する設問もある。五の国語の知識と作文では，熟語の構成や品詞のほか会話文資料に関する設問が出題され，作文は「自然を守ることを啓発するポスター」について，二つのうちからどちらかを選び，選んだ理由を明確にして200字以上240字以内で書くものである。

●はたして来年は何が出るか

　本年度は，大問の構成がこれまでと少し違ったが，出題される分野はほぼ同じであった。来年度も本年度までとほぼ同様の出題となることが予想される。すなわち，漢字の問題や語句・文法などの国語の知識を見る問題，古文の読解問題，現代文の読解問題が論理的文章・文学的文章各１題，作文が出されるであろう。読解問題では，古文・現代文ともに，記述式の問いの比重が大きくなる傾向があり，来年度も本年度と同様に20〜60字程度のものがいくつか含まれるだろう。作文については，必ずしも本年度のような課題とは限らないだろう。グラフの読み取りや，複数のテーマから選択して書くといった課題も，十分考えられる。

●どんな準備をすればよいか

　まず，漢字は教科書に出てくるものをマスターし，その他に問題集を１冊こなすとよい。文法や敬語などは，便覧を使って知識を少しずつ増やしていこう。古文では，歴史的仮名遣いの原則と基礎的な古語の意味を教科書で確認し，文章を読むときはいつも「だれがいつどこで何をしたのか」(特に主語)をとらえるようにする。現代文のうち，論理的文章については，教科書を活用し，指示語と接続の言葉に注目して文脈や段落関係を押さえる癖をつけよう。難しい表現を本文の他の表現や自分の言葉に言い換える練習もしたい。文学的文章は，登場人物の立場や心情を表す表現にいつも注目すると同時に，自分ならどう感じるだろうかと考えて比較してみると理解が深まる。作文は，日頃学校で起こる問題などを題材にして，自分の意見を「なぜそう考えるのか」を示しながら書いてみるとよい。作文の力をつけるには，自分で書いては推敲することの繰り返しが必要である。

〈国語出題分野一覧表〉

分野		年度	2021	2022	2023	2024	2025予想※
現代文	論説文説明文	主題・要旨		●			△
		文脈・接続語・指示語・段落関係	●		●	●	◎
		文章内容	●	●	●	●	◎
		表現	●		●		◎
	随筆日記手紙	主題・要旨					
		文脈・接続語・指示語・段落関係					
		文章内容					
		表現					
		心情					
	小説	主題・要旨		●			△
		文脈・接続語・指示語・段落関係	●	●			◎
		文章内容	●	●		●	◎
		表現			●		◎
		心情	●	●	●	●	◎
		状況・情景	●		●		◎
韻文	詩	内容理解					
		形式・技法					
	俳句和歌短歌	内容理解		●		●	◎
		技法	●		●		◎
古典	古文	古語・内容理解・現代語訳	●	●	●	●	◎
		古典の知識・古典文法	●	●	●	●	◎
	漢文	(漢詩を含む)	●				△
国語の知識	漢字語句	漢字	●	●	●	●	◎
		語句・四字熟語			●		△
		慣用句・ことわざ・故事成語				●	△
		熟語の構成・漢字の知識	●	●		●	◎
	文法	品詞	●	●		●	◎
		ことばの単位・文の組み立て			●		△
		敬語・表現技法	●	●		●	◎
		文学史					
作文・文章の構成・資料			●	●	●	●	◎
その他							

※予想欄　●印：出題されると思われるもの。　△印：出題されるかもしれないもの。

2024年度
栃木県公立高校／入試問題

英語　●満点 100点　●時間 50分

■リスニングテストの音声は，当社ホームページで聴くことができます。(当社による録音です。) 再生に必要なアクセスコードは「合格のための入試レーダー」(巻頭の黄色の紙)の1ページに掲載しています。

1　これは聞き方の問題である。指示に従って答えなさい。

1　〔英語の対話とその内容についての質問を聞いて，答えとして最も適切なものを選ぶ問題〕

(1) ア　　　　　　　　　　　　イ

　　ウ　　　　　　　　　　　　エ

(2) ア　　　　　　　　　　　　イ

(3) ア　Because they can't find the theater.

　　イ　Because they can't find their seats.

　　ウ　Because they don't have money.

　　エ　Because they don't have time.

(4) ア　Go to the second floor to look at the books.

　　イ　Go to the second floor to look at the soccer balls.

　　ウ　Go to the third floor to look at the books.

　　エ　Go to the third floor to look at the soccer balls.

2　〔英語の対話とその内容についての質問を聞いて，答えとして最も適切なものを選ぶ問題〕

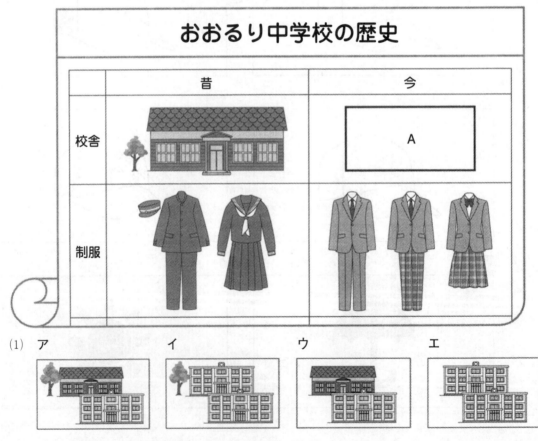

(1) ア　　　　　　イ　　　　　　ウ　　　　　　エ

(2) ア　The hat.　　イ　The jacket.　　ウ　The skirt.　　エ　The tie.

(3) ア　Ami's favorite noodle on the school lunch menu.

イ The pictures of the students eating school lunch.

ウ The most popular school lunch in the past and now.

エ How to cook the students' favorite school lunch.

3 〔英語の対話を聞いて，メモを完成させる問題〕

メモの(1)，(2)，(3)には英語**1語**を，(4)には英語**2語**を書きなさい。

【Present for Mr. Brown】

Name	Present	Reason
Elena	(1)(　　　)	・We can show him our thanks.
Yoji	pictures	・He can (2)(　　　) the days here.
Mana	a short (3)(　　　)	・We can tell our thanks and show some pictures. ・We can show him our English is (4)(　　　) (　　　) before.

※＜**聞き方の問題放送台本**＞は英語の問題の終わりに付けてあります。

2 次の1，2，3の問いに答えなさい。

1 次の英文中の (1) から (6) に入る語句として，最も適切なものはどれか。

Hi! Today, let me (1) you about "Tochimaru Park." Have you been there before? The park is (2) of nature, so you can enjoy camping, hiking, and fishing there. It has many popular events all the year. One of them (3) "Spring Strawberry Festival." It is held (4) April 1st to April 15th every year. If you love strawberries, you will enjoy this festival. This year, April 15th is a special day because the park was opened 30 years (5) on that day. So, the firework show will be held at night. Why don't you visit the park? Thank you for (6).

(1) **ア** to tell **イ** tell **ウ** told **エ** telling

(2) **ア** afraid **イ** both **ウ** full **エ** out

(3) **ア** am **イ** is **ウ** are **エ** were

(4) **ア** at **イ** by **ウ** from **エ** in

(5) **ア** ago **イ** ever **ウ** long **エ** old

(6) **ア** to listen **イ** listen **ウ** listened **エ** listening

2 次の(1)，(2)，(3)の（ ）内の語句を意味が通るように並べかえて，左から順にその記号を書きなさい。ただし，文頭にくる語も小文字で示してある。

(1) A : You have a nice bag! Is that new?

B : Yes. My grandma (**ア** it **イ** me **ウ** bought **エ** for) last weekend.

(2) A : What are you reading?

B : I'm (**ア** a book **イ** reading **ウ** in **エ** written) English.

(3) A : (**ア** you **イ** season **ウ** like **エ** do **オ** which)?

B : I like winter. I love skiing.

3　あなたの中学校に，オーストラリアの姉妹校の生徒からメールが届きました。そのメールを読んで，次の〔条件〕に合うよう，＜あなたのメール＞内の□□□に英語を書いて返事を完成させなさい。

〔条件〕　①　書き出しは I recommend を用いることとし，あなたがすすめる授業(class)を続けて書きなさい。なお，授業は〔語群〕から選んで書いてもよい。
　　　　　②　なぜその授業をすすめるのかという理由も書くこと。
　　　　　③　まとまりのある5文程度の英語で書くこと。なお，書き出しの文は1文と数える。

＜姉妹校の生徒からのメール＞

Hi!
We are going to visit your school next month! We want to join some classes at your school during our stay. Many of us are interested in Japanese culture, so we want to have some experiences in the classes.
Will you recommend one of your classes to us?

James

＜あなたのメール＞

Hi James!
I'm glad to hear that you will come to our school!

I recommend

I hope you'll like the class. I am waiting for your email.

〔語群〕　国語＝Japanese　　社会＝social studies　　数学＝math　　理科＝science
　　　　　英語＝English　　音楽＝music　　美術＝art　　体育＝P.E.
　　　　　技術・家庭＝technology and home economics
　　　　　道徳＝moral education
　　　　　総合的な学習の時間＝the period for integrated studies
　　　　　学級活動＝homeroom activities

3　次の英文を読んで，1から4までの問いに答えなさい。

Do you like onions? Onions are one of the oldest plants that people have grown in history. Actually, the pictures on the walls in *the Pyramids show that people were eating onions. Also, workers who built the Pyramids ate onions because they felt *energetic when they ate onions. In Egypt, people believed that onions had the power to keep bad things away. In fact, they *buried some kings with onions. By doing so, they tried to (A) the people they respected.

In the 14th century in Europe, people believed onions could help people *prevent *diseases. When a lot of people got the *plague, they believed the *rumor which said, "You won't catch the plague if you eat onions." We are not sure onions are effective for the plague, but (1)the same thing happened in Japan in the 19th century. Now, after many years of studying, scientists have found that onions prevent many diseases. If you don't want to get sick, you should eat onions.

People have been using onions for cooking all over the world because they are necessary for delicious dishes. However, some people don't like onions because of their strong *smell. Today, scientists have developed some special onions that don't have such a smell. If (2)those onions are used, maybe more people will like onions.

As you can see, onions have been with us for a long time. If we had no onions, [B]. Onions may have some power that we don't know. What do you think?

〔注〕 ＊the Pyramids＝ピラミッド   ＊energetic＝活力がある
    ＊bury 〜＝〜を埋葬する   ＊prevent 〜＝〜を予防する   ＊disease＝病気
    ＊plague＝疫病（えきびょう）   ＊rumor＝うわさ   ＊smell＝におい

1　本文中の（A）に入る語として，最も適切なものはどれか。
　ア　create   イ　follow   ウ　protect   エ　understand

2　本文中の下線部(1)の内容を，次の▢▢が表すように，（　）に入る**25字程度**の適切な日本語を書きなさい。ただし，句読点も字数に加えるものとする。

> ヨーロッパと同様に，日本でも（　　　　　　　　　　）を多くの人々が信じた。

3　本文中の下線部(2)が指す内容は何か。**15字程度**の日本語で書きなさい。ただし，句読点も字数に加えるものとする。

4　本文中の[B]に入るものとして，最も適切なものはどれか。
　ア　our life would be comfortable   イ　our life would be different
　ウ　we wouldn't be hungry   エ　we wouldn't be bored

4　主人公である雄太（Yuta）と，その姉である沙織（Saori）についての次の英文を読んで，1から5までの問いに答えなさい。

I really loved *insects when I was small. I spent all day in the forest near my house and watched their small world. I was always thinking about the insects. They were my friends.

When I was nine years old, my classmates said to me, "Hey Yuta, a shopping mall will be built in the forest near your house!" They were excited about it, but I wasn't. I was (A) about my friends in the forest. I thought, "If the forest is cut down, they will lose their home."

I came home and told my sister, Saori, about the shopping mall. I looked down and said, "My friends will lose their home." She said, "Well, I think you have something you can do for the insects." "No, I don't," I answered. She said, "Do you really think so? I think you can save your friends if you never *give up."

That night, I thought again and again, "What can I do to save the insects?"　Then, I *came up with an idea.　"If they lose their home, I will build one for them in my garden."　I decided to do that.

Next morning, I started to collect the information I needed.　I went to the library and read a lot of books.　I went to the forest to see what they needed to live.　Then, I started to make their home.　While I was making it, I was thinking of happy memories with them.　Saori came to me and said, "You have found something you can do without other people's help."　I smiled at her.　When I finished making their home, I said, "Please come and stay here."　I prayed and waited.

Some months later, I saw some kinds of insects there.　A *butterfly was flying around flowers.　And some *dragonflies rested on the *branch.　One day, I found that something was moving in the *fallen leaves.　It was a *larva!　I said, "Welcome!　You were born here!　Do you like your home?"　I was so (B) to find my friend was living in the place I made.

Now I am working as a researcher and studying how people and animals live together.　The home I made for insects was small.　However, that experience was ┃ C ┃ in my life, and it has stayed in my memory since then.　"I can always do something to improve the situation."　This is the thing I learned from my experience.

〔注〕 ＊insect＝虫　　＊give up＝あきらめる　　＊come up with 〜＝〜を思いつく
　　　 ＊butterfly＝チョウ　　＊dragonfly＝トンボ　　＊branch＝枝
　　　 ＊fallen leaf＝落ち葉　　＊larva＝幼虫

1　本文中の（**A**），（**B**）に入る語の組み合わせとして，最も適切なものはどれか。
　ア　**A**：excited ─**B**：sad　　　　イ　**A**：happy　─**B**：excited
　ウ　**A**：sad　─**B**：worried　　エ　**A**：worried─**B**：happy

2　本文中の下線部の指す内容は何か。**25字程度**の日本語で書きなさい。ただし，句読点も字数に加えるものとする。

3　次の**質問**に答えるとき，本文の内容に合うように，**答え**の（　）に入る適切な英語を**3語**で書きなさい。
　質問：　What did Yuta do to save the insects in the forest?
　答え：　He（　　　　）（　　　　）（　　　　）in his garden.

4　本文中の ┃**C**┃ に入るものとして，最も適切なものはどれか。
　ア　a great change　　イ　a great opinion
　ウ　a small question　　エ　a small space

5　本文の内容と一致するものはどれか。
　ア　Saori said to Yuta that he should start something new to save his classmates.
　イ　Yuta thought about what he could do for the insects after he talked with Saori.
　ウ　Saori told Yuta to go to the library and read many books about the insects.
　エ　Yuta forgot about the experience which he had with Saori when he was nine.

5 次の英文は，高校生の智也(Tomoya)とオランダのアムステルダム(Amsterdam)からの留学生クリス(Chris)との対話の一部である。また，次のページの**図1**，**図2**は対話の中で智也が用いた資料であり，**図3**はクリスが提示した写真である。これらに関して，**1**から**6**までの問いに答えなさい。

Chris： Hi, Tomoya. Next week, we're going to make a presentation in English class, right？

　　　　 | ___A___ | for the presentation？

Tomoya： Hi, Chris！ Well, my topic is riding bikes.

Chris： What a nice topic！ Many people in Amsterdam love bikes. In fact, I have two bikes and each of my parents also has one.

Tomoya： Really？ I have my own bike, but my parents don't. They use (**B**) to go out.

Chris： Many people in my country also used cars *around 1970. However, at that time, they had a lot of car *accidents, and the *gas was so expensive. So people

　　　　 | ___C___ | instead.

Tomoya： I see. Riding bikes is popular in Japan today, so I checked the reasons for riding bikes in Japan on the Internet. This is a *graph I made from a website. Look, it says the largest number of people ride bikes because they feel good. Also, it says more than 200 people feel that it is easy to use bikes, and 197 people think that riding bikes ___(1)___ .

Chris： In Amsterdam, bikes are a popular *means of transportation. Did you know that？

Tomoya： No. I'll check it on the Internet. Oh, this *pie chart shows that 48 percent of the people ___(2)___ .

Chris： That's right. Amsterdam is known as a bike-friendly city now. For example, we have special *lanes for people riding bikes.

Tomoya： What do those lanes look like？

Chris： In Amsterdam, we have several kinds of bike lanes. I have a picture of a street near my house. Look at this. Cars, bikes, and *pedestrians have their own lane.

Tomoya： In the picture, ___(3)___ between the car lane and the bike lane, so this person riding a bike feels that it is less dangerous, right？ We have bike lanes in my city too, but sometimes both bikes and cars have to use the same lane. Now more people ride bikes in Japan, so it is important to develop a (**D**) environment like Amsterdam.

Chris： Yes. I think education of *traffic rules for young children is also important. In my country, many elementary school students learn about them in class almost every week.

Tomoya： (4)That is a great education system！ I will talk about it in my presentation.

〔注〕 ＊around ～＝～ごろ　　＊accident＝事故　　＊gas＝ガソリン
　　　 ＊graph＝グラフ　　＊means of transportation＝交通手段
　　　 ＊pie chart＝円グラフ　　＊lane＝レーン　　＊pedestrian＝歩行者
　　　 ＊traffic＝交通の

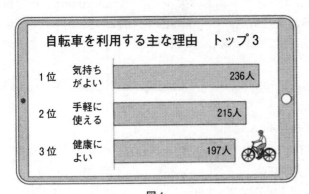

図1

（「国土交通省ウェブページ」により作成）

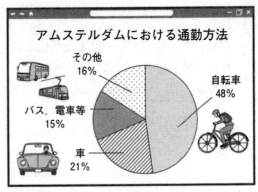

図2

（「オランダインフラストラクチャー・
水管理省ウェブページ」により作成）

図3

1 二人の対話が成り立つよう，┌─A─┐に入る適切な英語を**4語**または**5語**で書きなさい。

2 本文中の（B）に入る適切な英語を本文から**1語**で抜き出して書きなさい。

3 ┌─C─┐に入るものとして，最も適切なものはどれか。

　ア bought more cars　　　イ chose to ride bikes

　ウ decided to use cars　　エ stopped riding bikes

4 二人の対話が成り立つよう，**図1**，**図2**，**図3**を参考に，下線部(1), (2), (3)に適切な英語を
書きなさい。

5 本文中の（D）に入る語として，最も適切なものはどれか。

　ア clean　　イ fresh　　ウ safe　　エ weak

6 本文中の下線部(4)の内容を，次の┌──┐が表すように，（　）に入る**35字程度**の適切な日本語
を書きなさい。ただし，句読点も字数に加えるものとする。

┌──────────────────────────────┐
│　クリスの国では，（　　　　　　　　　　　　　　）│
└──────────────────────────────┘

＜聞き方の問題放送台本＞

　これから聞き方の問題に入ります。問題用紙の四角で囲まれた**1**を見なさい。問題は1，2，
3の三つあります。

　最初は1の問題です。問題は(1)から(4)まで四つあります。英語の対話とその内容についての質

問を聞いて，答えとして最も適切なものを**ア**，**イ**，**ウ**，**エ**のうちから一つ選びなさい。対話と質問は 2 回ずつ言います。（約 **5** 分）

では始めます。

〔**注**〕 (1)はカッコイチと読む。以下同じ。斜字体で表記された部分は読まない。

(1)の問題です。　*A* ： Bob, I can't find my cap.

　　　　　　　　B ： Oh, Lisa.　You mean the one with a bird on its front ?

　　　　　　　　A ： Yes.　It also has three flowers on its side.

　　　　　　　　B ： I saw it on the chair.

質問です。　*Q* ： Which is Lisa looking for ?

　　　　　（約 5 秒おいて）繰り返します。（1 回目のみ）（ポーズ約 5 秒）

(2)の問題です。　*A* ： Hey, I'm really happy that I can go to the amusement park with you tomorrow !　It's raining today, but I hope it will be fine.

　　　　　　　　B ： Let's have a great time there.　Have you checked the weather information for tomorrow ?

　　　　　　　　A ： No.　I'll check it on the Internet now.　Well, it says, "It's going to be sunny in the morning and cloudy in the afternoon."

　　　　　　　　B ： I'm glad that it will not rain.

質問です。　*Q* ： What does the weather information say about tomorrow's weather ?

　　　　　（約 5 秒おいて）繰り返します。（1 回目のみ）（ポーズ約 5 秒）

(3)の問題です。　*A* ： It's almost noon.　Let's eat lunch before we get to the movie theater !

　　　　　　　　B ： But we have only 15 minutes.　The movie will start soon.

　　　　　　　　A ： Oh, really ?　Then, how about buying something at the theater and eating them in our seats ?

　　　　　　　　B ： Okay.

質問です。　*Q* ： Why will they eat lunch at the movie theater ?

　　　　　（約 5 秒おいて）繰り返します。（1 回目のみ）（ポーズ約 5 秒）

(4)の問題です。　*A* ： It's our first time to come to this department store.　Where can we buy books and soccer balls ?

　　　　　　　　B ： Hey, here is a map !　It says we can buy books on the second floor, and soccer balls on the third floor.

　　　　　　　　A ： Let's go to look at the books first.

　　　　　　　　B ： Okay, let's go.

質問です。　*Q* ： What will they do first ?

　　　　　（約 5 秒おいて）繰り返します。（1 回目のみ）（ポーズ約 5 秒）

　次は **2** の問題です。英語の対話とその内容についての質問を聞いて，答えとして最も適切なものを**ア**，**イ**，**ウ**，**エ**のうちから一つ選びなさい。質問は(1)から(3)まで三つあります。対話と質問は 2 回ずつ言います。（約 **4** 分）

では始めます。

〔**注**〕 (1)はカッコイチと読む。以下同じ。斜字体で表記された部分は読まない。

Tom ： Hey, Ami.　What are you doing ?

Ami : Hi, Tom.　I'm making a poster for a presentation about the history of our school.

Tom : Wow, looks good!　Oh, our school had only one building in the past.

Ami : Yes.　As you can see in the picture on the right, one more building was built in front of the old one.　Then, look at the trees in both pictures.

Tom : Wow, are they the same trees?　It's taller than the old building now.

Ami : You're right!　Look at the pictures of school uniforms.　In the old design, girls wore skirts and boys wore hats.　Now, we can choose one from these three kinds of uniforms. My favorite part of the new design is this tie.

Tom : I like this jacket because it's easy to move my arms.

Ami : It's interesting to learn about our school, isn't it?　Actually, I'm thinking of putting more information on my poster.

Tom : How about school lunch?　I was surprised that the menu changes every day.　What is the most popular food on the menu?

Ami : I think noodle such as ramen, but I'm not sure.

Tom : So, why don't you check the most popular school lunch in the past and now?　Then, put the result on your poster.

Ami : That's a good idea!　I will do that!

(1)の質問です。　Which is true for 　　**A**　　 in the poster?
　　　　　　　　（ポーズ約5秒）

(2)の質問です。　What does Ami like about the new design of the school uniform?
　　　　　　　　（ポーズ約5秒）

(3)の質問です。　What will Ami put on her poster?
　　　　　　　　（約5秒おいて）繰り返します。（1回目のみ）（ポーズ約5秒）

　次は **3** の問題です。あなたは，帰国する ALT のブラウン先生(*Mr. Brown*)に贈るプレゼントについて，クラスで話し合いをしています。クラスメイトのエレナ(*Elena*)，陽次(*Yoji*)，真奈(*Mana*)の意見を聞いて，メモの(1)から(4)に適切な英語を書きなさい。ただし，(1)，(2)，(3)には英語**1語**を，(4)には英語**2語**を書きなさい。対話は2回言います。（約2分）

　では始めます。

　〔注〕 (1)はカッコイチと読む。以下同じ。斜字体で表記された部分は読まない。

Yoji : What should we give to Mr. Brown?　What do you think, Elena?

Elena : I think we should give him letters.　We can show our thanks to him in the letters. How about you, Yoji?

Yoji : I think we can give him some pictures of our school events and our town.　If he has those pictures, he can remember the days he spent here.　What do you think, Mana?

Mana : I think both presents are really nice.　Hey, how about making a short movie for him? In the movie, we can tell him our thanks and show him some pictures too.　I think he will be happy to see that our English is better than before.

Yoji : What a great idea!

（約5秒おいて）繰り返します。（1回目のみ）（ポーズ約5秒）

（注意）　答えは，できるだけ簡単な形で表しなさい。

1　次の**1**から**8**までの問いに答えなさい。

1　$(-4) \times (-3)$ を計算しなさい。

2　$\sqrt{28} + \sqrt{7}$ を計算しなさい。

3　絶対値が3より小さい整数は全部で何個か。

4　2次方程式 $x^2 + 5x + 6 = 0$ を解きなさい。

5　右の図は，関数 $y = \dfrac{a}{x}$（a は0でない定数）のグラフである。

このグラフが点$(2, -3)$を通るとき，a の値を求めなさい。

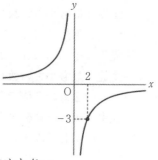

6　下の図は，半径が2cm，中心角が40°のおうぎ形である。このおうぎ形の弧の長さは，半径が2cmの円の周の長さの何倍か求めなさい。

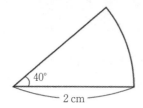

7　半径が6cmの球の体積を求めなさい。ただし，円周率はπとする。

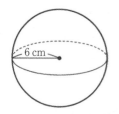

階級(回)		度数(人)
以上	未満	
40 ～	55	1
55 ～	70	2
70 ～	85	6
85 ～	100	7
100 ～	115	4
計		20

8　右の度数分布表は，生徒20人の20mシャトルランの記録をまとめたものである。度数が最も多い階級の相対度数を求めなさい。

2　次の**1**，**2**，**3**の問いに答えなさい。

1　小数第1位を四捨五入した近似値が表示されるはかりがある。このはかりを用いて，いちご1個の重さを測定したところ，右の図のように29gと表示された。このときの真の値をa gとしたとき，a の範囲を不等号を用いて表しなさい。

2　陸上競技場に1周400mのトラックがある。つばささんは，スタート地点からある地点までは，分速300mで走り，その後分速60mで歩き，ちょうど2分でトラックを1周するトレーニングを計画している。

このとき，走る距離を x m，歩く距離を y m として連立方程式をつくり，走る距離と歩く距離をそれぞれ求めなさい。ただし，途中の計算も書くこと。

3　次の □ 内の先生と生徒の会話文を読んで，下の □ 内の証明の続きを書きなさい。

> 先生「連続する3つの自然数をそれぞれ2乗した数の関係について考えてみましょう。最も小さい数の2乗と最も大きい数の2乗の和から，中央の数の2乗の2倍をひくと，いくつになりますか。例えば3，4，5のときはどうでしょう。」
>
> 生徒「最も小さい数3の2乗と最も大きい数5の2乗の和 9+25＝34 から，中央の数4の2乗の2倍である 16×2＝32 をひくと，2になりました。」
>
> 先生「それでは6，7，8のときはどうでしょう。」
>
> 生徒「最も小さい数6の2乗と最も大きい数8の2乗の和 36+64＝100 から，中央の数7の2乗の2倍である 49×2＝98 をひくと，また2になりました。」
>
> 先生「実は，連続する3つの自然数では，この関係がつねに成り立ちます。文字を使って証明してみましょう。」

（証明）

連続する3つの自然数のうち，最も小さい数を n とすると，

連続する3つの自然数は n，$n+1$，$n+2$ と表される。

最も小さい数の2乗と最も大きい数の2乗の和から，中央の数の2乗の2倍をひくと

---

3 次の1，2，3の問いに答えなさい。

1　右の図の△ABC において，辺 AB と辺 AC からの距離が等しくなる点のうち，辺 BC 上にある点Pを作図によって求めなさい。ただし，作図には定規とコンパスを使い，また，作図に用いた線は消さないこと。

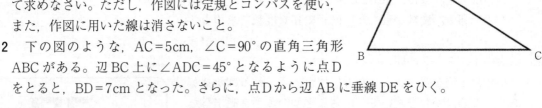

2　下の図のような，AC＝5cm，∠C＝90° の直角三角形 ABC がある。辺 BC 上に ∠ADC＝45° となるように点Dをとると，BD＝7cm となった。さらに，点Dから辺 AB に垂線 DE をひく。

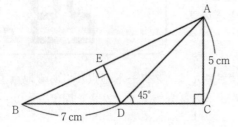

このとき，次の(1)，(2)の問いに答えなさい。

(1) 線分 AD の長さを求めなさい。

(2) 線分 DE の長さを求めなさい。

3 右の図のように，4点 A，B，C，D は同じ円周上にあり，AD∥BC である。

　このとき，△ABC≡△DCB であることを証明しなさい。

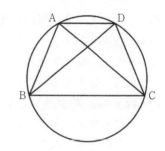

4 次の1，2の問いに答えなさい。

1 右の図は，生徒35人の通学時間のデータをヒストグラムに表したものである。このヒストグラムは，例えば，通学時間が0分以上5分未満である生徒が2人であることを表している。

　このとき，次の(1)，(2)の問いに答えなさい。

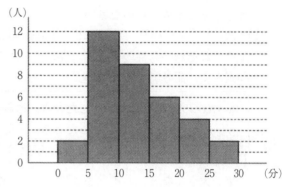

(1) 生徒35人の通学時間のデータの最大値が含まれる階級の階級値を求めなさい。

(2) 生徒35人の通学時間のデータを箱ひげ図に表したものとして最も適切なものを，次のア，イ，ウ，エのうちから1つ選んで，記号で答えなさい。

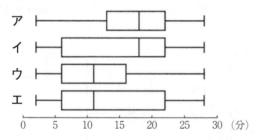

2 袋の中に，1から5までの数字が1つずつ書かれた5個の玉が入っている。

　このとき，次の(1)，(2)の問いに答えなさい。

(1) Aさんが玉を1個取り出し，取り出した玉を袋の中に戻さずに，続けてBさんが玉を1個取り出す。2人の玉の取り出し方は全部で何通りか。

(2) Aさんが玉を1個取り出し，取り出した玉を袋の中に戻した後，Bさんが玉を1個取り出す。2人が取り出した玉に書かれた数字の和が7以下となる確率を求めなさい。

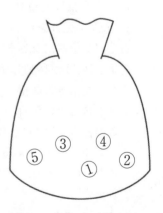

5 次の 1 , 2 の問いに答えなさい。

1 右の図のように, 2 つの関数 $y=ax^2\,(a>0)$, $y=-x^2$ のグラフ上で, x 座標が 2 である点をそれぞれ A, B とする。点 A を通り x 軸に平行な直線が, 関数 $y=ax^2$ のグラフと交わる点のうち, A と異なる点を C とする。また, 点 D の座標を $(-3,\ 0)$ とする。

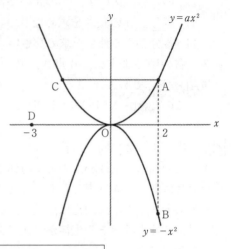

このとき, 次の(1), (2), (3)の問いに答えなさい。

(1) 関数 $y=-x^2$ について, x の変域が $-3\leqq x\leqq 1$ のとき, y の変域を求めなさい。

(2) 次の □ 内の①, ②に当てはまる適切な語句を, 下のそれぞれの語群の**ア**, **イ**, **ウ**のうちから 1 つずつ選んで, 記号で答えなさい。

> $y=ax^2$ の a の値を大きくしたとき, 直線 AD の傾きは（　①　）。
> $y=ax^2$ の a の値を大きくしたとき, 線分 AC の長さは（　②　）。

【①の語群】
　　ア 大きくなる　　**イ** 小さくなる　　**ウ** 変わらない

【②の語群】
　　ア 長くなる　　**イ** 短くなる　　**ウ** 変わらない

(3) △OAB と △OCD の面積が等しくなるとき, a の値を求めなさい。ただし, 途中の計算も書くこと。

2 図1のように, AB=a cm, BC=b cm の長方形 ABCD と, 1 辺の長さが 6 cm の正方形の右上部から 1 辺の長さが 3 cm の正方形を切り取った L 字型の図形 EFGHIJ がある。辺 BC と辺 FG は直線 l 上にあり, 点 C と点 F は同じ位置にある。図形 EFGHIJ を固定し, 長方形 ABCD を直線 l に沿って秒速 1 cm で点 B が点 G と同じ位置になるまで移動させる。図2のように, 長方形 ABCD が移動し始めてから x 秒後の 2 つの図形が重なった部分の面積を y cm^2 とする。ただし, 点 C と点 F, 点 B と点 G が同じ位置にあるときは $y=0$ とする。

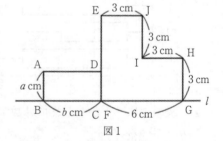

図1

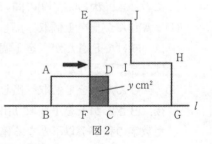

図2

このとき, 次の(1), (2), (3)の問いに答えなさい。

(1) $a=2$, $b=4$ とする。下の表は x と y の関係をまとめたものである。表の①, ②に当てはまる数をそれぞれ求めなさい。

x	0	1	…	4	…	7	…	10
y	0	2	…	①	…	②	…	0

(2) $a=4$, $b=2$ とする。長方形 ABCD が移動し始めてから移動が終わるまでの x と y の関係を表すグラフとして適切なものを，次の**ア**，**イ**，**ウ**，**エ**のうちから1つ選んで，記号で答えなさい。

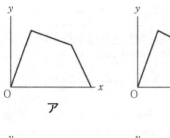

ア   イ

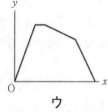   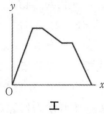

ウ   エ

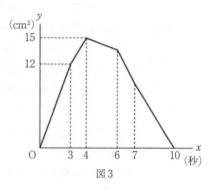

図3

(3) $a=4$, $b=4$ とする。x と y の関係を表すグラフは図3のようになった。2つの図形が重なった部分の面積が，長方形 ABCD が移動し始めてから3秒後の面積と再び同じ値になるのは，長方形 ABCD が移動し始めてから何秒後か求めなさい。ただし，途中の計算も書くこと。

---

6 ある市のA中学校とB中学校は修学旅行でそれぞれX市を訪問する。各中学校とも，横一列に生徒が5人ずつ座ることができる新幹線でX市へ向かい，到着後，1台に生徒が4人ずつ乗ることができるタクシーで班別行動を行う。ここでは，修学旅行の生徒の参加人数ごとに，必要な新幹線の座席の列数と必要なタクシーの台数を考えるものとする。例えば，生徒の参加人数が47人のとき，新幹線では，生徒が5人ずつ9列に座り，残りの2人がもう1列に座るので，必要な新幹線の座席の列数は10列である。また，タクシーでは，生徒が4人ずつ11台に乗り，残りの3人がもう1台に乗るので，必要なタクシーの台数は12台である。

このとき，次の**1**，**2**，**3**の問いに答えなさい。

1 A中学校の生徒の参加人数は92人である。このとき，A中学校の必要な新幹線の座席の列数を求めなさい。

2 B中学校の必要な新幹線の座席の列数は24列であり，必要なタクシーの台数は29台である。このとき，B中学校の生徒の参加人数を求めなさい。

3 次の 内のB中学校の先生と生徒の修学旅行後の会話文を読んで，文中の①，②，③に当てはまる式や数をそれぞれ答えなさい。

先生「先日の修学旅行では，必要な新幹線の座席の列数は24列，必要なタクシーの台数は29台で，タクシーの台数の値から新幹線の座席の列数の値をひくと5でした。今日の授業では，台数の値が列数の値より10大きいときの生徒の参加人数について，考えて

みましょう。」

生徒「とりあえず，生徒の参加人数が40人から47人までの表を書いてみましたが，具体的
に考えていくのは，大変そうです。」

生徒の参加人数	40人	41人	42人	43人	44人	45人	46人	47人
必要な新幹線の座席の列数	8列	9列	9列	9列	9列	9列	10列	10列
必要なタクシーの台数	10台	11台	11台	11台	11台	12台	12台	12台
（台数の値）－（列数の値）	2	2	2	2	2	3	2	2

生徒が書いた表

先生「それでは，式を使って考えてみましょう。例えば，必要な新幹線の座席の列数が9
列のとき，考えられる生徒の参加人数は41人，42人，43人，44人，45人の5通りです。
これらは，$5 \times 8 + 1$，$5 \times 8 + 2$，$5 \times 8 + 3$，$5 \times 8 + 4$，$5 \times 8 + 5$ と，すべて 5×8 を含む
形で表すことができますね。まずは，この表し方をもとに，必要な新幹線の座席の列
数から，生徒の参加人数を文字を用いた式で表してみましょう。」

生徒「必要な新幹線の座席の列数を n とすると，生徒の参加人数は（ ① ）$+a$ と表せます。
ただし，n は自然数，a は1から5までのいずれかの自然数です。」

先生「そうですね。次に，必要なタクシーの台数を n を用いて表してみましょう。」

生徒「台数の値は，列数の値より10大きいから，$n+10$ と表せます。」

先生「では，必要なタクシーの台数から，生徒の参加人数を n と1から4までのいずれか
の自然数 b を用いて表すこともできますね。これらの2つの式を使うと，考えられる
生徒の参加人数のうち，最も少ない生徒の参加人数は何人ですか。」

生徒「必要な新幹線の座席の列数は $n=$（ ② ）と表すことができるので，a と b の値を考
えると，最も少ない生徒の参加人数は（ ③ ）人です。」

先生「正解です。文字を用いた式を使って生徒の参加人数を考えることができましたね。」

（**注意**）「□ に当てはまる語を書きなさい」などの問いについての答えは，一般に数字やカタカナなどで書くもののほかは，できるだけ漢字で書きなさい。

1　次の1から4までの問いに答えなさい。

1　次の文中の □ に当てはまる語を書きなさい。

> 関東地方南部から九州地方北部にかけて形成された帯状の工業地域は， □ と呼ばれている。

2　地球の表面における海洋の面積の割合として最も近いのはどれか。

　ア　約10%　　イ　約30%　　ウ　約50%　　エ　約70%

3　**図1**は，1970年と2018年の日本における，魚介類，小麦，米，肉類それぞれの1人1日あたりの品目別の食料消費量（g）を示したものである。魚介類は，**図1**中の**ア，イ，ウ，エ**のうちどれか。

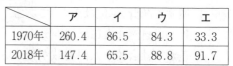

	ア	イ	ウ	エ
1970年	260.4	86.5	84.3	33.3
2018年	147.4	65.5	88.8	91.7

図1　（「数字でみる日本の100年」により作成）

4　次の(1)から(5)までの問いに答えなさい。

(1)　与那国島の位置として正しいのはどれか。

　ア　日本最北端　　イ　日本最南端
　ウ　日本最東端　　エ　日本最西端

(2)　**図2**は，与那国島の地形図の一部であり，**図3**は，**図2**中のA－B間の断面図である。**図3**中のⅠとⅡは，**図2**中のA，Bのいずれかの地点である。**図3**中のⅠに当てはまる地点と，**図2**中に見られる地図記号の組み合わせとして正しいのはどれか。

　ア　Ⅰ－A地点　　地図記号－畑
　イ　Ⅰ－A地点　　地図記号－田
　ウ　Ⅰ－B地点　　地図記号－畑
　エ　Ⅰ－B地点　　地図記号－田

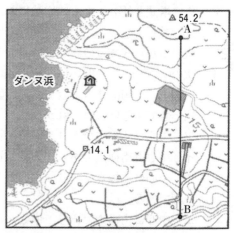

図2　（「地理院地図」により作成）

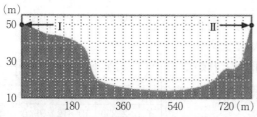

図3　（「地理院地図」により作成）

(3)　**図4**は，札幌市，松本市，高松市，福岡市を示した地図である。これらの都市と比較した，沖縄県那覇市の気候の特徴

図4

について述べた文として正しいのはどれか。なお，降水量と気温は，1990年から2020年の平均の値として考えること。

ア　6月の月降水量が，札幌市より少ない。

イ　1月と7月の月平均気温の差が，松本市より小さい。

ウ　年降水量が，高松市より少ない。

エ　年平均気温が，福岡市より低い。

(4) 図5は，2019年における千葉県，北海道，大阪府，沖縄県の航空貨物輸送量（千t）を示したものである。ⅠとⅡは，大阪府，沖縄県のいずれかであり，AとBは，国内線，国際線のいずれかである。沖縄県と国際線の組み合わせとして正しいのはどれか。

	A	B
千葉県	2,045	23
Ⅰ	742	133
Ⅱ	100	235
北海道	16	169

図5　（「県勢」により作成）

ア　沖縄県―Ⅰ　国際線―A　　イ　沖縄県―Ⅱ　国際線―A

ウ　沖縄県―Ⅰ　国際線―B　　エ　沖縄県―Ⅱ　国際線―B

(5) 図6は，2018年における東京都と沖縄県の人口に関する統計（単位は千人）である。出生数と死亡数の差から自然な人口増減が分かり，転入数と転出数の差から社会的な人口増減が分かる。図6から読み取

	出生数	死亡数	転入数	転出数
東京都	107.2	119.2	460.6	380.8
沖縄県	15.7	12.2	27.1	28.0

図6　（「国勢調査」ほかにより作成）

れる，2018年における東京都と沖縄県それぞれの総人口の変化について，それぞれの自然な人口増減と社会的な人口増減にふれ，簡潔に書きなさい。

2　次の1から5までの問いに答えなさい。

1　次の(1)，(2)，(3)の問いに答えなさい。

(1) 図1は，国際連合の旗である。図1の中央にある地図の説明として正しいのはどれか。

ア　中心は北極点であり，面積が正しい地図である。

イ　中心は南極点であり，面積が正しい地図である。

ウ　中心は北極点であり，中心からの距離と方位が正しい地図である。

エ　中心は南極点であり，中心からの距離と方位が正しい地図である。

図1

順位	国名	生産量
1	A	8,138
2	イタリア	2,207
3	チュニジア	2,000
4	モロッコ	1,409
5	トルコ	1,317

図2　（「世界国勢図会」により作成）

(2) 高緯度地域では，夏になると太陽が沈まないことや，沈んでも完全には暗くならないことがある。この現象を何というか。

(3) 図1に描かれている植物はオリーブであり，図2は，2020年におけるオリーブの生産量（千t）について上位5か国を示したものである。Aに当てはまる国はどれか。

ア　ドイツ　　イ　イギリス

ウ　スペイン　エ　ロシア

2　図3は，1990年と2020年におけるアメリカ，インド，中国，日本それぞれの温室効果ガス排出量（CO_2換算。単位は百万t）と，2020年における1人あたりの排出量

	1990年	2020年	1人あたりの排出量（2020年）
ア	5,135	4,744	12.90
イ	2,359	10,819	7.15
ウ	1,063	1,003	7.87
エ	621	2,224	1.50

図3　（「日本国勢図会」により作成）

（CO_2換算。単位は t ）を示している。アメリカは，**図3**中の**ア**，**イ**，**ウ**，**エ**のうちどれか。

3 **図4**は，2019年における，ある再生可能エネルギーの総発電量について，上位7か国の位置と順位を示している。**図4**中の上位7か国に共通する特徴として正しいのはどれか。

ア 火山活動が活発である。

イ 年間を通して偏西風が吹く。

ウ 雨季と乾季が明確である。

エ 国土の大部分は平野である。

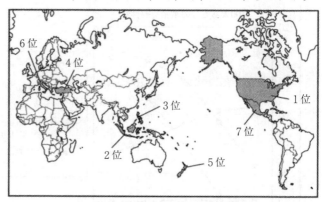

図4 （「世界国勢図会」により作成）

4 **図5**は，ユーラシア大陸，アフリカ大陸，北アメリカ大陸，南アメリカ大陸，オーストラリア大陸それぞれの気候帯の割合（％）を示している。アフリカ大陸は，**図5**中の**ア**，**イ**，**ウ**，**エ**のうちどれか。

	熱帯	乾燥帯	温帯	亜寒帯	寒帯
ア	16.9	57.2	25.9	―	―
イ	7.4	26.1	17.5	39.2	9.8
ウ	63.4	14.0	21.0	―	1.6
エ	38.6	46.7	14.7	―	―
北アメリカ大陸	5.2	14.4	13.5	43.4	23.5

図5 （「データブック オブ・ザ・ワールド」（2023年）により作成）

5 次の先生と生徒の会話文を読み，**図6**から読み取れるケニアの固定電話と携帯電話の普及の特徴について文中の 囗 Ⅰ に当てはまる文を簡潔に書きなさい。また，**図7**の**資料1**と**資料2**を踏まえ，囗 Ⅱ に当てはまる文を簡潔に書きなさい。

先生：**図6**は，ケニアとアメリカの電話契約件数をまとめたものです。ケニアとアメリカそれぞれの，固定電話と携帯電話の契約件数の推移を比較すると，違いがありますね。

生徒：アメリカでは固定電話が先に普及し，後から携帯電話が普及していますが，ケニアでは ［　　Ⅰ　　］ ことがわかります。

先生：そうですね。ケニアの固定電話の普及において**図6**のような特徴がみられるのは，なぜでしょうか。

生徒：**図7**を踏まえると，ケニアは ［　　Ⅱ　　］ からではないでしょうか。一方で，ケニアの携帯電話の普及に**図6**のような特徴がみられるのは，**図7**の他にも様々な理由が考えられそうです。技術の普及の過程を考えるのも興味深いことなんですね。

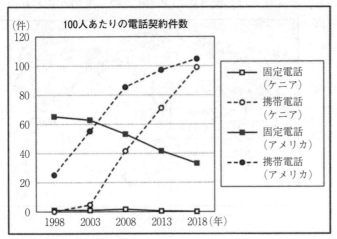

100人あたりの電話契約件数

（件）
120
100
80
60
40
20

1998　2003　2008　2013　2018（年）

固定電話（ケニア）
携帯電話（ケニア）
固定電話（アメリカ）
携帯電話（アメリカ）

図6　（「世界銀行ウェブページ」により作成）

資料1　2018年のGDP（百万ドル）

アメリカ	20,611,861
ケニア	87,779

資料2　電話の整備についての説明

固定電話は，電話線で家々をつなげる必要があるのに対し，携帯電話はアンテナを設置することで，ネットワークが整備できる。そのため，携帯電話は，初期整備コストが相対的に低い。

図7　（「総務省ウェブページ」ほかにより作成）

3　　図1は，鹿児島県にある芝原遺跡の位置と，発掘作業が行われた範囲を拡大したものである。また，AからDは，遺物が出土した地点を示している。後の1から5までの問いに答えなさい。

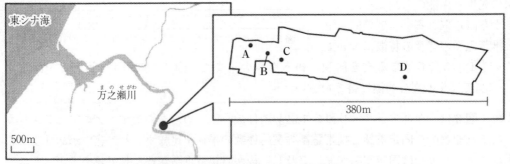

東シナ海

万之瀬川

500m

380m

図1　（「地理院地図」ほかにより作成）

1　Aでは，室町幕府の3代将軍足利義満のころに明から輸入された銅銭が発見された。足利義満が活躍した時期に，明との貿易で日本から輸出されたものとして<u>当てはまらない</u>のはどれか。
　ア　鉄砲　　イ　刀剣　　ウ　銅　　エ　硫黄

2　Bでは，前方後円墳が盛んに造られた時期のものと考えられる須恵器が発見された。前方後円墳が盛んに造られた時期のできごとについて述べた文として当てはまるのはどれか。
　ア　稲作が，中国や朝鮮半島から渡来した人々によって初めて日本に伝えられた。
　イ　ヤマト王権（大和政権）は，中国の南朝にたびたび使いを送った。
　ウ　征夷大将軍となった坂上田村麻呂は，蝦夷の反乱を鎮圧した。
　エ　唐に留学した最澄は，中国で新しい仏教を学んで日本へ持ち帰った。

3　Cでは，中国でつくられた青磁が発見された。青磁について述べた次の文中の　Ⅰ　，　Ⅱ　に当てはまる語をそれぞれ書きなさい。

　　　青磁は平安時代中期ごろから輸入が盛んになった陶磁器の一種である。中国でつくられた青磁は貴族に人気があり，　Ⅰ　が書いた小説『源氏物語』にも登場している。
　　　また，自らの子に天皇の位を譲って上皇となった後も権力を握る　Ⅱ　と呼ばれる

政治を行った白河上皇の邸宅跡からも，青磁は発掘されている。

4　Dでは，薩摩焼が発見された。薩摩焼は，豊臣秀吉の朝鮮出兵をきっかけに，朝鮮から伝えられた技術をもとにつくられるようになった。次の(1)，(2)，(3)の問いに答えなさい。

(1)　豊臣秀吉に仕え，質素で静かな雰囲気を大切にするわび茶を大成させた人物は誰か。

(2)　豊臣秀吉が行った政策について述べた文として当てはまるのはどれか。

ア　後醍醐天皇に対抗し，京都に新たな天皇をたてた。

イ　借金に苦しむ御家人らの救済を目的に，徳政令を出した。

ウ　百姓が刀・やり・弓などの武器をもつことを禁止した。

エ　禁中並公家諸法度を定めて，天皇や公家を統制した。

(3)　18世紀後半から19世紀にかけてのたび重なる飢きんなどによって，各藩は改革をせまられた。図2は，薩摩藩と肥前藩の政策をまとめたメモである。各藩がこれらの政策を行った成果について，□□に当てはまる文を「特産物」という語を用いて書きなさい。

○薩摩藩と肥前藩が行った政策	
薩摩藩	肥前藩
・質素，倹約をすすめた。 ・砂糖の原料である，さとうきびの栽培を奨励し，砂糖を藩が独占的に販売した。 ・薩摩焼を藩が独占的に販売した。	・質素，倹約をすすめた。 ・ろうの原料である，はぜの栽培を奨励し，ろうを藩が独占的に販売した。 ・有田焼を藩が独占的に販売した。
○政策の成果：藩の家臣への給料を減らし，倹約をすすめることで支出をおさえられた。 　　　　　　　商品作物の栽培を奨励し，□□□□□□□。	

図2

5　芝原遺跡では，A地点の銅銭やC地点の青磁など外国産品が多数発掘されている。江戸幕府は貿易を統制したが，国を完全に閉ざしていたのではなく，薩摩藩を含む四つの窓口を開いていた。江戸幕府の貿易統制下における四つの窓口として**当てはまらない**のはどれか。

ア　長崎　　イ　対馬　　ウ　松前　　エ　博多

4　生徒X，生徒Y，生徒Zは，日本の近現代の歴史と鉄道について調べ，まとめる活動を行った。次の1，2，3の問いに答えなさい。

1　図1は，生徒Xが明治時代に日光を訪れた人物と鉄道の関係について調べ，まとめたものである。後の(1)，(2)，(3)の問いに答えなさい。

【アーネスト・サトウ】
・イギリス外交官として来訪し，江戸幕府最後の将軍　　Ⅰ　　の通訳も務めている。
・日光に別荘を持ち，外国人向けパンフレットとして『日光ガイドブック』を刊行している。

【イザベラ・バード】
・イギリス出身の女性探検家であり，明治時代の日本を探検し，当時の　　Ⅱ　　を訪れた際には，その地の先住民族であるアイヌ民族の文化について調べている。
・帰国後に出版し，反響を呼んだ『日本奥地紀行』では，日光が好意的に紹介されてい

る。

　　| まとめ |
　　　・サトウやバードなどの明治時代に来訪した外国人たちの紹介により，観光地として関
　　　　心が高まったことが，日光まで鉄道が延長された一因と考えられる。

図1

(1) 図1の　Ⅰ　，　Ⅱ　に当てはまる語の組み合わせとして正しいのはどれか。
　　ア　Ⅰ－徳川吉宗　Ⅱ－北海道　　イ　Ⅰ－徳川吉宗　Ⅱ－沖縄県
　　ウ　Ⅰ－徳川慶喜　Ⅱ－北海道　　エ　Ⅰ－徳川慶喜　Ⅱ－沖縄県

(2) イザベラ・バードは，女性初の英国地理学会特別会員として活躍した。明治時代の日本の
　　女性を取り巻く状況について説明した文として当てはまるのはどれか。
　　ア　学制が公布され，男女ともに小学校が義務教育になった。
　　イ　女性の選挙権や参政権が認められ，女性国会議員が誕生した。
　　ウ　バスの車掌やタイピストなどとして働く女性が増加し，女性の社会進出が進んだ。
　　エ　国家総動員法の制定により，女性が軍需工場で働くようになった。

(3) 明治政府は，鉄道の敷設などの近代化を進めた。行政改革においては，中央集権を進める
　　ために，藩にかえて全国に県や府を置き，政府が派遣した県令や府知事が行政を担うことに
　　なった。この改革を何というか。

2　　生徒Yは，栃木県では生糸の生産が盛んだったことを知り，日本の生糸産業と鉄道の関連に
　　ついて，図2，図3をもとにまとめを作成した。文中の　Ⅰ　，　Ⅱ　に当てはまる文を，それ
　　ぞれ簡潔に書きなさい。

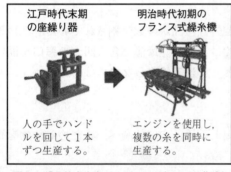

図2　（「農林水産省ウェブページ」により作成）

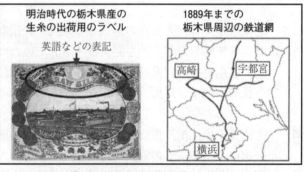

図3　（「とちぎいにしえの回廊」ほかにより作成）

　　【まとめ】
　　　　図2は生糸の生産方法の変化を示したものである。図2から読み取れる生産方法の変化
　　を踏まえ，生産量の変化について考えると，江戸時代末期に比べ明治時代初期には
　　　　　　　Ⅰ　　　　　と考えられる。さらに，図3のラベルと鉄道網から読み取れることを踏ま
　　え，生糸の流通について考えると，栃木県や群馬県産の生糸は　　　　Ⅱ　　　　と考えられ
　　る。

3　　生徒Zは，国内外における鉄道敷設とその影響について調べた。次の(1)，(2)，(3)の問いに答
　　えなさい。

(1) **図4**は，南満州鉄道（満鉄）で1934年から運行された特急列車あじあ号とその路線図である。

このことに関する次の文中の $\boxed{\text{I}}$，$\boxed{\text{II}}$ に当てはまる語の組み合わせとして正しいのはどれか。

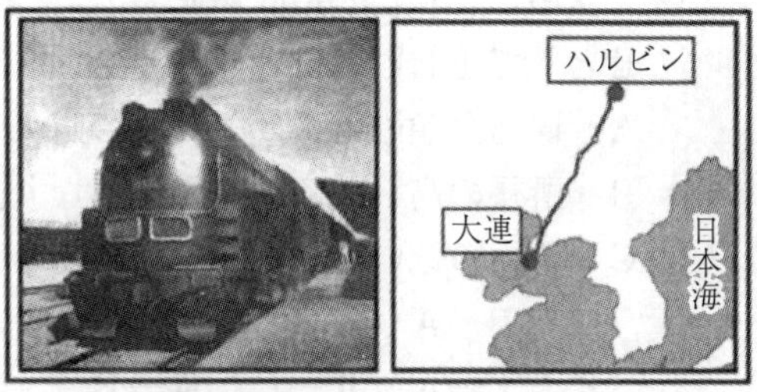

> 路線図中の $\boxed{\text{I}}$ は，19世紀末に日本が獲得したが，その後，三国干渉を受け入れて清に返還し，$\boxed{\text{II}}$ 戦争後に日本が租借することになった土地である。

図4　（「満鉄特急あじあ号」ほかにより作成）

ア　Ⅰ－ハルビン　Ⅱ－日露　　イ　Ⅰ－ハルビン　Ⅱ－日清
ウ　Ⅰ－大連　　　Ⅱ－日露　　エ　Ⅰ－大連　　　Ⅱ－日清

(2) 鉄道敷設は，国内だけでなく，影響力の及ぶ国外地域にも積極的に行われた。イギリスはインドに鉄道の敷設を進め影響力を強めた。1857年におこったイギリスの支配に対するインド人兵士らによる反乱を何というか。

(3) 東海道新幹線は1964年に開通した。東海道新幹線の開通と最も近い時期の日本におけるできごとはどれか。

ア　足尾銅山鉱毒事件発生　　イ　財閥解体
ウ　バブル経済崩壊　　　　　エ　公害対策基本法制定

5　次の1から7までの問いに答えなさい。

1　次の文中の $\boxed{}$ に当てはまる語を書きなさい。

> 地方自治は住民の生活に身近であり，直接参加できる場面も多いことから，「地方自治は $\boxed{}$ 主義を学ぶ最良の学校である」と表現されている。

2　衆議院の優越が認められている内容として**当てはまらない**のはどれか。
ア　法律案の議決　　イ　内閣総理大臣の指名　　ウ　予算の先議　　エ　憲法改正の発議

3　政党に投票し，各政党の得票数に応じて議席を配分する選挙制度を何というか。

4　次の文中の $\boxed{}$ に当てはまる語を書きなさい。

> 生存権について，日本国憲法では，第25条に「すべて国民は，健康で $\boxed{}$ 的な最低限度の生活を営む権利を有する。」と規定されている。

5　次の会話文は，税に関する授業における会話の一部である。これを読み，後の(1)，(2)の問いに答えなさい。

> 先　　生：財源確保のために増税をする場合，どの税を対象にするのがよいと考えますか。
> 生徒X：私は消費税がよいと思います。$\boxed{\text{I}}$ という点で公平だと思うからです。
> 生徒Y：私も賛成です。ですが，$\boxed{\text{II}}$ という点が課題だと思います。所得税はどうでしょうか。$\boxed{\text{III}}$ という点で公平だと思います。
> 生徒Z：最初は私も所得税と考えていましたが，それも課題が残るように感じます。
> 先　　生：公平と言っても，様々な視点で考えなければいけないということですね。

(1) 下線部について，消費税のように納める人と負担する人が一致しない税金を何というか。

(2) 文中の $\boxed{\text{I}}$，$\boxed{\text{II}}$，$\boxed{\text{III}}$ には，次の**A**，**B**，**C**のいずれかが当てはまる。その組み合わせとして正しいのはどれか。

A 同じ金額の財・サービスの購入に対して，誰でも同じ金額の税を負担する

B 所得の高い人は税率が高くなり，所得の低い人は税率が低くなる

C 所得の低い人ほど所得全体から税の支払いに使う割合が大きくなる

ア Ⅰ－A Ⅱ－B Ⅲ－C

イ Ⅰ－A Ⅱ－C Ⅲ－B

ウ Ⅰ－B Ⅱ－A Ⅲ－C

エ Ⅰ－B Ⅱ－C Ⅲ－A

オ Ⅰ－C Ⅱ－A Ⅲ－B

カ Ⅰ－C Ⅱ－B Ⅲ－A

6 **図1**は，国連の安全保障理事会に提案された，ある決議案に対する投票結果を示したものである。この投票結果の説明として正しいのはどれか。

		常任理事国	非常任理事国
賛成	11か国	3か国	8か国
反対	1か国	1か国	0か国
棄権	3か国	1か国	2か国

図1

ア 全理事国の過半数の国が賛成していたため，可決された。

イ 常任理事国の中に反対した国があったため，否決された。

ウ 常任理事国の過半数の国が賛成していたため，可決された。

エ 全理事国の賛成が得られなかったため，否決された。

7 政府や企業は，様々な子育て支援を行っている。**図2**は，政府が一定の要件を満たした企業を子育てサポート企業として認定したことを示す「くるみんマーク」である。また，**図3**は，認定された企業の子育て支援への取り組み例である。次の**説明文**中の $\boxed{\text{I}}$ に当てはまる文を簡潔に書きなさい。また，$\boxed{\text{II}}$ に当てはまる文を，「利潤」と「社会的責任」の語を用いて簡潔に書きなさい。

図2 （「厚生労働省ホームページ」により作成)

A社	B社
・短時間勤務制度	・男性の育休取得促進
・子の看護休暇制度	・妊娠中の働き方支援
・女性の管理職登用	・テレワーク制度の導入

図3 （「厚生労働省ホームページ」により作成)

【説明文】

　この認定を受けた企業は，**図3**のように従業員の $\boxed{\qquad\text{I}\qquad}$ の両立を図り，ワーク・ライフ・バランスの実現に向けて多様な働き方を支援している。近年では，企業は $\boxed{\qquad\text{II}\qquad}$ と考えられており，**図3**のような従業員の労働環境整備の側面，教育や文化支援の側面，環境保護の側面など積極的に社会に貢献しようとする企業も増えている。

6 　生徒Xは，観光をテーマに課題研究を行った。次の文は生徒Xが情報収集した内容の一部である。後の1から6までの問いに答えなさい。

- 観光業は，ⓐ景気の変動や災害などの社会情勢に影響を受けやすい産業である。
- ⓑ世界遺産には，文化遺産，自然遺産，複合遺産の3種類がある。
- 一般市民が住宅を活用して旅行者などに宿泊場所を提供するⓒ民泊が，一定の要件のもとで解禁されている。
- ⓓ企業のなかには，ⓔSDGsと関連させた観光に取り組む事例がみられる。
- 観光業の発展のために，ⓕ地元住民の意見を行政が取り入れる事例がみられる。

1　下線部ⓐについて，好景気の時期に一般にみられる経済の動きについて説明した次の文中の　Ⅰ ，　Ⅱ　に当てはまる語の組み合わせとして正しいのはどれか。

　　好景気の時期は，商品が多く売れるようになり，企業は生産を　　Ⅰ　　。また景気が過熱した場合，政府は　　Ⅱ　　などを行い，景気の引き締めを図る。

ア　Ⅰ―増やす　Ⅱ―増税　　イ　Ⅰ―増やす　Ⅱ―減税
ウ　Ⅰ―減らす　Ⅱ―増税　　エ　Ⅰ―減らす　Ⅱ―減税

2　下線部ⓑについて，世界遺産の認定を行う機関はどれか。
ア　APEC　　イ　ASEAN　　ウ　UNESCO　　エ　UNICEF

3　下線部ⓒに関して，自由な経済活動を促し，経済を活性化することを目的として，行政が企業などに出す許認可権を見直すことを何というか。

4　下線部ⓓに関して，次の文Ⅰ，Ⅱ，Ⅲの正誤の組み合わせとして，正しいのはどれか。

　Ⅰ　製造物責任法は，欠陥商品で消費者が被害を受けたとき，消費者が企業の過失を証明しなければならないと定めている。

　Ⅱ　消費者基本法は，消費者の権利を明確にし，自立を支援するため，行政や企業の責務を定めている。

　Ⅲ　独占禁止法は，消費者の利益を守るため企業に対して公正な競争を促すことを定めている。

ア　Ⅰ―正　Ⅱ―正　Ⅲ―誤　　イ　Ⅰ―正　Ⅱ―誤　Ⅲ―正
ウ　Ⅰ―正　Ⅱ―誤　Ⅲ―誤　　エ　Ⅰ―誤　Ⅱ―正　Ⅲ―正
オ　Ⅰ―誤　Ⅱ―正　Ⅲ―誤　　カ　Ⅰ―誤　Ⅱ―誤　Ⅲ―正

5　下線部ⓔに関して，SDGsの目標14は「海の豊かさを守ろう」である。領海の外側にあり，水産資源や鉱山資源を利用する権利の及ぶ，海岸線から200海里以内の範囲を何というか。

6　下線部ⓕに関して，次の**図**は，生徒Xがまとめた観光に関するレポートの一部である。**図中**の　Ⅰ　に当てはまる文として，生活上のデメリットを感じている市民が多いことが分かる理由を，**資料1**と**資料2**のどちらを根拠にするかを明らかにして，具体的な数値にふれ，簡潔に書きなさい。また，　Ⅱ　に当てはまる文を「場所」の語を用いて，簡潔に書きなさい。

【私の市が市民に行ったアンケート結果】

> 観光客が買い物，宿泊することで，市の経済が活性化し，雇用が促進される。

> 一部の観光地とその周辺に，混雑が発生して迷惑する人がいる。

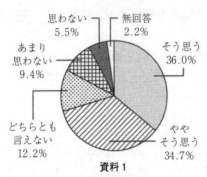
資料1

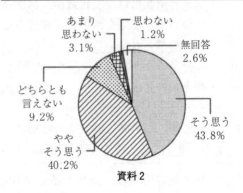
資料2

※四捨五入の関係で合計は100にならない。

【アンケートの分析】

　アンケートの項目に対して，「そう思う」と「ややそう思う」を合わせたものを肯定的な回答ととらえ，「思わない」と「あまり思わない」を合わせたものを否定的な回答ととらえ，分析しました。　　　Ⅰ　　　ということが読み取れるので，生活上のデメリットを感じている市民が多いことが分かります。一方で，観光客が来ることで経済的なメリットを感じている市民も多いので，私は，生活上のデメリットの解消と，経済的なメリットの維持の両立を図るため，次の提案を考えてみました。

【提案】

> 　まだ知られていない名所の魅力をアピールする動画を作成したり，有名な観光地以外にも観光客を集めるような企画を立ち上げたりする。

　この提案によって，　　　Ⅱ　　　ことで，混雑を軽減しつつ，市全体に経済効果を広めることができると考えます。

図

理科

●満点 100点　●時間 50分

1 次の1から8までの問いに答えなさい。

1　次の生物のうち，ハチュウ類はどれか。

　　ア イモリ　　**イ** カメ　　**ウ** カエル　　**エ** タツノオトシゴ

2　次のうち，地球型惑星で，地球よりも外側を公転している惑星はどれか。

　　ア 水星　　**イ** 金星　　**ウ** 火星　　**エ** 木星

3　次の物質のうち，単体はどれか。

　　ア 硫酸　　**イ** 硫酸バリウム　　**ウ** 硫化鉄　　**エ** 硫黄

4　次のうち，レントゲン撮影に用いる放射線はどれか。

　　ア X線　　**イ** α線　　**ウ** β線　　**エ** γ線

5　下の表は，気体Aの性質を示している。気体Aを実験室で発生させて試験管に集めるとき，最も適する置換法を何というか。

	水へのとけやすさ	密度〔g/cm³〕	空気の密度を1としたときの比
気体A	水に非常にとけやすい	0.00072	0.60

6　たいこから出た音が壁に反射して戻ってくるまでに0.50秒かかった。たいこから壁までの距離は何mか。ただし，音の速さは340m/秒とする。

7　血しょうの一部が毛細血管からしみ出して，細胞のまわりを満たしている液を何というか。

8　地震そのものの規模の大小を表す値を何というか。

2 土の中の微生物のはたらきについて調べるために，次の実験(1)，(2)，(3)を順に行った。

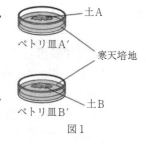

(1)　森の中で，落ち葉の下の土を採取し，採取したままの土を土A，十分に加熱した後，冷ました土を土Bとする。

(2)　図1のように，デンプンのりを混ぜた寒天をペトリ皿に入れて固めた寒天培地に，土Aをのせたものをペトリ皿A′，土Bをのせたものをペトリ皿B′とした。それぞれにふたをして，数日間，暗い場所に置いた。なお，ペトリ皿A′，B′に入れた土の量は同じである。

(3)　ペトリ皿A′，B′の土を水で洗い流して取り除き，ヨウ素溶液をそれぞれ加え，寒天培地表面の色の変化を調べた。表はその結果をまとめたものである。

	寒天培地表面の色の変化	
	土をのせていた ところとその周辺	土をのせていない ところ
ペトリ皿A′	×	○
ペトリ皿B′	○	○

○：変化あり　×：変化なし

このことについて，次の1，2，3，4の問いに答えなさい。

1　実験(2)で，下線部の操作を行う目的は，次のうちどれか。

ア　土の温度変化がないようにするため。

イ　二酸化炭素が入らないようにするため。

ウ　酸素が入らないようにするため。

エ　空気中の微生物が入らないようにするため。

2　次の□□内の文章は，実験(2)，(3)の結果から土の中の微生物のはたらきを考察し，仮説を立て，それを確認するために必要な実験と，この仮説が正しいときに予想される結果をまとめたものである。①，②に当てはまる語句をそれぞれ（　）の中から選んで書きなさい。

【考察】　ヨウ素溶液の反応から，デンプンを別の物質に分解したことが考えられる。
【仮説】　呼吸によって，有機物としてのデンプンを無機物に分解している。
【実験】　ペットボトル容器に①（土A・土B）とデンプン溶液を入れ密閉する。数日間，暗い場所に置いたのち，生じた無機物として②（酸素・二酸化炭素）の割合を測定する。
【仮説が正しいときに予想される結果】　容器の中に含まれる②の割合が増加する。

3　ある場所に生活する，生産者，消費者，分解者の生物と，それをとり巻く環境を一つのまとまりとしてとらえたものを何というか。

4　自然界では，食べる・食べられるの関係はたがいに影響しあい，生物の数量的なつり合いは一定の範囲に保たれている。図2は，この関係を模式的に示したものである。Ⅰは植物，Ⅱは草食動物，Ⅲは肉食動物とする。図3のように，人間の活動や自然災害などが原因で，Ⅱの生物が一時的に減少したのち，図2の状態にもどるまでに，どのような変化が起こるか，次のア，イ，ウについて，変化が起こる順に左から記号で書きなさい。

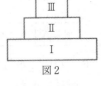

図2

ア　Ⅰは減り，Ⅲは増える。

イ　Ⅰは増え，Ⅲは減る。

ウ　Ⅱが増える。

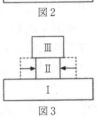

図3

3　ケイさんは，電気器具の電気の使用について調べるために，次の調査(1)，(2)を行った。

(1)　部屋で使用している電気器具の配置を図に示した。コンセントにつないだ全ての電気器具には，等しく100Vの電圧がかかる。それぞれの電気器具の消費電力を調べ，表1にまとめた。ただし，電気器具を使用している間の消費電力は一定であるものとする。なお，ブレーカーは，決められた電流を超えたときに自動的に回路を切る装置である。

電気器具	消費電力〔W〕
パソコン	200
電気スタンド	20
扇風機	50
エアコン	1000

（100Vで使用するとき）
表1

(2)　ある日の10時から18時に電気器具を使用した時間帯を調べ，表2にまとめた。なお，表

の矢印（◀━━━▶）はそれぞれの電気器具を使用した時間帯を示している。

		10時	12時	14時	16時	18時
電気器具	パソコン	◀━━▶			◀━━▶	
	電気スタンド	◀━━━━━━━▶				
	扇風機		◀━━━━━━━━━━▶			
	エアコン		◀━━━━━━━━━━━▶			

表2

このことについて，次の1，2，3の問いに答えなさい。

1 調査(1)で，表1の電気器具を部屋のコンセントにつないで使用したとき，最も大きな電流が流れるものはどれか。また，その電気器具に流れる電流は何Aか。

2 調査(2)で，2時間ごとに消費した電力量の合計を比較すると，最も大きい時間帯は，次のうちどれか。また，そのときに消費した電力量は何Whか。

ア 10時から12時　　イ 12時から14時
ウ 14時から16時　　エ 16時から18時

3 調査(1)，(2)から，ブレーカーからそれぞれの電気器具までの配線のようすを表した模式図として，最も適切なものは次のうちどれか。なお，導線どうしが接続されている場合は ● で表している。また，[a]はパソコン，[b]は電気スタンド，[c]はエアコン，[d]は扇風機を示している。

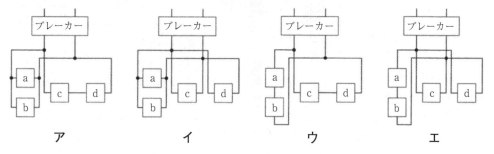

ア　　　　　イ　　　　　ウ　　　　　エ

4 天気について調べるために，次の調査(1)，(2)を行った。

(1) 4月28日17時に，宇都宮市のある地点で気象観測を行い，気温，湿度，風向，風力，雲量を，表1にまとめた。なお，この時刻に降水や雷はなく，湿度は乾湿計を用いて求めた値である。

	気温〔℃〕	湿度〔%〕	風向	風力	雲量
観測データ	22.0	52	南南東	3	8

表1

(2) 調査(1)と同じ地点で気象観測を行い，4月29日0時から連続する3日間の3時間ごとの気温，湿度，風向，風力，天気を，図1にまとめた。また，それぞれの日の15時の天気図を，図2，図3，図4に示した。

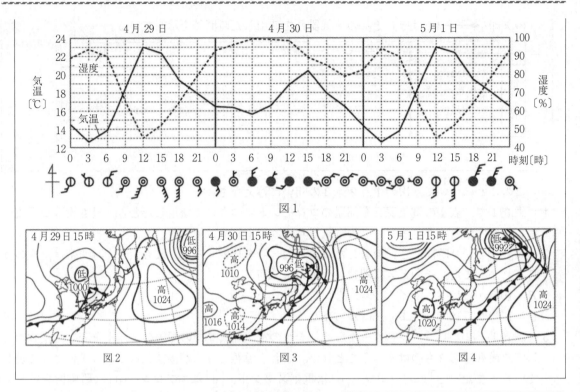

図1

4月29日15時　4月30日15時　5月1日15時

図2　　　　　図3　　　　　図4

このことについて，次の1，2，3の問いに答えなさい。

1　調査(1)について，雲量から判断できる天気を答えなさい。

2　調査(2)において，図5は，3日間のうちのあるときに観測された乾湿計のようすを示している。これは，何月何日

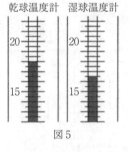

乾球温度計　湿球温度計

図5

		乾球と湿球の示度の差〔℃〕				
		1.0	1.5	2.0	2.5	3.0
乾球の示度〔℃〕	20	91	86	81	77	73
	19	90	85	81	76	72
	18	90	85	80	76	71
	17	90	85	80	75	70
	16	89	84	79	74	69

表2

何時に観測されたものか。なお，表2は乾湿計の湿度表の一部である。

3　調査(2)について，3日間の気圧の変化を表しているものとして，最も適切なものは次のうちどれか。

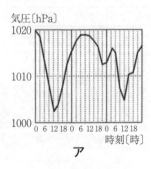

ア

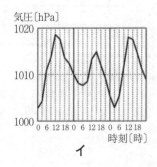

イ

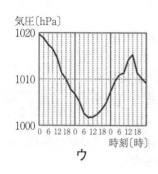
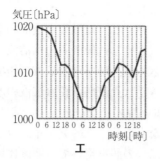

ウ　　　　　　　　　　　エ

5　　ハルさんは，電池について調べるために，次の(1)，(2)，(3)の調査や実験を順に行った。

(1)　インターネットで日本における電池の歴史について調べたところ，図1のような資料を見つけ，ダニエル電池は江戸時代末期には使われていたことと，その構造がわかった。

(2)　図1の電池の構造をもとに図2のような電池をつくり，電子オルゴールをつないだところ数日間音が鳴り続け，やがて止まった。このとき，水溶液中の亜鉛板はぼろぼろになり，銅板は表面に赤い物質が付着していた。また，硫酸銅水溶液の色はうすくなっていた。

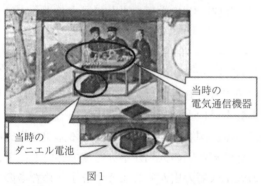

図1

（郵政博物館HP「ペリー献上電信機実験之図」の一部）

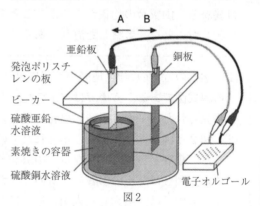

図2

(3)　素焼きの容器のはたらきを調べるために，図2の装置を新たに用意し，音が鳴ることを確認してから，素焼きの容器をはずし，二つの水溶液を混ぜ，亜鉛板と銅板を入れて実験を行った。その結果，実験(2)よりも短い時間で音が止まった。また，水溶液中の亜鉛板の表面に赤い物質が付着した。

このことについて，次の**1**，**2**，**3**，**4**の問いに答えなさい。

1　調査(1)のダニエル電池について，次の①，②に当てはまる語をそれぞれ書きなさい。

ダニエル電池は，（　①　）エネルギーを（　②　）エネルギーに変換する装置である。

2　次の □ 内の文は，実験(2)でつくった電池について説明したものである。①，②に当てはまる記号をそれぞれ（　）の中から選んで書きなさい。

亜鉛板は①（ ＋ ・ － ）極であり，電流は図2の②（ **A** ・ **B** ）の向きに流れる。

3　ハルさんは，実験(2)の装置より長い時間，電子オルゴールの音が鳴る条件を考えた。次のう

ち，最も長い時間，音が鳴る条件はどれか。

ア 水溶液と触れる亜鉛板の面積を大きくし，硫酸銅水溶液の濃度を高くする。

イ 水溶液と触れる亜鉛板の面積を大きくし，硫酸亜鉛水溶液の濃度を高くする。

ウ 水溶液と触れる銅板の面積を大きくし，硫酸銅水溶液の濃度を高くする。

エ 水溶液と触れる銅板の面積を大きくし，硫酸亜鉛水溶液の濃度を高くする。

4 次の◻︎内の文章は，実験(3)で短い時間で音が止まった理由について述べたものである。①に当てはまる語句として最も適切なものは，下の**ア，イ，ウ，エ**のうちどれか。また，②に適する文を「電子」と「亜鉛板」の二つの語を用いて，簡潔に書きなさい。

> 実験(3)の結果について，（　①　）が付着したことから，（　②　）ことがわかる。これにより，電子オルゴールが鳴るために十分な量の電子が，導線中を移動しなくなったためである。

ア 亜鉛板の表面に銅　　**イ** 亜鉛板の表面に亜鉛

ウ 銅板の表面に銅　　　**エ** 銅板の表面に亜鉛

---

6 ユウさんは，大地の成り立ちについて探究的に学んだ。次の(1)は地層からわかることを，(2)は異なる火山灰層の比較からわかることを，(3)は(1)，(2)の学びをもとに過去のようすについて分析したことを，考察した流れである。

---

(1) 学校の近くの露頭（地層が地表に現れている崖など）を観察した。図1は，観察した露頭の模式図である。A層ではブナの化石が確認でき，B層では角がとれ，丸みを帯びたれき・・・が見られた。Y面は過去に風化，侵食の影響を受けた不規則な凹凸面である。

(2) 図2と図3は，先生から示されたものである。図2は，図1とは異なる露頭の模式図である。C層とD層は，異なる火山灰層で，それぞれ別の火山が噴火してできたものである。また，図3は，風の影響による同じ厚さの火山灰層の広がりのようすをまとめたものである。火山灰は，噴火した火山に近いほど厚く堆積し，上空の風の影響を受け，火山の風下側に広く堆積することがわかった。

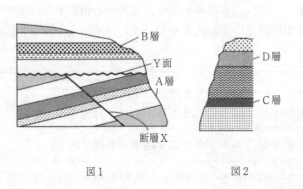

図1　　　　　　　図2

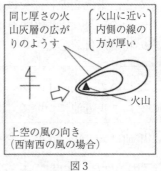

図3

(3) 図4と表は，先生から示されたもので
ある。図4は，図2のC層とD層の厚さ
を調べた地点aからtと，周辺の火山ア，
イ，ウ，エの位置関係を表した模式図で
ある。下の表は，地点aからtの火山灰
層の厚さをまとめたものである。火山灰
層の厚さは，風化や侵食，崖やくぼみな
どの地形による影響はないものとして，
図4と表から分析し，噴火した火山と噴
火が起こった順を考察した。

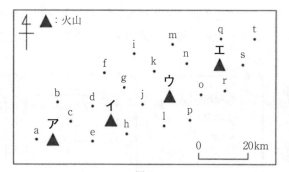

図4

	地点																			
	a	b	c	d	e	f	g	h	i	j	k	l	m	n	o	p	q	r	s	t
D層の厚さ〔cm〕	0	0	0	1	0	7	57	14	38	56	53	4	39	37	12	3	28	9	16	17
C層の厚さ〔cm〕	2	15	48	44	42	25	28	24	22	28	23	19	14	17	14	10	11	8	6	5

このことについて，次の1，2，3，4の問いに答えなさい。ただし，地層の上下の逆転は
ないものとする。

1 (1)で，A層にブナの化石が確認できたことから，この地層が堆積した当時は，やや寒冷な気
候であったことがわかる。このように，堆積した当時の環境を推測することができる化石を何
というか。

2 次の□内の文は，(1)で，れきが，下線部のようになる理由を説明したものである。①，
②に当てはまる語句をそれぞれ（　）の中から選んで書きなさい。

> れきが①（風化する・運搬される）とき，②（熱・流水）の影響を受けたため。

3 (1)で，図1の地層がつくられるまでの出来事のうち，次のア，イ，ウ，エについて，古い順
に左から記号で書きなさい。

ア　断層Xの形成　　イ　A層の堆積　　ウ　B層の堆積　　エ　Y面の形成

4 次の□内の文は，(3)で，噴火した火山と噴火が起こった順について述べたものである。
①，②のそれぞれに当てはまる火山を図4のア，イ，ウ，エから選び，記号で答えなさい。な
お，噴火した火山は，図4のいずれか二つの火山であり，他の火山は噴火していない。

> 先に噴火した火山は（　①　）であり，後に噴火した火山は（　②　）である。

7 図のように，イヌワラビ，ゼニゴケ，スギナ，イチョウ，マツ，ツユクサ，イネ，エンドウ，アブラナの9種類の植物を，子孫のふやし方や体のつくりに着目してグループAからFに分類した。

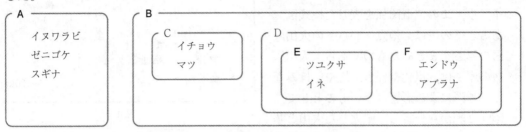

このことについて，次の1，2，3の問いに答えなさい。

1 グループA，Bのうち，種子をつくらないグループはどちらか。また，そのグループに分類した植物は，種子のかわりに何をつくってふえるか。

2 グループAのゼニゴケとスギナは，体のつくりの特徴からさらに二つのグループに分類でき，イヌワラビはそのどちらかに分類できる。このとき，イヌワラビと同じグループの植物と体のつくりの特徴の組み合わせとして正しいものはどれか。

	植物	分類した理由
ア	ゼニゴケ	葉，茎，根の区別がある。
イ	ゼニゴケ	葉，茎，根の区別がない。
ウ	スギナ	葉，茎，根の区別がある。
エ	スギナ	葉，茎，根の区別がない。

3 オクラ，トウモロコシ，コスモスはグループDに分類でき，さらにグループE，Fのどちらかに分類できる。下の表は，それらの植物について，花，葉，根のスケッチをまとめたものである。なお，オクラとトウモロコシは，グループE，Fのうち別のグループである。コスモスは，グループE，Fのどちらに分類できるか。また，そのように判断した理由を，オクラ，トウモロコシのいずれかの根のつくりとの共通点に着目して簡潔に書きなさい。

	オクラ	トウモロコシ	コスモス
花		（雄花）	
葉			
根			

8 物体にはたらく浮力について調べるために，次の実験(1)，(2)，(3)，(4)を順に行った。

(1) 図1のように，質量が等しく，高さが2.0cmで体積が異なる直方体の物体A，Bを用意し，ばねばかりにつるした。なお，物体Bの方が体積は大きいものとする。ただし，糸の重さと体積は考えないものとする。

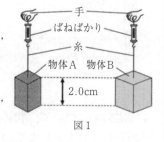
図1

(2) 図2のように，ビーカーの底から6.0cmの高さまで水を入れ，物体Aを沈めた。次に，図3のように物体Aをゆっくり引き上げた。このときのビーカーの底から物体の下面までの高さと，ばねばかりの値の関係を調べた。なお，物体の水中への出入りによる水面の高さは変わらないものとする。

(3) 物体Bについても，(2)と同様に実験を行った。図4は，実験(2)，(3)の結果をまとめたものである。

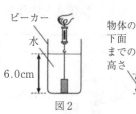
図2 　　図3

(4) 図5のように，中心に糸を取り付けたてんびんの両端に物体A，Bをつるし，てんびんが水平になることを確認した。てんびんにつるしたまま静かに物体A，Bを水中に沈めて，そのようすを観察した。

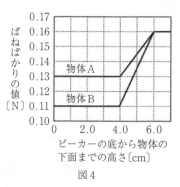
図4

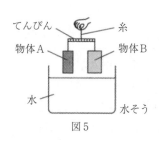
図5

このことについて，次の**1**，**2**，**3**，**4**の問いに答えなさい。

1 次の□内の文章は，水中にある直方体の物体にはたらく浮力について述べたものである。①，②に当てはまる語句をそれぞれ（　）の中から選んで書きなさい。

> 浮力の向きは，常に①（上向き・下向き）である。また，浮力の大きさは，物体の上面と下面にはたらく水圧によって生じる力の大きさの②（和・差）によって表される。

2 物体Aについて，ビーカーの底から物体の下面までの高さが1.0cmのとき，物体Aにはたらく重力の大きさと浮力の大きさは，それぞれ何Nか。

3 実験(2)において，ビーカーの底から物体Aの下面までの高さと，物体Aにはたらく浮力の大きさの関係を表したグラフとして，最も適切なものは次のうちどれか。

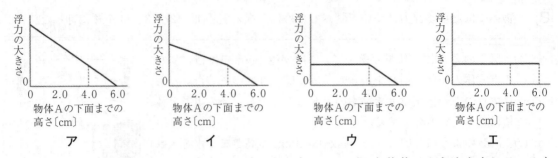

| ア | イ | ウ | エ |

4 実験(4)について，物体Ａ，Ｂを水中に沈めたときのてんびんと物体のようすを表しているものとして最も適切なものは，次のア，イ，ウのうちどれか。また，そのようになる理由を，実験(1)，(2)，(3)からわかることをもとに，簡潔に書きなさい。ただし，てんびんはある一定の傾きで止まり，物体Ａと物体Ｂがたがいにぶつかることはない。

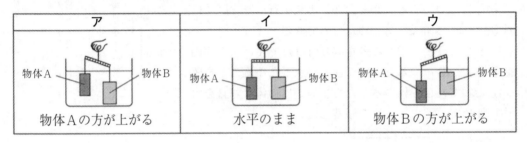

ア	イ	ウ
物体Ａの方が上がる	水平のまま	物体Ｂの方が上がる

9 炭酸水素ナトリウムの熱分解について，次の実験(1)，(2)を順に行った。

(1) 図1のように，炭酸水素ナトリウムが入った試験管Ｘの口を少し下げて，十分に加熱したところ，炭酸ナトリウムと液体，気体が生じ，発生した気体は試験管Ｙに集めた。試験管Ｙに石灰水を入れてふると，石灰水が白くにごった。また，試験管Ｘの内側に付着した液体に青色の塩化コバルト紙をつけると赤色に変化した。

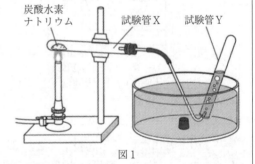

図1

(2) 図2のように，炭酸水素ナトリウム0.40ｇを入れたステンレス皿を1分間加熱し，冷ましてからステンレス皿内の物質の質量を測定した。1分間の加熱と測定を質量が変化しなくなるまで数回繰り返し，記録した。同様の実験を，炭酸水素ナトリウムの質量を変えて行った。表は，測定結果をまとめたものである。

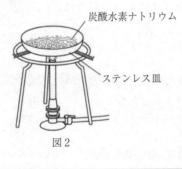

図2

		ステンレス皿内の物質の質量〔ｇ〕				
		1回	2回	3回	4回	5回
炭酸水素ナトリウムの加熱前の質量〔ｇ〕	0.40	0.31	0.25	0.25		
	0.80	0.65	0.51	0.50	0.50	
	1.20	1.06	0.87	0.76	0.75	0.75
	1.60	1.45	1.26	1.07	1.00	1.00
	2.00	1.77	1.51	1.32	1.25	1.25

このことについて，次の1，2，3の問いに答えなさい。

1　実験(1)において，下線部は実験を行う上で必要な操作である。その理由について，「発生した液体が」という書き出しで，安全面に着目して簡潔に書きなさい。

2　実験(1)で，炭酸水素ナトリウムに起きた化学変化を，図3の書き方の例にならい，文字や数字の大きさを区別して，化学反応式で書きなさい。

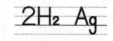

図3

3　実験(2)について，加熱前の炭酸水素ナトリウムの質量と，質量が変化しなくなったときの炭酸ナトリウムの質量との関係を表すグラフをかきなさい。また，1.20gの炭酸水素ナトリウムを2回加熱したときに，ステンレス皿内に生じた炭酸ナトリウムの質量を求めなさい。

ア　豊かな水資源が人の生活を支えていることが書かれてい
る。

イ　海洋プラスチックごみが生態に及ぼす影響が書かれてい
る。

ウ　栃木が排出する海洋プラスチックごみの量が書かれてい
る。

エ　栃木と海とのつながりを考えていく重要性が書かれてい
る。

(4)　□に入る内容として最も適当なものはどれか。

ア　秋に川から海へ帰っていく鮭

イ　秋に海から川へ帰ってくる鮭

ウ　春に海から川へ帰ってくる鮭

エ　春に川から海へ帰っていく鮭

(5)　③ホームページにある宣言は、俳句に詠まれているような
自然環境を守りたいということだよね。二つを関連させたポ
スターにしてみたらどうかな　とあるが、この生徒Aの発言
を説明したものとして最も適当なものはどれか。

ア　これまでの発言の誤った点を指摘して訂正している。

イ　これまでの発言を否定して自分の意見を述べている。

ウ　これまでの発言で疑問に思ったことを質問している。

エ　これまでの発言の内容を整理しながらまとめている。

2　美化委員会では、地域の人たちと一緒に、自然を守ることを啓
発するポスターを、地域に掲示する活動を計画している。あなた
は、A、Bどちらのポスターを選ぶか。国語解答用紙(2)に二百字
以上二百四十字以内で書きなさい。

なお、次の《条件》に従って書くこと。

《条件》

(i)　AとBのどちらかのポスターを選ぶこと。

(ii)　選んだ理由を明確にすること。

B

A

誰もが [Y] できてしまうことに注意するべきだと思うよ。」

生徒B「たしかにそうだね。それは本居宣長の教訓からも読み取れるね。」

生徒C「私たちが古文から学べることはたくさんありそうだね。」

(Ⅰ) [X] に入る内容を、現代語で二十字以内で書きなさい。

(Ⅱ) 本文と生徒の会話を踏まえて、[Y] に入る内容として最も適当なものはどれか。

ア 自分や家族の個人情報を意図せずに不特定多数に発信

イ 他人の意見や考えをあたかも自分のもののように発信

ウ 誤った考えであっても正しい考えだと思い込んで発信

エ 受け取った人がどんな気持ちになるかを考えずに発信

五

1 次の1、2の問いに答えなさい。

1 次の会話文は、「環境問題解決のために」というテーマでポスター作成を行っているグループの会話の一部である。これを読んで、(1)から(5)までの問いに答えなさい。

生徒A「私たちのグループは、『海洋プラスチックごみ』の問題について、ポスターを作成しようよ。」

生徒B「インターネット上の①最新のデータや、各地の取り組みなどを調べてみようか。」

生徒C「それは②よい考えだね。」

生徒A「ちなみに、栃木ではこの問題に対してどのような取り組みをしているのか、栃木県のホームページで確認しよう。」

【栃木県のホームページ】

海洋プラスチックごみは、山から川、川から海へとつながる中で発生するものであり、上流の栃木県においても自分の問題として考えていく必要があるため、令和元(二〇一九)年八月二十七日に県及び県内全二十五市町による「栃木からの森里川湖(もりさとかわうみ)プラごみゼロ宣言」を行いました。

生徒B「栃木県のホームページには、栃木でも問題の解決に向けて取り組んでいると書いてあるね。この栃木県のホームページの内容をポスターに載せるとよいかもね。」

生徒C「なるほどね。そういえば以前、図書館でこんな俳句を見つけたよ。」

鮭(さけ)のぼる川(かわ)しろじろと明(あ)けにけり　　　皆川盤水(みながわばんすい)

生徒A「ホームページにある宣言は、俳句に詠(よ)まれているような自然環境を守りたいということだよね。二つを関連させたポスターにしてみたらどうかな。」
この俳句から [　　] がイメージできるね。ポスターに生かせないかな。」

(1) ①最新 と熟語の構成が同じものはどれか。

ア 予定　イ 温暖　ウ 進退　エ 無休

(2) ②よい の品詞名として最も適当なものはどれか。

ア 名詞　イ 動詞　ウ 形容詞　エ 形容動詞

(3) 会話文中の【栃木県のホームページ】に書かれていることとして最も適当なものはどれか。

四 次の文章を読んで、1から4までの問いに答えなさい。
（———の左側は現代語訳である。）

近き世、学問の道ひらけて、大かたよろづのとりまかなひ、（大体において様々なことの取り扱いが）聡く（さと）賢くなりぬるから、とりどりに新たなる説を出だす人多く、その説よろしければ、世にもてはやさるるによりて、なべての（一般の）学者、(1)いまだよくもととのはぬほどより、われ劣らじと、世に異なる珍しき（劣るまい）説を出だして、人の耳をおどろかすこと、今の世のならひなり。その中には、随分によろしきことも、まれには出でくめれど、大かたいまだしき学者の、心はやりて言ひ出づることは、ただ、人にまさ（未熟な）らむ勝たむの心にて、軽々しく（かろがろ）、前後（まへしり）をもよくも考へ合さず、思ひよれるままにうち出づる故に、多くはなかなかなる(2)いみじき（発表する）（中途半端の）ひがこと（間違い）のみなり。すべて新たなる説を出だすは、いと大事なり。いくたびもかへさひ思ひて、よく確かなるよりどころをとらへ、い（繰り返し）づくまでも出だすまじきわざなり。その時には、うけばりて良しと（出してはいけないこと）（自信満々で）たやすくは出だすまじきにあらずは、動くまじきにあらず、（揺れ動かないよう）思ふも、ほど経て後に、いま一たびよく思へば、なほ悪かりけりと、（のち）（ひと）（やはり）（わろ）我ながらだに思ひならるる事の多きぞかし。（でさえそういう気になる）（であるよ）

ならひ　は現代ではどう読むか。現代かなづかいを用いて、す
（「玉勝間」から）べてひらがなで書きなさい。

1 ならひ　は現代ではどう読むか。現代かなづかいを用いて、すべてひらがなで書きなさい。

2
(1)いまだよくもととのはぬほどより　の意味として最も適当なものはどれか。
ア　まだ学者が世に広く知られないうちから
イ　まだ研究が十分にまとまらないうちから
ウ　まだ研究が世に十分に広まっていないうちから
エ　まだ学者が十分に収入を得ないうちから

3
(2)いみじきひがこと　とあるが、このことについてまとめた次の文の　□　に当てはまる言葉を、本文中から十一字で抜き出して答えなさい。

未熟な学者が焦って言い出す学説は、「　□　」を持つことで軽々しく思いつくままに発表してしまうものが多く、そうした学説の多くはひどい間違いばかりだということ。

4
次の会話文は、この文章を読んだ生徒の会話である。これを読んで、(I)、(II)の問いに答えなさい。

生徒A「この文章の著者である本居宣長は、（もとおりのりなが）この文章を通してどんなことを伝えたかったのかな。」
生徒B「自分の考えを世に発表する際には、何度も繰り返し考え、　X　ことが大切で、そうでなければ出してはいけないと述べているね。」
生徒C「宣長自身も、よく考えて自信をもって発表した学説でも、後から考え直したときに、やっぱりよくなかったなと思うこともあると述べているね。」
生徒B「じゃあ現代の私たちが情報や考えを発信する際には、どのようなことに注意するべきなのかな。」
生徒A「現代は昔よりもさらに情報発信が簡単になっていて、

「休めば改善するってものでもないと思うけどさ、俺の知り合いの役者さんが言ってたんだよ。『適度に休まないと、良い芝居なんてできない』って。」

凛が口を開くが、言葉を発するよりも先に、何かに気付いて固まった。眉をひそめて、航大を睨む。

「それ、私が言った言葉でしょ。」

航大が笑みを深める。

「正解。よく気付いたな。」

以前この場所で、彼女が言っていた言葉だ。雑談の中の軽口のひとつだが、間違っているということもないだろう。休息は大事だ。陽が出ていないときに(4)ガザニアが花を閉じるのは、もちろん裏表があるからなんて理由ではない。それはきっと、余計なエネルギーを使わないようにするためだ。美しく咲き続けるために、体を休める必要性を知っているからだ。

（真紀涼介「勿忘草をさがして」から）

（注1）　双眸＝両目。
（注2）　花がら＝咲き終わってしおれた花のこと。
（注3）　逡巡＝ためらうこと。

1　□　に入る語句として最も適当なものはどれか。
ア　鼻を高くして　　イ　目を細めて
ウ　眉根を寄せて　　エ　舌を巻いて

2　(1)凛は言葉に詰まり　とあるが、凛が言葉に詰まったのはなぜか。
ア　たいしたことではないと言った自分の行動を、航大がしていたら立派なことだと考える自分の中の矛盾に気付いたから。
イ　自分の言動を否定することにつながる航大の発言は、今の自分にはとても受け入れられるものではないと気付いたから。
ウ　航大を傷付けないよう本音を言わない自分の態度が、結果として航大を傷付けることにつながっていると気付いたから。
エ　他人に優しくすることが自分の美点だと思っていたが、航大の発言から時には厳しくすることも必要だと気付いたから。

3　(2)プランターに植えられた花の姿が頭に浮かんだ　とあるが、それはなぜか。四十字以内で書きなさい。

4　(3)肩の力が抜ける　とあるが、ここから航大のどのような心情の変化が読み取れるか。六十五字以内で書きなさい。

5　(4)ガザニア　とあるが、航大はガザニアを通して、凛にどのような思いを抱いているか。
ア　ガザニアが夜には花を閉じても太陽の出ているときを選んで美しく咲くように、凛にも自分の前では普段通り明朗快活でいてほしいという思い。
イ　ガザニアが計算高く余計なエネルギーを使わずに美しい花を咲かせるように、凛にも他人の反応を計算しつつ悩みを解決してほしいという思い。
ウ　ガザニアが昼に咲いて夜には閉じる二面性があるからこそ美しいように、凛にも他人の目を気にして本音を隠す欠点を認めてほしいという思い。
エ　ガザニアが夜には花を閉じてエネルギーを蓄えながら美しく咲き続けるように、凛にも休息をとることで美点を輝かせ続けてほしいという思い。

るような人間が、薄っぺらなわけがない。」

「そんなの、たいしたことじゃないよ。」

謙遜ではなく、本心からそう思っているのだろう。凛の声には、突き放すような刺々しさがあった。

怯まずに、航大は言葉を重ねる。

「俺が同じことをしていたら?」

「え?」

「俺や他の誰かが凛と同じことをしていても、たいしたことじゃないと思う? それくらい普通のことだ、って。」

「それは……。」

(1)凛は言葉に詰まり、困ったように眉をひそめた。沈黙が、彼女の答えを雄弁に語っている。他人に優しく、自分に厳しい。それは立派な心持ちだが、それ故に自らの美点を素直に受け入れられないことは、彼女の明確な欠点だ。屋根より高いハードルを見上げて嘆息するなんて、それこそ滑稽だ。

(2)プランターに植えられた花の姿が頭に浮かんだ。一見すると美しいその花も、よく観察してみれば、咲き終わり、枯れた花をいくつもその身に付けたままにしている。

いまの自分に、彼女の悩みを解決する力はない。しかし、彼女が抱えている不要なものを取り除くことくらいはできるのではないか、と航大は思う。(注2)花がらを摘むように、自分にもできる彼女の心を重くしているものたちを、ひとつひとつ取り払う。それも、彼女の力になるということではないだろうか。

「誰だって人から嫌われることは恐い。俺もそうだ。いまだって、自分の行動は凛にとって迷惑なんじゃないかって不安になってる。」

「そんな。迷惑なんかじゃないよ。」

両手を大きく左右に振り、慌てた様子で凛が否定する。その大袈裟な仕草が余りにいつも通りで、航大は少し緊張がほぐれた。

普段の明朗快活な姿を、凛は本当の自分ではないと言った。でも、咄嗟に顔を出した彼女の一面は、航大のよく知る彼女だった。やはりその顔も、彼女を形づくる一部なのだ。たとえ演じていたものであっても、偽りではない。そのことにホッとした。

(3)肩の力が抜ける。重く考えることなんてしてないのではないかと思えてきた。普段通り、軽口のキャッチボールをするみたいに、思い付きを口にすればいい。それくらい気楽な方が、相手だって変に緊張しないで受け止められる。

「なあ、無責任な提案をしてもいいかな。」

凛が怪訝な顔で航大を見る。

「無責任な言葉なら、あんまり聞きたくないんだけど。」

「それなら止めとくよ。」

航大があっさりと引き下がると、凛はムッとして唇を尖らせた。

「そんなふうに言われると、却って気になっちゃうでしょ。」

「それじゃあ、聞いてみる?」

微かに(注3)逡巡するような間を置いてから、凛が首を縦に振る。

「聞くだけ聞いてあげる。」

航大は頷き、天井を見上げるようにして口を開く。

「今日の部活、休みにしたら。」

期待外れの提案に失望したように、凛の表情が曇った。

「それは無理。ただでさえ稽古がうまくいってないのに、もう本番はすぐそこなんだよ。休んでる余裕なんてないって。」

「でも、いまの状態で稽古したって意味がないんじゃないか? 部員は現状に満足していて、凛はそこに注文をつけられないでいるんだろ。それじゃあ改善のしようがない。」

淡々とした口調で航大が指摘すると、凛は口を閉ざして俯いた。

彼女自身、そのことは痛いほど理解しているのだろう。

ア　日本庭園の石組は、時代で様式を変えることなく、すべての庭園に共通した配列で設置され続けるものだということ。

イ　日本庭園の石組は、時間の経過にしたがって形状を変化させるが、庭園の骨格としての役割を担い続けるということ。

ウ　日本庭園の石組は、どの時代の様式によるものであろうと、後世になっても変わらない姿を見せてくれるということ。

エ　日本庭園の石組は、時代を反映させながら形状を変え、時間の経過と季節のうつろいに気づかせてくれるということ。

5

(4)日本の庭園には必ず水が引き込まれ、池がつくられる　について、ある生徒が次のようにまとめた。これを見て、(I)、(II)の問いに答えなさい。

【日本庭園に池を作る理由】

理由①　[X]　が必要だったから

理由②　[Y]　が求められたから
　　　例……涼を得る機能(夏の京都)

《根底にあること》

理想の風景
海 → [Z] → 池
日本庭園

(I)　[X]、[Y] に入る語句を、本文中から [X] は六字、[Y] は七字で抜き出しなさい。

(II)　[Z] に入る語句として最も適当なものはどれか。

ア　紹介する　　イ　表象する
ウ　排除する　　エ　直立する

三　次の文章を読んで、1から5までの問いに答えなさい。

元サッカー部の航大(こうだい)は、演劇部部長の凛(りん)から、劇の完成度が低いのに満足してしまっている部員たちを引っ張っていけないという悩みを打ち明けられた。その中で凛は、本当の自分は他人の目ばかりを気にして思い悩んでいる薄っぺらな人間なんだと言った。

「薄っぺらじゃないだろ。」

余計な一言はさらに彼女を傷付けることになるかもしれないと知りながら、航大は反論した。指摘せずにはいられなかった。

凛が航大に視線を向ける。彼女は痛みに耐えるように □ いた。濃い黒色の(注1)双眸(そうぼう)が、慰めの言葉などいらないと拒絶している。

自分が刃物を手にしているような気分になり、航大は息を呑む。これから口にしようとしている言葉は、果たして本当に彼女のためになるのだろうかと不安になる。口を閉ざし、沈黙に身を委ねたくなった。

腰に手を置き、大きく息を吐く。サッカーをしていたころ、PKを蹴る前に必ずやっていたルーティンだ。肺の中の空気と一緒に、不安と弱気を体外へと追いやる。緊張がほぐれ、心が落ち着いた。

一度口から出た言葉をなかったことにはできない。勢いに任せて、航大は続ける。

「誰に頼まれたわけでもないのに早起きして学校の花を世話してい

ほかの石を立てなければならないという意味である。ここに、石の(注5)アニミズムを見てとることもできるだろう。石が石を求めているという状況。石を立てるにあたって、作庭者はその状況を理解し、石の意志を摑まなければならない。そうした石たちの対話的な関係によって、最終的に、石による立体的な星座、すなわち石組が成立する。

石は基本的にその形状を保ち続ける。石組は、まさに庭園の骨格として、その形状、位置関係を保ち続ける。少々大仰な言い方をするならば、(3)石組は時間を超越する。この点は、日本庭園の各時代の様式を一貫して共通するところである。

日本庭園の骨格は石組であると述べた。　□　、それによって何が表現されるのか。

しばしば、日本庭園は理想の風景をうつしていると言われる。理想の風景とは『作庭記』の言葉を借りれば、「生得の山水」「国々の名所」といった自然の風景である。平安時代においては、具体的には(注6)陸奥国・塩竈浦や丹後国・天橋立であった。(4)日本の庭園には必ず水が引き込まれ、池がつくられる。

ここで注目したいのは、水辺の風景である。

なぜ、そうまでして池がつくられたのか。川から水を引いて、それを池に溜めるには多くの労力を要する。ここにはもちろん実用的な機能があった。日本庭園が発達した京都は、盆地ゆえ夏は高温多湿であるため、少しでも涼を得る機能が必要だった。また、そこに水そのものの美が求められたことも大きいだろう。池や水流そのものは絶えず人を魅了する。大きな池のある庭園の場合、その水面に、周囲の風景が反映することも、一つの見どころであろう。強めの風が吹いたとき、水面に漣が起こる現象も人を魅了する点である。庭園の池は、言わば、常設の鏡、あるいは画面としてさまざまな様相を見せてくれる。

このように日本庭園の池の役割は、さまざまに数えることができる。が、その根底にあるのは、海を表象することである。(注7)源融の河原院も、陸奥国・塩竈浦という海辺の風景を模したものであった。それゆえ、その池は、塩竈浦の海のイメージにつながっている。

（原瑠璃彦「日本庭園をめぐる」から）

(注1)『作庭記』＝平安時代に書かれた、造園についての書。
(注2)柳田國男＝日本の民俗学者。
(注3)依代＝神霊が出現するときの媒体となるもの。折口信夫が提唱した語。折口信夫は、日本の国文学者・歌人。
(注4)乞はん＝求めること。
(注5)アニミズム＝自然界のあらゆる事物に霊魂が宿ると信じること。
(注6)陸奥国・塩竈浦や丹後国・天橋立＝ともに海の名所。
(注7)源融の河原院＝源融は、平安時代の貴族。河原院は、源融の建てた邸宅。

1　□に入る語として最も適当なものはどれか。
ア　だから　　イ　では
ウ　ところが　　エ　なぜなら

2　(1)「立てる」という人為を加える とあるが、石を立てることには、どのような意味合いがあると筆者は考えているか。
ア　石に神霊が宿るようにするという意味合い。
イ　石を素材に神社を建立するという意味合い。
ウ　自然石を庭園から掘り出すという意味合い。
エ　削った石を山や島に似せるという意味合い。

3　(2)石どうし、さらには作庭者との対話的な関係 とあるが、どのような関係か。

4　(3)石組は時間を超越する とあるが、どのようなことか。四十五字以内で書きなさい。

一

（注意）　答えの字数が指示されている問いについては、句読点や「　」などの符号も字数に数えるものとします。

1　次の──線の部分の読みをひらがなで書きなさい。

(1)　雑誌を創刊する。

(2)　車窓からの風景。

(3)　布地を裁つ。

(4)　注意を促す。

(5)　動物を捕獲する。

2　次の──線の部分を漢字で書きなさい。

(1)　皆に注目されて テれる。

(2)　ジュンジョよく並ぶ。

(3)　応募を一人一回にカギる。

(4)　商品がハソンする。

(5)　町のエンカクを調べる。

二

次の文章を読んで、1から5までの問いに答えなさい。

庭園において、石は山のようにも見えるだろう。白砂の中に置かれた石ならば、それ自体が島のようにも見えるかもしれない。ものによっては「舟石」や「亀石」などと呼ばれ、船や亀に形状が類似しているものもある。庭園の石は、そのときどきによって、いろいろなものに見える。「見立ての手法」である。

（注1）『作庭記』では、そういった石を「立てる」と記されている。要するに、素材は自然石であり加工はしないが、そこに (1)「立てる」

という人為を加える。自然界では寝ていた石を、掘った地面に設置することで、あえて立たせる。

「立つ」ということは、単に物理的に直立すること以上の意味があった。たとえば、（注2）柳田國男は、立つということは神霊があらわれることだと述べている。神社の祭礼における「柱立て」などを思い起こしても良い。古来、何かを立てたとき、それが（注3）依代となり、神霊が宿ると信じられてきた。庭石を「立てる」ことの根底には同様の意味合いがあった。

もちろん、すべての石が立てられるわけではない。『作庭記』第五項に「すべて石は、立つ事はすくなく、臥るることはおほし。しかれども石ぶせとはいはざるか。」とあるように、実際は立てる石よりも、むしろ伏せる石の方が多い。しかし、「石伏せ」とは言わず、「石立て」と言う。あくまで優位にあるのは後者である。

興味深いのは、石を立てるにあたって、(2)石どうし、さらには作庭者との対話的な関係が構築されることである。驚くべきことに、そのこともまた、『作庭記』の「立石口伝」のなかに明記されている。

石をたてんには、まづおも石のかどあるをひとつ立お、せて、次々のいしをば、その石のこはんにしたがひて立べきなり。

（『作庭記』第二十二項）

石を立てるにあたっては、まず、「かど」のある主石を立てる。「かど」とは文字通りに尖っているということだけでなく、才能や趣きも意味する。そして、その主石の「こはんにしたがひて」、他の石を立ててゆかなくてはならないという。

この「こはん」については、今日は「（注4）乞はん」と解釈することが定説化している。すなわち、主石が求めているのに従って、

Memo

誰にもよくわかる 解説と解答 2024年度

栃木県 正答率

全日制課程の受検者から
1,000名を抽出して集計。
（右段は部分正答も含めた割合）

英 語

大問	小問	枝問	正答率	部分正答含む
1	1	(1)	91.2%	
		(2)	91.6%	
		(3)	60.2%	
		(4)	64.5%	
	2	(1)	67.1%	
		(2)	72.7%	
		(3)	64.8%	
	3	(1)	26.9%	55.0%
		(2)	45.8%	49.4%
		(3)	75.8%	79.4%
		(4)	63.2%	70.1%
2	1	(1)	67.0%	
		(2)	52.9%	
		(3)	44.0%	
		(4)	18.9%	
		(5)	66.8%	
		(6)	71.8%	
	2	(1)	41.7%	
		(2)	74.6%	
		(3)	41.8%	
	3		6.6%	76.8%
3	1		46.5%	
	2		37.4%	71.1%
	3		32.8%	56.6%
	4		52.9%	
4	1		64.0%	
	2		11.4%	32.3%
	3		20.5%	43.6%
	4		56.5%	
	5		52.4%	
5	1		11.0%	36.5%
	2		28.0%	41.5%
	3		64.9%	
	4	(1)	11.5%	35.2%
		(2)	2.7%	42.4%
		(3)	9.2%	22.4%
	5		46.4%	
	6		9.8%	48.8%

社 会

大問	小問	枝問	正答率	部分正答含む
1	1		78.9%	
	2		91.2%	
	3		55.8%	
	4	(1)	63.5%	
		(2)	56.2%	
		(3)	70.5%	
		(4)	42.9%	
		(5)	7.2%	37.1%
2	1	(1)	71.7%	
		(2)	70.8%	
		(3)	61.2%	
	2		52.3%	
	3		24.7%	
	4		47.5%	
	5		34.9%	89.9%
3	1		68.8%	
	2		74.9%	
	3	(1)	59.5%	
		(2)	53.9%	
	4	(1)	73.4%	
		(2)	85.7%	
		(3)	10.5%	46.7%
	5		62.6%	
4	1	(1)	78.6%	
		(2)	48.2%	
		(3)	52.6%	
	2		3.0%	73.5%
	3	(1)	47.9%	
		(2)	61.5%	
		(3)	38.0%	
5	1		73.2%	
	2		30.1%	
	3		62.2%	
	4		76.7%	
	5	(1)	44.9%	
		(2)	79.6%	
	6		72.8%	
	7		30.1%	79.5%
6	1		73.4%	
	2		84.0%	
	3		17.1%	
	4		48.8%	
	5		71.0%	
	6		15.9%	63.1%

数 学

大問	小問	枝問	正答率	部分正答含む
1	1		97.2%	
	2		85.0%	
	3		45.6%	
	4		67.7%	
	5		80.9%	
	6		45.4%	
	7		46.1%	
	8		69.5%	
2	1		40.8%	
	2		52.0%	71.8%
	3		38.5%	60.4%
3	1		54.5%	
	2	(1)	72.6%	
		(2)	8.0%	
	3		5.0%	63.7%
4	1	(1)	35.1%	
		(2)	50.3%	
	2	(1)	58.7%	
		(2)	37.8%	
5	1	(1)	56.6%	
		(2)	12.8%	74.4%
		(3)	20.3%	31.3%
	2	(1)	41.9%	70.4%
		(2)	33.3%	
		(3)	6.0%	12.1%
6	1		77.8%	
	2		45.7%	
	3		0.1%	8.6%

理 科

大問	小問	枝問	正答率
1	1		45.6%
	2		73.1%
	3		89.4%
	4		90.6%
	5		69.9%
	6		32.2%
	7		59.2%
	8		82.7%
2	1		63.1%
	2	①	74.8%
		②	68.5%
	3		58.3%
	4		81.3%
3	1		79.1%
	2		22.3%
	3		45.5%
4	1		49.5%
	2		49.0%
	3		26.1%
5	1	①	63.0%
		②	71.4%
	2	①	79.1%
		②	55.5%
	3		45.3%
	4		8.2%
6	1		69.3%
	2	①	89.1%
		②	95.2%
	3		61.0%
	4		16.4%
7	1		81.3%
	2		70.6%
	3		51.9%
8	1	①	93.7%
		②	85.3%
	2		22.5%
	3		50.0%
	4		28.2%
9	1		43.4%
	2		22.2%
	3		3.3%

国 語

大問	小問	枝問	正答率	部分正答含む
一	1	(1)	93.7%	
		(2)	72.0%	
		(3)	89.5%	
		(4)	82.1%	
		(5)	96.1%	
	2	(1)	84.8%	
		(2)	69.1%	
		(3)	74.3%	
		(4)	61.4%	
		(5)	3.6%	
二	1		94.2%	
	2		76.3%	
	3		7.6%	58.3%
	4		56.2%	
	5	（Ⅰ）X	49.5%	
		（Ⅰ）Y	92.3%	
		（Ⅱ）	94.8%	
三	1		67.8%	
	2		82.8%	
	3		5.4%	49.4%
	4		4.3%	49.1%
	5		84.7%	
四	1		93.6%	
	2		44.2%	
	3		73.4%	
	4	（Ⅰ）	3.5%	45.7%
		（Ⅱ）	77.5%	
五	1	(1)	60.6%	
		(2)	74.8%	
		(3)	76.9%	
		(4)	51.8%	
		(5)	88.1%	
	2			95.6%

英語解答

1　1　(1)…イ　(2)…ウ　(3)…エ　(4)…ア
　　2　(1)…ア　(2)…エ　(3)…ウ
　　3　(1)　letters　(2)　remember
　　　　(3)　movie　(4)　better than

2　1　(1)…イ　(2)…ウ　(3)…イ　(4)…ウ
　　　　(5)…ア　(6)…エ
　　2　(1)　ウ→ア→エ→イ
　　　　(2)　イ→ア→エ→ウ
　　　　(3)　オ→イ→エ→ア→ウ
　　3　（例1）I recommend music class.
　　　　In the class, you can sing songs
　　　　about cherry blossoms. Cherry
　　　　blossoms are very special for us.
　　　　You can also learn Japanese
　　　　words from the song.
　　　　（例2）I recommend home
　　　　economics because you can cook
　　　　Japanese food in the class. Have
　　　　you ever eaten *miso* soup ? It is
　　　　a popular food in Japan. I will
　　　　show you how to cook it. It is
　　　　very delicious.

3　1　ウ

　　2　（例）タマネギを食べると，疫病にか
　　　　からないということ(23字)
　　3　（例）強いにおいを持たないタマネギ。
　　4　イ

4　1　エ
　　2　（例）雄太が虫たちのためにできるこ
　　　　とは何もないということ。(26字)
　　3　（例）made〔built〕their home
　　4　ア　　5　イ

5　1　（例1）What is your topic
　　　　（例2）What topic did you choose
　　2　cars　　3　イ
　　4　(1)　（例）is good for health〔their
　　　　　　bodies〕
　　　　(2)　（例1）go to work by bike
　　　　　　（例2）use bikes to go to
　　　　　　work
　　　　(3)　（例1）I can see trees
　　　　　　（例2）there are trees
　　5　ウ
　　6　（例）多くの小学生が，交通ルールに
　　　　ついてほとんど毎週授業で学ぶとい
　　　　うこと。(34字)

1　〔放送問題〕

1．(1)≪全訳≫A：ボブ，私の帽子が見つからないの。／B：えっ，リサ。正面に鳥がついた帽子のこと？／A：そう。あと，横には花が3つついてるわ。／B：それなら椅子の上にあるのを見たよ。
　　Q：「リサが捜しているのはどれか」—イ

(2)≪全訳≫A：ねえ，私，明日あなたと一緒に遊園地へ行けるのがすごくうれしいの！　今日は雨が降ってるけど，晴れるといいな。／B：遊園地では楽しく過ごそう。明日の気象情報はチェックした？／A：ううん。今，インターネットでチェックするね。ええと，「午前中は晴れで，午後は曇りとなるでしょう」だって。／B：雨が降らなさそうでよかったよ。
　　Q：「明日の天気について，気象情報は何といっているか」—ウ

(3)≪全訳≫A：もうすぐ正午だね。映画館に行く前にお昼を食べようよ！／B：でも，15分しかないよ。映画がすぐ始まっちゃう。／A：えっ，本当？　じゃあ，映画館で何か買って，席でそれを食べるのはどうかな？／B：いいよ。
　　Q：「彼らはなぜ映画館で昼食をとるのか」—エ．「時間がないから」

(4)≪全訳≫A：このデパートに来るのはこれが初めてだね。本とサッカーボールはどこで買えるのかな？／B：ねえ，ここにフロアマップがある！　本は2階，サッカーボールは3階で買えるよ。／A：まずは本を見ようよ。／B：わかった，行こう。
　　Q：「彼らは最初に何をするか」—ア．「本を見るために2階へ行く」

2≪全訳≫トム（T）：やあ，アミ。何をしてるんだい？／アミ（A）：こんにちは，トム。私たちの学校の歴史に関する発表用のポスターをつくってるの。／T：わあ，うまくできてるね！　へえ，僕らの学校には昔は校舎が1つしかなかったんだ。／A：そうなの。右側の写真でわかるとおり，古い校舎の前にもう1つ校舎が建てられたの。それから，両方の写真に写ってる木を見て。／T：わあ，これって同じ木なの？　今では古い校舎よりも高くなってるね。／A：そうなの！　この制服の写真を見て。昔の旧デザインでは，女子はスカートをはいて，男子は帽子をかぶってたの。今は，3種類の制服から1つ選べるわ。新しいデザインの中で私が好きなのはこのネクタイよ。／T：僕はこのジャケットが好きだな，だって腕を動かしやすいからね。／A：自分たちの学校のことを知るのっておもしろいよね。実は，このポスターにもっとたくさんの情報を盛り込もうと思ってるの。／T：給食のことはどう？　僕はメニューが毎日変わることにびっくりしたんだ。メニューの中で一番人気があるのは何なのかな？／A：ラーメンとか，麺類だと思うけど，自信はないわ。／T：じゃあ，昔と今で一番人気の給食を調べてみたら？　そして，その結果を君のポスターに載せるのさ。／A：それはいいアイデアね！　そうしてみる！

(1)「ポスターのAに当てはまるのはどれか」―ア　(2)「アミは制服の新しいデザインの何を好きなのか」―エ.「ネクタイ」　(3)「アミは自分のポスターに何を載せるつもりか」―ウ.「昔と今の一番人気のある給食」

3≪全訳≫陽次（Y）：ブラウン先生に何をあげたらいいかな？　君はどう思う，エレナ？／エレナ（E）：私は先生に手紙をあげるのがいいと思うな。手紙で先生への感謝の気持ちを表せるもの。あなたはどう，陽次？／Y：僕は，この学校の行事やこの町の写真をあげるのがいいと思うんだ。そういう写真があれば，先生がここで過ごした日々のことを思い出せるよね。君はどう思う，真奈？／真奈：私はどっちのプレゼントも本当にいいと思う。ねえ，先生のために短い動画をつくったらどうかしら？　動画の中で先生への感謝を伝えられるし，先生に写真を見せることもできるわ。私たちの英語が前よりも上手になったところを見たら，先生は喜んでくれると思うの。／Y：なんてすばらしいアイデアなんだ！

【ブラウン先生へのプレゼント】

名前	プレゼント	理由
エレナ	(1)手紙	・先生に私たちの感謝を示すことができる。
陽次	写真	・先生がここでの日々を(2)思い出すことができる。
真奈	短い(3)動画	・私たちの感謝を伝え，写真を見せることができる。 ・私たちの英語が以前(4)よりうまくなったのを先生に見てもらえる。

2 〔総合問題〕

1＜長文読解―適語選択・語形変化―スピーチ＞≪全訳≫こんにちは！　今日は「とちまるパーク」について皆さんにお話しさせていただきます。皆さんはこれまでにそこへ行ったことはありますか？　このパークは自然がいっぱいなので，キャンプやハイキング，魚釣りをそこで楽しむことができます。一年中，人気のイベントがたくさん行われています。そのうちの1つが「春のイチゴ祭り」です。これは毎年4月1日から4月15日まで開催されます。イチゴが大好きなら，このお祭りを楽しめるでしょう。今年，4月15日は特別な日となりますが，それはこのパークが30年前のその日に開園したからなのです。そこで，夜には花火大会が開催されます。このパークを訪れてみてはいかがですか？　ご清聴ありがとうございました。

＜解説＞(1)'let＋目的語＋動詞の原形'で「～に…させる，～が…するのを許す」。　(2)キャンプやハイキング，魚釣りなどができるのだから，自然でいっぱいなのだとわかる。　be full of ～「～でいっぱいだ」　be afraid of ～「～を恐れる」　(3)主語の one of them「それらのうちの1つ」は3人称単数なので，3人称単数の主語を受ける be 動詞を選ぶ。'one of＋複数名詞'「～

のうちの１つ〔１人〕」　　⑷‘from ～ to …’で「～から…まで」。　　⑸「この日にパークが開園した」という前後の内容とつながる表現として、「30年前の」となる ago「～前」が適する。

⑹Thank you for ～ing で「～してくれてありがとう」。

２＜対話文完成―整序結合＞

⑴A：すてきなバッグを持ってるね！　それは新しいの？／B：うん。おばあちゃんが先週末，<u>私に買ってくれたの。</u>／‘buy＋物＋for＋人’「〈人〉に〈物〉を買う」の形をつくる。　buy－bought－bought

⑵A：何を読んでるの？／B：<u>英語で書かれた本を読んでるの。</u>／I'm の後に reading を置き，‘be動詞＋～ing’の進行形にする。reading の目的語は a book。この後は written in English「英語で書かれた」とまとめる。a book written in English は，過去分詞で始まる語句がその前の名詞を修飾する形（過去分詞の形容詞的用法）である。

⑶A：<u>あなたはどの季節が好き？</u>／B：僕は冬が好きだよ。スキーをするのが大好きなんだ。／冬が好きだと答えているので，好きな季節を尋ねる疑問文にする。which を「どの～」の意味の疑問詞として用いて，Which season「どの季節」で始める。残りは一般動詞の疑問文の語順で do you like とする。

３＜条件作文＞＜全訳＞こんにちは！／僕たちは来月，皆さんの学校を訪れる予定です！　滞在中に皆さんの学校のいくつかの授業に参加したいと思っています。僕たちの多くは日本の文化に興味があるので，その授業の中でいくつか体験したいと思っています。／皆さんの授業の中から１つ僕たちにおすすめしてもらえますか？／ジェームズ

　こんにちは，ジェームズ！皆さんがうちの学校に来てくれると聞いてうれしいです！／_(例1)<u>私は音楽の授業をおすすめします。この授業では，桜の花についての歌を歌えます。桜の花は私たちにとってとても特別なものです。その歌から日本語を学ぶこともできます。</u>〔_(例2)<u>私のおすすめは家庭科で，なぜならこの授業では和食を調理することができるからです。今までにみそ汁を食べたことはありますか？　これは日本では一般的な食べ物です。皆さんにつくり方を教えますね。とてもおいしいですよ。</u>〕／皆さんがこの授業を気に入ってくれることを願っています。Eメールをお待ちしています。

　＜解説＞ジェームズは日本の文化に興味があり，それを体験したいと書いているので，この要望に応える授業を，理由となるような具体的な内容とともに提案する。解答例のほか，短歌や俳句をつくる国語の授業，歴史的な場所を訪れる社会の授業，剣道や柔道のような伝統的な武道，あるいは盆踊りなどの伝統舞踊に挑戦する体育の授業などが考えられる。

3 〔長文読解総合―説明文〕

　≪全訳≫❶タマネギはお好きだろうか。タマネギは人間が栽培した歴史上最も古い植物の１つだ。実は，ピラミッド内の壁画には，人々がタマネギを食べているところが描かれている。また，ピラミッドを建てた労働者たちはタマネギを食べていたが，それはタマネギを食べると活力が湧く感じがしたためであった。エジプトでは，タマネギには悪いものを遠ざけておく力があると信じられていた。実際，タマネギと一緒に埋葬された王もいた。そうすることによって，自分たちが尊敬している人々を守ろうとしたのである。

❷14世紀のヨーロッパでは，タマネギは病気を予防するのに役立つと信じられていた。多くの人々が疫病にかかったとき，「タマネギを食べると疫病にかからない」といううわさを人々は信じた。タマネギが疫病に効くかどうかはわからないが，19世紀の日本でも同じことが起こった。現在，長年の研究の末，研究者たちはタマネギが多くの病気を防ぐということを解明した。病気になりたくなかったら，タマネギを食べるべきなのだ。

❸タマネギはおいしい料理に必要なので，世界中で料理に使われてきた。しかしながら，その強いにお

いのせいで，タマネギが好きではないという人もいる。今日では，研究者たちがそうしたにおいのしない特別なタマネギを開発した。それらのタマネギが使われれば，もっとたくさんの人がタマネギを好きになるかもしれない。

❹おわかりのとおり，タマネギは長い間私たちとともにあった。もしタマネギがなければ，私たちの生活は違ったものになっていることだろう。タマネギには私たちの知らない何らかの力があるかもしれないのだ。あなたはどうお考えだろうか。

1 ＜適語選択＞空所を含む文にある By doing so「そうすることによって」の so は，前文で述べられた，王とタマネギを一緒に埋葬することを指している。悪いものを遠ざける力があると考えられているタマネギと一緒に埋葬することで，人々は王を悪いものから守ろうとしたのだと考えられる。protect「～を守る」　create「～を創造する」　follow「～に従う」

2 ＜英文解釈＞the same thing happened は「同じことが起こった」という意味。この前で，14世紀のヨーロッパの人々が「タマネギを食べると疫病にかからない」と信じていたと説明されているので，この内容を字数以内にまとめる。

3 ＜指示語＞those onions「それらのタマネギ」に当てはめて意味が通るものを探すと，直前にある some special onions that don't have such a smell「そうしたにおいのしない特別なタマネギ」が当てはまる。ここにある such a smell「そのようなにおい」は，その前にある strong smell「強いにおい」のこと。これらを字数に合わせてまとめる。

4 ＜適文選択＞'If＋主語＋動詞の過去形～，主語＋助動詞の過去形…' の形の仮定法過去の文。ここでは「もしタマネギがなければ～」という '現在の事実に反する仮定' を表す。本文では，古代から現代までタマネギがさまざまな形で人々に関わってきたことが説明されており，これがないと仮定した場合，私たちの生活は今とは異なったものになると考えられる。　comfortable「快適な」bored「退屈した」

4 〔長文読解総合―物語〕
≪全訳≫❶私は小さい頃，虫が本当に大好きだった。家の近くの森で一日中過ごし，虫たちの小さな世界を観察した。私はいつも虫のことばかり考えていた。虫は私の友達だった。

❷私が9歳のとき，クラスメートが私にこう言った。「ねえ，雄太，君の家の近くの森にショッピングモールができるんだって！」　彼らはそのことで盛り上がっていたが，私は違った。私は森にいる友達のことが心配だった。私は思った。「森が伐採されたら，虫たちはすみかを失ってしまうじゃないか」

❸私は帰宅して，姉の沙織にそのショッピングモールのことを話した。私は目線を落としてこう言った。「僕の友達のすみかがなくなっちゃうんだ」　彼女はこう言った。「うーん，虫たちのためにあなたにできることがあるんじゃないかな」「そんなのないよ」と私は答えた。彼女は言った。「ほんとにそう思う？　あなたが決して諦めなければ，友達を助けてあげることができると思うけどな」

❹その夜，私は何度も考えてみた。「虫たちを救うために，僕に何ができるだろう？」　そして，あるアイデアを思いついた。「彼らのすみかがなくなるんだったら，僕がうちの庭に虫たちの家をつくってあげよう」　私はそれを実行することに決めた。

❺次の朝，私は必要な情報を集め始めた。図書館に行ってたくさんの本を読んだ。虫たちが暮らすのに必要な物を調べるため，森に行った。そして，虫の家をつくり始めた。それをつくっている間，私は虫たちとの幸せな思い出のことを考えていた。沙織が私のところに来てこう言った。「他の人の助けを借りずに，自分にできることを見つけたのね」　私は彼女に笑ってみせた。虫の家をつくり終えると，私はこう言った。「ここにおいでよ，そしてずっとここにいればいい」　私は祈り，待った。

❻数か月後，そこに何種類かの虫がいるのが見えた。チョウは花の周りを飛んでいた。そしてトンボが数匹，木の枝で羽を休めていた。ある日，落ち葉の中で何かが動いているのに気づいた。それは幼虫だった！　私は言った。「ようこそ！　君はここで生まれたんだね！　家は気に入ったかい？」　友達が

私のつくった場所で暮らしているのがわかって，私はとてもうれしかった。

7 今，私は研究者として働いていて，人と動物が共生する方法を研究している。私が虫たちのためにつくった家は小さいものだった。しかしながら，その経験は私の人生において大きな変化となり，そのときからずっと，それは私の記憶の中にとどまっている。「状況を改善するために，自分にできることは必ずある」　これが，私が自分の経験から学んだことだ。

1 <適語選択>A．前文の内容から excited と対立する言葉が入るとわかる。次の文で雄太は，「森が伐採されたら，虫たちはすみかを失ってしまう」と考えており，これは，虫を友達と考える雄太の不安や心配が表れた言葉だといえる。　be worried about ～「～の心配をする，～を不安に思う」　　B．この前で雄太は，自分が庭につくった虫たちのすみかで生まれた幼虫に，歓迎の言葉をかけている。ここから，自分がつくった場所が虫たちのすみかとなっていることに対して雄太が幸せな気持ちを感じていることを読み取ることができる。

2 <指示語>この so「そう」は，前にある雄太の返答である No, I don't. を指している。これは，「虫たちのためにあなたにできることがある」という沙織の言葉を否定したものなので，具体的には「虫たちのために自分にできることはない」ということになる。

3 <英問英答>「雄太は森にいる虫たちを救うために何をしたか」―「彼は自分の庭に彼らの家をつくった」　第4段落最後の2文および第5段落参照。虫の家を自分の家の庭につくることを思いつき，それを実行した。この場合の「つくる」は make のほか build も使える。過去の内容なので，過去形にすること。　make－made－made　build－built－built

4 <適語句選択>はじめ雄太は自分には何もできないと思っていたが（第3段落），この経験を通じて「状況を改善するために，自分にできることは必ずある」と考えるようになった（第7段落終わりの2文）。つまり，この経験は雄太に大きな変化をもたらしたのである。

5 <内容真偽>ア．「沙織は雄太に，彼はクラスメートを救うために何か新しいことを始めるべきだと言った」…×　第3段落の姉の発言参照。最終文の your friends とは雄太にとっての友達，つまり虫のことである。　　イ．「沙織と話した後，雄太は虫たちのために自分に何ができるかについて考えた」…○　第3段落および第4段落第1文に一致する。　　ウ．「沙織は雄太に，図書館に行って虫に関する本をたくさん読むように言った」…×　第5段落第1，2，6文参照。沙織に言われたからではなく，自発的に行った。　　エ．「雄太は，自分が9歳のときに沙織とした経験について忘れてしまった」…×　第7段落第3文参照。忘れていない。

5 〔長文読解総合―対話文〕

《全訳》**1** クリス（C）：やあ，智也。来週，英語の授業で発表をするんだよね？　発表での_A君のテーマは何だい？〔発表で君はどんなテーマを選んだの？〕

2 智也（T）：やあ，クリス！　ええとね，僕のテーマは自転車に乗ることさ。

3 C：なんていいテーマなんだ！　アムステルダムには自転車が大好きな人が多いんだよ。実際，僕は自転車を2台持っていて，両親もそれぞれ1台ずつ持ってるんだ。

4 T：本当？　僕は自分の自転車を持ってるけど，両親は持ってないな。彼らは出かけるときは車を使うんだ。

5 C：1970年頃は，僕の国でも車を利用する人が多かったんだ。でも，その当時は車の事故が多かったし，ガソリンがすごく高かった。だから人は，車じゃなくて自転車に乗ることを選ぶようになったのさ。

6 T：なるほど。今の日本では自転車に乗るのが人気だから，日本で自転車に乗る理由をインターネットで調べてみたんだ。これはあるウェブサイトから僕がつくったグラフだよ。ほら，このグラフによると，気持ちがいいから自転車に乗るっていう人が一番多い。それから，200人を超える人が自転車は手軽に使えると感じていて，自転車に乗るのは健康にいいと考えている人が197人いる。

7 C：アムステルダムでは，自転車は人気の交通手段なんだ。知ってた？

8T：ううん。インターネットで調べてみるよ。へえ，この円グラフは48パーセントの人が自転車で通勤してることを示してるね。

9C：そうなんだ。アムステルダムは今，自転車に優しい町として知られているんだ。例えば，自転車に乗る人用の特別なレーンがあるんだよ。

10T：そのレーンって見た目はどんなふうなの？

11C：アムステルダムには，何種類かの自転車レーンがあるんだ。僕の家の近くにある道の写真があるよ。これを見て。自動車，自転車，歩行者それぞれに専用のレーンがあるんだ。

12T：この写真だと，自動車レーンと自転車レーンの間に木々があるから，この自転車に乗ってる人はあまり危険を感じないよね？　僕の町にも自転車レーンはあるけど，自転車と自動車が同じレーンを使わないといけないこともある。今の日本では自転車に乗る人が増えてるから，アムステルダムみたいに安全な環境をつくっていくことが大切だね。

13C：そうだね。小さな子ども向けの交通ルールの教育も大事だと思うよ。僕の国では，多くの小学生がほぼ毎週，授業で交通ルールを習っているんだ。

14T：それはすばらしい教育制度だね！　発表の中でそのことについて話してみるよ。

1 ＜適文補充＞この後，智也が自分の発表のテーマを答えているので，相手のテーマが何かを尋ねる疑問文をつくる。智也の返答である my topic is riding bikes を利用する場合は，riding bikes を疑問詞の What「何」に，my を your にかえることで，What is your topic という疑問文ができる。また，What topic did you choose「君はどんなテーマを選んだの」などとすることもできる。

2 ＜適語補充＞主語の They は my parents を指す。直後でクリスが Many people in my country also used <u>cars</u>「僕の国でも車を利用する人が多かった」と言っている。　also「〜もまた」

3 ＜適語句選択＞文頭にある So は「だから」の意味で，その前には‘理由’，後には‘結果’を表す内容が入る。前文では車のマイナス点が挙げられており，その結果として人々がどうしたかを考える。また，空所直後の instead は「代わりに」という意味で，ここからも人々が車に乗る代わりに自転車に乗ることを選んだのだとわかる。

4 ＜適語句補充―図を見て答える問題＞⑴図１参照。この図によると，197人の人が自転車を利用する理由として「健康によい」と答えているので，「健康〔体〕によい」を英語にする。　⑵図２参照。この図からは「48パーセントの人が自転車で通勤している」ことがわかるので，「自転車で通勤する」を表す英語を入れる。「通勤する」は go to work「仕事に行く」で表せる。　⑶図３参照。この図では，自動車レーンと自転車レーンの間に木々が見えるので「木々が見える」といった内容を表す英語を入れる。I can see 〜 のほか，「木々がある」と考えて there is/are 〜「〜がある」の形でも表せる。　‘between *A* and *B*’「*A* と *B* の間に」

5 ＜適語選択＞この前で智也は自分の町では自転車が車と同じ道を使っていることがあると述べており，これは危険性を示す内容である。一方，空所の後で like Amsterdam「アムステルダムのような」と言っているのは，車と自転車のレーンが別々のアムステルダムが，自転車にとって「安全な」環境の例だからである。

6 ＜指示語＞下線部を含む文は，直前のクリスの発言を受けてのものである。直前でクリスが言った内容に対して智也は「それはすばらしい教育制度だ」と言っているので，直前のクリスの言葉をまとめる。この中にある them はその前の文にある traffic rules「交通ルール」を指しているので，「それら」などとせず「交通ルール」と具体的に表してまとめる。　elementary school student(s)「小学生」　almost「ほとんど」

数学解答

1 1 12　　2 $3\sqrt{7}$　　3 5個

4 $x=-3,\ -2$　　5 -6

6 $\dfrac{1}{9}$倍　　7 $288\pi\ \mathrm{cm}^3$　　8 0.35

2 1 $28.5\leqq a<29.5$

2 走る距離…350m　歩く距離…50m

3 (例)$n^2+(n+2)^2-2(n+1)^2$
$=n^2+n^2+4n+4-2(n^2+2n+1)$
$=2n^2+4n+4-2n^2-4n-2$
$=2$
したがって，連続する３つの自然数で，最も小さい数の２乗と最も大きい数の２乗の和から，中央の数の２乗の２倍をひくと，常に２となる。

3 1 (例)

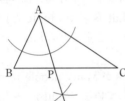

2 (1) $5\sqrt{2}$ cm　(2) $\dfrac{35}{13}$ cm

3 (例)△ABC と△DCB において，円周角の定理より，

∠ACB＝∠ADB……①，
∠ABD＝∠ACD……②
AD／／BC より，
∠ADB＝∠DBC……③
①，③より，
∠ACB＝∠DBC……④
②，④より，
∠ABC＝∠DCB……⑤
BC は共通……⑥
④，⑤，⑥より，１組の辺とその両端の角がそれぞれ等しいから，
△ABC≡△DCB

4 1 (1) 27.5分　(2)…ウ

2 (1) 20通り　(2) $\dfrac{19}{25}$

5 1 (1) $-9\leqq y\leqq 0$

(2) ①…ア　②…ウ　(3) 2

2 (1) ①…8　②…6　(2)…エ

(3) $\dfrac{25}{4}$秒後

6 1 19列　　2 116人

3 ①…$5(n-1)$　②…$41-a+b$
③…185

---

1 〔独立小問集合題〕

1 ＜数の計算＞与式＝＋(4×3)＝12

2 ＜数の計算＞与式＝$\sqrt{2^2\times 7}+\sqrt{7}=2\sqrt{7}+\sqrt{7}=3\sqrt{7}$

3 ＜数の性質＞絶対値が３より小さい整数は，-2，-1，0，1，2の５個ある。

4 ＜二次方程式＞左辺を因数分解して，$(x+3)(x+2)=0$　∴$x=-3,\ -2$

5 ＜関数―比例定数＞点$(2,\ -3)$が関数$y=\dfrac{a}{x}$のグラフ上の点だから，$x=2$，$y=-3$を$y=\dfrac{a}{x}$に代入して，$-3=\dfrac{a}{2}$より，$a=-6$である。

6 ＜平面図形―長さの比＞半径が２cm，中心角が40°のおうぎ形の弧の長さは，$2\pi\times 2\times\dfrac{40°}{360°}$cm と表せる。半径が２cm の円の周の長さが$2\pi\times 2$cm と表せることより，半径が２cm，中心角が40°のおうぎ形の弧の長さは，半径が２cm の円の周の長さの，$\dfrac{40°}{360°}=\dfrac{1}{9}$(倍)である。

7 ＜空間図形―体積＞半径がrの球の体積は$\dfrac{4}{3}\pi r^3$だから，半径が６cm の球の体積は，$\dfrac{4}{3}\pi\times 6^3=288\pi$ (cm³)である。

8 ＜データの活用―相対度数＞度数が最も多い階級は，85回以上100回未満の階級で，度数は７人である。度数の合計は20人だから，相対度数は，$7\div 20=0.35$となる。

2 〔独立小問集合題〕

1 <数の性質>小数第1位を四捨五入した値が29gだから，真の値をagとするときのaの範囲は，$28.5 \leqq a < 29.5$である。

2 <連立方程式の応用>400mのトラックを1周するときの走る距離がxm，歩く距離がymだから，$x+y=400$……①が成り立つ。また，走る速さが分速300mより，xm走るのにかかる時間は$\dfrac{x}{300}$分であり，歩く速さが分速60mより，ym歩くのにかかる時間は$\dfrac{y}{60}$分である。2分でトラックを1周するから，$\dfrac{x}{300}+\dfrac{y}{60}=2$が成り立ち，$x+5y=600$……②となる。②－①より，$5y-y=600-400$，$4y=200$，$y=50$となり，これを①に代入して，$x+50=400$，$x=350$となる。よって，走る距離は350m，歩く距離は50mである。

3 <文字式の利用—証明>連続する3つの自然数をn，$n+1$，$n+2$とすると，最も小さい数の2乗と最も大きい数の2乗の和は，$n^2+(n+2)^2$と表される。また，中央の数の2乗の2倍は，$2(n+1)^2$と表される。よって，$n^2+(n+2)^2-2(n+1)^2$が2となることを示す。解答参照。

3 〔独立小問集合題〕

1 <平面図形—作図>右図1で，点Pから辺AB，辺ACにそれぞれ垂線PH，PIを引くと，点Pは，辺AB，辺ACから等距離にあるので，PH＝PIとなる。また，AP＝AP，∠AHP＝∠AIP＝90°だから，△AHP≡△AIPとなる。よって，∠PAH＝∠PAIとなるから，点Pは，∠BACの二等分線と辺BCの交点である。作図は，①点Aを中心とする円の弧をかき（AB，ACとの交点をそれぞれD，Eとする），②2点D，Eを中心とする半径の等しい円の弧をかき（交点をFとする），③2点A，Fを通る直線を引く。③の直線と辺BCの交点がPである。解答参照。

図1
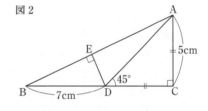

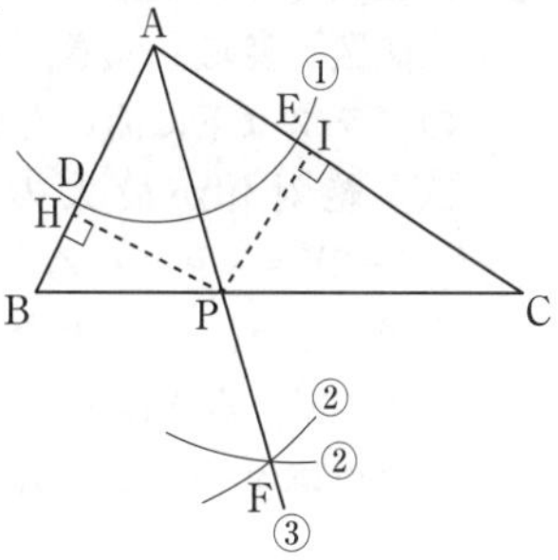

2 <平面図形—長さ>(1)右図2で，∠C＝90°，∠ADC＝45°より，△ADCは直角二等辺三角形だから，3辺の比は1：1：$\sqrt{2}$となる。AC＝5だから，AD＝$\sqrt{2}$AC＝$\sqrt{2}\times5=5\sqrt{2}$(cm)である。(2)図2で，(1)より，△ADCは直角二等辺三角形だから，DC＝AC＝5であり，BC＝BD＋DC＝7＋5＝12となる。△ABCで三平方の定理より，BA＝$\sqrt{AC^2+BC^2}=\sqrt{5^2+12^2}=\sqrt{169}=13$となる。また，∠DBE＝∠ABC，∠DEB＝∠ACB＝90°より，△DBE∽△ABCである。よって，DE：AC＝BD：BAだから，DE：5＝7：13が成り立ち，DE×13＝5×7より，DE＝$\dfrac{35}{13}$(cm)となる。

≪(2)の別解≫図2で，$\triangle ABD=\dfrac{1}{2}\times BD\times AC=\dfrac{1}{2}\times7\times5=\dfrac{35}{2}$である。DE⊥BAより，$\dfrac{1}{2}\times BA\times DE=\dfrac{35}{2}$となるから，$\dfrac{1}{2}\times13\times DE=\dfrac{35}{2}$が成り立ち，DE＝$\dfrac{35}{13}$(cm)となる。

図2

3 <平面図形—証明>右図3で，$\overgroup{AB}$に対する円周角より，∠ACB＝∠ADBであり，AD∥BCより錯角は等しいので，∠ADB＝∠DBCである。よって，∠ACB＝∠DBCとなる。また，$\overgroup{AD}$に対する円周角より，∠ABD＝∠ACDである。∠DBC＝∠ACBだから，∠ABD＋∠DBC＝∠ACD＋∠ACBとなり，∠ABC＝∠DCBである。解答参照。

図3
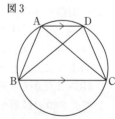

4 〔独立小問集合題〕

1 <データの活用—階級値，箱ひげ図>(1)最大値が含まれる階級は25分以上30分未満の階級だから，その階級値は$(25+30)\div2=27.5$(分)である。(2)生徒35人のデータだから，中央値は，小さい方から18番目の時間である。10分未満の生徒は2＋12＝14(人)，15分未満の生徒は14＋9＝23(人)

より，18番目の時間は10分以上15分未満だから，中央値は10分以上15分未満である。また，35＝17＋1＋17より，第3四分位数は，大きい方17人の中央値で，大きい方から8番目の時間である。20分以上の生徒は4＋2＝6（人），15分以上の生徒は6＋6＝12（人）より，大きい方から8番目は15分以上20分未満だから，第3四分位数は15分以上20分未満である。中央値，第3四分位数の値より，適切な箱ひげ図はウである。

2＜場合の数，確率＞(1)Aさんは5個の玉から1個を取り出すので，Aさんの取り出し方は5通りある。Aさんの取り出し方それぞれにおいて，Bさんは残り4個の玉から1個を取り出すので，Bさんの取り出し方は4通りある。よって，2人の玉の取り出し方は，全部で5×4＝20（通り）ある。
(2)Aさんの玉の取り出し方は5通りあり，取り出した玉を袋の中に戻すので，Bさんの玉の取り出し方も5通りある。よって，2人の玉の取り出し方は，全部で5×5＝25（通り）ある。このうち，2人が取り出した玉の数字の和が8以上になる場合を考えると，（Aさん，Bさん）＝(3，5)，(4，4)，(4，5)，(5，3)，(5，4)，(5，5)の6通りあるから，数字の和が7以下になる場合は25－6＝19（通り）となる。したがって，求める確率は$\dfrac{19}{25}$である。

5〔独立小問集合題〕

1＜関数─変域，傾き，長さ，比例定数＞(1)右図1で，関数$y＝-x^2$のグラフは下に開いた放物線だから，xの変域$-3≦x≦1$においては，絶対値が最大の$x＝-3$のとき，yは最小値をとり，$y＝-(-3)^2＝-9$となる。また，絶対値が最小の$x＝0$のとき，yは最大値をとり，$y＝0$となる。よって，yの変域は$-9≦y≦0$である。

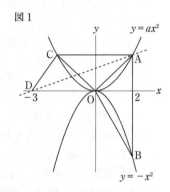

図1

(2)図1で，点Aは関数$y＝ax^2$のグラフ上にあり，x座標が2だから，y座標は$y＝a×2^2＝4a$となり，A(2，4a)と表される。D(-3，0)より，直線ADの傾きは$\dfrac{4a-0}{2-(-3)}＝\dfrac{4}{5}a$となるから，$a$の値を大きくすると，直線ADの傾きも大きくなる。次に，2点A，Cは関数$y＝ax^2$のグラフ上にあり，ACはx軸に平行だから，2点A，Cはy軸について対称な点である。点Aのx座標が2より，点Cのx座標は-2だから，AC＝2-(-2)＝4となる。よって，aの値を大きくしてもACの長さは4のまま変わらない。　(3)図1で，点Bは関数$y＝-x^2$のグラフ上の点で，x座標が2だから，$y＝-2^2＝-4$となり，B(2，-4)である。A(2，4a)だから，2点A，Bのy座標より，AB＝4a-(-4)＝4a+4と表せる。△OABの底辺をABと見ると，点Aのx座標より，高さは2となるから，$△OAB＝\dfrac{1}{2}×(4a+4)×2＝4a+4$となる。また，△OCDは底辺をODと見ると，D(-3，0)より，OD＝3である。点Cのy座標は点Aのy座標と等しく$4a$だから，高さは$4a$であり，$△OCD＝\dfrac{1}{2}×3×4a＝6a$である。よって，△OAB＝△OCDとなるとき，$4a+4＝6a$が成り立ち，$-2a＝-4$，$a＝2$となる。

2＜関数─yの値，グラフ，時間＞(1)長方形ABCDは秒速1cmで移動するので，$x＝4$のとき，1×4＝4（cm）移動する。BC＝b＝4だから，このとき，右図2のように，点Bと点Fが同じ位置になる。AB＝a＝2，HG＝3だから，辺ADは線分JIと交わらない。よって，2つの図形が重なった部分は長方形ABCDとなるから，$y＝2×4＝8$である。また，$x＝7$のとき，長方形ABCDは1×7＝7（cm）移動するので，右上図3のようになり，FC＝7より，GC＝FC-FG＝7-6＝1，BG＝BC-GC＝4-1＝3である。よって，$y＝2×3＝6$である。　(2)AB＝a＝4，BC＝b＝2の長方形ABCDが移動し始めてからの様子は，次ページの図4～図8のようになる。図4の

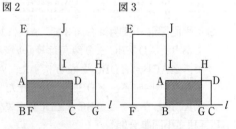

図2　　　図3

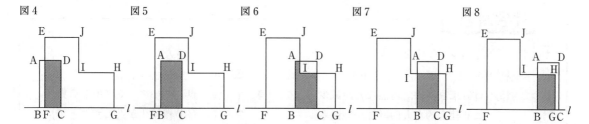

図4　図5　図6　図7　図8

ように辺 AD と線分 EF が交わっている間は y は増加する。図5のように，辺 AD が図形 EFGHIJ の内部にある間は y は一定である。図6のように，辺 AD と線分 JI が交わっている間は y は減少する。図7のように，辺 AB，辺 DC がともに線分 IH と交わっている間は y は一定である。図8のように，辺 AB のみが線分 IH と交わっている間は y は減少する。以上より，適切なグラフはエとなる。　(3)問題の図3より，$x=3$ のとき $y=12$

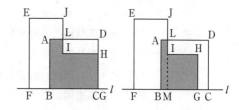

図9　図10

だから，再び $y=12$ となる x の値を求める。$x=6$ のとき，右図9のようになり，L を定めると，AB$=a=$ 4，BC$=b=4$，DH$=$AB$-$HG$=4-3=1$，IH$=3$ より，$y=$〔長方形 ABCD〕$-$〔長方形 LIHD〕$=4×4-1×3=$ 13 となる。よって，再び $y=12$ となるのは，$x>6$ のときである。右図10で，M を定めると，IH$=3$，GC $=$FC$-$FG$=x-6$ より，AL$=$AD$-$IH$-$GC$=4-3-(x-6)=-x+7$ だから，$y=$〔長方形 ABML〕$+$〔正方形 IMGH〕$=4×(-x+7)+3×3=-4x+37$ と表せる。$y=12$ になるとすると，$-4x+37=$ 12 が成り立ち，$4x=25$，$x=\dfrac{25}{4}$ となる。点 B が点 M と重なるのは $x=4+3=7$（秒）後であり，$\dfrac{25}{4}$ <7 だから，適する。したがって，3 秒後の面積と再び同じ面積になるのは $\dfrac{25}{4}$ 秒後である。

6　〔数と式〕

1　<数量の計算>A中学校の生徒の参加人数は92人で，新幹線は横一列に5人ずつ座ることができるので，$92÷5=18$ あまり2より，92人の生徒は，5人ずつ18列に座り，残りの2人がもう1列に座る。よって，必要な座席の列数は，19列となる。

2　<数量の計算>B中学校で必要な新幹線の座席の列数が24列であることから，B中学校の生徒の参加人数は，最も少ない場合で $5×23+1=116$（人），最も多い場合で $5×24=120$（人）である。また，タクシーには1台に4人ずつ乗れ，29台必要であることから，最も少ない場合で $4×28+1=113$（人），最も多い場合で $4×29=116$（人）である。よって，B中学校の生徒の参加人数は，116人以上120人以下であり，113人以上116人以下だから，116人となる。

3　<文字式の利用>必要な新幹線の座席の列数を n 列とすると，$n-1$ 列の座席に5人ずつ座り，最後の列は1人，2人，3人，4人，5人のいずれかとなる。最後の列に座る人数を a 人と考え，生徒の参加人数は，$5(n-1)+a$ と表せる。タクシーの台数は $n+10$ 台だから，同様に考えて，$(n+10)-1=n+9$（台）のタクシーには4人ずつ乗り，最後のタクシーは1人，2人，3人，4人のいずれかとなる。最後のタクシーに乗る人数を b 人として，生徒の参加人数は，$4(n+9)+b$ と表せる。よって，生徒の参加人数について，$5(n-1)+a=4(n+9)+b$ が成り立ち，n について解くと，$5n-5+a=4n+36+b$，$n=41-a+b$ となるので，必要な新幹線の座席の列数は，$n=41-a+b$ と表すことができる。$a=1$，2，3，4，5であり，$b=1$，2，3，4だから，n が最も小さくなるとき，$a=5$，$b=1$ であり，$n=41-5+1=37$ である。これより，最も少ない生徒の参加人数は，$5(n-1)+a=5×(37-1)+5=185$（人）である。

社会解答

1 1 太平洋ベルト　2 エ　3 イ
　　4 (1)…エ　(2)…ア　(3)…イ　(4)…イ
　　　 (5)　(例)東京都は，自然な人口減少
　　　　　 より社会的な人口増加が上回る
　　　　　 ため，総人口は増加した。沖縄
　　　　　 県は，社会的な人口減少より自
　　　　　 然な人口増加が上回るため，総
　　　　　 人口は増加した。

2 1 (1)…ウ　(2)…白夜　(3)…ウ
　　2 ア　3 ア　4 エ
　　5 Ⅰ　(例)固定電話が普及せずに，携
　　　　　 帯電話が普及している
　　　Ⅱ　(例)アメリカに比べ経済水準が
　　　　　 低く，初期整備コストが高い固
　　　　　 定電話を普及させることは困難
　　　　　 だった

3 1 ア　2 イ
　　3 Ⅰ…紫式部　Ⅱ…院政
　　4 (1)…千利休　(2)…ウ
　　　 (3)　(例)特産物の独占的な販売を行
　　　　　 うことで，収入を増やすことが

　　　　　 できた
　　5 エ

4 1 (1)…ウ　(2)…ア　(3)…廃藩置県
　　2 Ⅰ　(例)機械化が進んだことで，大
　　　　　 量生産が可能になった
　　　Ⅱ　(例)外国に輸出するため，鉄道
　　　　　 によって横浜に運ばれた
　　3 (1)…ウ　(2)…インド大反乱　(3)…エ

5 1 民主　2 エ　3 比例代表
　　4 文化　5 (1)…間接税　(2)…イ
　　6 イ
　　7 Ⅰ　(例)仕事と子育て
　　　Ⅱ　(例)利潤を求めるだけでなく，
　　　　　 社会的責任を果たすべき

6 1 ア　2 ウ　3 規制緩和
　　4 エ　5 排他的経済水域
　　6 Ⅰ　(例)資料2の「そう思う」と
　　　　　 「ややそう思う」を合わせると
　　　　　 84.0%
　　　Ⅱ　(例)観光客が訪問する場所を分
　　　　　 散させる

1 〔日本地理—日本の姿と諸地域〕

1 **＜太平洋ベルト＞**関東地方南部から九州地方北部にかけての臨海部には，日本の主な工業地帯・地域が帯状に連なっており，太平洋ベルトと呼ばれている。これらの地域では，船で輸入される原油や石炭などの資源を利用して，重化学工業が発展した。

2 **＜海洋の面積割合＞**地球の表面積のうち，海洋はおよそ70％，陸地はおよそ30％を占める。

3 **＜日本の品目別食料消費量の変化＞**1970年，2018年ともア～エの中で最も消費量が多いアは，主食の米である。1970年に比べて2018年の消費量が減少しているのは，食生活の多様化や洋風化により，米以外のものが多く食べられるようになったためである。イ～エのうち，1970年に比べて2018年の消費量が減少しているイが魚介類である。魚介類は古くから日本で食べられてきたが，肉類などの消費量が増加するのに伴い，近年は消費量が減少している。残るウとエのうち，1970年に比べて2018年の消費量がより大きく増加しているエが肉類であり，ウが小麦である。

4(1) **＜与那国島＞**沖縄県の与那国島は，日本の最西端にあたる島である。なお，日本最北端は北方領土に含まれる択捉島(北海道)，日本最南端は沖ノ鳥島(東京都)，日本最東端は南鳥島(東京都)である。

(2) **＜地形図の読み取り＞**図2中のAの付近は，Bの付近に比べて等高線の間隔が広いことから，Bの付近よりも傾斜が緩やかな斜面になっていることがわかる。したがって，図3中ではⅠがA地点，ⅡがB地点となる。また，図2中には畑を表す地図記号(∨)が見られ，田を表す地図記号(Ⅱ)は見

られない。

(3)**<日本の気候>**那覇市(沖縄県)は南西諸島の気候, 札幌市(北海道)は北海道の気候, 松本市(長野県)は内陸〔中央高地〕の気候, 高松市(香川県)は瀬戸内の気候, 福岡市は太平洋側の気候に属する。南西諸島は年間を通して温暖であり, 内陸の地域は夏と冬の気温差が大きいため, 1月と7月の月平均気温の差は松本市よりも那覇市の方が小さい(イ…○)。なお, 南西諸島は梅雨や台風の時期に特に降水量が多く, 北海道ははっきりした梅雨がないため, 6月の月降水量は札幌市よりも那覇市の方が多い(ア…×)。瀬戸内海に面した地域は年間を通して降水量が少ないため, 年降水量は高松市よりも那覇市の方が多い(ウ…×)。南西諸島は年間を通して温暖であるため, 年平均気温は福岡市よりも那覇市の方が高い(エ…×)。

(4)**<日本の航空貨物輸送量>**まず, 成田国際空港のある千葉県の航空貨物輸送量を見ると, Bに比べてAが著しく多いことから, Aが国際線, Bが国内線と判断できる。次に, ⅠとⅡの航空貨物輸送量を見ると, Ⅰは国内線(B)よりも国際線(A)が多く, Ⅱは国際線(A)よりも国内線(B)が多くなっている。したがって, Ⅰは関西国際空港のある大阪府, Ⅱは国内の他地域からの主要な貨物輸送手段が航空機である沖縄県となる。

(5)**<東京都と沖縄県の人口増減>**(出生数)-(死亡数)により自然な人口増減数が算出でき, (転入数)-(転出数)により社会的な人口増減数が算出できる。東京都の自然な人口増減は107.2千-119.2千＝-12.0千より1万2千人の人口減少, 社会的な人口増減は460.6千-380.8千＝79.8千より約8万人の人口増加であり, 自然な人口減少による減少数よりも社会的な人口増加による増加数の方が多いことから, 総人口は増加している。沖縄県の自然な人口増減は15.7千-12.2千＝3.5千より約4千人の人口増加, 社会的な人口増減は27.1千-28.0千＝-0.9千より約千人の人口減少であり, 社会的な人口減少による減少数よりも自然な人口増加による増加数の方が多いことから, やはり総人口は増加している。

2 〔世界地理―世界の姿と諸地域〕

1(1)**<地図>**図1の地図は, 北極点を中心とし, 中心からの距離と方位が正しく表される正距方位図法で描かれている。地図中の円は緯線(最も外側が南緯60度), 北極点から放射状に伸びた直線は経線を表している。なお, 南極点を中心とする地図であれば, 地図の中心に南極大陸が位置する。

(2)**<白夜>**北極圏などの高緯度地域では, 夏に太陽が一日中沈まなかったり, 沈んでも薄明るい状態が続いたりする現象が見られ, これを白夜という。

(3)**<オリーブの生産国>**オリーブは, 地中海沿岸地域で栽培が盛んであり, 生産量はスペインが世界第1位, イタリアが第2位となっている。また, 第3位～第5位の国も地中海に面している。(2020年)これらの地域では, 高温で乾燥する夏にオリーブやぶどうなどを栽培し, 比較的降水量の多い冬に小麦などを栽培する地中海式農業が行われている。

2 **<温室効果ガスの国別排出量>**1990年の排出量が最も多いアはアメリカ, 2020年の排出量が最も多いイは中国である。中国は, 近年急速に工業化が進んだため, 1990年に比べて2020年の排出量が大きく増加している。また, 人口が多いため, 排出量が多いわりに1人あたりの排出量は少ない。残るウとエのうち, 中国と同様に1990年から2020年にかけて排出量が大きく増加し, 1人あたりの排出量が少ないエはインドであり, 1990年と2020年の排出量に大きな差がないウは日本である。

3 **<地熱発電が盛んな国>**図4中の7か国のうち, イタリア, トルコ, インドネシアはアルプス・ヒマラヤ造山帯, フィリピン, ニュージーランド, アメリカ, メキシコは環太平洋造山帯に位置している。造山帯は, 大地の活動が活発な場所であり, 火山や地震の震源が集まっている。これらの国々では, 火山活動で熱せられた地下水や水蒸気を利用した地熱発電が盛んに行われている。

4 <大陸の気候帯分布> まず，ア～エのうち，イのみに亜寒帯〔冷帯〕が分布していることに注目する。亜寒帯は北半球の北緯40～60度付近に分布するため，北アメリカ大陸以外で亜寒帯があるイはユーラシア大陸である。ア，ウ，エのうち，熱帯の割合が大きく，寒帯も分布しているウは，アマゾン川流域を中心に熱帯雨林が広がり，高緯度の南端付近では氷河も見られる南アメリカ大陸である。また，乾燥帯の割合が最も大きいアとエは，北部に広大なサハラ砂漠が広がるアフリカ大陸か，内陸部を中心に乾燥地域が広がるオーストラリア大陸のいずれかであり，熱帯よりも温帯の割合が大きいアがオーストラリア大陸，温帯よりも熱帯の割合が大きいエがアフリカ大陸となる。

5 <ケニアの固定電話と携帯電話の普及> Ⅰ．図6で，ケニアの固定電話と携帯電話の100人あたりの電話契約件数の推移を見ると，固定電話は1998年から2018年まで0件に近いままでほとんど普及していないのに対し，携帯電話は2003年以降に急激に増加して2018年には約100件になり，ほぼ国民1人につき1台の割合で携帯電話が普及していることがわかる。つまり，固定電話が先に普及して後から携帯電話が普及したアメリカとは異なり，ケニアでは固定電話が普及しないまま携帯電話が普及している。　　Ⅱ．図7の資料1から，ケニアはアメリカに比べてGDP〔国内総生産〕が小さく，経済的な規模や豊かさの水準がアメリカよりも低いといえる。また，資料2から，固定電話を普及させるには電話線の整備が必要であり，携帯電話に比べて初期整備コストが高いことがわかる。したがって，経済水準が低いために，初期整備コストが高い固定電話の整備が進まず，固定電話を普及させることが困難であったといえる。

3 〔歴史─古代～近世の日本と東アジア〕

1 <日明貿易の輸出品> 室町幕府第3代将軍を務めた足利義満は，15世紀初めに日明貿易〔勘合貿易〕を開始した。この貿易で，日本は刀剣や銅，硫黄などを明に輸出し，明から銅銭〔明銭〕や生糸などを輸入した。なお，鉄砲は16世紀にポルトガル人によって日本に伝えられた。

2 <古墳時代の出来事> 古墳時代の5世紀，ヤマト王権〔大和政権〕の5人の王(倭の五王)が中国の南朝にたびたび使いを送り，皇帝の権威を借りて国内での地位や朝鮮半島での立場を有利にすることを目指した(イ…○)。なお，稲作が伝わったのは縄文時代末のこと(ア…×)，坂上田村麻呂の蝦夷鎮圧と最澄が日本に天台宗を伝えたのはともに平安時代の9世紀初めのことである(ウ，エ…×)。

3 <紫式部，院政> Ⅰ．紫式部は，平安時代中期に仮名文字を使った文学作品である『源氏物語』を著した。日本の風土や生活に合った国風文化が栄えたこの時期には，女性による仮名文学が多く生み出された。　　Ⅱ．天皇の位を退いた上皇が，そのまま実権を握り続けて行った政治を院政という。院政は，平安時代の11世紀末に白河上皇が初めて行い，その後も続いたため，この時期には政治の中心が上皇の住まいである院に移っていった。

4 (1) <千利休> 堺の商人であり，安土桃山時代に豊臣秀吉に仕えた千利休は，大名や豪商の間で流行していた茶の湯の作法を定め，質素な風情を重視するわび茶を完成させた。

(2) <豊臣秀吉の政策> 豊臣秀吉は，一揆を防いで百姓を耕作に専念させるため，1588年に刀狩令を出し，百姓が刀・やり・弓・鉄砲などの武器を持つことを禁止した(ウ…○)。なお，アは室町幕府を開いた足利尊氏が行ったことであり，イは鎌倉幕府，エは江戸幕府による政策である。

(3) <藩政改革> 図2中の「薩摩藩と肥前藩が行った政策」のうち特産物に関する内容を見ると，薩摩藩は砂糖と薩摩焼の独占的な販売を行っており，肥前藩はろうと有田焼の独占的な販売を行っている。これらの特産物を独占的に販売することにより，藩は大きな収入を得ることができた。薩摩藩や肥前藩などは，図2にあるような藩政改革を行って財政の立て直しに成功し，西洋式の軍備を導入するなどして幕末の政治に大きな影響力を持つようになっていった。

5 <鎖国下の「四つの窓口」> 鎖国政策がとられた江戸時代には，長崎，対馬藩(長崎県)，松前藩(北

海道），薩摩藩(鹿児島県)の４か所を窓口として貿易や外交が行われていた。長崎ではオランダ，明・清(中国)との貿易が行われた。対馬藩は幕府と朝鮮の仲立ちとなって貿易や外交を行った。松前藩は幕府の許可を得てアイヌ民族との交易を独占した。薩摩藩は琉球王国を支配下に置き，中継貿易を行わせた。

4 〔歴史―近代～現代の日本と世界〕

1 (1)＜徳川慶喜，北海道とアイヌ民族＞Ⅰ．江戸幕府第15代将軍の徳川慶喜は，1867年，政権を朝廷に返す大政奉還を行い，これにより江戸幕府は滅亡した。なお，徳川吉宗は第８代将軍で，18世紀前半に享保の改革を行った。　　Ⅱ．空欄Ⅱの後に「先住民族であるアイヌ民族」とあることから，北海道が当てはまる。

(2)＜明治時代の女性＞明治時代初期の1872年に学制が公布され，６歳以上の全ての男女が小学校教育を受けることが義務づけられた(ア…○)。なお，イの女性参政権が認められたのは第二次世界大戦後の1945年，ウの女性の社会進出が進んだのは大正時代，エの国家総動員法が制定されたのは日中戦争中の1938年である。

(3)＜廃藩置県＞明治政府は1871年，藩を廃止して県や府を置く廃藩置県を行い，政府が任命した県令や府知事を派遣した。これにより，それまでの藩主に代わって県令や府知事が地方の行政を担うことになり，政府が全国を直接治める中央集権の体制が整えられた。

2 ＜日本の生糸産業と鉄道＞Ⅰ．図２を見ると，江戸時代末期には手作業による生産が行われていたが，明治時代初期になると大型の機械による生産が行われていたことがわかる。機械化が進んだことにより，生産量は大きく増え，大量生産が可能になったと考えられる。　　Ⅱ．図３のラベルには英語などの表記が見られることから，生糸は外国に輸出されていたと考えられる。また，図３の地図を見ると，生糸の産地である栃木県や群馬県と，横浜が鉄道で結ばれていることがわかる。江戸時代末期に結ばれた日米修好通商条約によって開かれた港の１つである横浜港は，当時最大の貿易港であった。したがって，栃木県や群馬県で生産された生糸が，外国へ輸出するために鉄道で横浜まで運ばれたと考えられる。

3 (1)＜日清・日露戦争と遼東半島＞地図中の大連は，遼東半島に位置する都市である。日本は，日清戦争(1894～95年)後に結ばれた下関条約によって遼東半島を獲得したが，ロシア・ドイツ・フランスによる三国干渉を受けて清に返還した。その後，日露戦争(1904～05年)後に結ばれたポーツマス条約により，日本は遼東半島の旅順・大連の租借権などを得た。

(2)＜インド大反乱＞イギリスによる支配が拡大していた19世紀のインドでは，イギリス産の安い綿織物の流入によって国内の綿織物業が打撃を受けたことなどから，イギリスへの反感が高まった。このような中で，1857年にインド人兵士らによる反乱が各地で起こり，インド大反乱へと発展した。イギリスはこの反乱を鎮圧すると，インドに対する支配を強め，1877年にはイギリス国王を皇帝とするインド帝国をつくった。

(3)＜公害対策基本法＞公害対策基本法は，高度経済成長期に深刻化した公害問題に対応するため，1967年に制定された。なお，アの足尾銅山鉱毒事件が発生したのは明治時代，イの財閥解体が行われたのは第二次世界大戦終結直後の1940年代後半，ウのバブル経済が崩壊したのは1990年代初めである。

5 〔公民―総合〕

1 ＜地方自治＞地方自治は，住民自身の意思や責任に基づいて行われるべきものであり，生活に身近な問題の解決に住民が直接参加する機会も多い。このような経験を通じて民主主義の精神が育つと考えられることから，地方自治は「民主主義の学校」であると表現されている。

2 **＜衆議院の優越＞**衆議院は，参議院に比べて任期が短く解散もあるため，国民の意見をより反映していると考えられることから，参議院よりも強い権限を持つ「衆議院の優越」が認められている。衆議院の優越が認められるのは，法律案の議決，予算の先議と議決，内閣総理大臣の指名，条約の承認，内閣不信任の決議である。なお，憲法改正の発議については，衆議院と参議院が同等の権限を持っている。

3 **＜比例代表制＞**比例代表制は，政党の得票数に応じて各政党に議席を配分する選挙制度である。比例代表制は，小政党でも議席を得やすく，有権者の多様な意見が反映されやすい一方，数多くの政党が議会に分立して物事が決めにくくなりやすいという特徴がある。

4 **＜生存権＞**生存権は，人間らしい生活を送るための権利である社会権の基本となる権利で，日本国憲法第25条に「健康で文化的な最低限度の生活を営む権利」として規定されている。

5(1)**＜間接税＞**税を納める人と税を負担する人が異なる税を間接税といい，消費税のほか，酒税や関税などが含まれる。なお，税を納める人と税を負担する人が同じ税を直接税といい，所得税や法人税などがある。

(2)**＜税の種類と特徴＞**Ⅰ，Ⅱ．消費税は，商品(財やサービス)を購入したときにかかる税金である。同じ商品を購入した人は誰でも同じ金額の税を負担するため，所得の低い人ほど所得全体に占める税の割合が大きくなるという逆進性がある。　　Ⅲ．所得税は，個人の所得に課される税金である。所得税では，所得の高い人は税率が高く，所得の低い人は税率が低くなる累進課税の仕組みがとられている。累進課税は，所得の格差を緩和するはたらきを持つ。

6 **＜安全保障理事会の議決方法＞**国際連合の安全保障理事会は，アメリカ・イギリス・フランス・ロシア・中国の5つの常任理事国と，任期が2年の10の非常任理事国で構成されている。重要な問題について安全保障理事会で決議が成立するには，全ての常任理事国を含む9理事国の賛成が必要となっている。つまり，常任理事国のうち1か国でも反対すれば決議できない。常任理事国が持つこの特権は拒否権と呼ばれている。図1では，15か国中11か国が賛成しているが，常任理事国が1か国反対しているため，この決議案は否決される(イ…○)。

7 **＜企業の子育て支援と社会的責任＞**Ⅰ．企業が子育て支援を行うのは，社員が子育てのために仕事を辞めることなく，仕事と子育てを両立できるようにするためである。図3中に書かれている項目は，いずれも仕事をしながら子育てを行うことをサポートする内容となっている。　　Ⅱ．社会的責任とは，社会の一員としての責任を果たすためにとるべき行動や役割を指す。現代の社会では，企業は利潤を追求するだけでなく，社会的責任を果たすべきであると考えられている。企業の社会的責任には，適正な労働環境の整備，教育や文化的活動の支援，環境保護，情報の公開など，さまざまなものがある。

6 〔公民—総合〕

1 **＜好景気時の経済＞**Ⅰ．好景気のときには，家計の消費が拡大して商品が多く売れるようになるため，企業は生産を増やす。その結果，企業の利益も増えるため，賃金の上昇や雇用の増加によって家計の所得も増える。　　Ⅱ．政府は，税や公共事業といった財政の活動を調節することで景気の安定をはかる財政政策を行う。好景気のとき，政府は増税を行ったり公共事業への支出を減らしたりして，景気の過熱を抑えようとする。反対に不景気のとき，政府は減税を行ったり公共事業への支出を増やしたりして，景気の回復を図る。

2 **＜UNESCO＞**世界遺産の認定は，国際連合の専門機関であるUNESCO〔国連教育科学文化機関〕によって行われている。UNESCOは，文化や教育などの面から世界平和に貢献することを目的とする機関で，世界遺産をはじめとする文化財の保護や識字教育などの活動を行っている(ウ…○)。な

お，アのAPECはアジア太平洋経済協力，イのASEANは東南アジア諸国連合，エのUNICEFは国連児童基金の略称である。

3 **＜規制緩和＞**行政の仕事や役割が広範囲に及ぶ現代では，国や地方公共団体の財政が厳しくなるとともに，非効率な仕事や無駄の多さなどが指摘されるようになった。そのため近年の日本では，効率的な行政を目指して行政改革が行われてきた。行政が持つ許認可権を見直す規制緩和〔規制改革〕もその1つであり，行政の効率化を図るとともに，民間企業の自由な経済活動を促すことで経済を活性化することを目的としている。

4 **＜経済に関する法律＞**製造物責任法〔PL法〕は，欠陥商品によって消費者が被害を受けた場合，消費者が企業の過失を証明できなくても損害賠償を受けることができると定めている（Ⅰ…誤）。

5 **＜排他的経済水域＞**排他的経済水域は，沿岸国が水産資源や鉱産資源を独占的に利用することを認められた海域である。領海の外側で，海岸線から200海里（約370km）までが排他的経済水域となっている。

6 **＜資料の読み取り＞**Ⅰ. 図中の空欄Ⅰには，観光客が来ることについて「生活上のデメリットを感じている市民が多い」ということが読み取れるアンケート結果が入る。資料1では，「市の経済が活性化し，雇用が促進される」というメリットについて，「そう思う」と「ややそう思う」の合計が36.0＋34.7＝70.7％，「思わない」と「あまり思わない」の合計が5.5＋9.4＝14.9％であり，メリットを感じている市民が多いという結果になっている。資料2では，「混雑が発生して迷惑する人がいる」というデメリットについて，「そう思う」と「ややそう思う」の合計が43.8＋40.2＝84.0％，「思わない」と「あまり思わない」の合計が1.2＋3.1＝4.3％であり，デメリットを感じている市民が多いという結果になっている。したがって，ここでは資料2の結果について述べている。　Ⅱ. 図中の「提案」の内容は，これまで観光客があまり訪れていない新たな観光地を紹介するものである。観光客が来ることによる生活上のデメリットの解消と，経済的なメリットの維持を両立するため，観光客の数を減らすことなく，観光客が訪れる場所を分散させることを目指したものといえる。

理科解答

1 1 イ 2 ウ 3 エ 4 ア
5 上方置換法 6 85m
7 組織液 8 マグニチュード

2 1 エ
2 ①…土A ②…二酸化炭素
3 生態系 4 イ→ウ→ア

3 1 電気器具…エアコン 電流…10A
2 時間帯…エ 電力量…2450Wh
3 イ

4 1 晴れ 2 4月30日18時
3 エ

5 1 ① 化学 ② 電気
2 ①…− ②…A 3 ア
4 ① ア
② (例)銅イオンが亜鉛板の表面で
電子を受け取った

6 1 示相化石
2 ①…運搬される ②…流水
3 イ→ア→エ→ウ
4 ①…ア ②…イ

7 1 種子をつくらないグループ…A
つくるもの…胞子
2 ウ

3 分類されるグループ…F
理由…(例)コスモスはオクラと同じ
ように主根と側根があるため。

8 1 ①…上向き ②…差
2 重力…0.16N 浮力…0.03N
3 ウ
4 ようす…ウ
理由…(例)物体Bの方が物体Aより
も大きな浮力がはたらくから。

9 1 (例)加熱部分に流れて，試験管が割
れるのを防ぐため。

2 $2NaHCO_3 \rightarrow Na_2CO_3 + H_2O + CO_2$

3
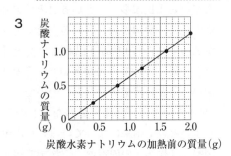

炭酸水素ナトリウムの加熱前の質量(g)

質量…0.55g

---

1 〔小問集合〕

1 ＜動物の分類＞ア〜エのうち，ハチュウ類はカメである。なお，イモリとカエルは両生類で，タツノオトシゴは魚類である。

2 ＜惑星＞ア〜エのうち，地球型惑星は水星と金星，火星である。このうち，地球よりも外側を公転している地球型惑星は火星である。なお，木星は地球型惑星ではなく，木星型惑星である。

3 ＜単体＞単体は１種類の元素のみでできている物質で，ア〜エのうち，硫黄(S)である。これに対し，硫酸(H_2SO_4)，硫酸バリウム($BaSO_4$)，硫化鉄(FeS)は，２種類以上の元素からできている化合物である。

4 ＜放射線＞レントゲン撮影に用いる放射線はＸ線である。

5 ＜気体の捕集法＞気体Aは，水に非常に溶けやすく，密度が空気より小さいので，上方置換法で集める。なお，気体Aはアンモニアである。また，水に溶けにくい気体は水上置換法，水に溶けやすく，密度が空気より大きい気体は下方置換法で集める。

6 ＜音＞たいこから出た音は，たいこと壁の間を往復している。よって，速さが340m/秒の音が0.50秒で伝わった距離は，$340 \times 0.50 = 170$(m)だから，たいこから壁までの距離は，$170 \times \frac{1}{2} = 85$(m)である。

7 ＜組織液＞血しょうの一部が毛細血管からしみ出して，細胞の周りを満たしている液を組織液という。組織液は，細胞と血液の間で，酸素や養分，不要な物質などをやりとりするなかだちをする。

8 ＜マグニチュード＞地震そのものの規模の大小を表す値をマグニチュードという。なお，地震のゆ

れの程度を表す値を震度という。

2 〔生命・自然界のつながり〕

1 <実験方法>土の中の微生物のはたらきについて調べる実験なので、空気中の微生物が入ってしまうと正しい結果が得られない。そのため、空気中の微生物がペトリ皿に入らないようにふたをする。

2 <微生物のはたらき>実験(2)、(3)の結果をまとめた表で、寒天培地表面の色について、ペトリ皿A′の土をのせていたところとその周辺だけで変化が見られたのは、土Aの中の微生物がデンプンを分解したためである。一方、ペトリ皿B′の土をのせていたところとその周辺で変化が見られなかったのは、加熱された土Bでは、微生物が死滅したためである。よって、微生物のはたらきを調べるのだから、ペットボトル容器には、微生物がはたらいた土Aとデンプン溶液を入れる。微生物は、呼吸により、有機物を二酸化炭素や水などの無機物に分解するので、数日後、ペットボトル容器内の二酸化炭素の割合が増加していれば、仮説が正しいことが確認できる。

3 <生態系>ある場所に生活する、生産者、消費者、分解者の生物と、それをとり巻く環境を1つのまとまりとしてとらえたものを生態系という。

4 <生物の数量のつり合い>図3のように、Ⅱ(草食動物)が一時的に減少すると、Ⅱに食べられるⅠ(植物)は、食べられる数が減るため増加し、Ⅱを食べるⅢ(肉食動物)は、エサが減るため減少する(イ)。これにより、Ⅱは、エサが増え、食べられる数が減るため増加する(ウ)。さらに、Ⅱが増加すると、Ⅱに食べられるⅠは減少し、Ⅱを食べるⅢは増加する(ア)。このように、一時的な増減があっても、長期的には数量的なつり合いはほぼ一定に保たれる。

3 〔電流とその利用〕

1 <電流>表1の電気器具を部屋のコンセントにつないで使用したとき、それぞれの電気器具に加わる電圧は全て100Vで等しい。よって、〔電力(W)〕＝〔電圧(V)〕×〔電流(A)〕より、最も大きな電流が流れるのは、消費電力が最も大きなエアコンである。また、エアコンに流れる電流は、〔電流(A)〕＝$\dfrac{\text{〔電力(W)〕}}{\text{〔電圧(V)〕}}$より、$\dfrac{1000}{100}=10$(A)となる。

2 <電力量>〔電力量(Wh)〕＝〔電力(W)〕×〔時間(h)〕より、2時間ごとに消費した電力量を求めると、アは、$200\times2+20\times2+1000\times1=1440$(Wh)、イは、$20\times2+50\times2+1000\times2=2140$(Wh)、ウは、$20\times1+50\times2+1000\times2=2120$(Wh)、エは、$200\times2+50\times1+1000\times2=2450$(Wh)となる。よって、消費した電力量が最も大きい時間帯はエで、消費した電力量は2450Whである。

3 <配線>コンセントにつないだ全ての電気器具に、等しく100Vの電圧が加わるから、電気器具は全て並列につながっている。ア〜エのうち、a〜d全てが並列につながっているのはイである。なお、アではcとdが直列につながり、ウではaとb、cとdがそれぞれ直列につながっている。また、エではaとbが直列につながっている。

4 〔気象と天気の変化〕

1 <雲量と天気>雲量0〜1の天気は快晴、雲量2〜8の天気は晴れ、雲量9〜10の天気はくもりである。よって、調査(1)では、表1より、雲量は8だから、天気は晴れである。

2 <湿度と気温>図5で、乾球温度計の示度は18.0℃、湿球温度計の示度は16.5℃である。これより、表2で、乾球の示度は18℃、乾球と湿球の示度の差は、$18.0-16.5=1.5$(℃)だから、このときの湿度は、乾球の示度が18℃の行と、乾球と湿球の示度の差が1.5℃の列の交点の値で、85％となる。よって、乾球温度計の示度は気温を示すから、図1において、気温が18.0℃、湿度が85％なのは、4月30日18時である。

3 <気圧の変化>図2〜4より、宇都宮市の気圧は、4月29日15時に約1012hPa、4月30日15時に約1004hPa、5月1日15時に約1010hPaである。よって、3日間の気圧の変化を表しているグラフとして、最も適切なものはエである。なお、低気圧が近づくと気圧が低くなり、高気圧が近づくと気圧が高くなることから判断してもよい。

5 〔化学変化とイオン〕

1 <電池のエネルギー>電池は，物質が持っている化学エネルギーを，化学変化によって電気エネルギーに変換する装置である。

2 <ダニエル電池>ダニエル電池では銅板が＋極，亜鉛板が－極になるので，電流は＋極の銅板からAの向きに流れる。なお，亜鉛と銅では亜鉛の方がイオンになりやすいので，ダニエル電池では，亜鉛原子（Zn）が電子を失って亜鉛イオン（Zn^{2+}）となって水溶液中に溶け出す。亜鉛板に残った電子は導線を通って銅板に移動する。移動してきた電子を，水溶液中の銅イオン（Cu^{2+}）が受け取ると銅原子（Cu）になり，銅板に付着する。電子の移動の向きと電流の向きは逆だから，電子が亜鉛板から銅板へ移動するとき，電流は銅板から亜鉛板に向かって流れる。

3 <ダニエル電池>実験(2)の装置より長い時間，電子オルゴールが鳴るようにする，つまり，電流が流れる時間を長くするには，導線中を移動する電子の数を多くすればよい。それには，水溶液に触れる亜鉛板の面積を大きくして，水溶液中に溶け出す亜鉛イオンの数を増やし，亜鉛板に放出される電子の数を増やせばよい。さらに，硫酸銅水溶液の濃度を高くして，銅板に移動してきた電子を受け取る銅イオンの数を増やせばよい。

4 <ダニエル電池>実験(3)で，素焼きの容器をはずし，2つの水溶液を混ぜると，「亜鉛板の表面に赤い物質が付着した」とあるとおり，水溶液中の銅イオンは，亜鉛原子が亜鉛板に放出した電子を，亜鉛板の表面で受け取り，銅原子になって亜鉛板に付着する。そのため，導線中を移動する電子の量は減り，電子オルゴールが鳴るために十分な量の電流が流れなくなる。

6 〔大地の変化〕

1 <示相化石>地層が堆積した当時の環境を推測することができる化石を示相化石という。ブナはやや寒冷な地域に生育するため，(1)の図1で，ブナの化石を含むA層が堆積した当時は，やや寒冷な気候であったことがわかる。

2 <れき>(1)の図1のB層で見られた丸みを帯びたれきは，流水によって運搬されるときに角がけずられたものである。

3 <地層のでき方>普通，地層は下から上へと堆積するから，図1の地層は，A層の堆積→Y面の形成→B層の堆積の順でつくられたと考えられる。また，断層XはA層を断ち切っているので，A層→断層Xの形成の順でつくられ，断層XはY面を貫いていないので，断層Xの形成→Y面の形成の順でつくられたと考えられる。よって，古い順に，A層の堆積→断層Xの形成→Y面の形成→B層の堆積となる。

4 <火山灰の堆積>(2)の図3で，火山灰層は噴火した火山に近いほど厚く堆積し，火山の風下側に広く堆積する。よって，表より，D層の厚さが50cm以上の地点は図4のg，j，kで，50cm未満1cm以上の地点はd，f，h，i，l，m，n，o，p，q，r，s，tだから，D層は，火山イの噴火によって火山灰が東北東の方向に広く堆積してできたと考えられる。同様に，表より，C層の厚さが40cm以上の地点はc，d，eで，他の地点では40cm未満なので，C層は，火山アの噴火によって火山灰が東北東の方向に広く堆積してできたと考えられる。したがって，図2で，C層はD層より下にあり，C層の方が先に堆積したから，先に噴火した火山はアであり，後に噴火した火山はイである。

7 〔生物の世界〕

1 <植物の分類>グループA，Bのうち，種子をつくるグループは花を咲かせる種子植物のBで，種子をつくらないグループはAである。グループAに分類された植物は，胞子をつくってふえる。

2 <シダ植物，コケ植物>イヌワラビと同じグループの植物は，同じシダ植物に分類されるスギナであり，ゼニゴケはコケ植物に分類される。シダ植物は，葉，茎，根の区別があるが，コケ植物は，葉，茎，根の区別がない。

3 <被子植物の分類>まず，グループDは胚珠が子房につつまれている被子植物で，グループEは単子葉類，グループFは双子葉類である。単子葉類は子葉が1枚，葉脈が平行，根のつくりはひげ根で，双子葉類は子葉が2枚，葉脈が網目状，根のつくりは主根と側根からなる。表より，コスモス

は，オクラと同じように，根のつくりが主根と側根からなるため，グループFの双子葉類に分類される。なお，トウモロコシは，葉脈が平行で，根のつくりがひげ根であることから，グループEの単子葉類に分類される。また，グループCは裸子植物で，子房がなく胚珠がむき出しになっている。

8 〔運動とエネルギー〕

1 **<浮力>** 浮力の大きさは，水中にある物体の上面と下面にはたらく水圧によって生じる力の大きさの差によって表される。水圧は水の深さが深くなるほど大きくなるので，物体の上面にはたらく水圧より，物体の下面にはたらく水圧の方が必ず大きい。よって，浮力の向きは，常に上向きである。

2 **<重力と浮力>** ビーカーの底から6.0cmの高さまで水を入れたので，図4で，ビーカーの底から物体の下面までの高さが6.0cm以上のとき，物体は水中から全体が出て空気中にある。よって，物体Aにはたらく重力の大きさは0.16Nであり，物体にはたらく重力の大きさは，物体が水中にあっても変わらない。また，図4より，ビーカーの底から物体の下面までの高さが1.0cmのとき，物体Aのばねばかりの値は0.13Nである。したがって，このときの浮力の大きさは，〔浮力(N)〕＝〔空気中でのばねばかりの値(N)〕－〔水中でのばねばかりの値(N)〕より，0.16－0.13＝0.03(N)である。

3 **<浮力>** 物体が全て水中にあるとき，浮力の大きさは水の深さに関係しないから，物体Aの下面までの高さが0cmから4.0cmまでは，浮力の大きさは一定である。また，浮力の大きさは，物体の水中にある部分の体積が大きいほど，大きくなる。そのため，物体Aの下面までの高さが4.0cmから6.0cmまでは，物体Aの水中にある部分の体積は小さくなっていくので，浮力の大きさも小さくなっていく。そして，ビーカーの底から物体Aの下面までの高さが6.0cm以上になると，物体は水中から全体が出るから浮力ははたらかない。よって，適切なグラフはウである。

4 **<浮力>** 浮力の大きさは，物体の水中にある部分の体積が大きいほど大きくなるから，体積が大きい物体Bにはたらく浮力の方が，物体Aにはたらく浮力よりも大きい。そのため，水中での重さは物体Aより物体Bの方が小さくなり，ウのように，物体Bの方が上がる。また，図4より，物体A，Bが全て水中にあるとき，ばねばかりの値が，物体Aは0.13N，物体Bが0.11Nであることからも，物体Bにはたらく浮力の方が，物体Aにはたらく浮力よりも大きいことがわかる。

9 〔化学変化と原子・分子〕

1 **<実験操作>** 実験(1)で，試験管Xの口を少し下げて加熱するのは，発生した液体が，試験管Xの加熱部分に流れて，加熱部分が急激に冷やされることで，試験管Xが割れるのを防ぐためである。

2 **<化学反応式>** 炭酸水素ナトリウム($NaHCO_3$)を加熱すると，炭酸ナトリウム(Na_2CO_3)と水(H_2O)と二酸化炭素(CO_2)に分解される。化学反応式は，矢印の左側に反応前の物質の化学式を，右側に反応後の物質の化学式を書き，矢印の左右で原子の種類と数が等しくなるように化学式の前に係数をつける。

3 **<化学変化と物質の質量>** 実験(2)の表より，加熱前の炭酸水素ナトリウムの質量が0.40g，0.80g，1.20g，1.60g，2.00gのとき，質量が変化しなくなったときの炭酸ナトリウムの質量は，それぞれ0.25g，0.50g，0.75g，1.00g，1.25gである。これより，加熱前の炭酸水素ナトリウムの質量が2倍，3倍，4倍，5倍となると，質量が変化しなくなったときの炭酸ナトリウムの質量も2倍，3倍，4倍，5倍となっているから，これらは比例している。よって，これらの値を●などで印をつけてグラフをかくと，原点を通る直線になる。解答参照。また，1.20gの炭酸水素ナトリウムを質量が変化しなくなるまで加熱すると，0.75gの炭酸ナトリウムが生じる。このとき，質量が減少するのは，生じた水と二酸化炭素が空気中に出ていくためで，質量保存の法則より，生じた水と二酸化炭素の質量は，1.20－0.75＝0.45(g)である。表より，1.20gの炭酸水素ナトリウムを2回加熱したときのステンレス皿内の物質の質量は0.87gだから，このとき生じた水と二酸化炭素の質量は，1.20－0.87＝0.33(g)である。ここで，このとき生じた炭酸ナトリウムの質量をxgとすると，$x:0.33＝0.75:0.45$が成り立つ。これを解くと，$x×0.45＝0.33×0.75$より，$x＝0.55$(g)となる。

国語解答

一　1　(1)　そうかん　(2)　しゃそう
　　　(3)　た　(4)　うなが　(5)　ほかく
　　2　(1)　照　(2)　順序　(3)　限
　　　(4)　破損　(5)　沿革

二　1　イ　2　ア
　　3　主石が他の石を求めているという関係があり，それを作庭者が理解しているという関係。(40字)
　　4　ウ
　　5　(I)　X　実用的な機能
　　　　　Y　水そのものの美
　　　(II)…イ

三　1　ウ　2　ア
　　3　不要なものを抱えた凜に，咲き終わり枯れた花を身につけた花が重なっ

たから。(36字)
　　4　自分の言葉で凜を傷つけるかもしれないと不安だったが，いつもどおりの明朗快活な凜の姿に安心し，重く考える必要はないと緊張が和らいだ。
　　　　　　　　　　　　　　(65字)
　　5　エ

四　1　ならい　2　イ
　　3　人にまさらむ勝たむの心
　　4　(I)　確実な根拠をとらえ，論旨を一貫させる
　　　(II)…ウ

五　1　(1)…ア　(2)…ウ　(3)…エ　(4)…イ
　　　(5)…エ
　　2　(省略)

一　〔漢字〕

1　(1)「創刊」は，新聞，雑誌などを新しく発刊すること。　(2)「車窓」は，自動車や列車の窓のこと。
　(3)音読みは「裁断」などの「サイ」。　(4)音読みは「催促」などの「ソク」。　(5)「捕獲」は，つかまえること。
2　(1)音読みは「日照」などの「ショウ」。　(2)「順序」は，物事のつながりで，ある基準によって並べられた関係のこと。　(3)音読みは「限度」などの「ゲン」。　(4)「破損」は，こわれて傷つくこと。　(5)「沿革」は，物事の移り変わりのこと。

二　〔論説文の読解―芸術・文学・言語学的分野―芸術〕出典：原瑠璃彦『日本庭園をめぐる　デジタル・アーカイヴの可能性』。

≪本文の概要≫庭園の石は，そのときに応じていろいろなものに見える。これは，「見立ての手法」というものである。庭園の石の素材は，自然石であり加工はされないが，石を「立てる」という人為が加えられる。石を立てることには，石に神霊が宿るようにするという意味がある。また，石を立てるときには，石たちの，そして石と作庭者との対話の関係が構築される。主石となる石が意志を持って他の石を求めるので，作庭者は，主石と他の石との関係を理解し，状況を把握して，石組を成立させる。石組は，庭園の骨格であり，いつの時代であってもどんな様式であっても，日本庭園の全てに一貫して存在する。つまり，石組は時間を超越する。その石組によって何が表現されるのか。日本庭園は，理想の風景を映しているといわれるが，特に水の引き込みと池をつくることは欠かせない。池には，涼を得るという実用的な機能がある。加えて池は，人を魅了する水そのものの美を感じさせるものである。しかし，日本庭園の池の役割の根底には，池が海を表象するということがある。

1　＜接続語＞「日本庭園の骨格は石組である」が，そのうえで，その石組を通して「何が表現されるのか」について話をする。
2　＜文章内容＞柳田國男によれば，「立つということは神霊があらわれること」である。古来，何かを立てると，その何かが「依代」となり，「神霊が宿る」と信じられてきた。人が「庭石を『立て

る』こと」にも「同様の意味合い」があり，それは石に神霊が宿ることを期待する行為であった。

3 <文章内容>作庭者は，石を立てるにあたり，「主石が求めているのに従って，ほかの石を立てなければ」ならない。「石が石を求めている」という石たちの対話と，作庭者と石との対話によって，石組が成立するのである。

4 <文章内容>石組が「庭園の骨格」となり形状や位置関係を「保ち続ける」点は，日本庭園の各時代のどんな様式においても，「一貫して共通」している。

5 <文章内容>(I)日本庭園に川から水を引き込み，池をつくる理由の一つは，例えば高温多湿の夏の京都では少しでも涼を感じることが必要だったように，「実用的な機能」の面からである(…Ｘ)。また，人は，「池や水流そのもの」に絶えず魅了される。庭園に池をつくる理由の二つ目は，「水そのものの美」が求められたからである(…Ｙ)。　(II)「日本庭園の池の役割」の根底にあるのは，「海を表象すること」である。「表象」は，シンボルとして表現すること。

三　〔小説の読解〕出典：真紀涼介『勿忘草をさがして』。

1 <慣用句>凜は，「痛みに耐えるように」顔をしかめているのである。「眉根を寄せる」は，心配ごとや不快感によって顔をしかめる，という意味。「鼻を高くする」は，自慢する，という意味。「目を細める」は，うれしさなどで，顔に笑みをたたえる，という意味。「舌を巻く」は，予想以上の結果に驚く，という意味。

2 <文章内容>学校の花の世話をすることは「たいしたことじゃない」と言う凜に，航大は，同じことを自分がしても「たいしたことじゃない」と思うのかと指摘した。航大が学校の花の世話をしていたら，すばらしいと評価するだろうと思い，凜は，自分の言っていることに矛盾があると気づいたのである。

3 <文章内容>一見すると美しく咲いているプランターの花にも，よく見ると「咲き終わり，枯れた花」がそのまま存在している。航大は，凜もその心を重くする「不要なもの」を抱えているように感じ，彼には，凜の姿とプランターの花が重なって見えたのである。

4 <心情>航大は，自分の言葉が凜には迷惑ではないかと「不安」に思っていた。しかし，「迷惑なんかじゃない」とすぐに反応した凜が，いつもどおりの「明朗快活な姿」であるのを見て，航大は，「重く考えることなんてない」ように思い，少し緊張感が和らいだのである。

5 <心情>太陽が出ていないときにガザニアが花を閉じるのは，体を休めて「余計なエネルギーを使わないように」して，「美しく咲き続けるため」である。ガザニアと同じように，凜にも体を休めて自分で納得できるように進んでほしいと，航大は思っている。

四　〔古文の読解―随筆〕出典：本居宣長『玉勝間』一の巻，三九。

≪現代語訳≫最近の世で，学問の道が開けて，だいたいにおいてさまざまなことの取り扱いが，賢明になったので，さまざまに新しい学説を出す人が多く，その説がまあまあよければ，世にもてはやされることによって，一般の学者は，まだ研究が十分にまとまらないうちから，自分は(他の人には)劣るまいと，世に(今までとは)異なる珍しい学説を出して，人の耳を驚かせるようなことが，今の世の習慣である。その中には，非常によろしいことも，まれには出てくるようだが，だいたいにおいて未熟な学者が，気持ちがあせって言い出すことは，ただ，(他の)人に勝ろう勝とうという心で，軽々しく，前後をよく考え合わすこともなく，思いついたままに発表するから，多くは中途半端のひどい間違いばかりである。おしなべて新しい学説を出すのは，とても大事である。何回も繰り返し考えて，十分に確かな根拠をとらえ，どこまでも考えが一貫していて，違うところがなく，揺れ動かないようでなければ，簡単に(新しい学説を)出してはいけないことである。そのときには，自信満々でよいと思っても，時間が経過した後に，もう一度よく考えると，やはり悪いなあと，自分でさえそういう気になることが多いこと

であるよ。

1 <歴史的仮名遣い>歴史的仮名遣いの語頭以外のハ行は，現代仮名遣いでは原則として「わいうえお」になる。

2 <現代語訳>「ととのふ」は，まとまる，という意味。「ぬ」は，打ち消しの助動詞「ず」の連体形。

3 <古文の内容理解>未熟な学者が気持ちがあせって，自分の学説を口に出すのは，他人より勝ろう，勝とうという心があるからである。そのためによく考え合わすこともなく発表された学説は，ひどい間違いばかりになることが多いのである。

4 <古文の内容理解>(Ⅰ)自分の学説を世に発表するためには，考えの確かな根拠となることをとらえ，はじめから終わりまで自分の言いたいことが貫かれていることが大切なのである。　(Ⅱ)情報発信することが簡単になった現代においては，誰もが発信できるので，間違っているかもしれないことでも自信を持って，軽々しく発信してしまうことに注意するべきである。

五 〔国語の知識〕

1 (1) <熟語の構成>「最新」と「予定」は，上の漢字が下の漢字を修飾している熟語。「温暖」は，似た意味の漢字を重ねた熟語。「進退」は，反対の意味の漢字を重ねた熟語。「無休」は，上の漢字が下の漢字の意味を否定する熟語。　(2) <品詞>「よい」は，自立語で活用し，述語になりうる。また，言い切りの形が「い」で終わるので，形容詞である。　(3) <資料>海洋プラスチックごみは「川から海へとつながる中で発生するもの」なので，川の「上流」に位置する栃木県も，海洋プラスチックごみのことを「自分の問題」として考えていかなければならないのである。　(4) <俳句の内容理解>「鮭」は，秋の季語。夜が明け，鮭が卵を産むために秋に群れをなして，海から故郷の川へと遡っていく様子がよまれている。　(5) <資料>生徒Aは，「栃木県のホームページの内容をポスターに載せるとよい」という生徒Bの意見と，鮭がよみ込まれた俳句を「ポスターに生かせないかな」という生徒Cの意見をまとめ，ホームページの内容と俳句の「二つを関連させたポスター」にすることを提案している。

2 <作文>Aのポスターは，「きれいな森をいつまでも」というように，目標を掲げたものになっている。Bのポスターは，「ポイ捨て禁止」と具体的な禁止事項を明確にしている。どちらを選ぶかの理由とともに，自分がどういうことを訴えたいかを考える。字数を守って，誤字脱字に気をつけて書いていくこと。

Memo

Memo

2023年度
栃木県公立高校 / 入 試 問 題

英 語

●満点 100点　●時間 50分

■リスニングテストの音声は，当社ホームページで聴くことができます。（当社による録音です。）再生に必要なアクセスコードは「合格のための入試レーダー」（巻頭の黄色の紙）の1ページに掲載しています。

1　これは聞き方の問題である。指示に従って答えなさい。

1　〔英語の対話とその内容についての質問を聞いて，答えとして最も適切なものを選ぶ問題〕

(1)　ア

イ

ウ

エ

(2)　ア

イ

ウ July **9** Saturday　　エ July **9** Sunday

(3) ア Find the teacher's notebook.　イ Give her notebook to the teacher.
ウ Go to the teachers' room.　エ Play soccer with the teacher.

(4) ア At Kate's house.　イ At the baseball stadium.
ウ At the bookstore.　エ At the museum.

2 〔英語の対話とその内容についての質問を聞いて，答えとして最も適切なものを選ぶ問題〕

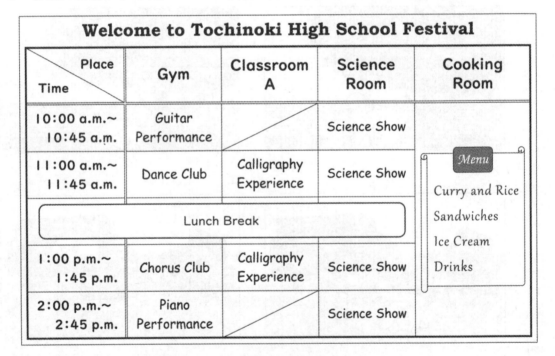

Welcome to Tochinoki High School Festival

Time ＼ Place	Gym	Classroom A	Science Room	Cooking Room
10:00 a.m.〜 10:45 a.m.	Guitar Performance		Science Show	
11:00 a.m.〜 11:45 a.m.	Dance Club	Calligraphy Experience	Science Show	*Menu*
Lunch Break				Curry and Rice
1:00 p.m.〜 1:45 p.m.	Chorus Club	Calligraphy Experience	Science Show	Sandwiches Ice Cream Drinks
2:00 p.m.〜 2:45 p.m.	Piano Performance		Science Show	

(1) ア In the Gym.　イ In the Classroom A.
ウ In the Science Room.　エ In the Cooking Room.

(2) ア 10:00 a.m. 〜 10:45 a.m.　イ 11:00 a.m. 〜 11:45 a.m.
ウ 1:00 p.m. 〜 1:45 p.m.　エ 2:00 p.m. 〜 2:45 p.m.

(3) ア Miho recommends Calligraphy Experience to Alex.
イ Miho recommends sandwiches to Alex.
ウ Miho suggests where to go after lunch.
エ Miho suggests where to go for lunch.

3 〔英語の説明を聞いて，メモを完成させる問題〕

メモの(1)には数字を入れ，(2)と(3)には英語を入れなさい。

Green Wing Castle
・It was built in ☐ (1) ☐.
・More than 400 rooms.
・The man in the picture had 10 ☐ (2) ☐.
・People enjoyed parties in the large room.
・The West Tower → We can see the ☐ (3) ☐ city.

※**＜聞き方の問題放送台本＞は英語の問題の終わりに付けてあります。**

2 次の１，２の問いに答えなさい。

1 次の英文中の ☐(1)☐ から ☐(6)☐ に入る語として，下の(1)から(6)のア，イ，ウ，エのうち，それぞれ最も適切なものはどれか。

Hello, everyone. Do you like ☐ (1) ☐ movies？ Me？ Yes, I ☐ (2) ☐. I'll introduce my favorite movie. It is "The Traveling of the Amazing Girl." The story is ☐ (3) ☐ a girl who travels through time. Some troubles happen, but she can solve ☐ (4) ☐. The story is ☐ (5) ☐, and the music is also exciting. The movie was made a long time ago, but even now it is very popular. It is a great movie. If you were the girl, what ☐ (6) ☐ you do？

(1) ア watch   イ watches   ウ watching   エ watched
(2) ア am   イ do   ウ is   エ does
(3) ア about   イ in   ウ to   エ with
(4) ア they   イ their   ウ them   エ theirs
(5) ア empty   イ fantastic   ウ narrow   エ terrible
(6) ア can   イ may   ウ must   エ would

2 次の(1)，(2)，(3)の（　）内の語句を意味が通るように並べかえて，(1)と(2)はア，イ，ウ，エ，(3)はア，イ，ウ，エ，オの記号を用いて答えなさい。

(1) A ： Is Tom the tallest in this class？

    B ： No. He (ア tall   イ not   ウ as   エ is) as Ken.

(2) A ： I hear so many (ア be   イ can   ウ seen   エ stars) from the top of the mountain.

    B ： Really？ Let's go to see them.

(3) A ： What sport do you like？

    B ： Judo！ Actually I (ア been   イ have   ウ practicing   エ since   オ judo) I was five years old.

3 次の英文を読んで，1，2，3，4の問いに答えなさい。

When people in Japan want to decide who wins or who goes first quickly, they often play a hand game called *Janken. They use three hand gestures to play the game. A closed hand means a *rock, an open hand means paper, and a closed hand with the *extended *index and middle fingers means *scissors. A rock breaks scissors, so the rock wins. Also, scissors cut paper, and paper covers a rock. It is (　　　　　) the rules, so many people can play *Janken.

This kind of hand game is played in many countries all around the world. Most of the people use three hand gestures, but some people use more than three. In *France, people use four hand gestures. People in *Malaysia sometimes use five hand gestures.

In other countries, people use hand gestures which are ☐**A**☐ from the ones used in Japan. In *Indonesia, a closed hand with the extended *thumb means an elephant, a closed hand with the extended index finger means a person, and a closed hand with the extended *little finger means an *ant. In their rules, an elephant *beats a person, because it is larger and stronger. In the same way, a person beats an ant. But how can a small ant beat a big elephant？ Can you imagine <u>the reason</u>？ An ant can get into an elephant's ears and nose, and the elephant doesn't like that.

Isn't it interesting to know that there are many kinds of hand games like *Janken around the world？ Even when the hand gestures and their meanings are ☐**A**☐, people can enjoy them. If you go to foreign countries in the future, ask the local people how they play their hand games. And why don't you introduce yours and play the games with them？ Then that may be ☐**B**☐.

〔注〕・ ＊*Janken*＝じゃんけん　　＊rock＝岩，石　　＊extended＝伸ばした
　　　　＊index and middle fingers＝人差し指と中指　　＊scissors＝はさみ
　　　　＊France＝フランス　　＊Malaysia＝マレーシア　　＊Indonesia＝インドネシア
　　　　＊thumb＝親指　　＊little finger＝小指　　＊ant＝アリ
　　　　＊beat 〜＝〜を打ち負かす

1　本文中の（　）に入るものとして，最も適切なものはどれか。
　　ア　difficult to decide　　　イ　easy to understand
　　ウ　free to break　　　　　エ　necessary to change

2　本文中の二つの ☐**A**☐ には同じ英語が入る。適切な英語を**1語**で書きなさい。

3　本文中の下線部の内容を，次の ☐☐☐ が表すように，（　）に入る**25字程度**の日本語を書きなさい。ただし，句読点も字数に加えるものとする。

┌───┐
│ アリは（　　　　　　　　　　　　　　）から，アリがゾウに勝つ。 │
└───┘

4　本文中の ☐**B**☐ に入るものとして，最も適切なものはどれか。
　　ア　a good way to learn the culture and history of Japan
　　イ　a good way to decide which hand gesture is the best
　　ウ　a good start for communicating with people all over the world
　　エ　a good start for knowing how you can always win at hand games

4 主人公である修二(Shuji)と，その同級生の竜也(Tatsuya)について書かれた次の英文を読んで，1から5までの問いに答えなさい。

I met Tatsuya when I was 7 years old. We joined a badminton club then. I was good at sports, so I improved my *skills for badminton soon. Tatsuya was not a good player, but he always practiced hard and said, "I can do it! I will win next time." He even said, "I will be the *champion of badminton in Japan." I also had a dream to become the champion, but I [   ] such words because I thought it was *embarrassing to do that. When I won against him, he always said to me, "Shuji, let's play one more game. I will win next time." I never lost against him, but I felt he was improving his skills.

When we were 11 years old, the situation changed. In a city tournament, I played a badminton game against Tatsuya. Before the game, he said to me, "Shuji, I will win this time." I thought I would win against him easily because I never lost against him. However, I couldn't. I lost against him *for the first time. I never thought <u>that</u> would happen so soon. He smiled and said, "I finally won!" Then I started to practice badminton harder because I didn't want to lose again.

When we were junior high school students, we played several badminton games, but I couldn't win even once. Tatsuya became strong and joined the *national badminton tournament, so I went to watch his games. In the tournament, his play was great. Sometimes he *made mistakes in the games, but then, he said, "It's OK! I will not make the same mistake again!" He even said, "I will be the champion!" I thought, "He hasn't changed since he was a beginner."

Finally, Tatsuya really became the champion of badminton in Japan. After the tournament, I asked him why he became so strong. He said, "Shuji, I always say that I will be the champion. Do you know why? When we *say our goals out loud, our *mind and body move to *reach the goals. In fact, by saying that I will be the champion, I can practice hard, and that helps me play better. The words I say make me strong." I realized that those words gave him the (p   ) to reach the goal. On that day, I decided to say my goal and practice hard to reach it.

Now I am 18 years old and I am ready to win the national tournament. Now I am standing on the *court to play a game against Tatsuya in the *final of the national badminton tournament. I have changed. I am going to say to Tatsuya, "I will win this time. I will be the champion."

〔注〕 *skill＝技術　　*champion＝チャンピオン　　*embarrassing＝恥ずかしい
　　　*for the first time＝初めて　　*national＝全国の　　*make a mistake＝ミスをする
　　　*say～out loud＝～を声に出す　　*mind＝心　　*reach～＝～を達成する
　　　*court＝コート　　*final＝決勝

1　本文中の[　]に入る適切な英語を2語または3語で書きなさい。

2　本文中の下線部の指す内容は何か。日本語で書きなさい。

3　本文中の（　）に入る適切な英語を1語で書きなさい。ただし，（　）内に示されている文字で書き始め，その文字も含めて答えること。

4 次の文は，本文中の最後の段落に書かれた出来事の翌日に，竜也が修二に宛てて送ったメールの内容である。（**A**），（**B**）に入る語の組み合わせとして，最も適切なものはどれか。

Hi Shuji,

*Congratulations！
Now you are the champion, my friend.
You've become my goal again.
You were always my goal when I was little.
I remember I was very（　**A**　）when I won against you for the first time.

At that time, you told me that it was embarrassing for you to say your goal.
So I was（　**B**　）when you said to me, "I will be the champion."
This time I lost, but I will win next time.

Your friend,
Tatsuya

〔注〕 ＊congratulations＝おめでとう

ア　**A**：sorry －**B**：bored 　　イ　**A**：sad －**B**：excited
ウ　**A**：happy－**B**：lonely 　　エ　**A**：glad－**B**：surprised

5 本文の内容と一致するものはどれか。

ア　Shuji played badminton better than Tatsuya when they began to play it.
イ　Tatsuya asked Shuji to practice hard and become the champion in Japan.
ウ　Shuji thought Tatsuya would win against Shuji in the national tournament.
エ　Tatsuya decided to say his goal out loud because Shuji told Tatsuya to do so.

5　次の英文は，高校生の光(Hikari)とドイツ(Germany)からの留学生レオン(Leon)の対話の一部である。また，**図**は二人が見ているウェブサイトの一部である。これらに関して，1から7までの問いに答えなさい。

Hikari ： Leon, look at this T-shirt. I bought it yesterday.
Leon ： It looks cute, but didn't you get a new (1)one last weekend？
Hikari ： Yes. I love clothes.
Leon ： Me too, ｜　**A**　｜. Instead, I wear my favorite clothes for many years.
Hikari ： Many years？ I like new fashion, so I usually enjoy my clothes only for one season.
Leon ： Too short！ You mean you often *throw away the clothes you don't need？
Hikari ： Well, I did (2)that before, but I stopped it. I have kept the clothes I don't wear in my *closet. However, I don't know what I can do with those clothes.
Leon ： When I was in Germany, my family used "*Kleidercontainer*."
Hikari ： What is that？
Leon ： It is a box to collect used clothes. I will show you a website. It is made by a Japanese

woman, Sachiko.　She lives in Germany.　Look at this picture on the website.　This is *Kleidercontainer.*

Hikari : Wow, it's big! Sachiko is ＿＿(3)＿＿ the box, right ?

　Leon : That's right.　Then, the collected clothes are used again by someone else, or they are recycled.

Hikari : Nice! Hey, look at the picture next to *Kleidercontainer*.　You have a *bookshelf on the street ?

　Leon : It is "*Öffentlicher Bücherschrank.*"　It means "*public bookshelf."　When you have books you don't need, you can bring them here.

Hikari : Sachiko says that people can ＿＿(4)＿＿ from the bookshelf *for free! Is that true ?

　Leon : Yes.　When I was in Germany, I sometimes did that.

Hikari : Great! Sachiko is also introducing how she uses things she doesn't need in other ways.　For example, by using an old T-shirt, she ＿＿(5)＿＿ or clothes for her pet.

　Leon : Oh, some people call those activities "upcycling."

Hikari : Upcycling? I have never heard that word.　| **B** | what upcycling is ?

　Leon : Sure! When you have something you don't need, you may throw it away.　However, by creating something (**C**) from the thing you don't need, you can still use it.　Upcycling can give (**C**) *values to things you don't use.

Hikari : Interesting! In this way, we can use things for a (**D**) time.　I want to think more about how I can use my clothes in other ways.

〔注〕　＊throw away ～/throw ～ away ＝ ～を捨てる　　＊closet ＝ クローゼット
　　　　＊bookshelf ＝ 本棚　　＊public ＝ 公共の　　＊for free ＝ 無料で　　＊value ＝ 価値

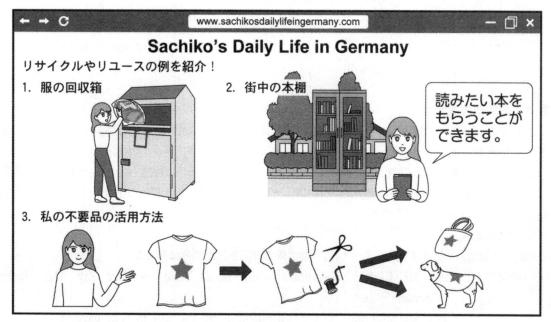

図

1　下線部(1)は何を指すか。本文から抜き出して書きなさい。

2　**A**　に入るものとして，最も適切なものはどれか。

　　ア　but I don't buy new clothes so often

　　イ　but I like shirts better than T-shirts

　　ウ　so I buy a lot of clothes every season

　　エ　so I'm happy to hear that you love clothes

3　下線部(2)の that とはどのようなことか。**15字以内**の日本語で書きなさい。ただし，句読点も字数に加えるものとする。

4　**図**を参考に，二人の対話が成り立つよう，下線部(3)，(4)，(5)に適切な英語を書きなさい。

5　二人の対話が成り立つよう，**B**　に入る適切な英語を**3語**または**4語**で書きなさい。

6　本文中の(**C**)，(**D**)に入る語の組み合わせとして，最も適切なものはどれか。

　　ア　C：old － D：long　　**イ**　C：old － D：short

　　ウ　C：new － D：long　　**エ**　C：new － D：short

7　英語の授業で，「今後，服を手放す際に，どのような手段を選ぶか」について，短いスピーチをすることになりました。それに向けて，次の〔条件〕に合うよう，あなたの考えを書きなさい。

　〔**条件**〕　①　下の　□　内の四つの手段から一つを選ぶこと。

　　　　　　　　なお，（　）内の例を参考にして書いてもよい。

　　　　　　②　なぜその手段を選ぶのかという理由も書くこと。

　　　　　　③　まとまりのある**5文程度**の英語で書くこと。

> ・売る　　　　　　　　（例：＊フリーマーケットやオンラインで売る）
> ・他の人にあげる　　　（例：兄弟姉妹や友だちにあげる）
> ・＊寄付する　　　　　（例：＊慈善団体に寄付する）
> ・リサイクルに出す　　（例：リサイクルのためにお店に持って行く）

　　〔注〕　＊フリーマーケット＝flea market　　＊(～を…に)寄付する＝donate ～ to …

　　　　　　　＊慈善団体＝charities

<聞き方の問題放送台本>

　これから聞き方の問題に入ります。問題用紙の四角で囲まれた**1**を見なさい。問題は**1**，**2**，**3**の三つあります。

　最初は**1**の問題です。問題は(1)から(4)まで四つあります。英語の対話とその内容についての質問を聞いて，答えとして最も適切なものを**ア，イ，ウ，エ**のうちから一つ選びなさい。対話と質問は2回ずつ言います。（約5分）

　では始めます。

　〔注〕　(1)はカッコイチと読む。以下同じ。斜字体で表記された部分は読まない。

(1)の問題です。　*A* :　Hi, Cathy. Welcome to my house. Did you see my dog, Hachi, outside ?

　　　　　　　　　B :　Hi, Kazuma.　Yes, I saw Hachi under the tree in your garden.

　　　　　　　　　A :　Really ?　He is so quiet today.　Was he sleeping ?

B : No, he was playing with a ball.

質問です。　Q : What was Hachi doing when Cathy came to Kazuma's house?

（約5秒おいて）繰り返します。（1回目のみ）（ポーズ約5秒）

(2)の問題です。　A : Hi, Tomoki.　We have to finish our report by July 19th.　How about doing it together next Saturday?

B : You mean July 8th?　Sorry, Meg.　I'll be busy on that day.　How about Sunday, July 9th?

A : Oh, I have a piano lesson in the afternoon every Sunday, but I have time in the morning.

B : OK.　See you then!

質問です。　Q : When will Tomoki and Meg do their report together?

（約5秒おいて）繰り返します。（1回目のみ）（ポーズ約5秒）

(3)の問題です。　A : Hi, Satoshi.　Did you see Mr. Suzuki?　I went to the teachers' room, but he wasn't there.

B : Hi, Sarah.　He is on the school grounds.　Why do you want to see him?

A : I have to take my notebook to him because I couldn't give it to him yesterday.

B : I see.　I'm sure he's still there.

質問です。　Q : What does Sarah have to do?

（約5秒おいて）繰り返します。（1回目のみ）（ポーズ約5秒）

(4)の問題です。　A : Hello, Koji.　This is Kate.　Where are you now?

B : Hi, Kate.　I'm at home.　I'm watching a baseball game on TV.

A : What?　We are going to go to the museum today.　Did you forget that?

B : Oh no!　I'm so sorry.　Can you wait for me at the bookstore near the museum?　I'll meet you there soon.

質問です。　Q : Where will Koji meet Kate?

（約5秒おいて）繰り返します。（1回目のみ）（ポーズ約5秒）

　次は2の問題です。英語の対話とその内容についての質問を聞いて，答えとして最も適切なものをア，イ，ウ，エのうちから一つ選びなさい。質問は(1)から(3)まで三つあります。対話と質問は2回ずつ言います。（約4分）

　では始めます。

〔注〕　(1)はカッコイチと読む。以下同じ。斜字体で表記された部分は読まない。

Miho : We've arrived at my brother's high school!　Thank you for coming with me, Alex.

Alex : Thank you, Miho.　This is my first time to come to a school festival in Japan.　Your brother will play the guitar on the stage, right?

Miho : Yes.　He can play it very well.　Alex, look.　Here is the information about the events of the festival.

Alex : Your brother's performance will start at 10 a.m. in the Gym, right?

Miho : Yes.　After his performance, what do you want to see?

Alex : Well, I love Japanese culture, so I want to try calligraphy.　How about you?

Miho : Actually, I'm interested in the performance by the dance club, but both of the events will start at the same time.

Alex : How about seeing the dance in the morning and trying calligraphy in the afternoon?

Miho : Perfect!　Thank you.

Alex : I'm also interested in science.　Let's go to see Science Show after that.

Miho : That's a good idea.　By the way, before we join Calligraphy Experience, let's go to the Cooking Room to eat lunch.

Alex : Nice!　We'll be hungry.　I'll eat sandwiches.

Miho : I want to eat curry and rice because it's my favorite food!

Alex : Now let's go to the Gym first!

(1)の質問です。　　Where will Miho and Alex be at 1:00 p.m.?
　　　　　　　　　　（ポーズ約5秒）

(2)の質問です。　　What time will Miho and Alex see Science Show?
　　　　　　　　　　（ポーズ約5秒）

(3)の質問です。　　Which is true about Miho?
　　　　　　　　　　（約5秒おいて）繰り返します。（1回目のみ）（ポーズ約5秒）

　次は**3**の問題です。あなたは今，海外留学プログラムでイギリスに来ています。ある城についてのガイドの説明を聞いて，英語で感想文を書くためのメモを完成させなさい。ただし，メモの(1)には数字を入れ，(2)と(3)には英語を入れなさい。英文は2回言います。（約2分）

　では始めます。

　OK, everyone.　This is Green Wing Castle.　It was built in 1723.　Now let's go inside.　There are more than four hundred rooms in the castle.　Let's go into this room first.　Look at this picture.　The man in this picture lived in this castle.　He had a big family.　He had five sons and five daughters.　Let's go to another room.　This room is very large, isn't it?　People enjoyed parties here.　Next, look at the West Tower.　We can see the beautiful city from the top of the tower.　Now, we'll have some time to walk around the castle.　Please enjoy it!

　（約5秒おいて）繰り返します。（1回目のみ）（ポーズ約5秒）

数学

●満点 100点　●時間 50分

（注意）　答えは，できるだけ簡単な形で表しなさい。

1　次の1から8までの問いに答えなさい。

1　$3-(-5)$ を計算しなさい。

2　$8a^3b^2 \div 6ab$ を計算しなさい。

3　$(x+3)^2$ を展開しなさい。

4　1個 x 円のパンを7個と1本 y 円のジュースを5本買ったところ，代金の合計が2000円以下になった。この数量の関係を不等式で表しなさい。

5　右の図の立方体 ABCD-EFGH において，辺 AB とねじれの位置にある辺の数はいくつか。

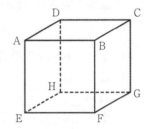

6　y は x に反比例し，$x=-2$ のとき $y=8$ である。y を x の式で表しなさい。

7　右の図において，点A，B，C は円Oの周上の点である。$\angle x$ の大きさを求めなさい。

8　$\triangle$ABC と $\triangle$DEF は相似であり，その相似比は $3:5$ である。このとき，$\triangle$DEF の面積は $\triangle$ABC の面積の何倍か求めなさい。

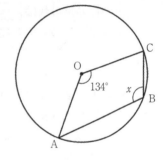

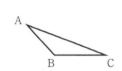
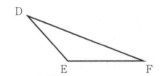

2　次の1，2，3の問いに答えなさい。

1　2次方程式 $x^2+4x+1=0$ を解きなさい。

2　ある高校では，中学生を対象に一日体験学習を各教室で実施することにした。使用できる教室の数と参加者の人数は決まっている。1つの教室に入る参加者を15人ずつにすると，34人が教室に入れない。また，1つの教室に入る参加者を20人ずつにすると，14人の教室が1つだけでき，さらに使用しない教室が1つできる。

　このとき，使用できる教室の数を x として方程式をつくり，使用できる教室の数を求めなさい。ただし，途中の計算も書くこと。

3　次の □ 内の先生と生徒の会話文を読んで，下の □ 内の生徒が完成させた【証明】の ① から ⑤ に当てはまる数や式をそれぞれ答えなさい。

先生「一の位が0でない900未満の3けたの自然数を M とし，M に99をたしてできる自然数を N とすると，M の各位の数の和と N の各位の数の和は同じ値になるという性質があります。例として583で確かめてみましょう。」

生徒「583の各位の数の和は $5+8+3=16$ です。583に99をたすと682となるので，各位の

数の和は$6+8+2=16$で同じ値になりました。」

先生「そうですね。それでは，Mの百の位，十の位，一の位の数をそれぞれa，b，cとして，この性質を証明してみましょう。a，b，cのとりうる値の範囲に気をつけて，MとNをそれぞれa，b，cを用いて表すとどうなりますか。」

生徒「Mは表せそうですが，Nは$M+99$で…，各位の数がうまく表せません。」

先生「99を$100-1$におきかえて考えてみましょう。」

生徒が完成させた【証明】

3けたの自然数Mの百の位，十の位，一の位の数をそれぞれa，b，cとすると，aは1以上8以下の整数，bは0以上9以下の整数，cは1以上9以下の整数となる。

このとき，

$M=$ ┃ ① ┃$\times a+$ ┃ ② ┃$\times b+c$と表せる。

また，$N=M+99$より

$N=$ ┃ ① ┃$\times a+$ ┃ ② ┃$\times b+c+100-1$となるから

$N=$ ┃ ① ┃$\times($ ┃ ③ ┃$)+$ ┃ ② ┃$\times$ ┃ ④ ┃$+$ ┃ ⑤ ┃ となり，

Nの百の位の数は ┃ ③ ┃，十の位の数は ┃ ④ ┃，一の位の数は ┃ ⑤ ┃ となる。

よって，Mの各位の数の和とNの各位の数の和はそれぞれ$a+b+c$となり，同じ値になる。

---

3 次の**1**，**2**，**3**の問いに答えなさい。

1 右の図の△ABCにおいて，辺AC上にあり，∠ABP $=30°$となる点Pを作図によって求めなさい。ただし，作図には定規とコンパスを使い，また，作図に用いた線は消さないこと。

2 下の図は，AB$=2$cm，BC$=3$cm，CD$=3$cm，∠ABC$=$∠BCD$=90°$の台形ABCDである。

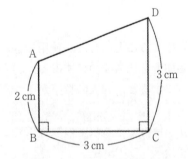

このとき，次の(1)，(2)の問いに答えなさい。

(1) ADの長さを求めなさい。

(2) 台形ABCDを，辺CDを軸として1回転させてできる立体の体積を求めなさい。ただし，円周率はπとする。

3 右の図のように，正方形ABCDの辺BC上に点Eをとり，頂点B，Dから線分AEにそれぞれ垂線BF，DGをひく。

このとき，△ABF≡△DAGであることを証明しなさい。

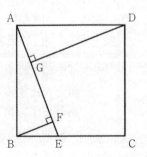

4 次の**1**，**2**，**3**の問いに答えなさい。

1 5人の生徒A，B，C，D，Eがいる。これらの生徒の中から，くじびきで2人を選ぶとき，Dが選ばれる確率を求めなさい。

2 右の表は，あるクラスの生徒35人が水泳の授業で25mを泳ぎ，タイムを計測した結果を度数分布表にまとめたものである。

このとき，次の(1)，(2)の問いに答えなさい。

階級(秒)		度数(人)
以上	未満	
14.0～	16.0	2
16.0～	18.0	7
18.0～	20.0	8
20.0～	22.0	13
22.0～	24.0	5
計		35

(1) 18.0秒以上20.0秒未満の階級の累積度数を求めなさい。

(2) 度数分布表における，最頻値を求めなさい。

3 下の図は，ある中学校の3年生100人を対象に20点満点の数学のテストを2回実施し，1回目と2回目の得点のデータの分布のようすをそれぞれ箱ひげ図にまとめたものである。

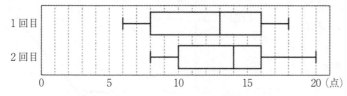

このとき，次の(1)，(2)の問いに答えなさい。

(1) 箱ひげ図から読み取れることとして正しいことを述べているものを，次の**ア**，**イ**，**ウ**，**エ**の中から**2つ**選び，記号で答えなさい。

ア 中央値は，1回目よりも2回目の方が大きい。

イ 最大値は，1回目よりも2回目の方が小さい。

ウ 範囲は，1回目よりも2回目の方が大きい。

エ 四分位範囲は，1回目よりも2回目の方が小さい。

(2) 次の文章は，「1回目のテストで8点を取った生徒がいる」ことが**正しいとは限らない**ことを説明したものである。□□□に当てはまる文を，特定の2人の生徒に着目して書きなさい。

> 箱ひげ図から，1回目の第1四分位数が8点であることがわかるが，8点を取った生徒がいない場合も考えられる。例えば，テストの得点を小さい順に並べたときに，□□□□□□の場合も，第1四分位数が8点となるからである。

5 次の**1**，**2**の問いに答えなさい。

1 右の図のように，2つの関数 $y=5x$，$y=2x^2$ のグラフ上で，x 座標が $t\ (t>0)$ である点をそれぞれA，Bとする。Bを通り x 軸に平行な直線が，関数 $y=2x^2$ のグラフと交わる点のうち，Bと異なる点をCとする。また，Cを通り y 軸に平行な直線が，関数 $y=5x$ のグラフと交わる点をDとする。

このとき，次の(1)，(2)，(3)の問いに答えなさい。

(1) 関数 $y=2x^2$ について，x の変域が $-1\leqq x\leqq 5$ の

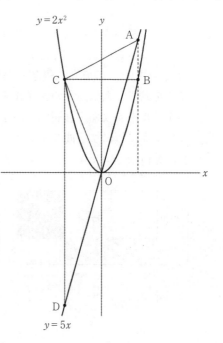

ときの y の変域を求めなさい。

(2)　$t=2$ のとき，△OACの面積を求めなさい。

(3)　BC：CD＝1：4となるとき，t の値を求めなさい。ただし，途中の計算も書くこと。

2　ある日の放課後，前田さんは友人の後藤さんと図書館に行くことにした。学校から図書館までの距離は1650mで，その間に後藤さんの家と前田さんの家がこの順に一直線の道沿いにある。

2人は一緒に学校を出て一定の速さで6分間歩いて，後藤さんの家に着いた。後藤さんが家で準備をするため，2人はここで別れた。その後，前田さんは毎分70mの速さで8分間歩いて，自分の家に着き，家に着いてから5分後に毎分70mの速さで図書館に向かった。

右の図は，前田さんが図書館に着くまでのようすについて，学校を出てからの時間を x 分，学校からの距離を y mとして，x と y の関係をグラフに表したものである。

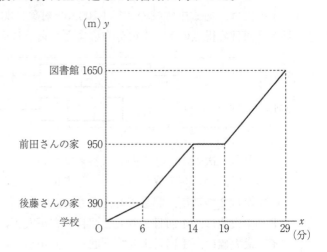

このとき，次の(1)，(2)，(3)の問いに答えなさい。

(1)　2人が学校を出てから後藤さんの家に着くまでの速さは毎分何mか。

(2)　前田さんが後藤さんと別れてから自分の家に着くまでの x と y の関係を式で表しなさい。ただし，途中の計算も書くこと。

(3)　後藤さんは準備を済ませ，自転車に乗って毎分210mの速さで図書館に向かい，図書館まで残り280mの地点で前田さんに追いついた。後藤さんが図書館に向かうために家を出たのは，家に着いてから何分何秒後か。

6　1辺の長さが n cm（n は2以上の整数）の正方形の板に，図1のような1辺の長さが1cmの正方形の黒いタイル，または斜辺の長さが1cmの直角二等辺三角形の白いタイルを貼る。板にタイルを貼るときは，黒いタイルを1枚使う【貼り方Ⅰ】，または白いタイルを4枚使う【貼り方Ⅱ】を用いて，タイルどうしが重ならないように板にすき間なくタイルをしきつめることとする。

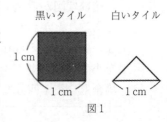

【貼り方Ⅰ】

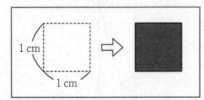

【貼り方Ⅱ】

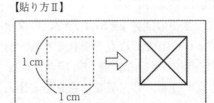

例えば，$n=3$ の場合について考えるとき，図2は黒いタイルを7枚，白いタイルを8枚，合計15枚のタイルを使って板にタイルをしきつめたようすを表しており，図3は黒いタイルを4枚，白いタイルを20枚，合計24枚のタイルを使って板にタイルをしきつめたようすを表している。

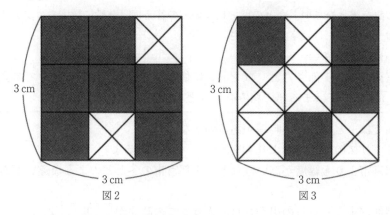

図2　　　　　　　　　　　　図3

　このとき，次の1，2，3の問いに答えなさい。

1　$n=4$ の場合について考える。白いタイルだけを使って板にタイルをしきつめたとき，使った白いタイルの枚数を求めなさい。

2　$n=5$ の場合について考える。黒いタイルと白いタイルを合計49枚使って板にタイルをしきつめたとき，使った黒いタイルと白いタイルの枚数をそれぞれ求めなさい。

3　次の文章の①，②，③に当てはまる式や数をそれぞれ求めなさい。ただし，文章中の a は2以上の整数，b は1以上の整数とする。

　$n=a$ の場合について考える。はじめに，黒いタイルと白いタイルを使って板にタイルをしきつめたとき，使った黒いタイルの枚数を b 枚とすると，使った白いタイルの枚数は a と b を用いて（　①　）枚と表せる。

　次に，この板の【貼り方Ⅰ】のところを【貼り方Ⅱ】に，【貼り方Ⅱ】のところを【貼り方Ⅰ】に変更した新しい正方形の板を作った。このときに使ったタイルの枚数の合計は，はじめに使ったタイルの枚数の合計よりも225枚少なくなった。これを満たす a のうち，最も小さい値は（　②　），その次に小さい値は（　③　）である。

社会

●満点 100点　●時間 50分

（注意）「□□に当てはまる語を書きなさい」などの問いについての答えは，一般に数字やカタカナなどで書くもののほかは，できるだけ漢字で書きなさい。

1 次の1，2，3の問いに答えなさい。

1 次の会話文は，宇都宮市に住む一郎さんと，ロンドンに住む翔平さんのオンラインでの会話である。文中の **I** ，**II** に当てはまる語の組み合わせとして正しいのはどれか。

> 一郎「日本とイギリスでは，どのくらい時差があるのかな。」
> 翔平「12月の今は，イギリスの方が日本よりも9時間 **I** いるよ。」
> 一郎「ロンドンは宇都宮市よりも緯度が高いけれど，宇都宮市の冬とどのような違いがあるのかな。」
> 翔平「ロンドンは，宇都宮市よりも日の出から日の入りまでの時間が **II** よ。」

ア I－進んで II－長い　　イ I－進んで II－短い
ウ I－遅れて II－長い　　エ I－遅れて II－短い

2 図1は，1990年と2020年における日本の輸入総額に占めるアメリカ，タイ，中国，ドイツからの輸入の割合（％）を示している。中国はどれか。

	ア	イ	ウ	エ
1990年	22.4	5.1	4.9	1.8
2020年	11.0	25.7	3.3	3.7

図1（「日本国勢図会」ほかにより作成）

3 図2を見て，次の(1)から(6)までの問いに答えなさい。

(1) 鹿児島市では，桜島の火山災害の被害を最小限に抑えるために，被害が予想される範囲や避難場所などの情報を示した地図を作成している。このように，全国の自治体が自然災害に備えて作成している地図を何というか。

(2) 冬季（12，1，2月）の月別平均降水量の合計が最も大きい都市は，次のア，イ，ウ，エのうちどれか。

ア 豊橋市　イ 富山市　ウ 松山市　エ 熊本市

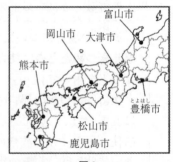

図2

(3) 図2中に示した各都市では，路面電車が運行されている。路面電車に関する調査を行う上で，適切な方法として**当てはまらない**のはどれか。

ア 路面電車の利便性について調べるため，地域住民に聞き取りを行う。
イ 路面電車の開業までの経緯について調べるため，図書館で新聞を閲覧する。
ウ 路面電車の開業後に他県から転入した人数を調べるため，新旧の航空写真を比較する。
エ 路面電車の停留場から近隣の商業施設までの直線距離を調べるため，地形図を利用する。

(4) 図3のア，イ，ウ，エは，岡山県に隣接する兵庫県，鳥取県，広島県，香川県のいずれかであり，2019年におけるそれぞれの人口，岡山県からの旅客数，他都道府県からの旅客数に占める岡山県からの旅客数の割合

	ア	イ	ウ	エ
人口（万人）	546	279	56	97
岡山県からの旅客数（万人）	172	481	16	335
他都道府県からの旅客数に占める岡山県からの旅客数の割合（％）	0.7	5.2	24.4	46.8

図3（「旅客地域流動調査」ほかにより作成）

を示している。香川県はどれか。

(5) 日本の火力発電は，主に原油や石炭，天然ガスを利用している。次の**ア，イ，ウ，エ**のうち，それぞれの県の総発電量に占める火力発電の割合（2020年）が最も低い県はどれか。

ア 岐阜県　　**イ** 三重県　　**ウ** 山口県　　**エ** 福岡県

(6) **図4**は，**図2**中の豊橋市，富山市，岡山市，鹿児島市における2020年の農業産出額の総額に占める，米，野菜，果実，畜産の産出額の割合（％）を示しており，**図5**は，豊橋市の農業の特徴についてまとめたものである。[X]に当てはまる文を簡潔に書きなさい。また，[Y]に当てはまる文を，「大都市」の語を用いて簡潔に書きなさい。

	米	野菜	果実	畜産
豊 橋 市	4.3	51.4	7.5	31.3
富 山 市	69.4	10.5	9.1	6.0
岡 山 市	36.8	22.1	22.7	12.9
鹿児島市	3.6	7.8	2.3	81.8

図4 （「市町村別農業産出額」により作成）

　図4から，豊橋市の農業には，他の都市と比べて[　X　]という特徴があることが読み取れる。このような特徴がみられる主な理由の一つとして，東名高速道路のインターチェンジに近いことを生かし，[　Y　]ということが考えられる。

図5

2　浩二さんは，サンパウロからリマまで走破した人物の旅行記を読んだ。**図1**はその人物の走破ルートを示している。このことについて，次の**1**から**7**までの問いに答えなさい。

1　サンパウロとリマの直線距離に最も近いのはどれか。

ア 3,500km　　**イ** 7,000km
ウ 10,500km　　**エ** 14,000km

2　**図1**中の走破ルートにおいて，標高が最も高い地点を通過する区間は，**図1**中の**ア，イ，ウ，エ**のうちどれか。

3　**図1**中の走破ルート周辺の説明として**当てはまらない**のはどれか。

ア 日本からの移民の子孫が集まって住む地区がみられる。
イ キリスト教徒が礼拝などを行う施設が多くみられる。
ウ フランス語の看板を掲げている店が多くみられる。
エ 先住民とヨーロッパ人の混血の人々が多数暮らしている。

図1

4　次の文は，浩二さんが**図1**中のサンタクルス付近で行われている農業についてまとめたものである。文中の[　　]に当てはまる語を書きなさい。

　森林を伐採して焼き払い，その灰を肥料として作物を栽培する[　　]農業とよばれる農業を伝統的に行っている。数年たつと土地がやせて作物が育たなくなるので，新たな土地に移動する。

5　**図2**はサンパウロ，**図3**はリマの月別平均降水量をそれぞれ示している。**図4**中の都市**A，B，C，D**のうち，サンパウロのように6，7，8月の月別平均降水量が他の月より少ない都市と，リマのように年間を通して降水量がほとんどない都市の組み合わせとして正しいのはど

れか。

ア サンパウロ—**A** リマ—**C** 　**イ** サンパウロ—**A** リマ—**D**

ウ サンパウロ—**B** リマ—**C** 　**エ** サンパウロ—**B** リマ—**D**

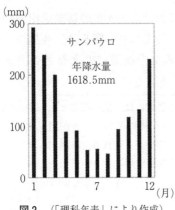

図2 （「理科年表」により作成）

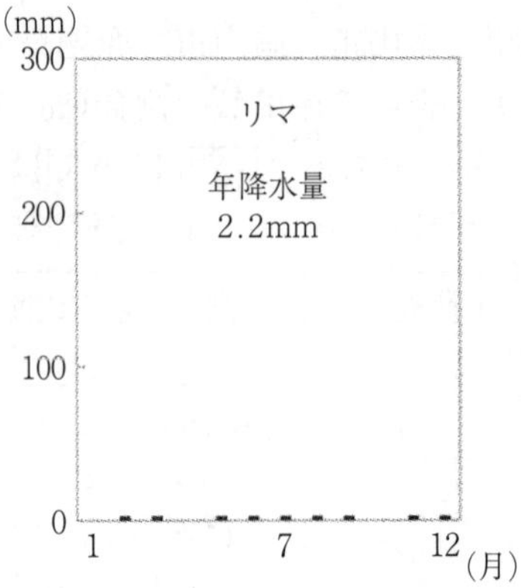

図3 （「理科年表」により作成）

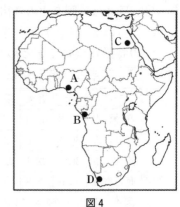

図4

6 　浩二さんは，**図1**中の走破ルート上の国が地下資源を豊富に有していることを知り，**図5**を作成した。**図5**の**ア**，**イ**，**ウ**，**エ**は，アジア州，アフリカ州，オセアニア州，南アメリカ州のいずれかである。南アメリカ州はどれか。

2016年における世界全体の地下資源産出量に占める州ごとの産出量の割合

（％）

	ア	イ	ウ	エ	ヨーロッパ州	北アメリカ州
鉄鉱石	36.8	26.7	3.8	20.6	8.2	4.3
銅鉱	5.1	22.3	9.0	41.5	7.8	14.4
原油	0.5	46.1	8.8	9.0	17.3	18.3
ダイヤモンド	10.4	0.0	49.7	0.2	30.1	9.7

図5 （「地理統計要覧」により作成）

7 　浩二さんは，ブラジルで人口が最も多いサンパウロと，アメリカで人口が最も多いニューヨークの都市圏人口（千人）の推移を**図6**にまとめた。また，サンパウロ都市圏の生活環境の改善を目的として日本が行ったODA（政府開発援助）の事例を**図7**にまとめた。1950年から2015年までの時期における，ニューヨーク都市圏人口と比較したサンパウロ都市圏人口の推移の特徴と，その結果生じたサンパウロ都市圏の生活環境の課題について，**図6**および**図7**から読み取れることにふれ，簡潔に書きなさい。

> **ビリングス湖流域環境改善計画**
> 　サンパウロ都市圏における上水の供給源となっているビリングス湖の水質改善を図るため，湖への汚水の流入を防止する下水道を整備する。

図7 （「外務省ウェブページ」により作成）

	1950年	1970年	1990年	2015年
サンパウロ	2,334	7,620	14,776	20,883
ニューヨーク	12,338	16,191	16,086	18,648

図6 （「データブック オブ・ザ・ワールド」により作成）

3 図1を見て，次の1から7までの問いに答えなさい。

和同開珎	皇宋通寳	石州銀	寛永通寳	二十圓金貨
・唐にならってつくった貨幣。 ・朝廷は，ⓐ平城京の造営費用の支払いにも使用した。	・宋から輸入された貨幣(宋銭)。 ・ⓑ鎌倉時代や室町時代を通して使用された。	・ⓒ戦国大名がつくった貨幣。 ・原料の銀は，貿易を通して海外に輸出された。	・ⓓ徳川家光が将軍の時に幕府が発行した貨幣。 ・ⓔ江戸時代を通して広く流通した。	・ⓕ明治政府が発行した貨幣。 ・明治政府は，貨幣の単位を円・銭・厘に統一した。

図1 (「日本銀行金融研究所ウェブページ」により作成)

1 下線部ⓐを都としてから平安京を都とするまでの時代のできごとはどれか。
　ア　遣唐使の停止
　イ　冠位十二階の制定
　ウ　平将門の乱
　エ　国分寺の建立

2 下線部ⓑの社会の様子として**当てはまらない**のはどれか。
　ア　米と麦を交互に作る二毛作がはじまり，農業生産力が高まった。
　イ　荘園や公領に地頭が設置され，年貢の徴収をうけ負った。
　ウ　戸籍に登録された人々に口分田が与えられ，租などの税が課された。
　エ　寺社の門前や交通の便利な所において，月に3回の定期市が開かれた。

3 次のア，イ，ウ，エは，図1の皇宋通寳などの宋銭が日本で使用されていた時期のできごとである。年代の古い順に並べ替えなさい。
　ア　後醍醐天皇が天皇中心の政治を行った。
　イ　京都に六波羅探題が設置された。
　ウ　後鳥羽上皇が幕府を倒すため兵を挙げた。
　エ　足利義満が日明貿易をはじめた。

4 下線部ⓒに関して，次の(1)，(2)の問いに答えなさい。
　(1)　戦国大名が領地を治めるために定めた独自のきまりを何というか。
　(2)　戦国大名が活躍していた時期に当てはまる世界のできごとはどれか。
　　ア　ドイツでは，ルターがカトリック教会のあり方に抗議し，宗教改革がはじまった。
　　イ　イギリスでは，蒸気機関が実用化され，綿織物の大量生産が可能になった。
　　ウ　北アメリカでは，独立戦争がおこり，アメリカ合衆国が成立した。
　　エ　中国では，フビライ・ハンが都を大都に定め，国号を元と改めた。

5 次のア，イ，ウ，エは，古代から近世までに出された法令の一部をわかりやすく改めたものである。下線部ⓓによって出された法令はどれか。

<table>
<tr>
<td>外国船が乗り寄せてきたことを発見したら，居合わせた者たちで有無を言わせず打ち払うこと。</td>
<td>新しく開墾された土地は私財として認め，期限に関係なく永久に取り上げることはしない。</td>
<td>大名が自分の領地と江戸に交替で住むように定める。毎年4月に江戸へ参勤すること。</td>
<td>この町は楽市としたので，座を認めない。税や労役はすべて免除する。</td>
</tr>
<tr>
<td align="center">ア</td>
<td align="center">イ</td>
<td align="center">ウ</td>
<td align="center">エ</td>
</tr>
</table>

6　下線部⑥の時代において，年貢米や特産品を販売するために大阪におかれたのはどれか。

ア　土倉　　　イ　問注所

ウ　正倉院　　エ　蔵屋敷

7　下線部⑥に関して，図2は明治政府の役人が作成した資料の一部をわかりやすく改めたものであり，図3は明治政府が地租改正に伴い発行した地券である。明治政府が地租改正を行った理由を，図2，図3をふまえ簡潔に書きなさい。

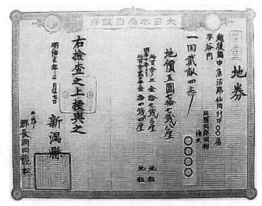

【従来の税制度について】

・役人に目分量で豊作・凶作の判断をさせて，年貢の量を決める。

・政府に納められた米を換金して諸費用にあてているが，米の価格変動の影響を受ける。

図2　（「田税改革建議」により作成）　　　　　　図3　（「国税庁ウェブページ」により作成）

4　　由紀さんは，メディアの歴史について調べた。次の1から4までの問いに答えなさい。

1　図1は，由紀さんが調べた江戸時代の瓦版（かわらばん）である。図1が伝えているできごとと直接関係があるのはどれか。

ア　下関条約の締結

イ　日米和親条約の締結

ウ　西南戦争の開始

エ　アヘン戦争の開始

＊彼理＝ペリー

図1

2　由紀さんは，明治時代の新聞を調べ，国会開設を要求する運動に関する記事を見つけた。この時期に行われた，国民が政治に参加する権利の確立を目指す運動を何というか。

3　由紀さんは，第一次世界大戦と第二次世界大戦の間の時期におけるラジオの活用について調べた。次の(1)，(2)の問いに答えなさい。

(1)　由紀さんは，この時期にラジオを活用した人物について調べ，図2にまとめた。図2の　Ⅰ　，　Ⅱ　に当てはまる語の組み合わせとして正しいのはどれか。

┌───┐
│ 【ルーズベルト(ローズベルト)】   │
│ ・ニューディール政策を実施した。   │
│ ・国民に向けたラジオ放送をたびたび行い,銀行救済政策などを伝えた。 │
│ 【ヒトラー】   │
│ ・「国民ラジオ」とよばれる小型で低価格のラジオを大量に生産した。   │
│ ・ラジオ演説で失業者の救済を宣言し,公共事業の充実を図った。   │
│ ┌──────┐   │
│ │ 共通点 │   │
│ └──────┘   │
│ ・ラジオを活用して,国民に対して政策を直接伝えた。   │
│ ・ □ Ⅰ □ による国内の経済の混乱を立て直すため,□ Ⅱ □ 。   │
└───┘

図2

ア Ⅰ─世界恐慌　　　　　Ⅱ─雇用の創出を目指した
イ Ⅰ─世界恐慌　　　　　Ⅱ─植民地を独立させた
ウ Ⅰ─賠償金の支払い　Ⅱ─雇用の創出を目指した
エ Ⅰ─賠償金の支払い　Ⅱ─植民地を独立させた

(2)　第二次世界大戦の戦況は,ラジオなどによって伝えられた。次の**ア**,**イ**,**ウ**,**エ**のうち,第二次世界大戦開戦後に日本が同盟を結んだ国を**二つ**選びなさい。

　ア　イタリア　　**イ**　フランス
　ウ　ドイツ　　　**エ**　イギリス

4　**図3**は,日本のラジオとテレビの契約件数の推移を示している。これを見て,次の(1),(2),(3)の問いに答えなさい。

(1)　由紀さんと先生の会話文を読み,□**P**□,□**Q**□に当てはまる文を,簡潔に書きなさい。

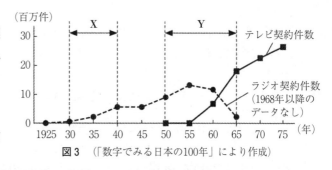

図3　(「数字でみる日本の100年」により作成)

┌───┐
│ 由紀「1925年に放送がはじまったラジオは,**図3**の**X**の時期に契約件数が増加しています。 │
│ 　　このことは,文化の大衆化に何か関係があるのですか。」   │
│ 先生「1925年にラジオ放送局は東京,大阪,名古屋にしかなく,ラジオ放送を聴ける範   │
│ 　　囲はその周辺地域に限られていました。しかし,1934年には,同一のラジオ放送を   │
│ 　　聴ける範囲が全国に広がりました。このように変化した理由を,**図4**から考えてみ   │
│ 　　ましょう。」   │
│ 由紀「□　　**P**　　□からですね。その結果,東京の番組を地方の人も聴くことができ   │
│ 　　るようになったのですね。」   │
│ 先生「そうですね。次は**図5**を見てください。**図5**は1931年のラジオ放送の番組表の一 │
│ 　　部です。どのような人々に向けてどのような番組が放送されたかに着目して,文化   │
│ 　　の大衆化について考えてみましょう。」   │
│ 由紀「**図5**を見ると□　　**Q**　　□ことが読み取れるので,ラジオが文化の大衆化に影   │
│ 　　響を与えたと考えられます。」   │
└───┘

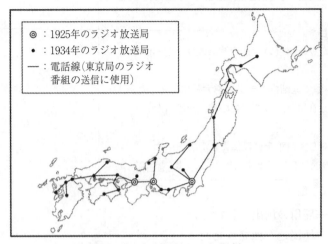

時刻	番組
9：00	天気予報
9：10	料理
9：30	童謡
10：00	修養講座
11：00	講演
12：30	ニュース
12：40	日本音楽
13：25	管弦楽
14：00	琵琶
14：30	映画物語

図4（「ラヂオ年鑑」により作成）　　　　**図5**（「日刊ラヂオ新聞」により作成）

(2) **図3**中の**Y**の時期における日本のできごとはどれか。

　　ア　石油危機がおこった。　　　　**イ**　財閥解体がはじまった。

　　ウ　バブル経済が崩壊した。　　　**エ**　高度経済成長がはじまった。

(3) **図3**をふまえ，日本において，実際の様子がテレビで生中継されていないと判断できるできごとはどれか。

　　ア　満州事変　　**イ**　アメリカ同時多発テロ

　　ウ　湾岸戦争　　**エ**　ベルリンの壁の崩壊

5　圭太さんと弘子さんの会話文を読み，次の**1**から**7**までの問いに答えなさい。

> 圭太「先日，ⓐ選挙があったね。ⓑ憲法，安全保障に関することや，ⓒ物価などのⓓ私たちの生活に関することが公約にあがっていたね。」
>
> 弘子「選挙について調べたら，ⓔ衆議院議員選挙における選挙区割の変更に関する新聞記事を見つけたよ。この記事には栃木県の選挙区割についても書かれていたよ。」
>
> 圭太「私たちも18歳になると投票できるようになるから，自分のことだけでなく，社会全体のことも考えていきたいね。」

1　下線部ⓐに関して，日本における選挙権年齢などの選挙制度を定めた法律を何というか。

2　日本における国や地方の政治のしくみとして，正しいのはどれか。

　　ア　内閣総理大臣は，すべての国務大臣を国会議員の中から任命しなければならない。

　　イ　内閣総理大臣は，国民の直接選挙により，国会議員の中から選ばれる。

　　ウ　地方公共団体の首長は，地方議会を解散することができない。

　　エ　地方公共団体の首長は，住民の直接選挙により選ばれる。

3　**図1**は，2019年における東京都と栃木県の歳入の内訳（％）を示している。**図1**の**X**と**Y**は東京都と栃木県のいずれかであり，**図1**の**ア**，**イ**，**ウ**は国庫支出金，地方交付税，地方税のいずれかである。栃木県と国庫支出金はそれぞれどれか。

	ア	イ	ウ	地方債	その他
X	37.5	16.7	12.2	14.9	18.8
Y	70.7	—	4.4	1.7	23.3

図1（「県勢」により作成）

4 下線部ⓑに関して，**図2**は「法の支配」の考え方を示している。「人の支配」の考え方との違いをふまえ，〔 **Ⅰ** 〕，〔 **Ⅱ** 〕，〔 **Ⅲ** 〕に当てはまる語の組み合わせとして，正しいのはどれか。

ア　Ⅰ－国民　　Ⅱ－政府　　Ⅲ－法
イ　Ⅰ－国民　　Ⅱ－法　　　Ⅲ－政府
ウ　Ⅰ－政府　　Ⅱ－国民　　Ⅲ－法
エ　Ⅰ－政府　　Ⅱ－法　　　Ⅲ－国民
オ　Ⅰ－法　　　Ⅱ－国民　　Ⅲ－政府
カ　Ⅰ－法　　　Ⅱ－政府　　Ⅲ－国民

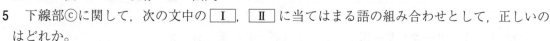

図2

5 下線部ⓒに関して，次の文中の〔 **Ⅰ** 〕，〔 **Ⅱ** 〕に当てはまる語の組み合わせとして，正しいのはどれか。

> インフレーションがおこると物価が〔 **Ⅰ** 〕し，一定のお金で買える財やサービスが〔 **Ⅱ** 〕なるので，お金の実質的な価値は低下する。

ア　Ⅰ－上昇　　Ⅱ－多く　　　イ　Ⅰ－上昇　　Ⅱ－少なく
ウ　Ⅰ－下落　　Ⅱ－多く　　　エ　Ⅰ－下落　　Ⅱ－少なく

6 下線部ⓓに関して，「この機械を付ければ電気代が安くなる」と勧誘され，実際にはそのような効果のない機械を購入するなど，事業者から事実と異なる説明によって商品を購入した場合，後からこの売買契約を取り消すことができることを定めた法律を何というか。

7 下線部ⓔに関して，**図3**は，2021年に実施された衆議院議員選挙における小選挙区の有権者数（人）について示している。衆議院議員選挙における小選挙区選挙の課題について，**図3**をふまえ，簡潔に書きなさい。

選挙区	有権者数
有権者数が最も多い選挙区	482,314
有権者数が最も少ない選挙区	231,343
全　国　平　均	365,418

図3　（「総務省ウェブページ」により作成）

6　次の1から7までの問いに答えなさい。

1 国際的な人権保障のため，1948年に世界人権宣言が国際連合で採択された。この宣言に法的拘束力を持たせるため，1966年に採択されたのはどれか。
ア　国際連合憲章
イ　国際人権規約
ウ　女子差別撤廃条約
エ　子ども（児童）の権利条約

2 **図1**は，日本における就業率を年齢層別に示している。**図1**の**ア**，**イ**，**ウ**，**エ**は，1985年の男性，1985年の女性，2020年の男性，2020年の女性のいずれかである。2020年の女性はどれか。

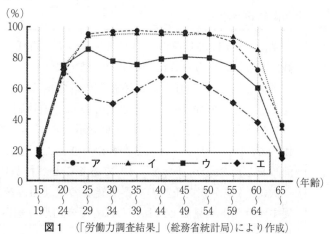

図1　（「労働力調査結果」（総務省統計局）により作成）

3 日本の社会保障制度の四つの柱のうち，生活に困っている人々に対し，生活保護法に基づいて最低限度の生活を保障し，自立を助ける制度を何というか。

4 平和や安全，安心への取り組みに関する次の文Ⅰ，Ⅱ，Ⅲの正誤の組み合わせとして，正しいのはどれか。

> Ⅰ 日本は，核兵器を「持たず，作らず，持ち込ませず（持ち込まさず）」という，非核三原則の立場をとっている。
>
> Ⅱ 核拡散防止条約の採択以降，新たに核兵器の開発をする国はみられない。
>
> Ⅲ 日本は，一人一人の人間の生命や人権を大切にするという人間の安全保障の考え方を，外交政策の柱としている。

ア Ⅰ―正 Ⅱ―正 Ⅲ―誤　　**イ** Ⅰ―正 Ⅱ―誤 Ⅲ―正
ウ Ⅰ―正 Ⅱ―誤 Ⅲ―誤　　**エ** Ⅰ―誤 Ⅱ―正 Ⅲ―正
オ Ⅰ―誤 Ⅱ―正 Ⅲ―誤　　**カ** Ⅰ―誤 Ⅱ―誤 Ⅲ―正

5 発展（開発）途上国の中には，急速に経済発展している国と，開発の遅れている国がある。こうした発展（開発）途上国間の経済格差を何というか。

6 次の文中の Ⅰ ， Ⅱ に当てはまる語の組み合わせとして，正しいのはどれか。

> グローバル化に伴い，生産や販売の拠点を海外に置くなど，国境を越えて経営する Ⅰ の活動が盛んになっている。また，日本やアメリカなどの，アジア・太平洋地域の国々が参加する Ⅱ のように，特定の地域でいくつかの国々が協力して経済成長を目指す動きもみられる。

ア Ⅰ―多国籍企業 Ⅱ―APEC　　**イ** Ⅰ―多国籍企業 Ⅱ―ASEAN
ウ Ⅰ―NGO　　　 Ⅱ―APEC　　**エ** Ⅰ―NGO　　　 Ⅱ―ASEAN

7 次の文は，食品ロス（食品の廃棄）の削減に向けて，生徒が作成したレポートの一部であり，図2，図3，図4はレポート作成のために使用した資料である。これを読み，図2から読み取れることを文中の X に，図3から読み取れる数値を文中の Y に書きなさい。また，図4をふまえ，文中の Z には「賞味期限」の語を用いて，食品ロスの削減につながる取り組みを簡潔に書きなさい。

> 私は，SDGsの目標の一つである「つくる責任 つかう責任」に着目し，食品ロスの削減につながる取り組みについて調べました。
>
> まず，「つくる責任」のある企業の取り組みを調べました。図2，図3は，節分に合わせて恵方巻を販売する企業が2019年度に「予約制」を導入した結果，前年度に比べて食品ロスの削減につながったかどうかを示したグラフです。図2から，「予約制」の導入前と比べて， X ことがわかりました。また，図3から，前年度よりも4割以上の削減をした企業が， Y ％であることがわかりました。
>
> 次に，「つかう責任」のある消費者の取り組みを調べました。図4の食品ロスの削減を促すイラストを見ると，私たちにもできる取り組みがあることがわかります。例えば，翌日飲む牛乳を店舗で購入する場合には， Z ことで，食品ロスの削減に貢献できます。

授業で学んだことをふまえて，持続可能な社会づくりに向けて，私にできることを今まで以上に取り組んでいきたいです。

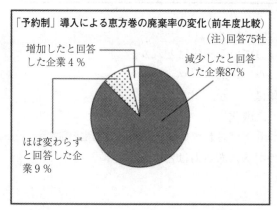

図2　（「農林水産省ウェブページ」により作成）

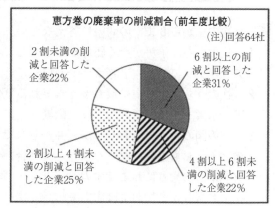

図3　（「農林水産省ウェブページ」により作成）

図4　（「FOODLOSS CHALLENGE PROJECTウェブページ」により作成）

理科

●満点 100点　●時間 50分

1 次の1から8までの問いに答えなさい。

1 次のうち，子房がなく胚珠がむきだしになっている植物はどれか。

　ア　サクラ　　イ　アブラナ　　ウ　イチョウ　　エ　ツツジ

2 次のうち，空気中に最も多く含まれる気体はどれか。

　ア　水素　　イ　窒素　　ウ　酸素　　エ　二酸化炭素

3 右の図のように，おもりが天井から糸でつり下げられている。このとき，おもりにはたらく重力とつり合いの関係にある力はどれか。

　ア　糸がおもりにおよぼす力

　イ　おもりが糸におよぼす力

　ウ　糸が天井におよぼす力

　エ　天井が糸におよぼす力

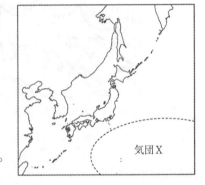

4 右の図は，日本付近において，特定の季節に日本の南側に発達する気団Xを模式的に表したものである。気団Xの特徴として，最も適切なものはどれか。

　ア　冷たく乾燥した大気のかたまり

　イ　冷たく湿った大気のかたまり

　ウ　あたたかく乾燥した大気のかたまり

　エ　あたたかく湿った大気のかたまり

5 地震が起こると，震源ではP波とS波が同時に発生する。このとき，震源から離れた場所に，はじめに到達するP波によるゆれを何というか。

6 熱いものにふれたとき，熱いと感じる前に，思わず手を引っこめるなど，ヒトが刺激を受けて，意識とは無関係に起こる反応を何というか。

7 100Vの電圧で1200Wの電気器具を使用したときに流れる電流は何Aか。

8 酸の陰イオンとアルカリの陽イオンが結びついてできた物質を何というか。

2 ユウさんとアキさんは，音の性質について調べるために，次の実験(1)，(2)を行った。

(1) 図1のようなモノコードで，弦のPQ間の中央をはじいて音を発生させた。発生した音を，マイクとコンピュータで測定すると図2の波形が得られた。図2の横軸は時間を表し，1目盛りは200分の1秒である。縦軸は振動の振れ幅を表している。なお，砂ぶくろの重さにより弦の張り具合を変えることができる。

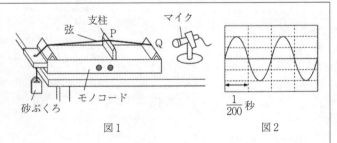

(2) 砂ぶくろの重さ，弦の太さ，弦のPQ間の長さと音の高さの関係を調べるために，モノコードの条件を表の条件**A**，**B**，**C**，**D**に変え，実験(1)と同様に実験を行った。なお，砂ぶくろⅠより砂ぶくろⅡの方が重い。また，弦Ⅰと弦Ⅱは同じ材質でできているが，弦Ⅰより弦Ⅱの方が太い。

	砂ぶくろ	弦	弦のPQ間の長さ
条件A	砂ぶくろⅠ	弦Ⅰ	40cm
条件B	砂ぶくろⅠ	弦Ⅰ	80cm
条件C	砂ぶくろⅡ	弦Ⅰ	40cm
条件D	砂ぶくろⅠ	弦Ⅱ	40cm

表

このことについて，次の**1**，**2**，**3**，**4**の問いに答えなさい。

1 次の□□内の文は，弦をはじいてから音がマイクに伝わるまでの現象を説明したものである。（　）に当てはまる語を書きなさい。

> 弦をはじくと，モノコードの振動が（　　）を振動させ，その振動により音が波としてマイクに伝わる。

2 実験(1)で測定した音の振動数は何Hzか。

3 実験(2)で，砂ぶくろの重さと音の高さの関係，弦の太さと音の高さの関係，弦のPQ間の長さと音の高さの関係を調べるためには，それぞれどの条件とどの条件を比べるとよいか。条件**A**，**B**，**C**，**D**のうちから適切な組み合わせを記号で答えなさい。

4 次の□□内は，実験(2)を終えてからのユウさんとアキさんの会話である。①，②に当てはまる語句をそれぞれ（　）の中から選んで書きなさい。また，下線部のように弦をはじく強さを強くして実験を行ったときに，コンピュータで得られる波形は，弦をはじく強さを強くする前と比べてどのように変化するか簡潔に書きなさい。

> ユウ「弦をはじいて発生する音の高さは，砂ぶくろの重さや弦の太さ，弦の長さが関係していることがわかったね。」
> アキ「そうだね。例えば，図2の波形を図3のようにするには，それぞれどのように変えたらよいだろう。」
> ユウ「実験結果から考えると，砂ぶくろを軽くするか，弦を①（太く・細く）するか，弦のPQ間の長さを②（長く・短く）すればよいことがわかるよ。」
> アキ「ところで，弦をはじく強さを強くしたときはどのような波形が得られるのかな。」
> ユウ「どのような波形になるか，確認してみよう。」

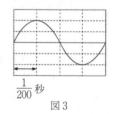

$\frac{1}{200}$秒

図3

3 霧が発生する条件について調べるために，次の実験(1)，(2)，(3)，(4)を順に行った。

> (1) 室内の気温と湿度を測定すると，25℃，58％であった。
>
> (2) ビーカーを3個用意し，表面が結露することを防ぐため，
> ビーカーをドライヤーであたためた。
>
> (3) 図のように，40℃のぬるま湯を入れたビーカーに氷水の
> 入ったフラスコをのせたものを装置A，空のビーカーに氷
> 水の入ったフラスコをのせたものを装置B，40℃のぬるま
> 湯を入れたビーカーに空のフラスコをのせたものを装置C
> とした。
>
>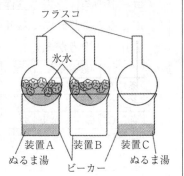
>
> (4) すべてのビーカーに線香のけむりを少量入れ，ビーカー
> 内部のようすを観察した。表は，その結果をまとめたものである。
>
> | | 装置A | 装置B | 装置C |
> |---|---|---|---|
> | ビーカー内部のようす | 白いくもりがみられた。 | 変化がみられなかった。 | 変化がみられなかった。 |

　このことについて，次の**1**，**2**，**3**の問いに答えなさい。

1 次の　　　内の文は，下線部の操作により，結露を防ぐことができる理由を説明したものである。①，②に当てはまる語句をそれぞれ（　）の中から選んで書きなさい。

> 　ビーカーの表面付近の空気の温度が，露点よりも①（高く・低く）なり，飽和水蒸気量が②（大きく・小さく）なるから。

2 装置Aと装置Bの結果の比較や，装置Aと装置Cの結果の比較から，霧が発生する条件についてわかることを，ビーカー内の空気の状態に着目して，それぞれ簡潔に書きなさい。

3 次の　　　内は，授業後の生徒と先生の会話である。①，②，③に当てはまる語をそれぞれ（　）の中から選んで書きなさい。

> 生徒「『朝霧は晴れ』という言葉を聞いたことがありますが，どのような意味ですか。」
> 先生「人々の経験をもとに伝えられてきた言葉ですね。それは，朝霧が発生する日の昼間
> 　　　の天気は，晴れになることが多いという意味です。では，朝霧が発生したということ
> 　　　は，夜間から明け方にかけて，どのような天気であったと考えられますか。また，朝
> 　　　霧が発生する理由を授業で学んだことと結びつけて説明できますか。」
> 生徒「天気は①（晴れ・くもり）だと思います。そのような天気では，夜間から明け方にか
> 　　　けて，地面や地表がより冷却され，地面の温度とともに気温も下がります。気温が下
> 　　　がると，空気中の②（水滴・水蒸気）が③（凝結・蒸発）しやすくなるからです。」
> 先生「その通りです。授業で学んだことを，身のまわりの現象に当てはめて考えることが
> 　　　できましたね。」

4 だ液によるデンプンの消化について調べるために、次の実験(1), (2)を行った。

(1) 試験管を2本用意し、一方の試験管にはデンプン溶液と水を、もう一方の試験管にはデンプン溶液と水でうすめただ液を入れ、それぞれの試験管を約40℃に保った。実験開始直後と20分後にそれぞれの試験管の溶液を新しい試験管に適量とり、試薬を加えて色の変化を調べた。表1は、その結果をまとめたものである。ただし、水でうすめただ液に試薬を加えて反応させても色の変化はないものとする。また、試薬による反応を調べるために、ベネジクト液を加えた試験管は、ガスバーナーで加熱するものとする。

	加えた試薬	試薬の反応による色の変化	
		直後	20分後
デンプン溶液+水	ヨウ素液	○	○
	ベネジクト液	×	×
デンプン溶液+だ液	ヨウ素液	○	×
	ベネジクト液	×	○

○：変化あり
×：変化なし

表1

(2) セロハンチューブを2本用意し、デンプン溶液と水を入れたセロハンチューブをチューブA、デンプン溶液と水でうすめただ液を入れたセロハンチューブをチューブBとした。図のように、チューブA、Bをそれぞれ約40℃の水が入った試験管C、Dに入れ、約40℃に保ち60分間放置した。その後、チューブA、Bおよび試験管C、Dからそれぞれ溶液を適量とり、新しい試験管A′、B′、C′、D′に入れ、それぞれの試験管に試薬を加えて色の変化を調べた。表2は、その結果をまとめたものである。なお、セロハンチューブはうすい膜でできており、小さな粒子が通ることができる一定の大きさの微小な穴が多数あいている。

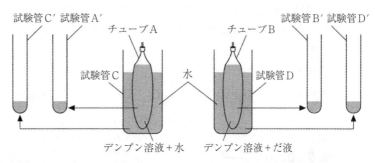

	加えた試薬	試薬の反応による色の変化
試験管A′	ヨウ素液	○
試験管B′	ベネジクト液	○
試験管C′	ヨウ素液	×
試験管D′	ベネジクト液	○

○：変化あり
×：変化なし

表2

このことについて、次の1, 2, 3, 4の問いに答えなさい。

1 実験(1)において、ベネジクト液を加えて加熱し反応したときの色として、最も適切なものはどれか。

ア 黄緑色　　**イ** 青紫色　　**ウ** 赤褐色　　**エ** 乳白色

2 実験(1)の結果から、だ液のはたらきについてわかることを簡潔に書きなさい。

3 実験(2)の結果から，デンプンの分子の大きさを**R**，ベネジクト液によって反応した物質の分子の大きさを**S**，セロハンチューブにある微小な穴の大きさを**T**として，**R**，**S**，**T**を左から大きい順に記号で書きなさい。

4 次の □ 内の文章は，実験(1)，(2)の結果を踏まえて，「だ液に含まれる酵素の大きさは，セロハンチューブにある微小な穴よりも大きい」という仮説を立て，この仮説を確認するために必要な実験と，この仮説が正しいときに得られる結果を述べたものである。①，②，③に当てはまる語句をそれぞれ（　）の中から選んで書きなさい。

【仮説を確認するために必要な実験】

　セロハンチューブに水でうすめただ液を入れたものをチューブX，試験管にデンプン溶液と①（水・だ液）を入れたものを試験管Yとする。チューブXを試験管Yに入れ約40℃に保ち，60分後にチューブXを取り出し，試験管Yの溶液を2本の新しい試験管にそれぞれ適量入れ，試薬の反応による色の変化を調べる。

【仮説が正しいときに得られる結果】

　2本の試験管のうち，一方にヨウ素液を加えると，色の変化が②（ある・ない）。もう一方にベネジクト液を加え加熱すると，色の変化が③（ある・ない）。

---

5 塩化銅水溶液の電気分解について調べるために，次の実験(1)，(2)，(3)を順に行った。

---

(1) 図1のように，電極に炭素棒を用いて，10%の塩化銅水溶液の電気分解を行ったところ，陽極では気体が発生し，陰極では表面に赤色の固体が付着した。

(2) 新たに10%の塩化銅水溶液を用意し，実験(1)と同様の装置を用いて，0.20Aの電流を流して電気分解を行った。その際，10分ごとに電源を切って陰極を取り出し，付着した固体の質量を測定した。

(3) 電流の大きさを0.60Aに変えて，実験(2)と同様に実験を行った。

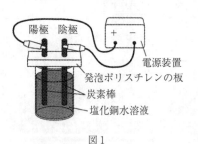

図1

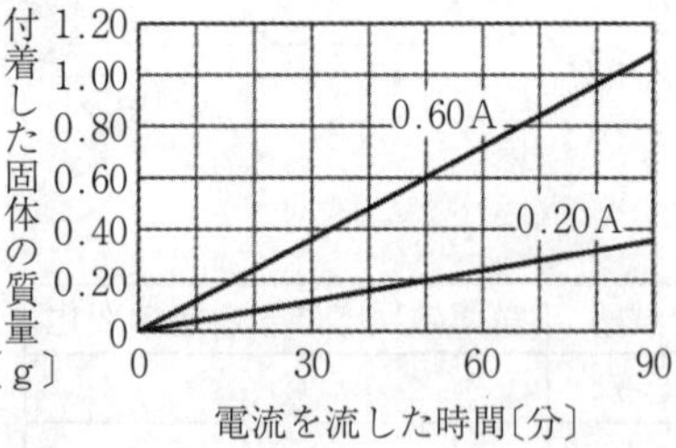

図2

図2は，実験(2)，(3)について，電流を流した時間と付着した固体の質量の関係をまとめたものである。

このことについて，次の1，2，3の問いに答えなさい。

1 実験(1)について，気体のにおいを調べるときの適切なかぎ方を，簡潔に書きなさい。

2 実験(1)で起きた化学変化を，図3の書き方の例にならい，文字や数字の大きさを区別して，化学反応式で書きなさい。

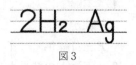

図3

3 実験(2)，(3)について，電流の大きさを0.40 A にした場合，付着する固体の質量が1.0 g になるために必要な電流を流す時間として，最も適切なものはどれか。

ア 85分　**イ** 125分　**ウ** 170分　**エ** 250分

6 物体のエネルギーについて調べるために，次の実験(1)，(2)を順に行った。

(1) 図1のように，水平な床の上に，スタンドとレールを用いて斜面 PQ と水平面 QR をつくり，水平面 QR に速さ測定器を設置した。質量50 g の小球を，水平な床から高さ20 cm の点 A まで持ち上げ，レール上で静かにはなした後，水平面 QR での小球の速さを測定した。

(2) 図2のように，斜面 PQ の角度を変えながら，小球を点 B，点 C，点 D，点 E から静かにはなし，実験(1)と同様に小球の速さを測定した。なお，AQ 間，BQ 間，EQ 間の長さは等しく，点 A，点 C，点 D は水平な床からの高さが同じである。

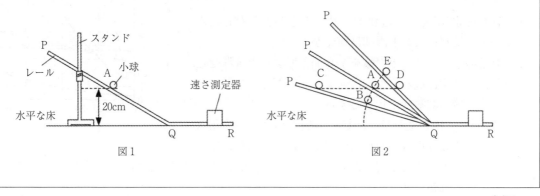

図1　　　　　　　　　　　　　　　　図2

　このことについて，次の1，2，3の問いに答えなさい。ただし，小球の大きさ，摩擦や空気の抵抗は考えないものとする。また，レールはうすく，斜面と水平面はなめらかにつながれており，運動する小球はレールからはなれないものとする。

1 実験(1)において，小球を水平な床から点 A まで持ち上げたとき，小球にした仕事は何 J か。ただし，質量100 g の小球にはたらく重力の大きさは1 N とする。

2 実験(1)，(2)で，小球を点 A，点 B，点 C，点 D，点 E から静かにはなした後，速さ測定器で測定した小球の速さをそれぞれ a，b，c，d，e とする。a と b，a と d，c と e の大小関係をそれぞれ等号（＝）か不等号（＜，＞）で表しなさい。

3 図3のように，点 R の先に台とレールを用いて斜面 RS と水平面 ST をつくり，実験(1)と同様に小球を点 A から静かにはなしたところ，水平面 QR を通過した後，斜面 RS をのぼり，点 T を通過した。図4は，水平な床を基準とした各位置での小球の位置エネルギーの大きさを表すグラフである。このとき，各位置での運動エネルギーの大きさと力学的エネルギーの大きさを表すグラフをそれぞれかきなさい。なお，図4と解答用紙のグラフの縦軸の1目盛りの大きさは同じものとする。

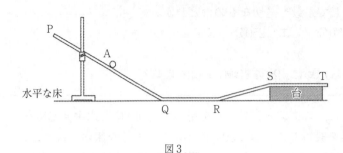

図3

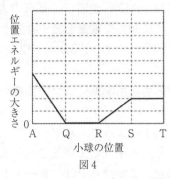

図4

7 図1は，硝酸カリウム，塩化ナトリウム，塩化カリウム，ホウ酸の溶解度曲線である。

このことについて，次の**1**，**2**，**3**，**4**の問いに答えなさい。

1 70℃の水100gに，塩化ナトリウムを25gとかした水溶液の質量パーセント濃度は何%か。

2 44℃の水20gに，ホウ酸を7g加えてよくかき混ぜたとき，とけずに残るホウ酸は何gか。ただし，44℃におけるホウ酸の溶解度は10gとする。

3 次の ☐ 内の文章は，60℃の硝酸カリウムの飽和水溶液と塩化カリウムの飽和水溶液をそれぞれ30℃に冷却したときのようすを説明したものである。①，②に当てはまる語句の組み合わせとして，正しいものはどれか。

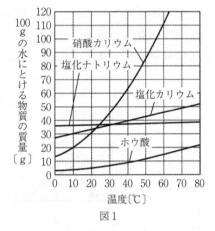

図1

> それぞれの水溶液を30℃に冷却したとき，とけきれずに出てきた結晶は（ ① ）の方が多かった。この理由は，（ ① ）の方が温度による溶解度の変化が（ ② ）からである。

	①	②
ア	硝酸カリウム	大きい
イ	硝酸カリウム	小さい
ウ	塩化カリウム	大きい
エ	塩化カリウム	小さい

4 60℃の水100gを入れたビーカーを2個用意し，硝酸カリウムを60gとかしたものを水溶液A，硝酸カリウムを100gとかしたものを水溶液Bとした。次に，水溶液A，Bを20℃まで冷却し，とけきれずに出てきた結晶をろ過によって取り除いた溶液をそれぞれ水溶液A′，水溶液B′とした。図2は水溶液A，B，図3は水溶液A′における溶質の量のちがいを表した模式図であり，•は溶質の粒子のモデルである。水溶液B′の模式図として最も適切なものは，次の**ア**，**イ**，**ウ**，**エ**のうちどれか。また，そのように判断できる理由を，「溶解度」という語を用いて簡潔に書きなさい。なお，模式図が表す水溶液はすべて同じ体積であり，ろ過ではとけきれずに出てきた結晶のみ取り除かれ，ろ過による体積や温度の変化はないものとする。

図2

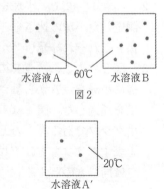

図3

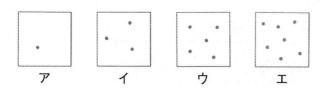

| ア | イ | ウ | エ |

8 右の表は，ジャガイモの新しい個体をつくる二つの方法を表したものである。方法**X**は，ジャガイモ**A**の花のめしべにジャガイモ**B**の花粉を受粉させ，できた種子をまいてジャガイモ**P**をつくる方法である。方法**Y**は，ジャガイモ**C**にでき

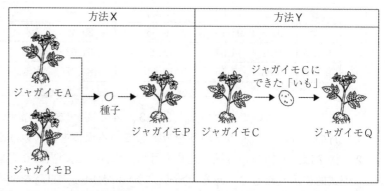

| 方法X | 方法Y |

た「いも」を植え，ジャガイモ**Q**をつくる方法である。

このことについて，次の**1**，**2**，**3**の問いに答えなさい。

1 方法**X**と方法**Y**のうち，無性生殖により新しい個体をつくる方法はどちらか，記号で答えなさい。また，このようなジャガイモの無性生殖を何というか。

2 図は，ジャガイモ**A**，**B**の核の染色体を模式的に表したものである。ジャガイモ**P**の染色体のようすとして，最も適切なものはどれか。

ジャガイモA ジャガイモB
図

| ア | イ | ウ | エ |

3 方法**Y**は，形質が同じジャガイモをつくることができる。形質が同じになる理由を，分裂の種類と遺伝子に着目して，簡潔に書きなさい。

9 太陽系の天体について調べるために，次の調査(1)，(2)を行った。

(1) コンピュータのアプリを用いて，次の(a)，(b)，(c)を順に行い，天体の見え方を調べた。なお，このアプリは，日時を設定すると，日本のある特定の地点から観測できる天体の位置や見え方を確認することができる。

(a) 日時を「2023年3月29日22時」に設定すると，西の方角に図1のような上弦の月が確認できた。

(b) (a)の設定から日時を少しずつ進めていくと，ある日時の西の方角に満月を確認することができた。

(c) 日時を「2023年5月3日19時」に設定し，金星の見え方を調べた。

(2) 惑星の特徴について調べ，次の表にまとめた。なお，表中の数値は，地

図1

球を1としたときの値である。

	直径	質量	太陽からの距離	公転の周期	惑星の主成分
水星	0.38	0.055	0.39	0.24	岩石，重い金属
金星	0.95	0.82	0.72	0.62	岩石，重い金属
地球	1	1	1	1	岩石，重い金属
火星	0.53	0.11	1.52	1.88	岩石，重い金属
木星	11.21	317.83	5.20	11.86	水素，ヘリウム
土星	9.45	95.16	9.55	29.46	水素，ヘリウム
天王星	4.01	14.54	19.22	84.02	水素，ヘリウム，氷
海王星	3.88	17.15	30.11	164.77	水素，ヘリウム，氷

このことについて，次の**1**，**2**，**3**，**4**の問いに答えなさい。

1 月のように，惑星のまわりを公転している天体を何というか。

2 図2は，北極側から見た地球と月の，太陽の光の当たり方を
模式的に示したものである。調査(1)の(b)において，日時を進め
て最初に満月になる日は，次の**ア**，**イ**，**ウ**，**エ**のうちどれか。
また，この満月が西の方角に確認できる時間帯は「夕方」，「真
夜中」，「明け方」のどれか。

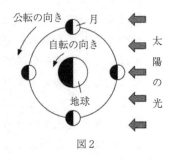

図2

　ア　4月6日

　イ　4月13日

　ウ　4月20日

　エ　4月27日

3 図3は，調査(1)の(c)で設定した日時における，北極側から見た太
陽，金星，地球の位置を表した模式図であり，図4は，このとき見
られる金星の画像である。設定した日時から150日（約0.41年）後の
地球と金星の位置を，それぞれ黒でぬりつぶしなさい。また，この
とき地球から見られる金星の画像として，最も適切なものを次の**ア**
から**オ**のうちから一つ選び，記号で答えなさい。ただし，金星の画
像はすべて同じ倍率で示している。

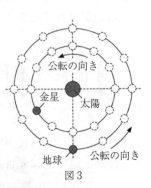

図3

 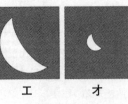

　　ア　　**イ**　　**ウ**　　**エ**　　**オ**　　図4

4 図5は，太陽系の惑星の直径と平均密度の関係を表したものであり，惑星は大きさによって二つのグループX，Yに分けることができる。調査(2)の表と図5からわかることとして，最も適切なものはどれか。

ア XよりYの方が，質量，平均密度ともに小さい。

イ YよりXの方が，太陽からの距離，平均密度ともに小さい。

ウ YよりXの方が，平均密度が大きく，Xの惑星は主に岩石や重い金属でできている。

エ Yのうち，平均密度が最も小さい惑星は公転周期が最も短く，主に水素とヘリウムでできている。

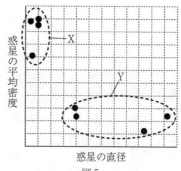

惑星の直径
図5

（注2）　手習い＝習字のこと。

（注3）　帳面＝ノートのこと。

（注4）　一葉＝ノートの一枚。一ページ。

1　本文中の □ に入る語句として最も適当なものはどれか。

ア　腰を抜かし　　イ　腹をかかえ

ウ　腕を鳴らし　　エ　首をかしげ

2　(1) すっきりした表情 とあるが、おてるがこのような表情にな
ったのはなぜか。

ア　賢吾の寂しい気持ちを妙春が十分に理解してくれたから。

イ　妙春が自分のした間違いに気づいて繰り返し謝ったから。

ウ　うまく言葉にできなかった自分の思いがまとまったから。

エ　妙春のした間違いを賢吾に直接伝えることができたから。

3　(2) 妙春は静かに言葉を返し、おてると賢吾を交互に見つめた
とあるが、ここから妙春のどのような思いが読み取れるか。

ア　二人に自分の考えをきちんと聞いてほしいという思い。

イ　二人に謝ることの大切さを分かってほしいという思い。

ウ　二人へのいらだちを隠してきちんと話そうという思い。

エ　二人への言動の間違いを何とか取り繕おうという思い。

4　(3) そういうこと の説明として最も適当なものはどれか。

ア　遠く離れた地で未知のことを経験して、成長していくこと。

イ　他者が何を言おうと自分の考えを貫き、成長していくこと。

ウ　仲間や先生と議論を重ねて思考を磨き、成長していくこと。

エ　相手の考えに疑念を抱かず聞き入れて、成長していくこと。

5　(4) 首を横に振ると、返された帳面を急にめくり出し、ある一葉
を見つけ出すと、それを妙春の方に突き出してくる とあるが、
ここから賢吾のどのような思いが読み取れるか。六十字以内で書
きなさい。

6　次の会話文は、生徒たちが本文について話し合ったときの会話
の一部である。 □ に当てはまる言葉を本文中から十三字で抜
き出しなさい。

Aさん「妙春先生は賢吾の才能に気づけなくて、落ち込んだ
　　　ままでいたのかな。」

Bさん「いや、後半の賢吾とのやりとりを経て、気持ちが変
　　　化していったと思うよ。」

Aさん「どのように変化したのかな。」

Bさん「『 □ 』ている妙春先生の様子から、妙
　　　春先生は教師としての役目を果たせていた喜びを感じ
　　　ていることがわかるよ。」

Aさん「なるほど。教師の仕事って素敵だね。」

五　中学校の生徒会役員であるAさんとBさんは、小学六年生に
向けた学校紹介の実施方法について話している。AさんとBさ
んの意見のどちらがよいと考えるか。あなたの考えを国語解答
用紙(2)に二百四十字以内で書きなさい。
なお、次の《条件》に従って書くこと。

《条件》

(i)　AさんとBさんのどちらかの意見を選ぶこと。

(ii)　選んだ理由を明確にすること。

Aさん「小学六年生を中学校に招いて紹介するやり方はどうか
　　　な。学校の様子を直接見てもらいながら説明した方がい
　　　いと思うんだ。」

Bさん「インターネットを使って紹介するやり方はどうかな。
　　　学校の様子をオンライン会議ソフトを使って説明したり、
　　　動画で公開したりしてもいいんじゃないかな。」

は、誰かから責められてもきちんとそう言います。わたくしの故郷は秋田という遠いところなのですけれども。そこには明道館という学び舎があって、皆さんよりもう少し年上の若者たちが学んでいます。そこでは、仲間同士はもちろん、先生とも論じ合うことをよしとしています。先生からただ教えられるだけではなく、教えられたことを使って自分の考えを述べ、それに対して相手の考えを聞き、また自分の考えを述べる。そうやって考えを深めていき、仲間と一緒に成長していくのですね。」

一方の賢吾はまったく反応がない。それでも、話をきちんと聞いてくれたということは分かる。

「今はまだ、あなたたちは新しいことを学ばなければならないから、論じ合うのは早いけれど、いつかこの薫風庵でも(3)そういうことができたらいいなと思うのですよ。」

妙春は話を終え、おてるには自分の(注2)手習いへ戻るようにと伝えた。それから手にした賢吾の(注3)帳面に再び目をやり、宗次郎がこの寺子屋の指導に加わってくれて本当によかったと改めて思った。

「もしわたくしが一人で賢吾を見ていたら、今でもまだ、この優れた才に気づかぬままだったかもしれませんね。」

賢吾に帳面を返しつつ、
「賢吾も城戸先生には感謝の気持ちを持ってくださいね。」
と、告げると、賢吾はその時初めてうなずいた。だが、それから何を思ったか、急に(4)首を横に振ると、返された帳面を急にめくり出し、ある(注4)一葉を見つけ出すと、それを妙春の方に急に突き出してくる。

「たい賢はぐなるがごとし」
と、書かれている。

ふた月ほど前に講話で話した言葉だったろうか。賢吾がこの言葉を書き写したのは、おそらく「賢」が自分の名前に使われた漢字だということが心に響いたからと思われる。

――大賢は愚なるがごとし。

非常に賢い人はその知恵をひけらかさないため、愚か者のように見えることがある。「大智は愚なるがごとし」とも言うが、その時は「賢」の字を用いて説明した。

賢吾が今この一葉を開いて見せたのは、自分の名にある漢字が使われているからではない。この言葉の意をしっかりと理解しているからだ。

大賢とは、まさに賢吾自身のことだ。そして、その賢吾が周囲から愚者のように見られていたのは事実である。

賢吾はそれを気にしているようにはまったく見えなかった。しかし、自分が他人と同じように振る舞えないことを、賢吾が悩んでいなかったと決めつけることもできない。他人からは推し量れない形で、賢吾が悩んでいたということはあるだろう。

そして、その傷を負う賢吾が、この言葉によって慰められていたのだとすれば――。あるいは、この言葉を信じて、自棄になることもなく日々を過ごすことができたのだとすれば――。

「そうでしたか。この言葉は賢吾の心に届いていたのですね。」

妙春は涙ぐみそうになるのをこらえて、ようやく言った。

傍らでは、賢吾が気ぜわしげに、何度もくり返しうなずき続けていた。

（篠 綾子「江戸寺子屋薫風庵」から）

（注1） 蓮寿先生＝「薫風庵」の主人。「薫風庵」は蓮寿が始めた。

(2) 土器は、そのためのメディアとして働いたのです とあるが、このことについてある生徒が次のようにノートにまとめた。これを見て、後の(I)、(II)の問いに答えなさい。

【縄文土器のメディアとしての働き】

縄文土器の「物語的文様」により、表象の組み合わせや順列を人びとの心に呼びおこす。

↑

X

土器を使う生活の中で、人びとが物語や神話などを X する。

↑

Y

人びとのきずなを強め、集落の密な林立により Y ためのメディアとして働く。

(I) X に入る語を本文中から二字で抜き出しなさい。

(II) Y に入る内容を二十五字以内で書きなさい。

四 次の文章を読んで、1から6までの問いに答えなさい。

寺子屋「薫風庵」で学ぶ賢吾は、先生の城戸宗次郎から算法（数学）の才能を見出され、他の子供たちから称賛を得るようになった。賢吾を宗次郎よりも長く教えている妙春は、賢吾の才能に気づけなかったことを謝った。そのとき、思いがけないところから声が上がる。

「妙春先生はおかしいです。」

隣の席からおてるがこちらをのぞき込んでいる。

「おかしいって何のことですか。」

「先生なのに、賢吾に謝っていることです。」

「それがおかしなことなの？」

「そうです。賢吾だって目を真ん丸にして、吃驚しちゃってるじゃないですか。」

おてるの言葉を受け、改めて賢吾に目を向けると、確かに先ほどから驚きの表情を変えていない。

「でも、わたくしは何もおかしなことなどしていません。先生だって、間違いをすることはありますし、そういう時には謝らなければいけないでしょう。間違えたことを謝るのに、何がおかしいのですか。」

妙春が訊き返すと、おてるはじっと考え込み、

「間違えたのを謝るのは変じゃないんだけど、先生が謝るのは何か……。」

と、呟きながら、 [　　　] ている。

「先生だから間違えちゃいけませんって言われると、わたくしだって城戸先生だって、とても緊張してしまいます。(注1)蓮寿先生だって『間違いくらいするわよ。』っておっしゃると思いますよ。」

「うーん、確かに蓮寿先生なら、そう言いそうな気はするんだけど……。」

おてるはそう言ってから、再びしばらく考え込むと、

「妙春先生は、間違いなんてしそうもないなって思えたんです。」

と、ややあってから、(1)すっきりした表情になって言った。

「わたくしだって間違えることはありますよ。」

(2)妙春は静かに言葉を返し、おてると賢吾を交互に見つめた。

「だから、間違えたら謝るのです。でも、間違っていないと思う時

うかと考えさせることを、「意味的処理を活発化させる」と表現します。脳を刺激して、意味を探らせる、あるいは意味を思い起こさせるのです。縄文土器に盛り込まれた心理的機能の中心は、意味的処理を活発化させるという働きなのです。強い意味を盛り込んだ土器が、縄文土器ということもできます。

⑦ 土器に盛り込まれた意味とは、何でしょうか。（注3）小林達雄さんは、縄文土器の文様を「物語的文様」と表現しました。物語とは意味の最たるものですから、「意味的処理を活発化させる」という認知考古学の分析結果と経験を積んだ考古学者の直観とが一致するわけです。

⑧ 縄文土器の文様が、物語なのか、神話なのか、あるいは部族の紋章なのか、その具体的なことは認知考古学ではわかりません。ただそれらが、彼ら彼女らが共有していた言語と世界観に根ざして何らかの意味をもっていた表象（心に思い浮かべることのできるひとかたまりの概念やイメージ）の組み合わせや順列を、彼ら彼女らの心に呼びおこすメディアだったことはまちがいないでしょう。

⑨ このような土器を用いて煮炊きをしたり食事をしたりすることを通じて、表象の組み合わせや順列をたがいの心に共有し、確かめ合うことが、彼ら彼女らの人びとを大きく複雑な社会にまとめていくための手段として必要だったのでしょう。そのことは、強い意味を盛り込んだこのような土器がとりわけ発達したのが、（注4）環状集落が密に林立して多くの人口を擁した関東甲信越から東北にかけての地域だったことと（注5）符合します。人口が増えて人間関係や社会関係が複雑化した中で、それを調整し、まとめるためのさまざまなメディアが必要とされたのでしょう。土器はその重要な一つでした。

⑩ 私たちの感覚からすれば、社会をまとめるのは、権力やリーダー

（右段へ続く）

（2）土器は、そのためのメディアとして働いたのです。

（松木武彦「はじめての考古学」から）

（注1）モチーフ＝題材。
（注2）親理論＝ある理論の元となる理論。
（注3）小林達雄＝考古学者。
（注4）環状集落＝中央の広場を囲んで住居や建物が円く並んだ大きな村。
（注5）符合＝二つ以上の事柄やものがぴったり照合・対応すること。

1 本文中の A 、 B に入る語の組み合わせはどれか。
ア A 物理的 B 心理的
イ A 心理的 B 物理的
ウ A 心理的 B 生物学的
エ A 生物学的 B 心理的

2 (1)おそらく意図的にそうしていたと推測されます とあるが、筆者はどのようなことにそうしていたと推測しているか。そのことについて説明した次の文の □ に当てはまるように、五十字以内で書きなさい。

　縄文時代の人びとは、 □ ということ。

3 本文中の □ に入る語として、最も適当なものはどれか。
ア つまり　イ あるいは　ウ むしろ　エ ところで

4 段落の働きを説明したものとして、最も適当なものはどれか。
ア ①段落は、比喩を多用しながら他者の主張を否定している。
イ ④段落は、前段の内容に反論するため具体例を用いている。
ウ ⑤段落は、図を詳細に説明しつつ自説の欠点を補っている。
エ ⑥段落は、次の論へとつなぐため前の内容を整理している。

ア　天皇は高市麿の民を顧みない態度を改めさせた。

イ　高市麿は竜神の力に頼ることで奇跡を起こした。

ウ　天皇の命令に背き高市麿は漢詩文を学び続けた。

エ　高市麿の民に対する慈愛の心が神を感心させた。

三　縄文土器について述べた次の文章を読んで、1から5までの問いに答えなさい。①～⑩は形式段落の番号である。

① 土器は本来、物理的機能を満たすためのモノですが、それとは関係のない複雑な形や派手な文様は、心理的機能を加味するために盛り込まれた要素で、縄文土器の場合は、ときに　A　機能をそこなうほどに発達しています。これは、生物学的なアナロジー（比喩）では、オスのクジャクの尾羽（上尾筒）に当たります。飛ぶためという物理的機能よりも、メスをひきつけるという、社会関係の中での心理的機能のために化した形です。縄文土器も、社会関係の中での心理的機能のために、あれほどの複雑さや派手さをもつようになったのです。

② こんな複雑で派手な土器で実際の煮炊きもするとは、今の私たちの感覚からすれば不合理ですが、当時はそれが当たり前だったのです。というより、そうでなければならなかった。そういう世界観の中で、人びとは生きていたのです。

③ 縄文土器の造形を、認知考古学の視角でくわしく分析してみましょう。まず気づくのは、縄文土器の文様には、「直線」「角」「区切り」がないことです。ほとんどの造形が曲線で構成されています。それは、生命体（動物や植物）と共通する形の特徴です。このバイオティック（生物的・生命的）な造形とデザインは、縄文土器の最大の特徴です。

④ このような造形とデザインの中には、特定の動物や植物によく

⑤ 似た（注1）モチーフが埋め込まれています。たとえば図の胴のモチーフは、植物のつるのようにも、ヘビのようにも見えます。また、縁の上の突起は、ヘビの頭のようにも鳥の首のようにも見えます。つるやヘビや鳥をはっきりと描くのではなく、つる「のようにも見える」し、ヘビ「のようにも見える」し、鳥「のようにも見える」というあいまいさを残したモチーフです。あとで見るように、縄文時代の人びとは、特定の生物をはっきりと写実的に造形する能力と技術も持っていたので、このあいまいさは、(1)おそらく意図的にそうしていたと推測されます。「何だろうか？」と見る人に考えさせるのです。

⑥ 何だろうかと考えさせるこの力こそ、弥生時代以降の土器にはない、縄文土器独特のパワーです。縄文土器の文様を写真に撮って展開してみると、バイオティックなモチーフが二つ以上出てくることがふつうです（図）。しかし、細部は少しずつ違います。まったく同じモチーフをコピーするのではなくて、どこかを少しずつ変えてあるのです。　□　、この土器のデザインは全体として「繰り返し」ではないのです。「繰り返し」だと、ただのパターン文様だとして脳がスルーしますが、違いがあると脳が反応し、何だろうかと考えさせるのです。

認知考古学の（注2）親理論ともいえる認知心理学では、何だろ

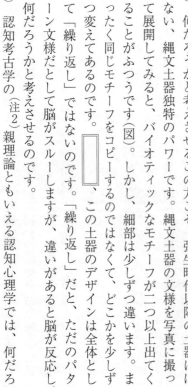

図　縄文土器の文様の展開

エ　八重桜日輪すこしあつきかな

（山口誓子）

二　次の文章を読んで1から5までの問いに答えなさい。（――の左側は現代語訳である。）

今は昔、持統天皇と申す女帝の御代に、中納言（注1）大神の高市麿と言ふ人有りけり。もとよりひととなり心直しくして、各に智り有りけり。また文を学して、（1）諸道に明らかなりけり。然れば、天皇この人を以て世政を任せ給へり。これに依りて、高市麿国を治め、民を哀れぶ。

而る間、天皇諸々の司に勅して、（諸国の長に命じて）猟に遊ばむ為に、（注2）伊勢の国に行幸有らむとして、「速やかにそのまうけを営むべし。」と（漢詩文）（準備）（おでかけなさろう）下さる。而るに、その時三月の頃ほひなり。高市麿奏していはく、（命令を下した）（申し上げて）「このごろ農業の頃ほひなり。かの国に御行有らば、必ず民の煩ひ無きに非ず。然れば、（2）御行有るべからず。」と。天皇、高市麿の言に随ひ給はずして、なほ、「御行有るべし。」と下さる。然れども、高市麿なほ重ねて奏していはく、「なほ、この御行止め給ふべし。」と。これに依りて、遂に御行止みぬ。然れば、民喜ぶこと限りなし。（農夫）（田夫の憂へ多かるべし。）

今農業の盛りなり。ある時には天下干ばつせるに、この高市麿我が田の口を塞ぎて水入れずして、百姓の田に水を入れしむ。水を人に施せるに依りて、（民）（入れさせた）（3）既に我が田焼けぬ。此様に我が身を棄てて民を哀れぶ心有り。こ

れに依りて、天神感を垂れ、竜神雨を降らす。但し、高市麿の田のみに雨降りて、余りの人の田には降らず。これ偏へに、実の心を至（他の）（ひとへに）（まこと）せば、天これを感じて、守りを加ふる故なり。然れば、人は心直しかるべし。

（「今昔物語集」から）

（注1）　大神の高市麿＝人名。
（注2）　伊勢の国＝現在の三重県。

1　随ひ給はず　は現代ではどう読むか。現代かなづかいを用いて、すべてひらがなで書きなさい。

2　（1）諸道に明らかなりけり　の意味として最も適当なものはどれか。

ア　様々な学問に精通していた。

イ　農業に力を注いでいた。

ウ　身なりが豪華で整っていた。

エ　誰にでも明るく接した。

3　（2）御行有るべからず　と高市麿が言ったのはなぜか。三十字以内の現代語で書きなさい。

4　（3）既に我が田焼けぬ　とあるが、それはなぜか。

ア　高市麿は民の田に水を入れるという身勝手な行動をして、竜神の怒りを買ったから。

イ　高市麿は天皇から優遇されていることを知られ、民によって田の水を抜かれたから。

ウ　高市麿が自らの田には水を引き入れず、民の田に水を入れるよう取り計らったから。

エ　高市麿が自らの田を焼いて天神に雨乞いをすることで、民の田を守ろうとしたから。

5　本文の内容と合うものはどれか。

国語

●満点100点 ●時間50分

一

1 次の——線の部分の読みをひらがなで書きなさい。

(1) エンジンが停止する。

(2) 飛行機の模型を作る。

(3) けん玉の技を競う。

(4) 都会の騒音から逃れる。

(5) 抑揚をつけて話す。

2 次の——線の部分を漢字で書きなさい。

(1) リョクチャを飲む。

(2) 寒さをフセぐ。

(3) シュクフクの気持ちを表す。

(4) ヒタイの汗をぬぐう。

(5) 日がクれる。

3 次の会話について(1)から(3)までの問いに答えなさい。

観光ガイド「ここまで見てきて、この町はいかがでしたか。」

観光客A 「　　　　　　　　　明治時代にタイムスリップしたような気分になりました。　素敵な町ですね。」

観光ガイド「この町並みが話題になったおかげで、年々観光客が増加しています。もしよければこの町並みを背景にお二人の写真を ① 撮りましょうか。」

観光客B 「お願いします。」

—（写真撮影）—

観光客B 「ありがとうございます。これからお昼ご飯を食べに行こうと思うのですが、おすすめのお店はありますか。」

観光ガイド「駅前の○○食堂のオムライスはとても有名ですよ。ぜひ ② 食べ てみてください。」

観光客A 「わかりました。ありがとうございます。」

(1) 　　　 に入る副詞として最も適当なものはどれか。

ア まるで　イ まだ　ウ なぜ　エ どうか

(2) ——線の部分と熟語の構成が同じものはどれか。

ア 未定　イ 前後　ウ 着席　エ 豊富

(3) 〜〜線の部分を適切な敬語表現に改める場合、正しい組み合わせはどれか。

ア ① お撮りし　② いただい

イ ① お撮りし　② 召し上がっ

ウ ① お撮りになり　② 召し上がっ

エ ① お撮りになり　② いただい

4 次の俳句について(1)、(2)の問いに答えなさい。

A 秋たつや川瀬にまじる風の音（飯田蛇笏）

B 冬支度鷗もとほる村の空（大峯あきら）

(1) A・Bに共通して用いられている表現技法はどれか。

ア 対句　イ 体言止め　ウ 反復　エ 直喩

(2) A・Bは同じ季節を詠んだ俳句である。A・Bと同じ季節を詠んだ俳句はどれか。

ア 枯山の月今昔を照らしるる（飯田龍太）

イ 暗く暑く大群衆と花火待つ（西東三鬼）

ウ 月を待つ人皆ゆるく歩きをり（高浜虚子）

誰にもよくわかる 解説と解答 2023年度

栃木県 正答率

全日制課程の受検者から 1,000名を抽出して集計。
（右段は部分正答も含めた割合）

英　語

大問	小問	枝番	正答率	部分正答含む
1	1	(1)	95.0%	
		(2)	79.7%	
		(3)	69.5%	
		(4)	60.9%	
	2	(1)	30.7%	
		(2)	30.5%	
		(3)	26.3%	
	3	(1)	44.0%	45.8%
		(2)	6.5%	7.0%
		(3)	50.9%	53.7%
2	1	(1)	68.3%	
		(2)	87.1%	
		(3)	62.3%	
		(4)	71.9%	
		(5)	83.3%	
		(6)	63.6%	
	2	(1)	83.1%	
		(2)	34.8%	
		(3)	72.8%	
3	1		77.6%	
	2		4.2%	4.5%
	3		22.0%	49.6%
	4		53.9%	
4	1		7.2%	16.9%
	2		13.9%	40.4%
	3		7.5%	7.8%
	4		45.3%	
	5		29.0%	
5	1		64.8%	69.4%
	2		42.6%	
	3		25.8%	47.8%
	4	(3)	0.6%	6.1%
		(4)	3.0%	16.3%
		(5)	12.8%	26.6%
	5		12.7%	20.4%
	6		32.4%	
	7		2.2%	55.2%

社　会

大問	小問	枝番	正答率	部分正答含む
1	1		34.8%	
	2		68.7%	
	3	(1)	92.4%	
		(2)	65.9%	
		(3)	70.5%	
		(4)	48.0%	
		(5)	45.8%	
		(6)	25.4%	82.7%
2	1		17.1%	
	2		51.0%	
	3		25.0%	
	4		63.8%	
	5		41.7%	
	6		40.2%	
	7		12.1%	59.1%
3	1		29.7%	
	2		34.0%	
	3		24.5%	
	4	(1)	35.5%	
		(2)	49.8%	
	5		70.9%	
	6		77.3%	
	7		4.5%	36.1%
4	1		77.5%	
	2		50.6%	
	3	(1)	71.7%	
		(2)	52.6%	
	4	(1)	6.2%	72.4%
		(2)	66.2%	
		(3)	56.2%	
5	1		8.0%	
	2		54.4%	
	3		29.6%	
	4		45.9%	
	5		44.9%	
	6		12.6%	
	7		29.9%	52.2%
6	1		68.1%	
	2		49.5%	
	3		18.4%	
	4		74.7%	
	5		34.0%	
	6		53.6%	
	7		24.6%	79.1%

数　学

大問	小問	枝番	正答率	部分正答含む
1	1		89.4%	
	2		77.3%	
	3		89.4%	
	4		54.1%	
	5		69.1%	
	6		61.8%	
	7		47.8%	
	8		35.5%	
2	1		56.2%	
	2		12.8%	34.4%
	3		8.0%	54.8%
3	1		19.3%	
	2	(1)	56.0%	
		(2)	43.1%	
	3		4.6%	71.5%
4	1		65.4%	
	2	(1)	36.3%	
		(2)	62.2%	
	3	(1)	77.4%	
		(2)	11.2%	23.4%
5	1	(1)	56.7%	
		(2)	17.1%	
		(3)	3.8%	11.7%
	2	(1)	75.0%	
		(2)	22.0%	34.9%
		(3)	1.2%	
6	1		63.3%	
	2		24.1%	30.8%
	3		0.1%	6.2%

理　科

大問	小問	枝番	正答率	部分正答含む
1	1		59.4%	
	2		81.8%	
	3		32.9%	
	4		73.5%	
	5		63.4%	78.2%
	6		81.9%	87.0%
	7		86.6%	86.6%
	8		47.6%	47.8%
2	1		72.8%	73.7%
	2		19.0%	21.1%
	3		59.5%	90.1%
	4	①	77.7%	
		②	75.6%	
		波形変化	36.0%	45.9%
3	1	①	70.8%	
		②	64.6%	
	2		5.9%	27.3%
	3	①	22.3%	
		②	82.5%	
		③	67.5%	
4	1		66.5%	
	2		22.6%	58.7%
	3		36.5%	36.5%
	4	①	51.7%	
		②	62.6%	
		③	53.1%	
5	1		95.9%	96.2%
	2		18.1%	26.3%
	3		68.5%	
6	1		34.9%	42.8%
	2		33.1%	85.8%
	3		33.1%	59.4%
7	1		47.3%	47.4%
	2		29.4%	30.4%
	3		60.7%	
	4		11.0%	24.6%
8	1		53.5%	83.1%
	2		76.4%	
	3		21.5%	58.4%
9	1		61.8%	65.5%
	2		9.5%	33.6%
	3		6.1%	29.3%
	4		55.2%	

国　語

大問	小問	枝番	正答率	部分正答含む
一	1	(1)	99.4%	
		(2)	97.1%	
		(3)	95.4%	
		(4)	97.2%	
		(5)	67.8%	
	2	(1)	78.1%	
		(2)	89.8%	
		(3)	56.7%	
		(4)	62.3%	
		(5)	86.6%	
	3	(1)	99.8%	
		(2)	83.5%	
		(3)	79.6%	
	4	(1)	75.3%	
		(2)	48.7%	
二	1		85.5%	86.1%
	2		69.9%	
	3		6.4%	24.3%
	4		64.5%	
	5		60.6%	
三	1		69.1%	
	2		11.4%	65.9%
	3		92.6%	
	4		57.3%	
	5	（Ⅰ）	73.6%	
		（Ⅱ）	6.8%	59.9%
四	1		97.7%	
	2		84.3%	
	3		61.3%	
	4		87.9%	
	5		2.6%	20.5%
	6		65.8%	
五				97.3%

英語解答

1
1 (1)…ア (2)…エ (3)…イ (4)…ウ
2 (1)…イ (2)…エ (3)…エ
3 (1) 1723 (2) children〔kids〕
  (3) beautiful

2
1 (1)…ウ (2)…イ (3)…ア (4)…ウ
  (5)…イ (6)…エ
2 (1) エ→イ→ウ→ア
  (2) エ→イ→ア→ウ
  (3) イ→ア→ウ→オ→エ

3
1 イ   2 (例) different
3 (例)ゾウの耳や鼻の中に入ることが
  でき，ゾウはそれを嫌がる(26字)
4 ウ

4
1 (例1) did not say
  (例2) never said
2 (例)修二が竜也にバドミントンで負
  けること。
3 (例) power   4 エ   5 ア

5
1 T-shirt   2 ア
3 (例)不要になった服を捨てること。
4 (3) (例1) putting clothes into
      (例2) trying to put her
      clothes into
  (4) (例1) get books they want
      to read
      (例2) take a book they like

(5) (例1) makes a bag
    (例2) made a bag

5 (例1) Can you tell me
  (例2) Will you explain

6 ウ

7 (例1) I will bring my used clothes to a shop near my house. I know the shop collects used clothes and recycles them. Now, I just throw away the clothes I don't need because it is an easy way. However, I think I should stop it because my small action can save the earth. I want to be kind to the environment.
(例2) I will give my clothes to my little sister. I have clothes which are too small for me, but my sister can still wear them. She often says she likes my clothes, so I think she will be happy. Also, it is good for our family because we don't need to buy new clothes.

---

1 〔放送問題〕

1. (1)≪全訳≫A：やあ，キャシー。僕の家にようこそ。外でうちの犬のハチを見たかい？／B：こんにちは，カズマ。うん，庭の木の下でハチを見たよ。／A：本当？　ハチは今日ずいぶん静かだな。寝てた？／B：ううん，ボールで遊んでたよ。

Q：「キャシーがカズマの家に来たとき，ハチは何をしていたか」—ア

(2)≪全訳≫A：こんにちは，トモキ。7月19日までにレポートを終わらせないといけないね。次の土曜日に一緒にやらない？／B：それって7月8日のこと？　ごめん，メグ。その日は忙しいんだ。7月9日の日曜日はどう？／A：うーん，毎週日曜日の午後はピアノのレッスンがあるんだよね，でも午前中なら時間があるよ。／B：わかった。じゃあそのときにね！

Q：「トモキとメグが一緒にレポートを書くのはいつか」—エ

(3)≪全訳≫A：こんにちは，サトシ。スズキ先生を見なかった？　職員室に行ったんだけど，いなかったの。／B：やあ，サラ。先生なら校庭にいるよ。どうして会いたいの？／A：先生にノートを渡

さないといけないの，昨日渡せなかったから。／Ｂ：そうか。きっとまだそこにいると思うよ。

　　Ｑ：「サラは何をしなければならないか」―イ．「先生にノートを渡す」

⑷≪全訳≫Ａ：もしもし，コウジ。ケイトよ。今どこにいるの？／Ｂ：やあ，ケイト。家にいるよ。テレビで野球の試合を見てるんだ。／Ａ：何ですって？　今日は一緒に美術館に行くことになってるでしょ。忘れたの？／Ｂ：あっ，そうだ！　ほんとにごめん。美術館の近くの本屋さんで待っててくれる？　すぐにそこに行くよ。

　　Ｑ：「コウジはケイトとどこで会うか」―ウ．「本屋」

2≪全訳≫ミホ（Ｍ）：兄〔弟〕の高校に着いたよ！　一緒に来てくれてありがとう，アレックス。／アレックス（Ａ）：ありがとう，ミホ。日本の文化祭に来るのはこれが初めてなんだ。君のお兄〔弟〕さんはステージでギターを弾くんだよね？／Ｍ：そうなの。兄〔弟〕はギターを弾くのがすごくうまいんだよ。アレックス，見て。文化祭の出し物についての情報があるよ。／Ａ：君のお兄〔弟〕さんの演奏は10時に体育館で始まるんだね？／Ｍ：うん。兄〔弟〕の演奏の後は，あなたは何を見たい？／Ａ：そうだなあ，僕は日本文化が大好きなんだ，だから書道をやってみたいな。君はどう？／Ｍ：実は，私はダンス部の発表に興味があるんだけど，両方の出し物が同時に始まっちゃうんだよね。／Ａ：午前中はダンスを見て，書道は午後にするのはどう？／Ｍ：完璧だわ！　ありがとう。／Ａ：僕は科学にも興味があるんだ。書道の後でサイエンスショーを見に行こうよ。／Ｍ：それはいい考えね。ところで，書道体験に参加する前に，調理室に行ってお昼を食べようよ。／Ａ：いいね！　おなかがすいちゃうもんね。僕はサンドイッチを食べようかな。／Ｍ：私はカレーライスを食べたいな，だって私の大好物だもん！／Ａ：それじゃあまずは体育館へ行こう！

　　⑴「ミホとアレックスは午後１時にはどこにいるか」―イ．「教室Ａ」　　⑵「ミホとアレックスは何時にサイエンスショーを見るか」―エ．「午後２時から午後２時45分」　　⑶「ミホについて正しいものはどれか」―エ．「ミホはどこに昼食を食べに行くか提案している」

3≪全訳≫皆様，よろしいでしょうか。こちらがグリーンウイング城です。このお城は1723年に建設されました。さあ，中に入りましょう。このお城には400を超える部屋があります。まずはこの部屋に入ってみましょう。こちらの絵をご覧ください。この絵の男性はこのお城に住んでいました。彼には大家族がいました。５人の息子と５人の娘がいたのです。別の部屋に行ってみましょう。この部屋はとても広いですよね？　人々はここでパーティーを楽しみました。次に，西塔をご覧ください。塔の一番上からは美しい街を見ることができます。それでは，しばらくお城の中を散策する時間とします。どうぞお楽しみください！

　　グリーンウイング城／・⑴1723年に建設された。／・400を超える部屋。／・絵の男性には10人の⑵子どもがいた。／・人々は広い部屋でパーティーを楽しんでいた。／・西塔→⑶美しい街が見える。

2 〔総合問題〕

1＜長文読解―適語選択・語形変化―スピーチ＞≪全訳≫皆さん，こんにちは。皆さんは映画を見るのは好きですか？　私はどうかって？　はい，私は好きです。私のお気に入りの映画をご紹介します。それは『驚異の少女の旅』です。これは，時を越えて旅をする少女の物語です。いくつかのトラブルが起きますが，彼女はそれを解決することができます。ストーリーはすばらしく，音楽も盛り上げてくれます。この映画はずっと昔につくられたものですが，今でもとても人気があります。すばらしい映画です。もし自分がその少女だとしたら，皆さんはどうするでしょうか。

　　＜解説＞⑴like「～を好む」の目的語となる部分なので，「～すること」という意味の動名詞（～ing）を選ぶ。　　⑵聞き手にDo you like ～?「～は好きですか」と問いかけた後，自分はど

うかを述べている部分なので，Yes, I do.「はい，好きです」となる。　　(3)直前で挙げた映画の内容を説明している部分。「～に関する，～について」の意味の前置詞として about を選ぶ。(4)動詞 solve「～を解決する」の目的語となるので，目的格(「～を」の形)になる。　they－their－them－theirs　　(5)好きな映画を紹介しているので肯定的な意味を持つ語を選ぶ。　fantastic「すばらしい」　empty「からっぽの」　narrow「狭い」　terrible「ひどい」　　(6)文の前半より，「もし～なら…だろう」と'現在の事実に反する仮定'を述べた仮定法過去の文とわかるので，過去形の助動詞 would を選ぶ。

2＜対話文完成─整序結合＞

(1)A：トムはこのクラスで一番背が高いの？／B：違うよ。彼は<u>ケンほど高くない</u>よ。∥'not as ～ as …'「…ほど～でない」の形にする。　He is not as tall as Ken.

(2)A：その山の頂上からはとてもたくさんの<u>星が見える</u>そうだよ。／B：本当？　それを見に行こうよ。∥'I hear (that)＋主語＋(助)動詞…'「～とうわさに聞いている，～だそうだ」の形。so many の後に stars を置き，so many stars「とてもたくさんの星」とする。この後は助動詞の受け身の形('助動詞＋be＋過去分詞')で can be seen とまとめ，「見られることができる」→「見える」とする。　I hear so many stars can be seen from the top of the mountain.

(3)A：何のスポーツが好き？／B：柔道だよ！　実は僕は5歳のときからずっと柔道を練習してい<u>るんだ</u>。∥have/has been ～ing の形で「(ずっと)～してきた」という意味を表す現在完了進行形の文をつくる。since は「～してから，以来」という意味の接続詞として I was … の前に置く。　Actually I have been practicing judo since I was five years old.

3　〔長文読解総合─説明文〕

《全訳》❶日本人は，誰が勝つかや誰が最初にするかをすぐに決めたいとき，じゃんけんと呼ばれる手を使ったゲームをすることが多い。このゲームをするには3つの手のジェスチャーを使う。握った手は石を，開いた手は紙を，人さし指と中指を伸ばして握った手はハサミを表す。石はハサミを壊すので石が勝つ。また，ハサミは紙を切り，紙は石を包む。ルールを理解するのが簡単なので，多くの人がじゃんけんをすることができる。❷この種の手を使ったゲームは世界中の多くの国で行われている。ほとんどの人は3つの手のジェスチャーを使うが，3つよりたくさん使う人たちもいる。フランスでは，4つの手のジェスチャーを使う。マレーシアの人たちは5つの手のジェスチャーを使うこともある。❸他の国々では，日本で使われているものとは違った手のジェスチャーを使う。インドネシアでは，親指を伸ばして握った手がゾウを，人さし指を伸ばして握った手は人間を，小指を伸ばして握った手がアリを表す。このルールでは，ゾウは人間より大きくて強いので，ゾウは人間に勝つ。同様にして，人間はアリに勝つ。だが，小さなアリがどうやって大きなゾウに勝てるのだろう。その理由を想像できるだろうか。アリはゾウの耳や鼻に入り込むことができ，ゾウはそれを嫌がるのだ。❹世界中にたくさんの種類のじゃんけんのような手を使ったゲームがあると知るのはおもしろいことではないか。手のジェスチャーやそれらの意味が違っていても，人々はそれを楽しむことができる。もし将来外国に行くことがあれば，地元の人たちに彼らの手を使ったゲームの遊び方をきいてみるといい。そしてあなたのやり方を紹介し，彼らと一緒にそのゲームで遊んでみてはどうだろう。そうすれば，それが世界中の人たちとコミュニケーションを始めるよいきっかけとなるかもしれない。

1＜適語句選択＞この後にある so「だから，それで」は'理由'→'結果'の関係をつなぐ。じゃんけんで多くの人が遊ぶことができるのはルールが簡単だからである。

2＜適語補充＞be different from ～ で「～とは違った」という意味(1つ目の空所)。2つ目の空所を含む文も，じゃんけんのジェスチャーや意味が違っても楽しめる，という意味になる。

3<語句解釈>the reason「その理由」とは，前文より，小さなアリが大きなゾウに勝てる理由のこと。下線部直後の文の内容がこれに該当する。

4<適語句選択>空所を含む文の主語 that は前の2文に示されている，外国で現地のじゃんけんのような遊びを教わったり，日本のじゃんけんを紹介したりするという内容を指す。このやり取りは，「世界中の人たちとコミュニケーションするよいきっかけになる」と考えられる。

4 〔長文読解総合―物語〕

≪全訳≫❶僕が竜也に会ったのは，僕が7歳のときだった。僕らはそのとき，バドミントンクラブに入った。僕はスポーツが得意だったので，バドミントンの技術はすぐに向上した。竜也は上手な選手ではなかったが，いつも一生懸命に練習し，「僕にはできる！ 次は勝つぞ」と言っていた。彼は「僕は日本のバドミントンのチャンピオンになるぞ」とさえ言った。僕にもチャンピオンになるという夢はあったが，そのような言葉を口にしたことはなかった，というのもそんなことをするのは恥ずかしいと思ったからだ。僕が彼に勝つと，彼はいつもこう言った。「修二，もうひと勝負しよう。次は僕が勝つぞ」僕が彼に負けたことは一度もなかったが，彼の技術が向上しているのを感じていた。❷僕らが11歳のとき，状況が一変した。市の大会で，僕は竜也とバドミントンで対戦した。試合の前，彼は僕にこう言った。「修二，今度こそ僕が勝つ」 僕は彼に一度も負けたことがなかったので，簡単に彼に勝つだろうと思っていた。ところが，そうはいかなかった。僕は初めて彼に負けた。こんなに早くそんなことが起ころうとは思ってもみなかった。彼は笑顔でこう言った。「ついに勝ったぞ！」 それから，再び負けたくはなかったので，僕はバドミントンの練習をそれまで以上に一生懸命し始めた。❸僕らは中学生になり，何度かバドミントンの試合をしたが，僕は一度たりとも勝つことはできなかった。竜也は強くなり，バドミントンの全国大会に出場したので，僕は彼の試合を見に行った。その大会で，彼のプレーはすごかった。ときには試合中にミスをすることもあったが，そんなときに彼はこう言った。「大丈夫！ 同じミスを二度はしないぞ！」 彼はこんなことさえ言った。「僕はチャンピオンになるんだ！」 僕はこう思った。「あいつは初心者の頃から変わってないな」❹とうとう竜也は本当に日本のバドミントンのチャンピオンになった。大会の後，僕は彼になぜそんなに強くなったのかと尋ねた。彼はこう言った。「修二，僕はいつもチャンピオンになるって言ってるだろ。どうしてだかわかるかい？ 自分の目標を声に出して言うと，僕らの心と体はその目標を達成するために動くんだ。実際，僕がチャンピオンになるって口にすることによって，僕は練習をがんばれたし，そのことが自分のプレーをよりよくするのに役立ったんだよ。自分が口にした言葉が僕を強くしてくれたんだ」 あの言葉が彼に目標を達成する力を与えてくれたということを僕は理解した。その日，僕は自分の目標を口にして，それを達成するために練習をがんばろうと決意した。❺現在，僕は18歳で，全国大会で優勝する一歩手前まできている。今，僕はバドミントンの全国大会の決勝戦で，竜也と対戦するためにコートに立っている。僕は変わったのだ。僕は竜也にこう言うつもりだ。「今回は僕が勝つ。僕がチャンピオンになるんだ」

1<適語句補充>空所後の such words は竜也の「僕は日本のバドミントンのチャンピオンになるぞ」という言葉を指す。修二も竜也と同様にチャンピオンになるのが夢だったが，恥ずかしかったので，その言葉を言わなかったのである。didn't〔did not〕say「言わなかった」としてもよいし，否定を強調して never said「一度も〔決して〕言わなかった」としてもよい。

2<指示語>that は前文の，自分〔修二〕が竜也に初めて負けたという内容を指す。これまで竜也に負けたことが一度もなかった修二にとって，敗れることは想定外の出来事だったといえる。

3<適語補充>前にある竜也の発言から修二は，竜也の発した言葉は目標を達成するのに必要な power「力」を与えていたことに気づいたのである。'give＋人＋物事'「〈人〉に〈物事〉を与える」の形。

4 <内容一致><全訳>やあ，修二，／おめでとう！　今度は君がチャンピオンになったね，我が友よ。またしても君が僕の目標になったよ。小さい頃，君はいつも僕の目標だったんだ。君に初めて勝ったとき，とても_Aうれしかったのを覚えているよ。／あのとき，君は自分の目標を言うのは恥ずかしいと言っていたね。だから，君が僕に「僕がチャンピオンになるんだ」って言ったときは_B驚いたよ。今回は僕の負けだけど，次は僕が勝ってみせるぞ。／君の友達，竜也

　<解説>Ａ．初めて試合に勝ったときの気持ちとして適切なものを選ぶ。　　Ｂ．それまで自分の目標を言おうとしなかった修二が，それを口にしたときの竜也の反応が入る。

5 <内容真偽>ア．「彼らがバドミントンを始めたとき，修二は竜也よりもバドミントンが上手だった」…○　第1段落第1〜4文の内容に一致する。　　イ．「竜也は修二に一生懸命練習して日本のチャンピオンになるように頼んだ」…×　　ウ．「修二は，全国大会で竜也が修二に勝つだろうと思った」…×　　エ．「修二がそうしろと言ったので，竜也は自分の目標を声に出して言うことに決めた」…×

5　〔長文読解総合─対話文〕

≪全訳≫■光（Ｈ）：レオン，このＴシャツを見て。昨日買ったんだよ。■レオン（Ｌ）：かわいいね，でも君は先週末に新しいＴシャツを買ってなかったっけ？■Ｈ：買ったよ。私は洋服が大好きなの。■Ｌ：僕もそうだよ，_Aでも，僕はそんなにしょっちゅう新しい服を買わないな。その代わりに，気に入ってる服を何年も着てるんだ。■Ｈ：何年も？　私は新しいファッションが好きだから，たいてい服を楽しむのは１シーズンだけなの。■Ｌ：短すぎだよ！　つまり，いらなくなった服をしょっちゅう捨ててるってこと？■Ｈ：うーん，以前はそうしてたんだけど，それはやめたの。着なくなった服はクローゼットにしまってあるよ。だけど，そういう服をどうすればいいかわからないの。■Ｌ：僕がドイツにいた頃，うちの家族はKleidercontainerを利用してたよ。■Ｈ：それは何？■Ｌ：古着を回収するための箱だよ。ウェブサイトを見せてあげるね。このサイトはサチコさんっていう日本人女性がつくったものなんだ。彼女はドイツに住んでるんだよ。このウェブサイトの写真を見て。これがKleidercontainerだよ。■Ｈ：わあ，大きい！　サチコさんが衣類をこの箱に入れてるところね？■Ｌ：そうだよ。この後，回収された衣類は別の誰かによって再利用されるか，またはリサイクルされるんだ。■Ｈ：いいことだね！　ねえ，Kleidercontainerの隣にある写真を見て。そっちでは，街中に本棚があるの？■Ｌ：それはÖffentlicher Bücherschrankだよ。「公共の本棚」っていう意味なんだ。いらなくなった本があったら，ここに持ってくればいいんだよ。■Ｈ：サチコさんは，この本棚から読みたい本をもらうことができるって言ってるよ！　ほんとなの？■Ｌ：うん。僕がドイツにいたときは，ときどきそうしてたよ。■Ｈ：すばらしいわ！　サチコさんは不要になった物を他のやり方で利用する方法も紹介してるね。例えば，古いＴシャツを使って，バッグやペット用の服をつくってるんだ。■Ｌ：ああ，一部の人たちはそういう活動を「アップサイクリング」って呼んでるよ。■Ｈ：アップサイクリング？　そんな言葉は聞いたことがないな。アップサイクリングって何なのか教えてくれる？■Ｌ：もちろん！　不要な物があるときは，それを捨てるかもしれないね。でも，不要品から新しい物をつくり出すことによって，それをまだ使うことができるんだ。アップサイクリングは使わなくなった物に新たな価値を与えることができるんだよ。■Ｈ：おもしろいね！　そういうふうにすれば，物を長い間使うことができるんだね。どうすれば自分の服を他の方法で利用できるかについて，もっと考えてみたいな。

　1 <指示語>one は前に出た‘数えられる名詞’と同種のものを指す。昨日Ｔシャツを買ったという光に対して，レオンが先週末新しいものを買ったはずだと指摘している場面。

　2 <適文選択>光と同様，服が好きだというレオンの発言。直後の文で気に入った服を何年も着ていることが述べられているので，頻繁に服を買うことはしないとわかる。　instead「その代わり

に」

3 <指示語>下線を含む文は，レオンに不要な服をしょっちゅう捨てているのかと尋ねられた光の返答。「以前はそうしていた」とは，服を頻繁に捨てていたということなので，that は前文の throw away the clothes you don't need「必要のない服を捨てる」という内容を指す。the clothes you don't need の部分は目的格の関係代名詞を省略した'名詞＋主語＋動詞'の形。

4 <適語句補充―絵を見て答える問題>(3)図の「１．服の回収箱」参照。服を箱の中に入れている様子を説明すればよい。「服を箱の中に入れる」は 'put *A* into *B*'「*A* を *B* の中に入れる」を使って表せる。is があるので現在進行形(is/am/are ～ing)にすること。これから入れようとしているところなので，is trying to put ～「～を入れようとしている」としてもよい。　　(4)図の「２．街中の本棚」参照。「読みたい本をもらうことができます」という部分を英語で表す。「もらう」は get でもよいし，ここでは本棚から取るということなので take でもよい。「読みたい本」は a book〔books〕(that〔which〕) they want to read などと表せる。「好きな本，好みの本」と読み換えて they like としてもよい。　　(5)図の「３．私の不要品の活用方法」参照。Tシャツでバッグや犬の服をつくっていることを示す絵がある。空所に該当するのは「バッグをつくる」の部分。現在形で makes a bag とするか，過去につくったと考えて made a bag とする。

5 <適語句補充>前後の内容から，光はアップサイクリングという言葉の意味がわからないので説明してほしいと頼んだことが読み取れる。文末がクエスチョンマークなので疑問文の Can〔Could, Will, Would〕you ～「～してもらえますか」で始め，tell me ～「私に～を教える」や，explain ～「～を説明する」などを続ける。なお，explain は 'explain＋人＋物事' の形をとらないので，explain me ～ は不可。explain to me ～ は可('explain＋物事＋to＋人'「〈人〉に〈物事〉を説明する」の 'to＋人' を前に出した形)。

6 <適語選択>C．どちらも，アップサイクリングの説明部分に該当する。アップサイクリングとは，不要品を使って<u>新しい</u>物をつくることで，使わなくなった物に<u>新た</u>な価値を与えること。　　D．アップサイクリングすれば，物を<u>長い</u>期間，使い続けることができる。

7 <テーマ作文>条件①で選んだ「手段」に合わせて，それを選ぶ理由を挙げ，具体的な方法などを説明する。解答例のほか，「売る」なら売ったお金で別の必要な物を買うことができるから，「寄付する」なら服を自由に買えない恵まれない人に喜んでほしいから，「リサイクルに出す」なら資源として再利用することで環境に役立てたいから，などの理由が考えられる。

数学解答

1 1 8　　2 $\dfrac{4}{3}a^2b$

3 x^2+6x+9　　4 $7x+5y\leqq2000$

5 4本　　6 $y=-\dfrac{16}{x}$　　7 $113°$

8 $\dfrac{25}{9}$ 倍

2 1 $x=-2\pm\sqrt{3}$　　2 12

3 ①…100　②…10　③…$a+1$

④…b　⑤…$c-1$

3 1 (例)

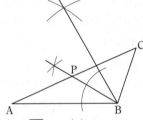

2 (1) $\sqrt{10}$ cm　(2) 21π cm³

3 (例)△ABF と△DAG において,

仮定より,

$\angle$BFA $=\angle$AGD $=90°$……①,

AB $=$ DA……②

$\angle$BAD $=90°$ より,

$\angle$BAF $=90°-\angle$DAG……③

△DAG において,

$\angle$ADG $=180°-(90°+\angle$DAG$)$

　　　　$=90°-\angle$DAG……④

③, ④より,

$\angle$BAF $=\angle$ADG……⑤

①, ②, ⑤より, 直角三角形の斜辺

と1つの鋭角がそれぞれ等しいから,

△ABF $\equiv$ △DAG

4 1 $\dfrac{2}{5}$　　2 (1) 17人　(2) 21.0秒

3 (1) ア, エ

(2) (例)25番目の生徒の得点が7点,

26番目の生徒の得点が9点

5 1 (1) $0\leqq y\leqq50$　(2) 18　(3) $\dfrac{3}{2}$

2 (1) 毎分65m　(2) $y=70x-30$

(3) 14分20秒後

6 1 64枚

2 黒いタイル…17枚

白いタイル…32枚

3 ①…$4(a^2-b)$　②…9　③…11

---

1 〔独立小問集合題〕

1 ＜数の計算＞与式 $=3+5=8$

2 ＜式の計算＞与式 $=\dfrac{8a^3b^2}{6ab}=\dfrac{4}{3}a^2b$

3 ＜式の計算＞$(x+a)^2=x^2+2ax+a^2$ より, 与式 $=x^2+2\times3\times x+3^2=x^2+6x+9$ である。

4 ＜文字式の利用―不等式＞1個 x 円のパン7個と1本 y 円のジュース5本の代金は, $x\times7+y\times5=7x+5y$(円)と表される。これが2000円以下であるから, $7x+5y\leqq2000$ となる。

5 ＜空間図形―辺の数＞右図1で, 辺 AB とねじれの位置にある辺は, 辺 AB と平行でなく交わらない辺である。辺 AB と平行な辺は辺 EF, 辺 HG, 辺 DC であり, 辺 AB と交わる辺は辺 AD, 辺 AE, 辺 BC, 辺 BF だから, 辺 AB とねじれの位置にある辺は, 辺 DH, 辺 CG, 辺 EH, 辺 FG の4本である。

図1

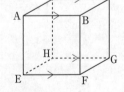

6 ＜関数―反比例の式＞y が x に反比例することより, 比例定数を a とすると, $y=\dfrac{a}{x}$ とおける。$x=-2$ のとき $y=8$ であるから, $x=-2$, $y=8$ を $y=\dfrac{a}{x}$ に代入すると, $8=\dfrac{a}{-2}$, $a=-16$ となる。よって, 反比例の式は, $y=-\dfrac{16}{x}$ と表される。

7 ＜平面図形―角度＞次ページの図2で, 点 B を含まない方の $\overset{\frown}{\text{AC}}$ に対する中心角を $\angle a$ とすると,

$\angle a = 360° - \angle AOC = 360° - 134° = 226°$ となる。よって，点Bを含まない

$\overset{\frown}{AC}$ に対する円周角と中心角の関係より，$\angle x = \dfrac{1}{2}\angle a = \dfrac{1}{2} \times 226° = 113°$

である。

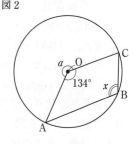

図2

8＜平面図形—面積比＞相似な図形の面積の比は相似比の2乗だから，

△ABCと△DEFが相似で，相似比が3:5であるとき，△ABC:△DEF

$=3^2:5^2=9:25$ となる。よって，△DEFの面積は△ABCの面積の $\dfrac{25}{9}$

倍である。

[2]〔独立小問集合題〕

1＜二次方程式＞解の公式より，$x = \dfrac{-4 \pm \sqrt{4^2 - 4 \times 1 \times 1}}{2 \times 1} = \dfrac{-4 \pm \sqrt{12}}{2} = \dfrac{-4 \pm 2\sqrt{3}}{2} = -2 \pm \sqrt{3}$ とな

る。

2＜一次方程式の応用＞教室の数が x で，1つの教室に入る参加者を15人とすると34人が入れないか

ら，参加者の人数は $15x + 34$ 人と表せる。また，1つの教室に入る参加者を20人とすると，14人の

教室が1つでき，使用しない教室が1つできるから，20人の教室の数は $x-2$ であり，参加者の人

数は $20(x-2) + 14$ 人と表せる。よって，$15x + 34 = 20(x-2) + 14$ が成り立ち，これを解くと，$15x$

$+ 34 = 20x - 40 + 14$，$-5x = -60$，$x = 12$ となる。

3＜文字式の利用—証明＞3けたの自然数 M は，百の位の数が a，十の位の数が b，一の位の数が c

だから，$M = 100 \times a + 10 \times b + c$ と表される。$N = 100 \times a + 10 \times b + c + 100 - 1$ となるから，$N = 100$

$\times a + 100 + 10 \times b + c - 1 = 100 \times (a+1) + 10 \times b + c - 1$ となる。これより，N の百の位の数は $a+1$，

十の位の数は b，一の位の数は $c-1$ となる。

[3]〔独立小問集合題〕

1＜平面図形—作図＞右図1で，$30° = \dfrac{1}{2} \times 60°$ だから，線分 AB を1

辺とする正三角形 ABD を考えると，$\angle ABP = 30°$，$\angle ABD = 60°$ よ

り，$\angle ABP = \dfrac{1}{2}\angle ABD$ となる。よって，点Pは，$\angle ABD$ の二等

分線と辺 AC の交点である。作図は，

①2点A，Bを中心とし，半径が線分 AB の円の弧をかき（交点を

Dとする），

②2点B，Dを通る直線を引く。

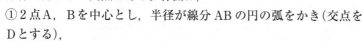

図1

③点Bを中心とする円の弧をかき（辺 AB，BD との交点をそれぞれ E，F とする），

④2点E，Fを中心とする半径の等しい円の弧をかき（交点をGとする），

⑤2点B，Gを通る直線を引く。直線 BG と辺 AC の交点がPとなる。解答参照。

2＜空間図形—長さ，体積＞(1)右図2で，点Aから線分 CD に垂線

AH を引く。$\angle ABC = \angle BCD = \angle AHC = 90°$ より，四角形 ABCH

は長方形となるから，$HC = AB = 2$ となり，$DH = DC - HC = 3 -$

$2 = 1$ である。また，$AH = BC = 3$ である。よって，△AHDで三

平方の定理より，$AD = \sqrt{DH^2 + AH^2} = \sqrt{1^2 + 3^2} = \sqrt{10}$ (cm) となる。

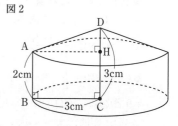

図2

(2)図2で，台形 ABCD を辺 CD を軸として1回転させると，底

面の半径を $AH = 3$，高さを $DH = 1$ とする円錐と，底面の半径を

$BC = 3$，高さを $AB = 2$ とする円柱を合わせた立体となる。よって，求める立体の体積は，$\dfrac{1}{3} \times \pi \times$

$3^2 \times 1 + \pi \times 3^2 \times 2 = 3\pi + 18\pi = 21\pi$ (cm³) となる。

3<平面図形—証明> 右図3の△ABF と△DAG において，∠BFA = ∠AGD = 90° であり，四角形 ABCD が正方形より，AB = DA である。また，∠BAD = 90° より，∠BAF = ∠BAD − ∠DAG = 90° − ∠DAG となり，△DAG で，∠ADG = 180° − (∠AGD + ∠DAG) = 180° − (90° + ∠DAG) = 90° − ∠DAG となるから，∠BAF = ∠ADG となる。直角三角形の合同条件を使う。解答参照。

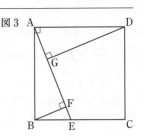

図3

④ 〔独立小問集合題〕

1<確率> 5人の生徒A，B，C，D，Eの中からくじびきで2人を選ぶとき，選び方は，AとB，AとC，<u>AとD</u>，AとE，BとC，<u>BとD</u>，BとE，<u>CとD</u>，CとE，<u>DとE</u>の10通りある。このうち，Dが選ばれるのは，下線をつけた4通りだから，求める確率は $\dfrac{4}{10} = \dfrac{2}{5}$ である。

2<データの活用—累積度数，最頻値> (1)14.0秒以上16.0秒未満の階級の度数が2人，16.0秒以上18.0秒未満の階級の度数が7人，18.0秒以上20.0秒未満の階級の度数が8人だから，18.0秒以上20.0秒未満の階級の累積度数は，2 + 7 + 8 = 17（人）である。　　(2)度数が最も大きい階級は，度数が13人である20.0秒以上22.0秒未満の階級だから，最頻値は，この階級の階級値である。よって，最頻値は，(20.0 + 22.0) ÷ 2 = 21.0（秒）である。

3<データの活用—箱ひげ図—正誤問題，理由> (1)ア…正。中央値は1回目が13点，2回目が14点である。　　イ…誤。最大値は1回目が18点，2回目が20点である。　　ウ…誤。範囲は，〔最大値〕− 〔最小値〕で求められる。1回目は，最大値が18点，最小値が6点より，18 − 6 = 12（点）となり，2回目は，最大値が20点，最小値が8点より，20 − 8 = 12（点）となる。　　エ…正。四分位範囲は，〔第3四分位数〕−〔第1四分位数〕で求められる。1回目は，第3四分位数が16点，第1四分位数が8点より，16 − 8 = 8（点）となり，2回目は，第3四分位数が16点，第1四分位数が10点より，16 − 10 = 6（点）となる。　　(2)生徒数が100人だから，第1四分位数は，得点が小さい方50人の中央値である。つまり，第1四分位数は，小さい方から25番目の得点と26番目の得点の平均値である。25番目の得点と26番目の得点が8点でなく，平均値が8点となる場合を考える。解答参照。

⑤ 〔独立小問集合題〕

1<関数—変域，面積，t の値> (1)関数 $y = 2x^2$ は，x の絶対値が大きいほど，y の値は大きくなる関数である。よって，x の変域が $-1 \leqq x \leqq 5$ より，絶対値が最小の $x = 0$ のとき y は最小で $y = 0$，絶対値が最大の $x = 5$ のとき y は最大で $y = 2 \times 5^2 = 50$ となり，y の変域は $0 \leqq y \leqq 50$ である。　　(2)右図で，$t = 2$ のとき，2点A，Bの x 座標は2である。点Aは関数 $y = 5x$ のグラフ上にあるから，$y = 5 \times 2 = 10$ となり，A(2, 10) である。また，2点B，Cは関数 $y = 2x^2$ のグラフ上にあり，BCは x 軸に平行だから，2点B，Cは y 軸について対称な点となる。これより，点Cの x 座標は -2 である。$y = 2 \times (-2)^2 = 8$ となるから，C(−2, 8) である。ここで，直線ACと y 軸の交点をEとする。直線ACの傾きは $\dfrac{10 - 8}{2 - (-2)} = \dfrac{1}{2}$ だから，その式は $y = \dfrac{1}{2}x + b$ とおける。点Aを通るので，$10 = \dfrac{1}{2} \times 2 + b$，$b = 9$ となり，切片が9なので，E(0, 9) であり，OE = 9 となる。△OAE，△OCE の底辺を OE と見ると，2点A，Cの x 座標より，高さはともに2だから，△OAC = △OAE + △OCE = $\dfrac{1}{2} \times 9 \times 2 + \dfrac{1}{2} \times 9 \times 2 = 18$ となる。　　(3)上図で，点Bの x 座標が t より，y 座標は $y = 2t^2$ だから，B(t, $2t^2$) となり，2点B，Cは y 軸について対称だから，C($-t$, $2t^2$) となる。これより，BC = $t - (-t) = 2t$ と表せる。また，CDは y 軸に平行だから，点D

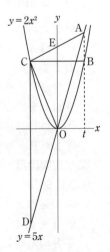

の x 座標は $-t$ である。点Dは関数 $y=5x$ のグラフ上の点だから，$y=5\times(-t)=-5t$ より，D$(-t,$ $-5t)$ となり，CD$=2t^2-(-5t)=2t^2+5t$ と表せる。よって，BC：CD$=1$：4 より，$2t$：$(2t^2+5t)=$ 1：4 が成り立つ。これを解くと，$(2t^2+5t)\times1=2t\times4$，$2t^2+5t=8t$，$2t^2-3t=0$，$t(2t-3)=0$ より，$t=0$，$\dfrac{3}{2}$ となり，$t>0$ だから，$t=\dfrac{3}{2}$ である。

2＜関数—速さ，関係式，時間＞(1)2人は，学校を出てから6分後に，学校から390mの距離にある後藤さんの家に着いたから，このときの2人の速さは，$390\div6=65$ より，毎分65mである。

(2)前田さんが後藤さんと別れてから自分の家に着くまでを表すのは，2点$(6，390)$，$(14，950)$を結ぶ線分である。この2点を通る直線は，傾きが $\dfrac{950-390}{14-6}=70$ だから，その式は $y=70x+b$ とおける。点$(6，390)$を通ることより，$390=70\times6+b$，$b=-30$ となるから，x と y の関係式は $y=$ $70x-30$ である。　　　(3)後藤さんは，家から自転車に乗って，図書館まで残り280mの地点で前田さんに追いついたので，後藤さんが自転車で走った距離は，$1650-390-280=980$（m）である。自転車の速さは毎分210mだから，家を出てから前田さんに追いつくまでにかかった時間は，$980\div$ $210=\dfrac{14}{3}$（分）である。また，前田さんは，後藤さんに追いつかれた地点から図書館まで毎分70mで歩いているので，かかる時間は，$280\div70=4$（分）である。学校を出てから29分後に図書館に着いているので，後藤さんが前田さんに追いついたのは，学校を出てから，$29-4=25$（分）後である。これより，後藤さんが家を出たのは，学校を出てから，$25-\dfrac{14}{3}=\dfrac{61}{3}$（分）後となる。学校を出てから6分後に家に着いているから，図書館に向かうために家を出たのは，家に着いてから，$\dfrac{61}{3}-6=$ $\dfrac{43}{3}$（分）後となる。$\dfrac{43}{3}=14+\dfrac{1}{3}$ であり，$\dfrac{1}{3}$ 分は $\dfrac{1}{3}\times60=20$（秒）だから，14分20秒後となる。

6 〔特殊・新傾向問題〕

1＜枚数＞白いタイルは，1辺が1cmの正方形の部分に4枚使う。$n=4$ のとき，板は1辺が4cmの正方形だから，1辺が1cmの正方形の部分は $4\times4=16$（個）ある。よって，白いタイルだけを使うとき，使った白いタイルは $4\times16=64$（枚）である。

2＜連立方程式の応用＞黒いタイルを x 枚，白いタイルを y 枚使ったとすると，合計で49枚使ったことより，$x+y=49$……㋐が成り立つ。また，$n=5$ より，板は1辺が5cmの正方形だから，1辺が1cmの正方形の部分は $5\times5=25$（個）ある。1辺が1cmの正方形の部分には，黒いタイルは1枚，白いタイルは4枚使うから，$x+\dfrac{1}{4}y=25$ が成り立ち，$4x+y=100$……㋑となる。㋑－㋐より，$4x$ $-x=100-49$，$3x=51$，$x=17$ となり，これを㋐に代入すると，$17+y=49$，$y=32$ となるから，使った黒いタイルは17枚，白いタイルは32枚である。

3＜文字式の利用＞$n=a$ のとき，1辺が a cm の板は，1辺が1cmの正方形の部分が a^2 個で，黒いタイルを b 枚使ったので，黒いタイルを貼った1辺が1cmの正方形の部分は b 個となる。残った a^2-b 個の部分に白いタイルを貼るので，使った白いタイルは $4(a^2-b)$ 枚と表される。次に，変更した貼り方では，b 個の部分に白いタイルを貼るから，白いタイルは $4b$ 枚使い，a^2-b 個の部分に黒いタイルを貼るから，黒いタイルは a^2-b 枚使う。使ったタイルの枚数は，貼り方を変更して225枚少なくなったから，$4b+(a^2-b)=b+4(a^2-b)-225$ が成り立つ。これを b について解くと，$6b=3a^2-225$，$b=\dfrac{a^2-75}{2}$ となる。b は1以上の整数だから，a^2-75 は，$a^2-75>0$ を満たす偶数となる。これより，a^2 は，$a^2>75$ を満たす奇数である。$7^2=49$，$9^2=81$ だから，最も小さい a の値は9，その次に小さい a の値は11である。

社会解答

1 1 エ　2 イ
3 (1)…ハザードマップ〔防災マップ〕
　(2)…イ　(3)…ウ　(4)…エ　(5)…ア
　(6)　X　(例)農業産出額の総額に占
　　　　める野菜の割合が高い
　　　Y　(例)新鮮な状態で，<u>大都市</u>
　　　　に出荷しやすい

2 1 ア　2 ウ　3 ウ
4 焼畑　5 ウ　6 エ
7 (例)サンパウロ都市圏人口はニュー
　ヨーク都市圏人口と比較して増加率
　が高い。そのため都市の下水道の整
　備が追いつかず，汚水流入により上
　水の供給源の水質悪化という課題が
　生じた。

3 1 エ　2 ウ
3 ウ→イ→ア→エ
4 (1)…分国法　(2)…ア　5 ウ
6 エ
7 (例)従来の税制度では税収が安定し
　なかったことから，政府が定めた地
　価の一定割合を地租として現金で納
　めさせ，毎年一定の金額の税収を確
　保できるようにするため。

4 1 イ　2 自由民権

3 (1)…ア　(2)…ア，ウ
4 (1)　P　(例)全国に放送局が設置さ
　　　　れ，東京の放送局と地方の
　　　　放送局が電話線で結ばれた
　　　Q　(例)大人から子どもまで幅
　　　　広い人々に向けた，趣味や
　　　　娯楽に関する番組が放送さ
　　　　れていた
　(2)…エ　(3)…ア

5 1 公職選挙　2 エ
3 栃木県…X　国庫支出金…ウ
4 カ　5 イ　6 消費者契約
7 (例)選挙区によって有権者数が異な
　るため，1つの選挙区で1人が当選
　する小選挙区制では，1票の価値に
　差が生じるという課題がある。

6 1 イ　2 ウ　3 公的扶助
4 イ　5 南南問題　6 ア
7 X　(例)恵方巻の廃棄率が前年度よ
　　　り減少したと回答した企業の割
　　　合が高い
　Y…53
　Z　(例)<u>賞味期限</u>の近いものから購
　　　入する

1 〔日本地理―日本の姿と諸地域〕
1 <時差と緯度>Ⅰ．イギリスは0度の経線(本初子午線)を標準時子午線としており，日本は東経
135度の経線を標準時子午線としている。日付変更線をまたがずに位置関係を見た場合，西へ行く
ほど時刻は遅れるため，日本よりも西にあるロンドンの時刻は，日本よりも9時間遅れている。
Ⅱ．日本やイギリスを含む北半球では，夏至の日に昼の時間(日の出から日の入りまでの時間)が最
も長くなり，冬至の日に昼の時間が最も短くなる。また北半球では，夏至を中心として春分から秋
分までの間は，緯度が高い場所ほど昼の時間が長くなり，冬至を中心として秋分から春分までの間
は，緯度が高い場所ほど昼の時間が短くなる。ロンドンと宇都宮市ではロンドンの方が緯度が高い
ため，冬にはロンドンの方が宇都宮市よりも昼の時間が短い。このように季節や緯度によって昼夜
の長さに違いが生じるのは，地球の地軸が傾いているためである。
2 <日本の輸入相手国の変化>2020年の割合が4か国中で最も高いイは，現在の日本の最大の貿易相
手国である中国である。なお，1990年の割合が4か国中で最も高いアは，かつて日本の最大の貿易
相手国であったアメリカである。1990年から2020年にかけて割合が増加しているエは，近年工業化

が進んで日本に工業製品を多く輸出するようになったタイであり，残るウはドイツである。

3(1)**＜ハザードマップ＞**自然災害が発生した場合の被害を予測し，被害範囲や避難場所などの情報を示した地図をハザードマップ〔防災マップ〕という。全国の地方公共団体は，洪水，土砂くずれ，地震や津波，火山の噴火などの自然災害に備えたハザードマップを作成して配布している。

(2)**＜日本海側の気候＞**冬季の降水量が多いのは，日本海側の気候に属する地域である。冬に北西から吹く季節風が，日本海の上空で水蒸気を含み，山地にぶつかって日本海側の地域に雪を降らせる。したがって，ア～エのうち，冬季の月別平均降水量の合計が最も大きい都市が，日本海側に位置する富山市となる。なお，豊橋市と熊本市は，夏に降水量が多く冬に乾燥する太平洋側の気候に属する。また，松山市は，年間を通して降水量が少ない瀬戸内の気候に属する。

(3)**＜地域調査の方法＞**航空写真から転入者の人数を調べることはできず，図書館やインターネットなどで統計資料を閲覧する必要がある（ウ…×）。

(4)**＜都道府県の統計＞**人口が最も多いアは神戸市などがある兵庫県であり，アに次いで人口が多いイは広島市などがある広島県である。ウとエのうち，岡山県からの旅客数，他都道府県からの旅客数に占める岡山県からの旅客数の割合がともに高いエは，瀬戸大橋によって岡山県と結ばれている香川県であり，残るウは鳥取県である。

(5)**＜火力発電の立地県＞**火力発電所は，燃料となる石炭や原油などの輸入に便利な臨海部で，電力消費量の多い工業地帯や大都市の近くに多く立地する。三重県，山口県，福岡県はいずれも海に面しており，中京工業地帯，瀬戸内工業地域，北九州工業地域がそれぞれ分布していることから，火力発電が盛んであると判断できる。一方，内陸にある岐阜県には，火力発電所はほとんど見られない。岐阜県や長野県などの山間部では，主にダムを利用した水力発電が行われている。

(6)**＜豊橋市の農業＞**X．豊橋市は，農業産出額の総額に占める野菜の割合が，他の3都市に比べて高い。　　　Y．高速道路を利用することにより，傷みやすい野菜でも新鮮なうちに遠い場所まで届けることができる。東名高速道路のインターチェンジに近い豊橋市は，東京大都市圏，京阪神〔大阪〕大都市圏，名古屋大都市圏への交通の便がよく，生産された野菜はこれらの大消費地へと出荷されている。

2 〔世界地理—世界の諸地域〕

1 **＜地球上の距離＞**図1を見ると，サンパウロは西経50度付近，リマは西経80度付近にあり，両都市間のおよその経度差は約30度となる。また，地球の表面を1周したときの長さは約40000kmであることから，赤道上での経度差30度分の長さは，40000×30÷360＝3333.3…より，約3300kmである。緯線の長さは緯度が高くなるほど短くなるが，図1中で最も北（上）に引かれた緯線が赤道であり，サンパウロとリマは赤道に比較的近い低緯度に位置していることから，サンパウロとリマの直線距離は約3300kmから大きくかけ離れていないと判断する。

2 **＜南アメリカ大陸の標高＞**南アメリカ大陸の西部には，6000m級の山々が連なるアンデス山脈が南北に走っており，ウの区間を通っている。

3 **＜南アメリカの文化＞**南アメリカでは，ブラジルでポルトガル語，その他の多くの国でスペイン語が公用語として使われており，フランス語が公用語である国は図1中の走破ルートから離れたフランス領ギアナのみである（ウ…×）。ブラジルには，日本からの移民とその子孫である日系人が多く暮らしており，サンパウロには大規模な日本人街（東洋人街）も形成されている（ア…○）。南アメリカの国々では主にキリスト教が信仰されている（イ…○）。南アメリカの国々では，先住民のほかヨーロッパ系やアフリカ系などさまざまな人種・民族が共存しており，混血の人々も多数暮らしている（エ…○）。

4 <焼畑農業>森林や草原を焼き払い，その灰を肥料として作物を栽培する農業を焼畑農業という。広大な熱帯林が広がる南アメリカでは，自給用の作物を栽培する焼畑農業が古くから行われてきた。

5 <アフリカの気候>アフリカの気候は，赤道付近の低緯度から南北の高緯度に向かって，ほぼ熱帯→乾燥帯→温帯の順に分布している。図4中のAは熱帯の熱帯雨林気候，Bは熱帯のサバナ気候，Cは乾燥帯の砂漠気候，Dは温帯の地中海性気候に属する。これらの気候の降水量の特色を見ると，熱帯雨林気候は一年中雨が多く，サバナ気候は雨の多い雨季と雨の少ない乾季があり，砂漠気候は一年中ほとんど雨が降らず，地中海性気候は夏に雨が少なく冬に比較的雨が多い。したがって，サンパウロのように6，7，8月の月別平均降水量が他の月より少ない都市は，BかDのいずれかとなる。このうち，南半球に位置するDは6，7，8月が冬となり，地中海性気候の冬の降水量は他の月よりも多くなることから該当せず，Bが当てはまると判断する。次に，リマのように年間を通して降水量がほとんどない都市に当てはまるのはCのみとなる。

6 <各州の鉱産資源産出割合>アは，鉄鉱石の割合が6州中で最も高いことからオセアニア州である。鉄鉱石は，オーストラリアが世界全体の4割近くを産出している。イは，原油の割合が6州中で最も高いことからアジア州である。原油は，サウジアラビアなど西アジアのペルシャ湾岸地域で特に多く産出される。ウは，ダイヤモンドの割合が6州中で最も高いことからアフリカ州である。ダイヤモンドは，ボツワナや南アフリカ共和国などアフリカ州の国々で多く産出される。エは，銅鉱の割合が6州中で最も高いことから南アメリカ州である。銅鉱は，チリとペルーがそれぞれ世界第1位，第2位の産出国である(2018年)。

7 <資料の読み取り>図6から，サンパウロ都市圏人口は1950年から2015年にかけて約8.9倍，ニューヨーク都市圏人口は約1.5倍に増加しており，サンパウロ都市圏人口の方が増加率が高いことがわかる。図7から読み取れる内容をふまえると，サンパウロ都市圏では急激な人口増加に下水道の整備が追いつかず，上水の供給源の湖に汚水が流入して水質が悪化するという生活環境の課題が生じたと考えられる。

3 〔歴史―古代〜近代の日本と世界〕

1 <奈良時代の出来事>平城京を都としてから平安京を都とするまでの時代は，奈良時代(710〜94年)である。奈良時代に政治を行った聖武天皇は，仏教の力で国を守ろうと考え，国ごとに国分寺・国分尼寺を建て，都に東大寺を建てて大仏を建立した。なお，アは平安時代の894年，イは飛鳥時代の603年，ウは平安時代の935〜40年の出来事である。

2 <鎌倉時代の社会>戸籍に登録された人々が口分田を与えられ，租・調・庸などの税を負担したのは，律令制度が整備された奈良時代を中心とする時期である(ウ…×)。

3 <年代整序>年代の古い順に，ウ(承久の乱―1221年)，イ(承久の乱後に六波羅探題を設置―1221年)，ア(建武の新政を開始―1334年)，エ(日明貿易を開始―1404年)となる。

4(1) <分国法>戦国時代に各地を支配した戦国大名は，領地を治め家臣や民衆を統制するため，分国法と呼ばれる独自の決まりを制定した。代表的な分国法には，朝倉氏の「朝倉孝景条々」，武田氏の「甲州法度之次第」などがある。

(2) <戦国時代の世界の出来事>戦国大名が活躍していた戦国時代は，応仁の乱が始まった15世紀後半から豊臣秀吉が全国を統一した16世紀末までの時期である。ドイツのルターは，16世紀前半にカトリック教会のあり方を批判して宗教改革を始めた。なお，イとウは18世紀後半，エは13世紀後半の出来事である。

5 <参勤交代>ウは，江戸幕府が大名を統制するために出した武家諸法度の一部である。第3代将軍徳川家光は，大名に対して1年おきに領地と江戸を往復することを義務づける参勤交代の制度を定

め，武家諸法度に盛り込んだ。なお，アは江戸時代後期に出された異国船打払令，イは奈良時代に出された墾田永年私財法，エは安土桃山時代に織田信長が出した楽市令である。

6 **＜蔵屋敷＞** 蔵屋敷は，江戸時代に諸藩が設けた，年貢米や特産品を保管・販売するための施設である。商業の中心地であった大阪には多くの蔵屋敷が立ち並び，全国から年貢米や特産品が運び込まれた。なお，土倉は室町時代にお金の貸しつけなどを行った金融業者である。問注所は，鎌倉幕府で裁判，室町幕府で記録や裁判を担当した機関である。正倉院は，奈良時代に東大寺につくられ，聖武天皇の遺品などが収められた宝物庫である。

7 **＜地租改正の実施理由＞** 地租改正は，明治政府が1873年から行った税制度の改革であり，課税の基準をそれまでの収穫高から地価に改めた。図2を見ると，収穫高を基準とする従来の税制度では，収穫高や米の価格によって税（年貢）収入が変動することがわかる。そのため，政府は地租改正によって，土地の所有者に対して図3のような地券を発行し，地価の3％を現金で納めることを義務づけることで，豊作・不作や米価の影響を受けることなく毎年一定の税収を確保できるようにした。

4 〔歴史—近世～現代の日本と世界〕

1 **＜日米和親条約＞** 図1中に「北アメリカ合衆国」「彼理＝ペリー」などの言葉が見られることから，日米和親条約の締結についての内容と判断する。アメリカの東インド艦隊司令長官であったペリーは，1853年に浦賀（神奈川県）に来航し，日本の開国を求めた。翌年に再びペリーが来航すると，江戸幕府は日米和親条約を結んで開国した。なお，下関条約は日清戦争（1894～95年）後に結ばれた講和条約，西南戦争（1877年）は明治政府に不満を持つ鹿児島の士族などが西郷隆盛を中心として起こした反乱，アヘン戦争（1840～42年）はアヘンを取り締まる清にイギリスが軍艦を送って起こした戦争である。

2 **＜自由民権運動＞** 1874年，板垣退助らが民撰議院設立の建白書を政府に提出し，国民の選挙によって選ばれた議員からなる国会を開設することを要求した。これにより，国民が政治に参加する権利の確立を求める自由民権運動が始まった。自由民権運動が高まる中で，政府は1881年に国会開設の勅諭を出し，1890年までに国会を開くことを約束した。

3(1) **＜世界恐慌＞** 世界恐慌は，1929年にアメリカのニューヨークで株価が暴落したことをきっかけに，世界中に広がった不景気である。恐慌の中，アメリカではルーズベルト〔ローズベルト〕が大統領となり，ドイツではヒトラーがナチス〔国民社会主義ドイツ労働者党〕を率いて政権を獲得した。ルーズベルトは，ダム建設などの公共事業を増やして雇用を創出し，農産物や工業製品の生産調整などを行って景気回復を図った。これらの政策はニューディール政策と呼ばれる。一方，ヒトラーは，公共事業による雇用の創出や軍需産業の振興によって経済回復をはかり，全体主義のもとで軍事大国化を進めた。

(2) **＜日独伊三国同盟＞** ヨーロッパで第二次世界大戦が始まった翌年の1940年，日本はドイツ，イタリアとの間で日独伊三国同盟を結んだ。

4(1) **＜資料の読み取り＞** P．図4を見ると，1925年にはラジオ放送局が東京，名古屋，大阪にしかないが，1934年には北海道から九州までの各地にラジオ放送局が設置されており，さらに東京と各地のラジオ放送局が電話線で結ばれていることがわかる。これにより，東京のラジオ番組と同一の放送を各地で聴けるようになったと考えられる。　　Q．図5を見ると，天気予報やニュースなどの情報を提供する番組，音楽や映画などの趣味や娯楽に関する番組，童謡などの子ども向けの番組など，幅広い人々に向けたさまざまな分野の番組が放送されていることがわかる。

(2) **＜1950～65年の出来事＞** 日本の高度経済成長は，1950年代半ばに始まり，1973年の石油危機をきっかけに終結した。なお，財閥解体が始まったのは1945年，バブル経済が崩壊したのは1990年代初め

である。

(3)<テレビ放送開始前の出来事>図3を見ると，1950年より前はテレビ契約件数のデータがないことから，テレビ放送の開始前であると考えられる（テレビ放送が開始されたのは1953年である）。したがって，1931年に起こった満州事変は，テレビで生中継されていないと判断できる。なお，アメリカ同時多発テロは2001年，湾岸戦争は1991年，ベルリンの壁の崩壊は1989年の出来事である。

⑤〔公民―総合〕

1 <公職選挙法>公職選挙法は，選挙制度に関することを定めた法律であり，選挙権・被選挙権を持つ年齢，選挙区，選挙の方法，選挙運動などについて規定している。

2 <国や地方の政治のしくみ>内閣総理大臣は，国務大臣の過半数を国会議員から任命しなければならない（ア…×）。内閣総理大臣は，国会によって国会議員の中から指名される（イ…×）。地方公共団体の首長は，地方議会を解散する権限を持っている（ウ…×）。

3 <都道府県の地方財政>地方税は地方公共団体に納められる税金，地方交付税は地方公共団体間の財政格差を是正するため国から配分される交付金，国庫支出金は特定の仕事にかかる費用の一部を国が負担するもの，地方債は地方公共団体の借金である。人口や企業数が多い東京都は地方税収入が多く，地方交付税や地方債の歳入に占める割合は小さい。一方，東京都に比べて人口や企業数が少ない栃木県は，地方税収入が少なく，地方交付税や地方債の歳入に占める割合は大きい。したがって，図1中の地方債の割合が大きいXは栃木県，小さいYは東京都となる。また，アは，東京都（Y）の方が栃木県（X）よりも割合が大きいことから地方税となる。イは，東京都（Y）の割合が「－」であることから地方税収入の多い東京都には配分されていない地方交付税となる。残るウが国庫支出金となる。

4 <法の支配>「法の支配」とは，国民の代表からなる議会によって制定された法（Ⅰ）を政府（Ⅱ）の上位に置いて政府の権力を制限することで，国民（Ⅲ）の権利を守る考え方である。一方「人の支配」では，政府（権力者や君主）が法の上位にあり，国民を支配するために自由に法を定めることができる。

5 <インフレーションと貨幣の価値>インフレーション〔インフレ〕は，物価が上がり続ける現象である。物価が上がると，同じ額のお金で購入できる財やサービスの数量は以前よりも少なくなるため，お金の実質的な価値は低下することになる。反対に，物価が下がり続けるデフレーション〔デフレ〕のときには，お金の実質的な価値は上昇する。

6 <消費者契約法>消費者契約法は，契約上のトラブルから消費者を守ることを目的とする法律である。事業者から商品について事実と異なる説明をされたり，不適切な勧誘をされたりした場合には，消費者は契約を取り消すことができると定めている。

7 <1票の格差>小選挙区選挙では，1つの選挙区から1人の議員が選出される。図3を見ると，有権者数が最も多い選挙区の有権者数は，有権者数が最も少ない選挙区の有権者数の2倍以上になっている。この場合，有権者数が多い選挙区では有権者数が少ない選挙区に比べて，当選するためにより多くの得票が必要になり，有権者が投票する1票の価値に軽重の差が生じている。この問題を「1票の格差」といい，格差が大きすぎる状態は日本国憲法が定める「法の下の平等」に反すると考えられている。

⑥〔公民―総合〕

1 <国際人権規約>1948年に国際連合で採択された世界人権宣言は，人権を人類の普遍的な価値と認め，国際的な人権保障の基準を示した。その後1966年には，これに条約としての法的拘束力を持たせた国際人権規約が採択された。なお，国際連合憲章は1945年，女子差別撤廃条約は1979年，子ど

も〔児童〕の権利条約は1989年に採択された条約である。

2 **＜年齢層別の就業率の推移＞** ア～エのうち，20歳代後半から50歳代までの割合がほぼ100％と一定であるアとイは男性の就業率であり，20歳代から30歳代にかけて割合が低下しているウとエは女性の就業率である。女性の就業率が20歳代から30歳代にかけて低下しているのは，出産や育児のために仕事を辞めたり中断したりする女性が多いためである。就業率がより大きく低下しているエが1985年の女性のグラフであり，ウが2020年の女性のグラフである。また，アとイのうち，60歳代の就業率がより高いイが2020年の男性のグラフであり，アが1985年の男性のグラフである。

3 **＜公的扶助＞** 日本の社会保障制度は，社会保険，公的扶助，社会福祉，公衆衛生の4つの柱で構成されている。このうち，生活に困っている世帯に生活費などを支給する生活保護を行い，最低限の生活を保障するしくみは，公的扶助である。なお，社会保険は，毎月保険料を支払い，病気や高齢になったときに給付を受けるしくみである。社会福祉は，高齢者や障がいを持つ人など，社会的に弱い立場にある人々を支援するしくみである。公衆衛生は，感染症予防や廃棄物処理，公害対策などを行うものである。

4 **＜国際社会と平和＞** 核拡散防止条約〔NPT〕は，核兵器を保有する国が増えることを防ぐ目的で1968年に採択された条約で，アメリカ，イギリス，フランス，ソ連(現在はロシア)，中国の5か国を核保有国とし，これ以外の国が核兵器を保有することを禁止している。しかし，インドやパキスタンなどのように，5か国以外でも核兵器の保有や開発を行っている国がある(Ⅱ…誤)。

5 **＜南南問題＞** 先進国は北半球の中緯度～高緯度地域に多く，発展途上国はそれより南の地域に多いことから，先進国と発展途上国の経済格差による問題を南北問題という。これに加え，近年は発展途上国の間でも経済格差が拡大しており，豊富な資源や工業化により急速に経済発展している国と，開発の遅れている国がある。こうした発展途上国間の経済格差による問題を，南南問題という。

6 **＜多国籍企業とAPEC＞** Ⅰ．世界各地に生産や販売の拠点を置き，国境を越えて事業を展開している企業を，多国籍企業という。グローバル化が進み，人や物，お金，情報などの国境を越えた移動が盛んな現代の世界では，多数の多国籍企業が活動を行っている。なお，NGO〔非政府組織〕は，営利を目的とせず，主に国際的な活動を行う一般市民の団体を指す。　　Ⅱ．APEC〔アジア太平洋経済協力会議〕は，アジア・太平洋地域の経済的な結びつきの強化を目指す国際組織である。オーストラリアの提唱で1989年に設立され，日本，中国，アメリカなど，太平洋に面する21の国・地域が参加している(2023年4月)。なお，ASEAN〔東南アジア諸国連合〕は，東南アジアの10か国が加盟する国際組織である。

7 **＜資料の読み取り，食品ロスの防止＞** X．図2では，「予約制」の導入によって恵方巻の廃棄率が前年度より減少したと回答した企業が全体の87％を占めている。　　Y．図3では，6割以上の削減と回答した企業が31％，4割以上6割未満の削減と回答した企業が22％となっており，合計すると53％となる。　　Z．図4は，スーパーマーケットなどの小売店で食料品を購入する際，消費期限・賞味期限の近いものから順に購入することを消費者に呼びかけるものである。これにより，売れる前に期限が切れて廃棄されてしまう商品を減らし，商品ロスの削減に貢献することができる。

理科解答

1 1 ウ　2 イ　3 ア　4 エ

5 初期微動　6 反射　7 12A

8 塩

2 1 空気　2 100Hz

3 砂ぶくろの重さ…条件Ａと条件Ｃ

弦の太さ…条件Ａと条件Ｄ

弦のPQ間の長さ…条件Ａと条件Ｂ

4 ①…太く　②…長く

波形の変化…(例)縦軸の振動の振れ

幅が大きくなる。

3 1 ①…高く　②…大きく

2 装置Ａと装置Ｂ…(例)ビーカー内の

空気に，より多くの水蒸気が含まれ

ること。

装置Ａと装置Ｃ…(例)ビーカー内の

水蒸気を含んだ空気が冷やされるこ

と。

3 ①…晴れ　②…水蒸気　③…凝結

4 1 ウ

2 (例)だ液には，デンプンを糖に分解

するはたらきがあること。

3 R，T，S

4 ①…水　②…ある　③…ない

5 1 (例)手であおぎながらかぐ。

2 $CuCl_2 \longrightarrow Cu + Cl_2$

3 イ

6 1 0.1J　2 $a>b,\ a=d,\ c<e$

3 下図1

7 1 20%　2 5g　3 ア

4 記号…イ

理由…(例)同じ温度での溶解度は等

しいから。

8 1 方法…Y　無性生殖…栄養生殖

2 ア

3 (例)新しい個体は体細胞分裂でふえ，

遺伝子が全て親と同じであるから。

9 1 衛星

2 記号…ア　時間帯…明け方

3 図…下図2　金星の画像…エ

4 ウ

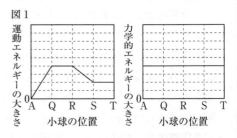

図1

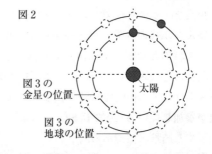

図2

図3の金星の位置

図3の地球の位置

太陽

---

1 〔小問集合〕

1 ＜裸子植物＞子房がなく胚珠がむき出しになっている植物は裸子植物で，ア～エのうち，イチョウ
である。なお，サクラ，アブラナ，ツツジは，胚珠が子房に包まれている被子植物である。

2 ＜空気の組成＞空気中に最も多く含まれる気体は窒素で，体積の割合で約78％含まれる。なお，酸
素は約21％，二酸化炭素は約0.04％含まれる。

3 ＜力のつり合い＞図のおもりにはたらく重力（地球がおもりを引く力）とつり合いの関係にある力は，
糸がおもりにおよぼす力（糸がおもりを引く力）である。つり合いの関係にある２力は１つの物体に
一直線上にはたらき，大きさが等しく向きが反対である。

4 ＜小笠原気団＞図のように，気団Ｘは日本の南側の海上にあるので，あたたかく湿っている。なお，
気団Ｘは夏に発達する小笠原気団である。

5 ＜地震のゆれ＞Ｐ波によるゆれを初期微動，Ｓ波によるゆれを主要動という。なお，Ｐ波とＳ波は

震源で同時に発生するが，P波の方が速いため，震源から離れた場所にはじめに到達するのはP波である。

6 ＜反射＞ヒトが刺激を受けたとき，意識とは無関係に起こる反応を反射という。反射は，危険からからだを守ったり，からだのはたらきを調節したりすることに役立っている。

7 ＜電流＞〔電力（W）〕＝〔電圧（V）〕×〔電流（A）〕より，〔電流（A）〕＝$\frac{〔電力（W）〕}{〔電圧（V）〕}$となる。よって，100Vの電圧で1200Wの電気器具を使用したときに流れる電流は，$\frac{1200}{100}$＝12（A）である。

8 ＜塩（えん）＞酸性の水溶液とアルカリ性の水溶液を混ぜ合わせたときに起こる，互いの性質を打ち消し合う化学変化を中和という。中和で，酸の陰イオンとアルカリの陽イオンが結びついてできた物質を塩という。なお，中和では，酸の水素イオン（H^+）とアルカリの水酸化物イオン（OH^-）が結びついて水（H_2O）ができる。

2 〔身近な物理現象〕

1 ＜音＞弦をはじくと，モノコードが振動することで周りの空気が振動し，音が伝わる。

2 ＜振動数＞振動数は，音が1秒間に振動する回数である。図2より，実験(1)で測定した音が1回振動するのにかかる時間は，$\frac{1}{200}×2＝\frac{1}{100}$（秒）である。これより，1秒間に振動する回数は，1÷$\frac{1}{100}$＝100（回）となるから，振動数は100Hzである。

3 ＜対照実験＞ある要素と現象の関係を調べたい場合，調べたい要素だけを違うものとし，それ以外の要素は同じもので比べる。砂ぶくろの重さと音の高さの関係を調べるためには，表で，砂ぶくろの重さが違い，弦と，弦のPQ間の長さが同じである条件Aと条件Cを比べればよい。弦の太さと音の高さの関係を調べるためには，表で，弦が違い，砂ぶくろと，弦のPQ間の長さが同じである条件Aと条件Dを比べればよい。弦のPQ間の長さと音の高さの関係を調べるためには，表で，弦のPQ間の長さが違い，砂ぶくろと弦が同じである条件Aと条件Bを比べればよい。

4 ＜音＞図2の波形を図3の波形のように振動数を少なくするには，弦を引く強さを弱くするために砂ぶくろを軽くするか，弦を太くするか，弦のPQ間の長さを長くすればよい。このとき，音の高さは低くなる。また，弦をはじく強さを強くすると，音の波形は縦軸の振動の振れ幅（振幅）が大きくなり，音の大きさが大きくなる。

3 〔気象と天気の変化〕

1 ＜露点と飽和水蒸気量＞結露ができるのは，気温が下がり露点よりも低くなって，飽和水蒸気量が小さくなり，空気中の水蒸気の一部が水滴に変わるためである。この逆で，ビーカーをドライヤーであたためると，ビーカーの表面付近の空気の温度が露点よりも高くなり，飽和水蒸気量が大きくなるため，結露を防ぐことができる。

2 ＜霧の発生＞氷水の入ったフラスコを，ぬるま湯を入れたビーカーにのせた装置Aと空のビーカーにのせた装置Bでは，装置Aのビーカー内部に白いくもりが見られ，装置Bのビーカー内部に変化が見られなかった。この結果より，霧はビーカー内の空気に，より多くの水蒸気が含まれることで発生しやすくなるとわかる。また，ぬるま湯を入れたビーカーに，氷水の入ったフラスコをのせた装置Aと空のフラスコをのせた装置Cでは，装置Cのビーカー内部に変化が見られなかった。この結果より，霧はビーカー内の水蒸気を含んだ空気が冷やされることで発生しやすくなるとわかる。

3 ＜霧の発生＞晴れた日の夜は，地面から熱が宇宙空間に逃げるので，地面の温度も気温も下がる。気温が下がると，空気中の水蒸気が凝結しやすくなり，霧が発生する。

4 〔生物の体のつくりとはたらき〕

1 **＜ベネジクト液＞**ベネジクト液を麦芽糖やブドウ糖などの糖を含む液体に入れて加熱すると，赤褐色の沈殿が生じる。

2 **＜だ液のはたらき＞**実験(1)で，表1の20分後のヨウ素液の反応から，デンプン溶液＋水を入れた試験管ではデンプンが変化していないが，デンプン溶液＋だ液を入れた試験管ではデンプンがなくなっていることから，だ液があるとデンプンがなくなることがわかる。また，表1の20分後のベネジクト液の反応から，デンプン溶液＋水を入れた試験管には麦芽糖などの糖が含まれていないが，デンプン溶液＋だ液を入れた試験管には麦芽糖などの糖ができていることから，だ液があると麦芽糖などの糖ができることがわかる。これらのことから，だ液にはデンプンを糖に分解するはたらきがあることがわかる。

3 **＜分子の大きさ＞**実験(2)で，表2のヨウ素液の反応から，試験管A′にはデンプンがあるが，試験管C′にはデンプンがない。よって，デンプンの分子はセロハンチューブを通り抜けていないので，R＞Tである。また，表2のベネジクト液の反応から，試験管B′にも試験管D′にも糖がある。よって，糖の分子はセロハンチューブを通り抜けているので，T＞Sである。以上より，R＞T＞Sとなる。

4 **＜仮説の検証＞**仮説が正しいとすると，だ液に含まれる酵素はセロハンチューブにある微小な穴を通ることができない。そのため，チューブXに水でうすめただ液を入れると，だ液に含まれる酵素は試験管Yの溶液に移動できず，その溶液中に存在しない。このことを確認するには，試験管にデンプン溶液と水を入れ，60分後にデンプンは分解されず，糖ができていないことがわかればよい。つまり，ヨウ素液で色の変化があり，ベネジクト液を加えて加熱すると色の変化がないという結果が得られれば，仮説が正しいことを確認できる。

⑤ 〔化学変化と原子・分子〕

1 **＜実験方法＞**発生した気体が有害なことがあるので，気体のにおいを調べるときは，手であおぎながらかぎ，直接吸い込まないようにする。

2 **＜化学反応式＞**実験(1)で，塩化銅($CuCl_2$)は，銅(Cu)と塩素(Cl_2)に電気分解されている。化学反応式は，矢印の左側に反応前の物質の化学式，右側に反応後の物質の化学式を書き，矢印の左右で原子の種類と数が等しくなるように化学式の前に係数をつける。解答参照。

3 **＜反応する物質の質量＞**図2より，電流を流した時間が50分のとき，付着した固体の質量は，0.20Aでは0.20g，0.60Aでは0.60gより，電流の大きさが3倍になると付着した固体の質量も3倍になるから，付着した固体の質量は電流の大きさに比例していると考えられる。よって，電流の大きさが0.20Aの2倍の0.40Aの場合，50分で付着する固体の質量は0.20gの2倍の0.40gになる。また，図2で，電流の大きさが0.20Aの場合も0.60Aの場合も，グラフは原点を通る直線になっているので，付着した固体の質量は電流を流した時間に比例している。したがって，電流の大きさを0.40Aにした場合，付着する固体の質量が1.00gになるために必要な電流を流す時間は，50×1.00÷0.40＝125（分）である。

⑥ 〔運動とエネルギー〕

1 **＜仕事＞**仕事は，〔仕事(J)〕＝〔力の大きさ(N)〕×〔力の向きに動いた距離(m)〕で求められる。質量50gの小球にはたらく重力の大きさは，50÷100×1＝0.5(N)，20cmは，20÷100＝0.2(m)だから，小球にした仕事は，0.5×0.2＝0.1(J)である。

2 **＜エネルギーの変換＞**図2で，水平面QR上では，小球がはじめに持っている位置エネルギーが，全て運動エネルギーに変換されている。そのため，小球の持つ位置エネルギーの大きさが大きいほど，運動エネルギーの大きさは大きくなり，速さ測定器で測定した小球の速さが大きくなる。よっ

て，位置エネルギーの大きさは高さが高いほど大きくなるから，速さ測定器で測定した小球の速さの大きさは，小球をはなす高さによって決まる。したがって，図2より，aとbでは点Aより点Bの方が高さが低いから，$a>b$となり，aとdでは点Aと点Dの高さが同じだから，$a=d$，cとeでは点Cより点Eの方が高さが高いから，$c<e$となる。

3 **＜エネルギーの変換＞**小球が持つ位置エネルギーと運動エネルギーは互いに移り変わり，位置エネルギーと運動エネルギーの和である力学的エネルギーは常に一定に保たれる（力学的エネルギーの保存）。小球が持つ力学的エネルギーの大きさは，図3の点Aで小球が持つ位置エネルギーの大きさに等しい。よって，図4より，小球が持つ力学的エネルギーの大きさは4目盛り分になるから，運動エネルギーの大きさを表すグラフは，運動エネルギーの大きさと位置エネルギーの大きさの和が常に4目盛り分になるようにかく。また，力学的エネルギーの大きさを表すグラフは，力学的エネルギーの大きさが4目盛り分で一定になるようにかく。解答参照。

⑦ 〔物質のすがた〕

1 **＜質量パーセント濃度＞**質量パーセント濃度は，〔質量パーセント濃度(%)〕＝$\dfrac{\text{〔溶質の質量(g)〕}}{\text{〔水溶液の質量(g)〕}}$×100 で求められる。水100gに塩化ナトリウム25gを溶かした水溶液の質量は，100＋25＝125(g)だから，この水溶液の質量パーセント濃度は，$\dfrac{25}{125}$×100＝20(％)となる。

2 **＜溶解度＞**44℃におけるホウ酸の溶解度より，44℃の水100gにホウ酸は10gまで溶けるから，44℃の水20gにホウ酸は，$10×\dfrac{20}{100}＝2$(g)まで溶ける。よって，44℃の水20gにホウ酸を7g加えると，溶けずに残るホウ酸は，7－2＝5(g)である。

3 **＜溶解度＞**60℃の水100gに硝酸カリウムと塩化カリウムを溶かしてつくったそれぞれの飽和水溶液を30℃に冷却したとき，溶けきれずに出てきた結晶の質量は，60℃の溶解度と30℃の溶解度の差になる。つまり，溶けきれずに出てきた結晶の質量は，温度による溶解度の変化が大きいほど多くなる。よって，図1より，60℃と30℃での溶解度の変化は硝酸カリウムの方が大きいので，溶けきれずに出てきた結晶は硝酸カリウムの方が多い。

〔編集部注：設問では硝酸カリウムと塩化カリウムをそれぞれ溶かす水の質量が与えられていないが，ここではともに100gとした。〕

4 **＜溶解度＞**図1より，硝酸カリウムの20℃での溶解度は約30gだから，60℃の水100gに硝酸カリウムを60g溶かした水溶液Aも100g溶かした水溶液Bも，20℃まで冷却するとどちらも飽和水溶液になる。よって，水溶液A′に含まれる溶質の質量と水溶液B′に含まれる溶質の質量は等しく30gなので，溶質の粒子のモデルの数は等しい。

⑧ 〔生命・自然界のつながり〕

1 **＜無性生殖＞**無性生殖は受精によらず，細胞分裂によって新しい個体をつくる生殖方法だから，方法Yである。また，方法Yのように，植物のからだの一部から新しい個体をつくる無性生殖を栄養生殖という。なお，方法Xは受精によって子をつくる有性生殖である。

2 **＜有性生殖＞**方法Xでは，ジャガイモAとジャガイモBがつくる生殖細胞が受精してジャガイモPができる。また，生殖細胞は減数分裂によってつくられ，染色体の数はもとの細胞の半分になる。よって，ジャガイモPは，図のジャガイモAとジャガイモBの染色体を1本ずつ受け継ぐので，染色体の様子はアのようになる。

3 **＜無性生殖＞**無性生殖は体細胞分裂によって新しい個体がつくられる。そのため，新しい個体の遺伝子は親の遺伝子と全て同じになり，親と同じ形質になる。

9 〔地球と宇宙〕

1 <衛星>惑星の周りを公転している天体を衛星という。月は地球の衛星である。

2 <月の満ち欠け>月は，新月→上弦の月→満月→下弦の月→新月と変化し，新月が再び新月になるまでに約29.5日かかる。図2において，上弦の月は地球の上側にある月で，満月は地球の左側にある月だから，上弦の月から満月まで，月は地球の周りを約90°回っている。よって，3月29日に上弦の月であった月が最初に満月になるのは，$29.5 \times \dfrac{90°}{360°} = 7.3\cdots$より，約7日後なので，4月6日を選ぶ。また，満月のとき，月は地球から見て太陽の反対側にあるので，満月が西の空に確認できるとき，太陽は東の空にある。よって，満月が西の方角に確認できる時間帯は，太陽が昇る明け方である。

3 <金星の見え方>地球は1年，365日で360°公転するから，1日に約1°公転する。よって，150日では約150°公転する。図3は30°ごとに位置が示されているので，$150 \div 30 = 5$より，150日後の地球の位置は，公転の向きに○を5個移動した位置になる。また，調査⑵の表より，金星は0.62年で360°公転するから，0.41年では，$360° \times 0.41 \div 0.62 = 238.0\cdots$より，約238°回転する。したがって，150日後の金星の位置は，$238° \div 30° = 7.9\cdots$より，公転の向きに○を8個移動した位置になる。解答参照。このとき，金星は地球から見て太陽の右側にあるので，金星に太陽の光が当たった左側が光って見える。また，金星と地球の距離が近いので，エのように，金星は図4より大きく見える。

4 <惑星>図5で，直径が小さく，平均密度が大きいグループXの惑星は，水星，金星，地球，火星の地球型惑星である。一方，直径が大きく，平均密度が小さいグループYの惑星は，木星，土星，天王星，海王星の木星型惑星である。木星型惑星（Y）より地球型惑星（X）の方が，平均密度が大きいのは，木星型惑星が主に気体からできているのに対し，地球型惑星は主に岩石や重い金属からできているためである。よって，適切なものはウである。なお，調査⑵の表より，XよりYの方が質量は大きい。また，Yのうち，平均密度が最も小さい惑星は直径が2番目に大きい土星で，公転周期は3番目に長い。

国語解答

一 1 (1) ていし (2) もけい (3) きそ
　　(4) のが (5) よくよう
　2 (1) 緑茶 (2) 防 (3) 祝福
　　(4) 額 (5) 暮
　3 (1)…ア (2)…エ (3)…イ
　4 (1)…イ (2)…ウ

二 1 したがいたまわず　2 ア
　3 (例)農業が忙しい時期であり，間違
　　いなく民の負担となるから。(27字)
　4 ウ　5 エ

三 1 イ
　2 (例)[縄文時代の人びとは，]土器に
　　特定の生物を写実的に造形する能力
　　と技術を持っていたが，あえて様々

な生物に見えるようにしていた(49
字)[ということ。]
　3 ア　4 エ
　5 (Ⅰ) 共有
　　(Ⅱ) (例)人口が増えて複雑化した社
　　　　会を調整し，まとめる(22字)

四 1 エ　2 イ　3 ア　4 ウ
　5 (例)才能に気づいてくれた城戸先生
　　だけでなく，心に届く言葉を教えて
　　くれた妙春先生にも感謝しているこ
　　とを伝えたいという思い。(58字)
　6 涙ぐみそうになるのをこらえ

五 (省略)

一 〔国語の知識〕

1 <漢字>(1)「停止」は，動いていたものが止まること。　(2)「模型」は，実物の形をそのまままねてつくったもの。　(3)音読みは「競走」などの「キョウ」と，「競馬」などの「ケイ」。　(4)音読みは「逃避」などの「トウ」。　(5)「抑揚」は，話すときなどで調子を上げ下げすること。

2 <漢字>(1)「緑茶」は，茶の葉を加熱した後，乾燥させたもの。　(2)音読みは「防災」などの「ボウ」。　(3)「祝福」は，幸福を祝うこと。　(4)音読みは「金額」などの「ガク」。　(5)音読みは「歳暮」などの「ボ」。

3(1)<語句>観光客Aが見てきた町並みは，ちょうど明治時代のような町並みだったのである。

(2)<熟語の構成>「増加」と「豊富」は，似た意味の漢字を重ねた熟語。「未定」は，上の漢字が下の漢字を打ち消している熟語。「前後」は，反対の意味の漢字を重ねた熟語。「着席」は，下の漢字が上の漢字の目的語になっている熟語。　(3)<敬語>「お撮りします」は「撮る」の謙譲語で，観光ガイドが自分の行動を低めて相手を敬っている。「召し上がる」は「食べる」の尊敬語で，観光ガイドが観光客に対して敬意を示している。

4 <俳句の技法>(1)句の終わりがAは「音」，Bは「空」と名詞(体言)になっている。　(2)「秋」，「冬支度」，「月」は秋の季語。「枯山」は冬，「花火」は夏，「八重桜」は春の季語。

二 〔古文の読解—説話〕 出典；『今昔物語集』巻第二十ノ第四十一。

≪現代語訳≫今となっては昔のことだが，持統天皇と申し上げる女帝のご治世に，中納言大神の高市麿という人があった。もともと生まれつき正しい心の持ち主で，あらゆることに知恵を備えていた。また漢詩文を学び，さまざまな学問に精通していた。だから，天皇はこの人に政治をお任せになった。こういうわけで，高市麿は国を治め，民に慈悲の心をかけた。

あるとき，天皇は諸国の長に命じて，狩猟をするために，伊勢の国におでかけなさろうとして，「急いでその準備を行いなさい」と命令を下した。ところが，それは三月頃であった。高市麿が申し上げて言うことには，「今の時期は農繁期です。あの国におでかけされれば，きっと民が苦労するでしょう。ですから，おでかけされるべきではありません」と。天皇は，高市麿の言葉に従おうとはなさらず，依

然として，「行幸する」と命令を下した。ところが，高市麿はなお重ねて申し上げて言うことには，「やはり，このおでかけはおやめになってください。今は農繁期の最中です。農夫の悩みが多くなるでしょう」と。これによって，ついに行幸は中止になった。そこで，民はこのうえなく喜んだ。

あるときには国中が日照りにみまわれたところ，この高市麿が自分の田の水の取り入れ口を塞いで水を入れずに，民の田に水を入れさせた。水を人に施したために，自分の田は干上がってしまった。このように自分のことは捨てておいて民に慈悲をかける心があった。こういうことにより，天神は感心し，竜神は雨を降らせた。ただし，高市麿の田だけに雨が降り，他の人の田には降らなかった。これもひとえに，誠実な心を尽くしていたために，天はこれに感心して，加護してくださったからである。

それゆえ，人は正しい心を持つべきである。

1 **＜歴史的仮名遣い＞**歴史的仮名遣いの語中語尾のハ行は，現代仮名遣いでは原則として「わいうえお」となる。

2 **＜現代語訳＞**「諸道」は，いろいろな学芸・芸道のこと。「明らかなり」は，ここでは，物事の道理や筋道についてよく知っている，という意味の形容動詞。

3 **＜古文の内容理解＞**行幸の予定である三月頃は，ちょうど農業が忙しくなる時期であるため，農作業と行幸の準備とで農民たちの負担が非常に大きくなると考え，高市麿はその時期の行幸に反対したのである。

4 **＜古文の内容理解＞**日照りで雨が降らず水田に入れる水が減り農民は困っていたため，高市麿は，自分の田には水が入らないようにし，代わりに農民たちの田に水が入るように取り計らった。そして，水が入らなくなった高市麿の田は，干上がってしまったのである。

5 **＜古文の内容理解＞**高市麿の「我が身を棄てて民を哀れぶ心」に神は感心し，高市麿の田だけに雨を降らせたのである。

三 〔論説文の読解─文化人類学的分野─文化〕出典；松木武彦『はじめての考古学』。

≪本文の概要≫縄文土器は，物理的機能よりも心理的機能のために，複雑な形や派手な文様を持つようになった。認知考古学の視点から分析すると，縄文土器には，曲線で構成されるバイオティックな造形とデザインという特徴がある。また，土器に埋め込まれている特定の動物や植物によく似たモチーフは，曖昧さを残していたり，繰り返しではなくどこか少しずつ変えていたりと，何だろうと意味を考えさせるようになっている。縄文土器に盛り込まれた心理的機能とは，意味的処理を活発化させるはたらきであり，意味が盛り込まれた文様は「物語的文様」と表現できる。縄文土器の物語的文様には，共有していた言語と世界観を基にした表象の組み合わせや順列を人々の心に呼び起こすはたらきがあった。人口が増えて複雑化した人間関係や社会関係を調整し，まとめるためのメディアの一つとして，土器が使われたのだろう。生活の中で土器を使うことを通じて，物語や神話を共有し，きずなを強め合うことにより，社会はまとまっていたのである。

1 **＜表現＞**土器は本来，何かを入れたり料理に使ったりする容器としての機能を満たすことが優先されるはずだが，縄文土器は「複雑な形や派手な文様」という「心理的機能」が優先されてつくられているために(…A)，「物理的機能」の弱い，容器として使いにくいものになっている(…B)。

2 **＜文章内容＞**縄文時代の人々は，「特定の生物をはっきりと写実的に造形する能力と技術」を持っていたので，写実的な文様にすることもできたのに，わざと「植物のつるのようにも，ヘビのようにも」見えるような「あいまいさを残した」文様にして，見る人に「何だろうか？」と考えさせるようにしたと推測できるのである。

3 **＜接続語＞**縄文土器の文様に見られるモチーフは「まったく同じ」ではなく「どこかを少しずつ変えて」ある。一言でいうと，縄文土器の文様は「繰り返し」になっていないのである。

4 <段落関係>①〜⑤段落では，物理的機能より心理的機能を優先させた縄文土器の造形について，意図的にモチーフを曖昧にし，細部を少しずつ変えた文様を持っていると，具体例を用いて説明されている。これに対し⑦段落以降では，土器に盛り込まれた「意味」とは物語であり，縄文土器はメディアとしてのはたらきをしたということが説明されている。⑥段落では，①〜⑤段落をふまえ，なぜ意図的に曖昧さを残した文様をつくったのかについて，「意味的処理を活発化させる」ためであることが述べられ，⑦段落以降の論につながっている。

5 <文章内容>集落が密に林立し人口が増え「人間関係や社会関係が複雑化」すると，複雑化した関係を調整しまとめる必要が出てきた(…(Ⅱ))。権力もリーダーもない時代では，「世界観や物語や神話を強く共有してきずなを強め合う」ことによって社会はまとまっていた(…(Ⅰ))。「表象の組み合わせや順列」を人々の心に呼び起こす「物語的文様」を持つ縄文土器は，社会をまとめるためのメディアとしてはたらいていたのである。

四 〔小説の読解〕出典；篠綾子『江戸寺子屋薫風庵』。

1 <文章内容>おてるは，間違えたことを謝るのはおかしいことではないという妙春の言葉には納得できたが，それでも先生が生徒に謝るということに対しては何かおかしいと納得がいかなかった。「首をかしげる」は，疑問に思ったり納得がいかなかったりして首を傾ける，という意味。

2 <文章内容>おてるは，妙春が間違いを謝ることに納得がいかない理由を説明することができず考え込んでいたが，「妙春先生は，間違いなんてしそうもない」からだとわかり，すっきりしたのである。

3 <心情>大事なことを伝えるので「話をきちんと聞いて」理解してほしいという思いから，妙春は，二人の顔をかわるがわる見つめて静かに話し始めたのである。

4 <文章内容>妙春は，薫風庵もいずれは明道館のように，仲間や先生に自分の考えを述べ，「それに対して相手の考えを聞き，また自分の考えを述べる」ことを繰り返して，考えを深め「仲間と一緒に成長」していける「論じ合う」場所にしたいと思っていたのである。

5 <心情>才能を見出してくれた宗次郎に感謝の気持ちを持ってほしいとの妙春の言葉にうなずいた賢吾だったが，「周囲から愚者のように見られていた」自分を元気づけ励みとなる言葉を教えてくれた妙春にも感謝していた。賢吾は，その思いを何とかして妙春に伝えたかったため，帳面の言葉を見せたのである。

6 <表現>賢吾の才能に気づけず落ち込んでいた妙春だったが，自分が教えた「大賢は愚なるがごとし」という言葉によって賢吾が「慰め」られ，「自棄になることもなく日々を過ごすことができた」のかもしれないと考えた。生徒に自分の可能性を気づかせ，生徒を成長に導くという教師の役目を果たせていたことに気づき，妙春はうれしさで「涙ぐみそう」になったのである。

五 〔作文〕

Aさんは小学生に学校に来てもらい学校の様子を直接見てもらう方法，Bさんはインターネットを使って学校の様子を見てもらう方法を主張している。どちらか一つ支持する方の意見を選び，なぜその意見を支持するか理由を明確に書く。実際に作文を書くにあたっては，字数が条件に合っているか，AさんとBさんのどちらの意見を選んだかを明確にしているか，選んだ理由がはっきりとわかるように述べられているか，文体に統一性や妥当性があるか，主述関係や係り受けなどが適切であるか，語句が適切に使用されているか，誤字・脱字がないか，などに気をつけて書いていくこと。

Memo

2022年度
栃木県公立高校 入試問題

英語

●満点 100点　●時間 50分

1 これは聞き方の問題である。指示に従って答えなさい。

1 〔英語の対話とその内容についての質問を聞いて，答えとして最も適切なものを選ぶ問題〕

(1)　ア　　　　　　　イ　　　　　　　ウ　　　　　　　エ

(2)　ア　　　　　　　イ　　　　　　　ウ　　　　　　　エ

Happy Birthday, Ken! **4** years old ✈ Maya	Happy Birthday, Ken! **4** years old 🚃 Maya	Happy Birthday, Ken! **5** years old ✈ Maya	Happy Birthday, Ken! **5** years old 🚃 Maya

(3)　ア　Clean the table.　　　　イ　Finish his homework.
　　ウ　Wash the dishes.　　　　エ　Watch the TV program.

(4)　ア　In the garden.　　　　　イ　In the factory.
　　ウ　In the city library.　　　エ　In the convenience store.

2 〔英語の対話とその内容についての質問を聞いて，答えとして最も適切なものを選ぶ問題〕

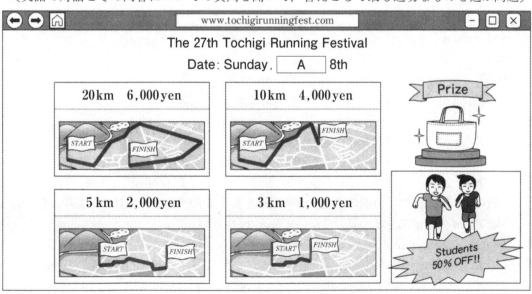

www.tochigirunningfest.com

The 27th Tochigi Running Festival
Date : Sunday, ☐ A ☐ 8th

20km　6,000yen

10km　4,000yen

Prize

5km　2,000yen

3km　1,000yen

Students 50% OFF!!

(1) ア Because he got a T-shirt as a prize in the festival.
　　イ Because he bought new shoes for the festival.
　　ウ Because his brother wanted to run with him in the festival.
　　エ Because his brother told him the good points about the festival.
(2) ア 20 km.　　イ 10 km.　　ウ 5 km.　　エ 3 km.
(3) ア January　　イ February　　ウ May　　エ November

3 〔インタビューを聞いて，英語で書いたメモを完成させる問題〕

● Island country
　　・famous for its beautiful (1)(　　　)
● Nice climate
　　・over 3,000 (2)(　　　) of sunshine
● Small country
　　・the (3)(　　　) size as Utsunomiya City
● Good places to visit

※<聞き方の問題放送台本>は英語の問題の終わりに付けてあります。

2 次の1，2の問いに答えなさい。

1 次の英文中の (1) から (6) に入る語として，下の(1)から(6)のア，イ，ウ，エのうち，それぞれ最も適切なものはどれか。

Dear Emma,

Hi, (1) are you, Emma ? I haven't (2) you for a long time.

A few weeks ago, I learned how to write *hiragana* in a Japanese class. It was really difficult, but (3) Japanese was a lot of fun. I wrote my name in *hiragana* (4) the first time. My teacher, Ms. Watanabe, said to me, "You did a good job ! To keep practicing is (5) ." Her words (6) me happy. I want to learn Japanese more. How is your school life ? I'm waiting for your email.

Best wishes,

Jane

(1) ア how　　イ who　　ウ when　　エ why
(2) ア see　　イ seen　　ウ seeing　　エ saw
(3) ア learn　　イ learning　　ウ learned　　エ learns
(4) ア by　　イ to　　ウ with　　エ for
(5) ア famous　　イ weak　　ウ important　　エ terrible
(6) ア made　　イ gave　　ウ took　　エ called

2 次の(1), (2), (3)の(　)内の語句を意味が通るように並べかえて，(1)と(2)はア，イ，ウ，エ，(3)はア，イ，ウ，エ，オの記号を用いて答えなさい。

(1) *A* : What is your plan for this weekend ?
　　B : My plan (ア shopping　イ to　ウ is　エ go) with my sister.
(2) *A* : This is (ア interesting　イ most　ウ movie　エ the) that I have ever

watched.

     B : Oh, really? I want to watch it, too.

(3) *A* : Do you (ア who イ know ウ drinking エ is オ the boy) coffee over there?

     B : Yes! He is my cousin. His name is Kenji.

3 次の英文は，中学生の真奈(Mana)と，イギリス(the U.K.)からの留学生アリス(Alice)との対話の一部である。また，下のそれぞれの図は，総合的な学習の時間で二人が作成している，ツバメ(swallow)に関する発表資料である。これらに関して，**1**から**6**までの問いに答えなさい。

Mana : Where do swallows in the U.K. come from in spring, Alice?

Alice : Some of them come from *Southern Africa. They travel about 10,000 km.

Mana : Really? They can fly so far!   [A   ]   do they fly to go to the U.K.?

Alice : I'm not sure, but for more than three weeks.

Mana : Wow. In Japan, swallows come from *Southeast Asia. It may take about a week. Then, they make their *nests under the *roof of a house.

Alice : Why do they choose people's houses for making nests?

Mana : There are many people around the houses, so other animals don't come close to their nests.

Alice : I see. Do Japanese people like swallows?

Mana : Yes, and there are some words about swallows in Japan. One of them is, "If a swallow flies low in the sky, _____(1)_____." I'll draw a picture of it later.

Alice : Interesting! Swallows are popular in my country, too. We have a story called *The Happy Prince*. One day, there was a gold *statue of a prince in a city. The prince wanted to help poor people. He asked a swallow to give his *jewelry to them. _____(2)_____ *Oscar Wilde.

Mana : Let's introduce the story to everyone. I also want to show (3)this graph. It says 36,000 swallows were found in our city in 1985. But only 9,500 swallows were found in 2020. *On the other hand, the number of houses has been growing for these 35 years.

Alice : You said a human's house was a safe place for swallows, right? If there are many houses, that is good for them.

Mana : Well, actually, more people in Japan like to live in Western style houses. Traditional Japanese houses are good for swallows because those houses usually have wide *space under the roof. So, it _____(4)_____ to make their nests. However, some Western style houses don't have space under the roof.

Alice : I see. Well, I think many swallows have (5)other problems when they grow their babies. Their nests are sometimes broken by people. Also, baby swallows fall from their nests. They need a safe place.

Mana : You're right, Alice. Our city has got bigger, and its *nature was lost in many places. Living in this city is not easy for swallows [B] they can't find their food. We have to know more about *environmental problems.

Alice : That's true. (6)We have to live in a nature-friendly way.

〔注〕 ＊Southern Africa＝アフリカ南部　　＊Southeast Asia＝東南アジア　　＊nest＝巣
　　　＊roof＝屋根　　＊*The Happy Prince*＝『幸福な王子』（イギリスの童話）
　　　＊statue＝像　　＊jewelry＝宝石
　　　＊Oscar Wilde＝オスカー・ワイルド（イギリスの作家）
　　　＊on the other hand＝一方で　　＊space＝空間　　＊nature＝自然
　　　＊environmental＝環境の

図1

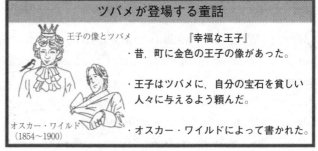

図2

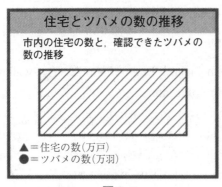

図3

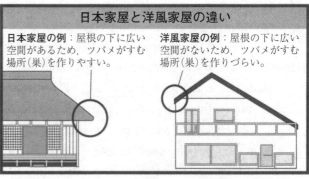

図4

1　二人の対話が成り立つよう，本文中の　A　に入る適切な英語2語を書きなさい。

2　二人の対話が成り立つよう，図1，図2，図4を参考に，下線部(1)，(2)，(4)に適切な英語を書きなさい。

3　下線部(3)について，図3の ////// の位置に入るグラフとして，最も適切なものはどれか。

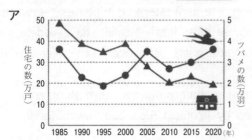

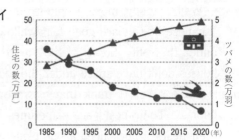

ウ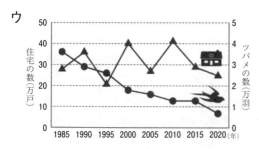

エ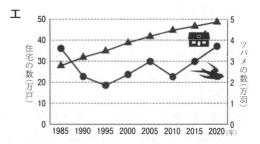

4 下線部(5)について，本文中で述べられている具体例を二つ挙げて，**20字以上30字以内**の日本語で書きなさい。ただし，句読点も字数に加えるものとする。

5 本文中の **B** に入る語として，最も適切なものはどれか。

ア because　イ but　ウ though　エ until

6 下線部(6)について，自然環境に優しい生活を送るために，あなたが普段行っていること，またはこれから行おうと思うことは何ですか。まとまりのある**5文程度**の英語で書きなさい。

---

4 マリ(Mari)と，マリの友達であるリサ(Risa)，マリの兄であるテル(Teru)についての次の英文を読んで，1から5までの問いに答えなさい。

I met Risa when I was small. She always supported me, so I felt comfortable when I was with her. In junior high school, I chose the tennis club because she joined it. We were *doubles partners. I enjoyed the club activities with her.

We became high school students. One day in April at school, Risa asked me, "Mari, which club are you going to join? Have you decided?" "No, not yet," I answered. She said, "Then, ＿＿＿＿＿＿ the tennis club together? If you can play tennis with me again, it will be fun!" "I'll think about it," I said. Actually, I wanted to join the English club.

While I was going home, I was thinking about my dream. When I was a second-year student in junior high school, my brother, Teru, was studying in Australia as *an exchange student. I visited him with my mother during the summer vacation. His foreign friends were kind to me, so I made *sushi* for them. I could not understand their English well, but when I saw their smiles, I thought, "I want to open a Japanese restaurant in Australia in the future!" I wanted to improve my English in high school for this dream. However, I was worried about joining the English club without Risa.

When I got home from school, Teru came to me and said, "Mari, are you OK? What happened?" I explained (1)my worry. When I finished talking, he asked me, "If you choose the tennis club, will you really be happy with that *choice?" I answered in a small voice, "No." Teru said, "Mari, listen. Do you know my dream? I want to teach Japanese in a foreign country. I thought studying English was necessary for my dream, so I decided to study abroad. I was nervous before I went to Australia because I didn't know any people there. In fact, to start a new life was hard for me, but I made new friends, had a lot of great experiences, and learned many things. I felt I was getting closer to my dream. Now I'm sure that deciding to go there was right." He continued, "Mari, if you have something you really want to do, try it! That's the thing I believe." His words gave me *courage. I *said to myself, "I'm still a little afraid, but I will follow my heart !"

The next day, I told Risa about my *decision.　At first, she looked surprised.　Then she said, "It is the first time you told me something you wanted to do.　Though we will choose different clubs, we are best friends, and that will never change.　I hope (2)your dream will *come true !" She smiled.

〔注〕　*doubles partners＝ダブルスのパートナー　　*an exchange student＝交換留学生
　　　　*choice＝選択　　*courage＝勇気　　*say to myself＝心の中で思う
　　　　*decision＝決意　　*come true＝実現する

1　本文中の◻︎◻︎に入る適切な英語を**3語**または**4語**で書きなさい。

2　下線部(1)の，マリの心配事の内容は何か。日本語で書きなさい。

3　マリに対してテルが述べた信念とはどのようなものであったか。日本語で書きなさい。

4　下線部(2)の内容を次の◻︎◻︎内のように表したとき，（　）に入る適切な英語を，本文から**4語**で抜き出して書きなさい。

> Mari wants to (　　　　　　　　　　　　) in Australia.

5　本文の内容と一致するものはどれか。

　ア　Mari joined the tennis club in junior high school because she liked sports.

　イ　Mari's mother was very busy, so she could not go to Australia with Mari.

　ウ　Teru did not have any friends in Australia, but he went there for his dream.

　エ　Risa got angry to hear Mari's decision because she wanted to be with Mari.

5　次の英文を読んで，**1**，**2**，**3**，**4**の問いに答えなさい。

How many times do you look at a clock or a watch every day ?　To ◻︎　**A**　◻︎ is difficult today.　Now, we can find many kinds of clocks and watches around us.　It's very interesting to see them.

People in *Egypt used the sun to know the time about 6,000 years ago.　They put a *stick into the ground and knew the time from its *shadow. ┌──────────────

└──
B
──┘

They knew the time by *measuring the speed of dropping water and how much water was used.　After that, a clock with sand was invented.　It was good for people who were on *ships.

Do you know the floral clock ?　It tells us the time with flowers.　Some flowers open about seven o'clock, and others open about noon.　Like this, different kinds of flowers open at different times of a day.　Around 1750, a *Swedish man used this point and chose *certain kinds of flowers.　In this way, the floral clock was made.　By seeing which flowers open, people can know the time.　Flowers cannot tell the *exact time, but don't you think it's amazing ?

A watch is another kind of clock.　*Pocket watches were first invented in the 16th century, and people started to use *wrist watches around 1900.　We can know the time at any place. Now, we can do many other things with a watch.　For example, we can check our health.

People have invented many kinds of clocks and watches. If you could create a new watch, what kind of watch would it be?

〔注〕 ＊Egypt＝エジプト　＊stick＝棒　＊shadow＝影　＊measure 〜 ＝〜を計る
　　　＊ship＝船　＊Swedish＝スウェーデンの　＊certain＝特定の
　　　＊exact＝正確な　＊pocket watch＝懐中時計　＊wrist watch＝腕時計

1　本文中の ［ A ］ に入るものとして，最も適切なものはどれか。

　ア　study them　　イ　wear them　　ウ　take care of them　　エ　live without them

2　本文中の ［ B ］ に入る次のア，イ，ウ，エの文を，意味が通るように並べかえて，記号を用いて答えなさい。

　ア　The people couldn't use this kind of clock when they couldn't see the shadow.

　イ　It was useful because they could know the time when it was cloudy or night time.

　ウ　However, there was one problem.

　エ　To solve the problem, they invented a clock that used water.

3　下線部の花時計(the floral clock)は，花のどのような性質を利用しているか。日本語で書きなさい。

4　本文のタイトルとして，最も適切なものはどれか。

　ア　Time Is the Most Important Thing in Our Life

　イ　The History of Telling the Time

　ウ　The Strong and Weak Points of Old Watches

　エ　Future Watches Have Amazing Power

＜聞き方の問題放送台本＞

　これから聞き方の問題に入ります。問題用紙の四角で囲まれた ①を見なさい。問題は１，２，３の三つあります。

　最初は１の問題です。問題は(1)から(4)まで四つあります。英語の対話とその内容についての質問を聞いて，答えとして最も適切なものをア，イ，ウ，エのうちから一つ選びなさい。対話と質問は２回ずつ言います。（約５分）

　では始めます。

〔注〕 (1)はカッコイチと読む。以下同じ。斜字体で表記された部分は読まない。

(1)の問題です。　　A ： Jim, I will make a pizza for dinner. Will you buy some tomatoes at the supermarket?

　　　　　　　　B ： OK, mom. Anything else?

　　　　　　　　A ： Let me see. I have some cheese and potatoes, so buy only tomatoes, please.

　　　　　　　　B ： All right.

質問です。　　Q ： What will Jim buy?

　　　　　　　（約５秒おいて繰り返す。）（ポーズ約５秒）

(2)の問題です。　　A ： Dad, today is Ken's fifth birthday, so I made this card for him.

　　　　　　　　B ： Nice picture, Maya! Did you draw this?

　　　　　　　　A ： Yes. He loves planes.

B : He will like your card.

質問です。 Q : Which card did Maya make for Ken ?

(約5秒おいて繰り返す。)(ポーズ約5秒)

(3)の問題です。 A : Mom, I've finished washing the dishes and cleaning the table.

B : Thanks Mike, but did you finish your homework ?

A : Of course I did. Oh, my favorite TV program has just started. Can I watch it ?

B : Sure !

質問です。 Q : What will Mike do next ?

(約5秒おいて繰り返す。)(ポーズ約5秒)

(4)の問題です。 A : Excuse me, could you tell me where I can find books about plants ?

B : Oh, they're on the second floor.

A : Thank you. Actually, this is my first time to come here. How many books can I borrow ?

B : You can borrow ten books for two weeks.

質問です。 Q : Where are they talking ?

(約5秒おいて繰り返す。)(ポーズ約5秒)

次は**2**の問題です。英語の対話とその内容についての質問を聞いて，答えとして最も適切なものを**ア**，**イ**，**ウ**，**エ**のうちから一つ選びなさい。質問は(1)から(3)まで三つあります。対話と質問は2回ずつ言います。(約**4**分)

では始めます。

〔**注**〕 (1)はカッコイチと読む。以下同じ。 A はエイと読む。斜字体で表記された部分は読まない。

Tom : Emi, look at this website. I am going to join Tochigi Running Festival.

Emi : Oh, Tom, Tochigi Running Festival ?

Tom : Yes. My brother ran the twenty-kilometer race last year. He got a nice T-shirt as a prize. He also enjoyed beautiful views of the city. He said the festival was fantastic. So, I've decided to try this Running Festival, and I'm going to buy new running shoes for it.

Emi : Great ! Are you going to run with your brother ?

Tom : No. This year, he has a soccer game on that day. Hey, Emi, let's run together.

Emi : Me ? I can't run twenty kilometers.

Tom : No, no, Emi. Look at this. We can choose from the four races.

Emi : Oh, I see. I ran five kilometers at school. I want to run longer. But wait. It's expensive.

Tom : Hey, look ! This website says that we, students, need to pay only half. We can try this race for two thousand yen.

Emi : Really ? Then, let's run this race together.

Tom : Yes, let's ! It's February 6th today, so we have three months until the festival. We can practice enough. I'm getting excited !

(1)の質問です。 Why did Tom decide to run in the festival ?

(ポーズ約3秒)

(2)の質問です。　　Which race did Emi choose？

　　　　　　　　（ポーズ約3秒）

(3)の質問です。　　Which is true for $\boxed{\text{A}}$ in the picture？

　　　　　　　　（約5秒おいて繰り返す。）（ポーズ約5秒）

　　次は**3**の問題です。あなたは，英語で学校新聞を作るために，新しく来たALTにインタビューをしています。そのインタビューを聞いて，英語で書いたメモを完成させなさい。対話は2回言います。（約2分）

　　では始めます。

〔**注**〕　斜字体で表記された部分は読まない。

You :　Can you tell us about your country？

ALT :　Sure.

You :　If you're ready, please begin.

ALT :　OK.　My country is an island country.　It is famous for its beautiful sea.　You can enjoy swimming！　The climate is nice through the year.　We have a lot of sunshine.　We receive more than three thousand hours of sunshine in a year.　It's a wonderful place.　My country is a very small country.　Can you guess its size？　It is as large as Utsunomiya City.　It's surprising, right？　My country is small, but there are a lot of good places for visitors.　I love my country.　You should come！

（約5秒おいて）繰り返します。（1回目のみ）　　（ポーズ約5秒）

数　学

●満点 100点　●時間 50分

（注意）　答えは，できるだけ簡単な形で表しなさい。

1　次の1から8までの問いに答えなさい。

1　$14 \div (-7)$ を計算しなさい。

2　$\dfrac{2}{3}a + \dfrac{1}{4}a$ を計算しなさい。

3　$(x+5)(x+4)$ を展開しなさい。

4　2次方程式 $2x^2 - 3x - 1 = 0$ を解きなさい。

5　関数 $y = \dfrac{12}{x}$ について，x の変域が $3 \leqq x \leqq 6$ のときの y の変域を求めなさい。

6　右の図は，半径が9cm，中心角が60°のおうぎ形である。このおうぎ形の弧の長さを求めなさい。ただし，円周率はπとする。

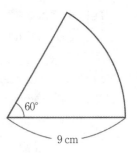

7　右の図において，点A，B，Cは円Oの周上にある。∠xの大きさを求めなさい。

8　△ABCと△DEFにおいてBC＝EFであるとき，条件として加えても△ABC≡△DEFが**常に成り立つとは限らない**ものを，**ア**，**イ**，**ウ**，**エ**のうちから1つ選んで，記号で答えなさい。

ア　AB＝DE，AC＝DF

イ　AB＝DE，∠B＝∠E

ウ　AB＝DE，∠C＝∠F

エ　∠B＝∠E，∠C＝∠F

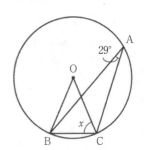

2　次の1，2，3の問いに答えなさい。

1　$\sqrt{10-n}$ が正の整数となるような正の整数 n の値をすべて求めなさい。

2　ある観光地で，大人2人と子ども5人がロープウェイに乗車したところ，運賃の合計は3800円であった。また，大人5人と子ども10人が同じロープウェイに乗車したところ，全員分の運賃が2割引となる団体割引が適用され，運賃の合計は6800円であった。

　このとき，大人1人の割引前の運賃を x 円，子ども1人の割引前の運賃を y 円として連立方程式をつくり，大人1人と子ども1人の割引前の運賃をそれぞれ求めなさい。ただし，途中の計算も書くこと。

3　x についての2次方程式 $x^2 - 8x + 2a + 1 = 0$ の解の1つが $x = 3$ であるとき，a の値を求めなさい。また，もう1つの解を求めなさい。

3　次の1，2，3の問いに答えなさい。

1　大小2つのさいころを同時に投げるとき，出る目の数の積が25以上になる確率を求めなさい。

2　袋の中に800個のペットボトルのキャップが入っている。袋の中のキャップをよくかき混ぜ

た後，袋から無作為にキャップを50個取り出したところ，赤色のキャップが15個含まれていた。800個のキャップの中には，赤色のキャップが何個含まれていると推定できるか。およその個数を求めなさい。

3 3つの都市A，B，Cについて，ある年における，降水量が1mm以上であった日の月ごとの日数を調べた。

このとき，次の(1)，(2)の問いに答えなさい。

(1) 下の表は，A市の月ごとのデータである。このデータの第1四分位数と第2四分位数（中央値）をそれぞれ求めなさい。また，A市の月ごとのデータの箱ひげ図をかきなさい。

	1月	2月	3月	4月	5月	6月	7月	8月	9月	10月	11月	12月
日数(日)	5	4	6	11	13	15	21	6	13	8	3	1

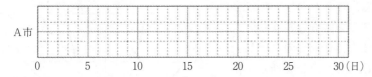

(2) 下の図は，B市とC市の月ごとのデータを箱ひげ図に表したものである。B市とC市を比べたとき，データの散らばりぐあいが大きいのはどちらか答えなさい。また，そのように判断できる理由を「範囲」と「四分位範囲」の両方の用語を用いて説明しなさい。

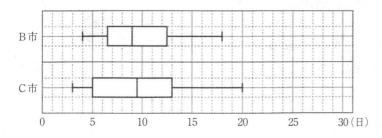

4 次の1，2，3の問いに答えなさい。

1 右の図のように，直線 *l* 上の点A，*l* 上にない点Bがある。このとき，下の【条件】をともに満たす点Pを作図によって求めなさい。ただし，作図には定規とコンパスを使い，また，作図に用いた線は消さないこと。

【条件】
・点Pは直線 *l* 上にある。
・AP＝BPである。

2 右の図は，DE＝4cm，EF＝2cm，∠DEF＝90°の直角三角形DEFを底面とする高さが3cmの三角柱ABC-DEFである。また，辺AD上にDG＝1cmとなる点Gをとる。

このとき，次の(1)，(2)の問いに答えなさい。

(1) BGの長さを求めなさい。

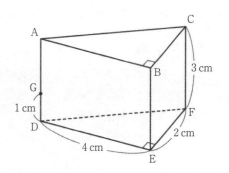

(2) 三角柱 ABC-DEF を 3 点 B，C，G を含む平面で 2 つの立体に分けた。この 2 つの立体のうち，頂点 D を含む立体の体積を求めなさい。

3 右の図のような，AB＝AC の二等辺三角形 ABC があり，辺 BA の延長に∠ACB＝∠ACD となるように点 D をとる。ただし，AB＜BC とする。

このとき，△DBC∽△DCA であることを証明しなさい。

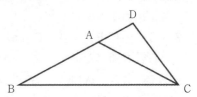

[5] 次の1，2の問いに答えなさい。

1 右の図のように，2 つの関数 $y＝x^2$，$y＝ax^2$（0＜a＜1）のグラフがある。$y＝x^2$ のグラフ上で x 座標が 2 である点を A とし，点 A を通り x 軸に平行な直線が $y＝x^2$ のグラフと交わる点のうち，A と異なる点を B とする。また，$y＝ax^2$ のグラフ上で x 座標が 4 である点を C とし，点 C を通り x 軸に平行な直線が $y＝ax^2$ のグラフと交わる点のうち，C と異なる点を D とする。

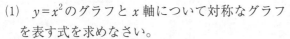

このとき，次の(1)，(2)，(3)の問いに答えなさい。

(1) $y＝x^2$ のグラフと x 軸について対称なグラフを表す式を求めなさい。

(2) △OAB と△OCD の面積が等しくなるとき，a の値を求めなさい。

(3) 直線 AC と直線 DO が平行になるとき，a の値を求めなさい。ただし，途中の計算も書くこと。

2 太郎さんは課題学習で 2 つの電力会社，A 社と B 社の料金プランを調べ，右の表のようにまとめた。

例えば，電気使用量が 250 kWh のとき，A 社の料金プランでは，基本料金 2400 円に加え，

会社	基本料金	電力量料金（1 kWh あたり）	
A	2400円	0 kWh から 200 kWh まで	22円
		200 kWh を超えた分	28円
B	3000円	0 kWh から 200 kWh まで	20円
		200 kWh を超えた分	24円

200 kWh までは 1 kWh あたり 22 円，200 kWh を超えた分の 50 kWh については 1 kWh あたり 28 円の電力量料金がかかるため，電気料金は 8200 円となることがわかった。

（式） $2400＋22×200＋28×50＝8200$（円）

また，電気使用量を x kWh とするときの電気料金を y 円として x と y の関係をグラフに表すと，右の図のようになった。

このとき，次の(1)，(2)，(3)の問いに答えなさい。

(1) B 社の料金プランで，電気料金が 9400 円のときの電気使用量を求めなさい。

(2) A 社の料金プランについて，電気使用量が 200 kWh を超えた範囲での x と y の関係を表す式を求めなさい。

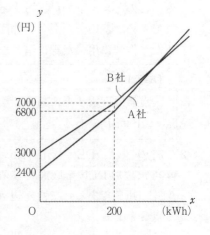

(3) 次の ▭ 内の先生と太郎さんの会話文を読んで，下の問いに答えなさい。

会社	基本料金	電力量料金（1kWh あたり）
C	2500円	電気使用量に関係なく｜25円

先生「先生の家で契約しているC社の料金プランは，右の表のようになっています。まず，A社の料金プランと比べてみよう。」

太郎「電気使用量が200kWhのときC社の電気料金は7500円になるから，200kWhまではA社の方が安いと思います。」

先生「それでは，電気使用量が0以上200kWh以下の範囲でA社の方が安いことを，1次関数のグラフを用いて説明してみよう。」

太郎「$0 \leqq x \leqq 200$の範囲では，グラフは直線で，<u>A社のグラフの切片2400はC社のグラフの切片2500より小さく，A社のグラフが通る点(200, 6800)はC社のグラフが通る点(200, 7500)より下にある</u>ので，A社のグラフはC社のグラフより下側にあり，A社の方が安いといえます。」

先生「次に，B社とC社の電気料金を，電気使用量が200kWh以上の範囲で比べてみよう。」

太郎「$x \geqq 200$の範囲では，グラフは直線で，▭ ので，B社のグラフはC社のグラフより下側にあり，B社の方が安いといえます。」

先生「わかりやすい説明ですね。先生の家でも料金プランを見直してみるね。」

▭ では，太郎さんが，$x \geqq 200$の範囲でB社のグラフがC社のグラフより下側にある理由を正しく説明している。▭ に当てはまる説明を，下線部を参考にグラフが通る点とグラフの傾きに着目して書きなさい。

6 反復横跳びとは，図1のように，中央の線をまたいだところから「始め」の合図で跳び始め，サイドステップで，右の線をまたぐ，中央の線に戻る，左の線をまたぐ，中央の線に戻るという動きを一定時間繰り返す種目である。

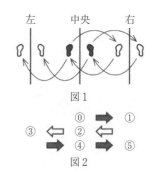

図1

ここでは，跳び始めてからの線をまたいだ回数を「全体の回数」とする。例えば，図2のように，⓪中央→①右→②中央→③左→④中央→⑤右と動くと，右の線をまたいでいるのは2度目であり，「全体の回数」は5回である。

図2

反復横跳びを応用して次のことを考えた。

下の図3のように，中央の線の左右にそれぞれn本の線を等間隔に引き，反復横跳びと同様に中央の線をまたいだところから跳び始め，線をまたぎながら右端の線までサイドステップする。右端の線をまたいだ後は，折り返して左端の線までサイドステップする。さらに，左端の線をまたいだ後は，折り返して右端の線までサイドステップするという動きを繰り返す。なお，右端と左端の線で跳ぶとき以外は跳ぶ方向を変えないこととする。ただし，nは正の整数とする。

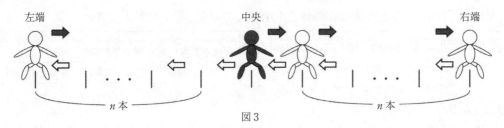

図3

このとき，次の**1**，**2**，**3**の問いに答えなさい。

1 図4は，$n=2$のときである。「全体の回数」が19回のときにまたいでいる線を，図4の**ア**から**オ**の中から1つ選んで，記号で答えなさい。また，その線をまたいでいるのは何度目か答えなさい。

図4

2 中央→右端→中央→左端→中央と動くことを1往復とする。$n=a$のとき，3往復したときの「全体の回数」をaを用いて表しなさい。ただし，aは正の整数とする。

3 次の文のⅠ，Ⅱに当てはまる式や数を求めなさい。ただし，bは2以上の整数とする。なお，同じ記号には同じ式が当てはまる。

> 左端の線を左から1番目の線とする。$n=b$のとき，左から2番目の線を1度目にまたいだときの「全体の回数」は，bを用いて表すと（　Ⅰ　）回となる。また，左から2番目の線を12度目にまたいだときの「全体の回数」は，（　Ⅰ　）の8倍と等しくなる。このときのbの値は（　Ⅱ　）である。

社　会

●満点 100点　●時間 50分

（注意）「□に当てはまる語を書きなさい」などの問いについての答えは，一般に数字やカタカナなどで書くもののほかは，できるだけ漢字で書きなさい。

1　図1は，栃木県に住む太郎さんが，旅行で訪れた四つの道府県（北海道，新潟県，大阪府，鹿児島県）の位置を示したものである。これを見て，次の1から8までの問いに答えなさい。

1　次の文は，札幌市について述べたものである。文中の□に共通して当てはまる語を書きなさい。

> 札幌市は，道庁所在地で，人口190万人をこえる大都市である。大阪市，新潟市などとともに□都市となっている。□都市は，都道府県の業務の一部を分担し，一般の市よりも多くのことを独自に決めることができる。

知床半島

種子島

図1

2　図2のア，イ，ウ，エは，札幌市，新潟市，大阪市，鹿児島市のいずれかの雨温図である。大阪市はどれか。

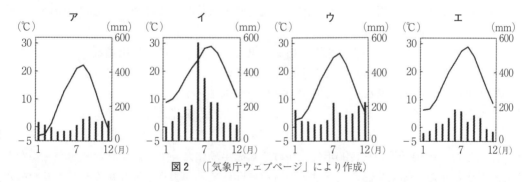

図2　（「気象庁ウェブページ」により作成）

3　太郎さんは，図1で示した種子島を訪れ，カヌーで川を下りながらマングローブを眺めた。次のうち，マングローブが見られる国はどれか。

ア　スイス　　イ　インドネシア　　ウ　モンゴル　　エ　チリ

4　図3は，図1で示した四つの道府県に宿泊した旅行者数と東京都から四つの道府県への旅客輸送数（2019年）を示したものである。ⅠとⅡには，鉄道か航空のいずれかが当てはまる。Aに当てはまる道県と，Ⅰに当てはまる交通機関の組み合わせとして正しいのはどれか。

ア　A－北海道　　Ⅰ－鉄道
イ　A－新潟県　　Ⅰ－鉄道
ウ　A－北海道　　Ⅰ－航空

道府県	宿泊旅行者数（千人）	東京都からの旅客輸送数（千人）	
		Ⅰ	Ⅱ
A	18,471	191	6,267
B	3,792	13	1,215
C	6,658	3,721	0
大阪府	16,709	10,327	3,237

図3　（「県勢」ほかにより作成）

エ　A―新潟県　I―航空

5　図4は，栃木県，大阪府，全国における，主な製造品の出荷額および従業者10人未満の事業所（2019年）についてそれぞれ示したものである。Pに当てはまる府県と，Xに当てはまる製造品の組み合わせとして正しいのはどれか。

| 府県 | 主な製造品の出荷額 | | 従業者10人未満の事業所 | |
	X（億円）	輸送用機械（億円）	各府県の全事業所数に占める割合（％）	製造品出荷額（億円）
P	17,073	15,142	71.1	9,829
Q	5,002	14,382	62.9	1,561
全国	162,706	701,960	※65.8	87,776

図4　（「県勢」により作成）
※　全国の全事業所数に占める割合

ア　P―栃木県　X―金属製品
イ　P―栃木県　X―飲料・飼料
ウ　P―大阪府　X―金属製品
エ　P―大阪府　X―飲料・飼料

6　図5のア，イ，ウ，エは，図1で示した四つの道府県の農業産出額，米の産出額，農業産出額に占める米の割合（2019年）を示している。鹿児島県はどれか。

道府県	農業産出額（億円）	米の産出額（億円）	農業産出額に占める米の割合（％）
ア	12,593	1,122	8.9
イ	4,863	211	4.3
ウ	2,462	1,445	58.7
エ	332	73	22.0

図5　（「県勢」により作成）

7　次の文は，太郎さんが図1で示した四つの道府県を旅行した際に訪れた施設について，それぞれ述べたものである。新潟県の施設はどれか。

ア　三大都市圏のうちの一つの都市圏にある千里（せんり）ニュータウンの模型を見ることができる。
イ　噴火を繰り返してきた桜島で暮らす人々の工夫について学ぶことができる。
ウ　先住民族であるアイヌの人々の歴史や文化を学ぶことができる。
エ　日本列島の地形を二分しているフォッサマグナの断面を見ることができる。

8　太郎さんは，図1で示した知床半島の斜里町（しゃりちょう）を訪れた際に観光政策に興味をもち，図6，図7を作成した。1980年代から1990年代にかけて知床半島においてどのような問題が生じたと考えられるか。また，知床半島の人々はその解決に向けてどのような取り組みをしてきたのか，図6，図7をふまえ，「両立」の語を用いてそれぞれ簡潔に書きなさい。

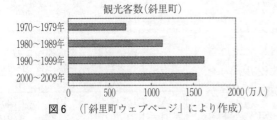

観光客数（斜里町）

図6　（「斜里町ウェブページ」により作成）

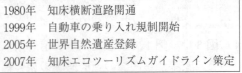

1980年	知床横断道路開通
1999年	自動車の乗り入れ規制開始
2005年	世界自然遺産登録
2007年	知床エコツーリズムガイドライン策定

図7　（「知床データセンターウェブページ」により作成）

2 次の1，2の問いに答えなさい。

1 図1は，健さんが農産物についてまとめたものである。これを見て，次の(1)から(5)までの問いに答えなさい。

農産物	主な生産国	農産物から作られる飲料の例
ⓐとうもろこし	アメリカ　中国　ブラジル　アルゼンチン	ウイスキー
ⓑ茶	中国　インド　ケニア　スリランカ	緑茶，紅茶
ぶどう	中国　イタリア　アメリカ　スペイン	ⓒワイン
大麦	ロシア　フランス　ドイツ　オーストラリア	ⓓビール
ⓔカカオ豆	コートジボワール　ガーナ　インドネシア　ナイジェリア	ココア
コーヒー豆	ブラジル　ベトナム　インドネシア　コロンビア	コーヒー

図1 （「地理統計要覧」により作成）

(1) 図2のア，イ，ウ，エは，図1中のアメリカ，インド，スペイン，ロシアの首都における年平均気温と，年降水量に占める6月から8月までの降水量の合計の割合を示している。スペインの首都とロシアの首都はそれぞれどれか。

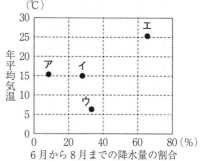

図2 （「気象庁ウェブページ」により作成）

(2) 下線部ⓐなどの植物を原料とし，自動車の燃料などに用いられているアルコール燃料を何というか。

(3) 下線部ⓑについて，健さんは，茶の生産量の上位国ではないオーストラリアで，伝統的に茶が消費されてきたことを知り，この背景について，次のように考えた。文中の　　　　に当てはまる国名を書きなさい。

　　オーストラリアで茶が消費されてきた背景には，紅茶を飲む習慣があった　　　　の植民地であったことが影響しているのではないか。

(4) 北アフリカや西アジアでは，下線部ⓒや下線部ⓓの一人当たりの消費量が他の地域に比べ少ない。このことに最も関連のある宗教はどれか。

　ア　イスラム教　　イ　キリスト教　　ウ　ヒンドゥー教　　エ　仏教

(5) 下線部ⓔについて，健さんは，図3，図4をもとに図5を作成した。　X　に当てはまる文を，「依存」の語を用いて簡潔に書きなさい。また，　Y　に当てはまる文を，簡潔に書きなさい。

コートジボワールの輸出上位品目（2017年）	輸出額に占める割合（％）
カカオ豆	27.9
カシューナッツ	9.7
金（非貨幣用）	6.6
天然ゴム	6.6
石油製品	6.0

図3 （「世界国勢図会」により作成）

順位	カカオ豆生産国（2017年）	生産量（千t）	順位	カカオ豆輸出国（2017年）	輸出量（千t）
1	コートジボワール	2,034	1	コートジボワール	1,510
2	ガーナ	884	2	ガーナ	573
3	インドネシア	660	3	ナイジェリア	288
4	ナイジェリア	328	4	エクアドル	285
5	カメルーン	295	5	ベルギー	237
6	ブラジル	236	6	オランダ	231
7	エクアドル	206	7	カメルーン	222
	世界計	5,201		世界計	3,895

図4 （「データブック オブ・ザ・ワールド」ほかにより作成）

【図3から読み取ったコートジボワールの課題】
・コートジボワールの輸出における課題は，　**X**　。
【図4のカカオ豆の生産量と輸出量を比較して生じた疑問】
・なぜ，ベルギーとオランダは，　**Y**　。
【図4から生じた疑問を調べた結果】
・ベルギーとオランダは，輸入したカカオ豆を選別して付加価値をもたせ，輸出している。

図5

2　次の(1)，(2)の問いに答えなさい。

(1)　**図6**は，排他的経済水域の面積(領海を含む)について示したものであり，**P**，**Q**，**R**には，日本，アメリカ，ブラジルのいずれかが当てはまる。**P**，**Q**，**R**に当てはまる国の組み合わせとして正しいのはどれか。

国名	排他的経済 水域の面積 （万km²）	領土の面積を1とし た場合の排他的経済 水域の面積
P	762	0.78
Q	447	11.76
R	317	0.37

図6　（「地理統計要覧」ほかにより作成）

ア　**P**－日本　　　　**Q**－アメリカ　**R**－ブラジル
イ　**P**－日本　　　　**Q**－ブラジル　**R**－アメリカ
ウ　**P**－アメリカ　**Q**－日本　　　　**R**－ブラジル
エ　**P**－ブラジル　**Q**－日本　　　　**R**－アメリカ

(2)　**図7**の**ア**，**イ**，**ウ**，**エ**は，1970年と2015年における，日本と中国の人口ピラミッドである。2015年の中国の人口ピラミッドはどれか。

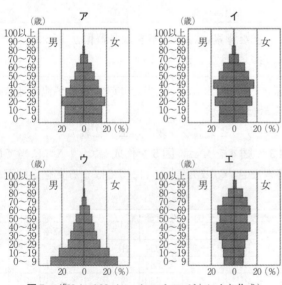

図7　（「United Nations ウェブページ」により作成）

3 詩織さんは，国際的に活躍した人物について調べ，**図1**を作成した。これを見て，次の**1**から**8**までの問いに答えなさい。

人物	説明
小野妹子	＿＿＿＿ **I** ＿＿＿＿ ために，隋を訪れた。
＿＿ **II** ＿＿	唐の僧で，日本に仏教の教えや決まりを伝えた。
栄西	ⓐ宋で ＿＿ **III** ＿＿ 宗を学び，臨済宗を開いた。
マルコ・ポーロ	フビライ・ハンに仕え，ⓑ『世界の記述』を記した。
フランシスコ・ザビエル	イエズス会の宣教師として日本を訪れ，ⓒキリスト教の布教に努めた。
ウィリアム・アダムス	ⓓ徳川家康に仕え，幕府の外交を担当した。
ハリス	アメリカの領事となり，日本とⓔ日米修好通商条約を結んだ。

図1

1 ＿＿ **I** ＿＿ に当てはまる文として最も適切なのはどれか。

　ア　青銅器や鉄器を手に入れる

　イ　政治の制度や文化を学ぶ

　ウ　倭寇の取り締まりを求める

　エ　皇帝から金印や銅鏡を得る

2 ＿＿ **II** ＿＿ ，＿＿ **III** ＿＿ に当てはまる語の組み合わせとして正しいのはどれか。

　ア　II―鑑真　III―禅　　　**イ**　II―鑑真　III―浄土

　ウ　II―空海　III―禅　　　**エ**　II―空海　III―浄土

3 下線部ⓐとの貿易を進めた人物はどれか。

　ア　菅原道真　　**イ**　中臣鎌足　　**ウ**　平清盛　　**エ**　足利尊氏

4 下線部ⓑにおいて，日本は「黄金(おうごん)の国ジパング」と紹介されている。金(きん)が使われた次の**ア**，**イ**，**ウ**，**エ**の建築物のうち，マルコ・ポーロがフビライ・ハンに仕えていたとき，すでに建てられていたものを**すべて**選びなさい。

　ア　金閣　　**イ**　平等院鳳凰堂　　**ウ**　中尊寺金色堂　　**エ**　安土城

5 下線部ⓒについて，豊臣秀吉が実施したキリスト教に関する政策はどれか。

　ア　天正遣欧少年使節(天正遣欧使節)をローマ教皇のもとへ派遣した。

　イ　キリスト教徒を発見するために，絵踏を実施した。

　ウ　外国船を追い払い，日本に近付かせないようにした。

　エ　宣教師(バテレン)の海外追放を命じた。

6 下線部ⓓは，大名や商人の海外への渡航を許可し，主に東南アジア諸国と貿易を行うことを奨励した。この貿易を何というか。

7 下線部ⓔの条約では，兵庫の開港が決まっていたが，幕府は兵庫ではなく隣村の神戸を開港し，外国人居住区を**図2**中に示した場所に設置した。外国人居住区が神戸に設置された理由を，**図2**，**図3**をふまえ，「交流」の語を用いて簡潔に書きなさい。

図2 開港前の兵庫と神戸 （「神戸覧古」により作成）

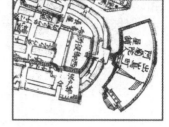

図3 出島 （「長崎図」により作成）

8 詩織さんは**図1**をもとに**図4**を作成した。□□□に当てはまる語を書きなさい。

日本と交流した地域の変化

<古代から中世> ━━━➡ <近世> 〔背景〕

東アジア 東アジア＋ヨーロッパ ⬅

ヨーロッパの人々による新航路の開拓＝□□□時代とよぶ。

図4

---

4 略年表を見て，次の**1**から**6**までの問いに答えなさい。

1 下線部ⓐの頃の日本のできごととして適切なのはどれか。

ア 五箇条の御誓文が出された。

イ ラジオ放送が開始された。

ウ 教育勅語が発布された。

エ 日本万国博覧会が開催された。

時代	主なできごと	
明治	ⓐ江戸を東京とし，東京府を置く	A
	大日本帝国憲法が発布される	
大正	東京駅が開業する	B
	ⓑ「帝都復興事業」が始まる	
昭和	ⓒ東京で学徒出陣壮行会が行われる	
	日本国憲法が施行される	C
	東京オリンピックが開催される	

2 **A**の時期におきたできごとを年代の古い順に並べ替えなさい。

ア 国会期成同盟が結成された。

イ 民撰議院設立の建白書が提出された。

ウ 内閣制度が創設された。

エ 廃藩置県が実施された。

3 下線部ⓑについて，**図1**は区画整理に関する東京の住民向けの啓発資料であり，**図2**は「帝都復興事業」に関する当時の資料を分かりやすく書き直したものである。「帝都復興事業」によってどのような都市を目指したのか，**図2**中にある「昨年の震災」の名称を明らかにしながら，**図1**，**図2**をふまえ，簡潔に書きなさい。

図1 (「帝都復興の基礎区画整理早わかり」により作成)

図2 (「東京都市計画事業街路及運河図」により作成)

区画整理の利益
・広い道路が四方八方に通ることで火災時の消防、事後の避難が容易となり、昨年の震災当時のような被害を免れる一手段となる。
・道路が広くなることで市街地建築物法の規定によって高い建物を建てることができる。
・曲がりくねった道路から直線道路となり、上下水道やガス、電線等の工事費と維持費を節約できる。
・番地が順番に整とんされるので、訪問や郵便配達が便利になる。

大正十三年三月

4 次の文は、**B**の時期におきた社会運動について述べたものである。文中の □ に当てはまる語を書きなさい。

明治初期に出された「解放令」後も部落差別がなくならなかったため、平等な社会の実現を目指して、1922年に □ が結成された。

5 **図3**は、下線部ⓒの様子である。**図3**の写真が撮影された時期として適切なのは、**図4**の略年表中の**ア、イ、ウ、エ**の時期のうちどれか。

図3 (「写真週報」により作成)

盧溝橋事件
↓ **ア**
真珠湾攻撃
↓ **イ**
ミッドウェー海戦
↓ **ウ**
ポツダム宣言の受諾
↓ **エ**
警察予備隊の創設

図4

6 **C**の時期について、次の(1)、(2)の問いに答えなさい。
 (1) この時期における国際社会の状況として**当てはまらない**のはどれか。
  ア 日本は、アメリカなど48か国とサンフランシスコ平和条約を結んだ。
  イ 日本は日ソ共同宣言に調印し、ソ連と国交を回復した。
  ウ 朝鮮戦争が始まり、日本本土や沖縄のアメリカ軍基地が使用された。
  エ 中東戦争の影響で原油価格が大幅に上昇し、石油危機がおきた。
 (2) この時期におきた、日米安全保障条約の改定に対する激しい反対運動を何というか。

5 次の1、2の問いに答えなさい。
1 次の(1)、(2)、(3)の問いに答えなさい。
 (1) 経済活動の規模をはかる尺度として用いられる、国内で一定期間（通常1年間）に生産された財やサービスの付加価値の合計を何というか。

(2) **図1**, **図2**は，製品**A**の需要量と供給量，価格 の関係を示したものである。**図1**中の②の曲線が **図2**中の②′の位置に移動したときの説明として， 正しいのはどれか。

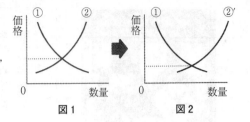
図1　図2

ア　環境に配慮した製品**A**への注目が集まり，需 要量が増えた。

イ　製品**A**に代わる新製品が発売され，製品**A**の需要量が減った。

ウ　製品**A**を製造する技術が向上して大量生産が可能になり，供給量が増えた。

エ　部品の入手が困難になり，製品**A**の供給量が減った。

(3) 金融政策について，次の文中の Ⅰ ， Ⅱ に当てはまる語の組み合わせとして正しいの はどれか。

> 好景気の（景気が過熱する）時， Ⅰ は公開市場操作を行い，国債などを Ⅱ ことで，一般の金融機関の資金量を減らす。

ア　Ⅰ－日本政府　Ⅱ－買う　　イ　Ⅰ－日本政府　Ⅱ－売る
ウ　Ⅰ－日本銀行　Ⅱ－買う　　エ　Ⅰ－日本銀行　Ⅱ－売る

2 次の(1)から(4)までの問いに答えなさい。

(1) 地方公共団体の議会が制定する独自の法のことを何というか。

(2) 内閣の仕事として，正しいのはどれか。**二つ**選びなさい。

ア　条約の締結　　イ　法律の制定
ウ　予算の審議　　エ　天皇の国事行為への助言と承認

(3) 内閣不信任決議案が可決された場合について，次の文中の Ⅰ ， Ⅱ に当てはまる語の 組み合わせとして正しいのはどれか。なお，同じ記号には同じ語が当てはまる。

> 内閣は，10日以内に Ⅰ を解散するか，総辞職しなければならない。 Ⅰ を解散した場合は，解散後の総選挙の日から30日以内に， Ⅱ が召集される。

ア　Ⅰ－衆議院　Ⅱ－臨時会　　イ　Ⅰ－衆議院　Ⅱ－特別会
ウ　Ⅰ－参議院　Ⅱ－臨時会　　エ　Ⅰ－参議院　Ⅱ－特別会

(4) **図3**は，国や地方公共団体の政策についてまとめたものである。あなたは**X**と**Y**のどちら の政策に賛成か。解答欄の**X**と**Y**のいずれかを○で囲みなさい。また，あなたが賛成した政 策が「大きな政府」と「小さな政府」のどちらの政策であるかを明らかにし，その政策の特 徴を，**図3**をふまえ簡潔に書きなさい。

Xの政策	Yの政策
すべてのタクシー会社が利益を確保で きるよう，国がタクシー運賃を決める。	タクシー会社間の自由な競争を促すた め，タクシー運賃を自由化する。
バス路線が赤字となったら，税金を使 って維持する。	バス路線が赤字となったら，税金を使 わず廃止する。

図3

6 次の文は，ゆうさんが社会科の授業で学んだSDGsの取り組みについてまとめたものの一部である。これを読み，次の**1**から**6**までの問いに答えなさい。

> 世界の国々は，ⓐ貿易や投資などで結び付きを深めているが，依然としてさまざまな課題を抱えている。そのため，ⓑ国際連合は，2015年に「[A]な開発目標」であるSDGsを採択して，ⓒ「質の高い教育をみんなに」や「気候変動に具体的な対策を」，ⓓ「平和と公正をすべての人に」など，すべての加盟国が2030年までに達成すべき17の目標を設定した。気候変動への具体的な対策の一つとして，2015年にⓔ温室効果ガスの削減に向けた新たな国際的な枠組みである[B]協定が採択された。

1 文中の[A]，[B]に当てはまる語を書きなさい。

2 下線部ⓐに関して，為替相場の変動について述べた次の文中の[I]，[II]に当てはまる語の組み合わせとして正しいのはどれか。

> 日本の自動車会社である**C**社は，1ドル＝150円のとき，1台150万円の自動車を日本からアメリカに輸出した。この場合，1ドル＝100円のときと比べると，この自動車のアメリカでの販売価格は[I]なるため，アメリカに自動車を輸出している**C**社にとって[II]になる。

ア I－安く　II－有利　　**イ** I－安く　II－不利
ウ I－高く　II－有利　　**エ** I－高く　II－不利

3 下線部ⓑについての説明として**当てはまらない**のはどれか。
ア 国際連合には，WHOやUNESCOを含む専門機関がある。
イ 国際連合の安全保障理事会は，平和を脅かした加盟国に対して制裁を加えることがある。
ウ 国際連合は，平和維持活動により停戦の監視を行い，紛争の平和的な収束を図っている。
エ 国際連合の総会では，加盟国のうち一か国でも拒否権を行使すると決議ができない。

4 日本国憲法に規定されている権利のうち，下線部ⓒと最も関連があるのはどれか。
ア 請求権(国務請求権)　**イ** 自由権　**ウ** 社会権　**エ** 参政権

5 下線部ⓓに関連して，次の文中の[ ]に当てはまる語を書きなさい。

> 人種，宗教，国籍，政治的意見や特定の社会集団に属するなどの理由で迫害を受ける恐れがあるために故郷を追われて国外に逃れた人々は，[ ]とよばれ，その人々の支援や保護を行う国際連合の機関が設置されている。

6 下線部ⓔに関して，次の文は，ゆうさんが日本における発電について発表した原稿の一部である。[X]，[Y]に当てはまる文を，**図1**，**図2**をふまえ，簡潔に書きなさい。

> 環境保全のためには，太陽光発電を増やしていくことが大切だと思います。しかし，太陽光発電は天候に左右され，また，火力発電と比べて，[X]という短所があるので，電力の安定供給には，火力発電も依然として必要な状況です。そのため，石炭火力発電と天然ガス火力発電のどちらにおいても[Y]という取り組みを行っています。

太陽光発電と火力発電の特徴

	太陽光発電	火力発電
発電効率	20%	天然ガス：46% 石炭：41% 石油：38%
発電に伴う二酸化 炭素排出量の総計	なし	43,900万 t

（注1） 発電効率の太陽光発電は2020年，火力発電は
2015年，発電に伴う二酸化炭素排出量の総計は
2019年
（注2） 発電効率とは，発電に用いられたエネルギー
が電気に変換される割合

図1 （「環境省ウェブページ」ほかにより作成）

火力発電における二酸化炭素排出量の予測（2020年）

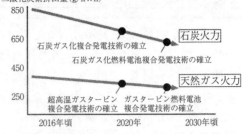

図2 （「環境省ウェブページ」により作成）

1　次の1から8までの問いに答えなさい。

1　長期間，大きな力を受けて波打つように曲げられた地層のつくりはどれか。

ア　隆起　　イ　沈降　　ウ　しゅう曲　　エ　断層

2　人体にとって有害なアンモニアを，害の少ない尿素に変えるはたらきをもつ器官はどれか。

ア　小腸　　イ　じん臓　　ウ　すい臓　　エ　肝臓

3　次のうち，熱の放射の仕組みを利用したものはどれか。

ア　エアコンで室温を下げる。

イ　非接触体温計で体温をはかる。

ウ　氷で飲み物を冷やす。

エ　熱したフライパンでたまご焼きをつくる。

4　右の表は，4種類の物質A，B，C，Dの融点と沸点を示したものである。物質の温度が20℃のとき，液体であるものはどれか。

ア　物質A　　イ　物質B　　ウ　物質C　　エ　物質D

	融点〔℃〕	沸点〔℃〕
物質A	−188	−42
物質B	−115	78
物質C	54	174
物質D	80	218

5　花粉がめしべの柱頭につくことを何というか。

6　物体の表面の細かい凹凸により，光がさまざまな方向に反射する現象を何というか。

7　気温や湿度が，広い範囲でほぼ一様な大気のかたまりを何というか。

8　原子を構成する粒子の中で，電気をもたない粒子を何というか。

2　火成岩のつくりとそのでき方について調べるために，次の(1)，(2)の観察や実験を順に行った。

(1)　2種類の火成岩X，Yの表面をよく洗い，倍率10倍の接眼レンズと倍率2倍の対物レンズを用いて，双眼実体顕微鏡で観察した。それぞれのスケッチを表1に示した。

(2)　マグマの冷え方の違いによる結晶のでき方を調べるために，ミョウバンを用いて，次の操作(a)，(b)，(c)，(d)を順に行った。

(a)　約80℃のミョウバンの飽和水溶液をつくり，これを二つのペトリ皿P，Qに注いだ。

(b)　図のように，ペトリ皿P，Qを約80℃の湯が入った水そうにつけた。

(c)　しばらく放置し，いくつかの結晶がでてきたところで，ペトリ皿Pはそのままにし，ペトリ皿Qは氷水の入った水そうに移した。

(d)　数時間後に観察したミョウバンの結晶のようすを表2に示した。

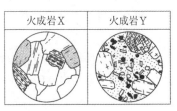

表1

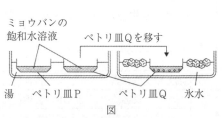

図

ペトリ皿P	ペトリ皿Q

同じような大きさの結晶が多くできていた。	大きな結晶の周りを小さな結晶が埋めるようにできていた。

表2

このことについて，次の1，2，3の問いに答えなさい。

1 観察(1)において，観察した顕微鏡の倍率と火成岩Xのつくりの名称の組み合わせとして正しいものはどれか。

2 観察(1)より，つくりや色の違いから火成岩Xは花こう岩であると判断した。花こう岩に最も多く含まれる鉱物として，適切なものはどれか。

ア カンラン石　　イ チョウ石
ウ カクセン石　　エ クロウンモ

	顕微鏡の倍率	火成岩Xのつくり
ア	12倍	等粒状組織
イ	12倍	斑状組織
ウ	20倍	等粒状組織
エ	20倍	斑状組織

3 観察(1)と実験(2)の結果から，火成岩Yの斑晶と石基はそれぞれどのようにしてできたと考えられるか。できた場所と冷え方に着目して簡潔に書きなさい。

3 化学変化における物質の質量について調べるために，次の実験(1)，(2)，(3)を順に行った。

(1) 同じ容器AからEを用意し，それぞれの容器にうすい塩酸25gと，異なる質量の炭酸水素ナトリウムを入れ，図1のように容器全体の質量をはかった。

(2) 容器を傾けて二つの物質を反応させたところ，気体が発生した。炭酸水素ナトリウムの固体が見えなくなり，気体が発生しなくなったところで，再び容器全体の質量をはかった。

図1

(3) 容器のふたをゆっくりゆるめて，容器全体の質量をはかった。このとき，発生した気体は容器内に残っていないものとする。表は，実験結果をまとめたものである。

	A	B	C	D	E
加えた炭酸水素ナトリウムの質量〔g〕	0	0.5	1.0	1.5	2.0
反応前の容器全体の質量〔g〕	127.5	128.0	128.5	129.0	129.5
反応後にふたをゆるめる前の質量〔g〕	127.5	128.0	128.5	129.0	129.5
反応後にふたをゆるめた後の質量〔g〕	127.5	127.8	128.1	128.4	128.7

このことについて，次の1，2，3の問いに答えなさい。

1 実験(2)において，発生した気体の化学式を図2の書き方の例にならい，文字や数字の大きさを区別して書きなさい。

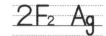
図2

2 実験結果について，加えた炭酸水素ナトリウムの質量と発生した気体の質量との関係を表すグラフをかきなさい。また，炭酸水素ナトリウム3.0gで実験を行うと，発生する気体の質量は何gになると考えられるか。

3 今回の実験(1)，(2)，(3)を踏まえ，次の仮説を立てた。

> 塩酸の濃度を濃くして，それ以外の条件は変えずに同じ手順で実験を行うと，容器BからEまでで発生するそれぞれの気体の質量は，今回の実験と比べて増える。

検証するために実験を行ったとき，結果は仮説のとおりになるか。なる場合には○を，ならない場合には✕を書き，そのように判断できる理由を簡潔に書きなさい。

4 回路における電流，電圧，抵抗について調べるために，次の実験(1)，(2)，(3)を順に行った。

(1) 図1のように，抵抗器Xを電源装置に接続し，電流計の示す値を測定した。

(2) 図2のように回路を組み，10Ωの抵抗器Yと，電気抵抗がわからない抵抗器Zを直列に接続した。その後，電源装置で5.0Vの電圧を加えて，電流計の示す値を測定した。

(3) 図3のように回路を組み，スイッチA，B，Cと電気抵抗が10Ωの抵抗器をそれぞれ接続した。閉じるスイッチによって，電源装置で5.0Vの電圧を加えたときに回路に流れる電流の大きさがどのように変わるのかについて調べた。

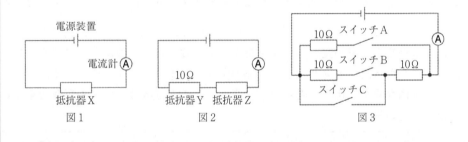

図1　　　　　図2　　　　　図3

このことについて，次の**1**，**2**，**3**の問いに答えなさい。
ただし，抵抗器以外の電気抵抗を考えないものとする。

1 実験(1)で，電流計が図4のようになったとき，電流計の示す値は何mAか。

2 実験(2)で，電流計が0.20Aの値を示したとき，抵抗器Yに加わる電圧は何Vか。また，抵抗器Zの電気抵抗は何Ωか。

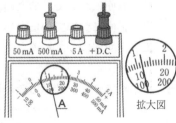
拡大図
図4

3 実験(3)で，電流計の示す値が最も大きくなる回路にするために，閉じるスイッチとして適切なものは，次の**ア**，**イ**，**ウ**，**エ**のうちどれか。また，そのときの電流の大きさは何Aか。
ア スイッチA　　**イ** スイッチB　　**ウ** スイッチAとB　　**エ** スイッチAとC

5 身近な動物である，キツネ，カニ，イカ，サケ，イモリ，サンショウウオ，マイマイ，カメ，ウサギ，アサリの10種を，二つの特徴に着目して，次のように分類した。

【背骨の有無】

― 背骨がある ―
キツネ，サケ，イモリ，
サンショウウオ，カメ，ウサギ

― 背骨がない ―
カニ，イカ，
マイマイ，アサリ

【呼吸のしかた】

（　x　）
カニ，イカ，
サケ，アサリ

（　y　）
キツネ，マイマイ，
カメ，ウサギ

（　z　）
イモリ，
サンショウウオ

このことについて，次の 1，2，3 の問いに答えなさい。

1 背骨がないと分類した動物のうち，体表が節のある外骨格におおわれているものはどれか。

ア　カニ　　イ　イカ　　ウ　マイマイ　　エ　アサリ

2 （z）に入る次の説明文のうち，①，②，③に当てはまる語をそれぞれ書きなさい。

子はおもに（　①　）で呼吸し，親は（　②　）と（　③　）で呼吸する。

3 次の　　　内の文章は，キツネとウサギの関係についてまとめたものである。①に当てはまる語を書きなさい。また，②に当てはまる文として最も適切なものは，次のア，イ，ウ，エのうちどれか。

自然界では，植物をウサギが食べ，ウサギをキツネが食べる。このような食べる・食べられるの関係でつながった，生物どうしの一連の関係を（　①　）という。また，体のつくりをみると，キツネはウサギと比べて両目が（　②　）。この特徴は，キツネが獲物をとらえることに役立っている。

ア　側面についているため，視野はせまいが，立体的にものを見ることのできる範囲が広い
イ　側面についているため，立体的にものを見ることのできる範囲はせまいが，視野が広い
ウ　正面についているため，視野はせまいが，立体的にものを見ることのできる範囲が広い
エ　正面についているため，立体的にものを見ることのできる範囲はせまいが，視野が広い

6 中和について調べるために，次の実験(1)，(2)，(3)を順に行った。

(1) ビーカーにうすい塩酸10.0cm³を入れ，緑色のBTB溶液を数滴入れたところ，水溶液の色が変化した。

(2) 実験(1)のうすい塩酸に，うすい水酸化ナトリウム水溶液をよく混ぜながら少しずつ加えていった。10.0cm³加えたところ，ビーカー内の水溶液の色が緑色に変化した。ただし，沈殿は生じず，この段階で水溶液は完全に中和したものとする。

(3) 実験(2)のビーカーに，続けてうすい水酸化ナトリウム水溶液をよく混ぜながら少しずつ

加えていったところ，水溶液の色が緑色から変化した。ただし，沈殿は生じなかった。

このことについて，次の1，2，3，4の問いに答えなさい。

1 実験(1)において，変化後の水溶液の色と，その色を示すもととなるイオンの名称の組み合わせとして正しいものはどれか。

	水溶液の色	イオンの名称
ア	黄色	水素イオン
イ	黄色	水酸化物イオン
ウ	青色	水素イオン
エ	青色	水酸化物イオン

2 実験(2)で中和した水溶液から，結晶として塩を取り出す方法を簡潔に書きなさい。

3 実験(2)の下線部について，うすい水酸化ナトリウム水溶液を5.0cm³加えたとき，水溶液中のイオンの数が，同じ数になると考えられるイオンは何か。考えられるすべてのイオンのイオン式を，図の書き方の例にならい，文字や記号，数字の大きさを区別して書きなさい。

$2F_2 \quad Mg^{2+}$

4 実験(2), (3)について，加えたうすい水酸化ナトリウム水溶液の体積と，ビーカーの水溶液中におけるイオンの総数の関係を表したグラフとして，最も適切なものはどれか。

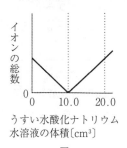
ア

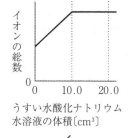
イ

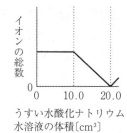
ウ

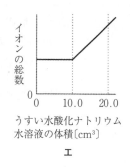
エ

各グラフの縦軸は「イオンの総数」，横軸は「うすい水酸化ナトリウム水溶液の体積〔cm³〕」で，横軸の目盛りは0，10.0，20.0

7 栃木県内の地点X（北緯37度）と秋田県内の地点Y（北緯40度）における，ソーラーパネルと水平な地面のなす角について調べるために，次の(1)，(2)，(3)の調査や実験を行った。

(1) インターネットで調べると，ソーラーパネルの発電効率が最も高くなるのは，太陽光の当たる角度が垂直のときであることがわかった。

(2) 地点Xで，秋分の太陽の角度と動きを調べるため，次の実験(a)，(b)を順に行った。
 (a) 図1のように，板の上に画用紙をはり，方位磁針で方位を調べて東西南北を記入し，その中心に垂直に棒を立て，日当たりのよい場所に，板を水平になるように固定した。
 (b) 棒の影の先端を午前10時から午後2時まで1時間ごとに記録し，影の先端の位置をなめらかに結んだ。図2は，そのようすを模式的に表したものである。

(3) 地点Xで，図3のように，水平な地面から15度傾けて南向きに設置したソーラーパネルがある。そのソーラーパネルについて，秋分の南中時に発電効率が最も高くなるときの角度を計算した。同様の計算を地点Yについても行った。

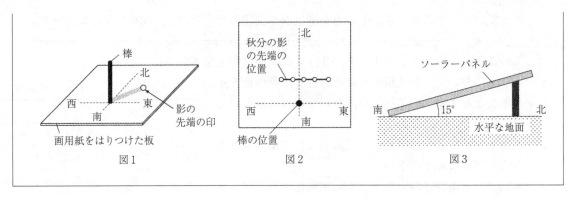

図1　　　　　　　　　図2　　　　　　　　　図3

このことについて，次の **1**，**2**，**3**，**4** の問いに答えなさい。

1　実験(2)において，図2のように影の先端が動いていったのは，地球の自転による太陽の見かけの動きが原因である。このような太陽の動きを何というか。

2　次の □ 内の文章は，地点 **X** における影の先端の動きについて述べたものである。①，②に当てはまる記号をそれぞれ（　）の中から，選んで書きなさい。

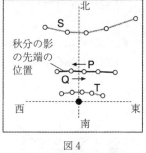

図4

> 実験(2)から，影の先端は図4の①（**P・Q**）の方向へ動いていくことがわかる。秋分から3か月後に，同様の観測をしたとすると，その結果は図4の②（**S・T**）のようになる。

3　実験(2)と同様の観測を1年間継続したとすると，南中時に棒の長さと影の長さが等しくなると考えられる日が含まれる期間は，次の**ア**，**イ**，**ウ**，**エ**のうちどれか。当てはまるものをすべて選び，記号で答えなさい。

ア　秋分から冬至　　　**イ**　冬至から春分

ウ　春分から夏至　　　**エ**　夏至から秋分

4　次の □ 内の文章は，実験(3)における，秋分の南中時に発電効率が最も高くなるときのソーラーパネルと水平な地面のなす角について説明したものである。①，②にそれぞれ適切な数値を，③に当てはまる記号を（　）の中から選んで書きなさい。

> 地点 **X** の秋分の南中高度は（　①　）度であり，ソーラーパネルと水平な地面のなす角を，15度からさらに（　②　）度大きくする。このとき，地点 **X** と地点 **Y** におけるソーラーパネルと水平な地面のなす角を比べると，角度が大きいのは地点③（**X・Y**）である。

8　植物の葉で行われている光合成と呼吸について調べるために，次の実験(1)，(2)，(3)，(4)を順に行った。

> (1)　同じ大きさの透明なポリエチレン袋A，B，C，Dと，暗室に2日間置いた鉢植えの植物を用意した。袋A，Cには，大きさと枚数をそろえた植物の葉を入れ，袋B，Dには何も入れず，すべての袋に息を吹き込んだ後，袋の中の二酸化炭素の割合を測定してから密封した。

(2) 図1，図2のように，袋A，Bを強い光の
当たる場所，袋C，Dを暗室にそれぞれ2時
間置いた後，それぞれの袋の中の二酸化炭素
の割合を測定し，結果を表1にまとめた。

強い光の当たる場所

暗室

図1　図2

		袋A	袋B	袋C	袋D
二酸化炭素の割合〔％〕	息を吹き込んだ直後	4.0	4.0	4.0	4.0
	2時間後	2.6	4.0	4.6	4.0

表1

(3) 袋A，Cから取り出した葉を熱湯につけ，<u>あたためたエタノールに入れた後</u>，水で洗い，
ヨウ素液にひたして反応を調べたところ，袋Aの葉のみが青紫色に染まった。

(4) 実験(2)の袋A，Bと同じ条件の袋E，Fを新たにつくり，それぞれの袋の中の二酸化炭
素の割合を測定した。図3のように，袋E，Fを弱い光の当たる場所に2時間置いた後，
それぞれの袋の中の二酸化炭素の割合を測定し，結果を表2にまとめた。

弱い光の当たる場所

図3

		袋E	袋F
二酸化炭素の割合〔％〕	息を吹き込んだ直後	4.0	4.0
	2時間後	4.0	4.0

表2

このことについて，次の1，2，3，4の問いに答えなさい。ただし，実験中の温度と湿度
は一定に保たれているものとする。

1　実験(3)において，下線部の操作を行う目的として，最も適切なものはどれか。
　ア　葉を消毒する。
　イ　葉をやわらかくする。
　ウ　葉を脱色する。
　エ　葉の生命活動を止める。

2　実験(3)の結果から確認できた，光合成によって生じた物質を何というか。

3　次の①，②，③のうち，実験(2)において，袋Aと袋Cの結果の比較から確かめられることは
どれか。最も適切なものを，次のア，イ，ウ，エのうちから一つ選び，記号で書きなさい。
　①　光合成には光が必要であること。
　②　光合成には水が必要であること。
　③　光合成によって酸素が放出されること。
　　ア　①　　イ　①，②　　ウ　①，③　　エ　①，②，③

4　実験(4)で，袋Eの二酸化炭素の割合が変化しなかったのはなぜか。その理由を，実験(2)，(4)
の結果をもとに，植物のはたらきに着目して簡潔に書きなさい。

9 物体の運動のようすを調べるために，次の実験(1)，(2)，(3)を順に行った。

(1) 図1のように，水平な台の上で台車におもりをつけた糸をつけ，その糸を滑車にかけた。台車を支えていた手を静かに離すと，おもりが台車を引きはじめ，台車はまっすぐ進んだ。1秒間に50打点する記録タイマーで，手を離してからの台車の運動をテープに記録した。図2は，テープを5打点ごとに切り，経過時間順にAからGとし，紙にはりつけたものである。台車と台の間の摩擦は考えないものとする。

(2) 台車を同じ質量の木片に変え，木片と台の間の摩擦がはたらくようにした。おもりが木片を引いて動き出すことを確かめてから，実験(1)と同様の実験を行った。

(3) 木片を台車に戻し，図3のように，水平面から30°台を傾け，実験(1)と同様の実験を行った。台車と台の間の摩擦は考えないものとする。

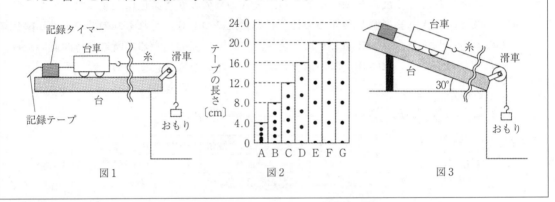

図1　　　　　　　　　　　図2　　　　　　　　　　　図3

　このことについて，次の1，2，3，4の問いに答えなさい。ただし，糸は伸び縮みせず，糸とテープの質量や空気の抵抗はないものとし，糸と滑車の間およびテープとタイマーの間の摩擦は考えないものとする。

1　実験(1)で，テープAにおける台車の平均の速さは何cm/sか。

2　実験(1)で，テープE以降の運動では，テープの長さが等しい。この運動を何というか。

3　実験(1)，(2)について，台車および木片のそれぞれの速さと時間の関係を表すグラフとして，最も適切なものはどれか。

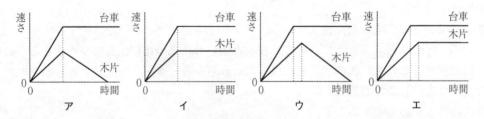

4　おもりが落下している間，台車の速さが変化する割合は，実験(1)よりも実験(3)の方が大きくなる。その理由として，最も適切なものはどれか。

ア　糸が台車を引く力が徐々に大きくなるから。

イ　台車にはたらく垂直抗力の大きさが大きくなるから。

ウ　台車にはたらく重力の大きさが大きくなるから。

エ　台車にはたらく重力のうち，斜面に平行な分力がはたらくから。

【資料】

〈外来語と言い換え語例〉

外来語	言い換え語例
エビデンス	証拠、根拠
コラボレーション	共同制作
サプリメント	栄養補助食品
ツール	道具、手段
バリアフリー	障壁なし
プレゼンテーション	発表
ポジティブ	積極的、前向き
ログイン	接続開始、利用開始

〈会話1〉

生徒A　今度、生徒会で新入生に学校を紹介するリーフレットを作って、プレゼンテーションをすることになったんだ。

生徒B　それはすごいね。

生徒A　でも緊張するなあ。ミスしたらどうしよう。

生徒B　大丈夫だよ。ポジティブにとらえてがんばろうよ。

〈会話2〉

生徒A　今度、生徒会で新入生に学校を紹介するちらしを作って、発表をすることになったんだ。

生徒B　それはすごいね。

生徒A　でも緊張するなあ。失敗したらどうしよう。

生徒B　大丈夫だよ。前向きにとらえてがんばろうよ。

「(5) もう一回、きちんと話してみろよ。だめそうなら、俺も一緒に話すよ。」

背中を強めに二度叩(たた)くと、翔がつんのめって、「いてえって。」と呻(うめ)いた。

元町港近くの十字路で立ち止まる。

俺は港の方へ行く。翔はたぶん島の北の方へ行くのだろう。一緒に歩けるのはここまでだ。

（天沢夏月「ヨンケイ‼」から）

（注1） ホルスタイン＝牛の一品種。
（注2） 空斗さん＝「俺」が所属する陸上部の先輩。

1 (1) それ の指す内容を本文中から二十一字で抜き出しなさい。

2 (2) 熱に浮かされたみたいにしゃべり続ける とあるが、「俺」から見た「翔」の様子の説明として最も適当なものはどれか。
ア 酪農に対する強い思いを夢中になって話している。
イ 酪農を志す自分の未来を自信を持って話している。
ウ 酪農を学んで得た知識を誇りを持って話している。
エ 酪農に興味を持ちたいきさつを平然と話している。

3 (3) 俺はぽんと手を乗せた とあるが、このとき「俺」が「翔」に伝えようとしていることの説明として最も適当なものはどれか。
ア リレーを通して、人から影響を受けることの危うさを学んだので、「翔」に自分の意志を貫き通す大切さを伝えようとしている。
イ リレーを通して、人は周囲と関わり合うことで成長すると気づいたので、「翔」の決意が理解できたことを伝えようとしている。
ウ リレーを通して、自分が周囲に与えた影響の大きさを実感したので、「翔」の夢の実現に専念したいことを伝えようとしている。
エ リレーを通して、「翔」が人から影響を受けていることを知ったので、自分で考えて行動することの価値を伝えようとしている。

4 (4) 翔の話……思った とあるが、「俺」がそう思ったのは「俺」が酪農家としての生き方をどのように捉えているからか。文末が「という生き方」となるように、本文中から十三字で抜き出しなさい。

5 (5) もう一回、きちんと話してみろよ とあるが、「俺」が「翔」に両親にもう一度きちんと話すよう勧めているのはなぜか。「俺」の両親への思いを踏まえて五十五字以内で書きなさい。

6 (6) 一緒に歩けるのはここまでだ とあるが、どういうことか。
ア 互いの成長のため一切の関わりを絶ち、生きていくこと。
イ それぞれの目標を達成するまでは、助け合っていくこと。
ウ 今後の互いの人生に、多くの苦難が待ち受けていること。
エ それぞれの未来に向かって、自らの力で歩んでいくこと。

五 後の【資料】を参考にして、「言葉」を使用する際に心がけたいことについて、あなたの考えを国語解答用紙(2)に二百四十字以上三百字以内で書きなさい。
なお、次の《条件》に従って書きなさい。

《条件》
(Ⅰ) 二段落構成とすること。
(Ⅱ) 各段落は次の内容について書くこと。

第一段落
・【資料】から、あなたが気づいたことを書くこと。

第二段落
・自分の体験（見聞したことを含む）を踏まえて、「言葉」を使用する際にあなたが心がけたいことを書くこと。

「メーカーとの価格競争に負けて、だんだん衰退していった。今は島の特産品っていうポジションでなんとかやってるけど、正直人数足りてないし、後継者がいなきゃいつまでもは続けられない。」

大島の酪農の現状なんか、考えたこともなかった俺は、黙って聞いていた。一度しゃべりだすと、翔はずっと俺に話を聞いてほしかったのかもしれないと思った。あるいは、両親に。家族に。身近な人間に。

「俺、大島の牧草地で牛がのびのびと過ごしてる風景がすごい好きでさ。」

「……ああ。そういえば。」

小さい頃、牧場へ行くと、翔は放っておくといつまでも一人で牛を眺めていた。のんびりと、草を黙々と食んでいる牛に合わせて、自分は何を食べているわけでもないのに一緒に口をもぐもぐと動かしていた。青い空と、緑の牧草と、白い牛。その中に、赤いシャツを着た翔がぽつんと立っている風景。あの頃からもう、翔には自分の将来が見えていたのかもしれない。

「翔は、酪農家になりたいのか。」

「最初は(1)それだけ守れればいいって思ってた。でも酪農を勉強してみるとさ、そんな単純な問題じゃないなってすぐわかる。牛一頭面倒見るのだって楽じゃないんだなって。まあ、そりゃ当たり前なんだけどさ、なめてたっていうか……景色を守るってことは、そういうことなんだって思わされた。自分がその景色の一部になるってことなんだって。」

翔は(2)熱に浮かされたみたいにしゃべり続ける。俺はなんとなく、俺にとっての(注2)空斗さんが、翔にとっての塚本さんなんだろうなと思う。

「親父たちは反対してる。言ってることもわかるよ。でも俺は……」

「……」

急に言いよどんだ翔の頭に、(3)俺はぽんと手を乗せた。

人と人との関わりって、バトンパスみたいなのかもなと思う。バトンはもらった瞬間から、渡すことが始まる。俺はもらうばっかりだから、あんまりわかってないけど、自分という存在が誰かに何か影響を与えるってことは、そういうことなんじゃないのかな。誰かからもらったものを、パスする、みたいな。受け売りってやつ。ちょっと違うかな。でも似てるんじゃないかな。

まあ、えらそうに言えるほど、自分もできちゃいない。でも少なくともこの言葉は、リレーのことがなかったら、絶対に言えなかった。

「俺は翔がやりたいようにやればいいと思う。」

翔がこっちを向いて、目を見張った。

「あー、いや、こないだと全然違うこと言ってるのは自覚あるけどさ……。」

酪農は、動物に依存する職業だ。自然と同調して生きる道だ。ましてや大島は火山島で、気まぐれな自然に寄り添い、逆らうことなく、そういう不安定な要素と折り合いをつけて生きていかなければならない。自分の身一つでどうにもならないこと、たくさんある。それは、生き物と自然に人生を捧げるということ。甘っちょろいことでできることじゃない。そういう意味じゃ、両親の反対は決して間違っていない。

「けど、なんでそういうこと考えたのかも知らずに否定するのって、やっぱ違うかなと思う。少なくとも今俺は、(4)翔の話聞いて生半可な覚悟じゃないんだなって思ったし、じゃあ信じてみようって思った。」

翔は黙っている。俺は翔の方を見る。

「父さんたちにも、そこまでしっかり話したか?」

「いや……」

（注1）　モチーフ＝題材。

（注2）　ジャポニスム＝十九世紀にヨーロッパで流行した日本趣味。

（注3）　コンポジション＝構図。

（注4）　テクスチャ＝質感。

1
(1)　まったく正反対である　とあるが、西洋と日本それぞれの思想にもとづく芸術表現における自然の対象の捉え方の違いを、筆者はどのように説明しているか。五十五字以内で書きなさい。

(2)　実体験した……同化されてしまう　とあるが、その説明として最も適当なものはどれか。

ア　メディアで見る自然にしか美しさを感じられなくなり、実際の自然を見てもすぐ映像として記録してしまうということ。

イ　自然と触れ合う体験をしてはじめて、実際の自然とメディアで見る自然との美しさの違いを思い知らされるということ。

ウ　実際の自然を見てもメディアで見る自然が思い起こされ、自然本来の美しさを感じ取ることができなくなるということ。

エ　実際の自然を見て自然本来の美しさに気づくと、メディアで見る自然の美しさが作り物としか思えなくなるということ。

2

3　□ に入る語として最も適当なものはどれか。

ア　傲慢　イ　寛大　ウ　貪欲　エ　謙虚

4　次の図は、〈A〉と〈B〉の文章から読み取れる筆者の考えをまとめたものの一部である。後の(Ⅰ)、(Ⅱ)の問いに答えなさい。

かつて

　形の美しさを受けとめる □ を培ってきた

美しい形 { 自然界のつくりだす形 / 手づくり生産の道具や器の形 }

現代

　自然の美しさに応える □ を持たない
　↓
　美しい形がつくれるはずもないのではないか

(Ⅰ)　□ に入る、〈A〉と〈B〉の文章に共通して用いられている語を、本文中から二字で抜き出しなさい。

(Ⅱ)　美しい形 について、「自然界のつくりだす形」や「手づくり生産の道具や器の形」がともに美しいのはなぜだと筆者は考えているか。四十字以内で書きなさい。

5　〈A〉と〈B〉の文章の関係について説明したものとして最も適当なものはどれか。

ア　〈B〉は、〈A〉で述べられた考えを踏まえて論を展開している。

イ　〈B〉は、〈A〉で提示された具体的な例を集約して述べている。

ウ　〈B〉は、〈A〉で述べられた主張と対立する見解を示している。

エ　〈B〉は、〈A〉で提起された問題を異なる視点で分析している。

四　次の文章を読んで、1から6までの問いに答えなさい。

　高校三年生の「俺」は離島（大島）の高校で陸上部に所属し、関東大会出場を決めた。関東大会の会場へ向かう日の朝、「俺」は中学三年生の弟（本文中では「翔」）と顔を合わせ、どこに行くのか尋ねる。

　翔はあまり言いたくなさそうだったが、しばらく歩調を合わせて歩いていたら誤魔化し続けるのも面倒になったのか、やがて「牧場。」と突き放すように言った。

「牧場？」

「二、三年前に島に来た若い酪農家がいるんだ。塚本さんって言うんだけど。たまに手伝わせてもらってる。」

歩きながら、ぽつり、ぽつりと付け加える。

「大島って、昔は東洋の（注1）ホルスタイン島なんて呼ばれてさ。すごい酪農が盛んだったんだ。千頭以上牛がいたって。だけど大手

と対峙する関係にあり、つねに自然を征服しようとする人間の強い意志が文化の裏側に脈々と流れている西洋の思想とは(1)まったく正反対である。

人間至上主義の西洋の芸術表現に見る自然の対象は、あくまで、人間を主体とする表現の従属的な存在であり、装飾の(注1)モチーフとしては多用されているものの、決して表現の主体的なモチーフにはなりえなかったのである。

日本美術では名もない野草や昆虫や小動物が表現の主役を演じる場合も少なくない。十九世紀中頃、西欧に強烈な(注2)ジャポニスムを巻き起こし、印象派絵画に影響を与えたのは、斬新な余白を活かした構図や斜めの(注3)コンポジション、平面的な描写ばかりでなく、自然の景観を愛しいほどていねいに描写し、野草や小動物までも、表現の主役としてしまう日本人の自然主義の徹底ぶりであった。西欧の人々は、はじめは驚き、奇異な目で眺めていたものの、ついには彼らに欠けていた精神性を自覚し、やがて日本人の目指す自然主義的な感性に共感しはじめたのである。

〈B〉

自然と人間の関係が薄れた理由は、私たちが自然と接する機会が少なくなり、自然のすばらしさや美しさを実感することさえ、忘れてしまったということが挙げられる。IT(情報技術)が産業界の中枢となった現代社会では、コンピュータや映像メディアが氾濫し、人々は自然との直接体験よりも、プリント・メディアや映像メディアを通した二次元的な情報選択との接点が圧倒的に多くなり、また、こうした情報収集で満足してしまうのである。さらにテレビゲーム、コンピュータ・グラフィックス、インターネットの映像情報が、現実との境界を曖昧にしてしまった映像のバーチャル化が、人々に自然を受け入れる余裕さえ、見失わせてしまったのである。

自然の美しさに応える感性さえ持ち合わせていない現代人に、美しい形がつくれるはずもなく、形の美しさを語る資格もないのではないだろうか。

そのような現代人でも旅にでて偶然自然の美しさに気づくことがある。悲しいかな、その美しさはテレビやメディアで見る自然と二重写しとなって、やはり自然の美しさは複製にすぎないと悟るのである。そこには(2)実体験した感性も、強力なデジタル万能の映像メディアに吸引され、同化されてしまうのである。

科学が発達していなかった工業化以前の社会では、道具や生活用品はすべて手づくり生産であり、デザインという概念はもちあわせていなかった。道具や器の形は必然的に使いやすく、使用目的に合致したものでなければならず、結果的に長い時間をかけて少しずつ無駄のない形に改良されていった。これは機能を追求した形となり、結果的にどれもが美しいのである。

これはまさしく風化した岩石が川に流れ、下流にいくにしたがい小さくなり、角がとれて滑らかな形となるプロセスと同じである。こうして生々流転をくり返しながら、絶えず移り変わる大自然の法則によって、万物の形が形成されていくのである。自然を支配する見えない秩序の法則が、それぞれの形を美しくつくりあげるように、もっと人間は 　 になってこの自然界の造化の原理を、ここで再び見直すべきではないだろうか。

つまり自然がつくりだす形が美しいのは、自然の法則に逆らわず気の遠くなるような長い時間的な経緯を経て、少しずつ改良されていく機能を満たした形であり、結果的に無駄のない形となるから、ということができる。それゆえ、私たちはもっと自然の存在を真摯に受け止め、かつて先人たちが自然を美の発想の原点としたように、自然がつくりだした形や色・(注4)テクスチャから形の美を探るべきであろう。

（三井秀樹「形の美とは何か」から）

主、後よりおほひ来りし程に、すはやと思ひてイ逃げければ、いよいよ急にウ追ひかけしが、この門ロにてエ見失ひぬ。それ故かくのごとし。』と云ひければ、聞く人、皆驚きて、『さてさて、あやうきことかな。』それこそ見こし入道にて候はん。」と云ひて、舌ぶるひしてけり。

今もそこそこに。」と云へば、一座の人、いづれも怖しき事かなと云へるに、

(2)この事、まぢかき事にて、その入道に逢ひし人、ただ

先生、評していはく、「このもの、昔より一名を高坊主とも云ひならはせり。野原(注4)墓原などにもあらず、ただ在家の四辻、軒の下の石橋などの辺より出づると云へり。これ愚かなる人に臆病風のふき添ひて、すごすご歩ける夜道に、気の前より生ずる処の、影ぼうしなるべし。その故はこの者、前よりも来らず、脇よりもせまらず、後より見こすと云へば、わが影おぼろなるに、月星の影おぼろなるに、(注5)四辻門戸の出入、あるひは夜番の火のひかり、さてこそと思ひ、気をうしなふとみえたり。」

（「百物語評判」から）

(注1)　大宮四条坊門＝京都市の地名。
(注2)　辻＝十字路。「四辻」も同じ。
(注3)　みかさ＝三丈。一丈は約三メートル。
(注4)　墓原＝墓が点在する野原。
(注5)　四辻門戸＝警備のため町々にあった門。

1　云ふやう は現代ではどう読むか。現代かなづかいを用いて、すべてひらがなで書きなさい。

2　ア叩き イ逃げ ウ追ひかけ エ見失ひ の中で、主語が異なるものはどれか。

3
(1)介太郎内へ入るとひとしく、人心なし の意味として最も適当なものはどれか。

ア　介太郎は門から中に入ると突然、心を閉ざした。

イ　介太郎は門から中に入ると同時に、気を失った。
ウ　介太郎は門から中に入るとすぐに、我に返った。
エ　介太郎は門から中に入ると急に、緊張が解けた。

4
(2)この事、まぢかき事 の説明として最も適当なものはどれか。

ア　見こし入道が町に現れるという話は間違いだということ。
イ　見こし入道の話をすると本当に会ってしまうということ。
ウ　見こし入道と出会うのは本当に幸せなことだということ。
エ　見こし入道が現れるのは身近な出来事であるということ。

5　「先生」は「見こし入道」の正体を、どのようなものだと説明しているか。次の文の空欄に当てはまるように、二十字以内の現代語で答えなさい。

夜道を歩いているとき、臆病な気持ちによって ［　　　　　］

三　次の〈A〉、〈B〉の文章は、三井秀樹「形の美とは何か」の一節である。これらを読んで、1から5までの問いに答えなさい。

〈A〉
　私たち日本人の祖先は自然美を師にその美しさを模倣し、その美しさを自分たちの手で書き記したり、絵を描き記録しようとした。この日本人の創造の心が自然主義的な美意識を育み、世界に誇る日本の美術・工芸品をつくりあげてきた。私たちは日常、自然界のさまざまな形に接し、生命の尊さや内に秘めた自然のエネルギーを感じとる幼児体験をつみ重ねながら、形の美しさを受けとめる感性を培ってきた。このように感性の形成には自然界のつくりだす形の影響が深くかかわっていると思われる。

　日本の文化は根底に自然が在り、自然主義といわれるわけも、よく理解できる。水墨画や山水画とよばれる東洋画の自然思想、ことに日本人の自然観は、自然と接しながらも自然は人間

国語

●満点100点　●時間50分

一

（注意）答えの字数が指示されている問いについては、句読点や「　」などの符号も字数に数えるものとします。

1 次の**1**から**7**までの問いに答えなさい。

(1) 次の――線の部分の読みをひらがなで書きなさい。

(1) 彼女は礼儀正しい人だ。

(2) 健やかに成長する。

(3) 商品が陳列されている。

(4) 社会の変化が著しい。

(5) 稚拙な文章。

2 次の――線の部分を漢字で書きなさい。

(1) ごみを毎日ヒロう。

(2) バスのウンチンを払う。

(3) お茶をサましてから飲む。

(4) 偉大なコウセキを残す。

(5) 親しい友人とダンショウする。

3 「今にも雨が降りそうだ。」の――線の部分と文法的に同じ意味・用法のものはどれか。

ア　目標を達成できそうだ。

イ　彼の部屋は広いそうだ。

ウ　祖父母は元気だそうだ。

エ　子犬が生まれるそうだ。

4 次の――線の部分について適切に説明したものはどれか。なお、　Ａ　・　Ｂ　は人物を表している。

昨日、　Ａ　は初めて　Ｂ　にお目にかかった。

5 次のうち、文の係り受け（照応関係）が正しいものはどれか。

ア　この商品の良い点は、値段が安いところが素晴らしい。

イ　高校時代の一番の思い出は、校内球技大会で優勝した。

ウ　私の将来の夢は、生活に役立つものを発明することだ。

エ　この話は、おばあさんの家に子供が住むことになった。

6 「無人」と熟語の構成が同じものはどれか。

ア　登場　　イ　連続　　ウ　不要　　エ　往復

7 次の二首の和歌の　□　には同じ語が入る。　□　の花あるじなしとて春を忘るな 適当なものはどれか。

東風吹かばにほひおこせよ　□　の花あるじなしとて春を忘るな
（菅原道真）

雪降れば木ごとに花ぞ咲きにけるいづれを　□　とわきて折らまし
（紀友則）

ア　梨　　イ　梅　　ウ　藤　　エ　竹

5 次のうち、文の係り受け（照応関係）が正しいものはどれか。

ア　尊敬語で、　Ａ　への敬意を表している。

イ　尊敬語で、　Ｂ　への敬意を表している。

ウ　謙譲語で、　Ａ　への敬意を表している。

エ　謙譲語で、　Ｂ　への敬意を表している。

二 次の文章は、「先生」のもとに集まった人々が「見こし入道」という妖怪について語っている場面である。これを読んで**1**から**5**までの問いに答えなさい。

一人のいはく、「先つごろ、（注1）大宮四条坊門のあたりに、和泉屋介太郎とかやいふ者、夜更けて外より帰りけるに、門あはただしく ア 叩きければ、内より驚きてあけぬ。さて(1)介太郎内へ入るとひとしく、人心なし。』さまざまの気つけなど呑ませければ、やうやうに生きかへりて云ふやう、『我れ帰るさに、月うすぐらく、ものすさまじきに、そこそこの（注2）辻にて、（注3）みかさあまりなる坊

Memo

誰にもよくわかる 解説と解答　2022年度

栃木県 正答率

全日制課程の受検者から1,000名を抽出して集計。
（右段は部分正答も含めた割合）

英 語

大問	小問	枝問	正答率	部分正答含む
①	1	(1)	81.6%	
		(2)	75.5%	
		(3)	91.4%	
		(4)	90.5%	
	2	(1)	34.4%	
		(2)	49.5%	
		(3)	44.2%	
	3	(1)	81.1%	81.4%
		(2)	30.1%	34.2%
		(3)	4.0%	11.7%
②	1	(1)	92.9%	
		(2)	74.2%	
		(3)	74.4%	
		(4)	87.4%	
		(5)	89.6%	
		(6)	83.4%	
	2	(1)	33.0%	
		(2)	71.9%	
		(3)	62.3%	
③	1		62.6%	64.3%
	2	(1)	31.0%	61.1%
		(2)	45.4%	71.4%
		(4)	26.4%	45.5%
	3		80.3%	
	4		22.4%	69.7%
	5		78.7%	
	6		2.1%	72.0%
④	1		26.6%	41.6%
	2		35.0%	47.1%
	3		36.8%	49.8%
	4		60.6%	63.8%
	5		59.5%	
⑤	1		61.6%	
	2		38.3%	
	3		34.1%	67.4%
	4		60.2%	

社 会

大問	小問	枝問	正答率	部分正答含む
①	1		56.4%	
	2		78.3%	
	3		74.1%	
	4		62.6%	
	5		71.5%	
	6		66.7%	
	7		81.2%	
	8		19.1%	67.3%
②	1	(1)	49.4%	
		(2)	85.5%	
		(3)	81.4%	
		(4)	78.2%	
		(5)	19.7%	91.1%
	2	(1)	71.0%	
		(2)	32.9%	
③	1		82.9%	
	2		77.6%	
	3		73.2%	
	4		65.2%	
	5		59.3%	
	6		50.7%	
	7		25.9%	54.0%
	8		68.5%	
④	1		66.6%	
	2		38.1%	
	3		32.2%	78.9%
	4		70.7%	
	5		43.1%	
	6	(1)	61.6%	
		(2)	25.7%	
⑤	1	(1)	37.7%	
		(2)	60.5%	
		(3)	64.0%	
	2	(1)	75.5%	
		(2)	57.9%	
		(3)	76.9%	
		(4)	24.5%	87.3%
⑥	1	A	81.0%	
		B	59.8%	
	2		22.0%	
	3		64.0%	
	4		76.6%	
	5		72.6%	
	6		26.8%	92.9%

数 学

大問	小問	枝問	正答率	部分正答含む
①	1		98.8%	
	2		91.2%	
	3		95.8%	
	4		79.5%	
	5		88.9%	
	6		73.0%	
	7		77.4%	
	8		75.7%	
②	1		53.8%	77.6%
	2		54.9%	93.2%
	3		73.9%	84.7%
③	1		81.7%	
	2		91.2%	
	3	(1)四分位数	62.0%	84.5%
		(1)箱ひげ図	59.0%	
		(2)	72.0%	89.9%
④	1		76.5%	
	2	(1)	73.1%	
		(2)	31.2%	
	3		45.5%	84.5%
⑤	1	(1)	80.7%	
		(2)	56.6%	
		(3)	12.2%	26.1%
	2	(1)	53.4%	
		(2)	33.2%	
		(3)	10.5%	33.5%
⑥	1		48.7%	69.0%
	2		24.6%	
	3	I	11.3%	
		II	3.5%	

理 科

大問	小問	枝問	正答率	部分正答含む
①	1		96.5%	
	2		71.3%	
	3		63.0%	
	4		79.9%	
	5		97.2%	98.8%
	6		84.8%	86.6%
	7		81.5%	81.8%
	8		84.5%	85.1%
②	1		83.6%	
	2		68.3%	
	3	斑晶	49.2%	59.6%
		石基	58.2%	68.3%
③	1		65.1%	66.4%
	2		69.1%	83.1%
	3		29.6%	64.4%
④	1		90.6%	90.7%
	2	電圧	79.3%	79.4%
		抵抗	66.4%	66.4%
	3	記号	42.4%	
		電流	27.7%	27.7%
⑤	1		87.7%	
	2	①	91.8%	91.8%
		②③肺	92.0%	92.1%
		②③皮膚	52.4%	69.1%
	3	①	80.4%	92.3%
		②	78.1%	
⑥	1		73.8%	
	2		61.8%	80.2%
	3		18.1%	21.8%
	4		42.5%	
⑦	1		77.5%	78.3%
	2	①	64.5%	
		②	53.9%	
	3		19.2%	25.8%
	4	①	33.3%	33.3%
		②	21.0%	21.0%
		③	57.0%	
⑧	1		92.8%	
	2		84.0%	84.0%
	3		57.5%	
	4		27.7%	31.3%
⑨	1		68.7%	68.7%
	2		92.2%	93.9%
	3		25.6%	
	4		74.2%	

国 語

大問	小問	枝問	正答率	部分正答含む
一	1	(1)	99.9%	
		(2)	98.3%	
		(3)	75.9%	
		(4)	85.3%	
		(5)	27.6%	
	2	(1)	82.0%	
		(2)	84.4%	
		(3)	91.6%	
		(4)	52.9%	
		(5)	62.5%	
	3		82.8%	
	4		54.0%	
	5		87.5%	
	6		62.6%	
	7		85.5%	
二	1		87.5%	87.8%
	2		64.7%	
	3		69.0%	
	4		55.0%	
	5		19.1%	36.0%
三	1		13.2%	61.8%
	2		76.4%	
	3		53.0%	
	4	（I）	85.2%	
		（II）	15.9%	62.2%
	5		55.6%	
四	1		66.6%	
	2		85.2%	
	3		47.7%	
	4		82.0%	87.4%
	5		7.9%	56.7%
	6		85.2%	
五				93.1%

英語解答

1 1 (1)…ア (2)…ウ (3)…エ (4)…ウ
　2 (1)…エ (2)…イ (3)…ウ
　3 (1) sea (2) hours (3) same

2 1 (1)…ア (2)…イ (3)…イ (4)…エ
　　(5)…ウ (6)…ア
　2 (1) ウ→イ→エ→ア
　　(2) エ→イ→ア→ウ
　　(3) イ→オ→ア→エ→ウ

3 1 How long
　2 (1) （例1） it will rain
　　　（例2） it is going to rain
　　(2) （例1） The story was
　　　written by
　　　（例2） The person who
　　　wrote the story is
　　(4) （例） is easy for them
　3 イ
　4 ツバメの巣が人に壊されたり，ひな
　　が巣から落ちたりすること。(29字)
　5 ア
　6 （例1） When I become a high
　　school student, I will go to school
　　by bike every day. Using cars

is not good for the earth. I think
using buses and trains is good,
too. Also, I will turn off the light
when I leave a room. I hope my
action will save the earth.
（例2） I usually try to reduce
trash〔garbage〕. For example,
using plastic bags is bad for the
earth. So, I always use my own
bag when I go to a supermarket.
I also want to use things again
and again.

4 1 （例1） shall we join
　　（例2） why don't we join
　2 （例）リサのいない英語部に入ること。
　3 （例）本当にやりたいことがあるなら
　　ば，挑戦すること。
　4 open a Japanese restaurant
　5 ウ

5 1 エ　　2 ウ→ア→エ→イ
　3 （例）種類によって，花が咲く時間が
　　異なるという性質。
　4 イ

---

1 〔放送問題〕

1. (1)≪全訳≫A：ジム，夕食にピザをつくるつもりなの。スーパーでトマトを買ってきてくれる？／B：いいよ，お母さん。他に何かいる？／A：そうねえ。チーズとジャガイモはあるから，トマトだけ買ってきてちょうだい。／B：わかったよ。

　Q：「ジムは何を買うつもりか」―ア

(2)≪全訳≫A：お父さん，今日はケンの5歳の誕生日だから，あの子のためにこのカードをつくったの。／B：すてきな絵だね，マヤ！　お前がこれを書いたのかい？／A：うん。あの子は飛行機が大好きだからね。／B：ケンはお前のカードを気に入るよ。

　Q：「マヤがケンのためにつくったのはどのカードか」―ウ

(3)≪全訳≫A：お母さん，食器洗いとテーブルの片付けが終わったよ。／B：ありがとう，マイク，でも宿題は終わったの？／A：もちろん終わってるよ。あっ，僕の大好きなテレビ番組がちょうど始まったところだ。見てもいい？／B：もちろんいいわよ！

　Q：「マイクは次に何をするか」―エ．「テレビ番組を見る」

(4)≪全訳≫A：すみません，植物に関する本はどこにあるか教えていただけますか？／B：はい，2階にございます。／A：ありがとうございます。実は，ここに来るのはこれが初めてなんです。何冊

借りられますか？／B：10冊を2週間借りられますよ。

　Q：「彼らはどこで話しているか」―ウ.「市の図書館」

2≪全訳≫トム（T）：エミ，このウェブサイトを見てよ。僕は栃木ランニングフェスティバルに参加する予定なんだ。／エミ（E）：えっ，トム，栃木ランニングフェスティバルに？／T：うん。僕の兄〔弟〕は去年20キロメートル走に出たんだ。賞品としてかっこいいTシャツをもらってきたよ。町のきれいな景色も楽しんだんだって。このフェスティバルはすばらしいって言ってたよ。それでこのランニングフェスティバルに挑戦しようって決めて，そのために新しいランニングシューズを買うつもりなんだ。／E：すごい！　お兄さん〔弟さん〕と一緒に走るの？／T：ううん。今年，兄〔弟〕はその日にサッカーの試合があるんだ。ねえ，エミ，一緒に走ろうよ。／E：私が？　私は20キロなんて走れないわ。／T：いや，いや，エミ。これを見てよ。4つのレースから選べるんだ。／E：ああ，そうなのね。5キロだったら学校で走ったわ。もっと長く走りたいな。でも，ちょっと待って。ずいぶんお金がかかるのね。／T：ねえ，よく見てよ！　このウェブサイトによると，僕たち学生は半額だけ払えばいいんだって。2000円でこのレースに挑戦できるんだ。／E：そうなの？　じゃあ，一緒にこのレースを走りましょう。／T：うん，そうしよう！　今日は2月6日だから，フェスティバルまで3か月ある。たっぷり練習できるね。わくわくしてきた！

　(1)「なぜトムはこのフェスティバルで走ろうと決めたのか」―エ.「彼の兄〔弟〕が彼にこのフェスティバルの長所を教えたから」　　(2)「エミはどのレースを選んだか」―イ.「10km」　　(3)「この絵のAに当てはまるのはどれか」―ウ.「5月」

3≪全訳≫あなた（Y）：ご自分の国について話していただけますか？／ALT（A）：もちろんです。／Y：ご準備ができましたら，始めてください。／A：わかりました。私の母国は島国です。美しい海で有名です。水泳を楽しめますよ！　一年中過ごしやすい気候です。日差しがたっぷりです。年間の日照時間は3000時間以上です。すばらしい場所です。私の母国はとても小さな国です。どのくらいの広さかわかりますか？　宇都宮市と同じくらいの広さです。びっくりでしょう？　私の母国は小さいですが，すばらしい観光地がたくさんあります。私は母国が大好きです。ぜひ来てください！

●島国　・美しい(1)海で有名／●すばらしい気候　・3000(2)時間を超える日照／●小さな国：「宇都宮市と(3)同じ大きさ」／●すばらしい観光地

2 〔総合問題〕

1＜長文読解―適語選択・語形変化―Eメール＞≪全訳≫親愛なるエマへ／こんにちは，エマ，元気？　長いこと会ってないね。／2，3週間前に日本語の授業でひらがなの書き方を習ったの。とても難しかったけど，日本語を学ぶのはすごく楽しかった。初めて自分の名前をひらがなで書いたのよ。担任のワタナベ先生が私に「うまくできたわね！　練習し続けることが大切よ」って言ったの。先生の言葉を聞いてうれしかったわ。もっとたくさん日本語を学びたいな。／あなたの学校生活はどう？　あなたからのメールを待ってるわね。／これからもよろしく，ジェーンより

　＜解説＞(1)手紙で最初に相手にかける言葉として，相手の様子を尋ねる表現が適する。　How are you？「元気ですか」　　(2)直前に haven't があるので，'have/has＋過去分詞' の現在完了の否定文だとわかる。　　(3)空所と Japanese が文の主語となっている。文の主語には名詞を用いるので，動詞の learn を動名詞（～ing）の learning にし，「日本語を学ぶこと」というまとまりをつくる。　　(4)for the first time で「初めて」。　　(5)担任の先生がジェーンを褒めている場面。「練習を続けることが」に続く語として，important「重要だ」が適切。　famous「有名な」weak「弱い」　terrible「ひどい」　　(6)'make＋目的語＋形容詞' 「～を…（の状態）にする」の形にする。

2 <対話文完成―整序結合>

(1) A：今週末のあなたの予定は？／B：私の予定は妹〔姉〕と一緒に買い物に行くことです。／主語の My plan に続けて，動詞の is を置く。この後，名詞的用法の to不定詞を用いて to go shopping「買い物に行くこと」とまとめる。　go shopping「買い物に行く」　My plan is to go shopping with my sister.

(2) A：これは私が今まで見た中で一番おもしろい映画なんだ。／B：へえ，そうなの？　私も見たいな。／interesting「おもしろい」を最上級にして the most interesting「最もおもしろい」とまとめ，その後に movie「映画」を置く。that 以下は movie を修飾する関係代名詞のまとまり。　This is the most interesting movie that I have ever watched.

(3) A：向こうでコーヒーを飲んでる男の子を知ってる？／B：知ってるよ！　あの子は僕のいとこなんだ。名前はケンジだよ。／Do you know と疑問文の形をつくり，know の目的語として the boy を続ける。この後，who を主格の関係代名詞として使い，the boy を後ろから修飾するまとまりをつくる。who の後は 'be動詞＋～ing' の進行形で is drinking とする。　Do you know the boy who is drinking coffee over there ?

3 〔長文読解総合―対話文〕

≪全訳≫**1**真奈(M)：イギリスでは春にツバメはどこから来るの，アリス？

2アリス(A)：アフリカ南部から来るツバメもいるわ。約1万キロメートルを移動するのよ。

3M：ほんと？　そんなに遠くまで飛べるのね！　イギリスまで飛んでいくのにどのくらいかかるの？

4A：正確にはわからないけど，3週間以上かな。

5M：まあ。日本では，ツバメは東南アジアからやってくるの。1週間くらいかかるみたい。そして家の屋根の下に巣をつくるのよ。

6A：どうして巣をつくるのに民家を選ぶのかしら？

7M：家の周りには人がたくさんいるから，他の動物が巣に近寄ってこないのよ。

8A：なるほど。日本人はツバメが好き？

9M：うん，それに，日本にはツバメに関する言葉がいくつかあるの。そのうちの1つが，「ツバメが空を低く飛んだら，雨が降る」よ。後でその絵を描くわね。

10A：おもしろい！　ツバメは私の国でも人気があるの。私たちの国には『幸福な王子』っていうお話があってね。昔，ある町に黄金の王子の像があったの。その王子は，貧しい人々を助けたいと思った。彼は自分の宝石を彼らに与えるようツバメに頼んだのよ。この物語はオスカー・ワイルドによって書かれたの。

11M：そのお話，みんなに紹介しましょう。私はこのグラフも見せたいの。これによると，1985年には3万6000羽のツバメが私たちの町にいたんだって。でも，2020年にいたのはたった9500羽。一方で，家の数はこの35年間で増えてるの。

12A：民家はツバメにとって安全な場所だって言ってたわよね？　家がたくさんあったら，それはツバメにとっていいことよね。

13M：それが実はね，洋風の家で暮らすのを好む日本人が増えてるのよ。伝統的な日本の家がツバメにとっていいのは，そういう家には普通屋根の下に広い空間があるからなの。だから，ツバメにとっては巣をつくりやすいのね。でも，洋風の家の中には，屋根の下の空間がないものもあるのよ。

14A：そうなのね。あのね，ひなを育てるときに別の問題を抱えるツバメも多いんじゃないかしら。巣が人間に壊されることもある。それにツバメのひなは巣から落ちちゃう。ツバメには安全な場所が必要なのよ。

15 M：そのとおりね，アリス。私たちの町が大きくなるにつれて，多くの場所で自然が失われてしまった。この町で暮らすことはツバメにとっては簡単ではないわよね，だってエサを見つけることができないんだから。私たちは環境問題についてもっと知る必要があるわね。

16 A：本当ね。自然に優しい暮らし方をしないといけないわね。

1 <適語句補充>この質問に対して，アリスが「3週間以上」という'時間の長さ'を答えているので，これを尋ねる How long「（時間の長さが）どのくらい〜」が適する。

2 <適文・適語句補充—図を見て答える問題>(1)図1のイラストはツバメが低く飛んだ後に雨が降ることを表している。書くべき場所は「雨が降る」で，これはツバメが低く飛んだ時点より未来のことになるので，未来形を表す will や be going to を用いる。一般的に，'天気・天候'を表す際には主語に it を用いる。　(2)図2の一番下にある「オスカー・ワイルドによって書かれた」という部分を英語で表す。書くべき部分は「〜によって書かれた」なので，主語を The story「そのお話」などとし，「書かれた」は'be動詞＋過去分詞'の受け身形を使って was written と表す。「〜によって」には by を用いる。また，「その話を書いた人はオスカー・ワイルドだ」と読み換え，「その話を書いた人」を主格の関係代名詞を用いて The person who wrote the story と表すこともできる。この場合，動詞は is となる。　(4)図4の日本家屋について説明している部分。書くべき場所は「ツバメが（すむ場所（巣）を作り）やすい」の部分で，これは 'it is 〜 for … to —'「…が〔にとって〕—するのは〜だ」の形で表せる。swallows「ツバメ（たち）」は代名詞の them で表すとよい。

3 <要旨把握>下線部(3)の後で，1985年には3万6000羽のツバメがいたが，2020年には9500羽に減り，一方，家の数はこの35年間で増加し続けていると説明されている。

4 <要旨把握>下線部(5)の直後に続く2文で2つの具体例が挙げられているので，この2つの内容をまとめればよい。

5 <適語選択>直後の，ツバメがエサを見つけられないという内容は，ツバメにとってこの町が暮らしにくいことの'理由'になっている。

6 <テーマ作文>自然環境にとって良いと思える行動を具体的に説明すればよい。個人でできることなので，解答例にある自転車の利用やごみの削減のほか，省エネルギーに努めることなどが考えられる。

4 〔長文読解総合—物語〕

≪全訳≫**1**私は幼い頃にリサと出会った。彼女はいつでも私を支えてくれたので，彼女と一緒だと心地良くいられた。中学校では，リサが入部したからという理由でテニス部を選んだ。私たちはダブルスのパートナーだった。私は彼女とともにクラブ活動を楽しんだ。

2私たちは高校生になった。4月のある日，学校で，リサは私にこう尋ねた。「マリ，どのクラブに入る？　もう決めた？」「ううん，まだだよ」と私は答えた。彼女はこう言った。「だったら，一緒にテニス部に入らない？　また一緒にテニスができたら，きっと楽しいよ！」「考えておくね」と私は言った。実は，私は英語部に入りたかったのだ。

3家に帰る間，私は自分の夢について考えていた。私が中学2年生のとき，兄のテルは交換留学生としてオーストラリアで勉強していた。私は夏休み中に母と一緒に兄を訪ねた。兄の外国人の友人は私に親切にしてくれたので，私は彼らのためにすしをつくった。彼らの話す英語はよくわからなかったけれど，彼らの笑顔を見て私はこう思った。「将来，オーストラリアで日本料理店を開きたい！」　この夢をかなえるため，高校では英語力を向上させたかった。けれども，リサのいない英語部に入るのは不安だった。

❹学校から帰宅すると，テルが私のところに来てこう言った。「マリ，大丈夫？　何があったんだい？」私は自分の悩みを相談した。私が話し終えると，テルは私にこう尋ねた。「もしマリがテニス部を選んだとして，その選択でほんとに幸せになれるのかな？」　私は小声で「ううん」と答えた。テルは言った。「マリ，聞くんだ。マリは僕の夢を知ってるかい？　僕は外国で日本語を教えたいんだ。自分の夢のためには英語を学ぶことが必要だと思ったから，僕は留学することに決めた。オーストラリアには誰も知り合いがいないわけだから，そこに行く前は緊張したよ。実際，新生活を始めるのは僕にとっては大変だったけど，新しい友達ができて，すばらしい経験をたくさんして，たくさんのことを学んだ。自分の夢に近づいてるんだって感じたよ。今では，あそこへ行こうっていう決断が正しかったって確信してる」　彼は続けた。「マリ，もし本当にやりたいことがあるのなら，それに挑戦しなよ！　それが僕の信念さ」　彼の言葉は私に勇気を与えてくれた。私は心の中でこう思った。「やっぱりちょっと怖いけど，自分の気持ちに従おう！」

❺次の日，私はリサに自分の決意を伝えた。最初，彼女は驚いた様子だった。それからこう言った。「あなたが自分のしたいことを私に話してくれるなんて初めてだね。選ぶクラブは違っても，私たちは親友だし，それはこれからもずっと変わらない。あなたの夢がかなうといいね！」　彼女はほほ笑んだ。

- 1 **＜適語句補充＞**高校入学後，何部に入るか決めたかと尋ねるリサに対し，マリはまだ決めていないと答えた。また，空所の後では，また一緒にテニスができたら楽しいと述べている。以上のことから，空所にはテニス部に入ることを提案したり勧誘したりする表現が入るとわかる。'提案' や '勧誘' を表す「(一緒に)〜しませんか」は shall we 〜？や why don't we 〜？で表せる。「(部活など)に入る」には，「〜に参加する」を意味する join を用いればよい。

- 2 **＜語句解釈＞**第3段落最終文に，I was worried about joining the English club without Risa「リサのいない英語部に入ることは不安だった」とある。　be worried about 〜「〜について心配する」　without「〜なしで」

- 3 **＜要旨把握＞**第4段落最後から4，3文目でテルは，もし本当にやりたいことがあるのならそれに挑戦することだ，という自分の信念をマリに伝えている。

- 4 **＜語句解釈＞**「マリはオーストラリアで（　　　）たいと思っている」—open a Japanese restaurant「日本料理店を開き」　第3段落最後から3文目参照。

- 5 **＜内容真偽＞**ア．「マリはスポーツが好きだったので，中学校でテニス部に入った」…× 第1段落第3文参照。　イ．「マリの母はとても忙しかったので，マリと一緒にオーストラリアに行けなかった」…× 第3段落第3文参照。　ウ．「テルはオーストラリアに友達はいなかったが，自分の夢のためにそこへ行った」…○ 第4段落中ほどに一致する。　エ．「リサはマリと一緒にいたかったので，マリの決意を聞いて腹を立てた」…× 第5段落参照。

5 〔長文読解総合—説明文〕

　≪全訳≫❶あなたは毎日，掛け時計〔置き時計〕や腕時計を何回見るだろうか。今や時計なしで暮らすのは難しい。現在，身の回りに多種多様な掛け時計〔置き時計〕や腕時計がある。それらを見るのはとてもおもしろい。

❷約6000年前，エジプト人は時を知るのに太陽を利用していた。地面に棒を刺して，その影から時間を知ったのだ。／→ウ．ところが，1つ問題があった。／→ア．影が見えないときには，この種の時計を使うことができなかったのだ。／→エ．この問題を解決するため，水を使った時計を発明した。／→イ．曇っていても夜間でも時を知ることができたので，これは便利だった。／彼らは，水のしたたる速さと使われた水の量を計測することで時を知った。その後，砂を使った時計が発明された。これは船に乗る人々に適していた。

❸ 花時計をご存じだろうか。これは花を使って時刻を知らせてくれる。7時頃に咲く花もあれば，正午頃に咲く花もある。こんなふうに，1日の時刻によって異なる種類の花が咲く。1750年頃，あるスウェーデン人がこの点を利用して，特定の種類の花を選んだ。このようにして，花時計がつくられた。どの花が開いているかを見れば，時刻を知ることができる。花は正確な時刻を伝えることはできないものの，これは驚くべきことではないだろうか。

❹ （携帯できる）時計はまた別の種類の時計である。16世紀に懐中時計が初めて発明され，1900年頃には人々が腕時計を使うようになった。私たちはどこにいても時刻を知ることができる。今や，腕時計で他にもたくさんのことができる。例えば，私たちは健康状態を確認することができる。

❺ 人はさまざまな種類の時計を発明してきた。もしもあなたが新たな時計を創造できるとしたら，それはどんな種類の時計になるだろうか。

1＜適語句選択＞ 直前に，1日に何回時計を見るかという問いかけがある。これは，人々が当たり前に時計を持ち，これとともに生活していることを前提とした問いかけといえるので，これに続ける内容として，「今や時計なしで暮らすのは難しい」となるエが適切。

2＜文整序＞ 影が見えないときは使えないとあるアは日時計の欠点について述べたもので，これがウの one problem「1つの問題」を説明したものだと判断できるので，ウ→アの順になる。To solve the problem「この問題を解決するため」で始まるエは，これらの後にくるとわかる。「曇っていても夜間でも時を知ることができた」とあるイは，エで紹介された水時計の説明に当たるので，エ→イとなる。空所の後，水時計の説明が続いていることも手がかりとなる。

3＜要旨把握＞ 第3段落第4文参照。続く第5，6文では，スウェーデン人がこの性質を利用して花時計をつくったことが説明されている。

4＜表題選択＞ この文章は，古代エジプトで使われた日時計や水時計，18世紀につくられた花時計や，持ち運べる時計の歴史が紹介されている。したがって，イ．「時間を知ることの歴史」が適する。この tell は「～を知る，見分ける」という意味。

数学解答

1 1　-2　　2　$\dfrac{11}{12}a$

　　3　$x^2+9x+20$　　4　$x=\dfrac{3\pm\sqrt{17}}{4}$

　　5　$2\leqq y\leqq 4$　　6　3π cm

　　7　$61°$　　8　ウ

2 1　1，6，9

　　2　大人…900円　子ども…400円

　　3　$a=7$　もう1つの解…$x=5$

3 1　$\dfrac{1}{9}$　　2　およそ240個

　　3　(1)　第1四分位数…4.5日

　　　　　第2四分位数(中央値)…7日

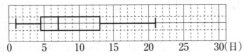

　　　(2)　都市…C市

　　　　　(例)範囲と四分位範囲がともに

　　　　　B市よりC市の方が大きいから。

4 1　(例)

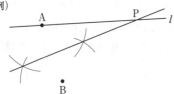

　　2　(1)　$2\sqrt{5}$ cm　(2)　$\dfrac{28}{3}$ cm³

3　(例)△DBCと△DCAにおいて，

　　二等辺三角形の底角は等しいから，

　　∠ABC = ∠ACB……①

　　仮定より，

　　∠ACB = ∠ACD……②

　　①，②より，

　　∠DBC = ∠DCA……③

　　共通な角だから，

　　∠BDC = ∠CDA……④

　　③，④より，2組の角がそれぞれ等

　　しいから，△DBC∽△DCA

5 1　(1)　$y=-x^2$　(2)　$\dfrac{1}{8}$　(3)　$\dfrac{1}{6}$

　　2　(1)　300kWh

　　　(2)　$y=28x+1200$

　　　(3)　(例)B社のグラフが通る点(200，7000)はC社のグラフが通る点(200，7500)より下にあり，B社のグラフの傾き24はC社のグラフの傾き25より小さい

6 1　記号…エ　6度目　　2　$12a$ 回

　　3　Ⅰ…$3b-1$　Ⅱ…9

---

1 〔独立小問集合題〕

1 ＜数の計算＞与式 $=-(14\div 7)=-2$

2 ＜式の計算＞与式 $=\dfrac{8}{12}a+\dfrac{3}{12}a=\dfrac{11}{12}a$

3 ＜式の計算＞与式 $=x^2+(5+4)x+5\times 4=x^2+9x+20$

4 ＜二次方程式＞解の公式より，$x=\dfrac{-(-3)\pm\sqrt{(-3)^2-4\times 2\times(-1)}}{2\times 2}=\dfrac{3\pm\sqrt{17}}{4}$

5 ＜関数—変域＞関数 $y=\dfrac{12}{x}$ の x の変域 $3\leqq x$

$\leqq 6$ におけるグラフは右図1のようになる。

よって，$x=3$ のとき y の値は最大で，$y=$

$\dfrac{12}{3}=4$ である。また，$x=6$ のとき y の値は

最小で，$y=\dfrac{12}{6}=2$ である。したがって，y

の変域は $2\leqq y\leqq 4$ となる。

図1　$y=\dfrac{12}{x}$

図2

6 ＜平面図形—長さ＞半径が9cm，中心角が60°のおうぎ形だから，弧の長さは，$2\pi\times 9\times\dfrac{60°}{360°}=$

3π (cm)である。

7 <平面図形―角度> 前ページの図2で，$\overset{\frown}{BC}$ に対する円周角と中心角の関係より，∠BOC＝$2\angle BAC = 2 \times 29° = 58°$ である。△OBC は OB＝OC の二等辺三角形だから，∠OBC＝∠OCB＝x である。よって，∠x＝$(180° - \angle BOC) \div 2 = (180° - 58°) \div 2 = 61°$ となる。

8 <平面図形―成り立たない条件> ア．3組の辺がそれぞれ等しくなるから，合同である。 イ．2組の辺とその間の角がそれぞれ等しくなるから，合同である。 ウ．右図3の △ABC と△DEF のような三角形が考えられ，常に合同になるとはかぎらない。 エ．1組の辺とその両端の角がそれぞれ等しくなるから，合同である。

図3

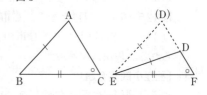

2 〔独立小問集合題〕

1 <数の性質> n は正の整数だから，$\sqrt{10-n}$ が正の整数となるとき，$10-n$ は，1 以上 9 以下の整数で，整数を 2 乗した数になる。よって，$10-n = 1$，4，9 である。$10-n = 1$ のとき $n = 9$，$10-n = 4$ のとき $n = 6$，$10-n = 9$ のとき $n = 1$ だから，$n = 1$，6，9 である。

2 <連立方程式の応用> 割引き前の大人 1 人の運賃を x 円，子ども 1 人の運賃を y 円とするので，大人 2 人と子ども 5 人の運賃の合計が3800円より，$2x + 5y = 3800$……①が成り立つ。また，大人 5 人と子ども 10 人の運賃の合計は，全員分の運賃が 2 割引きされて6800円になったので，$(5x + 10y) \times \left(1 - \dfrac{2}{10}\right) = 6800$ が成り立ち，$4x + 8y = 6800$，$x + 2y = 1700$……②となる。②×2 より，$2x + 4y = 3400$……②′ ①－②′ より，$5y - 4y = 3800 - 3400$ ∴$y = 400$ これを②に代入して，$x + 2 \times 400 = 1700$，$x + 800 = 1700$ ∴$x = 900$ よって，割引き前の大人 1 人の運賃は900円，子ども 1 人の運賃は400円である。

3 <二次方程式―解の利用> 二次方程式 $x^2 - 8x + 2a + 1 = 0$ の 1 つの解が $x = 3$ だから，解を方程式に代入して，$3^2 - 8 \times 3 + 2a + 1 = 0$，$9 - 24 + 2a + 1 = 0$，$2a = 14$，$a = 7$ である。これより，二次方程式は，$x^2 - 8x + 2 \times 7 + 1 = 0$，$x^2 - 8x + 15 = 0$ となり，$(x-3)(x-5) = 0$ より，$x = 3$，5 となる。よって，もう 1 つの解は $x = 5$ である。

3 〔独立小問集合題〕

1 <確率―さいころ> 大小 2 つのさいころを同時に投げるとき，目の出方はそれぞれ 6 通りあるから，全部で，$6 \times 6 = 36$（通り）ある。このうち，出る目の数の積が25以上になるのは，（大，小）＝(5, 5)，(5, 6)，(6, 5)，(6, 6)の 4 通りであるから，求める確率は $\dfrac{4}{36} = \dfrac{1}{9}$ となる。

2 <標本調査> 袋から取り出した50個のキャップのうち，赤色のキャップは15個だったので，袋の中にある赤色のキャップの割合は $\dfrac{15}{50} = \dfrac{3}{10}$ と考えられる。袋の中には800個のキャップが入っているから，赤色のキャップは，$800 \times \dfrac{3}{10} = 240$ より，およそ240個入っていると推定できる。

3 <データの活用―四分位数，箱ひげ図，理由> (1)A市の月ごとのデータは，小さい順に，1，3，4，5，6，6，8，11，13，13，15，21となる。データは12個だから，第 2 四分位数(中央値)は，小さい方から 6 番目と 7 番目の平均値である。6 番目が 6 日，7 番目が 8 日だから，第 2 四分位数(中央値)は $\dfrac{6+8}{2} = 7$（日）である。また，第 1 四分位数は，1 番目から 6 番目までの 6 個のデータの中央値だから，3 番目と 4 番目の平均値である。3 番目が 4 日，4 番目が 5 日だから，第 1 四分位数は $\dfrac{4+5}{2} = 4.5$（日）となる。次に，最小値は 1 日，最大値は21日だから，箱ひげ図の左のひげの端は 1 日，右のひげの端は21日となる。また，第 3 四分位数は，7 番目から12番目までの 6 個のデ

ータの中央値だから，9番目と10番目の平均値となる。9番目，10番目はともに13日だから，第3四分位数は13日である。よって，箱ひげ図の箱の部分は，左が4.5日，右が13日となり，中に入る線は7日となる。箱ひげ図は解答参照。　　　(2)B市の最小値は4日，最大値は18日だから，範囲は18−4＝14(日)となる。C市の最小値は3日，最大値は20日だから，範囲は20−3＝17(日)となり，C市の方が大きい。また，B市の第1四分位数は6.5日，第3四分位数は12.5日だから，四分位範囲は12.5−6.5＝6(日)となる。C市の第1四分位数は5日，第3四分位数は13日だから，四分位範囲は13−5＝8(日)となり，C市の方が大きい。以上より，C市の方が散らばり具合が大きいと考えられる。理由は解答参照。

④〔独立小問集合題〕

1 <平面図形—作図>右図1で，AP＝BPであるから，点Pは線分ABの垂直二等分線上にある。よって，線分ABの垂直二等分線と直線 l の交点がPとなる。作図は，①2点A，Bを中心とする半径の等しい円の弧をかき(2つの交点をC，Dとする)，②2点C，Dを通る直線を引く。②の直線と直線 l の交点がPとなる。解答参照。

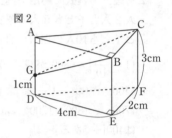

図1

2 <空間図形—長さ，体積>(1)右図2で，∠BAG＝90°であり，AB＝4，AG＝AD−DG＝3−1＝2だから，△AGBで三平方の定理より，BG＝$\sqrt{AB^2+AG^2}$＝$\sqrt{4^2+2^2}$＝$\sqrt{20}$＝$2\sqrt{5}$(cm)である。　　　(2)頂点Dを含む立体の体積は，〔三角柱ABC-DEF〕−〔三角錐G-ABC〕で求められる。∠DEF＝90°より，△ABC＝△DEF＝$\frac{1}{2}$×DE×EF＝$\frac{1}{2}$×4×2＝4だから，〔三角柱ABC-DEF〕＝△DEF×AD＝4×3＝12，〔三角錐G-ABC〕＝$\frac{1}{3}$×△ABC×AG＝$\frac{1}{3}$×4×2＝$\frac{8}{3}$であり，求める立体の体積は，12−$\frac{8}{3}$＝$\frac{28}{3}$(cm³)となる。

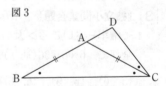

図2

3 <平面図形—証明>右図3の△DBCと△DCAにおいて，2組の角がそれぞれ等しいことを示す。△ABCはAB＝ACの二等辺三角形だから，∠ABC＝∠ACBである。∠ACB＝∠ACDだから，∠DBC＝∠DCAとなる。また，∠BDC＝∠CDAである。解答参照。

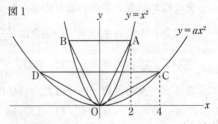

図3

⑤〔独立小問集合題〕

1 <関数—放物線の式，比例定数>(1)関数 $y＝x^2$ のグラフと x 軸について対称なグラフを表す式は，比例定数の絶対値が同じで，符号が逆になるから，$y＝−x^2$ である。　　　(2)右図1で，点Aは放物線 $y＝x^2$ 上にあり x 座標が2だから，$y＝2^2＝4$ より，A(2, 4)である。放物線 $y＝x^2$ は y 軸について対称で，直線ABは x 軸に平行だから，点Bは点Aと y 軸について対称な点となり，B(−2, 4)となる。△OABの底辺をABと見ると，AB＝2−(−2)＝4となり，点Aの y 座標より，高さは4だから，△OAB＝$\frac{1}{2}$×4×4＝8である。次に，点Cは放物線 $y＝ax^2$ 上にあり x 座標が4だから，$y＝a×4^2＝16a$ より，C(4, 16a)である。同様にして，点Dは点Cと y 軸について対称な点となるから，D(−4, 16a)となる。△OCDの底辺をCDと見ると，CD＝4−(−4)＝8，高さは16aだから，△OCD＝$\frac{1}{2}$×8×16a＝64aと表される。よって，△OAB

図1

$=\triangle OCD$ より，$8=64a$ が成り立ち，$a=\dfrac{1}{8}$ となる。(3)

右図2で，(2)より，A(2, 4)，C(4, 16a)だから，直線AC

の傾きは，$\dfrac{16a-4}{4-2}=8a-2$ と表される。また，D(-4,

16a)より，直線DOの傾きは，$\dfrac{0-16a}{0-(-4)}=-4a$ と表される。

AC∥DO のとき，直線ACと直線DOの傾きが等しいから，

$8a-2=-4a$ が成り立ち，$12a=2$ より，$a=\dfrac{1}{6}$ となる。

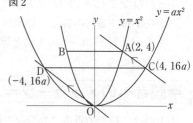

図2

2 <関数—電気使用量，関係式，説明> (1)右図で，B社の，電気使
用量が200kWhのときの電気料金は7000円だから，電気料金が
9400円となるのは，$x>200$ である。200kWhを超えた分につい
ては1kWh当たり24円であるから，電気料金は，$7000+24(x-$
$200)=24x+2200$（円）と表せる。電気料金が9400円のとき，$24x$
$+2200=9400$ が成り立ち，$24x=7200$，$x=300$（kWh）となる。

(2)右図で，A社の，電気使用量が200kWhのときの電気料金は
6800円である。200kWhを超えた分については1kWh当たり28
円であるから，$x>200$ のとき，A社の電気料金は $6800+28(x-$
$200)=28x+1200$（円）と表せる。よって，$y=28x+1200$ である。

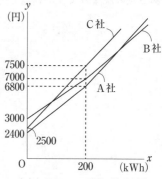

(3)上図で，電気使用量が
200kWhのときの電気料金は，B社が7000円である。C社は7500円だから，B社のグラフは点(200,
7000)を通り，C社のグラフは点(200, 7500)を通る。また，電気使用量が200kWhを超えた分につ
いては，B社は1kWh当たり24円だから，$x≧200$ の範囲のグラフの傾きは24である。C社は
1kWh当たり25円だから，グラフの傾きは25である。2点(200, 7000)，(200, 7500)の位置関係と，
$x≧200$ の範囲のグラフの傾きの大小関係を用いて説明する。解答参照。

6 〔特殊・新傾向問題〕

1 <回数> $n=2$ だから，線をまたぐ回数は，中央から右端までで2回，右端から中央までで2回，
中央から左端までで2回，左端から中央までで2回となる。よって，線を $2×4=8$（回）またぐごと
に同じ動きを繰り返す。全体の回数が19回のとき，$19÷8=2$ あまり3より，この動きを2回繰り返
した後，3回線をまたぐので，エ，オ，エの順で線をまたぐ。よって，またいでいる線はエであ
る。また，エの線をまたぐのは，中央から右端まで，右端から中央までの間で1度ずつあるので，
8回またぐ間に2度ある。このことから，中央→右端→中央→左端→中央という動きを2回繰り返
している間にエの線をまたぐのは $2×2=4$（度）あり，その後，エ，オ，エとまたぐから，エの線を
またぐのは6度目となる。

2 <回数> $n=a$ より，線をまたぐ回数は，中央から右端までで a 回，右端から中央までで a 回，中
央から左端までで a 回，左端から中央までで a 回だから，1往復すると，線をまたいだ回数は $a×$
$4=4a$（回）となる。よって，3往復したとき，全体の回数は，$4a×3=12a$（回）となる。

3 <回数，b の値> $n=b$ より，線をまたぐ回数は，中央から右端までで b 回，右端から中央までで
b 回ある。この後，中央から左端までの間に，左から2番目の線を1度目にまたぐ。中央から左端
までは b 回だから，左から2番目の線までは $b-1$ 回であり，左から2番目の線を1度目にまたい
だときの全体の回数は $b+b+(b-1)=3b-1$（回）となる。また，左から2番目の線は1往復する間
に2度またぐので，$12÷2=6$ より，12度目にまたぐのは，6往復目である。1往復すると，線を
またぐ回数は $4b$ 回だから，5往復すると，$4b×5=20b$（回）となる。その後，中央から右端までで
b 回，右端から中央までで b 回あり，中央から左端までの b 回の間に，左から2番目の線をまたぐ。

5往復で2×5＝10（度）またいでいるので，これが11度目となる。さらに，左端から次にまたぐのが左から2番目の線で，12度目となる。このときの全体の回数は$20b+b+b+b+1=23b+1$（回）である。これが$3b-1$の8倍と等しくなるので，$23b+1=(3b-1)×8$が成り立ち，$23b+1=24b-8$，$b=9$となる。

＝読者へのメッセージ＝

④1では，線分の垂直二等分線を引きました。線分の垂直二等分線は，線分の両端の2点から等距離にある点の集まりということもできます。また，角の二等分線は，その角をつくる2直線から等距離にある点の集まりです。確認しておきましょう。

社会解答

1 1 政令指定　2 エ　3 イ
　4 ア　5 ウ　6 イ　7 エ
　8 (例)道路の開通により観光客が増加
　　し，自然環境が損なわれたため，自
　　然環境の保全と観光の<u>両立</u>を目指す
　　取り組みをしてきた。

2 1 (1)　スペイン…ア　ロシア…ウ
　　(2)…バイオ燃料〔バイオエタノール，
　　　バイオマス燃料，バイオマスエ
　　　タノール〕
　　(3)…イギリス　　(4)…ア
　　(5)　X　(例)輸出の多くを農産物や
　　　　鉱産資源に<u>依存</u>しているた
　　　　め，天候や国際価格などの
　　　　影響を受けやすいこと
　　　Y　(例)生産量が上位ではない
　　　　のに，輸出量が上位なのだ
　　　　ろうか
　2 (1)…ウ　(2)…イ

3 1 イ　2 ア　3 ウ
　4 イ，ウ　5 エ　6 朱印船
　7 (例)兵庫と比べて神戸は住居が少な
　　く，外国人と日本人の<u>交流</u>を制限し
　　やすかったから。
　8 大航海

4 1 ア　2 エ→イ→ア→ウ
　3 (例)関東大震災によって大規模な火
　　災が発生したことから，区画整理を
　　行い，災害に強い便利で暮らしやす
　　い都市を目指した。
　4 全国水平社　5 ウ
　6 (1)…エ　(2)…安保闘争

5 1 (1)…国内総生産〔GDP〕
　　(2)…ウ　(3)…エ
　2 (1)…条例　(2)…ア，エ　(3)…イ
　　(4)　(例1)Xの政策は，「大きな政
　　　府」の政策であり，企業の経済
　　　活動を保護したり，税金を使っ
　　　て公共サービスを充実させたり
　　　する。
　　　(例2)Yの政策は，「小さな政
　　　府」の政策であり，企業の自由
　　　な競争を促したり，税金の負担
　　　を軽くしたりする。

6 1 A…持続可能　B…パリ　2 ア
　3 エ　4 ウ　5 難民
　6 X　(例)発電効率が低い
　　Y　(例)新たな発電技術を確立させ
　　　て，二酸化炭素排出量を減らす

1 〔日本地理—日本の諸地域〕

1 <政令指定都市>政令指定都市は，政府により指定された人口50万人以上の都市である。市内に区を設置し，都道府県の業務の一部を分担するなど一般の市よりも大きな権限を持っている。現在，全国には札幌市や大阪市，新潟市をはじめとして20の政令指定都市がある(2022年3月)。

2 <日本の気候>大阪市は瀬戸内の気候に属するので，年間を通して降水量が少ないエの雨温図となる。なお，札幌市は北海道の気候に属するので，年間を通して気温が低いア，新潟市は日本海側の気候に属するので，冬の降水量が多いウ，鹿児島市は太平洋側の気候に属するので，夏の降水量が多いイの雨温図である。

3 <マングローブ>マングローブは，熱帯・亜熱帯の地域で，入り江や河口付近の満潮時に海水におおわれる場所に育つ常緑樹の総称である。ア～エのうちマングローブが見られるのは，国土の大部分が熱帯地域に位置するインドネシアとなる。

4 <都道府県の旅行者と交通>A～Cのうち宿泊旅行者数が最も多いAは，多くの観光客が訪れる北海道である。東京都から北海道への移動には鉄道よりも航空機を使う人が多いと考えられることか

ら，Ⅱが航空であり，Ⅰが鉄道となる。なお，東京から新潟県への移動には鉄道，東京から鹿児島県への移動には主に航空機が使われると考えられることから，Bが鹿児島県，Cが新潟県となる。

5 **＜都道府県の工業＞** Pは Q に比べて，従業者10人未満の小規模な事業所の割合が高く，また小規模な事業所による製造品出荷額が非常に大きいことがわかる。これは，内陸部の東大阪市などに中小工場が多く集まる大阪府の特徴を表している。したがって，Pが大阪府，Qが栃木県となる。次にⅩは，大阪府の出荷額が栃木県の出荷額を大きく上回っていることから，大阪府の臨海部で生産が盛んな金属製品と考えられる。

6 **＜都道府県の農業＞** アは，農業産出額が最も大きいことから北海道である。イは，4つの道府県の中で，北海道に次いで農業産出額が大きいが，農業産出額に占める米の割合が低いことから，豚肉などの畜産が盛んな一方で，米の栽培に向かないシラス台地が広がる鹿児島県である。ウは，4つの道府県の中で米の産出額が最も大きく，農業産出額に占める米の割合も最も高いことから，水田単作地帯が広がり米の生産量が全国最大（2020年）の新潟県である。エは，農業産出額が最も小さいことから，都市部が多い大阪府である。

7 **＜都道府県の特徴＞** フォッサマグナは，中部地方をほぼ南北方向に走る大地溝帯（大規模な溝状の地形）であり，新潟県糸魚川市と静岡県静岡市をつなぐ線がその西端にあたると考えられている。したがって，エが新潟県の施設である。なお，アは千里ニュータウンのある大阪府，イは桜島のある鹿児島県，ウは古くからアイヌの人々が暮らす北海道に当てはまる。

8 **＜知床の観光政策＞** 知床半島は，沿岸海域とともに，その生物多様性と豊かな生態系により，世界自然遺産に登録されている地域である。図6で1980年代から1990年代にかけての観光客数を見ると，大きく増加していることがわかる。また図7を見ると，1980年に知床横断道路が開通し，1999年に自動車の乗り入れ規制が開始されている。これらから，道路の開通によって観光客が増加した結果，自然環境が損なわれるという問題が生じたため，環境保全のための対策がとられるようになったことが推測できる。その後，2007年には知床エコツーリズムガイドラインが策定されていることから，自然環境の保全と観光の両立を目指すエコツーリズムの取り組みが行われていると考えられる。

2 〔地理―世界の諸地域と日本の姿〕

1 (1) **＜世界の気候＞** スペインの首都であるマドリードは，温帯の地中海性気候に属しており，夏の降水量が少ない。したがって，年平均気温がおよそ15度と温暖で，年降水量に占める6月から8月までの降水量の合計の割合が低いアがマドリードに当てはまる。また，ロシアの首都であるモスクワは，冬の寒さが厳しい冷帯〔亜寒帯〕に属することから，年平均気温が低いウが当てはまる。なお，年平均気温がマドリードと同程度で，年降水量に占める6月から8月までの降水量の合計の割合がマドリードよりも高いイは，温帯の温暖湿潤気候に属するワシントンD.C.（アメリカ）である。年平均気温が高いエは，乾燥帯に属し，季節風〔モンスーン〕の影響により夏季に降雨が集中するデリー（インド）である。

(2) **＜バイオ燃料＞** バイオ燃料は，とうもろこしやさとうきびなどの植物を原料とする燃料であり，自動車の燃料などに用いられている。大気中の二酸化炭素を吸収する植物を原料とするため，バイオ燃料は燃やしても大気中の二酸化炭素の総量を増やさないと考えられていることから，環境への負担が小さいエネルギーとして注目されている。

(3) **＜オーストラリアとイギリス＞** オーストラリアは18世紀後半にイギリスの植民地となり，20世紀初めに独立した。第二次世界大戦直後まではイギリス系の住民が国民の大多数を占めており，イギリスの文化や習慣の影響を強く受けていたと考えられる。

(4) **＜イスラム教＞** 北アフリカから西アジアにかけての地域では，主にイスラム教が信仰されている。

イスラム教の教えでは飲酒が禁じられているため，イスラム教徒の多い地域ではワインやビールの一人当たりの消費量が他の地域に比べて少なくなると考えられる。

(5)＜モノカルチャー経済と資料の読み取り＞Ｘ．図3を見ると，コートジボワールの輸出額のうちカカオ豆の輸出によるものがおよそ3割を占めており，カカオ豆を中心とするモノカルチャー経済となっている。また，その他の輸出上位品目も全て農産物や鉱産資源となっている。農産物や鉱産資源の価格は天候や国際情勢の影響を受けて大きく変動するため，これらの輸出に依存した経済のもとでは国の収入が不安定になりやすいという問題がある。　　Ｙ．図4中のベルギーとオランダが，その他の国々と異なるのはどのような点かを考える。カカオ豆輸出国の上位7か国のうち，ベルギーとオランダを除く5か国は，いずれもカカオ豆生産国の上位7か国に含まれていることがわかる。一方，ベルギーとオランダは，生産量が上位ではないにもかかわらず輸出量が上位であることがわかる。

2(1)＜各国の排他的経済水域＞日本は，海に囲まれた島国で離島も多いことから，領土の面積に比べて排他的経済水域の面積が非常に大きいという特徴がある。したがって，「領土の面積を1とした場合の排他的経済水域の面積」が最も大きいＱは日本である。残るＰとＲのうち，「排他的経済水域の面積」「領土の面積を1とした場合の排他的経済水域の面積」がともに小さいＲは，国土面積が大きいわりに海に面した場所が少ないブラジルであり，Ｐがアメリカとなる。

(2)＜日本と中国の人口ピラミッド＞人口ピラミッドには，年齢が低いほど割合が高い「富士山型」，子どもと高齢者の割合の差が富士山型よりも小さい「つりがね型」，高齢者の割合が高く子どもの割合が低い「つぼ型」などがあり，ウは富士山型，エはつぼ型に当てはまる。また，一般に国の人口ピラミッドは，経済が発展するにつれて「富士山型」から「つりがね型」へと変化していく傾向が見られ，アの人口ピラミッドはこの変化の途中の形と考えられる。以上から，ウは人口増加の著しい1970年の中国，アは高度経済成長と同時に核家族化の進んだ1970年の日本，エは少子高齢化の進んだ2015年の日本である。イは，40歳代から上の世代はピラミッド型だが，30代以下の世代は40代を下回る割合となっていることから，1979年から2014年まで実施された一人っ子政策による人口の抑制の影響と推測されるので，2015年の中国である。

3 〔歴史─古代～近世の日本と世界〕

1＜遣隋使の目的＞飛鳥時代に推古天皇の摂政となって政治を行った聖徳太子が，隋の進んだ政治制度や文化を学ぶため，小野妹子らを遣隋使として隋に派遣した。

2＜鑑真，禅宗＞Ⅱ．鑑真は，奈良時代に唐から日本に渡った僧である。仏教の正しい教えや決まりを日本に伝え，奈良に唐招提寺を建立した。なお，空海は平安時代の初めに唐に渡り，帰国後に真言宗を開いた僧である。　　Ⅲ．禅宗は，座禅によって自らの力でさとりを開こうとする仏教の宗派である。栄西は，鎌倉時代に宋に渡って禅宗を学び，帰国後に臨済宗を開いた。なお，浄土宗は法然によって開かれた仏教の宗派である。

3＜平清盛と日宋貿易＞平安時代末期に政治を行った平清盛は，瀬戸内海の航路の整備や大輪田泊（現在の兵庫県神戸市にあった港）の修築を行い，日宋貿易に力を入れた。貿易による利益は，平氏の政権を支える重要な経済基盤となった。なお，菅原道真は平安時代に遣唐使の廃止を提案した人物，中臣鎌足は飛鳥時代に中大兄皇子とともに大化の改新を進めた人物，足利尊氏は室町幕府を開いた人物である。

4＜鎌倉時代以前の文化＞フビライ・ハンは，鎌倉時代にあたる13世紀後半に元の皇帝となり，1274年（文永の役）と1281年（弘安の役）の2度にわたって日本に大軍を送った（元寇，蒙古襲来）。イタリアの商人であったマルコ・ポーロは，1275年に陸路で元を訪れてフビライに仕えた。したがって，

この時期にすでに建てられていたものは，平安時代に，藤原頼通によってつくられた平等院鳳凰堂と，奥州藤原氏によってつくられた中尊寺金色堂である。なお，金閣は室町時代に足利義満によって，安土城は安土桃山時代に織田信長によって建てられた。

5 <豊臣秀吉の政策>豊臣秀吉は，1587年にバテレン追放令を出し，宣教師の国外追放を命じてキリスト教の布教を禁止した。なお，天正遣欧少年使節を派遣したのは大友宗麟などのキリシタン大名である。絵踏の実施や，外国船を追い払うことを命じた異国船打払令(1825年)の発令は江戸幕府の政策である。

6 <朱印船貿易>江戸時代初期，徳川家康は海外渡航を許可する朱印状を大名や商人に発行し，貿易を奨励した。朱印状を持った船が主に東南アジアで行った貿易を朱印船貿易という。朱印船貿易の発展とともに多くの日本人が東南アジアへ移住し，ルソン(フィリピン)など各地に日本町が形成された。

7 <神戸の開港と外国人居住区>図2を見ると，兵庫には住居が密集していて人口も多かったと考えられるのに対し，神戸は住居が少ない地域であったことがわかる。また，江戸時代には，図3のように他の地域から離れた出島にオランダ人が集められ，日本人との交流は制限されていた。これらのことから，神戸を開港して住居の少ない地域に外国人居住区を設けることで，外国人と日本人の交流を制限しようとしたと考えられる。

8 <大航海時代>日本との交流があった地域は，古代から中世までは東アジアに限られたが，近世になると東アジアに加えてヨーロッパとの交流が行われるようになった。その背景となったのは，15世紀末以降のヨーロッパで，新航路の開拓が盛んとなる大航海時代が始まったことである。その先がけとなったスペインやポルトガルは，貿易やキリスト教の布教を目的としてアメリカ大陸やアジアなどに進出し，日本にも来航するようになった。

4 〔歴史─近世～現代の日本と世界〕

1 <明治時代初期の出来事>江戸が東京に改称されたのは，年号が明治に改められた1868年のことである。同じ年，明治政府が五箇条の御誓文を出し，新しい政治の基本方針を示した。なお，ラジオ放送が開始されたのは1925年，教育勅語が発布されたのは大日本帝国憲法〔明治憲法〕の発布の翌年である1890年，初めて日本万国博覧会が開催されたのは1970年である。

2 <年代整序>年代の古い順に，エ(1871年－廃藩置県)，イ(1874年－民撰議院設立の建白書)，ア(1880年－国会期成同盟)，ウ(1885年－内閣制度の創設)となる。

3 <関東大震災後の復興>図2中の「大正十三年」は1924年であることから，「昨年の震災」とは1923年に起こった関東大震災のことである。この震災では，多くの建物が倒壊して大規模な火災が発生し，東京は壊滅的な被害を受けた。そのため，復興にあたっては災害に強い都市をつくるための計画が立てられ，図1，図2に見られるような大規模な区画整理が行われた。

4 <全国水平社>江戸時代にえた・ひにんの身分とされた人々やその居住地域(被差別部落)への差別は，明治時代初期の「解放令」(1871年)によってこれらの身分が廃止された後も根強く続いた。1922年には，差別からの解放を目指す部落解放運動の中心となる全国水平社が結成された。

5 <学徒出陣>図4中で，盧溝橋事件によって日中戦争が始まったのは1937年，真珠湾攻撃によって太平洋戦争が始まったのは1941年，ミッドウェー海戦によって日本の戦局が悪化に転じたのは1942年，ポツダム宣言の受諾によって戦争が終結したのは1945年，警察予備隊が創設されたのは1950年である。学徒出陣は，それまで徴兵を猶予されていた文科系の大学生などが軍隊に召集された出来事で，戦争の長期化によって兵士の不足が深刻となった1943年に始まった。

6(1) <1947～64年の出来事>Cは，日本国憲法が施行された1947年から東京オリンピックが開催さ

れた1964年の間の時期である。第4次中東戦争の影響で石油危機が起こったのは1973年のことである。なお，サンフランシスコ平和条約が結ばれたのは1951年，日ソ共同宣言への調印が行われたのは1956年，朝鮮戦争が始まったのは1950年である。

(2)＜安保闘争＞1951年に結ばれた日米安全保障〔日米安保〕条約は，岸信介内閣によって改定が進められ，1960年に新しい日米安全保障条約が結ばれた。この条約の承認が衆議院で強行採決されると，条約を批判する人々の間で安保闘争と呼ばれる大きな反対運動が起こり，多くの人が国会議事堂を取り囲んだ。そのため，岸内閣は条約の発効後に退陣した。

5 〔公民─総合〕

1(1)＜国内総生産＞国内総生産〔GDP〕は，ある国や地域内で1年間に生産された財・サービスの付加価値の合計を指し，経済活動の規模をはかる尺度として用いられている。

(2)＜需要曲線・供給曲線＞需要量は価格が高いほど少なく，価格が低いほど多くなるため，需要曲線は右下がりの曲線（①）となる。また，供給量は価格が高いほど多く，価格が低いほど少なくなるため，供給曲線は左下がりの曲線（②）となる。図1から図2への変化を見ると，①の需要曲線は変わらず，②の供給曲線が右に移動している。その結果，同じ価格で見た場合の供給量が増加し，需要曲線と供給曲線の交点である均衡価格（需要量と供給量が一致したときの価格）は，図1よりも低くなっている。つまり，何らかの理由で供給量が増えたために価格が低下したということであり，これに当てはまる状況はウとなる。なお，アは①の需要曲線が右に移動し，イは需要曲線が左に移動し，エは②の供給曲線が左に移動する。

(3)＜金融政策＞金融政策は，日本銀行が景気や物価を安定させるために行う政策である。金融政策の中心となるのは，国債などを売買する公開市場操作である。好景気のとき，日本銀行は国債などを売り，一般の金融機関の資金量を減らす。一般の金融機関からお金を借りにくくなった企業が生産を縮小することで，景気の過熱が抑えられる。反対に不景気のとき，日本銀行は国債などを買い，一般の金融機関の資金量を増やして企業がお金を借りやすくし，生産が活発になることで景気を回復させる。

2(1)＜条例＞地方公共団体が憲法や法律の範囲内で定める独自の法を，条例という。条例の制定や改廃は，地方議会によって行われる。

(2)＜内閣の仕事＞内閣の仕事には，条約の締結や天皇の国事行為への助言と承認のほか，法律の執行，予算の作成・提出，政令の制定などがある。なお，法律の制定と予算の審議は国会の仕事である。

(3)＜内閣不信任決議＞内閣不信任決議を行うことができるのは衆議院のみである。衆議院で内閣不信任決議が可決された場合，内閣は10日以内に衆議院を解散するか，総辞職しなければならない。衆議院が解散された場合，解散の日から40日以内に衆議院議員総選挙が行われ，選挙の日から30日以内に特別会〔特別国会〕が召集される。特別会では，新しい内閣総理大臣の指名が行われる。なお，臨時会〔臨時国会〕は，内閣が必要と認めたとき，またはいずれかの議院の総議員の4分の1以上の要求があった場合に召集される国会である。

(4)＜大きな政府と小さな政府＞「大きな政府」とは，人々の生活を安定させるためのさまざまな役割を政府が積極的に担うべきとする考え方である。一方，「小さな政府」とは，政府の役割を最小限にとどめ，民間の自由な経済活動に任せようとする考え方である。Xは，政府が企業の経済活動を保護したり，税金を使って公共サービスを維持・充実させたりしていることから「大きな政府」の政策にあたる。Yは，政府が企業の自由な競争を促したり，税金の負担を軽くしたりしていることから「小さな政府」の政策にあたる。

6 〔公民─総合〕

1 ＜SDGs，パリ協定＞A．「持続可能な開発目標」であるSDGsは，2015年の国連サミットで採択された，2030年までに持続可能でよりよい世界を目指す国際社会の目標である。教育や健康，気候変動，平和と公正など，さまざまな分野に及ぶ17の目標から構成される。　　　　　B．2015年，フランスのパリで開催された気候変動枠組条約第21回締約国会議（COP21）において，パリ協定が採択された。これは，2020年以降の温室効果ガスの削減について定めた協定で，1997年に定められた京都議定書に代わる枠組みである。パリ協定では，世界の平均気温の上昇を産業革命前と比べて2℃より低く抑えることを目標としており，発展途上国を含む全ての加盟国が排出削減目標を設定し，実施状況を国連に報告することを定めている。

2 ＜為替相場と貿易＞1台150万円の自動車のアメリカでの販売価格は，1ドル＝100円の場合は150万÷100より1万5000ドル，1ドル＝150円の場合は150万÷150より1万ドルである。したがって，1ドル＝100円から1ドル＝150円に変化した場合，アメリカでの販売価格は安くなるため，日本からアメリカに自動車を輸出している企業にとっては有利になる。これは，ドルに対する円の価値が低くなったということであり，これを円安と呼ぶ。

3 ＜国際連合＞国際連合の総会では，主権平等の原則に基づき，全ての加盟国が1票ずつの投票権を持っている。総会では，平和と安全保障のような重要問題の決定については出席かつ投票する加盟国の3分の2，その他の問題の決定については過半数の賛成があれば決議ができる。拒否権を持つのは，安全保障理事会の常任理事国である。

4 ＜教育を受ける権利＞日本国憲法第26条では，教育を受ける権利が保障されている。教育を受ける権利は，人間らしい生活を保障される権利である社会権に含まれる。

5 ＜難民＞人種，宗教，国籍や政治的意見などを理由とする迫害や，紛争などを避けるため，住んでいる地域を離れて国外に逃れた人々を難民という。難民の支援や保護を行う機関として，国連難民高等弁務官事務所〔UNHCR〕がある。

6 ＜太陽光発電と火力発電＞X．Xには，火力発電と比べた太陽光発電の短所が入る。図1から，火力発電の発電効率が38〜46％であるのに対し，太陽光発電の発電効率は20％と低いことが読み取れる。　　　　　Y．Yには，環境保全のためには太陽光発電を増やすことが大切であるが，電力の安定供給のために火力発電も必要であるという状況をふまえた，環境保全と火力発電の両立のために行われている取り組みの内容が入る。図2を見ると，火力発電における二酸化炭素排出量は，石炭火力，天然ガス火力とも長期的に見て減少していくと予測されている。二酸化炭素排出量の減少を実現させるため，さまざまな発電技術の確立が進められていることがわかる。

理科解答

1 1 ウ　2 エ　3 イ　4 イ
5 受粉　6 乱反射　7 気団
8 中性子

2 1 ウ　2 イ
3 斑晶…(例)地下深くで，ゆっくりと
　　　冷え固まってできた。
石基…(例)地表付近で，急に冷え固
　　　まってできた。

3 1 CO_2
2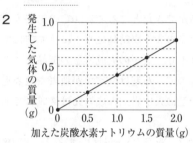

発生する気体の質量…1.2g
3 記号…×
理由…(例)塩酸の濃度を変えても，
　　　加える炭酸水素ナトリウムの
　　　質量が同じであるため，発生

する気体の質量は変わらない
　　　から。

4 1 120mA
2 電圧…2.0V　電気抵抗…15Ω
3 記号…エ　電流の大きさ…1.0A

5 1 ア
2 ①…えら　②・③…肺，皮膚
3 ①…食物連鎖　②…ウ

6 1 ア
2 (例)水溶液の水を蒸発させる。
3 H^+　Na^+　4 エ

7 1 日周運動　2 ①…Q　②…S
3 ア，イ
4 ①…53　②…22　③…Y

8 1 ウ　2 デンプン　3 ア
4 (例)光合成によって吸収された二酸
化炭素の量と，呼吸によって放出さ
れた二酸化炭素の量がつり合ってい
るから。

9 1 40cm/s　2 等速直線運動
3 ウ　4 エ

---

1 〔小問集合〕

1 <しゅう曲>波打つように曲げられた地層のつくりをしゅう曲という。なお，隆起は海水面に対して大地が持ち上がること，沈降は隆起の逆で，海水面に対して大地が下がることである。また，断層は地層のずれである。

2 <肝臓>人体に有害なアンモニアは，肝臓で害のない尿素に変えられる。なお，小腸には栄養分を取り込むはたらきなどがあり，すい臓には消化酵素をつくるなどのはたらきがある。また，じん臓には血液中から尿素をこし出して尿をつくるはたらきなどがある。

3 <放射>放射は物体の熱が離れた物体に伝わることだから，放射の仕組みを利用しているのは非接触体温計で体温をはかることである。なお，アは空気が移動することで熱が伝わる対流，ウとエは物が接触したとき，接触した面から熱が伝わる伝導の仕組みを利用したものである。

4 <物質の状態>融点は固体が溶けて液体になるときの温度で，沸点は液体が沸騰して気体になるときの温度である。20℃のとき液体であるものは，融点が20℃より低く，沸点が20℃より高い物質だから，表の物質A〜Dのうち，物質Bである。なお，20℃のとき，物質Aは気体，物質Cと物質Dは固体である。

5 <受粉>花粉がめしべの柱頭につくことを受粉という。被子植物では，受粉すると胚珠は種子に，子房は果実になる。

6<乱反射>光がさまざまな方向に反射する現象を乱反射という。さまざまな方向から物体を見ることができるのは，光が乱反射するためである。

7<気団>気温や湿度がほぼ一様な大気のかたまりを気団という。

8<中性子>原子は，中心に＋の電気を持った原子核があり，その周りに－の電気を持った電子が回っている。原子核は＋の電気を持った陽子と，電気を持たない中性子からできている。

2 〔大地の変化〕

1<顕微鏡，火成岩>顕微鏡の倍率は，接眼レンズの倍率と対物レンズの倍率の積となるので，観察した顕微鏡の倍率は，$10 \times 2 = 20$(倍)である。また，表1より，火成岩Xのつくりは大きな結晶が組み合わさってできている等粒状組織である。なお，火成岩Yのつくりは石基の中に斑晶が散らばった斑状組織である。

2<花こう岩>花こう岩は白っぽい色の火成岩で，無色鉱物のチョウ石が最も多く含まれる。なお，カンラン石，カクセン石，クロウンモは有色鉱物である。

3<火山岩>実験(2)の(c)で，ペトリ皿Qはいくつかの結晶ができたところで約80℃の湯が入った水そうから氷水の入った水そうに移したことから，ペトリ皿Qの大きな結晶は氷水に移す前にできたもので，小さな結晶は移した後にできたものである。これより，表1の火成岩Yの斑晶はマグマが地下深い所にあるときに，ゆっくり冷え固まってできたもので，石基はマグマが地表や地表近くで急に冷え固まってできたものと考えられる。なお，火成岩Yは火山岩，火成岩Xは深成岩である。

3 〔化学変化と原子・分子〕

1<二酸化炭素>うすい塩酸(HCl)と炭酸水素ナトリウム($NaHCO_3$)が反応すると，二酸化炭素(CO_2)が発生する。なお，この反応では，塩化ナトリウム(NaCl)と水(H_2O)も生じる。

2<反応する物質の質量>反応後，ふたをゆるめる前の質量に対して，ふたをゆるめた後の質量が小さくなるのは，発生した気体が容器の外へ出ていくからである。よって，発生した気体の質量は，反応後にふたをゆるめる前の質量と，反応後にふたをゆるめた後の質量の差として求めることができる。したがって，加えた炭酸水素ナトリウムの質量が0gのとき，発生した気体の質量は$127.5 - 127.5 = 0$(g)，0.5gのとき，$128.0 - 127.8 = 0.2$(g)，1.0gのとき，$128.5 - 128.1 = 0.4$(g)，1.5gのとき，$129.0 - 128.4 = 0.6$(g)，2.0gのとき，$129.5 - 128.7 = 0.8$(g)となる。これらの値を点(・)などで印をつけてグラフをかくと，グラフは原点を通る直線になる。つまり，発生した気体の質量は，加えた炭酸水素ナトリウムの質量に比例する。よって，炭酸水素ナトリウム2.0gから気体が0.8g発生したことから，炭酸水素ナトリウム3.0gで実験を行うとき，発生する気体の質量をxgとすると，$3.0 : x = 2.0 : 0.8$が成り立つ。これを解くと，$x \times 2.0 = 3.0 \times 0.8$より，$x = 1.2$(g)となる。

3<反応する物質の質量>2で求めたグラフより，加えた炭酸水素ナトリウムの質量と発生した気体の質量は比例していることから，加えた炭酸水素ナトリウムは，うすい塩酸と全て反応していることがわかる。そのため，塩酸の濃度を濃くしても，加えた炭酸水素ナトリウムの質量が同じとき，発生する気体の量は変わらない。よって，結果は仮説のとおりにはならない。

4 〔電流とその利用〕

1<電流>図4で，500mAの－端子を使っているので，針が目盛りいっぱいに振れたときの値が500mAである。よって，最小目盛りが10mAになるから，電流計の示す値は120mAである。

2<電圧，抵抗>図2は直列回路で，抵抗器Yに流れる電流は，電流計が示す値0.20Aに等しい。よって，オームの法則〔電圧〕＝〔抵抗〕×〔電流〕より，抵抗器Yに加わる電圧は，$10 \times 0.20 = 2.0$(V)である。これより，直列回路ではそれぞれの抵抗に加わる電圧の和が電源装置の電圧に等しいから，電源の電圧が5.0Vのとき，抵抗器Zに加わる電圧は，$5.0 - 2.0 = 3.0$(V)となり，その電気抵抗は，

$3.0 \div 0.20 = 15(\Omega)$ となる。

3 **<回路と電流>** 電源の電圧が同じとき，10Ωの抵抗器を1つつないだ回路に比べ，同じ抵抗器を2つ直列につないだ回路では，全体の抵抗が大きくなるため，流れる電流は小さくなり，2つ並列につないだ回路では，全体の抵抗が小さくなるため，流れる電流は大きくなる。よって，図3で，スイッチAを閉じたときにできる抵抗器が1つの回路に流れる電流に比べると，スイッチBを閉じたときにできる2つの抵抗器を直列につないだ回路の方が流れる電流は小さくなる。一方，スイッチAとスイッチCを閉じたときにできる抵抗器を1つずつ並列につないだ回路の方が流れる電流は大きくなる。つまり，この3つの回路では，スイッチAとスイッチCを閉じたときにできる回路に流れる電流が最も大きく，それぞれ抵抗器には電源の電圧と同じ5.0Vの電圧が加わり，$5.0 \div 10 = 0.5$ (A)の電流が流れるから，回路全体には $0.5 + 0.5 = 1.0$ (A)の電流が流れる。また，スイッチAとスイッチBを閉じたときにできる回路は，10Ωの抵抗器2つを直列につないだ部分に10Ωの抵抗器を並列につないだ回路である。このとき，抵抗器2つを直列につないだ部分の合成抵抗は，$10 + 10 = 20(\Omega)$ で，この部分に電源の電圧と同じ5.0Vの電圧が加わるから，$5.0 \div 20 = 0.25$ (A)の電流が流れる。一方，抵抗器が1つの方には0.5Aの電流が流れるので，回路全体には，$0.25 + 0.5 = 0.75$ (A)の電流が流れる。よって，実験(3)で，電流計の示す値が最も大きくなる回路にするためには，スイッチAとスイッチCを閉じればよい。

[5] 〔生物の世界，生命・自然界のつながり〕

1 **<節足動物>** 体表が節のある外骨格におおわれているのは節足動物で，ア～エのうちでは，甲殻類のカニである。なお，イカ，マイマイ，アサリは軟体動物である。また，背骨がある動物をセキツイ動物，背骨がない動物を無セキツイ動物という。

2 **<両生類>** 呼吸の仕方で分類したイモリ，サンショウウオは両生類で，子は主にえらで呼吸し，親は肺と皮膚で呼吸する。なお，カニ，イカ，サケ，アサリは子も親もえらで呼吸し，キツネ，マイマイ，カメ，ウサギは子も親も肺で呼吸する。

3 **<食物連鎖，目のつき方>** 食べる・食べられるの関係でつながった生物どうしの一連の関係を食物連鎖という。また，キツネは肉食動物で，獲物を捕らえるのに役立つように，両目は正面についていて，視野は狭いが立体的に見ることのできる範囲が広く，獲物までの距離がつかみやすくなっている。なお，草食動物であるウサギは，天敵を早く見つけて逃げるのに役立つように，両目は側面についていて，立体的に見える範囲は狭いが，視野が広くなっている。

[6] 〔化学変化とイオン〕

1 **<酸性>** BTB溶液は酸性で黄色，中性で緑色，アルカリ性で青色を示す。塩酸は酸性の水溶液だから，緑色のBTB溶液を入れると黄色になる。また，酸性の性質を示すもととなるのは水素イオン(H^+)である。なお，水酸化物イオン(OH^-)はアルカリ性の性質を示すもととなるイオンである。

2 **<再結晶>** うすい塩酸にうすい水酸化ナトリウム水溶液を加えると，中和の反応によって水ができ，塩_{えん}として塩化ナトリウム(食塩)ができる。完全に中和した水溶液は塩化ナトリウム水溶液だから，水溶液から水を蒸発させると，塩化ナトリウムの結晶が取り出せる。

3 **<中和とイオン>** うすい塩酸中では塩化水素(HCl)が水素イオン(H^+)と塩化物イオン(Cl^-)に電離していて，うすい水酸化ナトリウム水溶液中では水酸化ナトリウム(NaOH)がナトリウムイオン(Na^+)と水酸化物イオン(OH^-)に電離している。実験(2)より，うすい塩酸10.0cm³とうすい水酸化ナトリウム水溶液10.0cm³が完全に中和するため，うすい塩酸10.0cm³中のH^+の数をn個とするとCl^-の数もn個で，うすい水酸化ナトリウム水溶液10.0cm³中のNa^+の数もOH^-の数もn個である。うすい塩酸10.0cm³にうすい水酸化ナトリウム水溶液を5.0cm³加えるとき，H^+がn個，Cl^-がn個

あるところに，Na^+を$\frac{1}{2}n$個，OH^-を$\frac{1}{2}n$個加えることになり，$\frac{1}{2}n$個のOH^-は$\frac{1}{2}n$個のH^+と反応して水(H_2O)になるので，H^+は$n-\frac{1}{2}n=\frac{1}{2}n$(個)残り，$OH^-$は0個になる。$Cl^-$と$Na^+$は水溶液中で電離しているので，水溶液中にそれぞれ$n$個，$\frac{1}{2}n$個残っている。よって，水溶液中に同じ数残っているイオンはH^+とNa^+である。

4＜中和とイオン＞加えたうすい水酸化ナトリウム水溶液の体積が0 cm³から10.0cm³までは，H^+はOH^-と中和して結びつくため，H^+の数は減少し，OH^-の数は0のままで，減少するH^+と同じ数だけNa^+の数が増え，Cl^-の数は一定で変化しない。よって，水溶液中に含まれるイオンの総数は一定である。加えたうすい水酸化ナトリウム水溶液の体積が10.0cm³以上になると，塩酸は全て中和しているので，H^+の数は0のままで，Cl^-の数は一定で変化せず，Na^+とOH^-の数は増える。したがって，水溶液中に含まれるイオンの総数は増加する。以上より，求めるグラフはエである。

7 〔地球と宇宙〕

1＜日周運動＞地球の自転による太陽の見かけの動きを，太陽の日周運動という。地球が1日に1回，西から東へ自転しているため，太陽は，東から西へ日周運動して見える。

2＜影の動き＞棒の影は，太陽の方向と逆の方向にできる。よって，太陽は東から西へ動くので，棒の影は，図4のQのように，西から東の方向へ動く。また，秋分から3か月後は冬至の頃である。冬至の頃は，秋分に比べて太陽の高度が低くなるので，棒の影が長くなり，その先端は図4のSのようになる。

3＜南中高度＞南中時に棒の長さと影の長さが等しくなるとき，棒と棒の影を2辺とする三角形は直角二等辺三角形となるから，太陽の南中高度は45°である。また，北緯37°の地点Xにおける，春分・秋分の太陽の南中高度は，〔南中高度〕＝90°－〔その地点の緯度〕で求められるから，90°－37°＝53°である。これより，太陽の南中高度は，秋分から春分の間は53°より低くなり，春分から秋分の間は53°より高くなる。また，地点Xにおける冬至の南中高度は，春分・秋分よりも23.4°低くなるから，53°－23.4°＝29.6°である。よって，太陽の南中高度が45°になる日が含まれる期間は，秋分から冬至と冬至から春分の間である。

4＜南中高度＞3より，地点Xの秋分の南中高度は53°なので，太陽光の当たる角度が垂直になるようにソーラーパネルを設置するとき，ソーラーパネルと水平な地面のなす角は，右図のように，180°－90°－53°＝37°にする。よって，15°からさらに37°－15°＝22°大きくすればよい。また，北緯40°の地点Yの秋分の南中高度は90°－40°＝

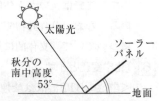

50°である。そのため，太陽光の当たる角度が垂直になるようにソーラーパネルを設置するときのソーラーパネルと水平な地面のなす角は，180°－90°－50°＝40°になる。したがって，角度が大きいのは地点Yである。

8 〔生物の体のつくりとはたらき〕

1＜実験操作＞葉をあたためたエタノールに入れるのは，葉の緑色を脱色して，ヨウ素液の反応を見やすくするためである。

2＜光合成＞ヨウ素液が青紫色になるのは，光合成によってデンプンが生じたためである。植物は，光のエネルギーを使って光合成を行い，水と二酸化炭素からデンプンなどの栄養分をつくる。

3＜対照実験＞袋Aと袋Cの条件の違いは，袋を強い光の当たる場所に置いたか，暗室に置いたかで，光合成に必要な条件である，植物を入れる，息を吹き込む(二酸化炭素を入れる)といったそれ以外

二 〔古文の読解─読本〕出典;『百物語評判』。

≪現代語訳≫ある人が言うことには,「先日,大宮四条坊門の辺りで,和泉屋介太郎とかいう者が,夜が更けて外から帰ったときに,(介太郎が)門を慌ただしく叩いたので,家の中から驚いて開けた。そして介太郎は門から中に入ると同時に,気を失った。さまざまの気つけ薬などを飲ませたので,しだいに生き返って言うことには,『私が帰るとき,月は薄暗く,何となく寒々としていたときに,どこそこの十字路で,三丈以上である坊主が,後ろから覆いかぶさってきたので,わあっと思って逃げたところ,最後には急に追いかけてきたが,この門口で見失った。それゆえこのようだ』と言ったので,聞く人は,皆驚いて,『さてさて,危険なことだなあ。それこそ見こし入道でございますでしょう』と言って,(驚き恐れて)舌を震わせた。このことは身近な出来事であって,その入道に出会った人は,今もどこそこに」と言うと,その場にいた人は,どの人も恐ろしいことだなあと言ったときに,

先生が,評して言うことには,「このものは,昔から名前を高坊主ともいいなしている。野原や墓が点在する野原などではなく,ただ町中の十字路や,軒の下の石橋などの辺りから出るといった。これは愚かな人に臆病風がふいて,すごすごと歩いている夜道に,気の前から生まれるところの,影法師であるのだろう。その理由はこのものは,前よりはやってこない,脇からも寄ってこない,後ろから見こすというので,四辻門戸の出入りや,あるいは夜番の火の光や,月星の光がおぼろけであるところに,自分の影法師が,背が高く動くと,(自分の影を)それだと思い,気を失うと見えた」

1 <歴史的仮名遣い>歴史的仮名遣いで,語中語尾のハ行は,現代仮名遣いでは原則として「わいうえお」になる。また,二重母音「au」は「ou」になる。

2 <古文の内容理解>門を慌ただしく叩いたのは,介太郎。「みかさあまりなる坊主」が後ろから覆いかぶさってきたと思って逃げたのは,介太郎。追いかけてきたのは,「みかさあまりなる坊主」であり,「みかさあまりなる坊主」を門口で見失ったのは,介太郎である。

3 <古文の内容理解>家の中に入った介太郎の意識がなくなったので,家の人は気つけ薬を飲ませたのである。

4 <古文の内容理解>「まぢかし」は,距離や時間などの感覚が近くなっていること。「この事」は,見こし入道が現れることがあることを指す。見こし入道に出会った人は,「今もそこそこに」いたのである。

5 <古文の内容理解>怖い怖いと思っていると,自分の影が自分に覆いかぶさってくるように思うので,自分の影法師を見こし入道と思うのである。

三 〔論説文の読解─芸術・文学・言語学的分野─芸術〕出典;三井秀樹『形の美とは何か』。

≪本文の概要≫〈A〉西洋の思想では,人間と自然は対峙する関係にあり,人間には自然を征服しようとする強い意志が流れている。それに対して,日本では自然主義の感性が重視され,自然の美しさに感動し模倣しようとする。西洋の芸術では,自然は人間を主体とする表現の従属的な存在であるが,日本の芸術は野草や小動物までもを表現の主役とするものである。〈B〉現代社会では,人々は自然との直接体験より映像情報を重んじる。映像のバーチャル化が,人々に自然を受け入れる余裕を見失わせている。自然の美しさに応える感性を持たない現代人に美しい形がつくれるはずもない。生々流転を繰り返しながら,絶えず移り変わる大自然の法則によって,万物の形が形成されていく。自然の形が美しいのは,自然の法則に逆らわず,長い時間をかけて改良され,結果的に無駄がなくなるからである。私たちはもっと自然の存在を真摯に受けとめ,自然のつくり出した形から美とは何かを探るべきである。

1 <文章内容>西洋では,「つねに自然を征服しようとする人間の強い意志が文化の裏側に」流れているため,芸術表現では,自然は,「人間を主体とする表現の従属的な存在」であり,表現の主体的なモチーフにはならない。しかし,文化の「根底に自然が」ある日本では,芸術表現における自然は,「表現の主役」になるのである。

2 ＜文章内容＞現代人は，「強力なデジタル万能の映像」との接点が多くなり，旅に出て実際の自然を見ても，「テレビやメディアで見る自然」が強く想起され，実際の自然を，メディアで見る自然の複製のように思ってしまうのである。

3 ＜文章内容＞人間は，自然を支配するのではなく，「自然を支配する見えない秩序」があることに気づいて，「自然の存在を真摯に」受けとめ，「謙虚」になる必要がある。

4 ＜文章内容＞(Ⅰ)かつての日本人は「自然美を師にその美しさを模倣」するなど，「形の美しさを受けとめる感性を培ってきた」のである。一方，現代の日本人は，「自然と接する機会」が減り，「自然の美しさに応える感性」を持たないから，美しい形をつくれるはずもない。　　(Ⅱ)手づくりの道具や生活用品は，長い時間をかけて，使いやすく「無駄のない形に改良」された。機能を追求したから，美しいものになったのである。自然のつくり出すものも同様に，長い時間をかけて無駄のない形になるのである。

5 ＜要旨＞〈A〉の文章では，かつて日本人は自然美を受けとめる感性を培っていたことが述べられている。これをふまえて，〈B〉の文章では，日本人が培っていた，自然美を受けとめる感性が衰えているから，もう一度謙虚な態度で自然を見直そうと述べられている。

四 〔小説の読解〕出典；天沢夏月『ヨンケイ‼』。

1 ＜指示語＞翔は，「牧草地で牛がのびのびと過ごしてる」景色さえ守れればいいと思っていたが，そのためには「自分がその景色の一部になる」ことが必要だとわかり，酪農家を志したのである。

2 ＜文章内容＞「熱に浮かされる」は，夢中になって見境がなくなる，という意味。翔は，酪農が大変な仕事であることや，自然を守るというのは自分がその一部になって生活することだと感じたことなど，自分の思いを次から次に「俺」に話した。

3 ＜文章内容＞「俺」は，リレーでバトンを受け取るという経験から，「人と人との関わり」は「誰かからもらったものを，パスする」ようなものかもしれないと考えるようになった。翔の酪農に対する熱意は塚本さんから受け取ったのだろうと考えた「俺」は，その影響を好意的に受けとめ，やりたいことをやればいいと翔に伝えようと思ったのである。

4 ＜文章内容＞「酪農は，動物に依存する職業」であり，「自然と同調して生きる道」である。「生き物と自然に人生を捧げる」という生き方は「甘っちょろい覚悟でできること」ではないと，翔もわかっているのだろうと「俺」は思ったのである。

5 ＜文章内容＞「俺」は，酪農に従事することは「生半可な覚悟」ではできないという両親の気持ちもわかるけれど，翔が強い気持ちで酪農に取り組みたいと思うようになったことも理解した。翔の気持ちを理解せずに一方的に反対することには「俺」は賛成できなかったため，翔の真剣な気持ちを両親にも理解してほしいと思ったのである。

6 ＜表現＞「俺」と翔には，陸上と酪農というそれぞれ別々の道があるけれども，自分のやりたいことに向かって歩いていくのは同じであり，自分の未来に向かってお互いに進んでいこうと「俺」は思ったのである。

五 〔作文〕

〈会話1〉では主に外来語を，〈会話2〉では主に日本語を使っていることを押さえる。日常生活であなたはどちらを使っているかを考える。あるいは，どういうときに外来語を使い，どういうときに日本語を使っているのかを具体的に考えてみる。そして「言葉」を使うときには何が大切なのかを考えてみる。実際に作文を書くにあたっては，目的に応じた適切な叙述であるか，字数が条件に合っているか，第一段落に【資料】から気づいたことについて述べているか，第二段落に自分の体験をふまえてテーマに対して自分の考えを明確に表現しているか，文体に統一性や妥当性があるか，主述関係や係り受けなどが適切であるか，語句が適切に使用されているか，誤字・脱字がないか，などに気をつけて書いていくこと。

Memo

Memo

2021年度
栃木県公立高校／入試問題

英語　●満点 100点　●時間 50分

新型コロナウイルス感染症対策のため、学校が臨時休校したことを受けて、出題範囲に配慮がありました。

1 これは聞き方の問題である。指示に従って答えなさい。

1 〔英語の対話とその内容についての質問を聞いて，答えとして最も適切なものを選ぶ問題〕

(1) ア　イ　ウ　エ

(2) ア　イ　ウ　エ

(3) ア　イ　ウ　エ

2 〔英語の対話とその内容についての質問を聞いて，答えとして最も適切なものを選ぶ問題〕

(1) ① ア　Because he has already practiced kendo in his country.

イ　Because he can practice kendo even in summer.

ウ　Because he has a strong body and mind.

エ　Because he can learn traditional Japanese culture.

② ア　Four days a week.

イ　Five days a week.

ウ　Every weekend.

エ　Every day.

(2)

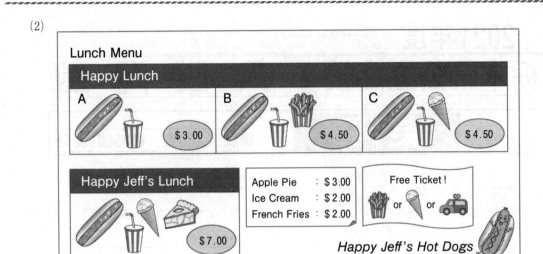

① ア $4.00.　イ $5.00.　ウ $6.00.　エ $7.00.
② ア A hot dog.　イ French fries.　ウ An ice cream.　エ A toy.

3 〔イングリッシュキャンプの班長会議でのスタッフによる説明を聞いて，班員に伝えるためのメモを完成させる問題〕

○ Hiking Program : walk along the river
　　　　　Meeting Place : at the entrance
　　　　　　　　Time : meet at 8:00, (1)(　　　) at 8:10
　　　　　Things to Bring : something to (2)(　　　), a cap
○ Speaking Program : make a speech
　　　　　Meeting Place : at the meeting room on the (3)(　　　) floor
　　　　　　　　Time : meet at 8:30
　　　　　Thing to Bring : a (4)(　　　)

※＜**聞き方の問題放送台本**＞は英語の問題の終わりに付けてあります。

2　次の１，２の問いに答えなさい。

1　次の英文中の ⌷(1)⌷ から ⌷(6)⌷ に入る語句として，下の(1)から(6)の**ア**，**イ**，**ウ**，**エ**のうち，それぞれ最も適切なものはどれか。

Sunday, May 10

　　I went fishing in the Tochigi River with my brother, Takashi. It was the ⌷(1)⌷ time for me to fish in a river. Takashi ⌷(2)⌷ me how to fish. In the morning, he caught many fish, ⌷(3)⌷ I couldn't catch any fish. At noon, we had lunch which my mother made for ⌷(4)⌷. We really enjoyed it. In the afternoon, I tried again. I saw a big fish behind a rock. I waited for a chance for a long time, and finally I caught it! It was ⌷(5)⌷ than any fish that Takashi caught. I was ⌷(6)⌷ and had a great time.

(1)　**ア**　one　　　**イ**　first　　　**ウ**　every　　　**エ**　all
(2)　**ア**　taught　　**イ**　called　　**ウ**　helped　　**エ**　knew

(3) ア if　　　　イ because　　ウ or　　　　エ but
(4) ア we　　　　イ our　　　　ウ us　　　　エ ours
(5) ア big　　　　イ bigger　　ウ biggest　　エ more big
(6) ア boring　　イ bored　　ウ exciting　　エ excited

2　次の(1)，(2)，(3)の（　）内の語句を意味が通るように並べかえて，(1)と(2)はア，イ，ウ，エ，(3)はア，イ，ウ，エ，オの記号を用いて答えなさい。

(1) Shall we (ア of　　イ in　　ウ meet　　エ front) the station?
(2) My mother (ア to　　イ come　　ウ me　　エ wants) home early today.
(3) The boy (ア tennis　　イ playing　　ウ is　　エ the park　　オ in) my brother.

3　次の英文は，高校生のひろし(Hiroshi)とカナダ(Canada)からの留学生クリス(Chris)との対話の一部である。また，下の**図**はそのとき二人が見ていたチラシ(leaflet)の一部である。これらに関して，**1**から**6**までの問いに答えなさい。

Chris : Hello, Hiroshi.　What are you looking at?

Hiroshi : Hi, Chris.　This is a leaflet about *assistance dogs.　I'm learning about them for my homework.

Chris : Oh, I see.　They are the dogs for people who need some help in their lives, right?　I haven't seen them in Japan.　| A | assistance dogs are there in Japan?

Hiroshi : The leaflet says there are over 1,000 assistance dogs.　There are three types of them. Look at the picture on the right.　In this picture, a *mobility service dog is helping its user.　This dog can ___(1)___ for the user.

Chris : They are very smart.　Such dogs are necessary for the users' better lives.

Hiroshi : You're right.　The user in this leaflet says that he ___(2)___ *thanks to his assistance dog.　However, more than half of the users in Japan say that their dogs couldn't go into buildings like restaurants, hospitals, and supermarkets.

Chris : Really?　In my country, assistance dogs can usually go into those buildings without any trouble.

Hiroshi : There is (3)a difference between our countries.

Chris : Why is it difficult for assistance dogs to go into those buildings in Japan?

Hiroshi : Because many people in Japan don't know much about assistance dogs.　Some people don't think they are clean and *safe.　In fact, their users take care of them to keep them clean.　They are also *trained well.

Chris : I understand some people do not like dogs, but I hope that more people will know assistance dogs are　| B |.

Hiroshi : I hope so too.　Now, I see many shops and restaurants with the *stickers to welcome assistance dogs.

Chris : The situation is getting better, right?

Hiroshi : Yes, but there is (4)another problem.　We don't have enough assistance dogs.　It is hard to change this situation because it takes a lot of time to train them.　Money and *dog trainers are also needed.

Chris　：　That's true.

Hiroshi　：　Look at this leaflet again.　The *training center for assistance dogs needs some help. For example, we can ＿＿＿(5)＿＿＿ like clothes and toys.　I think there is something I can do.

Chris　：　You should try it.　In Canada, high school students often do some volunteer work. Through this, we learn that we are members of our *society.

Hiroshi　：　Wow！　That's great.　(6)<u>What volunteer work can we do as high school students</u>？ I'll think about it.

〔注〕　*assistance dog＝補助犬　　*mobility service dog＝介助犬

　　　　*thanks to ～＝～のおかげで　　*safe＝安全な　　*train＝訓練する

　　　　*sticker＝ステッカー　　*dog trainer＝犬を訓練する人

　　　　*training center＝訓練センター　　*society＝社会

ほじょ犬について知っていますか？

┌ ほじょ犬とは？ ─

盲導犬　　　　介助犬　　　　聴導犬
（909頭）　　（57頭）　　　（64頭）
2020年10月現在

┌ 介助犬の仕事の様子 ─

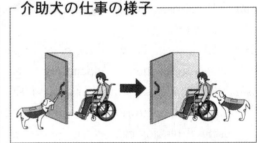

┌ ほじょ犬ユーザーのコメント ─

ほじょ犬のおかげで，新しい人々に出会えてうれしいです。

┌ 「ほじょ犬マーク」ステッカー ─

Welcome!
ほじょ犬

訓練センターではあなたの助けが必要です！

・自分が使わないものを送る（服やおもちゃなど）
・訓練センターでボランティア活動をする（シャンプー，えさやりなど）
・子犬の里親になる（子犬を家庭で１年程度飼育）

図　（「厚生労働省」，「特定非営利活動法人日本補助犬情報センター」のウェブサイトにより作成）

1　二人の対話が成り立つよう，　Ａ　に入る適切な英語**2語**を書きなさい。

2　上のチラシを参考に，二人の対話が成り立つよう，下線部(1)，(2)，(5)に適切な英語を書きなさい。

3　下線部(3)の指す内容は何か。解答用紙の書き出しに続けて，**30字以内**の日本語で書きなさい。ただし，句読点も字数に加えるものとする。

4　本文中の　Ｂ　に入る語として，最も適切なものはどれか。

　ア　difficult　　イ　important　　ウ　loud　　エ　popular

5 次の □ 内の英文は，下線部(4)の内容を表している。①，②に入る適切な英語を，本文から1語ずつ抜き出して書きなさい。

There are not enough assistance dogs for people who (①) some help in their lives. Also, it is difficult to change this situation (②) enough time, money, and dog trainers.

6 下線部(6)について，あなたなら社会や誰かのためにどのようなことができると思いますか。つながりのある**5文程度**の英語で書きなさい。ただし，本文及びチラシに書かれていること以外で書くこと。

4 結衣(Yui)とノブ(Nobu)についての次の英文を読んで，1から5の問いに答えなさい。

I was a quiet girl when I was small. I was too *shy to talk with people. Even after I became a junior high school student, I wasn't good at talking. I wanted to talk like my friends, but I couldn't. I didn't like myself very much. One day, my teacher told me and other students to go to a *nursery school for *work experience. The teacher said, "Yui, don't be afraid. I hope you'll learn something there." I said to myself, "A nursery school? I can't talk with children. How can I do that?" I felt scared.

The day came. I was still (**A**). I walked to the nursery school slowly. I felt it was a long way. When I got there, I saw my classmates. They were playing with children. Then some of the children came and talked to me. However, I didn't know what to say, so I didn't say a word. They went away. I was standing in the room. I felt worse. Suddenly, a boy came to me and said, "Hi! Play with me!" I tried to say something, but I couldn't. The boy didn't care about my *silence and kept talking. His name was Nobu. His stories were interesting. I listened to him and *nodded with a smile. I had a great time. He made me feel better. However, I felt that I did nothing for him.

The next day, the children went to the vegetable garden and picked tomatoes. They were picking *round red tomatoes. They looked very excited. Then I found one thing. Nobu was picking tomatoes which didn't look nice. I wanted to know why. Finally, I talked to him, "Why are you picking such tomatoes?" At first, he looked surprised to hear my voice, but he said in a cheerful voice, "Look! Green, *heart-shaped, big, small ...." He showed the tomatoes to me and said, "They are all different and each tomato is special to me." I listened to him *attentively. He continued with a smile, "You are always listening to me. I like that. You are special to me." I said, "Really? Thank you." I felt (**B**) when I heard that. We looked at the tomatoes and then smiled at each other.

While I was going back home, I remembered his words. I said to myself, "Nobu is good at talking and I am good at listening. Everyone has his or her own good points. We are all different, and that difference makes each of us special." I looked at the tomatoes given by Nobu and started to *feel proud of myself.

Now I am a junior high school teacher. Some students in my class are cheerful, and some are quiet. When I see them, I always remember Nobu and the things I learned from him.

〔注〕 *shy＝恥ずかしがりの　　*nursery school＝保育園　　*work experience＝職場体験

＊silence＝沈黙　　＊nod＝うなずく　　＊round＝丸い　　＊heart-shaped＝ハート型の

＊attentively＝熱心に　　＊feel proud of ～＝～を誇らしく感じる

1　本文中の（**A**），（**B**）に入る結衣の気持ちを表している語の組み合わせとして，最も適切なものはどれか。

ア　**A**：brave　―**B**：shocked　　イ　**A**：shocked ―**B**：nervous

ウ　**A**：nervous ―**B**：glad　　エ　**A**：glad　　―**B**：brave

2　次の**質問**に答えるとき，**答え**の　　　に入る適切な英語**2語**を，第2段落（The day came. で始まる段落）から抜き出して書きなさい。

質問：Why did Yui feel that she did nothing for Nobu ?

答え：Because she just 　　　　　　　　 him.

3　下線部の指す内容は何か。日本語で書きなさい。

4　次の　　　は，ノブの行動や発言から，結衣が気付いたことについてまとめたものである。①に**10字程度**，②に**15字程度**の適切な日本語を書きなさい。ただし，句読点も字数に加えるものとする。

誰にでも（　　　　①　　　　）があり，私たちはみんな違っていて，その違いが（　　　　②　　　　）ということ。

5　本文の内容と一致するものはどれか。

ア　Yui didn't want to talk like her friends at junior high school because she was not good at talking.

イ　Some children at the nursery school went away from Yui because she didn't say anything to them.

ウ　Nobu asked Yui about the different tomatoes when he was picking them in the vegetable garden.

エ　Yui always tells her students to be more cheerful when she remembers the things Nobu taught her.

5　次の英文を読んで，1，2，3，4の問いに答えなさい。

Many people love bananas.　You can find many 　**A**　 to eat them around the world.　For example, some people put them in cakes, juice, salads, and even in soup.　Bananas are also very healthy and they have other good points.　In fact, bananas may ＊solve the problems about plastic.

Some people in India have used banana ＊leaves as plates, but those plates can be used only for a few days.　Today, like people in other countries, people in India are using many things made of plastic.　For example, they use plastic plates.　After the plates are used, they are usually ＊thrown away.　That has been a big problem.　One day, an Indian boy decided to solve the problem.　He wanted to make banana leaves stronger and use banana leaf plates longer.　He studied about banana leaves, and finally he ＊succeeded.　Now, they can reduce the plastic waste.

This is not all.　A girl in ＊Turkey wanted to reduce plastic made from oil.　Then she *focused on banana *peels because many people in the world throw them away.   Finally, she found how to make plastic which is kind to the earth.   Before she found it, she tried many times at home.   After two years' effort, she was able to make that kind of plastic.   She says that it is easy to make plastic from banana peels, so everyone 　　B　　.

Now, you understand the wonderful points bananas have.   Bananas are a popular food and, at the same time, they can save the earth.

〔注〕　＊solve＝解決する　　＊leaves＝leaf（葉）の複数形　　＊throw ～ away＝～を捨てる
　　　　＊succeed＝成功する　　＊Turkey＝トルコ　　＊focus on ～＝～に注目する
　　　　＊peel＝皮

1　本文中の　A　に入る語として，最も適切なものはどれか。
　　ア　days　　イ　fruits　　ウ　trees　　エ　ways
2　下線部について，何をすることによって問題を解決しようと思ったか。日本語で書きなさい。
3　本文中の　B　に入るものとして，最も適切なものはどれか。
　　ア　must reduce plastic made from banana peels　　イ　can eat banana peels
　　ウ　must stop throwing it away in the sea　　　　エ　can make it at home
4　次の　　　内の英文は，筆者が伝えたいことをまとめたものである。（　）に入る最も適切なものはどれか。

> 　Many people in the world like eating bananas.   Some use banana leaves and peels to reduce plastics.   If you look around, (　　　　　　　　　　).

　　ア　you may find a new idea to make something good for the earth
　　イ　you may find plastic plates which you can use again and again
　　ウ　you will learn that many people like bananas all over the world
　　エ　you will learn that people put bananas into many kinds of food

＜聞き方の問題放送台本＞

　これから聞き方の問題に入ります。問題用紙の四角で囲まれた　1　を見なさい。問題は 1，2，3 の三つあります。

　最初は 1 の問題です。問題は(1)から(3)まで三つあります。英語の対話とその内容についての質問を聞いて，答えとして最も適切なものをア，イ，ウ，エのうちから一つ選びなさい。対話と質問は 2 回ずつ言います。（約 3 分）

　では始めます。

〔注〕　(1)はカッコイチと読む。以下同じ。斜字体で表記された部分は読まない。

(1)の問題です。　　A：This is a picture of my family.   There are five people in my family.
　　　　　　　　　B：Oh, you have two cats.
　　　　　　　　　A：Yes.   They are really cute !
質問です。　　Q：Which picture are they looking at ?
　　　　　　　（約 5 秒おいて繰り返す。）（ポーズ約 5 秒）
(2)の問題です。　　A：Look at that girl !   She can play basketball vey well !
　　　　　　　　　B：Which girl ?   The girl with long hair ?

質問です。 *Q* : Which girl are they talking about?

(約5秒おいて繰り返す。)(ポーズ約5秒)

(3)の問題です。 *A* : Wow, there are many flights to Hawaii. Let's check our flight number.

B : It's two-four-nine. We have to be at Gate 30 by 11 o'clock.

A : Oh, we need to hurry.

質問です。 *Q* : Which is their air ticket?

(約5秒おいて繰り返す。)(ポーズ約5秒)

　次は **2** の問題です。問題は(1)と(2)の二つあります。英語の対話とその内容についての質問を聞いて，答えとして最も適切なものを**ア，イ，ウ，エ**のうちから一つ選びなさい。質問は問題ごとに①，②の二つずつあります。対話と質問は2回ずつ言います。(約5分)

　では始めます。

　〔**注**〕 (1)はカッコイチ，①はマルイチと読む。以下同じ。斜字体で表記された部分は読まない。

(1)の問題です。 *Ms. Kato* : Hi Bob, which club are you going to join?

　　　　　　　　Bob : Hello Ms. Kato. I haven't decided yet. I've seen practices of some sports clubs, like soccer and baseball, but I've already played them before.

　　　　　　Ms. Kato : Then, join our kendo club!

　　　　　　　　Bob : Kendo! That's cool!

　　　　　　Ms. Kato : Kendo is a traditional Japanese sport. You can get a strong body and mind.

　　　　　　　　Bob : I want to learn traditional Japanese culture, so I'll join the kendo club! Do you practice it every day?

　　　　　　Ms. Kato : No, we practice from Tuesday to Saturday.

　　　　　　　　Bob : OK . . . , but do I have to practice on weekends? I want to spend weekends with my host family, so I can't come on Saturdays.

　　　　　　Ms. Kato : No problem! Please come to see our practice first.

　　　　　　　　Bob : Thank you!

①の質問です。 Why does Bob want to join the kendo club?

　　　　　　　　(ポーズ約3秒)

②の質問です。 How many days will Bob practice kendo in a week?

　　　　　　　　(約5秒おいて繰り返す。)(ポーズ約5秒)

(2)の問題です。 *Clerk* : Welcome to Happy Jeff's Hot Dogs! May I help you? Here's a lunch menu.

　　　　　　　A man : Thank you. Um . . . , I'd like to have a hot dog, and . . . an ice cream.

　　　　　　　Clerk : How about our apple pie? It's very popular.

　　　　　　　A man : Ah, it looks really good.

　　　　　　　Clerk : Then, how about Happy Jeff's Lunch? You can have both an apple pie and an ice cream.

A man :　Well, I don't think I can eat both, so . . . I'll order the cheapest Happy Lunch, and an apple pie.

　Clerk :　OK.　Is that all ?

A man :　Yes.　Oh, I have a free ticket.

　Clerk :　Then you can get French fries, an ice cream, or a toy for free. Which do you want ?

A man :　Um . . . , my little brother likes cars, but . . . I'll have French fries today.

　Clerk :　OK.

①の質問です。　How much will the man pay ?
　　　　（ポーズ約 3 秒）

②の質問です。　What will the man get for free ?
　　　　（約 5 秒おいて繰り返す。）（ポーズ約 5 秒）

　次は **3** の問題です。あなたは，1 泊 2 日で行われるイングリッシュキャンプに参加しています。班長会議でのスタッフによる説明を聞いて，班員に伝えるための英語のメモを完成させなさい。英文は 2 回言います。

　では始めます。（約 **3** 分）

　Good evening, everyone !　How was today ?　Tomorrow will be fun too.　There are two programs, and everyone has already chosen one from them, right ?　I'll explain them, so tell the members in your group.　First, the Hiking Program.　You'll walk along the river.　We'll get together at the entrance at 8 o'clock and leave at 8:10.　You have to bring something to drink. It'll be hot tomorrow.　Don't forget to bring your cap too.　Next, the Speaking Program.　Please come to the meeting room on the second floor at 8:30.　You'll talk and share ideas with students from different countries.　At the end of the program, you'll make a speech in English, so you'll need a dictionary.　That's all.　Good night.

　（約 5 秒おいて）繰り返します。（1 回目のみ）　（ポーズ約 5 秒）

数	学	●満点 100点　●時間 50分

（注意） 答えは，できるだけ簡単な形で表しなさい。

1 次の **1** から**14**までの問いに答えなさい。

1 $-3-(-7)$ を計算しなさい。

2 $8a^3b^5 \div 4a^2b^3$ を計算しなさい。

3 $a=2$，$b=-3$ のとき，$a+b^2$ の値を求めなさい。

4 $x^2-8x+16$ を因数分解しなさい。

5 $a=\dfrac{2b-c}{5}$ を c について解きなさい。

6 次の**ア**，**イ**，**ウ**，**エ**のうちから，内容が正しいものを1つ選んで，記号で答えなさい。

　　ア　9の平方根は3と−3である。

　　イ　$\sqrt{16}$ を根号を使わずに表すと±4である。

　　ウ　$\sqrt{5}+\sqrt{7}$ と $\sqrt{5+7}$ は同じ値である。

　　エ　$(\sqrt{2}+\sqrt{6})^2$ と $(\sqrt{2})^2+(\sqrt{6})^2$ は同じ値である。

7 下の図1で，$l /\!/ m$ のとき，$\angle x$ の大きさを求めなさい。

8 下の図2は，y が x に反比例する関数のグラフである。y を x の式で表しなさい。

9 下の図3のように，1辺が6cmの立方体と，底面が合同で高さが等しい正四角錐がある。この正四角錐の体積を求めなさい。

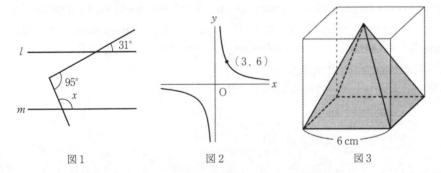

図1　　　　　　　　図2　　　　　　　　図3

10 2次方程式 $x^2+5x+2=0$ を解きなさい。

11 関数 $y=-2x+1$ について，x の変域が $-1\leqq x\leqq 3$ のときの y の変域を求めなさい。

12 A地点からB地点まで，初めは毎分60mで a m歩き，途中から毎分100mで b m走ったところ，20分以内でB地点に到着した。この数量の関係を不等式で表しなさい。

13 右の図4で，$\triangle ABC \backsim \triangle DEF$ であるとき，x の値を求めなさい。

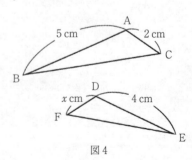

図4

14 次の文の（　）に当てはまる条件として最も適切なものを，**ア**，**イ**，**ウ**，**エ**のうちから1つ選んで，記号で答えなさい。

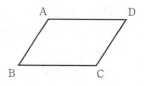

> 平行四辺形 ABCD に，（　　　　）の条件が加わると，平行四辺形 ABCD は長方形になる。

ア AB＝BC　　**イ** AC⊥BD
ウ AC＝BD　　**エ** ∠ABD＝∠CBD

2 次の 1，2，3 の問いに答えなさい。

1 右の図の△ABC において，頂点Bを通り△ABC の面積を2等分する直線と辺 AC との交点をPとする。このとき，点Pを作図によって求めなさい。ただし，作図には定規とコンパスを使い，また，作図に用いた線は消さないこと。

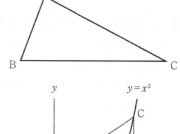

2 大小2つのさいころを同時に投げるとき，大きいさいころの出る目の数を a，小さいさいころの出る目の数を b とする。$a-b$ の値が正の数になる確率を求めなさい。

3 右の図のように，2つの関数 $y=x^2$，$y=ax^2$（$0<a<1$）のグラフがあり，それぞれのグラフ上で，x 座標が-2である点をA，B，x 座標が3である点をC，Dとする。

下の文は，四角形 ABDC について述べたものである。文中の①，②に当てはまる式や数をそれぞれ求めなさい。

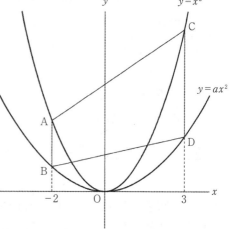

> 線分 AB の長さは a を用いて表すと（　①　）である。また，四角形 ABDC の面積が26のとき，a の値は（　②　）となる。

3 次の 1，2 の問いに答えなさい。

1 ある道の駅では，大きい袋と小さい袋を合わせて40枚用意し，すべての袋を使って，仕入れたりんごをすべて販売することにした。まず，大きい袋に5個ずつ，小さい袋に3個ずつ入れたところ，りんごが57個余った。そこで，大きい袋は7個ずつ，小さい袋は4個ずつにしたところ，すべてのりんごをちょうど入れることができた。大きい袋を x 枚，小さい袋を y 枚として連立方程式をつくり，大きい袋と小さい袋の枚数をそれぞれ求めなさい。ただし，途中の計算も書くこと。

2 次の資料は，太郎さんを含めた生徒15人の通学時間を4月に調べたものである。

> 3，5，7，7，8，9，9，11，12，12，12，14，16，18，20 （分）

このとき，次の(1)，(2)，(3)の問いに答えなさい。

(1) この資料から読み取れる通学時間の最頻値を答えなさい。

(2) この資料を右の度数分布表に整理したとき，5分以上10分未満の階級の相対度数を求めなさい。

(3) 太郎さんは8月に引越しをしたため，通学時間が5分長くなった。そこで，太郎さんが引越しをした後の15人の通学時間の資料を，4月に調べた資料と比較したところ，中央値と範囲はどちらも変わらなかった。引越しをした後の太郎さんの通学時間は何分になったか，考えられる通学時間をすべて求めなさい。ただし，太郎さんを除く14人の通学時間は変わらないものとする。

階級(分)		度数(人)
以上	未満	
0	～ 5	
5	～ 10	
10	～ 15	
15	～ 20	
20	～ 25	
計		15

4 次の1，2の問いに答えなさい。

1 下の図1のように，△ABCの辺AB，ACの中点をそれぞれD，Eとする。また，辺BCの延長にBC：CF＝2：1となるように点Fをとり，ACとDFの交点をGとする。

このとき，△DGE≡△FGCであることを証明しなさい。

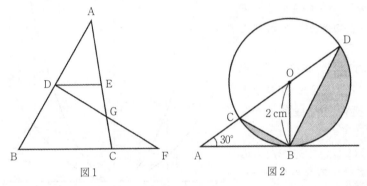

図1

図2

2 上の図2のように，半径2cmの円Oがあり，その外部の点Aから円Oに接線をひき，その接点をBとする。また，線分AOと円Oとの交点をCとし，AOの延長と円Oとの交点をDとする。

∠OAB＝30°のとき，次の(1)，(2)の問いに答えなさい。

(1) ADの長さを求めなさい。

(2) Bを含む弧CDと線分BC，BDで囲まれた色のついた部分（▨の部分）の面積を求めなさい。ただし，円周率はπとする。

5 　図1のような，AB＝10cm，AD＝3cmの長方形ABCDがある。点PはAから，点QはDから同時に動き出し，ともに毎秒1cmの速さで点Pは辺AB上を，点Qは辺DC上を繰り返し往復する。ここで「辺AB上を繰り返し往復する」とは，辺AB上をA→B→A→B→…と一定の速さで動くことであり，「辺DC上を繰り返し往復する」とは，辺DC上をD→C→D→C→…と一定の速さで動くことである。

　2点P，Qが動き出してから，x秒後の△APQの面積を$y$cm²とする。ただし，点PがAにあるとき，$y=0$とする。

　このとき，次の**1**，**2**，**3**の問いに答えなさい。

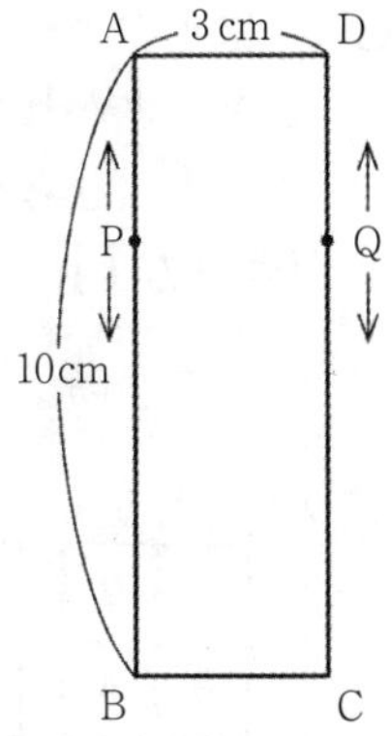

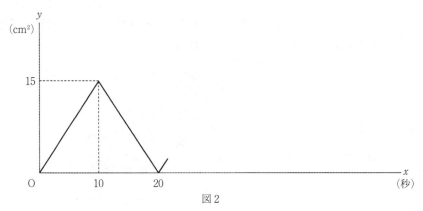
図1

1 　2点P，Qが動き出してから6秒後の△APQの面積を求めなさい。

2 　図2は，xとyの関係を表したグラフの一部である。2点P，Qが動き出して10秒後から20秒後までの，xとyの関係を式で表しなさい。ただし，途中の計算も書くこと。

図2

3 　点RはAに，点SはDにあり，それぞれ静止している。2点P，Qが動き出してから10秒後に，2点R，Sは動き出し，ともに毎秒0.5cmの速さで点Rは辺AB上を，点Sは辺DC上を，2点P，Qと同様に繰り返し往復する。

　このとき，2点P，Qが動き出してからt秒後に，△APQの面積と四角形BCSRの面積が等しくなった。このようなtの値のうち，小さい方から3番目の値を求めなさい。

6 図1のような，4分割できる正方形のシートを25枚用いて，1から100までの数字が書かれたカードを作ることにした。そこで，【作り方Ⅰ】，【作り方Ⅱ】の2つの方法を考えた。

図1

【作り方Ⅰ】

図2のようにシートに数字を書き，図3のように1枚ずつシートを切ってカードを作る。

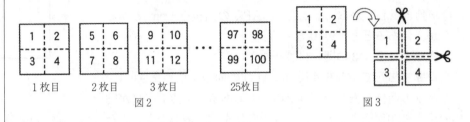

図2   図3

【作り方Ⅱ】

図4のようにシートに数字を書き，図5のように1枚目から25枚目までを順に重ねて縦に切り，切った2つの束を重ね，横に切ってカードを作る。

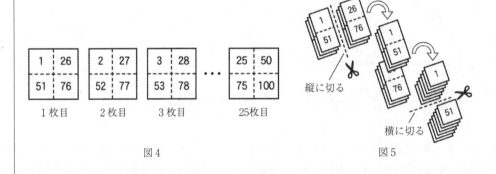

図4   図5

このとき，次の1，2，3の問いに答えなさい。

1 【作り方Ⅰ】の7枚目のシートと【作り方Ⅱ】の7枚目のシートに書かれた数のうち，最も大きい数をそれぞれ答えなさい。

2 【作り方Ⅱ】の x 枚目のシートに書かれた数を，図6のように a，b，c，d とする。$a+2b+3c+4d=ac$ が成り立つときの x の値を求めなさい。ただし，途中の計算も書くこと。

図6

3 次の文の①，②に当てはまる式や数をそれぞれ求めなさい。

【作り方Ⅰ】の m 枚目のシートの4つの数の和と，【作り方Ⅱ】の n 枚目のシートの4つの数の和が等しくなるとき，n を m の式で表すと（　①　）となる。①を満たす m，n のうち，$m<n$ となる n の値をすべて求めると（　②　）である。ただし，m，n はそれぞれ25以下の正の整数とする。

社　会

●満点 100点　●時間 45分

（注意）「□に当てはまる語を書きなさい」などの問いについての答えは，一般に数字やカタカナなどで書くもののほかは，できるだけ漢字で書きなさい。

1 　栃木県に住む一郎さんは，図1の4地点（本州の東西南北の端）を訪れた。これを見て，1から7の問いに答えなさい。

図1

1 　大間町のある青森県や，宮古市のある岩手県について述べた，次の文中の □ に当てはまる語を書きなさい。

> 　東北地方の太平洋側では，夏の初め頃に冷たく湿った「やませ」とよばれる風が長い間吹くと，日照不足や気温の低下などにより □ という自然災害がおこり，米の収穫量が減ることがある。

2 　宮古市で行われている漁業について述べた，次の文中の Ⅰ , Ⅱ に当てはまる語の組み合わせとして正しいのはどれか。

> 　宮古市の太平洋岸には，もともと山地の谷であった部分に海水が入り込んだ Ⅰ が見られる。この地域では，波がおだやかであることを生かし，ワカメやホタテガイ，ウニなどの Ⅱ 漁業が行われている。

ア 　Ⅰ－フィヨルド　Ⅱ－沖合　　イ 　Ⅰ－フィヨルド　Ⅱ－養殖
ウ 　Ⅰ－リアス海岸　Ⅱ－沖合　　エ 　Ⅰ－リアス海岸　Ⅱ－養殖

3 　図2は，岩手県と同程度の人口規模である，滋賀県，奈良県，沖縄県における，農林業，漁業，製造業，宿泊・飲食サービス業に従事する産業別人口（2017年）を示している。製造業はどれか。

	岩手県（千人）	滋賀県（千人）	奈良県（千人）	沖縄県（千人）
ア	34.6	40.9	33.1	56.9
イ	5.2	0.6	―	1.8
ウ	98.0	190.0	103.7	33.3
エ	58.3	17.4	14.4	25.0

図2　（「県勢」により作成）

4 　串本町の潮岬の沖合には，暖流の影響でさんご礁が見られる。次のうち，世界最大級のさんご礁が見られる国はどれか。

ア 　オーストラリア　　イ 　カナダ　　ウ 　ノルウェー　　エ 　モンゴル

5 　一郎さんと先生の会話文を読み，(1)，(2)の問いに答えなさい。

> 一郎：「8月に大阪市を経由して串本町の潮岬を訪れましたが，大阪市は潮岬と比べて，とても暑く感じました。これはなぜでしょうか。」
> 先生：「気象庁のウェブページで，8月の気象データの平均値を見てみましょう。」
>
> | | 8月の日照時間（時間） | 8月の最高気温（℃） |
> |---|---|---|
> | 大阪市中央区 | 216.9 | 33.4 |
> | 串本町潮岬 | 234.6 | 29.6 |
>
> 図3　（「気象庁ウェブページ」により作成）
>
> 一郎：「大阪市は潮岬より日照時間が短いのに，最高気温が高くなっています。都市の中心部では，自動車やエアコンからの排熱により周辺部と比べ気温が高くなっているか

らでしょうか。」

先生：「そうですね。これは，　X　現象とよばれますね。また，周辺部と比べ気温が高くなることで，急な大雨が降ることもあります。」

一郎：「そういえば，大阪市で突然激しい雨に降られました。都市の中心部では，　Y　ので，集中豪雨の際は大規模な水害が発生することがあると学びました。」

(1) 会話文中の　X　に当てはまる語を書きなさい。

(2) 下線部の水害が発生する理由として，会話文中の　Y　に当てはまる文を，「舗装」の語を用いて簡潔に書きなさい。

6　次の文は，一郎さんが図4中に示した───の経路で歩いた様子について述べたものである。下線部の内容が正しいものを二つ選びなさい。

下関駅を出て，北側にある交番からア1,500m歩き，「海峡ゆめタワー」に上り，街を眺めた。次に，イ図書館の北を通り，ウ下関駅よりも標高が低い「日和山公園」で休憩した。次に，「観音崎町」にある寺院を訪れた。その後，エこの寺院から北東方向にある市役所に向かった。

図4　（国土地理院発行2万5千分の1電子地形図により作成）

7　日本の貨物輸送の特徴として，当てはまらないのはどれか。

ア　航空機は，半導体などの軽くて高価なものの輸出に利用されることが多い。

イ　高速道路のインターチェンジ付近に，トラックターミナルが立地するようになっている。

ウ　船舶は，原料や燃料，機械などの重いものを大量に輸送する際に用いられることが多い。

エ　鉄道は環境への負荷が小さいため，貨物輸送に占める割合は自動車と比べて高い。

2 図1は，日本の貿易相手上位10か国・地域(2018年)の位置を示している。これを見て，次の1から7までの問いに答えなさい。

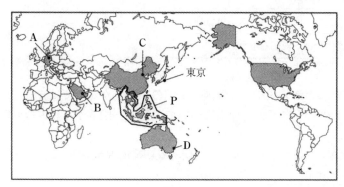

図1

	1月(℃)	7月(℃)	降水量が最も多い月の降水量(mm)
ア	0.9	19.8	59.7 （6月）
イ	-3.1	26.7	160.5 （7月）
ウ	22.9	12.5	123.1 （4月）
エ	14.5	36.6	34.4 （4月）

図2 （「理科年表」により作成）

1 東京が12月1日の正午の時，12月1日の午前6時である都市は，図1中のA，B，C，Dのどれか。なお，日時は現地時間とする。

2 次の文は，図1中のPで囲んだ国々について述べたものである。文中の □ に当てはまる語を書きなさい。

地域の安定と発展を求めて，1967年に □ が設立され，経済，政治，安全保障などの分野で協力を進めている。

3 図2は，図1中のA，B，C，Dの都市における1月と7月の平均気温，降水量が最も多い月の降水量(平均値)を示している。Aの都市は，図2中のア，イ，ウ，エのどれか。

4 図3中のa，b，cには，韓国，タイ，ドイツのいずれかが当てはまる。a，b，cに当てはまる国の組み合わせとして正しいのはどれか。

ア　a—韓国　　b—タイ　　c—ドイツ
イ　a—韓国　　b—ドイツ　c—タイ
ウ　a—ドイツ　b—韓国　　c—タイ
エ　a—ドイツ　b—タイ　　c—韓国

	主な宗教の人口割合(%)			
a	キリスト教	56.2	イスラム教	5.1
b	仏教	94.6	イスラム教	4.3
c	キリスト教	27.6	仏教	15.5

図3 （「The World Fact Book」により作成）
(注) 韓国，タイは2015年，ドイツは2018年

5 図4は，アジア州，アフリカ州，ヨーロッパ州，北アメリカ州の人口が世界の人口に占める割合の推移を示している。アフリカ州とヨーロッパ州はそれぞれどれか。

6 図5は，インドネシア，サウジアラビア，オーストラリアからの日本の主な輸入品目(2018年)を示している。オーストラリアはA，Bのどちらか。また， C ， D には，石油か石炭のいずれかが当てはまる。石油はC，Dのどちらか。なお，同じ記号には同じ語が当てはまる。

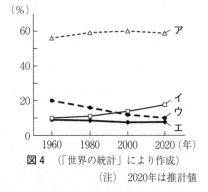

図4 （「世界の統計」により作成）
(注) 2020年は推計値

	日本の主な輸入品目			
A	C ， 液化天然ガス，鉄鉱石，牛肉			
インドネシア	金属鉱と金属くず， C ， 液化天然ガス，電気機器			
B	D ， 揮発油，有機化合物，液化石油ガス			

図5 （「地理統計要覧」ほかにより作成）

7 図6，図7中のX，Y，Zにはそれぞれアメリカ，韓国，中国のいずれかが当てはまる。中国はX，Y，Zのどれか。また，そのように考えた理由について，図6，図7から読み取れることをふまえ，簡潔に書きなさい。

日本への輸出額上位3品目とその割合（%）

	1996年		2016年	
X	コンピュータ	7.4	電気機器	15.5
	穀物	5.5	一般機械	15.0
	肉類	4.5	航空機類	7.2
Y	衣類	27.0	電気機器	29.7
	魚介類	5.2	一般機械	16.5
	原油	4.1	衣類と同付属品	11.2
Z	半導体等電子部品	15.6	電気機器	17.6
	石油製品	9.5	化学製品	14.2
	鉄鋼	9.2	一般機械	13.2

図6 （「データブック オブ・ザ・ワールド」により作成）

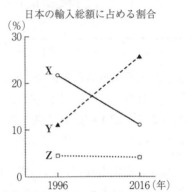

日本の輸入総額に占める割合

図7 （「データブック オブ・ザ・ワールド」により作成）

3 次のAからDは，古代から近世までの資料とその説明である。これを読み，1から7までの問いに答えなさい。

	資料	説明
A	木簡	ⓐ地方の特産物を納める税として，平城京に運ばれた海産物などが記されていた。
B	明銭	ⓑ明との貿易が始まった時期に輸入された銅銭。土器に大量に入れられ，埋められていた。
C	鉄剣	5世紀頃つくられた稲荷山古墳（埼玉県）から出土し，「獲加多支鹵大王（わかたける）」と刻まれていた。また，江田船山古墳（熊本県）でも同様の文字が刻まれた鉄刀が出土した。
D	高札（こうさつ）	犬や猫をひもでつなぐことを禁止するという，ⓒ生類憐みの令の内容が記されていた。

1 Aの資料が使われていた時期のできごととして当てはまるのはどれか。
　ア 一遍がおどり念仏を広めた。　　イ 仏教が初めて百済から伝わった。
　ウ 『万葉集』がまとめられた。　　エ 『新古今和歌集』が編集された。

2 下線部ⓐについて，この税を何というか。

3 Bの資料が使われていた時期の社会について述べた，次の文中の 　　 に当てはまる語を書きなさい。

商工業者による同業者の団体である　　　　　　　が，貴族や寺社の保護のもと，営業の権利を独占した。

4　下線部ⓑについて，日本の正式な貿易船と倭寇とを区別するための証明書を何というか。

5　Cの資料について，(1)，(2)の問いに答えなさい。
　(1)　図1は，稲荷山古墳や江田船山古墳と同じ形をした古墳の模式図である。この形の古墳を何というか。

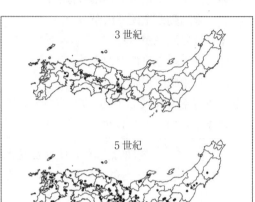

図1

　(2)　図2は，3世紀と5世紀における図1と同じ形をした古墳の分布図である。大和地方を中心とする大和政権(ヤマト王権)の勢力範囲が，3世紀から5世紀にかけてどのように変化したと考えられるか。Cの資料の説明と図2をふまえ，簡潔に書きなさい。

3世紀

5世紀

図2

6　下線部ⓒを出した人物が行った政策について，正しく述べているのはどれか。
　ア　裁判の基準となる公事方御定書を制定するとともに，庶民の意見を聞く目安箱を設置した。
　イ　参勤交代の制度を定め，1年おきに領地と江戸を大名に往復させることとした。
　ウ　倹約令を出すとともに，旗本や御家人の生活難を救うため，借金を帳消しにした。
　エ　朱子学を重視し，武力にかわり学問や礼節を重んじる政治への転換をはかった。

7　AからDの資料を，年代の古い順に並べ替えなさい。

4　次の文を読み，1から5までの問いに答えなさい。

　　日本が国際博覧会に初めて参加したのは，幕末のⓐパリ博覧会(1867年)である。明治時代初頭には，条約改正交渉と欧米視察を行ったⓑ日本の使節団がウィーン博覧会(1873年)を訪れた。その後も，日本はⓒセントルイス博覧会(1904年)などに参加した。また，日本は，博覧会を1940年に開催することを計画していたが，ⓓ国内外の状況が悪化し，実現できなかった。ⓔ日本での博覧会の開催は第二次世界大戦後となった。

1　下線部ⓐに関して，(1)，(2)，(3)の問いに答えなさい。
　(1)　日本は，パリ博覧会に生糸を出品した。その後，生糸の増産と品質向上を目指し，1872年に群馬県に建てられた官営工場(官営模範工場)を何というか。
　(2)　日本は，パリ博覧会に葛飾北斎の浮世絵を出品した。このことは，浮世絵がヨーロッパで紹介される一因となった。次のうち，葛飾北斎と同時期に活躍した浮世絵師はどれか。
　　ア　狩野永徳　　イ　歌川広重
　　ウ　尾形光琳　　エ　菱川師宣
　(3)　薩摩藩は，パリ博覧会に参加するなど，ヨーロッパの列強との交流を深めていった。列強

と交流するようになった理由を，**図1**から読み取れることを
ふまえ，「攘夷」の語を用いて，簡潔に書きなさい。

2　下線部ⓑについて，この使節団を何というか。

3　下線部ⓒに関して，セントルイス博覧会が開催されていた頃，
日本はロシアと戦争を行っていた。**図2**中の**ア**，**イ**，**ウ**，**エ**の
うち，日露戦争開戦時に日本の領土であったのはどれか。

4　下線部ⓓに関して，日本が国際連盟を脱退した後の状況につ
いて，正しく述べているのはどれか。
　　ア　米騒動が全国に広がった。
　　イ　世界恐慌がおこった。
　　ウ　五・一五事件がおきた。
　　エ　日中戦争が始まった。

5　下線部ⓔに関して述べた，次の文中の　**Ⅰ**，　**Ⅱ**　に当て
はまる語の組み合わせとして，正しいのはどれか。

> 　　**Ⅰ**　内閣は，アメリカと交渉をすすめ，1972年
> に　**Ⅱ**　を実現させた。このことを記念して，1975
> 年に国際海洋博覧会が開催された。

　　ア　Ⅰ―佐藤栄作　Ⅱ―日中国交正常化　　　**イ**　Ⅰ―吉田茂　Ⅱ―日中国交正常化
　　ウ　Ⅰ―佐藤栄作　Ⅱ―沖縄の日本復帰　　　**エ**　Ⅰ―吉田茂　Ⅱ―沖縄の日本復帰

年	薩摩藩のできごと
1863	薩英戦争
1865	イギリスへの留学生派遣
	イギリスから武器を購入
1866	薩長同盟
1867	パリ博覧会参加

図1

図2

5　1から4までの問いに答えなさい。

1　**図1**は，三権の抑制と均衡の関係を示して
いる。次の(1)，(2)の問いに答えなさい。
(1)　**図1**中の**ア**，**イ**，**ウ**，**エ**のうち，「弾劾
　　裁判所の設置」を表す矢印はどれか。
(2)　次の文中と**図1**中の　**X**　に共通して当
　　てはまる語は何か。

> 　　国民のまとまった意見や考え方を
> 　**X**　とよび，その形成にはテレ
> ビや新聞などのマスメディアの影響が
> 大きいといわれている。

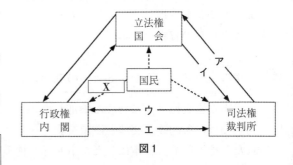

図1

2　累進課税について，正しく述べているのはどれか。
　　ア　高所得者ほど，高い税率が適用される。
　　イ　景気に左右されず，一定の税収が見込める。
　　ウ　生鮮食品に対して，税率が軽減される。
　　エ　所得が少ない人ほど，税負担の割合が高い。

3　地方自治に関して，国と比較した地方の行政事務の特徴を**図2**から読み取り，簡潔に書きな
さい。また，政令指定都市と比較した小都市の歳入の特徴を**図3**から読み取り，地方交付税の

役割にふれ，簡潔に書きなさい。

主な行政事務の分担

	教育	福祉	その他
国	・大学	・医師等免許	・防衛 ・外交
地方 （市町村）	・小中学校 ・幼稚園	・国民健康保険 ・ごみ処理	・消防 ・戸籍

図2 （「総務省ウェブページ」により作成）

歳入に占める割合と，人口一人当たり歳入額

	地方税 （％）	地方交付税 （％）	一人当たり歳入額 （千円）
政令指定都市	41.2	5.1	509
小都市 （人口10万人未満）	27.1	23.3	498

図3 （「総務省令和2年版地方財政白書」により作成）

4 経済活動に関して，次の(1)，(2)，(3)の問いに答えなさい。

(1) 日本銀行に関する次の文Ⅰ，Ⅱ，Ⅲの正誤の組み合わせとして，正しいのはどれか。

> Ⅰ 日本で流通している紙幣を発行するため，「発券銀行」とよばれている。
>
> Ⅱ 国民から集めた税金の使い道を決定するため，「政府の銀行」とよばれている。
>
> Ⅲ 一般の銀行との間でお金の出し入れをするため，「銀行の銀行」とよばれている。

ア Ⅰ－正 Ⅱ－正 Ⅲ－誤　　イ Ⅰ－正 Ⅱ－誤 Ⅲ－正

ウ Ⅰ－正 Ⅱ－誤 Ⅲ－誤　　エ Ⅰ－誤 Ⅱ－正 Ⅲ－正

オ Ⅰ－誤 Ⅱ－正 Ⅲ－誤　　カ Ⅰ－誤 Ⅱ－誤 Ⅲ－正

(2) 企業が不当な価格協定を結ぶことを禁止するなど，市場における企業どうしの公正かつ自由な競争を促進するために制定された法律を何というか。

(3) 日本の企業について，正しく述べているのはどれか。

ア 企業の9割は大企業に分類され，大企業の多くは海外に進出している。

イ 水道やバスなどの公企業の主な目的は，高い利潤を上げることである。

ウ 勤務年数に関わらず，個人の能力や仕事の成果で賃金を決める企業も増えている。

エ 企業の代表的な形態は株式会社であり，株主は企業に対してすべての責任を負う。

6 ゆきさんと先生の会話文を読み，1から6までの問いに答えなさい。

> ゆき：「日本は⒜少子高齢化に対応するため，社会保障の充実を図っています。例えば，
> 　　　 A 制度は，40歳以上のすべての国民が加入し，公的な支援を受けられる社会保険の一つですね。」
>
> 先生：「そのような社会保障のしくみは，⒝日本国憲法における基本的人権の尊重の考え方に基づいています。⒞人権を保障するには，⒟民主主義による政治を行うことが重要ですね。」
>
> ゆき：「3年後には有権者になるので，⒠実際の選挙について，調べてみようと思います。」

1 下線部⒜に関して，働く人の数が減少することを見据え，性別に関わらず，働きやすい職場

環境を整えることが大切である。雇用における女性差別を禁止する目的で，1985年に制定された法律を何というか。

2 会話文中の │A│ に当てはまる語を書きなさい。

3 下線部ⓑに関して，次の(1)，(2)の問いに答えなさい。

(1) 次の文は日本国憲法の一部である。文中の │　　│ に当てはまる語を書きなさい。

> すべて国民は，個人として尊重される。生命，自由及び幸福追求に対する国民の権利については，│　　│ に反しない限り，立法その他国政の上で，最大の尊重を必要とする。

(2) 図1は，憲法改正の手続きを示している。│ Ⅰ │，│ Ⅱ │ に当てはまる語の組み合わせとして正しいのはどれか。

ア　Ⅰ－3分の2以上　Ⅱ－国民投票
イ　Ⅰ－3分の2以上　Ⅱ－国民審査
ウ　Ⅰ－過半数　　　Ⅱ－国民投票
エ　Ⅰ－過半数　　　Ⅱ－国民審査

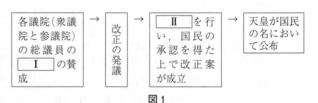

各議院（衆議院と参議院）の総議員の │ Ⅰ │ の賛成　→　改正の発議　→　│ Ⅱ │ を行い，国民の承認を得た上で改正案が成立　→　天皇が国民の名において公布

図1

4 下線部ⓒに関して述べた，次の文中の │ Ⅰ │，│ Ⅱ │ に当てはまる語の組み合わせとして，正しいのはどれか。なお，同じ記号には同じ語が当てはまる。

> 警察が逮捕などをする場合，原則として裁判官が出す │ Ⅰ │ がなければならない。また，被告人が経済的な理由で │ Ⅱ │ を依頼できない場合は，国が費用を負担して │ Ⅱ │ を選ぶことになっている。

ア　Ⅰ－令状　Ⅱ－検察官　　イ　Ⅰ－令状　Ⅱ－弁護人
ウ　Ⅰ－証拠　Ⅱ－検察官　　エ　Ⅰ－証拠　Ⅱ－弁護人

5 下線部ⓓに関して，議会制民主主義における考え方として**当てはまらない**のはどれか。
ア　法の下の平等　　イ　多数決の原理　　ウ　少数意見の尊重　　エ　人の支配

6 下線部ⓔに関して，ゆきさんは，2019年の参議院議員選挙について調べ，若い世代の投票率が他の世代よりも低いことに気付いた。この課題について，図2，図3をふまえ，どのような解決策が考えられるか，簡潔に書きなさい。

投票を棄権した人の理由

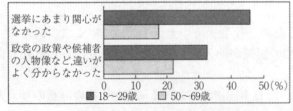

図2 （「参議院議員選挙全国意識調査」により作成）

政治・選挙の情報入手元

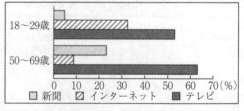

図3 （「参議院議員選挙全国意識調査」により作成）

理科

●満点 100点　●時間 45分

1　次の1から8までの問いに答えなさい。

1　次のうち, 化学変化はどれか。

　ア　氷がとける。　　　イ　食塩が水に溶ける。

　ウ　砂糖がこげる。　　エ　熱湯から湯気が出る。

2　右の図において, 斜面上に置かれた物体にはたらく垂直抗力の向きは,
ア, イ, ウ, エのうちどれか。

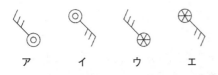

3　次のうち, 惑星はどれか。

　ア　太陽　　イ　地球

　ウ　彗星（すい）　エ　月

4　ヒトのだ液などに含まれ, デンプンの分解にはたらく消化酵素はどれか。

　ア　リパーゼ　　　　イ　ペプシン

　ウ　アミラーゼ　　　エ　トリプシン

5　雷（かみなり）は, 雲にたまった静電気が空気中を一気に流れる現象である。このように, たまった電気が流れ出したり, 空間を移動したりする現象を何というか。

6　地球内部の熱などにより, 地下で岩石がどろどろにとけているものを何というか。

7　受精卵が細胞分裂をして成長し, 成体となるまでの過程を何というか。

8　砂糖40gを水160gに溶かした砂糖水の質量パーセント濃度は何%か。

2　図1は, 3月のある日の午前9時における日本付近の気圧配置を示したものである。図2は, 図1のA−B間における前線および前線面の断面を表した模式図である。

　このことについて, 次の1, 2, 3の問いに答えなさい。

1　図1の地点Wでは, 天気は雪, 風向は南東, 風力は3であった。このときの天気の記号として最も適切なものはどれか。

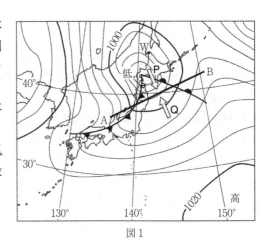

図1

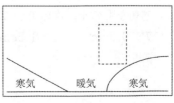

ア　　　イ　　　ウ　　　エ

2　次の□□□内の文章は, 図2の前線面の断面とその付近にできる雲について説明したものである。①に当てはまる記号と, ②, ③に当てはまる語をそれぞれ（　）の中から選んで書きなさい。

図2

図2は，図1のA－B間の断面を①(P・Q)の方向から見たものである。前線面上の
　　▨の辺りでは，寒気と暖気の境界面で②(強い・弱い)上昇気流が生じ，③(乱層雲・積
　　乱雲)ができる。

3　図3は，図1と同じ日に観測された，ある地点
における気温，湿度，風向のデータをまとめたも
のである。この地点を寒冷前線が通過したと考え
られる時間帯はどれか。また，そのように判断で
きる理由を，気温と風向に着目して簡潔に書きな
さい。

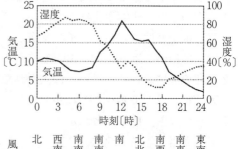

図3

　ア　0時～3時
　イ　6時～9時
　ウ　12時～15時
　エ　18時～21時

3　植物の蒸散について調べるために，次の実験(1)，(2)，(3)，(4)を順に行った。

(1)　葉の数と大きさ，茎の長さと太さをそろえたアジサイの枝を3本用意
し，水を入れた3本のメスシリンダーにそれぞれさした。その後，それ
ぞれのメスシリンダーの<u>水面を油でおおい</u>，図のような装置をつくった。

(2)　実験(1)の装置で，葉に何も処理しないものを装置A，すべての葉の表
側にワセリンをぬったものを装置B，すべての葉の裏側にワセリンをぬ
ったものを装置Cとした。

(3)　装置A，B，Cを明るいところに3時間置い
た後，水の減少量を調べた。表は，その結果を
まとめたものである。

	装置A	装置B	装置C
水の減少量〔cm³〕	12.4	9.7	4.2

(4)　装置Aと同じ条件の装置Dを新たにつくり，装置Dを暗室に3時間置き，その後，明る
いところに3時間置いた。その間，1時間ごとの水の減少量を記録した。

　　このことについて，次の**1**，**2**，**3**，**4**の問いに答えなさい。ただし，実験中の温度と湿度
は一定に保たれているものとする。
1　アジサイの切り口から吸収された水が，葉まで運ばれるときの通り道を何というか。
2　実験(1)で，下線部の操作を行う目的を簡潔に書きなさい。
3　実験(3)の結果から，「葉の表側からの蒸散量」および「葉以外からの蒸散量」として，最も
適切なものを，次の**ア**から**オ**のうちからそれぞれ一つ選び，記号で書きなさい。
　ア　0.6cm³　　**イ**　1.5cm³　　**ウ**　2.7cm³　　**エ**　5.5cm³　　**オ**　8.2cm³

4 実験(4)において，1時間ごとの水の減少量を表したものとして，最も適切なものはどれか。また，そのように判断できる理由を，「気孔」という語を用いて簡潔に書きなさい。

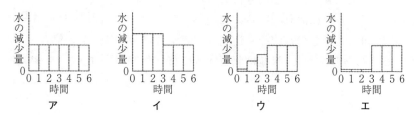

ア　イ　ウ　エ

4 アキラさんとユウさんは，電流がつくる磁界のようすを調べるために，次の実験(1)，(2)，(3)を順に行った。

(1) 図1のように，厚紙に導線を通し，鉄粉を均一にまいた。次に，電流を流して磁界をつくり，厚紙を指で軽くたたいて鉄粉のようすを観察した。

(2) 図2のように，導線に上向きまたは下向きの電流を流して磁界をつくり，導線から等しい距離の位置A，B，C，Dに方位磁針を置いて，N極がさす向きを観察した。

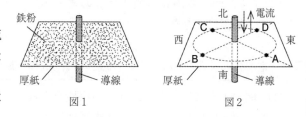

図1　　図2

(3) 図3のように，コイルを厚紙に固定して電流を流せるようにし，コイルからの距離が異なる位置P，Qに方位磁針をそれぞれ置いた。その後，コイルに流す電流を少しずつ大きくして，N極がさす向きの変化を観察した。図4は，図3の装置を真上から見たようすを模式的に示したものである。

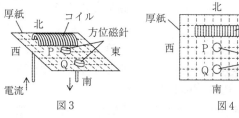

図3　　図4

このことについて，次の1，2，3の問いに答えなさい。

1　実験(1)で，真上から観察した鉄粉のようすを模式的に表したものとして，最も適切なものは次のうちどれか。

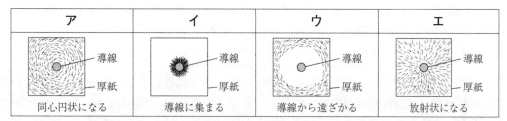

ア	イ	ウ	エ
同心円状になる	導線に集まる	導線から遠ざかる	放射状になる

2　次の　　　内は，実験(2)を行っているときのアキラさんとユウさんの会話である。①に当てはまる語と，②に当てはまる記号をそれぞれ（　）の中から選んで書きなさい。

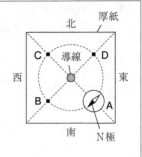

アキラ「電流を流したから，N極がさす向きを確認してみよう。」

ユ　ウ「電流が流れたら，位置**A**では南西向きになったよ（右図）。
　　　　電流は①（上向き・下向き）に流れているよね。」

アキラ「そうだよ。次は同じ大きさの電流を，逆向きに流すね。」

ユ　ウ「位置②（**A・B・C・D**）では，N極は北西向きになった
　　　　よ。」

3　実験(3)について，位置P，Qに置かれた
方位磁針のN極がさす向きは表のように変
化した。この結果からわかることは何か。
「コイルがつくる磁界の強さは」の書き出
しで，簡潔に書きなさい。

	電流の大きさ			
	0	小 ⟹		大
位置Pの方位磁針の向き	↗	↗	↘	→
位置Qの方位磁針の向き	↗	↑	↗	↗

5　電池のしくみについて調べるために，次の実験(1)，(2)，(3)を順に行った。

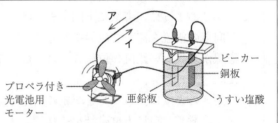

(1)　図のようにビーカーにうすい塩酸を入れ，
　　亜鉛板と銅板をプロペラ付き光電池用モー
　　ターにつないだところ，モーターが回った。

(2)　新たなビーカーに，うすい塩酸をうすい
　　水酸化ナトリウム水溶液で中和させた溶液
　　を入れ，実験(1)と同様に亜鉛板と銅板をプ
　ロペラ付き光電池用モーターにつないで，モーターが回るかどうかを調べた。

(3)　実験(1)において，塩酸の濃度や，塩酸と触れる金属板の面積を変えると電圧や電流の大
　きさが変化し，モーターの回転するようすが変わるのではないかという仮説を立て，次の
　実験(a)，(b)を計画した。

(a)　濃度が0.4％の塩酸に，塩酸と触れる面積がそれぞれ2cm²となるよう亜鉛板と銅板
　　を入れ，電圧と電流の大きさを測定する。

(b)　濃度が4％の塩酸に，塩酸と触れる面積がそれぞれ4cm²となるよう亜鉛板と銅板を
　　入れ，電圧と電流の大きさを測定する。

このことについて，次の1，2，3，4の問いに答えなさい。

1　うすい塩酸中の塩化水素の電離を表す式を，化学式とイオン式を用いて書きなさい。

2　次の□□内の文章は，実験(1)について説明したものである。①に当てはまる語と，②，③
に当てはまる記号をそれぞれ（　）の中から選んで書きなさい。

　　モーターが回ったことから，亜鉛板と銅板は電池の電極としてはたらき，電流が流れた
ことがわかる。亜鉛板の表面では，亜鉛原子が電子を失い，①（陽イオン・陰イオン）とな
ってうすい塩酸へ溶け出す。電極に残された電子は導線からモーターを通って銅板へ流れ
る。このことから，亜鉛板が電池の②（＋・－）極となる。つまり，電流は図中の③（**ア**・
イ）の向きに流れている。

3 実験(2)について，モーターのようすとその要因として，最も適切なものは次のうちどれか。
　　ア　中和後の水溶液は，塩化ナトリウム水溶液なのでモーターは回る。
　　イ　中和後の水溶液は，塩化ナトリウム水溶液なのでモーターは回らない。
　　ウ　中和されて，塩酸と水酸化ナトリウムの性質が打ち消されたのでモーターは回る。
　　エ　中和されて，塩酸と水酸化ナトリウムの性質が打ち消されたのでモーターは回らない。
4 実験(3)について，実験(a)，(b)の結果を比較しても，濃度と面積がそれぞれどの程度，電圧や電流の大きさに影響を与えるかを判断することはできないことに気づいた。塩酸の濃度の違いによる影響を調べるためには，実験方法をどのように改善したらよいか，簡潔に書きなさい。

6 遺伝の規則性を調べるために，エンドウを用いて，次の実験(1)，(2)を順に行った。

---

(1) 丸い種子としわのある種子をそれぞれ育て，かけ合わせたところ，子には，丸い種子としわのある種子が1：1の割合でできた。

(2) 実験(1)で得られた，丸い種子をすべて育て，開花後にそれぞれの個体において自家受粉させたところ，孫には，丸い種子としわのある種子が3：1の割合でできた。
　　図は，実験(1)，(2)の結果を模式的に表したものである。

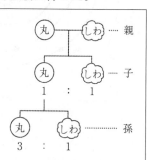

　このことについて，次の1，2，3の問いに答えなさい。
1 エンドウの種子の形の「丸」と「しわ」のように，どちらか一方しか現れない形質どうしのことを何というか。
2 種子を丸くする遺伝子をA，種子をしわにする遺伝子をaとしたとき，子の丸い種子が成長してつくる生殖細胞について述べた文として，最も適切なものはどれか。
　　ア　すべての生殖細胞がAをもつ。
　　イ　すべての生殖細胞がaをもつ。
　　ウ　Aをもつ生殖細胞と，aをもつ生殖細胞の数の割合が1：1である。
　　エ　Aをもつ生殖細胞と，aをもつ生殖細胞の数の割合が3：1である。
3 実験(2)で得られた孫のうち，丸い種子だけをすべて育て，開花後にそれぞれの個体において自家受粉させたとする。このときできる，丸い種子としわのある種子の数の割合を，最も簡単な整数比で書きなさい。

7 図1は，ボーリング調査が行われた地点A，B，C，Dとその標高を示す地図であり，図2は，地点A，B，Cの柱状図である。なお，この地域に凝灰岩の層は一つしかなく，地層の上下逆転や断層はみられず，各層は平行に重なり，ある一定の方向に傾いていることがわかっている。

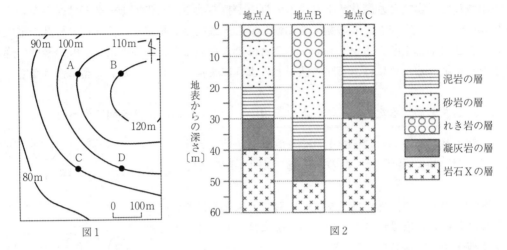

図1　　　　　　　　　　　　　　　図2

このことについて，次の**1**，**2**，**3**，**4**の問いに答えなさい。

1 地点Aの砂岩の層からアンモナイトの化石が見つかったことから，この層ができた地質年代を推定できる。このように地層ができた年代を知る手がかりとなる化石を何というか。

2 採集された岩石Xの種類を見分けるためにさまざまな方法で調べた。次の□□内の文章は，その結果をまとめたものである。①に当てはまる語を（　）の中から選んで書きなさい。また，②に当てはまる岩石名を書きなさい。

> 岩石Xの表面をルーペで観察すると，等粒状や斑状の組織が確認できなかったので，この岩石は①（火成岩・堆積岩）であると考えた。そこで，まず表面をくぎでひっかいてみると，かたくて傷がつかなかった。次に，うすい塩酸を数滴かけてみると，何の変化も見られなかった。これらの結果から，岩石Xは（　②　）であると判断した。

3 この地域はかつて海の底であったことがわかっている。地点Bの地表から地下40mまでの層の重なりのようすから，水深はどのように変化したと考えられるか。粒の大きさに着目して，簡潔に書きなさい。

4 地点Dの層の重なりを図2の柱状図のように表したとき，凝灰岩の層はどの深さにあると考えられるか。解答用紙の図に■■のようにぬりなさい。

8 気体A，B，C，Dは，二酸化炭素，アンモニア，酸素，水素のいずれかである。気体について調べるために，次の実験(1)，(2)，(3)，(4)を順に行った。

(1) 気体A，B，C，Dのにおいを確認したところ，気体Aのみ刺激臭がした。

(2) 気体B，C，Dをポリエチレンの袋に封入して，実験台に置いたところ，気体Bを入れた袋のみ浮き上がった。

(3) 気体C，Dをそれぞれ別の試験管に集め，水でぬらしたリトマス試験紙を入れたところ，

気体Cでは色の変化が見られ，気体Dでは色の変化が見られなかった。

(4) 気体C，Dを1：1の体積比で満たした試験管Xと，空気を満たした試験管Yを用意し，それぞれの試験管に火のついた線香を入れ，反応のようすを比較した。

このことについて，次の**1**，**2**，**3**の問いに答えなさい。

1 実験(1)より，気体Aは何か。図1の書き方の例にならい，文字や数字の大きさを区別して，化学式で書きなさい。

図1

2 次の□内の文章は，実験(3)について，結果とわかったことをまとめたものである。①，②，③に当てはまる語をそれぞれ書きなさい。

気体Cでは，（①）色リトマス試験紙が（②）色に変化したことから，気体Cは水に溶けると（③）性を示すといえる。

3 実験(4)について，試験管Xでは，試験管Yと比べてどのように反応するか。反応のようすとして，適切なものを**ア**，**イ**，**ウ**のうちから一つ選び，記号で答えなさい。また，そのように判断できる理由を，空気の組成（体積の割合）を表した図2を参考にして簡潔に書きなさい。

ア 同じように燃える。 **イ** 激しく燃える。
ウ すぐに火が消える。

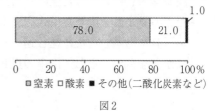

図2

---

9 凸レンズのはたらきを調べるために，次の実験(1)，(2)，(3)，(4)を順に行った。

(1) 図1のような，透明シート（イラスト入り）と光源が一体となった物体を用意し，図2のように，光学台にその物体と凸レンズP，半透明のスクリーンを配置した。物体から発する光を凸レンズPに当て，半透明のスクリーンにイラスト全体の像がはっきり映し出されるように，凸レンズPとスクリーンの位置を調節し，Aの方向から像を観察した。

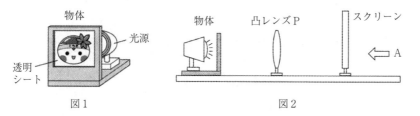

図1　　　　　　　　　　　図2

(2) 実験(1)で，スクリーンに像がはっきり映し出されているとき，図3のように，凸レンズPをAの方向から見て，その半分を黒いシートでおおって光を通さないようにした。
　　このとき，スクリーンに映し出される像を観察した。

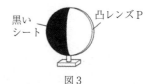

図3

(3) 図4のように，凸レンズPから物体までの距離 a〔cm〕と凸レンズPからスクリーンまでの距離 b〔cm〕を変化させ，像がはっきり映し出されるときの距離をそれぞれ調べた。

(4) 凸レンズPを焦点距離の異なる凸レンズQにかえて，実験(3)と同様の実験を行った。
　　表は，実験(3)，(4)の結果をまとめたものである。

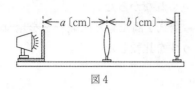

図4

		凸レンズP		凸レンズQ		
a〔cm〕	20	24	28	30	36	40
b〔cm〕	30	24	21	60	45	40

このことについて，次の**1**，**2**，**3**，**4**の問いに答えなさい。

1 実験⑴で，Aの方向から観察したときの
スクリーンに映し出された像として，最も
適切なものはどれか。

 ア   イ   ウ   エ

2 右の図は，透明シート上の点Rから出て，
凸レンズPに向かった光のうち，矢印の方向に進ん
だ光の道すじを示した模式図である。その光が凸レ
ンズPを通過した後に進む道すじを，解答用紙の図
にかきなさい。なお，図中の点Fは凸レンズPの焦
点である。

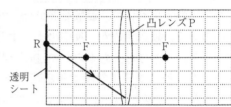

3 実験⑵で，凸レンズPの半分を黒いシートでおお
ったときに観察した像は，実験⑴で観察した像と比べてどのように見えるか。

 ア 像が暗くなる。

 イ 像が小さくなる。

 ウ 像の半分が欠ける。

 エ 像がぼやける。

4 実験⑶，⑷の結果から，凸レンズPと凸レンズQの焦点距離を求めることができる。これら
の焦点距離を比較したとき，どちらの凸レンズが何cm長いか。

から、あるいは、とか、そういうことをなぎ倒して、きっと生きていける。あるいは日本人だから、とか、そういうことをなぎ倒して、

「七十四歳になって、新しいことをはじめるのは勇気がいるけどね。」清澄がまっすぐに、わたしを見る。わたしも、清澄を見る。

「でも、というかたちに、清澄の唇が動いた。

「でも、今からはじめたら、八十歳の時には水泳歴六年になるやん。なにもせんかったら、ゼロ年のままやけど。」

やわらかな絹に触れる指が小刻みに震えてしまう。(3)そうね、というい声までも震えてしまいそうになって、お腹にぐっと力をこめた。

（寺地はるな「水を縫う」から）

(注1) 鴨居＝ふすまや障子の上部にある横木のこと。
(注2) リッパー＝縫い目などを切るための小型の裁縫道具。

1 ＿に入る語句として最も適当なものはどれか。
ア ためらいなく　　イ 楽しげに
ウ たどたどしく　　エ 控えめに

2 見たことない顔　とあるが、ここでは姉のどのような顔のことか。

3 本文中の ア ～ エ のいずれかに、次の一文が入る。最も適当な位置はどれか。

　夢を見つけてひたむきに頑張っている顔。

ア 夢を見つけてひたむきに頑張っている顔。
イ 仕事に対してまじめに取り組んでいる顔。
ウ 家族の生活のために働いて疲れている顔。
エ 職場の誰にでも明るくほほえんでいる顔。

4 (2)そうなるね　とあるが、清澄はどのように考えて、一からドレスを作り直そうとしているのか。文末が「と考えたから。」となるように三十字以内で書きなさい。ただし文末の言葉は字数に

　　自分で決めたこととはいえ、さぞかしくやしかろう。

含めない。

5 (3)そうね、という声までも震えてしまいそうになって、お腹にぐっと力をこめた　とあるが、「わたし」が「お腹にぐっと力をこめた」のはなぜか。四十五字以内で書きなさい。

6 「わたし」は清澄に対してどのような思いをもっているか。その説明として最も適当なものはどれか。

ア 清澄ならば自分の生き方へのこだわりを捨て、他者と協調しながら生きていけるだろう。
イ 清澄ならば既存の価値観を打ち破り、自分の信じる生き方に従って生きていけるだろう。
ウ 清澄ならば実社会に出て多くの経験を積み、自分の弱さを克服して生きていけるだろう。
エ 清澄ならば言葉の感覚を磨き、他者との意思疎通を大切にしながら生きていけるだろう。

五 「世の中が便利になること」について、あなたの考えを国語解答用紙(2)に二百四十字以上三百字以内で書きなさい。なお、次の《条件》に従って書くこと。

《条件》
（Ⅰ）二段落構成とすること。
（Ⅱ）各段落は次の内容について書くこと。

第一段落
・あなたが世の中にあって便利だと思っているものについて、具体的な例を挙げて説明しなさい。例は、あなたが直接体験したことでも見たり聞いたりしたことでもよい。

第二段落
・第一段落に書いたことを踏まえて、「世の中が便利になること」について、あなたの考えを書きなさい。

清澄は（注2）リッパーを手にしている。ふーっと長い息を吐いてから、縫い目に挿しいれた。

「えっ。」

驚くわたしをよそに、清澄はどんどんドレスの縫い目をほどいていく。

「水青になんか言われたの？」

「なんも言われてない。」

　　　　　ドレスを解体していく手つきと裏腹に、清澄の表情は歪んでいた。声もわずかに震えている。

「でも、姉ちゃんがこのドレスは『なんか違う』って言った気持ちが、なんとなくわかったような気がする。」

学習塾に行った時、水青はしばらく清澄たちに気づかずに、仕事をしていたという。「パソコンを操作したり、講師の人となんか喋ったりする顔が」と言いかけてしばらく黙る。

「なんて言うたらええかな。知らない人みたい、ともちょっと違うし……うん。でもとにかく、(1)見たことない顔やった。」　　イ

清澄はリッパーをあつかう手をとめて、空中を睨んでいた。そこに、次に言うべき言葉が漂っているみたいに、真剣な顔で。

「たぶん僕、姉ちゃんのことあんまりわかってなかった。」

「生活していくために働いている。やりたいこととか夢とか、そんなのはいっさいない。いつもそう言っている水青の仕事はきっとつまらないものなのだと決めつけていた、のだそうだ。」

「でも仕事してる姉ちゃん、すごい真剣っぽかった。」

「はあ。」

「生活のために割りきってる、ってことと、真剣やないってことは違うんやと思った。」

でもそれが、なぜドレスをほどく理由になるのか、わたしには今いちわからない。

「姉ちゃんはな、ただわかってないだけやと思っとってん。ドレスのこととか、ぜんぶ。僕とおばあちゃんにいちばんきれいに見えるドレスをつくってあげられるのにって。どっかでちょっと、姉ちゃんのこと軽く見てたと思う。わかってない人って決めつけて。せやから、これはあかんねん。わかってない僕がつくったこのドレスは、たぶん姉ちゃんには似合わへん。」

水青のことを尊重していなかった。清澄が言いたいのは、要するにそういうことなのだろうか。そういうことなら、手伝うわ。

「わかった。そういうことなら、手伝うわ。」

自分の裁縫箱から、リッパーを取り出す。向かい合って畳に座った。指先にやわらかい絹が触れた瞬間、涙がこぼれそうになる。真剣な顔でひと針ひと針これを縫っていた清澄の横顔を思い出してしまった。

「一からって、デザイン決めからやりなおすの？」　　ウ

「(2)そうなるね。」

「手伝う時間が減るかもしれんわ、おばあちゃん。……プールに通うことにしたから。」

「プール。」

復唱する清澄には、さしたる表情の変化はなかった。どんな反応が返ってきたとしても、もう気持ちは固まっていたけど。

「そう。プール。泳ぐの、五十年ぶりぐらいやけどな。」

「そうか。……がんばってな。」

清澄はふたたび手元に視線を落とす。ぷっぷっとかすかな音を立てて、糸が布から離れていく。うつむき加減の額にかかる前髪も、皮膚も、まだ新品と言っていい。　　エ

この子にはまだ何十年もの時間がある。男だから、とか、何歳だ

て、知っているゴールにたどり着く。適度なスリルと、適度な安心感があるのだ。私たちが小説に癒やされるのは、そういうときだろう。

（石原千秋「読者はどこにいるのか」から）

（注） 大橋洋一＝日本の英文学者。

1 〔　〕に入る語として最も適当なものはどれか。

ア 伏線　　イ 課題　　ウ 逆説　　エ 対比

2 (1)こういう現象 とあるが、どのような現象か。文末が「という不思議な現象。」となるように四十字以内で書きなさい。ただし文末の言葉は字数に含めない。

3 (2)立方体 と答えるだろう とあるが、その理由として最も適当なものはどれか。

ア 「立方体」を知らないことによって、かえって想像力が広がり「九本の直線」に奥行きを感じるから。

イ 「立方体」を知っていることにより想像力が働き、「九本の直線」に奥行きが生じるから。

ウ 「立方体」を知っていることにより想像力が働き、「九本の直線」に奥行きを与えて見てしまうから。

エ 「立方体」を知っているので想像力はできないが、「九本の直線」に奥行きを与えることができないから。

4 (3)読者が持っているすべての情報が読者ごとの「全体像」を構成する とあるが、筆者がこのように言うのはなぜか。

ア 読者の経験によって、作品理解における想像力の働かせ方が規定されるから。

イ 読者が作品に込められた意図を想像することで、作品理解に深みが出るから。

ウ 読者の想像力が豊かになることで、作品理解において多様性が生まれるから。

エ 読者が作者の情報を得ることで、作品理解において自由な想

像ができるから。

5 (4)読者は安心して小説が読めた とあるが、筆者がこのように言うのはなぜか。五十字以内で書きなさい。

6 本文の特徴を説明したものとして最も適当なものはどれか。

ア 〔図〕を本文中に用いて、具体例を視覚的に示し筆者の主張と対立させている。

イ かぎ（「 」）を多く用いて、筆者の考えに普遍性があることを強調している。

ウ 漢語表現を多く用いて、欧米の文学理論と自身の理論との違いを明示している。

エ 他者の見解を引用して、それを補足する具体例を挙げながら論を展開している。

四 次の文章を読んで、1から6までの問いに答えなさい。

　高校一年生の清澄は祖母（本文中では「わたし」）に手伝ってもらいながら、得意な裁縫を生かして姉の水青のためにウェディングドレスを作っている。ある日、清澄は友達とともに、姉が働く学習塾を訪ねた。

　夕方になって、ようやく清澄が帰ってきた。心なしか、表情が冴えない。具合でも悪いのだろうか。

「ちょっと、部屋に入るで。」

　裁縫箱を片手に、わたしの部屋に入っていく。（注1）鴨居にかけた、仮縫いの水青のウェディングドレス。腕組みして睨んでると思ったら、いきなりハンガーから外して、裏返しはじめた。

　［　ア　］

「どうしたん、キヨ。」

述べている。

　受容理論の観点からみると（中略）、読者とは、限られた情報から全体像をつくりあげること。これを読者と作者との関係からいうと、読者は作者からヒントをもらって、自分なりに全体像をつくりあげるといっていいかもしれません。（『新文学入門』岩波書店、一九九五・八）

　ここで言う「全体像」は、音楽の音階を考えるとわかりやすい。「ドレミファソラシド」の音階はピアノの右側の高い音で弾いても、左側の低い音で弾いても同じように聞こえる。あるいは、ギターで弾いても同じ「ドレミファソラシド」に聞こえる。(1)こういう現象について、人間には絶対音や音の種類が違うのに不思議な現象だ。「ドレミファソラシド」という音階を「全体像」として認識する能力があるので、たとえどの音階でもどんな種類の音でも、一つ「ミ」という音を聴いただけでそれが「ドレミファソラシド」のどの位置にある音かがわかると考えるのが「全体像心理学」である。大橋洋一の説明に戻れば、受容理論とは「文学作品というものを、「ミ」だけ聴いただけでそれが「ドレミファソラシド」だと言うのである。「塗り絵理論」とは、読書行為はたとえば線で書かれただけの「未完成」な人形の絵を、クレヨンで色を付けて「完成」させるようなものだとする考え方である。

　ここで注意すべきなのは、読者は「全体像」を名指しすることが出来るという事実である。たとえば、上のような「図」(2)(？)を見てほしい。これは何だろうか。多くの人は(2)「立方体」と答えるだろう。だが、なぜ「九本の直線」と答えてはいけないのだろ

うか。もちろんそう答えてもいいはずなのだ。いや、その方が「正しい」はずである。にもかかわらずこの「図」を「立方体」と答えてしまうためには、二つの前提が想定できる。

　一つは、私たちの想像力がこの「図」の向こう側に回って、「九本の直線」に奥行きを与えているということだ。想像力は「全体像」を志向するのは、私たちがあらかじめ「立方体」という「名」を、つまりその「全体像」を知っているということだ。先の例でも、「ドレミファソラシド」の音階を知らない人に「ミ」だけ聴かせても、「ドレミファソラシド」という「全体像」が浮かび上がってくるはずはない。

　目の前にあるテクストが「未完成」であるとか「一部分」であるとかを感じるためには、読者に「全体像」がなければならないのである。つまり、読者は「全体像」を知っているという二つ目の前提が、ある読者の想像力の働き方を規定していると言える。ここでこの原理を受容理論に応用すると、「作品とは読者が自分自身に出会う場所」であって、「読書行為とは、読者が自分自身をたえず読んでゆくプロセス」(3)（大橋洋一）だということになるのである。なぜなら、読者は「全体像」を構成するからである。

　そう言えば、私たちはこれまで多くの小説を、「成長の物語」とか「喪失の物語」とか「和解の物語」といった類の、私たちがすでに知っている「物語」として読んでいたのではなかっただろうか。つまり、実は小説にとって「全体像」とは既知の「物語」なのである。(4)読者は安心して小説を読みはじめたのだ。

　こう考えれば、私たちは小説を読みはじめたときから「この物語の結末はもう知っている」と思うだろう。読みはじめたばかりの小説なのに、もう全部知っているのだ。まだ知らない世界をもう知っ

ている　　　がそこにはある。読者は知らない道を歩いているという

二　次の文章は、駿河国（現在の静岡県）に住んでいた三保と磯田という二人の長者についての話である。これを読んで1から5までの問いに答えなさい。

時に十月の初めのころ、例のごとく、（注1）碁打ちてありけるに、三保の長者が妻にはかに（注2）虫の気付きて、家の内さわぎ、（注3）とよみけるうち、やすやすと、男子をぞ産みける。磯田も、このさわぎに、碁を打ちさして、やがて家に帰りけるが、これもその日、夜に入りて、妻なるもの、同じく男子を産みぬ。両家とも、さばかりの豪富なりければ、産養ひの祝ひごととて、出で入る人、ひきもきらず。賑はしきこと、（注4）言へばさらなり。

さて十二日を過ぐして、長者両人出会ひて、互ひに出産の喜び、言ひ交はして、磯田言ひけるは、「御身と我と、常に碁を打ち遊びて、睦ましく語らふ中に、一日の中に、相共に、妻の出産せる事、
(1)不思議と言ふべし。いかに、この子ども、今より兄弟のむすびして、生涯親しみを失はざらんやうこそ、願はしけれ。」と①言へば、三保も喜びて「さては子どもの代に至りても、ますます厚く交はるべし。」とて、盃取り交はして、もろともに誓ひをぞなしける。磯田、「名をば、いかに呼ぶべき。」と言へば、三保の長者しばし打ち案じて、「時は十月なり。十月は良月なり。我が子は、昼生まれぬれば、白良と呼び、（2)御身の子は、黒良と呼ばんは、いかに。」と②言へば、磯田打ち笑みて、「黒白を以て、昼夜になぞらへし事おもしろし。白良は、さきに生まれ出たれば、兄と定むべし。」と言ひて、これより、いよいよ睦ましくぞ、交はりける。

（「天羽衣」から）

（注1）　碁＝黒と白の石を交互に置き、石で囲んだ地を競う遊び。
（注2）　虫の気付きて＝出産の気配があって。
（注3）　とよみけるうち＝大騒ぎしたところ。
（注4）　言へばさらなり＝いまさら言うまでもない。

1　現代かなづかいを用いて、すべてひらがなで書きなさい。

2　①言へ　②言へ　について、それぞれの主語にあたる人物の組み合わせとして適当なものはどれか。
ア　①三保　②三保
イ　①三保　②磯田
ウ　①磯田　②三保
エ　①磯田　②磯田

3
(1)不思議と言ふべし　とあるが、「不思議」の内容として最も適当なものはどれか。
ア　三保が碁の途中で妻の出産を予感し、帰宅してしまったこと。
イ　三保と磯田とが飽きることなく、毎日碁に夢中になれたこと。
ウ　碁打ち仲間である三保と磯田に、同じ日に子が生まれたこと。
エ　三保と磯田が碁を打つ最中、二人の妻がともに出産したこと。

4
(2)御身の子は、黒良と呼ばん　とあるが、「黒良」という名にしたのはなぜか。三十字以内の現代語で答えなさい。

5　本文の内容と合うものはどれか。
ア　磯田は二人の子どもの名付け親になれることを心から喜んだ。
イ　磯田と三保は子の代になっても仲良く付き合うことを願った。
ウ　三保と磯田は家の者がみんなで心配するくらいの難産であった。
エ　三保は磯田から今後は兄として慕いたいと言われて感動した。

三　次の文章を読んで、1から6までの問いに答えなさい。

読者が自由に読めるということは、理論的に小説には「完成した形」とか「完全な形」がないという結論を導く。小説はいつも「未完成品」なのだ。文学理論では、読書行為について考える理論を「受容理論」と呼ぶ。英語で書かれた文学理論書を多く翻訳している（注）大橋洋一は、受容理論の観点からこの点について次のように

2021年・栃木県　（35）

国語

●満点100点　●時間50分

（注意）答えの字数が指示されている問いについては、句読点や「」などの符号も字数に数えるものとします。

一

1 次の1から4までの問いに答えなさい。

次の――線の部分の読みをひらがなで書きなさい。

(1) 専属契約を結ぶ。

(2) 爽快な気分になる。

(3) のどを潤す。

(4) 弟を慰める。

(5) わらで作った草履。

2 次の――線の部分を漢字で書きなさい。

(1) 船がギョコウに着く。

(2) チームをヒキいる。

(3) 友人を家にショウタイする。

(4) ゴムがチヂむ。

(5) ジュクレンした技能。

3 次は、生徒たちが俳句について話している場面である。これについて、(1)から(4)までの問いに答えなさい。

> 大寺を包みてわめく木の芽かな
>
> 高浜虚子

Aさん「この句の季語は『①木の芽』だよね。」

Bさん「そうだね。この句は、『わめく』という表現が印象的だけれど、どういう情景を詠んだものなのかな。」

Aさん「先生から②教えてもらったのだけれど、『わめく』

というのは、寺の周囲の木々が一斉に芽を（③）た情景だそうだよ。」

Bさん「なるほど。木々の芽が一斉に（④）た様子を『わめく』という言葉で表しているんだね。おもしろいね。私たちも俳句作りに挑戦してみようよ。」

Aさん「表現を工夫して、俳句は作られているんだね。私た

(1) この句に用いられている表現技法はどれか。

　ア 対句　　　イ 直喩　　　ウ 体言止め　　　エ 擬人法

(2) ①木の芽　と同じ季節を詠んだ俳句はどれか。

　ア チューリップ喜びだけを持つてゐる（細見綾子）

　イ 転びたることにはじまる雪の道（稲畑汀子）

　ウ 触るるもの皆の足に兜虫（右城暮石）

　エ 道端に刈り上げて稲のよごれたる（河東碧梧桐）

(3) ②教えてもらった　を正しい敬語表現に改めたものはどれか。

　ア お教えした

　イ 教えていただいた

　ウ お教えになった

　エ 教えてくださつた

(4) （③）、（④）には、「出る」と「出す」のいずれかを活用させた語が入る。その組み合わせとして正しいものはどれか。

　ア ③ 出し　④ 出

　イ ③ 出　④ 出し

　ウ ③ 出し　④ 出し

　エ ③ 出　④ 出

4 次の漢文の書き下し文として正しいものはどれか。

> 過ちては則ち改むるに憚ること勿かれ。
> 　過テハ　則チ　憚ルコト　勿カレ　改ムルニ
> （「論語」）

　ア 過ちては則ち改むるに憚ること勿かれ。

　イ 過ちては則ち憚ること勿かれ改むるに。

　ウ 過ちては則ち憚ること勿かれ改むるに。

　エ 過ちては則ち憚ること改むるに勿かれ。

英 語

大問	問	枝	正答率	部分正答含む
1	1	(1)	94.7%	
		(2)	98.2%	
		(3)	92.0%	
	2	(1)①	64.2%	
		②	30.7%	
		(2)①	41.9%	
		②	83.1%	
	3	(1)	40.7%	41.7%
		(2)	71.6%	73.4%
		(3)	59.8%	62.0%
		(4)	36.7%	40.4%
2	1	(1)	81.4%	
		(2)	67.4%	
		(3)	82.9%	
		(4)	74.8%	
		(5)	80.1%	
		(6)	50.3%	
	2	(1)	62.6%	
		(2)	43.6%	
		(3)	57.4%	
3	1		65.5%	66.2%
	2	(1)	43.1%	51.1%
		(2)	10.6%	32.0%
		(5)	6.1%	19.9%
	3		25.5%	43.2%
	4		75.0%	
	5	①	31.9%	41.8%
		②	1.8%	1.8%
	6		0.5%	49.8%
4	1		74.5%	
	2		19.4%	20.9%
	3		11.8%	23.6%
	4	①	18.0%	37.8%
		②	9.0%	28.3%
	5		28.1%	
5	1		32.0%	
	2		2.5%	23.7%
	3		27.1%	
	4		42.7%	

社 会

大問	問	枝	正答率	部分正答含む
1	1		74.9%	
	2		68.5%	
	3		39.0%	
	4		78.7%	
	5	(1)	78.7%	
		(2)	12.1%	32.5%
	6		59.8%	
	7		71.1%	
2	1		68.2%	
	2		54.6%	
	3		38.6%	
	4		61.7%	
	5		33.3%	
	6		73.7%	
	7		13.0%	56.8%
3	1		59.1%	
	2		53.4%	
	3		42.3%	
	4		49.5%	
	5	(1)	77.9%	
		(2)	5.8%	70.2%
	6		42.8%	
4	1	(1)	61.1%	
		(2)	60.3%	
		(3)	60.5%	
	2		3.3%	14.8%
	3		75.9%	
	4		34.1%	
	5		38.7%	
			35.9%	
5	1	(1)	61.9%	
		(2)	66.0%	
	2		84.3%	
	3		7.9%	54.7%
	4	(1)	70.8%	
		(2)	62.5%	
		(3)	72.8%	
6	1		48.0%	
	2		26.3%	
	3	(1)	32.3%	
		(2)	63.0%	
	4		88.3%	
	5		87.3%	
	6		29.4%	68.6%

数 学

大問	問	枝	正答率	部分正答含む
1	1		94.2%	
	2		94.3%	
	3		89.4%	
	4		82.6%	
	5		63.1%	
	6		49.6%	
	7		73.9%	
	8		74.1%	
	9		67.1%	
	10		79.5%	
	11		59.8%	
	12		29.6%	
	13		85.7%	
	14		53.0%	
2	1		34.1%	
	2		61.0%	
	3		9.8%	41.6%
3	1		42.8%	65.0%
	2	(1)	64.1%	
		(2)	70.6%	
		(3)	1.7%	12.2%
4	1		12.4%	59.3%
	2	(1)	47.1%	
		(2)	9.8%	
5	1		63.3%	
	2		26.2%	45.1%
	3		0.4%	
6	1		75.9%	91.0%
	2		6.0%	25.9%
	3		0.3%	3.3%

理 科

大問	問	枝	正答率	部分正答含む
1	1		53.2%	
	2		53.4%	
	3		80.8%	
	4		89.5%	
	5		73.0%	74.6%
	6		81.5%	81.5%
	7		57.6%	57.6%
	8		59.9%	59.9%
2	1		86.8%	
	2	①	44.6%	
		②	82.2%	
		③	72.0%	
	3	記号	68.2%	
		理由	29.4%	66.1%
3	1		80.4%	80.9%
	2		66.3%	79.3%
	3	葉の表側	55.5%	
		葉の裏側	59.6%	
	4	記号	50.2%	
		理由	6.2%	18.9%
4	1		81.6%	
	2	①	76.9%	
		②	47.6%	
	3		4.5%	50.3%
5	1		56.5%	57.3%
	2	①	73.6%	
		②	65.3%	
		③	60.2%	
	3		21.7%	
	4		33.0%	45.6%
6	1		37.7%	37.7%
	2		43.4%	
	3		13.4%	13.5%
7	1		78.5%	78.6%
	2	①	81.9%	
		②	51.8%	52.8%
	3		17.8%	36.8%
	4		24.5%	24.5%
8	1		59.8%	59.8%
	2	①	64.5%	64.6%
		②	64.4%	64.4%
		③	59.1%	59.1%
	3	記号	48.4%	
		理由	17.2%	17.7%
9	1		53.9%	
	2		5.9%	7.2%
	3		27.8%	
	4		20.2%	44.9%

国 語

大問	問	枝	正答率	部分正答含む
一	1	(1)	97.2%	
		(2)	96.8%	
		(3)	95.8%	
		(4)	87.2%	
		(5)	82.9%	
	2	(1)	50.7%	
		(2)	74.4%	
		(3)	67.4%	
		(4)	83.4%	
		(5)	65.3%	
	3	(1)	62.4%	
		(2)	78.0%	
		(3)	85.5%	
		(4)	83.3%	
	4		89.3%	
二	1		98.0%	
	2		82.1%	
	3		62.8%	
	4		38.3%	68.2%
	5		72.6%	
三	1		45.5%	
	2		51.3%	84.8%
	3		84.7%	
	4		66.3%	
	5		18.5%	76.3%
	6		40.3%	
四	1		89.5%	
	2		78.3%	
	3		69.5%	
	4		41.1%	62.6%
	5		2.3%	19.0%
	6		63.2%	
五				95.6%

英語解答

1 1 (1)…ア (2)…ウ (3)…イ
　　2 (1) ①…エ ②…ア
　　　 (2) ①…ウ ②…イ
　　3 (1) leave (2) drink
　　　 (3) second (4) dictionary

2 1 (1)…イ (2)…ア (3)…エ (4)…ウ
　　　 (5)…イ (6)…エ
　　2 (1) ウ→イ→エ→ア
　　　 (2) エ→ウ→ア→イ
　　　 (3) イ→ア→オ→エ→ウ

3 1 How many
　　2 (1) (例)open the door
　　　 (2) (例1)is happy to meet new
　　　　　 people
　　　　　 (例2)is happy because he
　　　　　 can meet new people
　　　 (5) (例1)send things which we
　　　　　 do not use
　　　　　 (例2)send things which are
　　　　　 not used
　　3 (例)補助犬がレストランなどの建物
　　　 に入るのは難しいということ。(28字)
　　4 イ　 5 ① need ② without
　　6 (例1)I think I can help people
　　　 in my town. For example, I will

visit an elementary school. I
will help the students when
they do their homework. I can
also visit old people who don't
live with their families. I want
to talk with them.
(例2)I learned that many
children in the world do not
have pens and notebooks. I can
collect and send them to those
children. I think they will be
happy if they get pens and
notebooks. I hope every child
can get a chance to study.

4 1 ウ　 2 listened to
　　3 (例)ノブが，見た目が良くないトマ
　　　 トをとっていたこと。
　　4 ① (例)それぞれの良いところ
　　　 ② (例)私たち一人ひとりを特別に
　　　　　 している
　　5 イ

5 1 エ
　　2 (例)バナナの葉を強くして，バナナ
　　　 の葉の皿をより長く使うこと。
　　3 エ　 4 ア

---

1 〔放送問題〕

1. (1)≪全訳≫A：これは私の家族の写真なの。うちは5人家族なのよ。／B：へえ，ネコを2匹飼ってるんだね。／A：ええ。すごくかわいいのよ！
　 Q：「彼らが見ているのはどの写真ですか」―ア

(2)≪全訳≫A：あの女の子を見て！　すごくバスケがうまいね！／B：どの女の子？　髪の長い子？／A：ううん。髪の短い子だよ。
　 Q：「彼らはどの女の子について話していますか」―ウ

(3)≪全訳≫A：まあ，ハワイ行きの便はたくさんあるのね。私たちの便の番号を確認しましょう。／B：249便だ。11時までに30番ゲートにいないといけないね。／A：えっ，急がないと。
　 Q：「彼らの航空券はどれですか」―イ

2. (1)≪全訳≫カトウ先生（K）：こんにちは，ボブ，あなたは何部に入るつもりなの？／ボブ（B）：こんにちは，カトウ先生。まだ決めていません。サッカーとか野球とか，いくつか運動部の練習は見てみたんですが，そういうのは前にもうやったことがあるので。／K：じゃあ，うちの剣道部に入り

なさいよ！／B：剣道ですか！　かっこいいですね！／K：剣道は日本の伝統的なスポーツよ。心身を鍛えられるわ。／B：僕は日本の伝統文化を学びたいと思っているので，剣道部に入ることにします！　練習は毎日ありますか？／K：いいえ，練習は火曜日から土曜日までよ。／B：わかりました…でも，週末も練習しないといけないんですか？　週末はホストファミリーと過ごしたいので，土曜日は来られません。／K：大丈夫よ！　まずは私たちの練習を見にいらっしゃい。／B：ありがとうございます！

①「なぜボブは剣道部に入りたいのですか」—エ．「伝統的な日本文化を学べるから」　　②「ボブは１週間に何日剣道を練習することになりますか」—ア．「週４日」

⑵≪全訳≫店員（C）：ハッピー・ジェフズ・ホットドッグへようこそ！　いらっしゃいませ。こちらがランチメニューです。／**男性（M）**：ありがとうございます。うーん…ホットドッグを１つと…アイスクリームを１つください。／C：当店のアップルパイはいかがですか？　とても人気がありますよ。／M：ああ，これは本当においしそうですね。／C：でしたら，ハッピージェフズランチにしてはいかがでしょうか？　アップルパイもアイスクリームも両方お召し上がりになれます。／M：うーん，両方は食べられそうもないので…一番安いハッピーランチとアップルパイをお願いします。／C：かしこまりました。以上でよろしいですか？／M：はい。あっ，無料チケットを持ってるんですが。／C：では，フライドポテトかアイスクリームか，おもちゃを無料で差し上げます。どれになさいますか？／M：うーん…うちの弟は車が好きなんですが…今日はフライドポテトにします。／C：かしこまりました。

①「この男性はいくら払うことになりますか」—ウ．「６ドル」　　②「この男性は無料で何をもらいますか」—イ．「フライドポテト」

3≪全訳≫皆さん，こんばんは！　今日はどうでしたか？　明日も楽しいですよ。２つのプログラムがありますが，皆さんはもうそのうち１つを選んでありますよね？　それらについて説明しますので，グループのメンバーに伝えてください。まず，ハイキングプログラムです。川沿いを歩きます。８時に玄関に集合して，８時10分に出発します。飲み物を持ってくる必要があります。明日は暑くなりますからね。帽子も忘れずに持ってきてください。次に，スピーキングプログラムです。８時30分に２階の会議室に来てください。さまざまな国から来た生徒と話をしたり，意見を交換したりします。プログラムの最後には，英語でスピーチをしてもらいますので，辞書が必要になります。以上です。おやすみなさい。

○ハイキングプログラム：川沿いを歩く／集合場所：玄関／時間：８時集合，８時10分(1)出発／持ち物：(2)飲み物，帽子／○スピーキングプログラム：スピーチをする／集合場所：(3)２階の会議室／時間：８時30分集合／持ち物：(4)辞書

2 〔総合問題〕

1 <長文読解—適語（句）選択—日記>≪全訳≫５月10日，日曜日／兄〔弟〕のタカシと一緒に，トチギ川に釣りに行った。川で釣りをするのは，僕にとって初めてのことだった。タカシが僕に魚の釣り方を教えてくれた。午前中，タカシはたくさんの魚を釣ったが，僕は１匹も魚を釣れなかった。正午に，母が僕たちのためにつくってくれた昼食を食べた。僕たちはそれを本当においしく食べた。午後，僕はもう一度挑戦した。岩の裏に大きな魚がいるのが見えた。長いことチャンスをうかがって，ついに僕はそれを釣りあげた！　それはタカシが釣ったどの魚よりも大きかった。僕は興奮したし，すごくいい時間を過ごした。

<解説>(1)続く内容から，「僕」は釣りの経験がないことが読み取れるので，今回が the first time「１回目」だったと考えられる。　　(2)「タカシが僕に釣りの仕方を（　）」の空所に当てはま

る動詞として適切なのは taught「教えた」。 'teach＋人＋物事'「〈人〉に〈物事〉を教える」 how to ～「～の仕方，方法」　　(3)「たくさんの魚を釣った」と「1匹も魚を釣れなかった」をつなぐ語として適切なのは '逆接' の but「しかし」。　　(4)for のような前置詞の後に人称代名詞を置く場合には，us のように「～を〔に〕」の意味を含む形（目的格）にする。　we－our－us－ours　　(5)直後に than ～「～より」があるので，比較級の bigger が適する。　big－bigger－biggest　　(6)直後に「いい時間を過ごした」とあるので，'be動詞＋excited'「わくわくする，興奮する」の形にする。なお，exciting は「（物事が）わくわくするような」という意味。　boring「退屈な，うんざりするような」　bored「退屈した」

2 ＜整序結合＞

(1)'Shall we＋動詞の原形...?'「～しませんか？」　in front of ～「～の前で，正面で」　Shall we meet in front of the station ?「駅の前で集合しませんか？」

(2)'want＋人＋to ～'「〈人〉に～してほしい」　My mother wants me to come home early today.「母は今日私に早く帰宅してほしがっている」

(3)The boy is my brother.「少年は私の弟〔兄〕だ」が文の骨組み。残りは現在分詞の形容詞的用法で playing tennis in the park「公園でテニスをしている」とまとめ，boy を後ろから修飾する形にする。このように分詞で始まる2語以上の語句が名詞を修飾するときは名詞の後ろに置かれる。　The boy playing tennis in the park is my brother.「公園でテニスをしている男の子は私の弟〔兄〕だ」

3 〔長文読解総合—対話文〕

≪全訳≫ ■クリス（C）：こんにちは，ひろし！　何を見てるんだい？

■ひろし（H）：やあ，クリス。これは補助犬に関するチラシさ。宿題で補助犬のことを勉強してるんだ。

■C：ああ，なるほど。補助犬って，暮らしの中で助けを必要としている人たちのための犬のことだよね？　日本では見たことないな。日本には何頭の補助犬がいるんだい？

■H：このチラシによると，1000頭以上の補助犬がいるんだって。補助犬には3種類あるんだ。右側の絵を見てよ。この絵では，介助犬がユーザーを手助けしてる。この犬は，ユーザーのためにドアを開けられるんだ。

■C：すごく賢いんだね。ユーザーのより良い生活のためには，こういう犬が必要だね。

■H：そのとおりだね。このチラシに載っているユーザーは，補助犬のおかげで新しい人々に出会えてうれしいって言ってる。でも，日本では半数以上のユーザーが，自分たちの犬がレストランや病院，スーパーマーケットなどの建物に入れなかったって言ってるんだ。

■C：ほんと？　僕の国では，補助犬は普通は何の問題もなくそういう建物に入れるよ。

■H：僕らの国の間には違いがあるんだね。

■C：どうして日本では，補助犬がそういう建物に入るのが難しいのかな？

■H：日本では，補助犬についてよく知らない人が多いからだよ。補助犬が清潔で安全だとは思わない人もいるんだ。実際には，ユーザーは補助犬を清潔に保つために世話をしてるんだけどね。それに，よく訓練されてるんだ。

■C：犬が好きじゃない人もいるってことはわかるけど，補助犬は大切だってことをもっと多くの人たちに知ってほしいな。

■H：僕もそう願ってるよ。最近では，補助犬を歓迎しますっていうステッカーを貼った店やレストランをたくさん見かけるね。

■C：状況は良くなってきてるってことかな？

14 H：うん，でも他にも問題がある。補助犬が不足しているんだ。補助犬を訓練するには長い時間がかかるから，この状況を変えるのは難しいんだよ。お金と犬の訓練士も必要だしね。

15 C：確かに。

16 H：もう1回このチラシを見てよ。補助犬の訓練センターでは，何かしらの援助を必要としているんだ。例えば，洋服やおもちゃなどの使わなくなった品物を送ることができる。僕にもできることがあると思うんだ。

17 C：やってみるべきだよ。カナダでは，高校生はよくボランティア活動をするんだ。ボランティア活動を通じて，自分たちが社会の一員だってことを学ぶのさ。

18 H：へえ！　それはすごいね。高校生として，僕たちにはどんなボランティア活動ができるかな？　それについて考えてみるよ。

1 **＜適語句補充＞** この問いかけに対し，ひろしは補助犬の頭数を答えているのだから，'数'を尋ねる How many ～「いくつの～」が適する。

2 **＜適語句補充—図を見て答える問題＞** (1)この文の主語の This dog は，その前の文の a mobility service dog「介助犬」を指している。介助犬の仕事の様子を表した右側の絵は，介助犬がドアを開けている場面なので，open the door「ドアを開ける」が適する。　　(2)空所を含む文は，チラシの「ほじょ犬ユーザーのコメント」を引用した内容で，「新しい人々に出会えてうれしいです」の部分が空所になっている。「～してうれしい」は'感情の原因'を表す副詞的用法の to不定詞や，because he can ～「彼は～できるので」といった形で表せる。「うれしい」には happy や glad が使える。「新しい人々に出会う」は meet new people と表せる。　　(5)空所を含む文は，チラシの「訓練センターではあなたの助けが必要です！」の1つ目の「自分が使わないものを送る」について述べている。「～を送る」は send。「自分が使わないもの」は，目的格の関係代名詞 which〔that〕を用いて things「もの」を we don't use「自分が使わない」が修飾する形で表せる。あるいは，「使われなくなった」と読み換え，主格の関係代名詞を用いて which〔that〕are not used と受け身形で表してもよい。なお，目的格の関係代名詞は省略できるが，主格の関係代名詞は省略できない。

3 **＜語句解釈＞** 第6，7段落で具体的に述べられた，カナダと日本の補助犬に対する扱いの違いをまとめればよい。第9段落のクリスの「日本では，補助犬がそういう建物に入るのが難しい」という部分を生かし，「そういう建物」にあたる例を第6段落から1つ挙げるとよい。

4 **＜適語選択＞** 犬が好きではない人がいるのもわかるが，もっと多くの人たちに補助犬が（　）だと知ってほしい，という文脈なので，important「重要な」が適する。本文やチラシで，補助犬の有用性が挙げられていることも手がかりになる。　difficult「難しい」　loud「音が大きい」　popular「人気がある」

5 **＜内容一致＞**「生活で助け①を必要としている人々のための補助犬は，十分にいるわけではない。また，十分な時間とお金，犬の訓練士②なしには，この状況を変えることは難しい」　①第3段落第1文で，補助犬は生活で助けを必要としている人々のための犬だと説明されている。　②下線部(4)に続く部分に，補助犬の育成にはたくさんの時間とお金と訓練士が必要なため，状況を変えるのは難しいとある。これは「十分な～なしには難しい」と言い換えられるので，第7段落第2文にある without「～なしには」を補う。

6 **＜テーマ作文＞** 高校生として実行できるボランティア活動を考え，なぜそれをしようと思ったのかや，どういったことをしたいかを具体的に説明するとよい。

4 〔長文読解総合—物語〕

≪全訳≫**1**私は幼い頃，おとなしい女の子だった。内気すぎて，人と話せなかった。中学生になった後でさえ，人と話すのが苦手だった。私は友人たちのように話したかったが，できなかった。自分のことがあまり好きではなかった。ある日，担任の先生が私と他の生徒たちに，職場体験として保育園に行くように言った。先生はこう言った。「結衣，怖がらなくていいよ。そこで何かを学べるといいね」私は心の中でこう思った。「保育園？　私，子どもたちと話なんてできない。どうやったらそんなことができるの？」　私はおびえていた。

2その日がやってきた。私はまだ不安だった。その保育園までのろのろと歩いていった。遠い道のりに感じた。そこに着くと，クラスメートの姿が見えた。彼らは子どもたちと遊んでいた。そして，子どものうちの何人かがやってきて私に話しかけた。だが，何と言えばいいかわからなかったので，私は一言も発しなかった。子どもたちは離れてしまった。私は部屋の中に突っ立っていた。さらにひどい気分になった。突然，1人の男の子が私のところに来てこう言った。「ねえ！　僕と遊んでよ！」　私は何か言おうとしたが，言えなかった。その子は，私が黙っていることなどおかまいなしにしゃべり続けた。彼の名前はノブといった。彼の話はおもしろかった。私は彼の話を聞いて，笑顔でうなずいた。すばらしい時間を過ごした。彼は私の気分を晴らしてくれた。だが，自分は彼に何もしてあげていないと感じた。

3その翌日，子どもたちは菜園に行ってトマトを収穫した。彼らは丸くて赤いトマトをとっていた。とても興奮している様子だった。そのとき，私はあることに気づいた。ノブは見た目の良くないトマトをとっていたのだ。私はそれがなぜなのか知りたかった。とうとう私は彼に，こう話しかけた。「なんでそういうトマトをとってるの？」　最初，彼は私の声を聞いて驚いたようだったが，元気な声でこう言った。「見て！　緑，ハート形，大きいの，小さいの…」　彼はそれらのトマトを私に見せて，こう言った。「みんなどれも違ってて，それぞれのトマトが僕にとっては特別なんだ」　私は彼の言うことに熱心に耳を傾けた。彼は笑顔でこう続けた。「結衣さんはいつも僕の話を聞いてくれるよね。僕はそれが好きだよ。結衣さんも僕にとっては特別なんだ」　私は言った。「ほんとに？　ありがとう」　それを聞いて，私はうれしく感じた。私たちはそのトマトを見て，それからお互いにほほ笑んだ。

4帰宅途中，私は彼の言葉を思い出した。私は心の中でこう思った。「ノブは話し上手で，私は聞き上手。みんなが自分なりの長所を持ってるんだ。私たちはみんな違っていて，その違いが私たち一人ひとりを特別にしてくれてるんだ」　ノブにもらったトマトを見ると，自分が誇らしく思えてきた。

5今，私は中学校の教師をしている。私のクラスには，元気な生徒もいればおとなしい生徒もいる。彼らを見ると，私はいつもノブと，ノブから教わったことを思い出す。

1＜適語選択＞A．内気な性格なのに保育園で職場体験をすることになり，結衣は scared「おびえた，怖い」と感じている。こうした状態で保育園へ向かう当日の結衣の気持ちとして適切なのは nervous「不安な」。　　B．ノブから，特別な存在だと言われ，お礼を言ったときに感じている気持ちとして適切なのは glad「うれしい」。　brave「勇敢な」

2＜英問英答―適語句補充＞質問：「なぜ結衣はノブのために何もしていないと感じたのか」―答え：「彼女はただ彼の話を聞いただけだったから」　第2段落後半参照。結衣は黙ってノブの話を聞き，笑顔でうなずくだけだったため，ノブの話のおかげで楽しく過ごせたものの，自分自身は何も積極的に行動していないと感じたのである。

3＜語句解釈＞結衣が気づいた one thing「あること」の内容は直後で説明されているので，その内容をまとめればよい。

4＜要旨把握＞①第4段落第3文参照。　～'s own「～自身の」　good point(s)「長所，良いところ」　②第4段落第4文参照。'make＋目的語＋形容詞'「～を…（の状態）にする」

5 <内容真偽>ア.「結衣は人と話すのが得意ではなかったので，中学校の友達のように話したくなかった」…× 第1段落第4文参照。みんなのように話したかったが話せなかった。 イ.「結衣が何も言わなかったので，何人かの保育園の子どもたちは結衣から離れてしまった」…○ 第2段落第7〜9文に一致する。 ウ.「ノブは菜園でトマトをとっていたとき，結衣にさまざまなトマトについて質問した」…× 第3段落後半参照。ノブが結衣に，トマトについて説明している。エ.「結衣はノブが自分に教えてくれたことを思い出すと，いつも自分の生徒たちにもっと元気よくするようにと言う」…× 第5段落第2，3文参照。

5 〔長文読解総合─説明文〕

≪全訳≫❶多くの人はバナナが大好きだ。世界中でたくさんのバナナの食べ方が見つかる。例えば，バナナをケーキやジュースやサラダ，そしてスープに入れる人までいる。バナナは健康にもとてもいいうえ，他にも長所がある。実は，バナナがプラスチックに関する問題を解決するかもしれないのだ。

❷インドには，バナナの葉をお皿として使ってきた人たちがいるが，このお皿は数日間しか使えない。今日では，他の国の人々同様，インドの人々はたくさんのプラスチック製品を使っている。例えば，彼らはプラスチックのお皿を使っている。使用後，このお皿はたいてい捨てられてしまう。それが大きな問題となってきた。ある日，インド人のある少年が，この問題を解決しようと思い立った。彼はもっと丈夫なバナナの葉をつくって，バナナの葉のお皿をもっと長く使いたいと思ったのだ。彼はバナナの葉について研究し，ついに成功した。今，彼らはプラスチックごみを削減できている。

❸これだけではない。トルコのある少女は，石油からつくられるプラスチックを減らしたいと考えた。そこで彼女はバナナの皮に注目したのだが，それは世界中で多くの人がそれを捨てているからだ。最終的に，彼女は地球に優しいプラスチックのつくり方を発見した。それを発見するまでに，彼女は自宅で何度も試行錯誤した。2年にわたる努力の末，彼女はそういう種類のプラスチックをつくることができた。バナナの皮からプラスチックをつくるのは簡単なので，誰もが家庭でそれをつくることができると彼女は言っている。

❹さあ，バナナの持つすばらしい点をご理解いただけただろう。バナナは人気のある食べ物であり，同時に地球を救うこともできるのだ。

1 <適語選択>この後にバナナのさまざまな食べ方が挙げられているので，ways to eat「食べ方」とする。 (a/the) way〔ways〕to 〜「〜する仕方，方法」

2 <文脈把握>少年が問題の解決のためにとった具体的な行動は直後の文で説明されているので，これをまとめればよい。 'make+目的語+形容詞'「〜を…(の状態)にする」

3 <適語句選択>「バナナの皮からプラスチックをつくるのは簡単なので，誰もが(　　)」の空所に当てはまる内容として適切なのは，エ.「家庭でそれをつくることができる」。

4 <要約文完成─適文選択>「世界中の多くの人が，好んでバナナを食べる。バナナの葉や皮を利用してプラスチックを削減している人もいる。周りを見回せば，地球のために良いものをつくるための新たなアイデアが見つかるかもしれない」 筆者は，バナナを利用してプラスチックの削減に取り組む少年少女の例を挙げたうえで，バナナが地球を救えると結んでいる。身近なものであるバナナでも地球を救えるということを述べることで，自分の身の回りにもそういうものが見つかる可能性があることを示唆しているのである。

数学解答

1 1 4　2 $2ab^2$　3 11

4 $(x-4)^2$　5 $c=-5a+2b$

6 ア　7 116°　8 $y=\dfrac{18}{x}$

9 72cm³　10 $x=\dfrac{-5\pm\sqrt{17}}{2}$

11 $-5\leqq y\leqq 3$　12 $\dfrac{a}{60}+\dfrac{b}{100}\leqq 20$

13 $\dfrac{8}{5}$　14 ウ

2 1 (例)

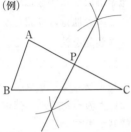

2 $\dfrac{5}{12}$　3 ①…$4-4a$　②…$\dfrac{1}{5}$

3 1 大きい袋…17枚　小さい袋…23枚

2 (1) 12分　(2) 0.4

(3) 10分，17分，19分

4 1 (例)△DGE と△FGC について，

△ABC で，点D，E はそれぞれ辺

AB，AC の中点であるから，

DE∥BC……①

DE$=\dfrac{1}{2}$BC……②

①より，DE∥BF だから，錯角は

等しいので，

∠GED＝∠GCF……③

∠EDG＝∠CFG……④

また，BC：CF＝2：1 から，

CF$=\dfrac{1}{2}$BC……⑤

②，⑤より，DE＝FC……⑥

③，④，⑥より，1組の辺とその両

端の角がそれぞれ等しいから，

△DGE≡△FGC

2 (1) 6 cm　(2) $2\pi-2\sqrt{3}$ cm²

5 1 9 cm²　2 $y=-\dfrac{3}{2}x+30$

3 65

6 1 【作り方Ⅰ】…28　【作り方Ⅱ】…82

2 10

3 ①…$n=4m-39$　②…17，21，25

---

1 〔独立小問集合題〕

1 ＜数の計算＞与式 $=-3+7=4$

2 ＜式の計算＞与式 $=\dfrac{8a^3b^5}{4a^2b^3}=2ab^2$

3 ＜式の値＞$a=2$，$b=-3$ を代入して，与式 $=2+(-3)^2=2+9=11$ である。

4 ＜因数分解＞与式 $=x^2-2\times 4\times x+4^2=(x-4)^2$

5 ＜等式変形＞両辺を5倍して，$5a=2b-c$ とし，$5a$，$-c$ を移項すると，$c=-5a+2b$ となる。

6 ＜数と式―正誤問題＞ア…正。$3^2=9$，$(-3)^2=9$ だから，9の平方根は3と-3 である。　イ…誤。$\sqrt{16}=4$ である。　ウ…誤。$(\sqrt{5}+\sqrt{7})^2=5+2\sqrt{35}+7=12+2\sqrt{35}$，$(\sqrt{5+7})^2=(\sqrt{12})^2=12$ より，2乗して同じ値にならないから，$\sqrt{5}+\sqrt{7}$ と $\sqrt{5+7}$ は同じ値ではない。　エ…誤。$(\sqrt{2}+\sqrt{6})^2=(\sqrt{2})^2+2\times\sqrt{2}\times\sqrt{6}+(\sqrt{6})^2$ だから，$(\sqrt{2}+\sqrt{6})^2$ と $(\sqrt{2})^2+(\sqrt{6})^2$ は同じ値ではない。

7 ＜図形―角度＞右図1のように，6点A～Fを定め，点Dを通り直線 l に平行な直線上の点Dより右に点Gをとる。$l\,/\!/$DG より，同位角は等しいので，∠BDG＝∠ABC＝31° となり，∠GDE＝∠BDE－∠BDG＝95° $-31°=64°$ となる。DG$/\!/m$ より，錯角は等しいので，∠DEF＝∠GDE $=64°$ となり，$\angle x=180°-\angle$DEF $=180°-64°=116°$ である。

図1

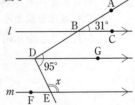

8 ＜関数―関係式＞y が x に反比例するから，比例定数を a とすると，その式は $y=\dfrac{a}{x}$ と表せる。グラフは点(3, 6)を通るから，$y=\dfrac{a}{x}$ に $x=3$，$y=6$ を代入すると，$6=\dfrac{a}{3}$

より，$a=18$ となる。よって，$y=\dfrac{18}{x}$ となる。

9<図形―体積> 正四角錐は，1辺が6cm の立方体と，底面が合同で高さが等しいから，正四角錐の底面は1辺が6cm の正方形，高さは6cm である。よって，正四角錐の体積は，$\dfrac{1}{3}\times(6\times6)\times6$ $=72(\text{cm}^3)$ である。

10<二次方程式> 解の公式より，$x=\dfrac{-5\pm\sqrt{5^2-4\times1\times2}}{2\times1}=\dfrac{-5\pm\sqrt{17}}{2}$ となる。

11<関数―変域> 関数 $y=-2x+1$ は，x の値が増加すると y の値が減少する関数である。x の変域が $-1\le x\le3$ だから，$x=-1$ のとき y の値は最大で，$y=-2\times(-1)+1=3$ となる。また，$x=3$ のとき y の値は最小で，$y=-2\times3+1=-5$ となる。よって，y の変域は，$-5\le y\le3$ である。

12<文字式の利用> はじめは毎分60m で a m 歩いたので，歩いた時間は $\dfrac{a}{60}$ 分となり，途中から毎分100m で b m 走ったので，走った時間は $\dfrac{b}{100}$ 分となる。A地点から20分以内でB地点に到着したことより，歩いた時間と走った時間の合計は20分以内となるから，$\dfrac{a}{60}+\dfrac{b}{100}\le20$ と表せる。

13<図形―長さ> $\triangle ABC\backsim\triangle DEF$ より，対応する辺の比は等しいから，$AB:DE=AC:DF$ である。よって，$5:4=2:x$ が成り立つ。これを解くと，$5\times x=4\times2$ より，$x=\dfrac{8}{5}(\text{cm})$ となる。

14<図形―加える条件> ア．右図2で，平行四辺形の2組の対辺は等しいから，$AB=BC$ の条件が加わると，▱ABCD の全ての辺の長さが等しくなり，ひし形となる。　イ．図2で，AC と BD の交点をOとする。$AC\perp BD$ の条件が加わると，$\angle AOB=\angle COB=90°$，$OA=OC$，$BO=BO$ より，$\triangle ABO\equiv\triangle CBO$ となるから，$AB=CB$ である。よって，ア．と同様にひし形となる。　ウ．図2で，$AC=BD$ の条件が加わると，$BC=AD$，$AB=BA$ より，$\triangle ABC\equiv\triangle BAD$ となるから，$\angle ABC=\angle BAD$ である。平行四辺形の2組の対角は等しいから，▱ABCD の全ての角が等しくなり，長方形となる。　エ．図2で，$\angle ABD=\angle CBD$ の条件が加わると，$AB\ /\!/\ DC$ より，$\angle ABD=\angle CDB$ となるから，$\angle CBD=\angle CDB$ である。これより，$BC=CD$ となるので，ア．と同様にひし形となる。

図2

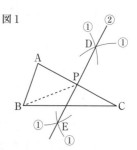

② 〔独立小問集合題〕

1<図形―作図> 右図1で，直線 BP が $\triangle ABC$ の面積を2等分するので，$\triangle ABP=\triangle BCP$ である。これより，$AP=CP$ だから，点Pは辺 AC の中点となる。辺 AC の中点は線分 AC の垂直二等分線を引いて求められる。よって，作図は，

①2点A，Cを中心とする半径の等しい円の弧をかき（2つの交点をD，Eとする），

②2点D，Eを通る直線を引く。②の直線と辺 AC の交点がPとなる。解答参照。

図1

2<確率―さいころ> 大小2つのさいころを同時に投げるとき，目の出方はそれぞれ6通りより，全部で $6\times6=36$（通り）あるから，a，b の組も36通りある。このうち，$a-b$ の値が正の数になるのは，$a>b$ となるときである。$a=1$ のとき，$1>b$ だから，これを満たす b はない。$a=2$ のとき，$2>b$ だから，$b=1$ の1通りある。$a=3$ のとき，$3>b$ だから，$b=1$，2の2通りある。以下同様にして，$a=4$ のとき $b=1$，2，3の3通り，$a=5$ のとき $b=1$，2，3，4の4通り，$a=6$ のとき $b=1$，2，3，4，5の5通りある。以上より，$a-b$ の値が正の数になる a，b の組は $1+2+3+4+5=15$

（通り）あるから，求める確率は $\dfrac{15}{36}=\dfrac{5}{12}$ である。

3<関数—長さ，比例定数>右図2で，2点A，Bはそれぞれ関数 $y=x^2$，
$y=ax^2$ のグラフ上にあり，x 座標が -2 だから，$y=(-2)^2=4$，$y=a\times$
$(-2)^2=4a$ より，A$(-2,\ 4)$，B$(-2,\ 4a)$ である。AB は y 軸に平行だ
から，AB$=4-4a$ と表せる。また，2点C，Dはそれぞれ関数 $y=x^2$，
$y=ax^2$ のグラフ上にあり，x 座標が3だから，$y=3^2=9$，$y=a\times3^2=9a$
より，C$(3,\ 9)$，D$(3,\ 9a)$ となる。同様にして，CD$=9-9a$ と表せる。
四角形 ABDC は AB∥CD の台形であり，2点B，Dの x 座標の差より，
高さは $3-(-2)=5$ となる。よって，四角形 ABDC の面積が26のとき，
$\dfrac{1}{2}\times\{(4-4a)+(9-9a)\}\times5=26$ が成り立つ。これを解くと，$\dfrac{5}{2}(13-13a)=26$，$13-13a=\dfrac{52}{5}$，
$-13a=-\dfrac{13}{5}$ より，$a=\dfrac{1}{5}$ である。

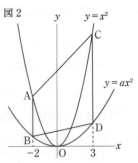
図2

---

3 〔独立小問集合題〕

1<連立方程式の応用>大きい袋が x 枚，小さい袋が y 枚で，合わせて40枚だから，$x+y=40\cdots\cdots$①
が成り立つ。りんごを大きい袋に5個ずつ，小さい袋に3個ずつ入れると57個余ったから，りんご
の個数は $5x+3y+57$ 個と表せる。また，大きい袋に7個ずつ，小さい袋に4個ずつ入れると，全
てのりんごを入れることができたので，りんごの個数は $7x+4y$ 個とも表せる。よって，$5x+3y+$
$57=7x+4y$ が成り立ち，$-2x-y=-57$，$2x+y=57\cdots\cdots$②となる。①，②の連立方程式を解くと，
②－①より，$2x-x=57-40$，$x=17$ となり，これを①に代入して，$17+y=40$ より，$y=23$ となる
ので，大きい袋は17枚，小さい袋は23枚である。

2<資料の活用—最頻値，相対度数，時間>(1)通学時間ごとの生徒の人数は，3分が1人，5分が1人，
7分が2人，8分が1人，9分が2人，11分が1人，12分が3人，14分が1人，16分が1人，18分
が1人，20分が1人だから，最頻値は，人数が最も多い3人の12分となる。　(2)度数の合計は15
人で，5分以上10分未満の階級の度数は $1+2+1+2=6$（人）だから，この階級の相対度数は $6\div15$
$=0.4$ である。　(3)生徒が15人より，中央値は，通学時間が小さい方から8番目の値だから，4
月の中央値は11分である。4月は11分の生徒が1人であり，4月と太郎さんが引越しをした後で中
央値は変わらないので，4月の太郎さんの通学時間は11分ではない。また，4月が11分未満とする
と，引越しをした後は11分以下となる。太郎さんは引越しをして通学時間が5分長くなったので，
$11-5=6$ より，4月が11分未満とすると，それは6分以下である。次に，4月の最小の通学時間
は3分，最大の通学時間は20分であり，4月と太郎さんが引越しをした後で範囲が変わらないので，
太郎さんが引越しをした後も，最小の通学時間は3分，最大の通学時間は20分である。4月は3分
の生徒が1人だから，4月の太郎さんの通学時間は3分より長い。また，4月が11分より長いとす
ると，引越しをした後は20分以下だから，$20-5=15$ より，4月は15分以下となる。以上より，太
郎さんの4月の通学時間は，3分より長く6分以下，11分より長く15分以下となる。4月の資料よ
り，太郎さんの通学時間として考えられるのは，5分，12分，14分だから，引越しをした後の通学
時間として考えられるのは，$5+5=10$（分），$12+5=17$（分），$14+5=19$（分）である。

4 〔独立小問集合題〕

1<図形—論証>右図1の△ABCで，点D，点Eはそれぞれ辺AB，辺
AC の中点だから，中点連結定理より，DE∥BC，DE$=\dfrac{1}{2}$BC となる。
DE∥BC より，DE∥BF となり，錯角は等しいから，∠GED$=$∠GCF，
∠EDG$=$∠CFG となる。また，BC：CF$=2:1$ より，CF$=\dfrac{1}{2}$BC となる

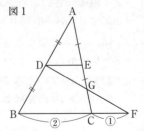
図1

ので，DE＝FC である。解答参照。

2＜図形—長さ，面積—特別な直角三角形＞(1)右図2で，点Bは円O
と直線 AB との接点だから，∠OBA＝90° である。∠OAB＝30° よ
り，△OAB は3辺の比が $1:2:\sqrt{3}$ の直角三角形となる。これよ
り，OA＝2OB＝2×2＝4 である。円Oの半径より，OD＝2だから，
AD＝OA＋OD＝4＋2＝6(cm) である。　(2)図2で，色のついた
部分は，線分 CD を直径とする半円から△BCD を除いた部分である。

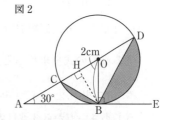
図2

点Bから直線 AD に垂線 BH を引く。△OAB は3辺の比が $1:2:\sqrt{3}$ の直角三角形だから，
∠BOH＝60° である。よって，△BOH は3辺の比が $1:2:\sqrt{3}$ の直角三角形となり，BH＝$\frac{\sqrt{3}}{2}$OB
＝$\frac{\sqrt{3}}{2}×2＝\sqrt{3}$ となる。CD＝2OD＝2×2＝4だから，△BCD＝$\frac{1}{2}×4×\sqrt{3}＝2\sqrt{3}$ となる。また，
線分 CD を直径とする半円の面積は $π×2^2×\frac{1}{2}＝2π$ だから，求める面積は，$2π-2\sqrt{3}$cm² である。

5 〔関数—関数と図形・運動〕

1＜面積＞右図1で，点P，点QはそれぞれA，Dから同時に動き出し，ともに毎
秒1cm の速さで動くので，動き出してから6秒後，2点P，Qはそれぞれ 1×6
＝6(cm) 動き，AP＝DQ＝6である。このとき，PQ∥AD より，四角形 APQD
は長方形で，PQ＝AD＝3だから，△APQ＝$\frac{1}{2}×PQ×AP＝\frac{1}{2}×3×6＝9$(cm²)
である。

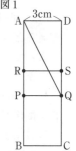
図1

2＜関係式＞問題の図2より，2点P，Qが動き出して10秒後から20秒後までの x
と y の関係を表すグラフは，2点(10, 15)，(20, 0)を結ぶ線分である。この2
点を通る直線の傾きは $\frac{0-15}{20-10}＝-\frac{3}{2}$ だから，その式は $y＝-\frac{3}{2}x+b$ とおける。点(20, 0)を通る
ので，$0＝-\frac{3}{2}×20+b$，$b＝30$ となり，x と y の関係を表す式は $y＝-\frac{3}{2}x+30$ である。

3＜時間＞10÷1＝10 より，2点P，Qは，それぞれ辺
AB 上，辺 DC 上を移動するのに10秒かかるから，動
き出してから10秒後にそれぞれB，Cに着き，20秒後
にそれぞれA，Dに着き，30秒後にそれぞれB，Cに
着き，……という動きを繰り返す。2点P，Qがそれ
ぞれB，Cにあるとき，$y＝△APQ＝\frac{1}{2}×3×10＝15$

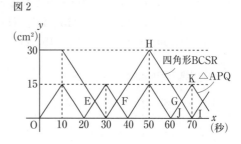
図2

だから，グラフは，点(0, 0)，(10, 15)，(20, 0)，(30,
15)，……を順に線分で結んだものとなる。また，2点R，Sの速さは毎秒0.5cm だから，10÷0.5
＝20 より，それぞれ辺 AB 上，辺 DC 上を移動するのに20秒かかる。2点R，Sは，2点P，Q
が動き出してから10秒後に動き出すので，10秒後まではそれぞれA，Dにあり，10秒後以降は，30
秒後にそれぞれB，Cに着き，50秒後にそれぞれA，Dに着き，……という動きを繰り返す。2点
R，SがそれぞれA，Dにあるとき四角形 BCSR の面積は 10×3＝30，それぞれB，Cにあるとき
四角形 BCSR の面積は0だから，2点P，Qが動き出してから x 秒後の四角形 BCSR の面積を
$y$cm² とすると，グラフは，点(0, 30)，(10, 30)，(30, 0)，(50, 30)，……を順に線分で結んだ
ものとなる。これらのグラフは，右上図2のようになる。図2のように，点E～点Kを定める。
△APQ の面積と四角形 BCSR の面積が等しくなるのは，2つのグラフの交点で表されるから，点
Eが1回目，点Fが2回目であり，3回目は点Gとなる。2点 H(50, 30)，I(70, 0)を通る直線の

傾きは $\dfrac{0-30}{70-50}=-\dfrac{3}{2}$ だから，その式は $y=-\dfrac{3}{2}x+c$ とおけ，点Iを通るので，$0=-\dfrac{3}{2}\times70+c$，$c=105$ となり，直線HIの式は $y=-\dfrac{3}{2}x+105$ である。同様にして，2点 J(60, 0)，K(70, 15) を通る直線の式を求めると，$y=\dfrac{3}{2}x-90$ となる。点Gは2直線HI，JKの交点だから，$-\dfrac{3}{2}x+105=\dfrac{3}{2}x-90$ より，$3x=195$，$x=65$ となり，△APQの面積と四角形BCSRの面積が等しくなる t のうち小さい方から3番目の値は，$t=65$（秒）後である。

6 〔特殊・新傾向問題〕

1 ＜最も大きい数＞【作り方Ⅰ】で，各シートの最も大きい数は，1枚目が $4=4\times1$，2枚目が $8=4\times2$，3枚目が $12=4\times3$ となっているので，7枚目のシートの最も大きい数は $4\times7=28$ である。【作り方Ⅱ】で，各シートの最も大きい数は，1枚目が76，2枚目が77，3枚目が78で，1ずつ大きくなっているので，7枚目のシートの最も大きい数は $76+6=82$ である。

2 ＜xの値＞【作り方Ⅱ】の各シートの左上，右上，左下，右下の数は，1枚目，2枚目，3枚目，……で，それぞれ1ずつ大きくなっている。1枚目の左上の数は1だから，x枚目の左上の数は $a=x$ である。右上の数は，1枚目が26だから，x枚目は $b=26+(x-1)=x+25$ となる。同様に考えると，x枚目の左下の数は $c=51+(x-1)=x+50$，右下の数は $d=76+(x-1)=x+75$ となる。よって，$a+2b+3c+4d=ac$ より，$x+2(x+25)+3(x+50)+4(x+75)=x(x+50)$ が成り立つ。これを解くと，$x+2x+50+3x+150+4x+300=x^2+50x$，$x^2+40x-500=0$，$(x+50)(x-10)=0$ より，$x=-50$，10 となり，$0<x\leqq25$ より，$x=10$（枚目）である。

3 ＜関係式，nの値＞1. より，【作り方Ⅰ】の m枚目のシートの最も大きい数は $4m$ だから，4つの数は $4m-3$，$4m-2$，$4m-1$，$4m$ であり，その和は，$(4m-3)+(4m-2)+(4m-1)+4m=16m-6$ と表せる。【作り方Ⅱ】の n枚目のシートに書かれた数字は，2. より，n，$n+25$，$n+50$，$n+75$ となるので，その和は，$n+(n+25)+(n+50)+(n+75)=4n+150$ と表せる。この2つのシートの数の和が等しくなるとき，$16m-6=4n+150$ が成り立つので，これを n について解くと，$4n=16m-156$ より，$n=4m-39$ となる。これを満たす25以下の正の整数 m，n の組は $(m,\ n)=(10,\ 1)$，$(11,\ 5)$，$(12,\ 9)$，$(13,\ 13)$，$(14,\ 17)$，$(15,\ 21)$，$(16,\ 25)$ であり，このうち，$m<n$ となるのは $(m,\ n)=(14,\ 17)$，$(15,\ 21)$，$(16,\ 25)$ だから，求める n の値は，$n=17$，21，25 である。

社会解答

1 1 冷害　　2 エ　　3 ウ
　　4 ア
　　5 (1)…ヒートアイランド
　　　(2) (例)地面がコンクリートやアスファルトで舗装されていることが多く，降った雨がしみ込みにくい
　　6 イ，エ　　7 エ

2 1 B
　　2 東南アジア諸国連合〔ASEAN〕
　　3 ア　　4 エ
　　5 アフリカ州…イ　ヨーロッパ州…ウ
　　6 オーストラリア…A　石油…D
　　7 記号…Y
　　　理由 (例)日本への輸出品目の中心が軽工業製品から重工業製品へと変化しており，日本の輸入総額に占める割合も増加しているため。

3 1 ウ　　2 調　　3 座
　　4 勘合
　　5 (1)…前方後円墳
　　　(2) (例)3世紀に大和地方を中心に分布していた古墳が，5世紀には国内各地に広がっており，埼玉県や熊本県の古墳で大王の名が刻まれた鉄剣や鉄刀が出土していることから，大和政権〔ヤマト王権〕の勢力が関東地方や九州地方にも拡大したと考えられる。
　　6 エ　　7 C→A→B→D

4 1 (1)…富岡製糸場　(2)…イ
　　　(3) (例)薩英戦争で列強の軍事力を実感し，攘夷が難しいことを知ったので，列強の技術などを学び，幕府に対抗できる実力を備えようとしていたから。
　　2 岩倉使節団　3 エ　　4 エ
　　5 ウ

5 1 (1)…イ　(2)…世論　　2 ア
　　3 図2 (例)地方は，生活により身近な行政事務を担っている。
　　　図3 (例)小都市は，政令指定都市と比較して地方税による歳入が少ないため，地方公共団体間の格差を抑える地方交付税に依存している。
　　4 (1)…イ　(2)…独占禁止法　(3)…ウ

6 1 男女雇用機会均等法
　　2 介護保険〔公的介護保険〕
　　3 (1)…公共の福祉　(2)…ア　　4 イ
　　5 エ
　　6 (例)テレビだけでなくインターネットを活用し，選挙への関心を高められるよう，政党の政策や候補者の人物像などの情報をわかりやすく発信する。

---

1 〔日本地理—日本の諸地域，地形図〕
　1 <やませと冷害>東北地方の太平洋側では，夏の時期にやませと呼ばれる北東の風が吹く。親潮〔千島海流〕の上を通ってくるやませは冷たく湿っており，霧の発生や冷気によって日照不足や気温の低下をもたらすため，米などの農作物が十分に育たなくなる冷害が起こることがある。
　2 <リアス海岸と養殖>宮古市の沿岸部も含まれる三陸海岸には，岬と湾が複雑に入り組んだ海岸線が見られる。このような海岸をリアス海岸といい，山地の谷であった部分に海水が入り込んでできた地形である。リアス海岸の湾や入り江は波が穏やかであるため，魚介類をいけすなどで育てる養殖漁業に適している。宮古市の周辺では，ワカメやホタテガイ，ウニなどの養殖漁業が行われている。なお，フィヨルドは，氷河の侵食によってできた複雑に入り組んだ海岸地形である。また，沖

合漁業は，岸から離れた沖で数日かけて魚をとる漁業である。

3 **＜都道府県の産業別人口＞**それぞれの県で最も人口の多い産業を確認すると，沖縄県以外の３県は
ウであるのに対し，沖縄県はアが最も多い。沖縄県は観光業が盛んであることから，アは宿泊・飲
食サービス業と判断できる。また，内陸に位置する滋賀県と奈良県で人口が非常に少ないイは，漁
業である。残るウとエの人口を比べると，４県ともウの方が多い。現在の日本では農林業で働く人
よりも製造業で働く人の方が多いことから，ウが製造業，エが農林業と判断する。

4 **＜グレートバリアリーフ＞**さんご礁は，石灰質の骨格やからを持つ生物によってつくられる地形で，
温かく浅い海に見られる。オーストラリアの北東の海には，世界最大級のさんご礁であるグレート
バリアリーフが約2000kmにわたって広がっている。

5 **＜ヒートアイランド現象と水害＞**(1)都市の中心部の気温が周辺部より高くなる現象を，ヒートアイ
ランド現象という。都市の中心部は自動車やエアコンからの排熱量が多く，アスファルトの道路や
密集したコンクリートの建物によって熱がこもりやすいため，気温が高くなると考えられている。
(2)地面の大部分がアスファルトやコンクリートで舗装されている都市の中心部では，雨水が地面に
しみ込みにくいため，集中豪雨などで短時間に大量の雨が降ると，地下街の浸水や川の氾濫などの
大規模な水害が起こりやすい。

6 **＜地形図の読み取り＞**特にことわりのないかぎり，地形図では上が北となる。下関駅の北側にある
交番（Ⅹ）から「海峡ゆめタワー」まで，地形図上に示された経路のおよその長さを測ると，合計で
2.5cmほどになる。この地形図の縮尺は２万５千分の１なので，実際の距離は，2.5cm×25000＝
62500cm＝625mとなる（ア…×）。「海峡ゆめタワー」から「日和山公園」までの経路上で，図書館
（🏛）の北側を通っている（イ…○）。縮尺が２万５千分の１の地形図では等高線は10mごとに引かれ
ている。「日和山公園」の北西に「64.1」mの三角点があり，そこから等高線を数えると，「日和山
公園」の標高はおよそ50mとなる。一方，下関駅のおよそ北東には「4.4」mの水準点があるので，
下関駅の周辺は標高10mより低い位置にあると考えられる（ウ…×）。「観音崎町」の寺院（卍）から
見た市役所（◎）の方位はおよそ北東である（エ…○）。

7 **＜日本の貨物輸送＞**高速道路網の発達した1960年代以降では，貨物輸送に占める割合は目的地まで
個別に配送できるという利点があるトラックなどの自動車が最も高く，鉄道の割合はかつてに比べ
て減少している。

2 〔地理—日本の特色と世界の諸地域〕

1 **＜時差の計算＞**この都市と東京の時差は６時間であり，東京の方が時刻が進んでいる。日付変更線
をまたがずに位置関係を見た場合，東へ行くほど時刻は進むため，東京はこの都市よりも東に位置
している。また，時差は経度15度につき１時間生じることから，この都市と東京の標準時子午線の
経度差は15×6より90度である。東京の標準時子午線は東経135度であるので，この都市の標準時
子午線は135−90より東経45度となる。これに当てはまる位置にある都市はB（サウジアラビアの首
都リヤド）である。

2 **＜東南アジア諸国連合＞**Pで示された東南アジアの10か国は，東南アジア諸国連合〔ASEAN〕に加
盟している。東南アジア諸国連合は，東南アジアの安定や発展を目指すため，1967年にタイやマレ
ーシアなどが中心となって結成され，現在は経済や政治，安全保障などの分野で協力を進めている。

3 **＜世界の気候＞**わかりやすいものから特定していくとよい。ウは，７月よりも１月の平均気温が高
いことから，南半球に位置するD（シドニー）である。Dは温帯の温暖湿潤気候に属する。エは，降
水量が最も多い月の降水量でも34.4mmと非常に少なく，７月の気温は特に高いことから，乾燥帯
の砂漠気候に属するB（リヤド）である。イは，夏と冬の気温差が大きく，冬の寒さが厳しいことか

ら，冷帯〔亜寒帯〕に近い地域に位置するＣ（ペキン）である（ペキンは分類上は乾燥帯のステップ気候に属するが，冷帯との境目付近に位置するため，冷帯気候に近い特徴を持っている）。アは，比較的温暖で降水量も多くないことから，温帯の西岸海洋性気候に属するＡ（ベルリン）である。

4 ＜世界の宗教＞まず，仏教が９割以上を占めるｂはタイである。ａとｃはどちらもキリスト教の割合が最も高いが，キリスト教に次いで仏教の割合が高いｃはアジアに位置する韓国，キリスト教の割合がより高いａはヨーロッパに位置するドイツである。ドイツをはじめとするヨーロッパの国々では，西アジアや北アフリカなどから移住する人の増加によって，イスラム教を信仰する人の割合も増加している。

5 ＜州別の人口の推移＞1960年から2020年まで世界の人口の60％近くを占めているアは，アジア州である。1960年から割合が増加し続け，2020年にはアジアに次いで高い割合となっているイは，人口増加が特に著しいアフリカ州である。アフリカ州とは反対に割合が減少しているウは，実際の人口に大きな増減が見られないヨーロッパ州である。４つの州の中では最も割合が小さいエは，北アメリカ州である。

6 ＜インドネシア・サウジアラビア・オーストラリアとの貿易＞Ａは，鉄鉱石や牛肉が主な輸入品目に含まれていることからオーストラリアである。したがって，Ｃは石炭となる。日本は，石炭と鉄鉱石をオーストラリアから最も多く輸入している。Ｂは，揮発油や液化石油ガスなど石油に関連する輸入品目が多いことからサウジアラビアである。したがって，Ｄは石油となる。日本は，石油をサウジアラビアから最も多く輸入している。

7 ＜アメリカ・中国・韓国との貿易＞Ｘは，1996年には日本への輸出品目の上位に高度な技術を要する工業製品と農産物の両方が含まれていること，日本の輸入総額に占める割合が３か国中で最も高かったことから，アメリカである。Ｙは，日本への輸出品目の上位が1996年の衣類などの軽工業製品から2016年の電気機器などの重工業製品に変化していること，2016年には日本の輸入総額に占める割合がアメリカを抜いて最も高くなっていることから，中国である。Ｚは，日本への上位の輸出品目が重工業製品であること，日本の輸入総額に占める割合が他の２国よりも低いことから，韓国である。

3 〔歴史—古代～近世の日本〕

1 ＜奈良時代の出来事＞Ａの木簡は，平城京に都が置かれた奈良時代のものである。奈良時代には，大伴家持がまとめたとされる『万葉集』がつくられ，天皇や貴族から防人や農民まで，さまざまな身分の人がよんだ約4500首の和歌が収録された。なお，アとエは鎌倉時代，イは古墳時代の出来事である。

2 ＜調＞律令制度が整備された奈良時代，人々は戸籍に登録され，租・調・庸と呼ばれる税を負担した。このうち，地方の特産物を納める税は調である。なお，租は収穫した稲の約３％を納める税，庸は労役の代わりに布を納める税である。

3 ＜座＞Ｂの明銭が使われたのは，明との貿易が行われた室町時代である。室町時代，商工業者は座と呼ばれる同業者の団体をつくった。座は，貴族や寺社などに税を納めてその保護を受け，営業を独占する権利を認められた。

4 ＜勘合＞日明貿易は，室町幕府の足利義満によって15世紀初めに開始された。この貿易では，倭寇と区別して正式な貿易船であることを示すため，勘合と呼ばれる証明書が用いられた。

5 ＜前方後円墳＞(1)図１のように，円形と方形（四角形）を組み合わせた形の古墳を前方後円墳という。前方後円墳は，他の形の古墳に比べて大規模なものが多い。　(2)図２を見ると，前方後円墳は，３世紀には大和地方の周辺を中心に見られるが，５世紀には東北地方南部から九州地方にいたる広

い範囲に見られることがわかる。また，Cの説明から，関東地方や九州地方にある5世紀頃の古墳で，大王の名が刻まれた鉄剣や鉄刀が出土していることがわかる。これらのことから，3世紀から5世紀にかけて，大和政権の勢力が大和地方から関東地方や九州地方にまで拡大していったと考えられる。

6 **＜徳川綱吉の政治＞** 生類憐みの令を出したのは，17世紀末から18世紀初頭にかけて政治を行った江戸幕府第5代将軍の徳川綱吉である。幕府政治が安定してきた綱吉の頃には，武力による政治（武断政治）から学問や礼節を重んじる政治（文治政治）への転換が進められた。なお，公事方御定書の制定や目安箱の設置を行ったのは享保の改革を進めた第8代将軍の徳川吉宗，参勤交代の制度を定めたのは第3代将軍の徳川家光，旗本や御家人の借金を帳消しにしたのは寛政の改革を進めた老中の松平定信である。

7 **＜年代整序＞** 年代の古い順に，C（古墳時代），A（奈良時代），B（室町時代），D（江戸時代）となる。

4 〔歴史—近世～現代の日本と世界〕

1 **＜富岡製糸場，歌川広重，薩摩藩の動き＞** (1)明治時代初期，近代的な産業を育成する殖産興業を進めた政府は，欧米の進んだ技術を取り入れた官営模範工場を各地に建設した。1872年には，生糸の生産地であった群馬県に富岡製糸場を建て，フランス人技師の指導のもとに生糸の増産や品質向上を進めた。　(2)葛飾北斎や歌川広重は，江戸時代後期に栄えた化政文化を代表する浮世絵画家である。葛飾北斎は『富嶽三十六景』，歌川広重は『東海道五十三次』などを描いた。なお，狩野永徳は安土桃山時代に『唐獅子図屏風』などを描いた画家である。また，尾形光琳と菱川師宣は江戸時代前期に栄えた元禄文化の頃に活動した画家で，尾形光琳ははなやかな装飾画を完成させ，菱川師宣は『見返り美人図』などの浮世絵を描いた。　(3)図1を見ると，薩摩藩は薩英戦争の後にイギリスとの交流を深めていることがわかる。薩英戦争は，薩摩藩士がイギリス人を殺傷した事件（生麦事件）の報復のため，イギリス艦隊が鹿児島を攻撃した出来事である。これによって攘夷が不可能であることが明らかとなり，薩摩藩はヨーロッパ列強の技術を学んで軍備を強化するとともに，同様に攘夷の不可能を悟った長州藩とともに倒幕を目指すようになっていった。

2 **＜岩倉使節団＞** 1871年から1873年にかけて，明治政府は岩倉具視を全権大使とする使節団を欧米に派遣した。この使節団を岩倉使節団という。使節団の主な目的は，幕末に欧米諸国と結んだ不平等条約の改正交渉を行うことと，欧米の進んだ政治制度や産業を視察することであった。しかし，日本に近代国家としての体制が整っていないことを理由に，欧米諸国は条約改正交渉には応じなかった。

3 **＜日露戦争開戦時の日本の領土＞** 日露戦争が開戦したのは1904年である。1875年に結ばれた樺太・千島交換条約により，エの千島列島が日本の領土となり，ウの樺太がロシア領となったため，日露戦争開戦時に日本の領土であったのはエである。なお，アは山東半島とその周辺地域であり，第一次世界大戦（1914～18年）中に日本はこの地域にあるドイツの拠点を攻撃したが，この地域が日本の領土となったことはない。また，イは朝鮮半島であり，日本は1910年に韓国併合を行ってこの地域を植民地とした。

4 **＜国際連盟脱退後の出来事＞** 日本が国際連盟を脱退したのは1933年であり，日中戦争が始まったのは1937年である。なお，米騒動が起こったのは1918年，世界恐慌が起こったのは1929年，五・一五事件が起こったのは1932年のことである。

5 **＜沖縄の日本復帰＞** 沖縄は，サンフランシスコ平和条約（1951年）によって日本が独立を回復した後もアメリカの統治下に置かれたが，佐藤栄作内閣のときにアメリカとの間に沖縄返還協定が結ばれ，

1972年に沖縄の日本復帰が実現した。なお，吉田茂内閣は1951年にサンフランシスコ平和条約が結ばれたときの内閣である。また，日中国交正常化は，1972年，田中角栄内閣のときに日中共同声明への調印によって実現した。

5 〔公民─総合〕

1 **<三権の抑制と均衡>** (1)弾劾裁判所は，職務を果たさないなどの問題のある裁判官を罷免するかどうか判断する裁判所である。弾劾裁判所を設置するのは国会であり，弾劾裁判を行うのは衆参両議院から選ばれた7人ずつ(計14人)の議員である。したがって弾劾裁判所の設置は，国会から裁判所に対する権限となる。　(2)政治や社会に関する問題について，多くの国民が共有している意見や考え方を世論という。世論が形成されるにあたっては，政府や政党の活動を報道したり，さまざまな問題や意見を提起したりする新聞やテレビなどのマスメディアが大きな影響力を持つ。国民は内閣総理大臣を選挙で直接選んでいないが，政府は世論の動向を考慮しながら政治を行っていることから，国民は世論を通じて内閣に間接的に影響を与えているといえる。

2 **<累進課税>** 累進課税は，所得が多いほど高い税率が適用される仕組みであり，所得税などで導入されている。累進課税は，所得の格差を緩和するはたらきを持つ。一方，所得に関係なく税率が一定である消費税などでは，エのように所得の少ない人ほど税負担の割合が高くなる逆進性が見られる。

3 **<地方の政治と地方財政>** 図2. 地方の行政事務を国の行政事務と比べると，地域に密着した事柄や，私たちの生活に直接関わる身近な事柄が中心になっていることが読み取れる。　図3. 地方税は，地方公共団体が独自に集める自主財源であり，地方交付税は，地方公共団体間の財政格差を抑えるために国から配分される依存財源である。人口や企業数などが多い政令指定都市は，地方税による歳入が多いが，小都市は政令指定都市に比べて地方税による歳入が少なく，地方交付税に頼っている状態であることが読み取れる。

4 **<日本銀行，企業>** (1)日本の中央銀行である日本銀行は，紙幣(日本銀行券)を発行する「発券銀行」(Ⅰ…正)，政府の資金の出し入れを行う「政府の銀行」(Ⅱ…誤)，一般の銀行との間で資金の貸し出しや預金の受け入れを行う「銀行の銀行」(Ⅲ…正)という3つの役割を持っている。　(2)独占禁止法は，市場での公正かつ自由な競争を促すため，企業が価格協定を結ぶなどの独占や不公正な取引を行うことを禁じた法律である。なお，独占禁止法の運用を行うための行政機関として，公正取引委員会が設置されている。　(3)企業数では日本の企業の9割以上が中小企業に分類される(ア…×)。公企業は公共の目的のために活動する企業であり，利潤の獲得を主な目的とする企業は私企業である(イ…×)。株主は，株式会社が倒産した場合でも，出資額以上の負担を負ったり責任を問われたりすることはない(エ…×)。

6 〔公民─総合〕

1 **<男女雇用機会均等法>** 男女雇用機会均等法は，雇用における男女平等を目指して1985年に制定された法律であり，採用や昇進，賃金などでの女性差別を禁止している。

2 **<介護保険制度>** 介護保険は，40歳以上の全ての国民が加入して保険料を支払い，介護が必要になったときに介護サービスを受けられる社会保険である。高齢化の進展に伴って2000年から導入された。

3 **<公共の福祉，憲法改正の手続き>** (1)この条文は日本国憲法第13条である。ここでは，「個人の尊重」と「幸福追求権」(生命，自由及び幸福追求の権利)が規定されており，これらは「公共の福祉」に反しないかぎり最大に尊重されると定められている。公共の福祉とは，社会全体の利益といった意味である。　(2)憲法改正原案が国会に提出された場合，衆議院と参議院でそれぞれ総議員の3

分の2以上の賛成があれば，国会が憲法改正の発議を行う。その後国民投票を行い，有効投票の過半数の賛成があれば改正が成立する。改正された憲法は，天皇が国民の名において公布する。なお，国民審査は，最高裁判所の裁判官の任命が適切であるかどうかを，国民が投票によって審査する制度である。

4 **＜裁判と人権保障＞** I．犯罪が発生すると，警察が最初に捜査を行い，被疑者（罪を犯した疑いのある人）を探したり証拠を集めたりする。このとき，裁判官が出す令状がなければ原則として逮捕などをすることはできない。これは，日本国憲法で保障された自由権（身体の自由）に基づくものである。 II．弁護人は，被疑者や被告人を弁護し，その利益を守る役割を持つ。被疑者や被告人には弁護人を依頼する権利が保障されており，経済的な理由などで弁護人を依頼できない場合には，国が費用を負担して弁護人をつける。なお，検察官は被疑者を被告人として裁判所に起訴し，刑事裁判では被告人の有罪を主張する。

5 **＜議会制民主主義＞** 議会制民主主義〔間接民主制〕は，国民が選挙によって代表者を選び，代表者が議会で話し合って物事を決める政治の仕組みである。議会制民主主義が機能するためには，議会で制定された法に基づいて政治が行われ（「法の支配」），全ての国民が法律上平等に扱われなければならない（法の下の平等）。また，議会では多くの場合，多数の人が賛成する意見が採用されるが（多数決の原理），結論を出す前に十分に話し合い，少数意見にも配慮すること（少数意見の尊重）が重要となる。なお，「人の支配」は，国王などの支配者が自由に法を定めることができる政治体制であり，民主主義とは対立する考え方である。

6 **＜若い世代の低投票率の解決策＞** 図2を見ると，18～29歳の若い世代が投票を棄権した理由として，選挙に関心がないこと，政党の政策や候補者の人物像などがわかりにくいことを挙げる人が多い。また図3を見ると，若い世代はテレビに加え，インターネットから政治・選挙の情報を得る人が多い。以上から，選挙に関する関心を高めるため，政党の政策や候補者の人物像などをわかりやすく発信すること，そのための手段としてテレビだけでなくインターネットを活用することが効果的であると考えられる。

理科解答

1　1　ウ　2　ア　3　イ　4　ウ
　　5　放電　6　マグマ　7　発生
　　8　20%

2　1　エ
　　2　①…P　②…強い　③…積乱雲
　　3　記号…ウ
　　　　理由…(例)気温が急激に下がり，風
　　　　　　　向が南よりから北よりに変わ
　　　　　　　ったから。

3　1　道管
　　2　(例)水面からの水の蒸発を防ぐ。
　　3　葉の表側…ウ　葉以外…イ
　　4　記号…エ
　　　　理由…(例)明るくなると気孔が開い
　　　　　　　て蒸散量が多くなり，吸水量
　　　　　　　が増えるから。

4　1　ア　2　①…下向き　②…D
　　3　(例)コイルからの距離が近いほど強
　　　　く，流れる電流が大きいほど強い。

5　1　HCl ⟶ H⁺ + Cl⁻
　　2　①…陽イオン　②…−　③…イ
　　3　ア
　　4　(例)塩酸と触れる金属板の面積は変
　　　　えずに，塩酸の濃度だけを変えて実

　　　験を行う。

6　1　対立形質　2　ウ　3　5:1
7　1　示準化石
　　2　①…堆積岩　②…チャート
　　3　(例)下から泥，砂，れ
　　　　きの順に粒が大きくな
　　　　っていったことから，
　　　　水深がしだいに浅くな
　　　　った。
　　4　右図

8　1　$\underline{NH_3}$
　　2　①…青　②…赤　③…酸
　　3　記号…イ
　　　　理由…(例)試験管Xの方が試験管Y
　　　　　　　〔空気〕よりも酸素の割合が高
　　　　　　　いから。

9　1　エ　2　下図　3　ア

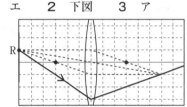

　　4　凸レンズ(Q)の方が(8)cm長い。

1　〔小問集合〕
　1 <化学変化>化学変化はもとの物質とは性質の異なる別の物質ができる変化だから，砂糖を加熱す
　　るとこげて炭になるのが化学変化である。なお，アは固体から液体への状態変化，イは溶解，エは
　　気体(水蒸気)から液体(水)への状態変化で，いずれも化学変化ではない。
　2 <力>垂直抗力は，物体が面から垂直に受ける力だから，図中のアである。なお，エは重力である。
　3 <惑星>惑星は恒星(太陽)の周りを公転する天体で，ア〜エのうち，惑星は地球である。なお，彗
　　星は太陽の周りをだ円軌道で公転する天体で，月は惑星(地球)の周りを公転する衛星である。
　4 <消化酵素>ア〜エのうち，デンプンの分解にはたらく消化酵素はアミラーゼである。デンプンは
　　アミラーゼによって麦芽糖などに分解される。なお，リパーゼは脂肪を分解し，ペプシンとトリプ
　　シンはタンパク質を分解する。
　5 <放電>たまった電気が流れ出したり，空間を移動したりする現象を放電という。
　6 <マグマ>地下で岩石がどろどろにとけているものをマグマという。マグマが上昇して地表に噴出
　　する現象を噴火という。
　7 <発生>動物で，受精卵が細胞分裂をして成長し，成体となるまでの過程を発生という。受精卵は
　　細胞分裂によって胚になり，胚の細胞が分裂を繰り返してからだのつくりが完成していく。
　8 <濃度>質量パーセント濃度は，〔質量パーセント濃度(%)〕= $\dfrac{〔溶質の質量(g)〕}{〔水溶液の質量(g)〕}$ ×100 で求めら
　　れる。砂糖水の溶質は砂糖で，その質量は40g，砂糖水の質量は砂糖と水の質量の和で，40＋160

$=200(g)$ より，求める質量パーセント濃度は，$\dfrac{40}{200}\times 100 = 20(\%)$ となる。

2 〔気象とその変化〕

1 <天気の記号>雪の天気記号は⊗である。また，風向は矢の向きで表し，風力は矢羽根の数で表す。よって，ア〜エのうち，このときの天気の記号として適切なのは南東方向に矢のついているエである。なお，◎はくもりの天気記号である。

2 <前線>図1で，低気圧の中心から南西にのびるのが寒冷前線，南東にのびるのが温暖前線である。寒冷前線は寒気が暖気の下にもぐり込み，暖気を押し上げるように進む前線で，温暖前線は暖気が寒気の上にはい上がり寒気を押すように進む前線だから，図2では，前線面の傾斜がゆるやかな左側が温暖前線，傾斜が急な右側が寒冷前線である。よって，図2は，図1のPの方向から見たものである。また，寒冷前線の辺りでは，寒気が暖気を激しく押し上げ，強い上昇気流が生じているので，積乱雲などの垂直方向にのびる雲が発達する。なお，乱層雲は温暖前線の辺りで発達する層状の雲である。

3 <寒冷前線>寒冷前線が通過した地点は，寒気におおわれるので気温が急激に下がり，風向は南よりから北よりに変化する。図3より，寒冷前線が通過したと考えられるのは，12時〜15時である。

3 〔植物の生活と種類〕

1 <道管>吸収された水が葉まで運ばれるときの通り道は，維管束の中の道管である。

2 <実験操作>水面を油でおおったのは，水面からの蒸発を防ぐためである。この実験では，水の減少量で植物の蒸散量を調べるため，水面から水が蒸発してしまうと，正しい蒸散量を求められない。

3 <蒸散量>ワセリンをぬった部分では蒸散が行われない。よって，それぞれの装置で蒸散が行われているのは，装置Aでは葉の表側と裏側，葉以外の部分で，装置Bでは葉の裏側と葉以外の部分，装置Cでは葉の表側と葉以外である。これより，葉の表側からの蒸散量は，装置Aと装置Bの水の減少量の差になるから，表より，$12.4-9.7=2.7(cm^3)$ である。また，葉以外からの蒸散量は，装置Cと葉の表側からの蒸散量の差になるから，$4.2-2.7=1.5(cm^3)$ である。

4 <蒸散>多くの植物で，気孔は明るい昼に開き，暗い夜に閉じる。気孔が閉じているときはほとんど蒸散が行われず，蒸散量は非常に少ないが，気孔が開くと蒸散は盛んに行われ，蒸散量は大きくなる。そのため，装置Dでは，暗室に置いた始めの3時間は吸水量が少なく，水の減少量は少ないが，その後，明るい所に置いた3時間は吸水量が増えて，水の減少量は多くなる。よって，実験(4)で得られた記録は，エのようになる。

4 〔電流とその利用〕

1 <電流と磁界>導線に電流を流すと，導線を中心とした同心円状の磁界ができる。よって，鉄粉は同心円状の模様をつくる。

2 <電流と磁界>電流が流れる向きに右ねじが進む向きを合わせると，右ねじが回る向きに磁界ができる。方位磁針のN極は磁界の向きを指すから，図のように，位置Aで南西向きの磁界ができているときは，時計回りの向きに磁界ができている。このとき，電流が流れる向きは下向きである。また，電流の向きを逆向きにすると磁界の向きも逆向きになるから，反時計回りの向きに磁界ができる。このとき，N極が北西向きになるのは位置Dである。

3 <電流と磁界>実験(3)で，位置P，Qに置かれた方位磁針は，ともに電流の大きさが大きくなるほど磁針の振れが大きいので，電流が大きいほど磁界が強くなることがわかる。また，位置Qより位置Pの方が磁針の振れが大きいので，コイルからの距離が近いほど磁界が強くなることがわかる。

5 〔化学変化とイオン〕

1 <電離の式>塩化水素(HCl)は，塩酸中では水素イオン(H^+)と塩化物イオン(Cl^-)に電離している。電離の様子を式で表すときは，矢印の左側に電離前の物質の化学式を，右側に電離後の物質の化学式(イオン式)を書き，矢印の左側と右側で原子の種類と数が等しいことと，矢印の右側で＋の数と－の数が等しいことを確かめる。

2 <電池>亜鉛と銅では亜鉛の方がイオンになりやすいので，亜鉛原子(Zn)が電子を失い，陽イオ

ンである亜鉛イオン（Zn^{2+}）となって塩酸中に溶け出す。亜鉛板に残った電子は導線を通って銅板へ流れる。電子は－極から＋極へ流れるので，亜鉛板が－極，銅板が＋極となる。また，電流が流れる向きは，電子が流れる向きと逆だから，図では，電流は＋極である銅板からモーターを通って－極である亜鉛板に向かうイの向きに流れる。

3 ＜電池＞うすい塩酸をうすい水酸化ナトリウム水溶液で中和させると，水と塩化ナトリウムができる。よって，ちょうど中和した後の水溶液は，塩化ナトリウム水溶液になる。塩化ナトリウム水溶液は電解質の水溶液なので，実験(2)では電流が流れてモーターが回る。

4 ＜対照実験＞実験(a)，(b)は，塩酸の濃度も，塩酸と触れる金属板の面積も異なっているので，違った結果が得られたときの原因を特定することができない。調べようとする事柄以外の条件を同じにして実験を行うことで，結果の違いが変えた条件によるものであるのがわかる。よって，塩酸の濃度の違いによる影響を調べるためには，塩酸の濃度だけを変え，塩酸と触れる金属板の面積を同じにして実験を行えばよい。

6 〔生命の連続性〕

1 ＜対立形質＞どちらか一方しか現れない形質どうしのことを対立形質という。

2 ＜遺伝の規則性＞実験(2)で，実験(1)で得られた丸い種子を育てた個体を自家受粉させたところ，孫に丸い種子としわのある種子ができたことから，実験(1)で得られた丸い種子は種子を丸くする遺伝子Aのほかに種子をしわにする遺伝子aを持つことがわかる。また，丸い種子の子からしわのある種子の孫ができたことから，エンドウの種子の形は丸が優性（顕性）の形質，しわが劣性（潜性）の形質である。これより，丸い種子の遺伝子の組み合わせはAAかAaであり，しわのある種子の遺伝子の組み合わせはaaである。実験(1)でできた子の丸い種子は，親のしわのある種子からaの遺伝子を受け継いでいるので，遺伝子の組み合わせは全てAaである。よって，対になっている遺伝子はそれぞれ別の生殖細胞に入る（分離の法則）ので，Aaの遺伝子を持つ子の丸い種子が成長してつくる生殖細胞は，Aを持つものとaを持つものが1：1の数の割合でできる。

3 ＜遺伝の規則性＞2より，子の丸い種子の遺伝子の組み合わせはAaで，つくる生殖細胞の持つ遺伝子はAかaである。右表1より，Aaを自家受粉させてできる孫の遺伝子の組み合わせと数の比は，AA：Aa：aa＝1：2：1となる。このうち，AAとAaは丸い種子になるから，孫の丸い種子の遺伝子の組み合わせと数の比はAA：Aa＝1：2になる。さらに，右表2より，孫のAAを自家受粉させたときにできる種子の遺伝子の組み合わせは全てAAだから，できる種子の形は全て丸である。このときできた種子の数の比を4とする。また，孫のAaを自家受粉させたときにできる種子の遺伝子の組み合わせと数の比は，表1より，AA：Aa：aa＝1：2：1となる。ここで，孫の丸い種子の遺伝子の組み合わせと数の比はAA：Aa＝1：2で，AaはAAの2倍だから，このときできた種子の数の比は，AAを持つものが1×2＝2，Aaを持つものが2×2＝4，aaを持つものが1×2＝2となる。よって，遺伝子の組み合わせと数の比は，AA：Aa：aa＝(4＋2)：4：2＝3：2：1となるから，丸い種子としわのある種子の数の比は，(3＋2)：1＝5：1である。

表1

	A	a
A	AA	Aa
a	Aa	aa

表2

	A	A
A	AA	AA
A	AA	AA

7 〔大地のつくりと変化〕

1 ＜示準化石＞地層ができたときの地質年代を推定できる化石を示準化石という。アンモナイトの化石は中生代の示準化石である。

2 ＜堆積岩＞等粒状組織や斑状組織は火成岩のつくりだから，これらが確認できなかった岩石Xは堆積岩と考えられる。表面をくぎでひっかいても傷がつかないほどかたく，うすい塩酸と反応しないことから，この堆積岩はチャートである。なお，うすい塩酸をかけると二酸化炭素が発生する堆積岩は石灰岩である。

3 ＜地層の重なり＞図2で，地点Bの層の地表から地下40mまでは，下から順に泥岩，砂岩，れき岩の層が重なっている。この地域の地層には上下逆転は見られないことから，これらの地層は下の層

ほど古い。また，粒の大きさが大きい順に，れき岩，砂岩，泥岩だから，下の層から上の層に向かって粒の大きさがしだいに大きくなっている。よって，土砂が堆積するとき，粒の大きなものほど河口に近い浅い所に堆積するので，この地域の水深はしだいに浅くなったと考えられる。

4 <地層の広がり>凝灰岩の層の上面の標高を比較する。図1，図2より，地点Aは標高が110mで，凝灰岩の層の上面は地表面からの深さが30mなので，その上面の標高は$110 - 30 = 80$（m）である。同様に，凝灰岩の層の上面の標高は，地点Bでは$120 - 40 = 80$（m），地点Cでは$90 - 20 = 70$（m）となる。地点Aと地点Bを比べると，凝灰岩の層の上面の標高は同じだから，この地域の地層は東西方向に傾いていない。また，地点Aと地点Cを比べると，地点Cでは凝灰岩の層の上面の標高が地点Aより$80 - 70 = 10$（m）低いので，この地域の地層は南に向かって低くなっている。よって，AC間とBD間の距離は同じだから，地点Bの南にある地点Dの凝灰岩の層の上面の標高も地点Bより10m低いと考えられ，その標高は$80 - 10 = 70$（m）となる。したがって，地点Dの標高は100m，凝灰岩の層の厚さはどの地点でも10mなので，地点Dでは地表からの深さが$100 - 70 = 30$（m）から40mの所に凝灰岩の層がある。

8 〔身の回りの物質〕

1 <アンモニア>刺激臭がある気体Aはアンモニアである。アンモニアは窒素原子（N）1個と水素原子（H）3個が結びついた物質で，化学式はNH_3となる。NとHはアルファベットの大文字で書き，数字の3はHの右下に小さく書く。

2 <二酸化炭素>実験(2)より，気体Bは空気より密度が小さい（軽い）気体だから水素である。これより，残る気体Cと気体Dは二酸化炭素か酸素であり，酸素は水に溶けにくく，二酸化炭素は水に少し溶けて水溶液は酸性を示す。よって，実験(3)より，気体Cは二酸化炭素で，水にぬらした青色リトマス紙が赤色に変化する。なお，気体Dは酸素である。

3 <酸素>2より，気体Cは二酸化炭素，気体Dは酸素である。また，物を燃やすはたらきがあるのは酸素である。図2より，試験管Yを満たした空気中に体積の割合で酸素は21.0%を占めるが，試験管Xは二酸化炭素と酸素が1：1の体積比で満たされているので，酸素は$\frac{1}{1+1} \times 100 = 50$（%）を占める。よって，試験管Yよりも試験管Xの方が酸素の割合が高いため，線香は激しく燃える。

9 〔身近な物理現象〕

1 <凸レンズと像>スクリーンに映る像は実像で，物体と上下左右が逆向きになる。

2 <凸レンズと像>点Rから出て凸レンズPを通った光は1点に集まり，そこに実像ができる。右図で，光が集まる点を作図で求める。まず，点Rから出て凸レンズPの軸（光軸）に平行に進む光①は，凸レンズPで屈折して，反対側の焦点Fを通る。次に，点Rから出て凸レンズPの中心を通る光②は直進する。この光①と光②の交点R′に光が集まる。よって，点Rから出て凸レンズPに向かう光③は，凸レンズPで点R′を通るように屈折する。

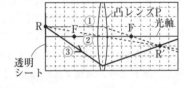

3 <凸レンズと像>凸レンズの半分を黒いシートでおおうと，凸レンズを通過する光の量が少なくなるので，像が暗くなる。なお，光はあらゆる方向へ出ているため，物体から出て凸レンズPの黒いシートでおおわれていない部分を通る光は同じ位置に集まり像を結ぶ。そのため，像の形や大きさは変わらず，像がぼやけることもない。

4 <凸レンズと像>焦点距離の2倍の位置に物体を置いたとき，焦点距離の2倍の位置に物体と同じ大きさの実像ができる。つまり，表で，$a = b$になるとき，物体は焦点距離の2倍の位置に置かれている。よって，$a = b$になるのは，凸レンズPでは$a = 24$cm，凸レンズQでは$a = 40$cmのときだから，凸レンズPの焦点距離は$24 \div 2 = 12$（cm），凸レンズQの焦点距離は$40 \div 2 = 20$（cm）である。したがって，焦点距離は，凸レンズPより，凸レンズQの方が，$20 - 12 = 8$（cm）長い。

国語解答

一 1 (1) せんぞく　(2) そうかい
　　　(3) うるお　(4) なぐさ
　　　(5) ぞうり
　　2 (1) 漁港　(2) 率　(3) 招待
　　　(4) 縮　(5) 熟練
　　3 (1)…エ　(2)…ア　(3)…イ　(4)…ア
　　4 ウ

二 1 いわいごと　2 エ　3 ウ
　　4 (例)黒石を連想させる夜に生まれ，
　　　誕生月が良月である十月だから。
　　　　　　　　　　　　　(29字)
　　5 イ

三 1 ウ
　　2 (例)絶対音や音の種類が違う「ドレ
　　　ミファソラシド」であっても，同じ
　　　ように聞こえる(37字)〔という不思
　　　議な現象。〕
　　3 ウ　4 ア
　　5 (例)読者の中に既知の「物語」があ
　　　ることで，結末までの見通しを持っ
　　　て小説を読み進めることができるか
　　　ら。(48字)
　　6 エ

四 1 ア　2 イ　3 ウ
　　4 (例)姉のことを理解せずにつくった
　　　ドレスは姉に似合わないだろう(28
　　　字)〔と考えたから。〕
　　5 (例)清澄の率直な言葉に勇気をもら
　　　ったことでこみあげてくる感情を，
　　　見せまいとしているから。(42字)
　　6 イ

五 (省略)

一〔国語の知識〕

1＜漢字＞(1)「専属」は，一つにだけ属していて，他には属さないこと。　(2)「爽快」は，さわやか
で気持ちのよいこと。　(3)音読みは「湿潤」などの「ジュン」。　(4)音読みは「慰労」などの
「イ」。　(5)「草履」は，わらなどを編んでつくった底の平らな履き物のこと。

2＜漢字＞(1)「漁港」は，漁業の基地となるような港のこと。　(2)音読みは「引率」などの「ソツ」
と，「円周率」などの「リツ」。　(3)「招待」は，客を招いてもてなすこと。　(4)音読みは「短
縮」などの「シュク」。　(5)「熟練」は，よく慣れていて上手なこと。

3(1)＜俳句の技法＞「木の芽」が「大寺」を「包み」そして「わめく」というのだから，人でないも
のを人にたとえる擬人法である。　(2)＜俳句の技法＞「木の芽」は，春の季語。アの句の季語は
「チューリップ」で，季節は春。イの句の季語は「雪」で，季節は冬。ウの句の季語は「兜虫」で，
季節は夏。エの句の季語は「稲」で，季節は秋。　(3)＜敬語＞先生を敬うのだから，謙譲語を使
う「教えていただいた」が正しい。　(4)＜品詞＞「出る」は，目的語を取らない自動詞。「出す」
は，目的語を取る他動詞。③は「芽を出した」となり，④は「芽が出た」となる。

4＜漢文の訓読＞「過則」→「改」→「憚」→「勿」の順に読む。レ点は，一字下から上に返って読
む。

二〔古文の読解─読本〕出典；『天羽衣』。

≪現代語訳≫時は十月初めの頃，いつものように，碁を打っていたところ，三保の長者の妻が急に出
産の気配があって，苦しみ出したので，家の内は騒ぎ出し，大騒ぎしたところ，やすやすと，男子を産
んだ。磯田(の長者)も，この騒ぎで，碁を打つのを途中でやめて，すぐに家に帰ったが，こちらもその
日，夜になって，妻である者が，同じように男子を産んだ。両家とも，大変な富豪であったので，出産
の祝いごとといって，出入りする人は，引きも切らない。にぎやかなことは，いまさら言うまでもない。
　さて一日二日を過ごして，二人の長者が出会って，互いに出産の喜びを，言い交わして，磯田が言う

ことには，「あなたと私と，いつも碁を打ち遊んで，仲よく語らっている中で，一日の間に，二人とも
に，妻が出産したことは，不思議と言うのだろう。どうだ，この子どもたちが，今から兄弟の結びをし
て，生涯親しみを失わないようなことが，望ましい」と言うと，三保も喜んで「それでは子どもの代に
至っても，ますます親交厚く交際しよう」と言って，杯を取り交わして，一緒に誓いをした。磯田が，
「名を，どのように呼ぼうか」と言うと，三保の長者はしばらく思案して，「時は十月である。十月は良
月である。あなたの子は夜に生まれ，私の子は，昼に生まれたので，我が子は，白良と呼び，あなたの
子は，黒良と呼ぶのは，どうか」と言ったので，磯田は笑って，「黒白で，昼と夜になぞらえるのはおも
しろい。白良は，先に生まれ出たので，兄と定めよう」と言って，これ以来，ますます仲よく，交際
した。

1 **＜歴史的仮名遣い＞**歴史的仮名遣いの語頭以外のハ行は，現代仮名遣いでは原則として「わいうえ
お」になる。

2 **＜古文の内容理解＞**①同じ日に，それぞれの妻が出産したのだから，自分たちのそれぞれの子ども
が兄弟の縁を結び，生涯仲よくしていくのがよいと言ったのは，磯田である。　②磯田が，子ども
の名前をどうしようかと言ったことに対して，十月は良月で，自分の子は昼に生まれたから白良と
呼び，磯田の子は夜に生まれたから，黒良と呼ぼうと言ったのは，三保である。

3 **＜古文の内容理解＞**三保と磯田は，いつも碁を打つ親しい間柄であったが，三保の妻が出産したの
と同じ日の夜に，磯田の妻も出産したので，磯田は「不思議」だと言ったのである。

4 **＜古文の内容理解＞**十月は良月といい，夜に生まれたので，三保は，夜を碁石の「黒」に見立てて
磯田の子どもを「黒良」と名づけたのである。

5 **＜古文の内容理解＞**三保と磯田は，いつも碁を打つ仲間であったが，それぞれの子どもが同じ日に
生まれたので，不思議な縁があるのだと思い，子どもの代になっても親しく交際しようと誓い合っ
たのである。

三 〔論説文の読解—芸術・文学・言語学的分野—読書〕出典；石原千秋『読者はどこにいるのか　書
物の中の私たち』。

≪本文の概要≫読者が自由に読めるということは，理論的に小説には「完成した形」がないという
結論を導く。文学理論では，読書行為について考える理論を「受容理論」という。受容理論の観点で
は，文学作品は未完成なものであり，読者は，限られた情報から作品の全体像をつくりあげることに
なる。大橋洋一は，文学作品は「読者が自分自身に出会う場所」であり，読書行為は「読者が自分自
身をたえず読んでゆくプロセス」だと述べている。読者は，読みながら作品の全体像を志向するが，
そのとき自分の経験をもとにして読んでいくので，小説は，読者にとって既知の物語ともいえる。小
説を読むことは，読者にとって知らない世界を歩くときのようなスリルを味わうことであると同時に，
自分の知っている世界にたどり着けるという安心感も味わえることである。だから，私たちは小説を
読んで癒やされるのである。

1 **＜文章内容＞**読者は，読み始めたばかりの小説の全体像を，自分の経験から想像して，この小説は
すでに知っている物語だとして読んでいく。知らない小説を読むはずなのに，内容をすでに知って
いるから読んでいけるという関係は，「逆説」である。「逆説」は，一見真理と反対であるように見
えて，実は真理をついていること。

2 **＜指示語＞**ピアノの違う音階で「ドレミファソラシド」を弾いても，同じ「ドレミファソラシド」
と聞こえるし，ピアノで弾いてもギターで弾いても，同じ「ドレミファソラシド」と聞こえるとい
うのは，不思議な現象である。

3 **＜文章内容＞**「私たち」は，「九本の直線」でできた図を見たとき，あらかじめ「立方体」という存

在を知っているので、「私たちの想像力」が「九本の直線」に奥行きを与えて、全体像としての立方体が見えてくるのである。

4 <文章内容>読者は、一人ひとりが自分の経験や知識によって、小説を「成長の物語」や「喪失の物語」という「すでに知っている」類型に当てはめて読んでいく。だから、読者は、あらかじめ「全体像」を知っていて、その「全体像」を志向するように想像力をはたらかせているといえる。

5 <文章内容>読者は、今までの経験の蓄積から、小説を「私たちがすでに知っている『物語』として」読むというところがある。小説を読むことで、知らない世界を読み始めて感じるスリルも味わえるし、結末がわかって読んでいるという安心感も持てるのである。

6 <表現>「図」が本文中に用いられているのは、「全体像」についての知識が想像力のはたらき方を規定するという筆者の主張をわかりやすく示すためである（ア…×）。「全体像」や「物語」に用いられているかぎ（「　」）は、これらの言葉が本文において独自の意味を持たされていることを表している（イ…×）。欧米の文学理論と筆者自身の理論との違いは、明示されていない（ウ…×）。読者は「自分なりに全体像をつくりあげる」という、引用された大橋洋一の見解は、音楽の音階や立方体の図の具体例によって補われつつ、読書行為とは「知らない道を歩いて、知っているゴールにたどり着く」ことであるという筆者の理論につなげられている（エ…○）。

四 〔小説の読解〕出典；寺地はるな『水を縫う』「プールサイドの犬」。

1 <文章内容>清澄は、姉のために縫ったウェディングドレスの縫い目を「ためらいなく」ほどいていったが、「表情は歪んで」いて「声もわずかに震えて」いた。

2 <文章内容>姉が「生活していくために働いている」と言っていたので、清澄は、姉の仕事は「つまらないものなのだと決めつけていた」し、姉は仕事にやる気を持っていないと勝手に思っていたが、仕事をしているときの姉の顔は、「真剣っぽかった」のである。

3 <文脈>清澄は、姉のことを理解することなく自分の思い込みでつくったドレスは「たぶん姉ちゃんには似合わへん」と言い、自分のつくったドレスをほどき始めた。「わたし」は、清澄が一針一針縫っていた姿を見てきただけに、「さぞかしくやしかろう」と思ったのである。

4 <文章内容>清澄は、姉が仕事をする姿を見て、姉のことを理解していないと気づいたので、姉に真に似合うドレスをつくるためには、デザインから考え直した方がよいと思っていた。

5 <心情>七十四歳から泳ぐことを始めても、八十歳になったら水泳歴六年になるという清澄の励ましに、「わたし」は勇気をもらった。「わたし」は、うれしくて泣きそうになった気持ちを清澄に悟られないようにしようと、おなかに力を込めたのである。

6 <要旨>「この子にはまだ何十年もの時間がある。男だから、とか、何歳だから、あるいは日本人だから、とか、そういうことをなぎ倒して、きっと生きていける」と、「わたし」は清澄のことを思っている。裁縫をするのは主に女性だなどというような既存の価値観に左右されず、清澄は自分の道を生きていけると、「わたし」は思っているのである。

五 〔作文〕

第一段落では、自分の体験を通して、これがあって便利になったと思えるものを書く。第二段落を書くためには、「世の中が便利になること」はいいことだけか、どこかマイナスになっているところはないかと考えてみるとよい。字数を守って、誤字脱字に気をつけて書いていくこと。

Memo

Memo

Memo

2020年度
栃木県公立高校／入試問題

英語

●満点 100点　●時間 50分

1 これは聞き方の問題である。指示に従って答えなさい。

1 〔英語の対話とその内容についての質問を聞いて，答えとして最も適切なものを選ぶ問題〕

(1)　ア　　　　　イ　　　　　ウ　　　　　エ

(2)　ア　　　　　イ　　　　　ウ　　　　　エ

(3)　ア　　　　　イ　　　　　ウ　　　　　エ

2 〔英語の対話とその内容についての質問を聞いて，答えとして最も適切なものを選ぶ問題〕

(1)　①　ア　In Kentaro's house.　　イ　In Tom's room.
　　　　　ウ　At the cinema.　　　　エ　At the meeting room.

　　②　ア　Call Tom.　　　　　　　イ　Go back home.
　　　　　ウ　Say sorry to Tom.　　　エ　See the movie.

(2)

Lucky Department Store

	8 F	Sky Garden
	7 F	Restaurants
	6 F	A
	5 F	B
	4 F	Cooking School
	3 F	Men's Clothes & Sports
	2 F	Women's Clothes & Shoes
	1 F	Food

〔各階案内図〕

① ア　On the first floor.　　イ　On the third floor.
　　ウ　On the seventh floor.　エ　On the eighth floor.

② ア　**A**：Concert Hall　　—**B**：Bookstore
　　イ　**A**：Bookstore　　　—**B**：Concert Hall
　　ウ　**A**：Concert Hall　　—**B**：Language School
　　エ　**A**：Language School—**B**：Concert Hall

3　〔英語の説明を聞いて，Ｅメールを完成させる問題〕

To :　　Jessie Smith
From :　 (Your Name)

Hi, Jessie,

We got homework for Mr. Brown's class.　Choose one book and write about it.
Write four things about the book.

1．The writer of the book.
2．The (1)(　　　) of the book.
3．The (2)(　　　) for choosing the book in more than one hundred words.
4．Your (3)(　　　　) words in the book.

You have to bring the homework to Mr. Brown on Thursday, (4)(　　　) 11th.
Don't forget !

See you soon,
(Your Name)

※＜聞き方の問題放送台本＞は英語の問題の終わりに付けてあります。

② 次の1，2の問いに答えなさい。

1　次の英文中の ⑴ から ⑹ に入れるものとして，下の⑴から⑹のア，イ，ウ，エのうち，それぞれ最も適切なものはどれか。

　　I like music the best ⑴ all my subjects.　The music teacher always ⑵ us that the sound of music can move people.　I cannot speak well in front of people, ⑶ I think I can show my feelings through music.　I learned ⑷ play the guitar in class last year. Now, I practice it every day.　In the future, I want to visit a lot of countries and play the guitar there.　If I can play music, I will get more ⑸ to meet people.　Music ⑹ no borders, so I believe that I can make friends.

⑴　ア　at　　　　　イ　for　　　　　ウ　in　　　　　エ　of
⑵　ア　says　　　　イ　tells　　　　ウ　speaks　　　エ　talks
⑶　ア　but　　　　 イ　or　　　　　ウ　because　　エ　until
⑷　ア　how　　　　イ　how to　　　ウ　the way　　エ　what to
⑸　ア　lessons　　 イ　hobbies　　 ウ　chances　　エ　spaces
⑹　ア　are　　　　イ　do　　　　　ウ　has　　　　エ　becomes

2　次の⑴から⑶の（　）内の語を意味が通るように並べかえて，⑴と⑵はア，イ，ウ，エ，⑶はア，イ，ウ，エ，オの記号を用いて答えなさい。ただし，文頭にくる語も小文字で示してある。

⑴　My (ア　has　　イ　eaten　　ウ　cousin　　エ　never) Japanese food before.
⑵　Sophie (ア　go　　イ　decided　　ウ　abroad　　エ　to).
⑶　(ア　think　　イ　you　　ウ　will　　エ　it　　オ　do) rain next weekend？

③　次の英文は，中学生の美樹(Miki)とフランスからの留学生エマ(Emma)との対話の一部である。これを読んで，1から7までの問いに答えなさい。

Emma：　Miki, I found "Cleaning Time" in my *daily schedule.　What is it？
　Miki：　Oh, it is time to clean our school.　We have ₍₁₎it almost every day.
Emma：　Every day？　₍₂₎(　　　) cleans your school？
　Miki：　We clean our classrooms, the library, the nurse's office and other rooms.
Emma：　I can't believe that！　In France, *cleaning staff clean our school, so students (　A　) do it.　I think cleaning school is very hard work for students.
　Miki：　That may be true, but there are some good points of cleaning school.　Oh, we made a newspaper about it because we have "Cleaning Week" this month.　Look at the newspaper on the wall.
Emma：　Ah, the girl who has a *broom in the picture is you, Miki.　What is the girl with long hair doing？
　Miki：　She is cleaning the blackboard.　The boys ⑶ , and that girl is going to *take away the trash.　We have many things to do, so we clean our school together.
Emma：　Now, I am interested in cleaning school.　Oh, this is Ms. Sato.　What does she say？
　Miki：　She says that it is ⑷ our school clean every day.
Emma：　OK.　If you clean it every day, cleaning school may not be so hard work.
　Miki：　That's right.　Emma, look at the graph on the newspaper.　We asked our classmates

a question. "What are the good points of cleaning school?" They found some good points. Fourteen students answer that _____(5)_____ after they clean school. Ten students answer that they use the things and places around them more carefully.

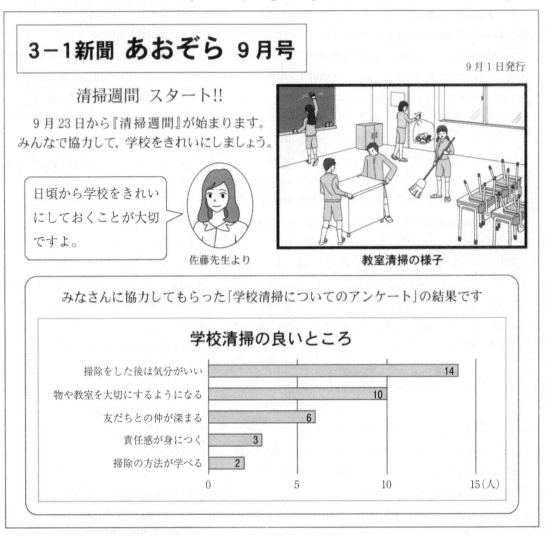

Emma : I see. Now I know why you have cleaning time in Japan. Oh, in France, we have one thing we use carefully at school. It is our textbook! In my country, we borrow textbooks from school.

Miki : Oh, do you?

Emma : Yes. At the end of a school year, we (**B**) them to school. Next year, our *juniors use the textbooks, so we don't write or draw anything on them.

Miki : You mean, you reuse your textbooks. That's nice!

Emma : Other people will use them after us. We have to think about those people, so we use our textbooks carefully.

Miki : We do different things in each country, but we have (6)the same idea behind them, don't we?

Emma :　That's true.　Today, we found the differences and *similarities by *reflecting on our own cultures.　By the way, I hear you have some school events in Japan.　(7)Please tell me about one of them.

〔注〕 ＊daily schedule＝日課表　　＊cleaning staff＝清掃員　　＊broom＝ほうき
　　　＊take away 〜＝〜を捨てる　　＊junior＝後輩　　＊similarity＝類似点
　　　＊reflect on 〜＝〜を振り返る

1　下線部(1)は何を指すか。英語2語で書きなさい。
2　二人の対話が成り立つよう，下線部(2)の（　）に入る最も適切な英語を書きなさい。
3　本文中の（ **A** ）に入る語句として，最も適切なものはどれか。
　ア　need to　　イ　are able to　　ウ　would like to　　エ　don't have to
4　上の新聞を参考に，二人の対話が成り立つよう，下線部(3)，(4)，(5)に適切な英語を書きなさい。
5　本文中の（ **B** ）に入る語として，最も適切なものはどれか。
　ア　return　　イ　receive　　ウ　repeat　　エ　report
6　下線部(6)の指す内容は何か。具体的に日本語で書きなさい。
7　下線部(7)について，あなたなら，本文に書かれていること以外で，どんな学校行事をエマに紹介しますか。つながりのある5文程度の英語で書きなさい。

4　次の英文を読んで，1，2，3，4の問いに答えなさい。

"Ryu, you are the new *leader of the volunteer club," Ms. Yamada, our club *adviser, said to me at the meeting.　I was (**A**) to hear that.　I said in a loud voice, "I'll do my best as a leader."　When I looked up, I could see the beautiful sky.　I was full of hope.

While I was walking home, I met Hiro, my uncle.　He is the leader in his *community.　He is respected by people living there.　He said, "Hi, Ryu.　What's up?"　"I became the leader of the club!" I answered.　He said, "Great!　By the way, I am looking for some volunteers for the Summer Festival.　|＿＿＿＿＿＿| us with the festival?"　"Sure!"

The next day, I told the members about the Summer Festival.　"Hiro asked us to join the festival as volunteers.　He also wants us to make five *posters and display them in our school."　Some members said to me, "We will make the posters."　I said, "Thank you, but I think I can do it *by myself."　"Really?"　"Yes, of course!　I must do it by myself because I am the leader."

One week later at the club meeting, Ms. Yamada asked me, "Ryu, have you finished the posters?"　I answered in a small voice, "Not yet.　I've finished only two."　She said, "Oh, no.　Everyone, please help Ryu."　While other members were making the posters, I couldn't look at their faces.　I felt (**B**).

A few weeks later, the festival was held.　The members were enjoying the volunteer activities.　But I wasn't happy because I couldn't finish making the posters by myself.　I thought, "I'm not a good leader."　The *fireworks started, but I looked down at the ground.

Then, Hiro came and asked, "Ryu, what happened?"　I answered, "As a leader, I was trying to make all the posters by myself, but I couldn't."　Hiro said, "Listen.　Do you think leaders must do everything without any help?　I don't think so.　I work together with people living here. We live together, work together, and help each other." His words gave me energy. "I understand, Hiro. I'll work with my club members."

At the next club meeting, I said, "I'm sorry. I believed that leaders must do everything without any help, but that wasn't true." Everyone listened to me *quietly. "I've learned working together is important. I want to work with all of you." I continued, "Let's talk about a new activity today. What do you want to do?" One of the members said, "How about *planting flowers at the station?" Then, everyone started to talk. "Sounds good!" "Let's ask local people to get together." "Working with them will be fun." Everyone was smiling. When I saw the sky, the sun was shining.

〔注〕 ＊leader＝リーダー 　＊adviser＝助言者 　＊community＝地域
　　　 ＊poster＝ポスター 　＊by oneself＝ひとりで 　＊firework＝花火
　　　 ＊quietly＝静かに 　＊plant ～＝～を植える

1　本文中の（**A**），（**B**）に入る竜(Ryu)の気持ちを表している語の組み合わせとして最も適切なものはどれか。

　ア　**A**：interested ― **B**：excited 　　イ　**A**：bad 　― **B**：angry
　ウ　**A**：excited 　― **B**：bad 　　　 エ　**A**：angry ― **B**：interested

2　本文中の □ に，適切な英語を**3語**で書きなさい。

3　下線部に見られる竜の考えの変化と，そのきっかけとなったヒロ(Hiro)の発言とはどのようなものか。次の □ 内の（①）に**25字以内**，（②）に**20字以内**の適切な日本語を書きなさい。ただし，句読点も字数に加えるものとする。

```
　竜は，リーダーは（　　　　①　　　　）と信じていたが，ヒロの「私たちは
（　　　②　　　）。」という言葉を聞いて，リーダーとしてのあり方を考え直した。
```

4　本文の内容と一致するものはどれか。二つ選びなさい。

　ア　Hiro chose Ryu as the new leader of the volunteer club in the community.
　イ　Hiro wanted Ryu and his club members to take part in the festival as volunteers.
　ウ　Ryu asked his members to make the posters, but no one tried to help him.
　エ　Ryu finished making all the posters before Ms. Yamada told him to make them.
　オ　After the Summer Festival, Ryu and his club members talked about a new activity.
　カ　When Ryu grew flowers with local people, every club member was having fun.

5　シールド工法(shield method)について書かれた次の英文を読んで，**1**，**2**，**3**，**4**の問いに答えなさい。

"London Bridge Is Falling Down" is a famous song about a bridge which fell down many times. This bridge was built over a big river that goes through London.   In the 19th century, the river was very useful for *transporting things by *ship.   Every day there were many big ships with *sails on the river.   Many people gathered along rivers and 〔　　　〕 cities like London.

There was one problem.   When ships went under the bridges, the sails hit the bridges.   So, there were only a few bridges over the river.   People couldn't go to the other side of it easily.
　　　　ア　　　　　Then, some people thought of an idea to build a *tunnel under the river.

They made the tunnel with the "shield method." With this method, they could make a stronger tunnel because the tunnel was supported by *pipes called "shield" from the inside. Water didn't come into the tunnel, so the tunnel didn't break down easily. ___イ___

How did people find this way of building the tunnel? They found it from a small *creature's way of making a *hole in *wood. ___ウ___ At that time, ships were made of wood. The creatures called *Funakuimushi ate the wood of the ships and made some holes. When they eat wood, they put a special *liquid from its body on the wall of the hole. When this liquid becomes hard, the holes become strong. ___エ___ In this way, people found the way to make tunnels strong.

Today, around the world, there are many tunnels under the sea and in the mountains. A small creature gave us the idea to build strong tunnels. We may get a great idea from a small thing if we look at it carefully. By doing so, we can make better things.

〔注〕 ＊transport＝輸送する　＊ship＝船　＊sail＝帆　＊tunnel＝トンネル
＊pipe＝筒　＊creature＝生き物　＊hole＝穴　＊wood＝木材
＊*Funakuimushi*＝フナクイムシ　＊liquid＝液体

1　本文中の〔　〕に入れるものとして，最も適切なものはどれか。

ア　built　　イ　lived　　ウ　left　　エ　went

2　下線部の理由は何か。日本語で書きなさい。

3　本文中の ア から エ のいずれかに次の１文が入る。最も適切な位置はどれか。

> People were so happy to have such a strong tunnel.

4　本文を通して，筆者が最も伝えたいことはどれか。

ア　The song about London Bridge has been famous around the world.

イ　It was hard for people in London to get to the other side of the river.

ウ　A small creature called *Funakuimushi* likes to eat wood in the ships.

エ　An idea from a small creature has improved the tunnels in the world.

<＜聞き方の問題放送台本＞

これから聞き方の問題に入ります。問題用紙の四角で囲まれた 1 を見なさい。問題は１，２，３の三つあります。

最初は１の問題です。問題は(1)から(3)まで三つあります。英語の対話とその内容についての質問を聞いて，答えとして最も適切なものをア，イ，ウ，エのうちから一つ選びなさい。対話と質問は２回ずつ言います。(約３分)

では始めます。

〔注〕 (1)はカッコイチと読む。以下同じ。斜字体で表記された部分は読まない。

(1)の問題です。　A : Do you want something to drink, Mike?
　　　　　　　　B : Yes, I want something cold, mom.
　　　　　　　　A : OK.

質問です。　Q : What will Mike have?
　　　　　　　(約５秒おいて繰り返す。)(ポーズ約５秒)

(2)の問題です。　　*A* :　Good morning, Tadashi.　Did you study for today's test?

　　　　　　　　　B :　Yes, Ms. White.　I always get up at six fifty, but I got up at five fifteen this morning to study.

　　　　　　　　　A :　Oh, did you?　Good luck.

質問です。　　*Q* :　What time did Tadashi get up this morning?

　　　　　　　（約5秒おいて繰り返す。）（ポーズ約5秒）

(3)の問題です。　　*A* :　We'll go to see the baseball game next weekend, right?　Can we go to the stadium by bike?

　　　　　　　　　B :　No, it's too far.　We need to get there by car or bus.　My father will be busy next weekend, so we need to take a bus.

　　　　　　　　　A :　I see.　I'll check the time.

質問です。　　*Q* :　How will they go to the stadium?

　　　　　　　（約5秒おいて繰り返す。）（ポーズ約5秒）

　次は2の問題です。問題は(1)と(2)の二つあります。英語の対話とその内容についての質問を聞いて，答えとして最も適切なものを**ア，イ，ウ，エ**のうちから一つ選びなさい。質問は問題ごとに①，②の二つずつあります。対話と質問は2回ずつ言います。（約5分）

　では始めます。

　〔**注**〕(1)はカッコイチ，①はマルイチと読む。以下同じ。斜字体で表記された部分は読まない。

(1)の問題です。　　*Mother* :　Hello.

　　　　　　　　　Kentaro :　Hello.　This is Kentaro.　Is that Tom's mother speaking?

　　　　　　　　　Mother :　Yes.

　　　　　　　　　Kentaro :　Is Tom at home?

　　　　　　　　　Mother :　Yes, but. . . .　When he came home, he didn't say anything and went to his room.　He looked different.　Do you know what happened?

　　　　　　　　　Kentaro :　Ah. . . .　Today, we had a plan to see a movie, but I was late. When I arrived at the cinema, I couldn't find him.　I thought he went back home because he got angry.

　　　　　　　　　Mother :　Now I see what happened.　He's still in his room.

　　　　　　　　　Kentaro :　I want to meet him and say sorry.　Can I visit him?

　　　　　　　　　Mother :　Of course.　I think he wants to see you too.

　　　　　　　　　Kentaro :　Thank you.　I'll be there soon.

　　　　　　　　　Mother :　OK.　I'll tell him.　Good bye.

①の質問です。　　Where was Tom when Kentaro called?

　　　　　　　（ポーズ約3秒）

②の質問です。　　What does Kentaro want to do?

　　　　　　　（約5秒おいて繰り返す。）（ポーズ約5秒）

(2)の問題です。　　*Alice* :　John, finally we got to Lucky Department Store.

　　　　　　　　　John :　Hey Alice, how about having lunch?　Let's go to a restaurant on the seventh floor!

Alice : Sounds nice! But wait. I think there are many people in the restaurants.

John : Then, we can buy food on the first floor and eat it in Sky Garden on the eighth floor.

Alice : That's good. I'll buy some sandwiches.

John : OK. After that, I want to get a new T-shirt.

Alice : Hey! We came here for the concert.

John : I know, but we have two hours before the concert, so we can go shopping. Then, we'll go to the concert hall on the sixth floor.

Alice : That's fine.

John : Oh, you said you wanted to go to the bookstore on the fifth floor.

Alice : Yes, I have to buy a dictionary for my sister. She started to go to a language school to learn Chinese.

John : Cool! We have a lot of things to do. I'm so excited!

①の質問です。 Where will Alice and John eat lunch？
（ポーズ約3秒）

②の質問です。 Which is true for 　A　 and 　B　 in the picture？
（約5秒おいて繰り返す。）（ポーズ約5秒）

次は 3 の問題です。あなたは留学先でブラウン先生（Mr. Brown）の授業を受けています。宿題についての先生の説明を聞いて，学校を欠席したジェシー（Jessie）へのEメールを完成させなさい。英文は2回言います。

では始めます。（約3分）

Today, I'm going to give you homework. I want you to choose one book and write about it. You need to write four things about the book. First, the writer of the book. Second, its story. Third, the reason for choosing it. You need to write the reason in more than one hundred words. Fourth, the words you like the best in the book. Usually, we have class on Friday but next Friday is a holiday. So, bring your homework on Thursday, April 11th. Please tell this to the students who are not here today. That's all.

（約5秒おいて）繰り返します。（1回目のみ）　（ポーズ約5秒）

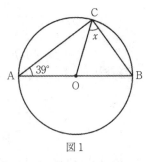

数　学

●満点 100点　　●時間 50分

（注意）　答えはできるだけ簡単な形で表しなさい。

1 次の **1** から**14**までの問いに答えなさい。

1 $(-18) \div 2$ を計算しなさい。

2 $4(x+y) - 3(2x-y)$ を計算しなさい。

3 $\dfrac{1}{6}a^2 \times (-4ab^2)$ を計算しなさい。

4 $5\sqrt{6} \times \sqrt{3}$ を計算しなさい。

5 $(x+8)(x-8)$ を展開しなさい。

6 x についての方程式 $2x - a = -x + 5$ の解が 7 であるとき，a の値を求めなさい。

7 100個のいちごを 6 人に x 個ずつ配ったところ，y 個余った。この数量の関係を等式で表しなさい。

8 右の図 1 において，点A，B，C は円Oの周上の点であり，AB は円Oの直径である。∠x の大きさを求めなさい。

9 2 次方程式 $x^2 - 9x = 0$ を解きなさい。

10 袋の中に赤玉が 9 個，白玉が 2 個，青玉が 3 個入っている。この袋の中の玉をよくかき混ぜてから 1 個取り出すとき，白玉が出ない確率を求めなさい。ただし，どの玉を取り出すことも同様に確からしいものとする。

11 下の図 2 の長方形を，直線 l を軸として 1 回転させてできる立体の体積を求めなさい。ただし，円周率は π とする。

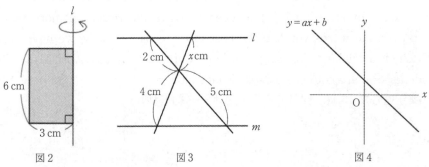

図2　　　　　図3　　　　　図4

12 上の図 3 のように，平行な 2 つの直線 l，m に 2 直線が交わっている。x の値を求めなさい。

13 上の図 4 は，1 次関数 $y = ax + b$（a，b は定数）のグラフである。このときの a，b の正負について表した式の組み合わせとして正しいものを，次の**ア**，**イ**，**ウ**，**エ**のうちから 1 つ選んで，記号で答えなさい。

　ア $a>0,\ b>0$　　**イ** $a>0,\ b<0$　　**ウ** $a<0,\ b>0$　　**エ** $a<0,\ b<0$

14 ある工場で作られた製品の中から，100個の製品を無作為に抽出して調べたところ，その中の 2 個が不良品であった。この工場で作られた4500個の製品の中には，何個の不良品がふくまれていると推定できるか，およその個数を求めなさい。

2 次の**1**，**2**，**3**の問いに答えなさい。

1 右の図のような∠A＝50°，∠B＝100°，∠C＝30°の△ABC
がある。この三角形を点Aを中心として時計回りに25°回転
させる。この回転により点Cが移動した点をPとするとき，
点Pを作図によって求めなさい。ただし，作図には定規とコ
ンパスを使い，また，作図に用いた線は消さないこと。

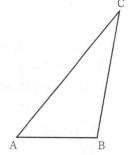

2 下の図は，2020年2月のカレンダーである。この中の

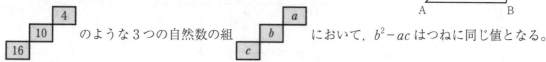
のような3つの自然数の組 において，b^2-ac はつねに同じ値となる。

次の □ 内の文は，このことを証明したものである。文中の ① ， ② ， ③ に当てはま
る数をそれぞれ答えなさい。

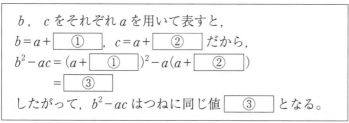

3 右の図は，2つの関数 $y=ax^2(a>0)$，$y=-\dfrac{4}{x}$ のグラフである。

それぞれのグラフ上の，x 座標が1である点をA，Bとし，x 座
標が4である点をC，Dとする。AB：CD＝1：7となるとき，
a の値を求めなさい。

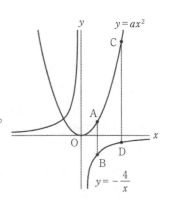

3 次の**1**，**2**の問いに答えなさい。

1 ある市にはA中学校とB中学校の2つの中学校があり，昨年度の生徒数は2つの中学校を合
わせると1225人であった。今年度の生徒数は昨年度に比べ，A中学校で4％増え，B中学校で
2％減り，2つの中学校を合わせると4人増えた。このとき，A中学校の昨年度の生徒数を
x 人，B中学校の昨年度の生徒数を y 人として連立方程式をつくり，昨年度の2つの中学校の
それぞれの生徒数を求めなさい。ただし，途中の計算も書くこと。

2 あさひさんとひなたさんの姉妹は，8月の31日間，毎日同じ時間に同じ場所で気温を測定した。測定には，右の図のような小数第2位を四捨五入した近似値が表示される温度計を用いた。2人で測定した記録を，あさひさんは表1のように階級の幅を5℃として，ひなたさんは表2のように階級の幅を2℃として，度数分布表に整理した。

図

このとき，後の(1)，(2)，(3)の問いに答えなさい。

階級(℃)		度数(日)
以上	未満	
20.0 ～	25.0	1
25.0 ～	30.0	9
30.0 ～	35.0	20
35.0 ～	40.0	1
計		31

表1

階級(℃)		度数(日)
以上	未満	
24.0 ～	26.0	1
26.0 ～	28.0	3
28.0 ～	30.0	6
30.0 ～	32.0	11
32.0 ～	34.0	9
34.0 ～	36.0	1
計		31

表2

(1) ある日，気温を測定したところ，温度計には28.7℃と表示された。このときの真の値をa℃とすると，aの値の範囲を不等号を用いて表しなさい。

(2) 表1の度数分布表における，最頻値を求めなさい。

(3) 表1と表2から，2人で測定した記録のうち，35.0℃以上36.0℃未満の日数が1日であったことがわかる。そのように判断できる理由を説明しなさい。

---

4 次の1，2の問いに答えなさい。

1 右の図1のような，AB＜ADの平行四辺形ABCDがあり，辺BC上にAB＝CEとなるように点Eをとり，辺BAの延長にBC＝BFとなるように点Fをとる。ただし，AF＜BFとする。

このとき，△ADF≡△BFEとなることを証明しなさい。

2 右の図2は，1辺が2cmの正三角形を底面とする高さ5cmの正三角柱ABC-DEFである。

(1) 正三角形ABCの面積を求めなさい。

(2) 辺BE上にBG＝2cmとなる点Gをとる。また，辺CF上にFH＝2cmとなる点Hをとる。

このとき，△AGHの面積を求めなさい。

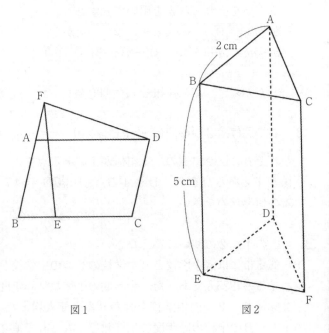

図1   図2

5　明さんと拓也さんは，スタート地点から
A地点までの水泳300m，A地点からB地
点までの自転車6000m，B地点からゴール
地点までの長距離走2100mで行うトライア
スロンの大会に参加した。

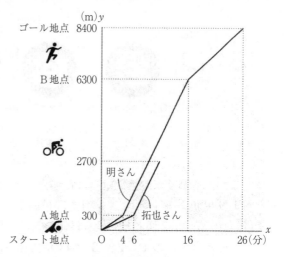

　右の図は，明さんと拓也さんが同時にス
タートしてから x 分後の，スタート地点か
らの道のりを y mとし，明さんは，水泳，
自転車，長距離走のすべての区間を，拓也
さんは，水泳の区間と自転車の一部の区間
を，それぞれグラフに表したものである。
ただし，グラフで表した各区間の速さは一
定とし，A地点，B地点における各種目の切り替えに要する時間は考えないものとする。

　次の　　　内は，大会後の明さんと拓也さんの会話である。

> 明　「今回の大会では，水泳が4分，自転車が12分，長距離走が10分かかったよ。」
> 拓也「僕はA地点の通過タイムが明さんより2分も遅れていたんだね。」
> 明　「次の種目の自転車はどうだったの。」
> 拓也「自転車の区間のグラフを見ると，2人のグラフは平行だから，僕の自転車がパンク
> 　　するまでは明さんと同じ速さで走っていたことがわかるね。パンクの修理後は，速度
> 　　を上げて走ったけれど，明さんには追いつけなかったよ。」

　このとき，次の1，2，3，4の問いに答えなさい。

1　水泳の区間において，明さんが泳いだ速さは拓也さんが泳いだ速さの何倍か。

2　スタートしてから6分後における，明さんの道のりと拓也さんの道のりとの差は何mか。

3　明さんの長距離走の区間における，x と y の関係を式で表しなさい。ただし，途中の計算も
書くこと。

4　　　　内の下線部について，拓也さんは，スタート地点から2700mの地点で自転車がパンク
した。その場ですぐにパンクの修理を開始し，終了後，残りの自転車の区間を毎分600mの速
さでB地点まで走った。さらに，B地点からゴール地点までの長距離走は10分かかり，明さん
より3分遅くゴール地点に到着した。

　このとき，拓也さんがパンクの修理にかかった時間は何分何秒か。

6　図1のように，半径1cmの円を白色で塗り，1番目の図形とする。また，図2のように，
1番目の図形に中心が等しい半径2cmの円をかき加え，半径1cmの円と半径2cmの円に囲
まれた部分を灰色で塗り，これを2番目の図形とする。さらに，図3のように，2番目の図形
に中心が等しい半径3cmの円をかき加え，半径2cmの円と半径3cmの円に囲まれた部分を
黒色で塗り，これを3番目の図形とする。同様の操作を繰り返し，白色，灰色，黒色の順に色
を塗り，できた図形を図4のように，4番目の図形，5番目の図形，6番目の図形，…とする。

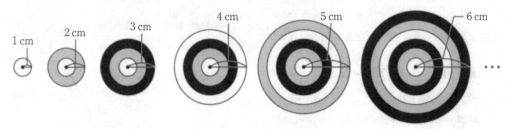

1番目　2番目　3番目　　　4番目　　　　　　　5番目　　　　　　6番目　　　…

図1　　図2　　図3　　　　　　　　　図4

　また，それぞれの色で塗られた部分を「白色の輪」，「灰色の輪」，「黒色の輪」とする。例えば，図5は6番目の図形で，「灰色の輪」が2個あり，最も外側の輪は「黒色の輪」である。

　このとき，次の**1**，**2**，**3**，**4**の問いに答えなさい。ただし，円周率はπとする。

1　「灰色の輪」が初めて4個できるのは，何番目の図形か。

2　20番目の図形において，「黒色の輪」は何個あるか。

3　n番目（nは2以上の整数）の図形において，最も外側の輪の面積が$77\pi\,\text{cm}^2$であるとき，nの値を求めなさい。ただし，途中の計算も書くこと。

4　n番目の図形をおうぎ形にm等分する。このうちの1つのおうぎ形を取り出し，最も外側の輪であった部分を切り取り，これを「1ピース」とする。例えば，$n=5$，$m=6$の「1ピース」は図6のようになり，太線（——）でかかれた2本の曲線と2本の線分の長さの合計を「1ピース」の周の長さとする。

　このとき，次の文の①，②に当てはまる式や数を求めなさい。ただし，文中のa，bは2以上の整数とする。

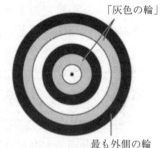

「灰色の輪」

最も外側の輪

図5

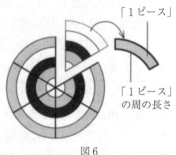

「1ピース」

「1ピース」
の周の長さ

図6

　$n=a$，$m=5$の「1ピース」の周の長さと，$n=b$，$m=9$の「1ピース」の周の長さが等しいとき，bをaの式で表すと，（　①　）となる。①を満たすa，bのうち，それぞれの「1ピース」が同じ色のとき，bの値が最小となるaの値は，（　②　）である。

社 会

●満点 100点 ●時間 45分

（**注意**）「□に当てはまる語を書きなさい」などの問いについての答えは，一般に数字やカタカナなどで書くもののほかは，できるだけ漢字で書きなさい。

1 太郎さんが両親と訪れた中国・四国地方に関して，次の1から4までの問いに答えなさい。

1 図1に関して，次の文は太郎さんと両親が広島市内を車で移動しているときの会話の一部である。これを読み，(1)，(2)，(3)の問いに答えなさい。

> 父 「広島市内を車で走ると，何度も橋を渡るね。」
>
> 太郎「広島市の市街地は@三角州という地形の上にあって，何本も川が流れていると学校で学んだよ。」
>
> 母 「他にも広島市について学校で学んだことはあるかな。」
>
> 太郎「広島市がある瀬戸内工業地域は，□□□□とよばれる関東地方から九州地方の北部にかけてのびる帯状の工業地域の一部だよ。」
>
> 父 「もうすぐⓑ原爆ドームの近くを通るね。」
>
> 太郎「行ってみようよ。」

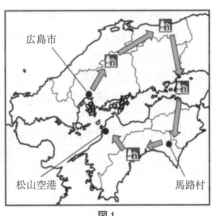

図1

（注） 図中の 🏠 は「道の駅」の位置を示している。

(1) 下線部@について正しく述べているのはどれか。

ア 河川によって運ばれた土砂が，河口部に堆積した地形である。

イ 河川が山間部から平野に出た所に，土砂が堆積して造られる地形である。

ウ 小さな岬と奥行きのある湾が繰り返す地形である。

エ 風で運ばれた砂が堆積した丘状の地形である。

(2) 文中の□□□□に当てはまる語を書きなさい。

(3) 下線部ⓑのような，貴重な自然環境や文化財などのうち，人類共通の財産としてユネスコが作成したリストに登録されたものを何というか。

2 図2は，瀬戸内工業地域，阪神工業地帯，中京工業地帯，東海工業地域における，製造品出荷額に占める各品目の出荷額の割合と製造品出荷額を示している（2016年）。瀬戸内工業地域はどれか。

	製造品出荷額の割合(%)						製造品出荷額(百億円)
	金属	機械	化学	食料品	繊維	その他	
ア	7.9	50.7	21.1	14.4	0.7	5.2	1,613
イ	9.1	69.4	11.9	4.8	0.8	4.1	5,480
ウ	19.9	36.4	24.1	11.7	1.4	6.6	3,093
エ	17.3	36.8	29.8	8.4	2.2	5.4	2,892

図2 （「データブック オブ・ザ・ワールド」により作成）

3 図1の矢印は，太郎さんと両親が広島市から松山空港まで車で移動した経路を示している。これについて，(1)，(2)の問いに答えなさい。

(1) 次の文は，太郎さんが訪れた「道の駅」の様子について述べたものである。訪れた順に並べ替えなさい。

ア　比較的降水量が少ない地域にあり，地域とオリーブの歴史などを紹介する施設や，オリーブを使った料理を提供するレストランがあった。

イ　冬場でも温暖で日照時間が長い地域にあり，温暖な気候を利用して栽培された野菜が農産物直売所で販売されていた。

ウ　山間部にあり，雪を利用した冷蔵庫である「雪室(ゆきむろ)」の中で，ジュースや日本酒が保存・熟成されていた。

エ　冬に雪が多く降る地域にあり，古事記に記された神話にちなんだ土産品が売られていた。

(2)　**図3**は，松山空港(愛媛県)から，伊丹(いたみ)空港(大阪府)，那覇空港(沖縄県)，羽田空港(東京都)，福岡空港(福岡県)に向けて1日に出発する飛行機の便数と，その所要時間を示している。福岡空港はどれか。

	出発便数 (便)	所要時間 (分)
ア	12	85〜90
イ	12	50〜60
ウ	4	50
エ	1	110

図3　(「松山空港ホームページ」により作成)

4　太郎さんは，旅行中に立ち寄った**図1**の馬路村(うまじ)に興味をもち，**図4**の資料を集めた。**図4**から読み取れる，馬路村の課題と，地域おこしの特徴や成果について，簡潔に書きなさい。

資料1　馬路村の人口と65歳以上の人口の割合の推移

	1990年	1995年	2000年	2005年	2010年	2015年
人口	1313人	1242人	1195人	1170人	1013人	823人
65歳以上の 人口の割合	20.0%	24.9%	28.6%	32.9%	35.0%	39.4%

資料2　馬路村の人々の主な取組

1990年　ゆずドリンクが「日本の101村展」で農産部門賞を受賞

2003年　ゆず加工品のCMが飲料メーカーの地域文化賞を受賞

2009年　農協が地元大学とゆずの種を用いた化粧品の共同研究を開始

2011年　地元大学との共同研究で開発した化粧品の販売開始

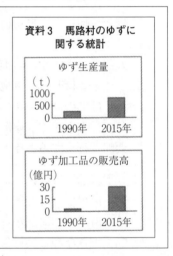

資料3　馬路村のゆずに関する統計

図4　(「馬路村ホームページ」ほかにより作成)

2　次の1から6までの問いに答えなさい。

図1

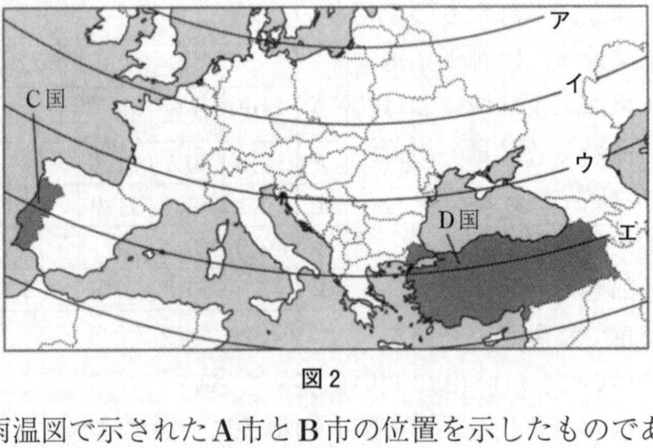

図2

1　**図1**は，**図3**の雨温図で示された**A市**と**B市**の位置を示したものである。二つの都市の気候について述べた次の文中の　Ⅰ，　Ⅱ　に当てはまる語の組み合わせとして正しいのはどれか。

A市とB市は，夏季には高温多雨となるが，冬季の降水量には差がみられる。A市では，大陸からの乾いた　 Ⅰ 　の影響を受けやすく，冬季の降水量が少なくなる。B市では 　Ⅱ 　の上を吹く 　Ⅰ 　の影響により冬季に大雪が降る。

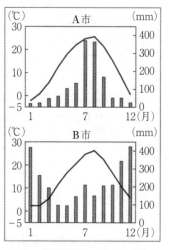

図3　（「気象庁ホームページ」により作成）

ア　Ⅰ—偏西風　Ⅱ—暖流　　イ　Ⅰ—偏西風　Ⅱ—寒流
ウ　Ⅰ—季節風　Ⅱ—暖流　　エ　Ⅰ—季節風　Ⅱ—寒流

2　次の文は，図2のC国の公用語と同じ言語を公用語としているある国について述べたものである。ある国とはどこか。

　　赤道が通過する国土には，流域面積が世界最大となる大河が流れ，その流域には広大な熱帯雨林が広がる。高原地帯ではコーヒー豆などの輸出用作物が栽培されている。

3　ヨーロッパの大部分は日本と比べ高緯度に位置している。図1の北緯40度と同緯度を示す緯線は，図2のア，イ，ウ，エのどれか。

4　図2のD国とインドについて，図4は，総人口とある宗教の信者数を，図5は，主な家畜の飼育頭数を示したものである。□に当てはまる語を書きなさい。

	総人口	□教の信者数
D国（2018年）	8,192万人	7,987万人
インド（2018年）	135,405	19,228

図4　（「データブック オブ・ザ・ワールド」により作成）

	牛（千頭）	豚（千頭）	羊（千頭）
D国（2016年）	13,994	2	31,508
インド（2016年）	185,987	9,085	63,016

図5　（「世界国勢図会」により作成）

5　図6中のXで示された3州とYで示された3州は，図7の①，②のいずれかの地域である。また，図7の 　Ⅰ ， 　Ⅱ は製鉄，半導体のいずれかである。①と 　Ⅰ に当てはまる語の組み合わせとして正しいのはどれか。

ア　①—X　Ⅰ—半導体
イ　①—X　Ⅰ—製鉄
ウ　①—Y　Ⅰ—半導体
エ　①—Y　Ⅰ—製鉄

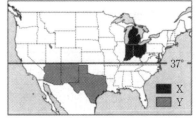

図6

X，Yの各州の主な製造品

地域	各州の主な製造品
①	石油・化学薬品
	航空宇宙・ 　Ⅰ
	Ⅰ ・医療機械
②	自動車・ 　Ⅱ
	自動車・石油
	自動車・プラスチック

図7

（「データブック オブ・ザ・ワールド」により作成）

6　アメリカ合衆国，日本，中国のいずれかについて，図8は，農業従事者数および輸出総額に占める農産物の輸出額の割合を，図9は，農業従事者一人あたりの農地面積および総産業従事者に占める農業従事者の割合を示したものである。アメリカ合衆国はa，b，cのどれか。

　　また，そのように判断した理由を，図8，図9から読み取れることとアメリカ合衆国の農業の特徴にふれ，簡潔に書きなさい。

	農業従事者数	輸出総額に占める農産物の輸出額の割合
a	242万人	9.4%
b	228	0.4
c	24,171	2.1

図8 （「農林水産省ホームページ」により作成）
（注）　農業従事者数は日本のみ2016年その他2012年，
輸出に占める農作物の割合は2013年

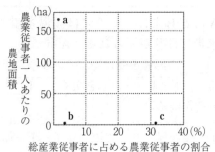

図9 （「農林水産省ホームページ」により作成）
（注）　中国のみ2013年その他2015年

3 次のAからFのカードは，史料の一部を要約し，わかりやすく書き直したものである。これらを読み，**1**から**8**までの問いに答えなさい。

A 百済の国王が初めて仏像・経典（きょうてん）および僧らを日本に送ってきた。天皇は，お言葉を下し，蘇我氏にこれらを授け，⑨仏教の発展を図ったのである。

B （私が）唐にいる日本の僧から送られてきた報告書を見たところ，唐の国力の衰退している様子が書かれていました。報告の通りであれば，今後派遣される ▢Ⅰ▢ にどのような危険が生じるかわかりません。長年続けてきた ▢Ⅰ▢ を廃止するかどうか，審議し決定するようお願いします。

C ⑥近年，イギリスが清国に対して軍隊を派遣して激しい戦争をした結果（イギリスが勝利し，香港（ホンコン）を手に入れたこと）については，わが国が毎年長崎に来航して提出している報告書を見て，すでに知っていると思います。

D 大きな船が島に漂着した。どこの国の船かはわからなかった。外国商人の一人が手にひとつ物を持っていて，長さは60cmから90cmくらいで，形は中が空洞，外側はまっすぐで，大変重かった。

E 道元が次のようにおっしゃった。仏道修行で最も大切なのは，第一に座禅をすることである。中国で悟りを開く人が多いのは皆座禅の力である。修行者はただひたすら座禅に集中し，他の事に関わってはならない。

F 東京では，11日の⑥憲法発布をひかえてその準備のため，言葉にできないほどの騒ぎとなっている。だが，面白いことに，誰も憲法の内容を知らないのだ。

1 Aのカードに関して，この頃，役人として朝廷に仕え，財政や外交などで活躍していた，中国や朝鮮半島から日本に移り住んできた人々を何というか。

2 下線部⑨の仏教が伝来した時期と最も近い時期に大陸から日本に伝えられたのはどれか。

　ア　儒教　イ　土偶　ウ　青銅器　エ　稲作

3 Bのカードの ▢Ⅰ▢ に共通して当てはまる語は何か。

4 Cのカードの下線部ⓑの戦争と，最も近い時期におきたできごとはどれか。

ア ロシアへの警戒感を強めた幕府は，間宮林蔵らに蝦夷地の調査を命じた。

イ 日米和親条約を結び，下田と函館の開港とアメリカ船への燃料などの提供に同意した。

ウ 朱印船貿易に伴い，多くの日本人が東南アジアへ移住し，各地に日本町ができた。

エ 交易をめぐる対立から，アイヌの人々はシャクシャインを中心に，松前藩と戦った。

5 Dのカードに関連して述べた次の文中の□□に当てはまる語は何か。

> この時日本に伝わった□□□□□□は，築城にも大きな影響を与え，城壁に**図1**の矢印が示す円形の狭間が設けられるようになった。

図1

6 Eのカードの人物が活躍した時代と同じ時代区分のものはどれか。

ア シーボルトは塾を開き，蘭学者や医学者の養成に力を尽くした。

イ フランシスコ・ザビエルは日本にキリスト教を伝え，大名の保護の下，布教に努めた。

ウ 北条時宗は博多湾岸に石の防壁を築かせるなど，モンゴルの再襲来に備えた。

エ 空海は中国で仏教を学び，帰国後真言宗を開くとともに，高野山に金剛峯寺を建立した。

7 Fのカードの下線部ⓒに関連して，**図2**は日本の初代内閣総理大臣を務めた人物がドイツ帝国首相に新年の挨拶をしている様子を描いた風刺画である。これが描かれた背景として，日本とドイツにどのような関わりがあったと考えられるか。下線部ⓒの憲法名を明らかにし，簡潔に書きなさい。

ドイツの首相

日本の政治家

図2 （『トバエ』により作成）

8 AからFのカードを，年代の古い順に並べ替えなさい。なお，Aが最初，Fが最後である。

---

4 略年表を見て，次の**1**から**6**までの問いに答えなさい。

1 Aの時期の社会状況として**当てはまらない**のはどれか。

ア 産業が発展し，足尾銅山鉱毒事件などの公害が発生した。

イ 人をやとい，分業で製品を生産する工場制手工業が始まった。

ウ 三菱などの経済界を支配する財閥があらわれた。

エ 資本主義の発展により，工場労働者があらわれた。

2 下線部ⓐに関して，次の文中の│ Ⅰ │，│ Ⅱ │に当てはまる語の組み合わせとして正しいのはどれか。

> 第一次世界大戦の戦場となった│ Ⅰ │からの輸入が途絶えたことにより，日本国内の造船業や鉄鋼業などの│ Ⅱ │工業が成長した。

時代	世界と日本のおもなできごと	
明治	富岡製糸場の開業‥‥‥‥‥‥	A
	八幡製鉄所の操業開始	
大正	第一次世界大戦がおこる‥‥‥	
	ⓐ日本経済が好況となる	
	世界恐慌がおこる‥‥‥‥‥‥	B
	ポツダム宣言の受諾‥‥‥‥‥	
昭和	朝鮮戦争による特需景気‥‥‥	
	ⓑ大阪万国博覧会の開催‥‥‥	C
	ⓒ中東戦争がおこる	

ア　Ⅰ－アメリカ　　Ⅱ－重化学　　イ　Ⅰ－アメリカ　　Ⅱ－軽

ウ　Ⅰ－ヨーロッパ　Ⅱ－重化学　　エ　Ⅰ－ヨーロッパ　Ⅱ－軽

3　Bの時期におきたできごとを年代の古い順に並べ替えなさい。

ア　学徒出陣が始まった。　　　イ　アメリカが対日石油輸出禁止を決定した。

ウ　満州国が建国された。　　　エ　国家総動員法が制定された。

4　Cの時期に家庭に普及したのはどれか。

ア　電気冷蔵庫　　イ　携帯電話　　ウ　パソコン　　エ　クーラー

5　下線部ⓒのできごとによりおきた，原油価格の急激な上昇を何というか。

6　下線部ⓑについて，1970年の大阪万博のテーマは「人類の進歩と調和」であり，テーマの設定にあたっては，当時の社会状況が反映されている。大阪万博が開催された頃の社会状況について，「高度経済成長」の語を用い，図1，図2の資料にふれながら簡潔に書きなさい。

2人以上勤労者世帯の収入
（1世帯あたり年平均1か月間）

1965年	1970年
65,141円	112,949円

図1　（「数字でみる日本の100年」により作成）

公害に関する苦情・陳情の数
（地方公共団体に受理された件数）

1966年度	1970年度
20,502件	63,433件

図2　（「図で見る環境白書　昭和47年版
環境白書」により作成）

5　次の1から4までの問いに答えなさい。

1　商店街の活性化策のうち，「効率」の観点を重視したものとして最も適切なのはどれか。

ア　商店街の活性化のため，協議会を公開でおこなったが，利害が異なり意見が対立した。

イ　商店街の活性化のため，再開発をおこなったが，市は多くの借金をかかえた。

ウ　商店街の活性化のため，商店街の空き店舗を活用し，地域の特産物を販売した。

エ　商店街の活性化のため，市議会が特産物の宣伝のために，補助金の支給を決定した。

2　政府が行う経済活動について，次の(1)，(2)の問いに答えなさい。

(1)　図は1995年度と2018年度の日本の歳出を示しており，A，B，C，Dはア，イ，ウ，エのいずれかである。Aはどれか。

ア　防衛費　　イ　社会保障関係費

ウ　国債費　　エ　公共事業費

図　（「財務省ホームページ」ほかにより作成）

(2)　次の文中の　Ⅰ　，　Ⅱ　に当てはまる語の組み合わせとして正しいのはどれか。

> 　Ⅰ　のとき政府は，財政政策として，公共事業への支出を増やしたり，　Ⅱ　をしたりするなど，企業の生産活動を促そうとする。

ア　Ⅰ－好景気　Ⅱ－増税　　イ　Ⅰ－不景気　Ⅱ－増税

ウ　Ⅰ－好景気　Ⅱ－減税　　エ　Ⅰ－不景気　Ⅱ－減税

3　民事裁判について正しく述べているのはどれか。

ア　裁判官は，原告と被告それぞれの意見をふまえ，判決を下したり，当事者間の和解を促したりする。

イ　国民の中から選ばれた裁判員は，重大事件の審理に出席して，裁判官とともに被告人が有

罪か無罪かを判断し，有罪の場合は刑罰の内容を決める。

ウ　国民の中から選ばれた検察審査員は，検察官が事件を起訴しなかったことについて審査し，そのよしあしを判断する。

エ　裁判官は，被告人が有罪か無罪かを判断し，有罪の場合は刑罰の内容を決める。

4　民主主義に基づく国や地方の政治について，次の(1)，(2)の問いに答えなさい。

(1)　次の文中の $\boxed{Ⅰ}$，$\boxed{Ⅱ}$ に当てはまる語の組み合わせとして正しいのはどれか。

> 政党名または候補者名で投票する $\boxed{　Ⅰ　}$ 制は，得票に応じて各政党の議席数を決めるため，当選に結びつかない票（死票）が $\boxed{　Ⅱ　}$ なる。

ア　Ⅰ－小選挙区　Ⅱ－多く　　イ　Ⅰ－小選挙区　Ⅱ－少なく
ウ　Ⅰ－比例代表　Ⅱ－多く　　エ　Ⅰ－比例代表　Ⅱ－少なく

(2)　地方自治では，首長や地方議員の選挙以外にも，署名を集めて条例の制定を求めたり，住民投票をおこなったりするなど，住民が意思を表明する権利がある。その権利を何というか。

6　みどりさんは，社会科の授業で企業の経済活動について発表した。次の文は，その発表原稿の一部である。これを読み，次の1から6までの問いに答えなさい。

> 　私は企業の経済活動の一例として，コンビニエンスストアについて調べ，実際に@働いている人に話を聞きました。コンビニエンスストアの多くは深夜も営業をしているので，困ったときには私たちにとって頼れる存在です。最近は，社会の変化にともなって，災害が起きたときのライフラインや，防犯・安全対策面での役割も注目されています。他にも⑥安全な商品の販売，環境に配慮する©3R，@新たな技術・サービスの開発などにも取り組んでいることがわかりました。この動きを@CSR（企業の社会的責任）といい，コンビニエンスストアだけでなく，様々な企業も取り組んでいます。

1　下線部@に関して，法律で認められている労働者の権利として**当てはまらない**のはどれか。

ア　労働組合をつくり，使用者と対等に交渉して労働者の権利を守ることができる。

イ　性別に関わらず，1歳未満の子をもつ労働者は育児休業を原則取得することができる。

ウ　自分が働く企業の株主総会では，株主でなくても議決権を行使することができる。

エ　雇用の形態に関わらず，国で定めた最低賃金以上の賃金をもらうことができる。

2　下線部⑥に関して，製品の欠陥で消費者が身体に損害を受けた場合など，企業の過失を証明しなくても賠償を請求できることを定めた法律はどれか。

ア　消費者契約法　　イ　製造物責任法　　ウ　環境基本法　　エ　独占禁止法

3　下線部©に関して，環境への負担をできる限り減らす循環型社会を目指す取組が社会全体でおこなわれている。コンビニエンスストアのレジで会計する時に，消費者ができる3Rの取組を一つ具体的に書きなさい。

4　下線部@に関して，新しい商品の生産をしたり，品質の向上や生産費の引き下げをもたらしたりするなど，企業が画期的な技術の開発をおこなうことを何というか。

5　下線部@に関して，CSRの例として，生活環境に配慮することなど，環境権の保障につながる取組がある。環境権などの「新しい人権」について述べた次の文中の $\boxed{　　}$ に当てはまる語はどれか。

日本国憲法第13条にある □□□□ 権を根拠として、「新しい人権」を認めようとする動きが生まれている。

ア 財産　　**イ** 平等　　**ウ** 情報公開　　**エ** 幸福追求

6　みどりさんは店長から「国全体で働き手が不足している」という話を聞き、この課題について考えようとした。**図1**、**図2**は、みどりさんがこの課題を考えるために用意した資料である。**図1**、**図2**をふまえ、どのような解決策が考えられるか、簡潔に書きなさい。

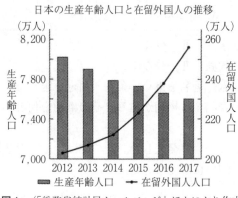

日本の生産年齢人口と在留外国人の推移

図1　（「総務省統計局ホームページ」ほかにより作成）

スーパーにおけるセルフ精算レジの設置状況

	ほぼ全店舗に設置	一部店舗で設置	設置していない
2017年	7.8%	26.4%	65.8%
2018年	16.1	32.8	51.1

図2　（「スーパーマーケット年次統計調査」により作成）

7　社会科のまとめの時間に、みほさんたちのグループは「国際協力のあり方」について調べることにした。みほさんたちが調べてまとめた**図1**を見て、次の**1**から**5**までの問いに答えなさい。

地域	各地域がかかえている課題	日本人による援助活動の内容	援助終了後の各地域の変化
A	先進国の援助で小学校の校舎が建設されたが、家事の手伝いなどで通うのをやめてしまう子どもが多いため、大人になっても読み書きができない人が多い。	**X**さんは、ⓐ学校以外の学習センターで、読み書きだけでなく、農業やものづくりなど幅広い知識や技術を様々な年代の人々に教えた。	現地の人々が読み書きができるようになったことや、生活技術が向上したことで、多くの人が就きたい仕事に就いたり生活の質を向上させたりすることが可能になった。
B	外国企業が給水設備を提供したが、管理方法を習得している人が少なく、多くの人は水を安全に飲むことができない。	**Y**さんは、現地の人々に給水設備の管理方法をわかりやすく指導し、多くの人が給水設備を使えるようにした。	現地の人々が自分たちで給水設備を管理できるようになり、多くの人が安全に飲める水を確保できるようになった。
C	助産師を養成する学校が外国の支援で建てられたが、指導者が不足し、新しい技術が習得できず、助産師の技術が低く、妊産婦死亡率が高い。	**Z**さんは、妊産婦死亡率を下げることを目標に掲げ、助産師を育成するために □□□□□□ を行った。	適切に処置をおこなうことができる技術の高い現地の助産師が増えたことで、以前より妊産婦死亡率が低くなった。

図1　（「JICA ホームページ」ほかにより作成）

1 みほさんたちは，**図1**の**A**の地域で**X**さんが非政府組織である援助団体の一員として活動していることを知った。非政府組織の略称はどれか。

ア ODA　　イ NGO　　ウ WHO　　エ FTA

2 下線部ⓐは，江戸時代の日本において町人や農民の子どもたちが学んだ民間の教育施設を参考にしている。この江戸時代の教育施設を何というか。

3 **図2**は，総人口に対して安全な水資源を確保できない人の割合，高齢化率，100人あたりの自動車保有台数，100人あたりの携帯電話保有台数のいずれかを示した地図である。総人口に対して安全な水資源を確保できない人の割合を示したのはどれか。なお，色が濃いほど数値が高く，白い部分は資料なしを示している。

 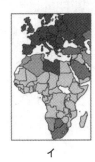 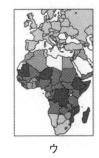 

　　ア　　　　　　イ　　　　　　ウ　　　　　　エ

図2　（「データブック オブ・ザ・ワールド」ほかにより作成）

4 **図1**の□□□に当てはまる最も適切なものはどれか。

ア　妊産婦の栄養管理　　イ　製薬会社の誘致

ウ　保育施設の整備　　　エ　実技中心の講習

5 次の文は，みほさんたちが国際協力のあり方についてまとめたものである。次の文中の Ⅰ ， Ⅱ に当てはまる文を，**図1**をふまえ，簡潔に書きなさい。

> 国際協力において，外国からの経済的な援助と人材を育てることのどちらも重要だという結論に至りました。経済的な援助が必要な理由は，　Ⅰ　です。また，人材を育てることが必要な理由は，持続的に発展していくためには，　Ⅱ　です。

<table>
<tr><td></td><td colspan="3">理科</td><td>●満点 100点</td><td>●時間 45分</td></tr>
</table>

1 次の1から8までの問いに答えなさい。

1 次のうち，混合物はどれか。

　ア　塩化ナトリウム　　　イ　アンモニア

　ウ　石油　　　　　　　　エ　二酸化炭素

2 次のうち，深成岩はどれか。

　ア　玄武岩　　イ　花こう岩　　ウ　チャート　　エ　凝灰岩

3 蛍光板を入れた真空放電管の電極に電圧を加えると，図のような光のすじが見られた。このとき，電極A，B，X，Yについて，＋極と－極の組み合わせとして，正しいものはどれか。

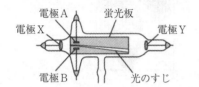

	電極A	電極B	電極X	電極Y
ア	＋極	－極	＋極	－極
イ	＋極	－極	－極	＋極
ウ	－極	＋極	＋極	－極
エ	－極	＋極	－極	＋極

4 次のうち，軟体動物はどれか。

　ア　ミミズ　　　　　　　イ　マイマイ

　ウ　タツノオトシゴ　　　エ　ヒトデ

5 化学変化のときに熱が放出され，まわりの温度が上がる反応を何というか。

6 地震の規模を数値で表したものを何というか。

7 染色体の中に存在する遺伝子の本体は何という物質か。

8 1秒間に50打点する記録タイマーを用いて，台車の運動のようすを調べた。図のように記録テープに打点されたとき，区間Aにおける台車の平均の速さは何cm/sか。

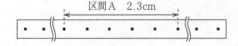

2 金星の見え方について調べるために，次の実験(1)，(2)，(3)を順に行った。

(1) 教室の中心に太陽のモデルとして光源を置く。その周りに金星のモデルとしてボールを，地球のモデルとしてカメラを置いた。また，教室の壁におもな星座名を書いた紙を貼った。図1は，実験のようすを模式的に表したものである。

(2) ボールとカメラが図1に示す位置関係にあるとき，カメラでボールを撮影した。このとき，光源の背後に，いて座と書かれた紙が写っていた。

(3) 次に，おとめ座が真夜中に南中する日を想定し，その位置にカメラを移動した。ボールは，図2のようにカメラに写る位置に移動した。

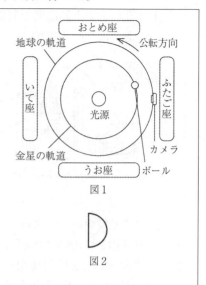

図1

図2

このことについて，次の1，2，3の問いに答えなさい。

1 カメラの位置を変えると，光源の背後に写る星座が異なる。これは，地球の公転によって，太陽が星座の中を動くように見えることと同じである。この太陽の通り道を何というか。

2 実験(2)のとき，撮影されたボールはどのように写っていたか。図3を例にして，明るく写った部分を，破線(------)をなぞって表しなさい。

3 実験(3)から半年後を想定した位置にカメラとボールを置いて撮影した。このとき，撮影されたボールは何座と何座の間に写っていたか。ただし，金星の公転周期は0.62年とする。

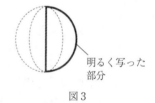

明るく写った部分

図3

　ア　おとめ座といて座
　イ　いて座とうお座
　ウ　うお座とふたご座
　エ　ふたご座とおとめ座

3 電球が電気エネルギーを光エネルギーに変換する効率について調べるために，次の実験(1)，(2)，(3)を順に行った。

(1) 明るさがほぼ同じLED電球と白熱電球Pを用意し，消費電力の表示を表にまとめた。

	LED電球	白熱電球P
消費電力の表示	100V 7.5W	100V 60W

(2) 実験(1)のLED電球を，水が入った容器のふたに固定し，コンセントから100Vの電圧をかけて点灯させ，水の上昇温度を測定した。図1は，このときのようすを模式的に表したものである。実験は熱の逃げない容器を用い，電球が水に触れないように設置して行った。

(3) 実験(1)のLED電球と同じ「100V 7.5W」の白熱電球Q（図2）を用意し，実験(2)と同じように水の上昇温度を測定した。
　なお，図3は，実験(2)，(3)の結果をグラフに表したものである。

図1　　　　　　　　図2　　　　　　　　図3

　このことについて，次の1，2，3の問いに答えなさい。
1　白熱電球Pに100Vの電圧をかけたとき，流れる電流は何Aか。
2　白熱電球Pを2時間使用したときの電力量は何Whか。また，このときの電力量は，実験(1)のLED電球を何時間使用したときと同じ電力量であるか。ただし，どちらの電球にも100Vの電圧をかけることとする。
3　白熱電球に比べてLED電球の方が，電気エネルギーを光エネルギーに変換する効率が高い。その理由について，実験(2)，(3)からわかることをもとに，簡潔に書きなさい。

4　あきらさんとゆうさんは，植物について学習をした後，学校とその周辺の植物の観察会に参加した。次の(1)，(2)，(3)は，観察したときの記録の一部である。

(1)　学校の近くの畑でサクラとキャベツを観察し，サクラの花の断面（図1）とキャベツの葉のようす（図2）をスケッチした。
(2)　学校では，イヌワラビとゼニゴケのようす（図3）を観察した。イヌワラビは土に，ゼニゴケは土や岩に生えていることを確認した。
(3)　植物のからだのつくりを観察すると，いろいろな特徴があり，共通する点や異なる点があることがわかった。そこで，観察した4種類の植物を，子孫のふえ方にもとづいて，P（サクラ，キャベツ）とQ（イヌワラビ，ゼニゴケ）になかま分けをした。

図1　　　　　　　　図2　　　　　　　　図3

　このことについて，次の1，2，3，4の問いに答えなさい。
1　図1のXのような，めしべの先端部分を何というか。

2 次の図のうち，図2のキャベツの葉のつくりから予想される，茎の横断面と根の特徴を適切に表した図の組み合わせはどれか。

（茎）

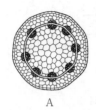 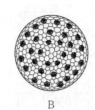

A   B

（根）

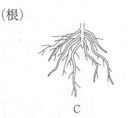 

C   D

ア AとC   **イ** AとD   **ウ** BとC   **エ** BとD

3 次の ☐ 内の文章は，土がない岩でもゼニゴケが生活することのできる理由について，水の吸収にかかわるからだのつくりに着目してまとめたものである。このことについて，①，②に当てはまる語句をそれぞれ書きなさい。

> イヌワラビと異なり，ゼニゴケは（ ① ）の区別がなく，水を（ ② ）から吸収する。そのため，土がなくても生活することができる。

4 次の ☐ 内は，観察会を終えたあきらさんとゆうさんの会話である。

> あきら「校庭のマツは，どのようになかま分けできるかな。」
> ゆ　う「観察会でPとQに分けた基準で考えると，マツはPのなかまに入るよね。」
> あきら「サクラ，キャベツ，マツは，これ以上なかま分けできないかな。」
> ゆ　う「サクラ，キャベツと，マツの二つに分けられるよ。」

ゆうさんは，（サクラ，キャベツ）と（マツ）をどのような基準でなかま分けしたか。「胚珠」という語を用いて，簡潔に書きなさい。

⑤ マグネシウムの反応について調べるために，次の実験(1)，(2)を行った。

(1) うすい塩酸とうすい水酸化ナトリウム水溶液をそれぞれ，表1に示した体積の組み合わせで，試験管A，B，C，Dに入れてよく混ぜ合わせた。それぞれの試験管にBTB溶液を加え，色の変化を観察した。さらに，マグネシウムを0.12gずつ入れ

	A	B	C	D
塩酸〔cm³〕	6.0	8.0	10.0	12.0
水酸化ナトリウム水溶液〔cm³〕	6.0	4.0	2.0	0.0
BTB溶液の色	緑	黄	黄	黄
発生した気体の体積〔cm³〕	0	X	90	112
マグネシウムの溶け残り	あり	あり	あり	なし

表1

たときに発生する気体の体積を測定した。気体が発生しなくなった後，試験管A，B，Cでは，マグネシウムが溶け残っていた。表1は，これらの結果をまとめたものである。

(2) 班ごとに質量の異なるマグネシウム粉末を用いて，次の実験①，②，③を順に行った。
　① 図1のように，マグネシウムをステンレス皿全体にうすく広げ，一定時間加熱する。
　② 皿が冷えた後，質量を測定し，粉末をかき混ぜる。
　③ ①，②の操作を質量が変化しなくなるまで繰り返す。

表2は，各班の加熱の回数とステンレス皿内にある物質の質量について，まとめたものである。ただし，5班はマグネシウムの量が多く，実験が終わらなかった。

マグネシウムの粉末
ステンレス皿

図1

	加熱前の質量〔g〕	測定した質量〔g〕				
		1回	2回	3回	4回	5回
1班	0.25	0.36	0.38	0.38		
2班	0.30	0.41	0.46	0.48	0.48	
3班	0.35	0.44	0.50	0.54	0.54	
4班	0.40	0.49	0.55	0.61	0.64	0.64
5班	0.45	0.52	0.55	0.58	0.59	0.61

表2

このことについて，次の1，2，3，4の問いに答えなさい。

1 実験(1)において，試験管Bから発生した気体の体積Xは何cm^3か。

2 実験(2)で起きた化学変化を，図2の書き方の例にならい，文字や数字の大きさを区別して，化学反応式で書きなさい。

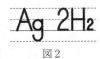

図2

3 実験(2)における1班，2班，3班，4班の結果を用いて，マグネシウムの質量と化合する酸素の質量の関係を表すグラフをかきなさい。

4 5回目の加熱後，5班の粉末に，実験(1)で用いた塩酸を加え，酸化されずに残ったマグネシウムをすべて塩酸と反応させたとする。このとき発生する気体は何cm^3と考えられるか。ただし，マグネシウムと酸素は3:2の質量の比で化合するものとする。また，酸化マグネシウムと塩酸が反応しても気体は発生しない。

6 図は，ヒトの血液循環を模式的に表したものである。P，Q，R，Sは，肺，肝臓，腎臓，小腸のいずれかを，矢印は血液の流れを示している。
　このことについて，次の1，2，3の問いに答えなさい。

1 血液が，肺や腎臓を通過するとき，血液中から減少するおもな物質の組み合わせとして正しいものはどれか。

	肺	腎臓
ア	酸素	尿素
イ	酸素	アンモニア
ウ	二酸化炭素	尿素
エ	二酸化炭素	アンモニア

2 a，b，c，dを流れる血液のうち，aを流れている血液が，ブドウ糖などの栄養分の濃度が最も高い。その理由は，QとRのどのようなはたらきによるものか。QとRは器官名にしてそれぞれ簡潔に書きなさい。

3 あるヒトの体内には，血液が4000mLあり，心臓は1分間につき75回拍動し，1回の拍動により，右心室と左心室からそれぞれ80mLの血液が送り出されるものとする。このとき，体循環により，4000mLの血液が心臓から送り出されるまでに何秒かかるか。

7 種類の異なるプラスチック片A，B，C，Dを準備し，次の実験(1)，(2)，(3)を順に行った。

(1) プラスチックの種類とその密度を調べ，表1にまとめた。

(2) プラスチック片A，B，C，Dは，表1のいずれかであり，それぞれの質量を測定した。

(3) 水を入れたメスシリンダーにプラスチック片を入れ，目盛りを読みとることで体積を測定した。このうち，プラスチック片C，Dは水に浮いてしまうため，体積を測定することができなかった。なお，水の密度は1.0g/cm³である。

	密度〔g/cm³〕
ポリエチレン	0.94〜0.97
ポリ塩化ビニル	1.20〜1.60
ポリスチレン	1.05〜1.07
ポリプロピレン	0.90〜0.91

表1

このことについて，次の1，2，3の問いに答えなさい。

1 実験(2)，(3)の結果，プラスチック片Aの質量は4.3g，体積は2.8cm³であった。プラスチック片Aの密度は何g/cm³か。小数第2位を四捨五入して小数第1位まで書きなさい。

2 プラスチック片Bと同じ種類でできているが，体積や質量が異なるプラスチックをそれぞれ水に沈めた。このときに起こる現象を，正しく述べたものはどれか。

　ア 体積が大きいものは，密度が小さくなるため，水に浮かんでくる。

　イ 体積が小さいものは，質量が小さくなるため，水に浮かんでくる。

　ウ 質量が小さいものは，密度が小さくなるため，水に浮かんでくる。

　エ 体積や質量に関わらず，沈んだままである。

3 実験(3)で用いた水の代わりに，表2のいずれかの液体を用いることで，体積を測定することなくプラスチック片C，Dを区別することができる。その液体として，最も適切なものはどれか。また，どのような実験結果になるか。表1のプラスチック名を用いて，それぞれ簡潔に書きなさい。

	液体	密度〔g/cm³〕
ア	エタノール	0.79
イ	なたね油	0.92
ウ	10％エタノール溶液	0.98
エ	食塩水	1.20

表2

8 湿度について調べるために，次の実験(1)，(2)，(3)を順に行った。

(1) 1組のマキさんは，乾湿計を用いて理科室の湿度を求めたところ，乾球の示度は19℃で，湿度は81％であった。図1は乾湿計用の湿度表の一部である。

(2) マキさんは，その日の午後，理科室で露点を調べる実験をした。その結果，気温は22℃で，露点は19℃であった。

(3) マキさんと2組の健太さんは，別の日にそれぞれの教室で，(2)と同様の実験を行った。

乾球の示度〔℃〕	乾球と湿球の示度の差〔℃〕				
	0	1	2	3	4
23	100	91	83	75	67
22	100	91	82	74	66
21	100	91	82	73	65
20	100	91	81	73	64
19	100	90	81	72	63
18	100	90	80	71	62

図1

このことについて，次の1，2，3，4の問いに答えなさい。なお，図2は，気温と空気に含まれる水蒸気量の関係を示したものであり，図中のA，B，C，Dはそれぞれ気温や水蒸気量の異なる空気を表している。

1 実験(1)のとき，湿球の示度は何℃か。
2 実験(2)のとき，理科室内の空気に含まれている水蒸気
の質量は何gか。ただし，理科室の体積は350m³であり，
水蒸気は室内にかたよりなく存在するものとする。
3 図2の点A，B，C，Dで示される空気のうち，最も
湿度の低いものはどれか。
4 次の□□内は，実験(3)を終えたマキさんと健太さん
の会話である。

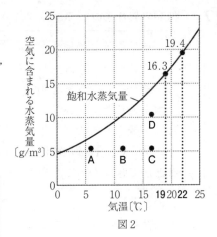
図2

> マキ「1組の教室で調べたら露点は6℃で，湿度が
> 　　 42％になったんだ。」
> 健太「えっ，本当に。2組の教室の湿度も42％だっ
> 　　 たよ。」
> マキ「湿度が同じなら，気温も同じかな。1組の教
> 　　 室の気温は20℃だったよ。」
> 健太「2組の教室の気温は28℃だったよ。」

この会話から，2組の教室で測定された露点についてわかることは，アからカのうちどれか。
当てはまるものをすべて選び，記号で答えなさい。
ア　28℃より大きい。　　イ　28℃より小さい。
ウ　20℃である。　　　　エ　14℃である。
オ　6℃より大きい。　　 カ　6℃より小さい。

9　物体にはたらく浮力の性質を調べるために，次の実験(1)，(2)，(3)，(4)を順に行った。

(1)　高さが5.0cmで重さと底面積が等しい直方体の容器を二つ用意した。容器Pは中を　空
にし，容器Qは中を砂で満たし，ふたをした。ふたについているフックの重さと体積は考
えないものとする。図1のように，ばねばかりにそれぞれの容器をつるしたところ，ばね
ばかりの値は下の表のようになった。

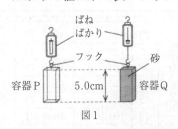
図1

	容器P	容器Q
ばねばかりの値	0.30N	5.00N

(2)　図2のように，容器Pと容器Qを水が入った水そうに静かに
入れたところ，容器Pは水面から3.0cm沈んで静止し，容器
Qはすべて沈んだ。

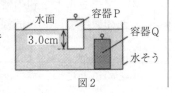
図2

(3) 図3のように，ばねばかりに容器Qを取り付け，水面から静かに沈めた。沈んだ深さ x とばねばかりの値の関係を調べ，図4にその結果をまとめた。

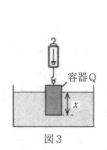

容器Q

図3

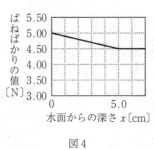

水面からの深さ x〔cm〕

図4

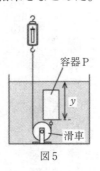

容器P

滑車

図5

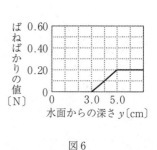

水面からの深さ y〔cm〕

図6

(4) 図5のように，ばねばかりにつけた糸を，水そうの底に固定してある滑車に通して容器Pに取り付け，容器Pを水面から静かに沈めた。沈んだ深さ y とばねばかりの値の関係を調べ，図6にその結果をまとめた。ただし，糸の重さと体積は考えないものとする。

このことについて，次の **1**，**2**，**3**，**4** の問いに答えなさい。

1 実験(2)のとき，容器Pにはたらく浮力の大きさは何Nか。

2 実験(3)で，容器Qがすべて沈んだとき，容器Qにはたらく浮力の大きさは何Nか。

3 図7は，実験(4)において，容器Pがすべて沈んだときの容器Pと糸の一部のようすを模式的に表したものである。このとき，容器Pにはたらく重力と糸が引く力を，解答用紙の図にそれぞれ矢印でかきなさい。ただし，図の方眼の1目盛りを0.10Nとする。

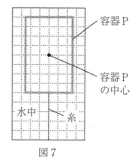

容器P

容器Pの中心

水中

糸

図7

4 実験(1)から(4)の結果からわかる浮力の性質について，正しく述べている文には○を，誤って述べている文には×をそれぞれ書きなさい。

① 水中に沈んでいる物体の水面からの深さが深いほど，浮力が大きくなる。

② 物体の質量が小さいほど，浮力が大きくなる。

③ 物体の水中に沈んでいる部分の体積が大きいほど，浮力が大きくなる。

④ 水中に沈んでいく物体には，浮力がはたらかない。

五 下の図は、日本語に不慣れな外国人にバスの乗り方について、係員が説明している場面である。係員の言葉を踏まえて、あなたが様々な国の人とコミュニケーションをとる際に心がけたいことを国語解答用紙(2)に二百四十字以上三百字以内で書きなさい。

なお、次の《条件》に従って書くこと。

《条件》

(Ⅰ) 二段落構成とすること。なお、第一段落は四行程度(八十字程度)で書き、第二段落は、第一段落を書き終えた次の行から書き始めること。

(Ⅱ) 各段落は次の内容について書くこと。

第一段落
・外国人にとってわかりやすい表現にするために、下図Bの係員の言葉ではどのような工夫がされているか。下図Aの係員の言葉と比較して書くこと。

第二段落
・第一段落に書いたことを踏まえて、様々な国の人とコミュニケーションをとる際にあなたが心がけたいことを、体験(見聞したことなども含む)を交えて書くこと。

日本語に不慣れな外国人にバスの乗り方について説明している場面

A

このバスは前方の乗車口からお乗りください。
　左手に整理券がありますので、それを取っていただけますか？

？

B

このバスは前のドアから乗ってください。
　左の箱から小さな白い紙が出ています。その白い紙を取ってください。

OK.

なかった。

——お父さんはやっぱり、船に乗るのが好きなんだよな。

あれは二年ほど前のことだっただろうか。

小学校の授業で、自分の名前の由来を調べるというのがあった。

航輝が家に帰ってさっそく母に訊ねると、お父さんに訊いて、との返事。航輝の名前を考えたのは父だったらしい。

航輝はその晩、ちょうど休暇で家にいた父に、あらためて名前の由来を訊ねた。そのとき父は風呂上がりで、首にタオルをかけて扇風機の風に当たっていた。

——おまえの人生という名の航路が、輝きに満ちていますように。

そう願って、《航輝》と名づけたんだよ。

説明は簡潔でわかりやすく、ただそのあとで父は、照れ隠しのように付け加えたのだった。お父さんはやっぱり、船に乗るのが好きなんだよな、と。

そのときの一言ほど、実感のこもった父の台詞を航輝は知らない。

（岡崎琢磨「進水の日」から）

（注1）内航＝国内の港の間で貨物輸送すること。
（注2）歯牙にもかけない＝全く相手にしない。
（注3）虚を衝かれた＝備えのないところを攻められた。

1 （1）父は、それなんだが、とちょっと言いにくそうにした とあるが、このときの父の心情として最も適切なものはどれか。
ア 名古屋という新天地で営業の仕事をすることへの心配。
イ 異動によってますます家族から嫌われることへの不安。
ウ 家族の生活を急に変化させてしまうことへのためらい。
エ これから毎日家族と共に時間を過ごすことへの戸惑い。

2 （2）父はばつが悪そうにビールを一口すすり、後頭部をかいた とあるが、なぜか。四十五字以内で書きなさい。

3 □ に当てはまる最も適切な語はどれか。
ア きまじめな　イ おおらかな
ウ せっかちな　エ さわやかな

4 （3）母の視線が鋭くなった気もした とあるが、航輝がこのように感じた理由として最も適切なものはどれか。
ア 航輝だけが父に味方するような発言をしたことで、母の機嫌を損ねたと思ったから。
イ 父を批判してきた母に航輝が反発を始めたことで、母を悲しませたと思ったから。
ウ 父に毎日会えることを喜ぶ態度を航輝が見せたことで、母が絶望したと思ったから。
エ 航輝が父を味方につけようとしたことで、母の怒りがさらに強まったと思ったから。

5 （4）航輝はせっかくのごちそうの味も何だかよくわからなかった とあるが、このときの航輝は父に対してどのようなことを考えていたのか。傍線部に続く回想の場面を踏まえて五十字以内で書きなさい。

6 本文の特徴を説明したものとして、最も適切なものはどれか。
ア 擬音語や擬態語を多用して家族の性格が描き分けられている。
イ 過去の場面を加えることで新しい家族の姿が表現されている。
ウ 豊かな情景描写を通して家族の心情が的確に表現されている。
エ 主人公の視点を通して交錯する家族の思いが描写されている。

四 次の文章を読んで、1から6までの問いに答えなさい。

〈小学四年生の航輝は、船乗りである父と、母、小学一年生の妹莉央の四人家族である。三か月間の航海から戻った父は、家族と久しぶりの夕食時、重大発表があると言った。〉

「異動が決まってな。お父さん、陸上勤務になったんだ。これからは毎日、家に帰れるぞ。」

それは予想外の告白で、航輝は言葉の意味を理解するのに時間がかかってしまった。

——お父さんが、船を降りる？

「あらまあ、本当なの？」

信じられないとでも言いたげな母に、父は深々とうなずく。

「この一か月の休暇が終わったら、営業の仕事に回されることになった。そのままずっと陸上勤務というわけでもないんだが、少なくとも向こう何年かは船に乗ることはない。」

父の勤める海運会社は(注1)内航を中心としているが、営業などの部門で陸上勤務に従事する社員もいる。どうやら父は、ひそかに異動願を提出していたらしい。

「それで、勤務先は……。」

母が訊ねると(1)父は、それなんだが、とちょっと言いにくそうにした。

「名古屋営業所なんだ。これから一か月で引っ越さなくちゃならない。」

「名古屋！ そんなこと、急に言われても困るじゃないの。どうしてあらかじめ相談してくれなかったのよ。」

「いや、俺もこんなにすぐ陸上勤務になれるとは思ってなかったんだ。ほんのひと月ほど前、試しに異動願を出してみたんだが、まさ

か即採用されるとはなあ。」

「莉央、転校するの？ いやだ！」

(2)非難がましい母に追従するように、妹の莉央も甲高い声を発する。

父はばつが悪そうにビールを一口すすり、後頭部をかいた。

「これから家族で一緒に過ごせること、少しは喜んでもらえると思ってたんだがなあ。」

□□性格の父ではあるけれど、そんな母の言葉がまったく耳に入らず、心に刺さりもしなかったとは思わない。父なりに考えて、家族のためを思って行動した結果に違いないのだ。だが——。

「お父さんは、それでよかったの。」

母は折に触れ、父が子育てに協力できないことを批判してきた。気まずい沈黙の中、航輝は父にかけるべき言葉を探していた。

航輝の投げかけた質問に、父はやはり困ったような微笑を浮かべた。

「航輝も、お父さんと毎日会えるのがうれしくないのか。」

「うん、ぼくはうれしいよ。それはとてもいいことだと思う。」

(3)母の視線が鋭くなった気もしたが、(注2)歯牙にもかけない。

「でもさ、それって家族のために陸上勤務を希望したってことだよね。お父さんは本当にそれでよかったのかな。本当に、船を降りてもいいと思っていたのかな。」

すると父は(注3)虚を衝かれたようになり、何も答えずにビールの缶を口に運んだ。しかしすでに飲みきっていたようで、缶を軽く振って食卓に置く。底が天板に当たってコン、と乾いた音がした。

「お父さんはそれでよかったのか、か……航輝も大人びたことを口にするようになったもんだな。」

おどけるように言った父は質問をかわしたかったらしいが、その企みはうまくいったとは言いがたい。三人のときよりも口数の減った食卓で、(4)航輝はせっかくのごちそうの味も何だかよくわから

本当の自分を探してどんなに自己を深く掘っていっても、何も出てきません。ちょうど真っ白な原稿用紙を前にどんなに頭をかきむしっても何も書けないのと同じです。

「自分」とは、「私」の中にはじめから明確に存在するものでなく、すでに述べたように、相手とのやりとり、つまり他者とのインターアクションのプロセスの中で次第に少しずつ姿を現すものです。このように考えることによって、(3)あなた自身を「自分探し」から解放することができるのです。

（細川英雄「対話をデザインする」から）

(注1) 往還＝行ったり来たりすること。

(注2) プロセス＝過程。

(注3) オリジナリティ＝独創性。

1 (1)自分と相手との間で起こる相互理解　を説明したものとして最も適切なものはどれか。

ア お互いの考えを率直に受け止め批判し合うことにより、それぞれの立場の違いがさらに明確になっていくこと。

イ 相手の考えを自分なりに理解した上で自分の考えを相手に対して表現し、伝えられたかどうかを確認すること。

ウ 相手の考えと自分の考えの違いを認め合いながら、それぞれの異なる意見を共通する結論へと導いていくこと。

エ お互いの思考と表現を往還していくことにより、相手に対して自分の意見を伝えることは容易だと気付くこと。

2 (2)あなた自身の個人メガネ　とは何をたとえたものか。本文中から十三字で抜き出しなさい。

3 □ に入る語句として最も適切なものはどれか。

ア 情緒的に判断　　イ 効果的に分析

ウ 主観的に認識　　エ 客観的に観察

4 □ に入る語として最も適切なものはどれか。

ア あるいは　　イ たとえば

ウ なぜなら　　エ ところで

5 (3)あなた自身を「自分探し」から解放することができる　とあるが、どのような状態から解放することができるか。文末が「状態。」となるように、「自分探し」をする上で陥りやすいことを踏まえて、四十字以内で説明しなさい。ただし文末の言葉は字数に含めない。

6 本文における筆者の考えとして最も適切なものはどれか。

ア 個人の言語活動が活性化していくことで意見を主張できるようになり、自分らしさが完成されていく。

イ 価値観の異なる相手と議論を重ねることで新たな発想が生み出され、利便性の高い社会が創造される。

ウ 周囲の環境と関わり合うことで他とは区別される自己の存在に気付き、自分が徐々に形成されていく。

エ お互いの立場を尊重しながら対等な人間関係を築くことによって、対話の成立する社会が実現される。

次の文章を読んで、1から6までの問いに答えなさい。

人がものを考え、それを表現していくという行為は、感覚・感情（情緒）に支えられた思考・推論（内言）を、身体活動をともなう表現（注1）（外言）へと展開していくことができるということだということができます。話したり書いたりするという活動は、まさしく、この自分の中の思考と表現の繰り返しの上に成り立つ作業であり、この（注1）往還の活性化こそが、言語活動そのものの充実につながる働きをしているわけなのです。

ここでとくに重要なのが、自己と他者の相互理解の（注2）プロセスです。

自己の内部での思考と表現の往還と同時に、(1)自分と相手との間で起こる相互理解、すなわち、相手の表現を受け止め、それを解釈して、自分の考えを述べる、そうして、自分の表現したことが相手に伝わったか、伝わらないかを自らが確かめることによって、自分の「言いたいこと」「考えていること」がようやく見えてくるということになるのです。

しかも、このとき見えてきたものは必ずしも当初自分が言おうとしていたものとは同じではないことに気づくでしょう。というよりも、当初の自らの思考がどのようなものであるかはだれにもわからず、この自己と他者の間の理解と表現のプロセスの中で次第に形成されるものと考える方が適切でしょう。つまり、自分の「言いたいこと」というものは、そんなにすぐにはっきりと相手に伝えられるようなかたちでは、ことばとして取り出すことがむずかしいということでもあります。

このように考えると、「私」は個人の中にあるというよりもむしろ、他者とのやりとりの過程にあるというべきかもしれません。「自分」というようなものも、実体としてどこかに厳然とあるというよりも、あなたと相手とのやりとり、つまりは、あなたを取り囲う

む環境との間にあるということになります。それは、あなたの固有の（注3）オリジナリティは本当にあなたの中にあるのか、という課題とつながっているのです。

あなたは、成長する段階でさまざまな社会や文化の影響を受けつつ、いろいろな人との交流の中ではぐくまれてきました。同時に、あなた自身の経験や考え方、さまざまな要素によって、あなたにしかない感覚・感情を所有し、その結果として、今、あなたは、世界にたった一人の個人として存在しています。この世に、あなたにかわる存在は、どこにもないということができるでしょう。

そして、このことによって、あなたが見る世界は、あなた自身の眼によっているということもできます。つまり、あなたのモノの見方は、すべて(2)あなた自身の個人メガネを通したものでしかありえないということです。

あなたが、何を考えようが、すべてが「自分を通している」わけで、対象をいくら感じようが、すべてが「自分を通して述べている」わけで、対象をいくら＿＿＿し、事実に即して述べようとしたところで、実際、それらはすべて自己を通した思考・記述でしかありえないということになります。どんな現象であろうと、「私」の判断というものをまったく消して認識することはありえない、ということになるのです。

しかも、この自己としての「私」は、そうした、さまざまな認識や判断によって少しずつつくられていく、＿＿＿少しずつ変わっていくということになります。

これまで出会ったことのない考え方や価値観に触れ、自らの考え方を振り返ったり、更新したりすることを通して、「私」は確実に変容します。

ですから、はじめから、しっかりとした自分があるわけではないのです。

ここに、いわゆる「自分探し」の罠（わな）があります。

二 次の文章を読んで、1から5までの問いに答えなさい。

浜の町といふに、島原屋市左衛門とかやいひし者あり。十二月初め、雪降り積もれる朝、用ありてとく（注1）ア出で、浜なる路をゆくに、雪のひまにあやしき物見えけるを、立ち寄り引き上げつるに、したたか重き袋にて、内に（注1）白銀大なるが三包ばかりとおぼしきあり。おどろきて、（注2）いかさま主有るべきなれば、やがてぞ尋ね来なましと、（1）所を去らで二時ばかり待ち居たれど問ひ来る人もなり、旅人の宿す家ごとにイ尋ね行きて、旅人のものウ失ひたまへるなどやあるとあふ人ごとに実主にめぐりあひぬ。始め終はり詳しく尋ね聞きしに実の主なりければ、いかさま旅人の落とせしならんと、そこらの（注3）町くだり、旅人の宿す家ごとにイ尋ね行きて、旅人のものウ失ひたまへるなどやあるとあふ人ごとにエ問ひしに、その日の夕つかた、からうじて主にめぐりあひぬ。始め終はり詳しく尋ね聞きしに実の主なりければ、さきの袋のままにて返しはべりぬ。この主喜び拝みて、「我は（注4）薩摩国にて、たのめる人の（注5）くさぐさのもの買ひ求めにとて、我を（注6）おこせたるに、もしこの銀あらずば、我が命ありなんや。かへすがへすも（2）有り難きことにはべるかな。」と、その銀を分かちて報ひしかど（注7）曾て取りあぐる事もせねば、力なく酒と肴を調へて（注8）懇ろに敬ひものして帰りぬ。

（『長崎夜話草』から）

（注1）白銀＝銀貨。「銀」も同じ。
（注2）いかさま＝きっと。
（注3）町くだり＝町の中心部から離れたところ。
（注4）薩摩国＝現在の鹿児島県西部。
（注5）くさぐさの＝様々な。
（注6）おこせたる＝派遣した。
（注7）曾て＝決して。
（注8）懇ろに＝心を込めて。

1 からうじて は現代ではどう読むか。現代かなづかいを用いて、すべてひらがなで書きなさい。

2 ア出で イ尋ね行き ウ失ひ エ問ひ の中で、主語にあたる人物が異なるものはどれか。

3 （1）所を去らで二時ばかり待ち居たれど とあるが、市左衛門が待ち続けた理由として、最も適切なものはどれか。

ア 浜の路で二時のように持ち主から言われていたから。
イ 深く積もった雪のせいで移動ができなかったから。
ウ 袋が重すぎて一人ではどこにも運べなかったから。
エ 持ち主がすぐに戻ってくるだろうと予想したから。

4 （2）有り難きこと とあるが、市左衛門がどのように行動したことを指すのか。三十五字以内の現代語で書きなさい。

5 （3）力なく酒と肴を調へて とあるが、このときの主の心情として最も適切なものはどれか。

ア 銀貨を取り戻せてうれしいので、好きなだけ酒と肴を楽しみたい。
イ 銀貨を受け取ってもらえないので、せめて酒と肴でお礼をしたい。
ウ 銀貨を渡すだけでは感謝しきれないので、酒と肴の準備もしたい。
エ 銀貨を渡したくはないので、酒と肴を振る舞うことで解決したい。

国語

●満点100点 ●時間50分

（注意）答えの字数が指示されている問いについては、句読点や「」などの符号も字数に数えるものとします。

一

次の**1**から**3**までの問いに答えなさい。

1 次の——線の部分の読みをひらがなで書きなさい。

(1) 地域の発展に貢献する。

(2) 朝日に映える山。

(3) 友人の承諾を得る。

(4) まぶしくて目を背ける。

(5) 地方に赴く。

2 次の——線の部分を漢字で書きなさい。

(1) 歴史をケンキュウする。

(2) 図書館で本をカりる。

(3) 意味のニた言葉。

(4) 費用をフタンする。

(5) 英会話コウザに参加する。

3 次は、生徒たちが俳句について話し合っている場面である。これについて、(1)から(5)までの問いに答えなさい。

スケートの紐むすぶ間も逸りつつ

山口誓子

Aさん「この句は、作者がスケート場で靴の紐を**ア**結びながら少年の頃を思い出し、早くスケートをしたいというわくわくした心情を詠んだものだそうだよ。」

Bさん「作者の（　①　）ような心情やその場の情景が

---

②想像できるね。作品や作者についてよく調べることが俳句の鑑賞では大切なことだね。」

Cさん「それも鑑賞の一つだけれど、読む人によって作品や作者について調べるだけでなく、読む人によって様々な捉え方ができるのも俳句のよさだと思う。私は③幼い子どもがイ初めてスケートをするときの情景を想像したよ。」

Aさん「それも**ウ**おもしろくていいね。俳句の十七音から色々なことが想像できるんだね。」

Bさん「なるほど。確かに、AさんとCさんが**エ**言うように、（　④　）のも俳句の魅力だね。」

飯田蛇笏（いいだだこつ）
松尾芭蕉（まつおばしょう）
正岡子規（まさおかしき）
内藤丈草（ないとうじょうそう）

(1) この俳句と同じ季節を詠んだ俳句はどれか。

ア 山風にながれて遠き雲雀かな（ひばり）

イ 名月や池をめぐりて夜もすがら

ウ 音もなし松の梢の遠花火（こずえ）

エ 淋しさの底ぬけて降るみぞれかな（さび）

(2) ①に入る慣用句として最も適切なものはどれか。

ア 胸が躍る　イ 肝を冷やす

ウ 舌を巻く　エ 目が泳ぐ

(3) ②想像　と熟語の構成が同じものはどれか。

ア 抜群　イ 海底　ウ 削除　エ 未来

(4) ③幼い　と同じ品詞である語は～～部アからエのどれか。

(5) ④に入るものとして最も適切なものはどれか。

ア 音読を通してリズムや調子を読み味わうことができる

イ 心情や情景を豊かに想像して読み味わうことができる

ウ 作者による作品の解説に従い読み味わうことができる

エ 表現技法の効果を取り上げて読み味わうことができる

英 語

大問	問	小	小	正答率	部分含む
1	1	(1)		86.8%	
		(2)		66.4%	
		(3)		96.0%	
	2	(1)	①	59.0%	
			②	53.4%	
		(2)	①	50.2%	
			②	82.1%	
	3	(1)		81.0%	81.3%
		(2)		52.5%	59.2%
		(3)		19.4%	19.4%
		(4)		52.9%	54.2%
2	1	(1)		75.7%	
		(2)		51.1%	
		(3)		81.0%	
		(4)		85.3%	
		(5)		64.9%	
		(6)		64.7%	
	2	(1)		78.4%	
		(2)		47.5%	
		(3)		46.4%	
3	1			62.1%	76.0%
	2			9.6%	16.7%
	3			76.3%	
	4	(3)		19.4%	56.0%
		(4)		17.4%	54.8%
		(5)		16.7%	43.2%
	5			52.6%	
	6			9.2%	33.9%
	7			1.3%	72.5%
4	1			74.5%	
	2			14.1%	18.8%
	3	①		33.2%	58.4%
		②		21.4%	58.0%
	4			63.0%	
5	1			33.3%	
	2			27.4%	52.0%
	3			44.8%	
	4			58.7%	

社 会

大問	問	小	正答率	部分含む
1	1	(1)	75.7%	
		(2)	83.3%	
		(3)	69.3%	
	2		54.5%	
	3	(1)	49.4%	
		(2)	60.4%	
	4		32.7%	94.4%
2	1		49.0%	
	2		71.4%	
	3		36.4%	
	4		50.1%	
	5		47.3%	
	6		7.9%	85.6%
3	1		74.8%	
	2		47.7%	
	3		69.3%	
	4		49.4%	
	5		65.6%	
	6		49.7%	
	7		14.0%	39.9%
	8		66.6%	
4	1		37.1%	
	2		72.6%	
	3		15.4%	
	4		67.1%	
	5		79.5%	
	6		50.3%	81.7%
5	1		90.2%	
	2	(1)	65.0%	
		(2)	64.0%	
	3		81.6%	
	4	(1)	56.1%	
		(2)	38.4%	
6	1		80.9%	
	2		88.8%	
	3		82.0%	
	4		25.6%	
	5		41.1%	
	6		24.6%	80.7%
7	1		82.7%	
	2		73.9%	
	3		68.8%	
	4		73.5%	
	5	I	20.4%	24.5%
			17.7%	47.9%

数 学

大問	問	小	正答率	部分含む
1	1		98.3%	
	2		92.7%	
	3		76.4%	
	4		79.7%	
	5		93.0%	
	6		81.0%	
	7		74.1%	
	8		84.5%	
	9		64.1%	
	10		72.4%	
	11		82.4%	
	12		83.2%	
	13		74.7%	
	14		90.1%	
2	1		62.4%	
	2		71.5%	85.3%
	3		32.1%	
3	1		47.5%	79.8%
	2	(1)	25.0%	
		(2)	66.0%	
		(3)	31.2%	42.9%
4	1		24.5%	63.4%
	2	(1)	52.0%	
		(2)	10.1%	
5	1		72.2%	
	2		36.6%	
	3		34.2%	52.7%
	4		11.2%	
6	1		73.5%	
	2		77.0%	
	3		19.9%	32.0%
	4		1.1%	3.8%

理 科

大問	問	小	正答率	部分含む
1	1		40.7%	
	2		76.9%	
	3		56.0%	
	4		48.4%	
	5		77.1%	77.9%
	6		85.4%	85.7%
	7		87.0%	87.0%
			65.0%	65.0%
2	1		87.6%	87.7%
	2		58.7%	58.8%
	3		20.3%	
3	1		71.3%	71.4%
	2	電力量	49.9%	50.4%
		使用時間	43.3%	43.5%
	3		37.4%	49.7%
4	1		87.6%	91.5%
	2		68.8%	
	3	①	52.2%	62.1%
		②	58.5%	59.6%
	4		75.3%	88.0%
5	1		19.3%	19.3%
	2		47.7%	56.6%
	3		20.2%	24.2%
	4		5.0%	5.0%
6	1		42.5%	
	2		21.0%	50.2%
	3		33.8%	33.8%
7	1		67.0%	67.5%
	2		38.8%	
	3	液体	54.1%	
		実験結果	42.7%	50.4%
8	1		55.3%	56.1%
	2		26.3%	26.4%
	3		70.7%	
	4		43.9%	61.1%
9	1		26.3%	26.3%
	2		37.8%	38.4%
	3	重力	38.7%	42.2%
		糸が引く力	17.4%	18.4%
	4	①	40.7%	
		②	32.5%	
		③	72.3%	
		④	22.1%	

国 語

大問	問	小	正答率	部分含む
一	1	(1)	97.7%	
		(2)	90.9%	
		(3)	87.9%	
		(4)	92.0%	
		(5)	58.0%	
	2	(1)	84.0%	
		(2)	68.8%	
		(3)	93.2%	
		(4)	81.6%	
		(5)	68.3%	
	3	(1)	86.8%	
		(2)	98.4%	
		(3)	55.5%	
		(4)	66.8%	
		(5)	93.4%	
二	1		94.9%	
	2		80.5%	
	3		82.7%	
	4		11.5%	49.7%
	5		62.3%	
三	1		88.5%	
	2		47.6%	
	3		72.0%	
	4		93.7%	
	5		7.0%	49.5%
	6		71.0%	
四	1		96.1%	
	2		10.1%	70.8%
	3		53.5%	
	4		79.8%	
	5		3.1%	39.4%
	6		68.2%	
五				95.5%

英語解答

1 1 (1)…エ (2)…ア (3)…ウ
　2 (1)　①…イ　②…ウ
　　(2)　①…エ　②…ア
　3 (1) story　(2) reason
　　(3) favorite　(4) April

2 1 (1)…エ (2)…イ (3)…ア (4)…イ
　　(5)…ウ (6)…ウ
　2 (1)　ウ→ア→エ→イ
　　(2)　イ→エ→ア→ウ
　　(3)　オ→イ→ア→エ→ウ

3 1 Cleaning Time　　2 Who
　3 エ
　4 (3)　(例1) are carrying the desk
　　　　(例2) are moving the
　　　　teacher's desk
　　(4)　(例1) important to keep
　　　　(例2) necessary for us to
　　　　keep
　　(5)　(例1) they feel good
　　　　(例2) they can feel nice
　5 ア
　6 (例)みんなが使う物を大切に使うべ
　　きだということ。
　7 (例1) Our school has the chorus
　　contest in September every

year. We practice very hard
after school to win the contest.
On the day of the contest, we
sing on the stage, and many
people are invited. We look
forward to it very much.
(例2) We visit an elementary
school every month. We teach
English to the children. We
sing English songs, play games
and so on. They enjoy learning
English. I feel happy when I
see their smiles.

4 1 ウ
　2 (例1) Can you help
　　(例2) Would you help
　3 ①　(例)助けがなくても，全てのこ
　　　　とをしなければならない(23字)
　　②　(例)共に生き，共に働き，お互
　　　　いに助け合うのだ(20字)
　4 イ，オ

5 1 ア
　2 (例)船が橋の下を通るとき，帆が橋
　　に当たるから。
　3 イ　　4 エ

---

1 〔放送問題〕

1．(1)≪全訳≫A：マイク，飲み物が欲しい？／B：うん，冷たい物が欲しいな，お母さん。／A：わかったわ。

　Q：「マイクは何を飲食しようとしていますか」—エ

(2)≪全訳≫A：おはよう，タダシ。今日のテストに向けて勉強した？／B：はい，ホワイト先生。僕はいつも6時50分に起きるんですが，今朝は勉強するために5時15分に起きました。／A：まあ，そうなの？　がんばってね。

　Q：「タダシは今朝何時に起きましたか」—ア

(3)≪全訳≫A：今度の週末は野球の試合を見に行くんだよね？　球場まで自転車で行けるかな？／B：いや，遠すぎるな。車かバスで行く必要があるよ。僕の父さんは今度の週末忙しいから，バスに乗るしかないね。／A：わかった。時刻を調べてみるね。

　Q：「彼らはどうやって球場まで行くつもりですか」—ウ

2．(1)≪全訳≫母(M)：もしもし。／ケンタロウ(K)：もしもし。ケンタロウです。トム君のお母さんですか？／M：ええ。／K：トム君はご在宅ですか？／M：いますよ，でもね…。あの子，家に帰

ってきたら，何も言わずに自分の部屋に行っちゃったの。様子がいつもと違うのよ。何があったのか知ってる？／K：ああ…。今日，僕らは映画を見る予定だったんです，なのに僕が遅刻しちゃって。僕が映画館に着いたら，彼が見つからなかったんです。トム君，怒って家に帰っちゃったんだと思って。／M：これで何があったかわかったわ。あの子，ずっと自分の部屋にいるのよ。／K：トム君に会って謝りたいんです。彼に会いにうかがってもいいですか？／M：もちろんよ。あの子もあなたに会いたがってると思うわ。／K：ありがとうございます。すぐにそちらにうかがいます。／M：わかったわ。トムに伝えておくわ。それじゃあ。

①「ケンタロウが電話したとき，トムはどこにいましたか」―イ.「トムの部屋」　②「ケンタロウはどうしたいのですか」―ウ.「トムに謝りたい」

(2)≪全訳≫アリス(A)：ジョン，やっとラッキーデパートに着いたわ。／ジョン(J)：ねえ，アリス，お昼を食べない？　7階にあるレストランに行こうよ！／A：いいわね！　でも待って。レストランは混んでると思うわ。／J：じゃあ，1階で食べ物を買って，8階のスカイガーデンで食べてもいいね。／A：それがいいわね。私，サンドイッチを買うわ。／J：オーケー。その後で僕は新しいTシャツを買いたいな。／A：ちょっと！　私たちはここにコンサートのために来たのよ。／J：わかってるさ，でもコンサートまで2時間もあるから，買い物に行けるよ。その後で6階のコンサートホールに行こう。／A：それならいいわね。／J：あっ，君は5階の本屋さんに行きたいって言ってたよね。／A：うん。妹〔姉〕に辞書を買わないといけないの。彼女は中国語を習いに語学学校に行き始めたのよ。／J：すごいね！　やることがいっぱいだな。すごくわくわくするよ！

①「アリスとジョンはどこでお昼を食べるつもりですか」―エ.「8階で」　②「図のAとBに当てはまるのはどれですか」―ア.「A：コンサートホール－B：本屋」

3≪全訳≫今日は皆さんに宿題を出します。本を1冊選んで，それについて文章を書いてください。その本について，4つのことを書く必要があります。1つ目は，本の作者です。2つ目は，その本のあらすじです。3つ目は，その本を選んだ理由です。100語以上でその理由を書かなければなりません。4つ目は，その本の中で一番気に入った言葉です。ふだんは金曜日に授業がありますが，来週の金曜日は休日です。ですから，4月11日の木曜日に宿題を持ってきてください。今日ここにいない生徒にもこのことを伝えておいてください。以上です。

ジェシー・スミス様／(あなたの名前)より／やあジェシー，ブラウン先生の授業で宿題が出たんだ。本を1冊選んで，それについて書くようにって。本について4つのことを書きなさいだってさ。／1.その本の作者／2.その本のあらすじ／3.その本を選んだ理由を100語以上で／4.その本で一番気に入った言葉／4月11日の木曜日にブラウン先生に提出しなきゃいけないんだ。忘れないでね！／またね，(あなたの名前)より

② 〔総合問題〕

1<長文読解―適語(句)選択―スピーチ>≪全訳≫私は全ての科目の中で音楽が一番好きです。音楽の先生はいつも私たちに，音楽の音色は人を感動させることができると話してくださいます。私は人前でうまく話せないのですが，音楽を通じて自分の感情を表現することならできると思います。去年，授業でギターの弾き方を習いました。今，私は毎日ギターを練習しています。将来，たくさんの国を訪れて，そこでギターを演奏したいです。音楽を演奏できれば，人々と出会うチャンスをより多く得られるでしょう。音楽に国境はありません，だから友達をつくれると私は信じています。

(1)最上級を使って「〜の中で一番〔最も〕…」というとき，'〜'に all や数字，複数名詞が入る場合の「の中で」には of を用いる。　(2)'tell＋人＋物事〔that 〜〕'で「〈人〉に〈物事〉を話す，伝える」。say, speak, talk はこの形をとれない。　(3)空所の前では自分にできないことが，後では自分にできることが述べられているので，'逆接'の but が適する。　(4)'how to＋動詞の原

形' で「〜の仕方」。the way「方法」の場合は，the way of 〜ing や 'the way to＋動詞の原形' といった形で用いる。　⑸音楽を演奏することで人々と出会う（　）が得られるというのだから，chance「チャンス，機会」が適する。　hobby「趣味」　space「空間」　⑹「音楽には国境はない」という文脈だと判断できる。これは，「音楽は国境を持たない」ということである。

2＜整序結合＞

⑴My「私の」の後には cousin「いとこ」を続ける。'have/has never＋過去分詞' は現在完了の '経験' 用法を否定する形で，「(今まで)一度も〜したことがない」を表す。　My cousin has never eaten Japanese food before.「私のいとこはこれまでに日本料理を一度も食べたことがない」

⑵decide to 〜「〜することに決める」　go abroad「海外〔外国〕に行く」　Sophie decided to go abroad.「ソフィーは海外へ行くことに決めた」

⑶疑問文であることと，語群に think があることから，「次の週末は雨が降ると思いますか」という文になると推測できる。そこで，Do you think 〜「〜だと思いますか」と始める。この後には it will rain「雨が降る(でしょう)」が続く。think の後には，「〜ということ」を表す that が省略されている。　Do you think it will rain next weekend？「次の週末は雨が降ると思いますか」

3 〔長文読解総合─対話文〕

≪全訳≫❶エマ（E）：ねえ美樹，日課表に「掃除の時間」っていうのを見つけたの。これは何？

❷美樹（M）：ああ，それは学校の掃除をする時間よ。ほとんど毎日その時間があるの。

❸E：毎日？　誰が学校を掃除するの？

❹M：私たちが自分の教室とか図書室，保健室，その他の教室を掃除するのよ。

❺E：信じられない！　フランスでは清掃員の人たちが学校の清掃をしてくれるから，生徒は掃除をしなくていいのよ。学校の掃除は生徒にとってすごく大変な作業だと思うわ。

❻M：そうかもしれないわね，でも，学校の掃除にはいいところもあるわ。そうだ，今月は「清掃週間」があるから，それについて新聞を私たちでつくったの。壁に貼ってあるあの新聞を見てみて。

❼E：あら，この写真でほうきを持ってる女の子はあなたね，美樹。この髪の長い女の子は何をしてるの？

❽M：この子は黒板をきれいにしてるの。男子は教卓を運んでて，あの子はごみを捨てに行くところ。やることがたくさんあるから，みんなで協力して学校の掃除をするのよ。

❾E：なんだか学校の掃除が楽しそうに思えてきたわ。あっ，これは佐藤先生ね。何て言ってるの？

❿M：先生は，日頃から学校をきれいにしておくことが大切だって言ってるの。

⓫E：そうなのね。毎日やっていれば，学校の掃除もそんなに大変な作業じゃないのかもしれないわね。

⓬M：そうなのよ。エマ，新聞の中のグラフを見て。私たちはクラスメイトにある質問をしたの。「学校の掃除のいいところは何ですか？」って。みんな，いくつかいいところを見つけてくれたわ。14人の生徒は，学校を掃除した後は気分がいいって答えたの。10人の生徒は，自分たちの身の回りの物や場所の扱いがよりていねいになるって答えたわ。

⓭E：なるほど。どうして日本では掃除の時間があるのか，これでわかったわ。そういえば，フランスでは，私たちが学校で大事に使ってる物があるの。自分たちの教科書よ！　私の国では，教科書は学校から借りるのよ。

⓮M：ええ，そうなの？

⓯E：うん。学年の終わりに，教科書を学校に返すの。次の年には後輩がその教科書を使うから，教科書に文字や図をいっさい書き込まないのよ。

16 M：じゃあ，あなたたちは教科書を再利用してるってこと。それはいいことだわ！

17 E：他の人が私たちの後にそれを使うことになってる。その人たちのことを考えなきゃいけないから，私たちは教科書をていねいに使うのよ。

18 M：国ごとにいろんなことをしてるけど，その裏には同じ考えがあるんじゃないかしら？

19 E：そうね。今日は自分たちの文化について振り返ってみることで，違うところと似たところが見つかったわね。ところで，日本にはいくつかの学校行事があるのよね。その中の１つについて教えてよ。

1 ＜指示語＞第１段落でエマが Cleaning Time「掃除の時間」とは何かと尋ねた。第２段落の美樹の言葉の中に２つある it はいずれもこの Cleaning Time を指しており，第２段落はこれが何かを説明する内容となっている。

2 ＜適語補充＞この質問を受け，美樹は自分たち生徒が学校を掃除すると答えている。また，続けてエマは，フランスでは清掃員が掃除をすると言っている。ここから，Who「誰が」掃除をするのか尋ねたのだとわかる。

3 ＜適語句選択＞フランスでは清掃員が学校の掃除をする，という内容に続くのだから，生徒は掃除をしなくてよいということになる。　don't have to ～「～しなくてよい，～する必要がない」　need to ～「～する必要がある」　be able to ～「～することができる」　would like to ～「～したい」

4 ＜適語句補充―絵・グラフを見て答える問題＞(3)新聞の中の写真では，２人の男子生徒が教卓を運んでいる。carry「運ぶ」や move「動かす」などが使えるが，前後の部分に合わせて 'be動詞＋～ing' の現在進行形にするとよい。教卓は「(先生の)机」と考え，the (teacher's) desk などとする。　　(4)新聞の中の佐藤先生の言葉が当てはまる。'It is ～(for …) to ―'「(…にとって〔…が〕)―することは～だ」の形になっており，'～' には important「大切だ」や necessary「必要だ」などが使える。'―' に入る「学校をきれいにしておく」は，'keep＋目的語＋形容詞'「～を…(の状態)に保つ〔…にしておく〕」で表せる。'for …' を書く場合は，for us「私たちにとって」とする。　　(5)新聞のグラフ参照。14人が回答している「掃除をした後は気分がいい」が当てはまる。空所の直前の that は「～ということ」を表し，後には '主語＋動詞…' が続く。Fourteen students を代名詞で they と表して主語とし，「気分がいい」は feel good〔nice〕などとする。「よい気分だと感じられる」と考え，feel の前に can を加えてもよい。

5 ＜適語選択＞第13段落最終文でエマは学校から教科書を借りると話している。学校から借りた教科書なのだから，学年の終わりにはそれを return「返す，返却する」のである。　receive「～を受け取る」　repeat「～を繰り返す」　report「～を報告する」

6 ＜語句解釈＞美樹は第12段落で，学校の掃除を通じて，身の回りの物や場所の扱いがていねいになった生徒がいると話している。エマは第17段落で，後輩のことを考えなくてはいけないので，借り物の教科書は大切に使うと話している。これらに共通するのは，「みんなで使う物は大切に使うべきだ」という考え方である。

7 ＜テーマ作文＞外国の学校にはあまりないと思われる，日本あるいは自分の通う学校独自の行事を紹介することが考えられる。行事の名前，その行事の内容，どんな点が楽しいか，または大変か，自分はその行事でどのような役割を果たしているかなどを具体的に説明するとよい。

4 〔長文読解総合―物語〕

≪全訳≫**1**「竜，あなたがボランティア部の新しい部長よ」と，ミーティングのとき，僕たちの部の顧問をしているヤマダ先生が僕に言った。僕はそれを聞いてドキドキした。僕は大きな声でこう言った。「部長として全力でがんばります」　見上げると，美しい空が見えた。僕は希望に満ちていた。

2家に向かって歩いていると，ヒロおじさんに会った。彼は地域のリーダーをしている。彼はその地域

に住む人たちから尊敬されている。彼はこう言った。「やあ，竜。どうしたんだい？」「僕，クラブの部長になったんです！」と僕は答えた。彼は言った。「すごいじゃないか！　ところで，夏祭りのボランティアを探してるところなんだ。お祭りを手伝ってくれるかい？」「もちろんです！」

3 翌日，僕は部員たちに夏祭りのことを話した。「ヒロさんに，ボランティアとして夏祭りに参加してほしいって頼まれたんだ。あと，ポスターを5枚つくって，校内に掲示してほしいんだって」　何人かの部員が僕に「私たちがポスターをつくるね」と言った。僕は，「ありがとう，でもそれは僕1人でできると思うんだ」と言った。「ほんとに？」「ああ，もちろんさ！　僕は部長なんだから，それは僕1人でやらなくちゃね」

4 1週間後の部のミーティングで，ヤマダ先生が僕に尋ねた。「竜，ポスターはもう完成した？」　僕は小さな声でこう答えた。「いいえ，まだなんです。2枚しかできていません」　先生は「あらまあ。みんな，竜を手伝ってあげて」と言った。他の部員がポスターをつくっている間，僕はみんなの顔を見ることができなかった。みじめな気分だった。

5 数週間後，お祭りが開催された。部員たちはボランティア活動を楽しんでいた。けれども，僕は1人でポスターをつくり終えることができなかったせいで，楽しくなかった。「僕はいい部長じゃないんだ」と僕は思った。花火が始まったが，僕は地面を見つめていた。

6 するとヒロさんがやってきて，「竜，どうしたんだい？」と尋ねた。僕は答えた。「部長として，僕は1人で全部のポスターをつくろうとしてたんです，でもできなくて」　ヒロさんは言った。「なあ。お前は，リーダーは何の助けもなしに全てのことをやらなければならないと思ってるのか？　私はそうは思わないな。私はここに住んでいる人たちと協力して活動している。私たちは共に生き，共に働き，そしてお互いに助け合っているんだ」　彼の言葉は僕に力をくれた。「わかりました，ヒロさん。これからはクラブの部員たちと協力するようにします」

7 次の部のミーティングで，僕はこう言った。「ごめん。僕は，部長は何も手伝ってもらわずに何でもやらなきゃいけないと思い込んでたけど，そうじゃなかった」　みんなは僕の話を静かに聞いてくれた。「協力することが大切だって学んだんだ。君たちみんなと協力したい」　僕は続けた。「今日は新しい活動について話し合おう。君たちは何をしたい？」　部員の1人がこう言った。「駅に花を植えるのはどうかな？」　すると，みんなが話し出した。「いいね！」「地元の人たちに集まってくれるように頼んでみようよ！」「その人たちと一緒に作業したら楽しいよ」　みんなはにこにこしていた。空を見ると，太陽が輝いていた。

1 ＜適語選択＞A．この後から，部長に選ばれた竜がやる気と希望にあふれている様子が読み取れる。よって，部長に選ばれたと聞いたときの気持ちとしては，excited「興奮した，わくわくした」が適切。　　B．竜が自分1人でやるといったポスター制作をやりきれず，結局部員に手伝ってもらっている場面。直前には，部員の顔も見られないとあるので，嫌な気分になっているとわかる。

2 ＜適語句補充＞第3段落第2文から，ヒロが竜たちボランティア部の部員に，ボランティアとしてお祭りに参加してくれるよう頼んだことがわかる。「～してくれませんか，～してもらえますか」という'依頼'は，Can〔Could, Will, Would〕you ～？で表せる。空所の後に'人＋with ～'があることから，'help＋人＋with＋物事'「〈人〉の〈物事〉を手伝う」を使って「私たちを手伝ってくれませんか」という内容の文をつくる。

3 ＜要旨把握＞第6段落第2文および第7段落第2文から，竜は最初，リーダーは他の人に助けてもらわずに全てのことをしなければならないと信じていたことがわかる。しかし，第6段落終わりの4文から読み取れるように，竜はヒロから「私たちは共に生き，共に働き，お互いに助け合っている」と言われたことで力をもらい，考え方が変わったのである。

4 ＜内容真偽＞ア．「ヒロは竜を地域のボランティアクラブの新しいリーダーに選んだ」…×　第1

段落第1，2文参照。竜はヤマダ先生によってボランティア部の部長に選ばれた。　イ．「ヒロは竜と彼のクラブの部員に，ボランティアとしてお祭りに参加してほしかった」…○　第3段落第2文と一致する。　ウ．「竜は部員たちにポスターをつくってくれるよう頼んだが，誰も彼を手伝おうとしなかった」…×　第3段落後半参照。ポスター制作を申し出た部員もいたが，竜は1人でやると言った。　エ．「竜はヤマダ先生にポスターをつくるよう言われる前に，全てのポスターをつくり終えていた」…×　第4段落第1〜3文参照。5枚中2枚しかできていなかった。オ．「夏祭りの後，竜とクラブの部員は新しい活動について話し合った」…○　第7段落と一致する。　カ．「竜が地元の人たちと花を育てたとき，全ての部員たちは楽しんでいた」…×　第7段落後半参照。花を植えるのは計画の段階で，まだ行動に移されていない。

5 〔長文読解総合─説明文〕

≪全訳≫❶「ロンドン橋落ちた」は何度も落ちた橋のことを歌った有名な歌だ。この橋はロンドンを流れる大きな川をまたいで建設された。19世紀には，この川は船による物資の輸送にとって大変便利だった。毎日，この川にはたくさんの大型帆船が浮かんでいた。川沿いに大勢の人が集まり，ロンドンのような都市を建設した。

❷1つ問題があった。船が橋の下を通ると，帆が橋にぶつかった。だから，この川には橋がほんの数本しかかかっていなかった。人々は簡単には川の向こう側に渡れなかった。そこで，川の下にトンネルをつくるというアイデアを思いついた人々がいた。彼らは「シールド工法」を使ってトンネルを建設した。この工法を使うと，トンネルが「シールド」と呼ばれるパイプによって内側から補強されるため，より丈夫なトンネルをつくることができた。水がトンネルの内側に入ってこないので，トンネルは簡単には壊れなかった。そんな頑丈なトンネルができて，人々は大変喜んだ。

❸人はどうやってこのようなトンネルのつくり方を思いついたのだろうか。ある小さな生き物が木に穴を開ける方法から，それを思いついたのである。当時，船は木造だった。フナクイムシと呼ばれる生き物が船の材木を食べ，穴を開けてしまった。フナクイムシは木を食べるとき，体から出る特殊な液体を穴の壁面に塗りつける。この液体が固まると，穴は丈夫になる。このようにして，人々はトンネルを丈夫にする方法を見出したのだ。

❹今では，世界中で，海中や山中にたくさんのトンネルがある。小さな生き物が頑丈なトンネルをつくるためのアイデアを与えてくれたのだ。じっくり見てみれば，小さな物からすばらしいアイデアを得られることもある。そうすることで，よりよい物をつくることができるのだ。

1 <適語選択>「人が集まって，ロンドンのような都市を（　　）」という文脈である。この文脈で用いることができ，直後にすぐ目的語の cities を置ける動詞として，build「建てる，つくる」の過去形 built が適切。なお，lived であれば in，went であれば to が必要になる。

2 <文脈把握>直前の So「だから」は，前に書かれた内容を理由として結果を導く際に用いる接続詞である。ここでは，直前の文の「船が橋の下を通ると，帆が橋にぶつかった」という内容が，川にわずかしか橋がかけられなかったことの理由となっている。　only a few 〜「ほんのわずかの〜」

3 <適所選択>入れる文は「そんな頑丈なトンネルができて，人々は大変喜んだ」という内容。「そんな頑丈なトンネル」の「そんな」が指す内容は，第2段落後半で「内側から補強されている」「水が入ってこない」などと説明されているので，この後のイに入れるのが適切。

4 <要旨把握>最終段落最後の2文で，筆者の考えがまとめられている。ここでは，小さな物でも，じっくり観察することでよりよい物ができると述べられており，エ．「小さな生き物から得たアイデアが世界のトンネルを改善してきた」がこれに最も近い。　improve「改良する，改善する」

数学解答

1 1　−9　　2　$-2x+7y$

3　$-\dfrac{2}{3}a^3b^2$　　4　$15\sqrt{2}$

5　x^2-64　　6　16

7　$100-6x=y$　　8　51°

9　$x=0,\ 9$　　10　$\dfrac{6}{7}$

11　$54\pi\,\text{cm}^3$　　12　$\dfrac{8}{5}$　　13　ウ

14　およそ90個

2 1　(例)

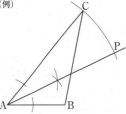

2　①…6　②…12　③…36　　3　3

3 1　A中学校…475人

　　　B中学校…750人

2　(1)　$28.65\leqq a<28.75$　(2)　32.5℃

　(3)　(例) 表1において35.0℃以上
　　　40.0℃未満の日が1日あり，表
　　　2において36.0℃以上の日が
　　　ないから。

4 1　(例)△ADFと△BFEにおいて，

四角形ABCDは平行四辺形なので，

AD∥BCより，同位角は等しいから，

∠DAF＝∠FBE……①

仮定より，AB＝CE……②，

　　　　　BF＝BC……③

ここで，AF＝BF−AB……④，

　　　　　BE＝BC−CE……⑤

②，③，④，⑤より，

AF＝BE……⑥

平行四辺形の対辺は等しいから，

AD＝BC……⑦

③，⑦より，AD＝BF……⑧

①，⑥，⑧より，2組の辺とその間
の角がそれぞれ等しいから，

△ADF≡△BFE

2　(1)　$\sqrt{3}\,\text{cm}^2$　(2)　$\sqrt{10}\,\text{cm}^2$

5 1　$\dfrac{3}{2}$倍　　2　1000m

3　$y=210x+2940$　　4　2分12秒

6 1　11番目　　2　6個　　3　39

4　①…$b=\dfrac{9a-2}{5}$　　②…8

---

1 〔独立小問集合題〕

1 ＜数の計算＞与式＝$-(18\div2)=-9$

2 ＜式の計算＞与式＝$4x+4y-6x+3y=-2x+7y$

3 ＜式の計算＞与式＝$-\dfrac{a^2\times4ab^2}{6}=-\dfrac{2}{3}a^3b^2$

4 ＜平方根の計算＞与式＝$5\sqrt{6\times3}=5\sqrt{3^2\times2}=5\times3\sqrt{2}=15\sqrt{2}$

5 ＜式の計算＞与式＝$x^2-8^2=x^2-64$

6 ＜一次方程式の応用＞xについての方程式$2x-a=-x+5$の解が$x=7$だから，解を方程式に代入
　すると，$2\times7-a=-7+5$，$14-a=-2$，$-a=-16$より，$a=16$である。

7 ＜文字式の利用＞6人にx個ずつ配ったので，配ったいちごの個数は，$x\times6=6x$（個）である。いち
　ごは100個あったので，余ったいちごの個数は$100-6x$個となる。これがy個だから，$100-6x=y$
　と表せる。

8 ＜図形─角度＞右図1で，線分ABは円Oの直径なので，∠ACB＝90°
　である。△OACはOA＝OCの二等辺三角形だから，∠OCA＝∠OAC
　＝39°となり，∠x＝∠ACB−∠OCA＝90°−39°＝51°である。

9 ＜二次方程式＞$x(x-9)=0$　∴$x=0,\ 9$

10 ＜確率─色玉＞赤玉が9個，白玉が2個，青玉が3個なので，袋の中の

図1

玉の個数は $9+2+3=14$(個)である。この中から玉を1個取り出すとき，取り出し方は14通りある。このうち，白玉が出るのは2通りだから，白玉が出ないのは，$14-2=12$(通り)である。よって，求める確率は $\dfrac{12}{14}=\dfrac{6}{7}$ となる。

11<図形—体積>直線 l を軸として1回転させてできる立体は，右図2のように，底面の半径が3cm，高さが6cmの円柱である。よって，求める体積は，$\pi\times3^2\times6=54\pi$(cm³)である。

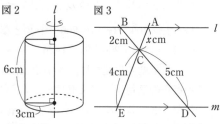

図2　図3

12<図形—長さ>右図3のように，5点A～Eを定めると，$l\parallel m$ だから，CA：CE＝CB：CDである。よって，$x:4=2:5$ が成り立ち，$x\times5=4\times2$ より，$x=\dfrac{8}{5}$(cm)となる。

13<関数—グラフ>一次関数 $y=ax+b$ のグラフは，右下がりの直線だから，傾き a は負となり，$a<0$ である。また，y 軸との交点の y 座標は正だから，切片 b は正となり，$b>0$ である。

14<資料の活用—標本調査>無作為に抽出した100個の製品のうち不良品は2個なので，$\dfrac{2}{100}=\dfrac{1}{50}$ より，不良品が含まれる割合は $\dfrac{1}{50}$ と考えられる。よって，4500個の製品の中には，不良品は，$4500\times\dfrac{1}{50}=90$ より，およそ90個含まれていると推定できる。

2 〔独立小問集合題〕

1<図形—作図>右図1で，△ABCを点Aを中心として時計回りに25°回転させた三角形を△AQPとすると，∠CAP＝25°，AC＝APとなる。$25°=\dfrac{1}{2}\times50°$ より，∠CAP＝$\dfrac{1}{2}$∠CABだから，点Pは∠CABの二等分線上にある。作図は，
①点Aを中心とする円の弧をかき(辺AB，ACとの交点をそれぞれD，Eとする)，
②2点D，Eを中心とする半径の等しい円の弧をかき(交点をFとする)，
③2点A，Fを通る直線を引く。最後に，
④点Aを中心として，半径がACとなる円の弧をかく。④の弧と③の直線との交点がPとなる。解答参照。

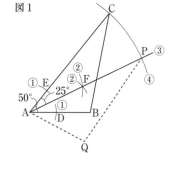

図1

2<式の利用>b は a の6日後の日にち，c は b の6日後の日にちだから，$b=a+6$，$c=b+6=a+6+6=a+12$ である。これより，$b^2-ac=(a+6)^2-a(a+12)=a^2+12a+36-a^2-12a=36$ となる。

3<関数—比例定数>右図2で，2点A，Cは，関数 $y=ax^2$ のグラフ上にあり，x 座標がそれぞれ1，4だから，$y=a\times1^2=a$，$y=a\times4^2=16a$ より，A$(1,\ a)$，C$(4,\ 16a)$ となる。また，2点B，Dは，関数 $y=-\dfrac{4}{x}$ のグラフ上にあり，x 座標がそれぞれ1，4だから，$y=-\dfrac{4}{1}=-4$，$y=-\dfrac{4}{4}=-1$ より，B$(1,\ -4)$，D$(4,\ -1)$ となる。AB，CDは y 軸に平行だから，AB＝$a-(-4)=a+4$，CD＝$16a-(-1)=16a+1$ となる。よって，AB：CD＝1：7となるとき，$(a+4):(16a+1)=1:7$ が成り立つ。これを解くと，$(a+4)\times7=(16a+1)\times1$，$7a+28=16a+1$，$-9a=-27$ より，$a=3$ である。

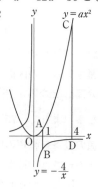

図2

$y=ax^2$

$y=-\dfrac{4}{x}$

$\boxed{3}$ 〔独立小問集合題〕

1 <連立方程式の応用>昨年度の生徒数は2つの中学校を合わせると1225人であったので，$x+y=1225$……①が成り立つ。今年度の生徒数は，昨年度に比べ，A中学校では4％増え，B中学校では2％減り，2つの中学校を合わせると4人増えたので，$x \times \dfrac{4}{100} - y \times \dfrac{2}{100} = 4$ が成り立ち，$4x-2y=400$，$2x-y=200$……②となる。①，②の連立方程式を解くと，①＋②より，$x+2x=1225+200$，$3x=1425$ $\therefore x=475$ これを①に代入すると，$475+y=1225$ $\therefore y=750$ よって，昨年度の生徒数は，A中学校が475人，B中学校が750人である。

2 <資料の活用>(1)温度計は，小数第2位を四捨五入した近似値が表示されるから，28.7℃と表示されたとき，この温度はa℃の小数第2位を四捨五入した近似値である。よって，a℃の真の値の範囲は，28.65℃以上28.75℃未満となるから，$28.65 \leqq a < 28.75$ と表せる。

(2)表1で度数が最も大きい階級は，度数が20日の30.0℃以上35.0℃未満の階級だから，最頻値はこの階級の階級値であり，$\dfrac{30+35}{2}=32.5$（℃）となる。

(3)表1において，35.0℃以上40.0℃未満の日が1日あり，表2において，36.0℃以上の日はない。このことから，表1の35.0℃以上40.0℃未満の階級の度数1日は，35.0℃以上36.0℃未満である。

$\boxed{4}$ 〔独立小問集合題〕

1 <図形―論証>右図1の△ADFと△BFEで，AD∥BCより同位角は等しいから，∠DAF＝∠FBEである。また，AB＝CE，BF＝BCより，AF＝BEとなる。さらに，AD＝BCだから，AD＝BFとなる。解答参照。

図1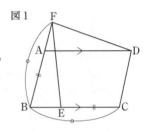

2 <図形―面積>(1)右下図2で，△ABCは1辺が2cmの正三角形なので，頂点Aから辺BCに垂線AMを引くと，△AMBは，3辺の比が$1:2:\sqrt{3}$の直角三角形となる。よって，$AB:AM=2:\sqrt{3}$ より，$AM=\dfrac{\sqrt{3}}{2}AB$

$=\dfrac{\sqrt{3}}{2} \times 2 = \sqrt{3}$ となるから，$\triangle ABC = \dfrac{1}{2} \times BC \times AM = \dfrac{1}{2} \times 2 \times \sqrt{3} = \sqrt{3}$（cm²）である。

(2)図2で，点Hから辺BEに垂線HIを引く。AB＝BG＝2，∠ABG＝90°より，△ABGは直角二等辺三角形だから，$AG=\sqrt{2}AB=\sqrt{2} \times 2 = 2\sqrt{2}$ となる。CH＝CF－FH＝5－2＝3だから，△ACHで三平方の定理より，$AH=\sqrt{AC^2+CH^2}=\sqrt{2^2+3^2}=\sqrt{13}$ となる。GI＝BE－BG－IE＝BE$-$BG$-$FH＝5$-$2$-$2＝1，HI＝BC＝2だから，△GHIで三平方の定理より，$GH=\sqrt{GI^2+HI^2}=\sqrt{1^2+2^2}=\sqrt{5}$ となる。ここで，$AG^2+GH^2=(2\sqrt{2})^2+(\sqrt{5})^2=13$，$AH^2=(\sqrt{13})^2=13$ だから，$AG^2+GH^2=AH^2$ が成り立つ。これより，∠AGH＝90°となるので，$\triangle AGH = \dfrac{1}{2} \times AG \times GH$

$\dfrac{1}{2} \times 2\sqrt{2} \times \sqrt{5} = \sqrt{10}$（cm²）である。

図2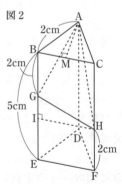

$\boxed{5}$ 〔関数―関数の利用〕

1 <速さ>水泳の区間は300mで，明さんはこの区間を4分で泳いだので，速さは，$300 \div 4 = 75$ より，毎分75mとなる。拓也さんはこの区間を6分で泳いだので，速さは，$300 \div 6 = 50$ より，毎分50mとなる。よって，$75 \div 50 = \dfrac{3}{2}$ より，明さんが泳いだ速さは拓也さんが泳いだ速さの$\dfrac{3}{2}$倍である。

2 <道のり>自転車の区間は6000mで，$16-4=12$ より，明さんはこの区間を12分で進んだので，自転車の速さは，$6000 \div 12 = 500$ より，毎分500mとなる。明さんはA地点まで4分かかっているので，スタートしてから6分後は，$6-4=2$ より，自転車で2分進んだところにいる。$500 \times 2 = 1000$ より，

自転車で1000m進んでいるから，スタートしてから6分後の明さんの道のりは $300+1000=1300$（m）である。一方，拓也さんは6分後にA地点に着いているので，スタートしてから6分後の拓也さんの道のりは300mである。よって，求める2人の道のりの差は，$1300-300=1000$（m）となる。

3 **＜関係式＞** B地点からゴール地点までにおける明さんの長距離走のグラフは，2点(16, 6300)，(26, 8400)を通る直線だから，傾きは，$\dfrac{8400-6300}{26-16}=210$となる。これより，$x$と$y$の関係式は，$y=210x+b$とおける。グラフは点(16, 6300)を通るので，$6300=210\times16+b$，$b=2940$となり，求める関係式は，$y=210x+2940$となる。

4 **＜時間＞** 拓也さんは，A地点から2700mの地点まで明さんと同じ速さで走っているので，2. より，その速さは毎分500mである。よって，拓也さんがパンクするまで自転車で走った時間は $(2700-300)\div500=\dfrac{24}{5}$（分）であり，パンクしたのはスタートしてから，$6+\dfrac{24}{5}=\dfrac{54}{5}$（分）後となる。また，残りの自転車の区間は $6300-2700=3600$（m）あり，この道のりを毎分600mで走ったので，かかった時間は $3600\div600=6$（分）である。B地点からゴール地点までは10分かかり，ゴール地点に到着したのは，明さんより3分遅いので，$26+3=29$ より，スタートしてから29分後である。したがって，修理にかかった時間は，$29-\dfrac{54}{5}-6-10=\dfrac{11}{5}$（分）となる。$\dfrac{11}{5}=2+\dfrac{1}{5}$ であり，$\dfrac{1}{5}$分は $60\times\dfrac{1}{5}=12$（秒）だから，修理にかかった時間は2分12秒である。

6 〔特殊・新傾向問題〕

1 **＜図形の順番＞** 中心から白色，灰色，黒色の3色が繰り返されるので，「灰色の輪」が初めて4個できるのは，この3色が3回繰り返され，その外側が，白色，灰色となるときである。よって，$3\times3+2=11$ より，11番目である。

2 **＜輪の個数＞** $20\div3=6$ あまり2より，20番目の図形は，中心から白色，灰色，黒色の3色が6回繰り返され，その外側が白色，灰色となる。よって，「黒色の輪」は6個となる。

3 **＜nの値＞** n番目の最も外側の輪は，半径 $n-1$cm の円と半径 $n$cm の円に囲まれた部分だから，その面積は，$\pi n^2-\pi(n-1)^2$cm^2 である。これが 77πcm^2 となるので，$\pi n^2-\pi(n-1)^2=77\pi$ が成り立つ。これを解くと，$n^2-(n-1)^2=77$，$2n-1=77$，$2n=78$ より，$n=39$ である。

4 **＜関係式，aの値＞** $n=a$，$m=5$ のとき，「1ピース」の周の長さは，半径 $a$cm の円の周を5等分した弧の長さ，半径 $a-1$cm の円の周を5等分した弧の長さと，長さ1cmの線分2つ分の長さの和となるので，$2\pi a\times\dfrac{1}{5}+2\pi(a-1)\times\dfrac{1}{5}+1\times2=\dfrac{2\pi}{5}(2a-1)+2$（cm）となる。同様にして，$n=b$，$m=9$ のとき，「1ピース」の周の長さは，$\dfrac{2\pi}{9}(2b-1)+2$cm となる。これらの長さが等しいとき，$\dfrac{2\pi}{5}(2a-1)+2=\dfrac{2\pi}{9}(2b-1)+2$ が成り立ち，これを b について解くと，$\dfrac{1}{5}(2a-1)=\dfrac{1}{9}(2b-1)$，$9(2a-1)=5(2b-1)$，$18a-9=10b-5$，$-10b=-18a+4$ より，$b=\dfrac{9a-2}{5}$ となる。b は自然数なので，$9a-2$ は5の倍数である。このようになる自然数 a は，$a=3$, 8, 13, …… である。$a=3$ のとき，$b=\dfrac{9\times3-2}{5}=5$ となり，$3\div3=1$，$5\div3=1$ あまり2より，「1ピース」の色は，それぞれ，黒色，灰色であり，同じ色にならない。$a=8$ のとき，$b=\dfrac{9\times8-2}{5}=14$ となり，$8\div3=2$ あまり2，$14\div3=4$ あまり2より，ともに灰色となる。このとき，「1ピース」が同じ色で，b の値が最小だから，求める a の値は $a=8$ である。

社会解答

1 1 (1)…ア　(2)…太平洋ベルト
　　(3)…世界遺産
　2　エ
　3　(1)…ウ→エ→ア→イ　(2)…ウ
　4　**課題**　(例)人口減少や高齢化が進行
　　　　　　している。
　　特徴・成果　(例)ゆず加工品の開発・
　　　　　　生産に取り組んでおり，
　　　　　　ゆずの生産量とゆず加
　　　　　　工品の販売高が伸びた。

2 1　ウ　2　ブラジル　3　エ
　4　イスラム　5　ウ
　6　**記号**…a
　　理由　(例)輸出総額に占める農産物
　　　　　　の輸出額の割合が高い。また，
　　　　　　総産業従事者に占める農業従
　　　　　　事者の割合は低いが，一人あ
　　　　　　たりの農地面積が大きいこと
　　　　　　から，輸出向けに大規模な農
　　　　　　業を広い農地で行っているア
　　　　　　メリカ合衆国であると考えら
　　　　　　れる。

3 1　渡来人〔帰化人〕　2　ア
　3　遣唐使　4　イ
　5　鉄砲〔火縄銃〕　6　ウ
　7　(例)日本が大日本帝国憲法を作成す
　　　る際に，伊藤博文は憲法調査のため
　　　にヨーロッパへ向かい，ドイツ〔プ
　　　ロイセン〕の憲法を参考にしていた
　　　こと。

　8　A→B→E→D→C→F

4 1　イ　2　ウ
　3　ウ→エ→イ→ア　4　ア
　5　石油危機〔オイルショック〕
　6　(例)高度経済成長によって収入が増
　　　加し，生活も便利で豊かになってい
　　　ったが，大気汚染や水質汚濁などに
　　　関する苦情・陳情の数も増えるなど，
　　　公害問題が深刻化した。

5 1　ウ
　2　(1)…イ　(2)…エ　3　ア
　4　(1)…エ　(2)…直接請求権

6 1　ウ　2　イ
　3　(例)レジ袋や割り箸などをもらわな
　　　い，エコバッグを使う，など
　4　技術革新〔イノベーション〕
　5　エ
　6　(例)生産年齢人口が減少しているの
　　　で，労働者の不足を補うために，在
　　　留外国人を労働者として雇用すると
　　　ともに，セルフ精算レジの設置をす
　　　すめる。

7 1　イ　2　寺子屋　3　ウ
　4　エ
　5　Ⅰ　(例)建物や設備を充実させるた
　　　　　めに資金が必要だから
　　Ⅱ　(例)外国の援助がなくなったと
　　　　　しても，現地の人々が技術など
　　　　　を身につけ自立して生活を維持
　　　　　していくことが必要だから

1〔日本地理─中国・四国地方〕

1(1)<三角州>三角州は，河川によって運ばれた土砂が河口部に堆積してできた低く平らな地形である。広島市の市街地は，瀬戸内海に流れ込む太田川の三角州の上に形成されている。なお，イは扇状地，ウはリアス海岸，エは砂丘の説明である。

(2)<太平洋ベルト>日本の主な工業地帯・地域は，関東地方から九州地方北部にかけての臨海部に帯状に集中しており，この地域を太平洋ベルトと呼ぶ。太平洋ベルトで工業が発達した理由は，原料や燃料の輸入や製品の輸出に便利なためである。

(3)<世界遺産>世界遺産は，世界の貴重な自然環境や文化財を人類共通の遺産として登録・保護する仕組みで，ユネスコ〔国連教育科学文化機関，UNESCO〕の世界遺産条約に基づいて運営されている。ユネスコは国際連合の専門機関の1つで，世界遺産をはじめとする文化財の保護，識字教育などの活動を行っている。

2<工業地帯・地域の特徴>わかりやすいものから特定していくとよい。ア〜エのうち，製造品出荷

額が最も大きく，機械工業の割合が最も高いイは愛知県を中心に自動車産業が盛んな中京工業地帯である。製造品出荷額が最も小さいアは東海工業地域である。ウとエの特徴はやや似ているが，化学工業と繊維工業の割合がより高いエが瀬戸内工業地域，金属工業と食料品工業の割合がより高いウが阪神工業地帯と判断する。

3(1)<中国・四国地方の自然と産業>ア～エが，図1の経路上の4つの「道の駅」のどれに該当するかを考える。アは，降水量が比較的少なく，オリーブの栽培が盛んである瀬戸内海の小豆島(香川県)であると考えられる。イは，黒潮〔日本海流〕などの影響により冬でも温暖で，野菜の促成栽培が盛んな高知平野(高知県)であると考えられる。ウは，「山間部」とあることから，冬にまとまった雪が降る中国山地に位置する地域であると考えられる。エは，冬に雪が多い日本海に面した地域で，『古事記』に記された「因幡の白うさぎ」の神話の舞台となった鳥取県であると考えられる。したがって，ウ→エ→ア→イの順に訪れたと考えられる。

(2)<空港間の便数と所要時間>まず，松山空港からの出発便数が多いアとイは，羽田空港(東京都)と伊丹空港(大阪府)のいずれかであると考えられる。このうち，松山空港からの所要時間が長いアが羽田空港，イが伊丹空港となる。残るウとエのうち，松山空港からの出発便数が多く所要時間が短いウが福岡空港(福岡県)，出発便数が少なく所要時間が長いエが那覇空港(沖縄県)と判断する。

4<馬路村の課題と地域おこし>課題．資料1を見ると，1990年から2015年まで馬路村の人口は減少し続けており，一方で65歳以上の人口の割合は増加し続けている。つまり，人口が減少して過疎化が進むと同時に高齢化も進んでいることがわかる。　特徴・成果．資料2を見ると，ゆずを利用したドリンクや化粧品などが継続的に開発・生産されていることがわかる。また，資料3を見ると，1990年に比べて2015年のゆず生産量・ゆず加工品の販売高が大きく増加している。以上から，馬路村では地域おこしとしてゆずの加工品の開発・生産に取り組んでおり，その結果ゆずの生産量とゆず加工品の販売高が伸びるという成果があがったことがわかる。

2 〔世界地理―日本と世界の諸地域〕

1<冬の季節風と東アジアの気候>日本列島の周辺では，夏は太平洋側から南東の季節風が吹き，冬は大陸から北西の季節風が吹く。冬の季節風は乾燥しているため，朝鮮半島に位置するA市(韓国ソウル市)はその影響を受けて冬の降水量が少ない。しかし，冬の季節風は日本海の上を通るとき，暖流の対馬海流から発生した大量の水蒸気を含んで湿った風となるため，日本列島の日本海側に位置するB市(新潟県上越市)には大量の雪が降り，冬の降水量が多くなる。

2<ブラジル>C国はポルトガルである。南アメリカ大陸に位置するブラジルは，19世紀初めまでポルトガルの植民地だったため，ポルトガル語を公用語とする。また，流域面積が世界最大であるアマゾン川が流れ，流域には熱帯雨林が広がり，アマゾン川の河口付近を赤道が通っている。高原地帯で栽培されるコーヒー豆は，ブラジルの主要な輸出品の1つであり，その生産量は世界第1位である(2017年)。

3<北緯40度の緯線>日本では秋田市の付近を通る北緯40度の緯線は，ヨーロッパでは地中海のほぼ中央を通っている。

4<トルコとインドの宗教と家畜>D国はトルコである。図4を見ると，「ある宗教」を信仰しているのは，トルコでは総人口の9割以上，インドでは総人口の1割あまりである。また，図5を見ると，トルコでは豚の飼育頭数が極端に少ないことがわかる。豚は，イスラム教で不浄とされている動物である。以上から，「ある宗教」とはイスラム教である。

5<アメリカ合衆国の工業>図6で北緯37度より南のサンベルトと呼ばれる地域に位置するYはテキサス州，ニューメキシコ州，アリゾナ州で，この地域は，航空宇宙やコンピュータなどに関連した先端技術産業が特に発達している。したがって，図7中の①がYにあたり，Ⅰには半導体が当てはまる。なお，図6で五大湖周辺に位置するXはミシガン州，オハイオ州，インディアナ州で，この地域は鉱産資源に恵まれ，早くから鉄鋼が生産された。ミシガン州のデトロイトではこの鉄鋼を材料とする自動車産業が栄えた。したがって，図7中の②がXにあたり，Ⅱには製鉄が当てはまる。

6＜アメリカ・日本・中国の農業＞アメリカ合衆国の農業は，大型の機械を用い，少ない人手で広大な農地を耕作するという企業的な経営が特徴である。また，大規模な農業で生産された大量の農産物は，工業製品と並んでアメリカの主要な輸出品となっている。これらの特徴をふまえると，図9より，農業従事者一人あたりの農地面積が非常に大きく，総産業従事者に占める農業従事者の割合が非常に低いのはaであり，図8より，輸出総額に占める農産物の輸出額の割合の高いのも，aであることがわかる。なお，a～cのうちで，最も農業従事者数が多く，総産業従事者に占める農業従事者の割合が高いcは中国，輸出総額に占める農産物の輸出額の割合が最も低いbは日本である。

3 〔歴史―古代～近代の日本と世界〕

1＜渡来人＞Aは，古墳時代にあたる6世紀に，仏教が正式に百済から日本へ伝えられた出来事である。大陸との交流が盛んになった古墳時代には，中国や朝鮮半島から一族で日本に移り住む人々が増えた。このような人々を渡来人という。渡来人の中には，朝廷の役人として財政や外交などで活躍する人々もいた。

2＜儒教の伝来＞渡来人は，須恵器や絹織物などをつくる技術，漢字，儒教，仏教などを日本に伝えた。なお，土偶は縄文時代に日本でつくられた土製の人形であり，青銅器と稲作は弥生時代に大陸から日本へ伝えられた。

3＜遣唐使の派遣停止＞Bは，平安時代の894年，菅原道真が遣唐使の派遣停止を提案した出来事である。その理由として，唐の国力が衰退していることを挙げている。この提案は朝廷に受け入れられ，以後遣唐使は派遣されなくなった。

4＜アヘン戦争に近い時期の出来事＞Cは，アヘン戦争(1840～42年)で清(中国)がイギリスに敗れたことについて述べたものである。文中の「わが国」とはオランダであり，江戸幕府はオランダからの報告書(オランダ風説書)によってこの出来事を知った。1854年，江戸幕府はアメリカとの間に日米和親条約を結び，下田と函館の開港などを取り決めた。なお，間宮林蔵らが蝦夷地の調査を行ったのは19世紀初頭，朱印船貿易が活発に行われたのは江戸時代初期の17世紀前半，シャクシャインの戦いが起こったのは1669年である。

5＜鉄砲の伝来＞Dは，1543年に種子島(鹿児島県)に漂着したポルトガル人によって日本に鉄砲が伝えられた出来事である。戦国時代であった日本では，鉄砲の普及によって戦い方や築城技術に変化がもたらされた。図1では，城の壁に鉄砲を撃つための狭間(小窓のような穴)が設けられている。

6＜鎌倉時代の出来事＞Eは，鎌倉時代前期に禅宗の一派である曹洞宗を開いた道元の教えを記したものである。鎌倉時代の13世紀後半には，元(モンゴル)が2度にわたって日本に襲来した(元寇)。1度目の襲来の後，鎌倉幕府第8代執権の北条時宗は博多湾岸に石の防塁などを築かせ，再襲来に備えた。なお，シーボルトが来日したのは江戸時代，フランシスコ・ザビエルが日本にキリスト教を伝えたのは戦国時代，空海が真言宗を開いたのは平安時代である。

7＜大日本帝国憲法と伊藤博文＞Fは，明治時代の1899年，大日本帝国憲法が発布されるときの様子である。図2に描かれた初代内閣総理大臣を務めた人物とは伊藤博文である。伊藤らは，憲法や議会について調査するためにヨーロッパに留学し，君主権の強いドイツ(プロイセン)の憲法を参考に，大日本帝国憲法の草案を作成した。

8＜年代整序＞年代の古い順に，A(古墳時代)，B(平安時代)，E(鎌倉時代)，D(戦国時代)，C(江戸時代)，F(明治時代)となる。

4 〔歴史―近代～現代の日本と世界〕

1＜明治時代～大正時代の出来事＞工場制手工業〔マニュファクチュア〕が行われるようになったのは，江戸時代の後期である。なお，ア，ウ，エは，いずれも近代的な産業や資本主義が発展した明治時代のことである。

2＜大戦景気＞第一次世界大戦が始まると，戦場となったヨーロッパ諸国からの輸入が途絶え，また軍需品の需要が世界的に高まったため，日本では造船業や鉄鋼業などの重化学工業が大きく成長し，輸出が拡大した。これを大戦景気という。

3 **＜年代整序＞**年代の古い順に，ウ（満州国の建国―1932年），エ（国家総動員法の制定―1938年），イ（対日石油輸出の禁止―1941年），ア（学徒出陣の開始―1943年）となる。

4 **＜高度経済成長期の家電普及＞**Ｃの時期に，日本は経済が急速に発展する高度経済成長期（1950年代半ば～1970年代初め）を迎えた。人々の生活が豊かになる中で家庭電化製品の普及も進み，1950年代後半から白黒テレビ，電気洗濯機，電気冷蔵庫が「三種の神器」と呼ばれて人気を集めた。なお，クーラー（エアコン）は1970年代，携帯電話やパソコンは1990年代以降に普及が進んだ。

5 **＜石油危機＞**1973年，イスラエルとアラブ諸国との間で第四次中東戦争が起こると，原油を産出するアラブ諸国が原油価格を引き上げたため，原油とそれを原料とする製品の価格が上昇し，世界の経済は大きく混乱した。これを石油危機という。石油危機をきっかけに，1950年代半ばから続いてきた日本の高度経済成長は終結した。

6 **＜高度経済成長と公害問題＞**高度経済成長とは，1950年代半ばから1970年代初めにかけて，日本の経済が急速に発展し，年平均で10％前後の高い経済成長率が続いたことをいう。図1を見ると，1965年に比べて1970年の2人以上勤労者世帯の収入が大きく増加していることから，高度経済成長によって国民の生活が豊かになっていったことがわかる。一方，図2を見ると，1966年度に比べて1970年度の公害に関する苦情・陳情の数が大きく増加していることから，工業化の進展に伴って公害問題が深刻化していたことがわかる。

5 〔公民―総合〕

1 **＜効率＞**社会の中でルールや方針を決めたりトラブルを解決したりする際に配慮すべき観点として，「効率」と「公正」がある。このうち「効率」とは，お金や物，土地，労力などが無駄なく使われているかという観点，「公正」は，手続きが適正か，機会や結果が一部の人にとって不当でないかといった観点である。ウは，空き店舗という本来なら無駄になる場所を別の用途に活用していることから，「効率」の観点を重視したものといえる。

2(1) **＜歳出の内訳の推移＞**Ａは，1995年度から2018年度にかけて割合が大きく増え，2018年度には歳出に占める割合が最も大きくなっていることから，少子高齢化の進展とともに増大を続けている社会保障関係費である。なお，2018年度には2番目に大きい割合を占めているＢは，財政の悪化とともに拡大した国債費である。また，1995年度に比べて2018年度の割合が減少したＣは公共事業費，1995年度と2018年度で割合が大きく変化していないＤは防衛費である。

(2) **＜財政政策＞**政府は，租税や公共事業といった財政の活動を調節することによって景気の安定をはかっている（財政政策）。不景気のとき，政府は公共事業への支出を増やしたり減税を行ったりすることで市場に出回る資金を増やし，企業の生産活動や家計の消費活動を促そうとする。反対に好景気のとき，政府は公共事業への支出を減らしたり増税を行ったりすることで市場に出回る資金を減らし，企業の生産活動や家計の消費活動を抑制して景気の過熱を抑えようとする。

3 **＜民事裁判＞**民事裁判は私人間の争いに関する裁判であり，原告と被告それぞれの言い分をもとに，裁判官が判決を下したり和解を促したりする（ア…○）。なお，裁判員が参加する裁判は，重大な犯罪に関する刑事裁判の第一審である（イ…×）。検察官が起訴することで行われる裁判は刑事裁判である（ウ…×）。犯罪行為について有罪か無罪かを判断する裁判は刑事裁判である（エ…×）。

4(1) **＜比例代表制＞**比例代表制は，各政党の得票数に応じて議席数を決める選挙制度である。原則として政党名で投票を行うが，参議院議員選挙で採用されている比例代表制のように，政党名または候補者名で投票を行う仕組みもある。比例代表制は，死票（落選者に投票された票）が少なく，小政党でも比較的議席を獲得しやすいという特徴がある。

(2) **＜直接請求権＞**地方自治では，住民は一定の署名を集めることによって地方公共団体に政治上の請求を行うことが認められている。これを直接請求権という。直接請求権には，条例の制定・改廃の請求，首長や議員などの解職請求，議会の解散請求，監査請求がある。

6 〔公民―総合〕

1 **＜労働者の権利＞**株主総会に出席して議決権を行使することができるのは，株式を購入した出資者

である株主のみである。

2＜**製造物責任法**＞製造物責任法〔PL法〕は，製品の欠陥によって消費者が損害を受けた場合の企業の責任について定めた法律であり，企業に過失があると証明しなくても企業に賠償を求めることができることを定めている。なお，消費者契約法は契約上のトラブルから消費者を守るための法律，環境基本法は環境保全についての基本理念などを定めた法律，独占禁止法は市場における独占や不公正な取引を禁じた法律である。

3＜**3Rの取り組み**＞3Rとは，使える資源を繰り返し利用して環境への負荷を減らす循環型社会を目指し，廃棄物を減らそうとする取組である。ごみを減らすリデュース（Reduce），使ったものを再使用するリユース（Reuse），ごみを分別して再生利用（再資源化）するリサイクル（Recycle）からなる。これらのうち，コンビニエンスストアのレジで会計するときに消費者ができる取組として考えやすいのはリデュースである。例えば，レジ袋ではなくエコバッグを使う，割り箸をもらわない，などの行動によってごみを減らすことができる。

4＜**技術革新**＞企業などが画期的な技術の開発を行い，全く新しい商品やサービスなどを生み出すことを，技術革新〔イノベーション〕という。

5＜**新しい人権**＞環境権や知る権利，プライバシーの権利などのように，日本国憲法には規定されていないものの，社会の変化に伴って主張され，認められるようになってきた人権を，「新しい人権」と呼ぶ。日本国憲法第13条では，幸福追求権と呼ばれる「生命，自由及び幸福追求に対する国民の権利」が規定されており，新しい人権はこの条文を根拠として主張されている。

6＜**働き手の不足と解決策**＞図1を見ると，日本の生産年齢人口は年々減少しており，これが働き手の不足をもたらしているとわかる。一方，在留外国人の数は増加し続けていることから，外国人労働者を雇用することによって働き手の不足を補うという解決策が考えられる。また，図2を見ると，スーパーにおいてセルフ精算レジを設置している店舗が増えつつあることから，さらに設置を進めることによって必要な人手を減らすという解決策を考えることができる。

7 〔三分野総合―国際協力をテーマとする問題〕

1＜**NGO**＞NGO〔非政府組織〕は，利益を目的とせず，主に国際的な活動を行う民間団体を指す。開発援助や環境保護，人道支援など，さまざまな分野で活動する団体がある。なお，ODAは政府開発援助，WHOは世界保健機関，FTAは自由貿易協定の略称である。

2＜**寺子屋**＞江戸時代には，町人や農民の子どもに「読み・書き・そろばん」などの実用的な知識を教える寺子屋が各地につくられた。

3＜**安全な水資源の確保の状況**＞安全な水資源を確保できない人の割合は，先進国で低く，発展途上国で高いと考えられる。したがって，ヨーロッパの国々の数値が低くアフリカの国々の数値が高いウが当てはまる。なお，ヨーロッパ諸国の数値が高くアフリカ諸国の数値が低いアは高齢化率である。ヨーロッパ諸国の数値が高く，その他の地域では産油国や比較的工業化が進んでいる一部の国の数値が高いイは，100人あたりの自動車保有台数である。ヨーロッパ諸国の数値が高く，その他の地域でも普及が進みつつある様子が読み取れるエは，100人あたりの携帯電話保有台数である。

4＜**助産師育成に必要なこと**＞図1中のCを見ると，指導者が不足していることで助産師の技術が低いために妊産婦死亡率が高いという課題があることがわかる。また，援助終了後のCでは，技術の高い助産師が増えたことで妊産婦死亡率が低下したとある。助産師の技術向上に必要なのは技術の高い助産師を育成するための実技中心の講習であると考えられる。

5＜**国際協力のあり方**＞図1を見ると，これまでに外国の援助によって小学校の校舎，給水設備，助産師を養成する学校がつくられてきたことがわかる。このような建物や設備を整備するためには，経済援助によって提供される資金が必要である。また，これらの建物や設備を有効に活用して持続的な発展につなげるためには，現地の人々が活用するための知識や技術を持っていなければならないため，人材を育成することが必要となる。

理科解答

1 1 ウ　　2 イ　　3 エ　　4 イ
　　5 発熱反応　　6 マグニチュード
　　7 DNA〔デオキシリボ核酸〕
　　8 23cm/s

2 1 黄道
　　2 右図
　　3 エ

3 1 0.60A
　　2 白熱電球Pの電力量…120Wh
　　　LED電球の使用時間…16時間
　　3 (例)LED電球は，同じ消費電力の
　　　白熱電球より熱の発生が少ないから。

4 1 柱頭　　2 ア
　　3 ①…葉，茎，根　②…からだの表面
　　4 (例)胚珠が子房の中にあるかどうか
　　　という基準。

5 1 45cm³　　2 2Mg+O₂→2MgO
　　3 $2Mg + O_2 \rightarrow 2MgO$
　　3 グラフ

酸素の質量(g) 縦軸: 0 0.1 0.2 0.3 0.4
マグネシウムの質量(g) 横軸: 0 0.1 0.2 0.3 0.4 0.5

4 196cm³

6 1 ウ
　　2 (例)小腸は栄養分を吸収し，肝臓は
　　　その栄養分をたくわえるはたらきが
　　　あるから。
　　3 40秒

7 1 1.5g/cm³　　2 エ
　　3 液体…イ
　　　実験結果…(例)ポリプロピレンはな
　　　　　　　　　たね油に浮き，ポリエチ
　　　　　　　　　レンはなたね油に沈む。

8 1 17℃　　2 5705g　　3 C
　　4 イ，オ

9 1 0.30N　　2 0.50N
　　3

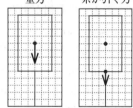

重力　　糸が引く力

　　4 ①…×　②…×　③…○　④…×

---

1 〔小問集合〕

1 <混合物>石油は，2種類以上の物質が混ざっているので混合物である。なお，塩化ナトリウム，アンモニア，二酸化炭素は，1種類の物質からできている純粋な物質である。

2 <深成岩>深成岩は，火成岩のうちマグマが地下深くでゆっくりと冷えて固まってできた岩石で，ア～エのうち，花こう岩が深成岩である。なお，玄武岩は火成岩のうちマグマが地表や地表近くで急に冷えて固まってできた火山岩である。また，チャートは生物の死がいなど，凝灰岩は火山灰などが，それぞれ堆積してできた堆積岩である。

3 <陰極線>陰極線は電子の流れで，－極から出て＋極に向かって流れる。よって，電極Xが－極，電極Yが＋極である。また，電子は－の電気を帯びていて，＋極に引かれて曲がるので，電極Aが－極，電極Bが＋極である。

4 <軟体動物>軟体動物は内臓が外とう膜でおおわれている生物で，ア～エのうち，マイマイ(かたつむり)が軟体動物である。なお，ミミズとヒトデは，節足動物や軟体動物以外の無セキツイ動物，タツノオトシゴは魚類である。

5 <発熱反応>化学変化によって熱が放出され，周りの温度が上がる反応を発熱反応という。なお，化学変化によって熱が奪われ，周りの温度が下がる反応を吸熱反応という。

6 <マグニチュード>地震の規模を数値で表したものをマグニチュード(M)という。マグニチュードの値が1大きくなると，地震のエネルギーは約32倍になる。

7 <DNA>染色体の中に存在する遺伝子の本体はDNAである。DNAは，デオキシリボ核酸という物質の英語名(Deoxyribonucleic acid)の略称である。

8 <速さ>1秒間に50打点する記録タイマーは，$\frac{1}{50}$秒ごとに点を打つ。よって，図の区間Aを移動するのにかかる時間は，$\frac{1}{50} \times 5 = \frac{1}{10}$(秒)だから，平均の速さは，$2.3 \div \frac{1}{10} = 23$(cm/s)である。

2 〔地球と宇宙〕

1 <黄道>天球上の太陽の見かけの通り道を黄道という。地球が太陽の周りを公転することによって，地球から見ると，太陽は天球上の星座の中を動いていくように見える。

2 <金星の見え方>金星は，太陽の光を反射して光って見える。図1のとき，カメラ(地球)から見て，ボール(金星)の左側に光源(太陽)があるので，ボールは左側が明るく見える。また，地球から見て金星は，太陽から最も離れて見える位置にあるとき(太陽 - 金星 - 地球がつくる角度がほぼ直角になるとき)，半月状に見える。図1のボールは，半月状に見える位置よりカメラに近いので，より欠け方が大きく見える。よって，ボールは左側の$\frac{1}{4}$くらいが明るく写る。解答参照。

3 <金星の見え方>まず，真夜中に南中する星座は，地球から見て太陽と反対側にあるので，おとめ座が真夜中に南中する日のカメラは右図のA$_1$の位置にある。また，このときのボールは，図2のように右側が明るい半月状に写っているので，ボールはB$_1$の位置にある。次に，この半年後のカメラとボールの位置を考える。地球は1年で360°公転するので，カメラは半年後に180°公転したA$_2$の位置にある。また，金星は0.62年で360°公転するから，半年(0.50年)でp°公転したとすると，$0.62 : 0.50 = 360 : x$が成り立つ。これを解くと，$0.62 \times x = 0.50 \times 360$より，$x = 290.3 \cdots$となるから，ボールは約290°公転したB$_2$の位置にある。よって，図より，このとき撮影されたボールはふたご座とおとめ座の間に見える。

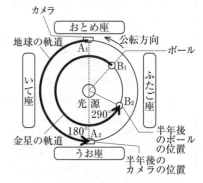

3 〔電流とその利用〕

1 <電流>電力は，〔電力(W)〕＝〔電圧(V)〕×〔電流(A)〕で求められるから，〔電流(A)〕＝〔電力(W)〕÷〔電圧(V)〕となる。よって，表より，白熱電球Pに100Vの電圧を加えたときの消費電力は60Wなので，100Vの電圧をかけたときに流れる電流は，$60 \div 100 = 0.60$(A)である。

2 <電力量>〔電力量(Wh)〕＝〔電力(W)〕×〔時間(h)〕より，消費電力が60Wの白熱電球Pを2時間使用したときの電力量は，$60 \times 2 = 120$(Wh)となる。また，消費電力が7.5WのLED電球の電力量が120Whとなるのは，$120 \div 7.5 = 16$(時間)使用したときである。

3 <エネルギー変換効率>図3より，同じ点灯時間での水の上昇温度は，白熱電球Qに比べてLED電球の方が小さい。よって，白熱電球QとLED電球の消費電力が同じことから，同じ電力量(電気エネルギー)でも，白熱電球Qに比べてLED電球の方が発生する熱エネルギーは少ないことがわかる。これより，LED電球の方が，電気エネルギーを光エネルギーに変換する量が多いと考えられ，電気エネルギーを光エネルギーに変換する効率が高いことがいえる。

4 〔植物の生活と種類〕

1 <柱頭>図1のめしべの先端部分Xを柱頭という。サクラは被子植物なので，めしべのもとのふくらんだ部分(子房)の中に胚珠がある。

2 <双子葉類>図2より，キャベツの葉の葉脈は網目状(網状脈)なので，キャベツは双子葉類である。双子葉類の茎の断面では維管束は輪のように並び(A)，根は主根と側根からなる(C)。なお，茎の

断面で維管束が散らばり（B），根がひげ根（D）なのは，単子葉類の特徴である。

3 <コケ植物>ゼニゴケには，葉，茎，根の区別がなく，水をからだの表面から吸収する。なお，イ
　ヌワラビには葉，茎，根の区別があり，維管束もある。

4 <種子植物>サクラとキャベツは被子植物だから胚珠が子房の中にあり，マツは裸子植物だから胚
　珠がむき出しになっている。

⑤ 〔化学変化とイオン，化学変化と原子・分子〕

1 <中和>表１より，試験管ＡではBTB溶液の色が緑色になっているから，水溶液は中性で，塩酸
　6.0cm³と水酸化ナトリウム水溶液6.0cm³，つまり，同じ体積の塩酸と水酸化ナトリウム水溶液が完
　全に中和することがわかる。また，試験管Ｂ，Ｃ，ＤではBTB溶液の色が黄色になっているから，
　水溶液は酸性で，中和せずに残った塩酸がマグネシウムと反応して気体（水素）が発生している。表
　１より，試験管Ｂ，Ｃで中和せずに残った塩酸の体積は，試験管Ｂでは $8.0-4.0=4.0(cm^3)$，試験
　管Ｃでは $10.0-2.0=8.0(cm^3)$ である。どちらもマグネシウムの溶け残りがあるので，中和せずに残
　った塩酸は全てマグネシウムと反応している。よって，試験管Ｂでマグネシウムと反応した塩酸の
　体積は，試験管Ｃの半分だから，発生した気体の体積Ｘも，試験管Ｃで発生した90cm³の半分とな
　り，45cm³である。

2 <化学反応式>マグネシウム（Mg）は酸素（O_2）と化合して酸化マグネシウム（MgO）になる。化学反
　応式は，矢印の左側に反応前の物質の化学式を，右側に反応後の物質の化学式を書き，矢印の左右
　で原子の種類と数が等しくなるように化学式の前に係数をつける。

3 <化合する酸素の質量>表２より，実験(2)で，マグネシウムと化合した酸素の質量は，測定した質
　量のうち，値が変化しなくなったときの質量と，加熱前のマグネシウム粉末の質量の差で求めるこ
　とができる。よって，１班では，マグネシウム0.25gと化合した酸素の質量は $0.38-0.25=0.13(g)$ と
　なる。同様に，２班，３班，４班で，マグネシウムと化合した酸素の質量を求めると，２班ではマ
　グネシウム0.30gに対して，$0.48-0.30=0.18(g)$，３班ではマグネシウム0.35gに対して，$0.54-0.35$
　$=0.19(g)$，４班ではマグネシウム0.40gに対して，$0.64-0.40=0.24(g)$ となる。グラフは，これら
　の値を点（・）などで記入し，なるべく全ての点の近くを通るように原点を通る直線を引く。

4 <反応する物質の質量>表２より，５班は，マグネシウム0.45gが，５回目の加熱後に0.61gになっ
　ているから，化合した酸素の質量は $0.61-0.45=0.16(g)$ である。マグネシウムと酸素は３：２の質
　量の比で化合するので，酸素0.16gと化合したマグネシウムの質量を x gとすると，$x:0.16=3:2$
　が成り立つ。これを解くと，$x×2=0.16×3$ より，$x=0.24(g)$ となるから，酸化されずに残ったマ
　グネシウムの質量は，$0.45-0.24=0.21(g)$ である。また，表１より，試験管Ｄではマグネシウムの
　溶け残りがないため，マグネシウム0.12gが全て反応すると，気体が112cm³発生することがわかる。
　よって，マグネシウム0.21gが全て反応したときに発生する気体の体積を y cm³とすると，$0.21:y$
　$=0.12:112$ が成り立つ。これを解くと，$y×0.12=0.21×112$ より，$y=196(cm^3)$ である。

⑥ 〔動物の生活と生物の変遷〕

1 <血液循環>細胞の活動によってできた二酸化炭素は，血液によって図のＰの肺まで運ばれ，肺で
　放出されるので，肺を通過するとき，血液中からは二酸化炭素が減少する。また，Ｓの腎臓では，
　尿素などの不要物を血液中からこし出して尿をつくるので，腎臓を通過するとき，血液中からは尿
　素が減少する。なお，酸素は肺を通過すると増加し，アンモニアは肝臓で尿素につくり変えられる。

2 <血液循環>ブドウ糖などの栄養分は，図のＲの小腸から血液中に吸収される。吸収された栄養分
　は，Ｑの肝臓へ運ばれ，一部は別の物質に変えられて貯蔵される。そのため，ａを流れる血液が，
　ブドウ糖などの栄養分の濃度が最も高い。

3 <血液循環>体循環では，左心室から全身へ血液が送り出される。心臓は１回の拍動で，左心室か

ら全身へ80mLの血液を送り出すから，4000mLの血液を送り出すのに必要な拍動の回数は，4000÷80＝50(回)である。また，心臓は1分(60秒)間で75回拍動するから，50回拍動するのにx秒かかるとすると，75：50＝60：xが成り立つ。これを解くと，75×x＝50×60より，x＝40(秒)となる。

7 〔身の回りの物質〕

1 <密度>〔密度(g/cm³)〕＝〔物質の質量(g)〕÷〔物質の体積(cm³)〕より，プラスチック片Aの密度は，4.3÷2.8＝1.53…となるから，約1.5g/cm³である。

2 <密度>水の密度の1.0g/cm³より密度の小さい物質は水に浮き，密度の大きい物質は水に沈む。よって，実験(3)で，水に沈んだプラスチック片A，Bの密度は，水の密度の1.0g/cm³より大きい。同じ種類でできている物質は，体積や質量が異なっても密度は同じだから，プラスチック片Bと同じ種類でできている物質を水に沈めると，水に沈んだままになる。

3 <密度>2より，プラスチック片C，Dは，密度1.0g/cm³の水より密度が小さいポリエチレン(密度0.94〜0.97g/cm³)かポリプロピレン(密度0.90〜0.91g/cm³)である。これらのプラスチック片を区別するには，密度が0.91g/cm³より大きく，0.94g/cm³より小さい液体を用いればよい。よって，表2より，用いる液体はなたね油(密度0.92g/cm³)で，このとき，ポリエチレンはなたね油に沈み，ポリプロピレンは浮く。

8 〔気象とその変化〕

1 <湿度>図1より，乾球の示度が19℃，湿度が81%のとき，乾球と湿球の示度の差は2℃である。湿球の球部は湿ったガーゼで包まれ，水が蒸発するときに熱が奪われるため，湿球の示度は乾球の示度より低くなる。よって，このときの湿球の示度は，19−2＝17(℃)である。

2 <水蒸気量>露点が19℃だから，理科室内の空気1m³に含まれている水蒸気量は，19℃での飽和水蒸気量に等しい。よって，図2より，19℃での飽和水蒸気量は16.3g/m³なので，理科室内の空気350m³に含まれている水蒸気の質量は，16.3×350＝5705(g)である。

3 <湿度>湿度は，〔湿度(%)〕＝$\dfrac{〔空気1m³中に含まれている水蒸気量(g/m³)〕}{〔その気温での飽和水蒸気量(g/m³)〕}$×100で求められる。まず，図2で，空気1m³中に含まれている水蒸気量が同じで，気温が異なるA，B，Cの空気について考える。グラフより，気温が高くなると飽和水蒸気量は大きくなり，湿度は低くなるので，A，B，Cの空気のうち，最も湿度が低いのは，最も気温が高いCの空気である。次に，気温が同じで，空気に含まれる水蒸気量が異なるC，Dの空気について考える。気温が同じとき，飽和水蒸気量は同じだから，湿度が低いのは，空気1m³中に含まれている水蒸気量が小さいCの空気である。以上より，最も湿度が低いのはCの空気になる。

4 <湿度>まず，気温は1組より2組の方が高いから，飽和水蒸気量は2組の方が大きい。そのため，湿度が同じとき，飽和水蒸気量が大きいほど，含まれている水蒸気量が大きい。露点は，空気1m³中に含まれている水蒸気量が飽和水蒸気量と等しくなる温度だから，含まれている水蒸気量が大きい空気ほど露点は高くなる。よって，2組での露点は，1組の露点6℃より大きい。次に，露点は空気の温度が下がって水蒸気が凝結し始める温度である。2組の湿度は42%と100%より小さいので，2組の気温28℃では水蒸気は凝結しない。よって，2組の露点は，気温28℃より小さい。

9 〔身近な物理現象〕

1 <浮力>実験(2)で，容器Pは水に浮いて静止しているので，容器Pにはたらく重力と浮力はつり合い，大きさが等しい。よって，容器Pにはたらく重力の大きさは，実験(1)で，ばねばかりが示した値で，表より0.30Nなので，浮力の大きさは0.30Nである。

2 <浮力>浮力の大きさは，〔浮力の大きさ(N)〕＝〔空気中でのばねばかりの値(N)〕−〔水中でのばねばかりの値(N)〕で求められる。容器Qは高さが5.0cmだから，容器Qが全て水に沈んだのは，水

面からの深さが5.0cmになったときで，図4より，このときのばねばかりの値は4.50Nである。また，実験(1)より，容器Qの空気中でのばねばかりの値は5.00Nである。よって，容器Qにはたらく浮力の大きさは，5.00－4.50＝0.50(N)である。

3 <力>重力は，地球が容器Pを真下に引く力で，その大きさは，容器Pが空気中にあるときも水中にあるときも同じで0.30Nである。よって，容器Pにはたらく重力を表す矢印は，容器Pの中心を作用点として下向きに，0.30÷0.10＝3より，3目盛り分の長さとなる。また，容器Pは高さが5.0cmだから，水面からの深さが5.0cmになったときに全て水に沈んでいる。このときのばねばかりの値は，図6より，0.20Nで，この値は糸が引く力の大きさを表している。したがって，糸が引く力を表す矢印は，容器Pと糸の接点を作用点として下向きに，0.20÷0.10＝2より，2目盛り分の長さとなる。

4 <浮力>①…×　図4で，水面からの深さが5.0cm以上になると，ばねばかりの値は一定になっている。浮力は，物体の空気中での重さと水中での重さの差で求められるから，水面からの深さが5.0cm以上になると，浮力も一定になる。　　②…×　2より，容器Qが全て沈んだときの浮力は0.50Nである。また，図5で，容器Pが全て沈んだときの浮力は，重力と糸が引く力の合力とつり合っている。3より，重力は0.30N，糸が引く力は0.20Nだから，合力は0.30＋0.20＝0.50(N)となり，浮力は0.50Nになる。よって，質量の異なる容器Qと容器Pで，全て沈んだときの浮力は同じなので，浮力は物体の質量の大きさに関係しない。　　③…○　図4で，水面からの深さが0cmから5.0cmまで深くなると，ばねばかりの値が小さくなっている。このとき，浮力は大きくなっているから，物体の水中に沈んでいる部分の体積が大きいほど，浮力は大きくなる。　　④…×　図4で，水面からの深さが0cmから大きくなっていくと，ばねばかりの値が5.0Nより小さくなっているのは，水中に沈んでいく容器Qに浮力がはたらくからである。

国語解答

一 1 (1) こうけん　(2) は
　　　(3) しょうだく　(4) そむ
　　　(5) おもむ
　　2 (1) 研究　(2) 借　(3) 似
　　　(4) 負担　(5) 講座
　　3 (1)…エ　(2)…ア　(3)…ア　(4)…ウ
　　　(5)…イ

二 1 かろうじて　2 ウ　3 エ
　　4 (例)銀貨が三包入った袋の持ち主を
　　　長時間捜して，拾ったときのまま返
　　　したこと。(35字)
　　5 イ

三 1 イ
　　2 あなたにしかない感覚・感情
　　3 エ　4 ア

5 (例)本当の自分が自己の中にはじめ
　　から明確に存在すると思い込んで，
　　それを探している(38字)[状態。]
6 ウ

四 1 ウ
　　2 (例)陸上勤務を少しは喜んでもらえ
　　　ると思っていたのに，妻と娘に反発
　　　され気まずくなったから。(42字)
　　3 イ　　4 ア
　　5 (例)息子に航輝と名づけるほど船に
　　　乗るのが好きな父が，家族のために
　　　船を降りても本当によいのかという
　　　こと。(49字)
　　6 エ

五 (省略)

一 〔国語の知識〕

1 <漢字>(1)「貢献」は，力を尽くすこと。　　(2)音読みは「反映」などの「エイ」。　　(3)「承諾」は，聞き入れること。　　(4)音読みは「背景」などの「ハイ」。　　(5)音読みは「赴任」などの「フ」。

2 <漢字>(1)「研究」は，よく調べて考えていくこと。　　(2)音読みは「貸借」などの「シャク」。　(3)音読みは「相似」などの「ジ」。　　(4)「負担」は，自分の身に引き受けること。　　(5)「講座」は，研究や知識・技能の習得のために設けられる場のこと。

3 (1)<俳句の技法>山口誓子の俳句の季語は「スケート」で，季節は冬。アの季語は「雲雀」で，季節は春。イの季語は「名月」で，季節は秋。ウの季語は「花火」で，季節は夏。エの季語は「みぞれ」で，季節は冬。　　(2)<慣用句>「わくわくした心情」を表すのは，「胸が躍る」である。「肝を冷やす」は，危険を感じてはっとする，という意味。「舌を巻く」は，人の行いなどに驚き感心する，という意味。「目が泳ぐ」は，隠しごとや後ろめたいことをしたときに心が動揺する，という意味。　　(3)<熟語の構成>「想像」と「抜群」は，下の漢字が上の漢字の目的語になっている熟語。「海底」は，上の漢字が下の漢字を修飾している熟語。「削除」は，似た意味の漢字を重ねた熟語。「未来」は，上の漢字が下の漢字を打ち消している熟語。　　(4)<品詞>「幼い」は，形容詞「幼い」の連体形。「おもしろく」は，形容詞「おもしろい」の連用形。「結び」は，バ行五段動詞「結ぶ」の連用形。「初めて」は，副詞。「言う」は，ワ行五段動詞「言う」の連体形。　　(5)<資料>俳句の十七音を通して，そのときの心情やその場の情景をいろいろ思い浮かべながら読むことができるのが，俳句の魅力である。

二 〔古文の読解―随筆〕出典；西川如見『長崎夜話草』。

≪現代語訳≫浜の町という所に，島原屋市左衛門とかいった者がいる。十二月の初め，雪が降り積もった朝，用事があって早く(家を)出て，浜にある道を行くと，雪のすきまに変わった物が見えたので，立ち寄って引きあげたところ，非常に重い袋で，内に銀貨の大きなものが三包ほどあると思われたもの

がある。驚いて，きっと持ち主がいるだろうから，すぐに捜しに来るだろうと，その場を立ち去らないで二時ほど待っていたけれども捜しに来る人もいないので，きっと旅人が落としたのであるのだろうと，その辺りの町の中心部から離れた所で，旅人が宿を取る家ごとに(市左衛門は)尋ねていって，旅人が物をなくされたことなどがあるかと出会う人ごとに(市左衛門は)きいたところ，その日の夕方に，やっとのことで持ち主に巡り合った。はじめから終わりまで詳しく尋ねきいたところ本当の持ち主であったので，前に見つけた袋のままで返しました。この持ち主は喜び拝んで，「私は薩摩の国の者で，(自分が)頼りにしていた人がさまざまな物を買い求めにということで，私を派遣したが，もしこの銀貨がなければ，私の命はあるだろうか(，いや私の命はないだろう)。かえすがえすもめったにないことでございますよ」と，その銀貨を分けて報いようとしたけれども(市左衛門が)決して(銀貨を)受け取ることもしないので，どうしようもなく酒と肴を用意して心を込めて敬いお礼をして(薩摩の国に)帰った。

1 **＜歴史的仮名遣い＞**歴史的仮名遣いの「au」の音は，現代仮名遣いでは「ou」になるので，「からうじて」は「かろうじて」となる。

2 **＜古文の内容理解＞**市左衛門は，家から出かけ(…ア)，銀貨の入った袋を見つけると，その銀貨の持ち主を捜していき(…イ)，出会う人ごとに，旅人が物をなくしたという話がないかと(…ウ)，きいたのである(…エ)。

3 **＜古文の内容理解＞**銀貨がたくさん入った袋を落としたのだから，持ち主がすぐに捜しに戻ってくるだろうと思ったので，市左衛門は，その場で待っていたのである。

4 **＜古文の内容理解＞**「有り難きこと」とは，めったにないこと，という意味。銀貨がたくさん入った袋を拾い，その持ち主を捜し回って，持ち主に袋をそっくりそのまま返した市左衛門の行為が，めったにないことなのである。

5 **＜古文の内容理解＞**銀貨の袋の持ち主は，市左衛門に銀貨を分け与えようとしたけれども，市左衛門が決して受け取らなかったので，せめて酒と肴を用意して心を込めて感謝の気持ちを表したいと思ったのである。

三 〔論説文の読解—哲学的分野—人間〕出典；細川英雄『対話をデザインする』。

≪本文の概要≫人が話したり書いたりする活動は，自分の中の思考と表現の繰り返しのうえに成り立つ作業であり，自分が考えて表現してまた考えてという行為の活性化が，言語活動の充実につながる。ここで特に大切なものが，自分と相手との相互理解のプロセスである。相手の表現を受け止め，それを解釈し，自分の考えを述べて，その自分の考えが相手に伝わったか否かを確かめることによって，自分の「言いたいこと」「考えていること」が明確になる。自分の「言いたいこと」を，すぐにはっきりと相手に伝えられるように言葉で表現することは，難しい。「私」は，個人の中にあるというよりは，他者とのやりとりの過程にあり，「自分」というものも，自分を取り囲む環境との間で世界にたった一人の個人としてつくりあげられるといえる。人は，こうして得た自分だけのものの見方で世界を見ている。どんな現象も「私」の判断を通して認識するが，世の中でいろいろな考え方や価値観にふれることで，「私」は変わっていく。だから，はじめからしっかりとした自分があるわけではない。相手とのやりとりを通して，しだいに少しずつ自分が姿を現していく。

1 **＜文章内容＞**相手の表現を受け止めて解釈し，それに対する自分の考えを述べて，自分の考えが相手に伝わったか伝わらないかを自分で確かめることが，「自分と相手との間で起こる相互理解」である。

2 **＜表現＞**人は，社会や文化の影響を受けながら，いろいろな人と交流して成長していく。それと同時に「あなたにしかない感覚・感情」を所有していき，「世界にたった一人の個人」としての自分のものの見方を獲得していくのである。

3<文章内容>ある対象を事実に即して述べるために，自分を通して見るのではなく，第三者の立場で見ようとしても，それは不可能である。ある物事を見るということは，自己の感覚や感情，判断を通して見るということだからである。

4<接続語>自己としての「私」は，いろいろな認識や判断を通して，少しずつつくられていくといえるし，また，少しずつ変わっていくといえるのである。

5<文章内容>「自分」というものは，「『私』の中にはじめから明確に存在するものでなく」，相手とのやりとりを通して姿を現していくものである。だから，本当の自分を探して，自分自身を深く問い詰めていっても，「自分」が現れてくることはないのである。

6<主題>相手の言いたいことを解釈したうえで，自分の意見を述べて，自分の言いたいことが相手に伝わったか否かを確かめるという他者との相互理解のプロセスの中で，自分の言いたいことが見えてくる（ア…×）。「自分」というものは，実体としてどこかにあるのではなく，人は，自分を取り囲む環境と関わり合うことで，自分の存在に気づき，自分を形成していく（ウ…〇）。自分とは違う価値観にふれて，自分の考えを振り返り，更新することで，自分は変容していく（イ…×）。「対等な人間関係」や「対話の成立する社会」については書かれていない（エ…×）。

四 〔小説の読解〕出典；岡崎琢磨『進水の日』。

1<心情>家族と一緒に暮らしたいと陸上勤務を望んだ父であったが，勤務先が名古屋で，一か月の間に家族で引っ越さなければならず，家族の生活環境が急に変わってしまうことを気にして，父は異動について言いにくそうだったのである。

2<心情>「ばつが悪い」は，きまりが悪い，という意味。家族のためによいことだと思って，陸上勤務を望んだのに，妻には突然そんなことを言われても困ると言われ，娘には転校がいやだと言われて，父は，具合が悪いと感じ，頭をかいたのである。

3<表現>母は，いつも機会があるごとに，父が船に乗る仕事のために子育てに協力できないことを批判してきた。父は，母の言葉を聞き流すような細かいことにとらわれない性格ではあったが，母の言葉を無視していたわけではなく，父なりに考えて，陸上勤務を希望することにしたのである。「おおらか」は，心がゆったりとしている様子を表す。

4<文章内容>母が，相談もなしに突然陸上勤務を決めたことに対して，父を批判したため，航輝は，父が陸上勤務になることはうれしいと発言するのは，母には喜ばしいことではないと思ったのである。

5<文章内容>父は，息子の名前に人生の航路が輝くようにという思いを込めて「航輝」と名づけるほど，船に乗ることが大好きな人である。その父は，家族のために大好きな仕事をやめて，陸上勤務になることを決めたが，それでは父は，自分のやりたいことを諦めることになる。航輝は，それでいいのかと考え込んだため，「ごちそうの味」に集中できなかったのである。

6<表現>「母の視線」や，父の「困ったような微笑」とあるように，主人公の視点を通して父の気持ちや母の気持ちが表現されている（エ…〇）。

五 〔作文〕

第一段落で書くことを考えるために，例えば，「前方の乗車口」が「前のドア」と，具体的な物に即した言い方になっているなど，図Aと図Bとの係員の話し方の違いをとらえる。次に，第一段落で書いたことをふまえて，第二段落で書く「あなたが心がけたいこと」を，一度箇条書きにしてみる。そして，自分の体験と合わせて書く。段落分けを必ずすること。

Memo

Memo

2019年度
栃木県公立高校／入試問題

英語　●満点 100点　●時間 50分

1 これは聞き方の問題である。指示に従って答えなさい。

1 〔英語の対話とその内容についての質問を聞いて，答えとして最も適切なものを選ぶ問題〕

(1)　ア　　　　　　イ　　　　　　ウ　　　　　　エ

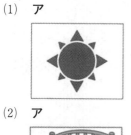   

(2)　ア　　　　　　イ　　　　　　ウ　　　　　　エ

   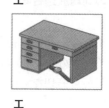

(3)　ア　　　　　　イ　　　　　　ウ　　　　　　エ

2 〔英語の対話とその内容についての質問を聞いて，答えとして最も適切なものを選ぶ問題〕

(1)　①　ア　Places to visit.　　　イ　Nice pictures.
　　　　　ウ　Historical things.　　エ　Things to buy.
　　　②　ア　The castle.　　　　　イ　The museum.
　　　　　ウ　The kimono shop.　　エ　The bookstore.

(2)

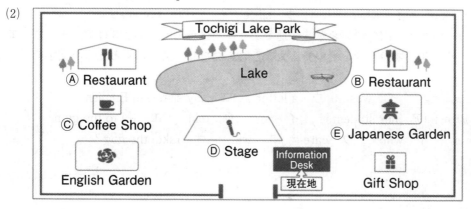

① ア　English Garden →Ⓐ→Ⓓ→Ⓒ→ Gift Shop

　イ　English Garden →Ⓐ→Ⓔ→Ⓒ→ Gift Shop

　ウ　English Garden →Ⓑ→Ⓓ→Ⓐ→ Gift Shop

　エ　English Garden →Ⓑ→Ⓔ→Ⓐ→ Gift Shop

② ア　He will call the restaurant near the coffee shop.

　イ　He will call the restaurant near the Japanese Garden.

　ウ　He will visit the gift shop near the Information Desk.

　エ　He will visit the English Garden near the coffee shop.

3 〔インタビューを聞いて，英語で書いたメモを完成させる問題〕

> ・John believes (1)(　　　　　) is important.
> ・The team had a meeting every (2)(　　　　　).
> ・Ken broke his (3)(　　　) and couldn't play.
> ・Ken's (4)(　　　　　) supported the team.
> ・All the members of the team are needed.

※<**聞き方の問題放送台本**>は英語の問題の終わりに付けてあります。

2 　次の1，2の問いに答えなさい。

1 　次の英文中の [(1)] から [(6)] に入れるものとして，下の(1)から(6)のア，イ，ウ，エのうち，それぞれ最も適切なものはどれか。

　　My dream [(1)] to work at a zoo because I like animals.　I think pandas are the [(2)] of all animals in the world.　We can [(3)] them at Ueno Zoo in Japan, but in China, there are many pandas.　Someday I want to go there to [(4)] time with them and learn about pandas.　However, I have never [(5)] to China.　So I will study Chinese [(6)] this summer vacation.

(1) ア　am　　　　イ　is　　　　　　ウ　are　　　　　エ　were
(2) ア　cute　　　イ　as cute as　　ウ　cuter than　　エ　cutest
(3) ア　see　　　イ　saw　　　　　ウ　seen　　　　　エ　seeing
(4) ア　leave　　イ　save　　　　　ウ　spend　　　　エ　watch
(5) ア　be　　　イ　to be　　　　　ウ　been　　　　　エ　being
(6) ア　during　イ　while　　　　　ウ　since　　　　　エ　between

2 　次の(1)から(3)の（　）内の語句を意味が通るように並べかえて，(1)と(2)はア，イ，ウ，エ，(3)はア，イ，ウ，エ，オの記号を用いて答えなさい。ただし，文頭にくる語も小文字で示してある。

(1) (ア　writing　イ　was　ウ　a letter　エ　my sister) in English.
(2) Ms. Brown (ア　her students　イ　go　ウ　told　エ　to) to the gym.
(3) (ア　of　イ　who　ウ　care　エ　will　オ　take) the dog?

3 次の英文は，綾子(Ayako)とペルー(Peru)からの留学生カミラ(Kamila)が，民族音楽のコンサートに行った帰りにした，カホン(*cajon*)についての対話の一部である。これを読んで，1，2，3，4の問いに答えなさい。

Ayako : I enjoyed today's concert, Kamila. I especially loved the sound of the guitars.

Kamila : Did you? I loved ⑴it too.

Ayako : Kamila, I have a question. One player sat on a box. He hit it with his hands and fingers, and sometimes (**A**) it. Do you know what the box is?

Kamila : Oh, it is a popular instrument in Peru. It is called *cajon*. *Cajon* means "box" in Spanish.

Ayako : He was sitting on it, so I thought it was a (**B**) at first.

Kamila : *Cajon* is a kind of *percussion instrument, and we sit on it when we play it. There is a large *hole in the back of *cajon*, and the sound comes from it.

Ayako : Really? I couldn't see the hole. Is it a new instrument?

Kamila : No, it isn't. *Cajon* has a history. In the old days, *slaves in Peru loved music, but they *were not allowed to have any instruments. ☐☐☐☐☐☐ In this way, *cajon* was born.

Ayako : I see. Is it easy to play it?

Kamila : Yes, it is. We can make sounds with our hands, fingers and *heels.

Ayako : That's nice! By the way, why do you know about *cajon* well?

Kamila : My grandmother told me this. Now I think it is very important to know about our own history and culture. I want to travel around the world and tell many people about my country in the future.

Ayako : Wow, you have ⑵a wonderful dream! Kamila, I want more people around the world to know about Japan. I should learn more about my country.

〔注〕 ＊percussion instrument＝打楽器　　＊hole＝穴　　＊slave＝奴隷（どれい）
　　　 ＊be not allowed to ～＝～することが許されない　　＊heel＝かかと

1　下線部(1)は何を指すか。具体的に日本語で書きなさい。

2　本文中の（**A**），（**B**）に入る語の組み合わせとして，最も適切なものはどれか。
　 ア　**A**：kicked － **B**：drum　　イ　**A**：pulled － **B**：drum
　 ウ　**A**：kicked － **B**：chair　　エ　**A**：pulled － **B**：chair

3　本文中の ☐☐☐ に入る以下の三つの文を，意味が通るように並べかえて，記号を用いて答えなさい。
　 ア　They started to use them for their music.
　 イ　Then they found boxes made of wood.
　 ウ　So they looked for something to play.

4　下線部(2)の指す内容は何か。具体的に日本語で書きなさい。

4 次の**1**，**2**の問いに答えなさい。

1 英語の授業で，海外からの観光客に，自分の町を紹介する英文を作ることになった。下の
　　□□は，そのために作成した日本語のメモである。□□内の(1)，(2)に適切な英語を入れなさ
　　い。

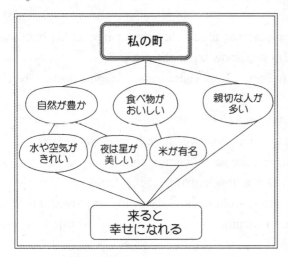

My Town
I really like my town. It has some good points. First, my town is rich in nature. Here, __(1)__. Also, the stars are beautiful at night. Second, the food is delicious. My town is famous for its rice. Third, __(2)__. I'm sure you will be happy if you come to my town.

2 次の絵と英文は，ジェーン(Jane)と華(Hana)が会話をしている様子を表したものである。
　　下の(1)，(2)の問いに答えなさい。

Jane : I am so hungry. It's around noon. ☐　①　

Hana : Yes, let's. I'm hungry too.

~ *10 minutes later* ~

Hana : I brought rice balls today.

Jane : Wow! They look delicious. I made some sandwiches. ☐　②　

Hana : Yes. Thank you! Then I will give you one of my rice balls.

Jane : Oh, thank you. By the way, we usually have *school lunch. Which do you like better, *box lunch or school lunch?

　　〔注〕 *school lunch＝給食　　*box lunch＝弁当

(1) 絵を参考に，二人の会話が成り立つよう，①，②に適切な英文を入れなさい。

(2) 下線部の質問に対してあなたが答えるとき，その答えと理由を，つながりのある**5文程度**
　　の英語で書きなさい。

5 絵美(Emi)と姉の友子(Tomoko)についての次の英文を読んで，1，2，3，4の問いに答えなさい。

My name is Emi. I'm a third-year student in junior high school. My sister, Tomoko, is a high school student. She is very smart, and she is also good at sports. She can do everything better than me. She is perfect. So, I didn't like her until my last *marathon race.

I didn't like the marathon race at my junior high school, because I was always the last runner. One day, I said to my mother and Tomoko, "I won't go to the marathon race this year." My mother said, "Why? This is the last year. You should go." I answered, "I think I will be last again." Then Tomoko said, "Well..., I have (1)an idea. I think we can run every morning, Emi. You still have two weeks before the marathon race." I said, "Run every morning for two weeks with you? I don't want to do that." "Do you want to be last again, Emi? I'll run with you. You'll be all right." "Are you sure? OK. I'll try," I answered.

From the next morning, we started to run. I couldn't run so fast, but Tomoko always ran with me and talked about a lot of things: her school life, her friends and our *childhood memories. Little by little, I began to enjoy running with Tomoko. One day, Tomoko said to me, "When we went to the zoo with our parents about ten years ago, we *got lost. Do you remember that? I was so tired that I stopped walking, and then you looked at me and pulled my hand." "Did I?" I asked. "Yes, you did. You walked with me and we could find our parents. I was so happy."

Finally, the day of the marathon race came. At the *starting line, I wanted to run away. Then I found Tomoko. She said, "Emi, you have practiced every morning, so ▢▢▢▢ the last runner. You can do it!" I *breathed deeply.

"Ready, go!" I ran and ran..., but the other students were faster than me. I didn't see any runners behind me. I was so tired and almost gave up. Suddenly, in front of me, a student fell on the ground. I thought, "I won't be the last runner!" Then I remembered the childhood memory. I stopped, *reached out my hand and pulled the student's hand. I ran with her and we reached the *goal together.

When I came home, I said to Tomoko, "I was the last runner again. I'm sorry." "Oh, don't say that. I'm proud of you. Everyone gave you a big hand. They were moved by your kind action. I think the true winner in life is the person who can care about others. (2)For me, you are the winner." "Am I? Then, you are also the winner, Tomoko. You got up early and ran with me every morning. You always care about me!" Tomoko and I *hugged each other.

〔注〕 *marathon race＝長距離走大会　　*childhood memory＝子どもの頃の思い出

　　*get lost＝迷子になる　　*starting line＝スタートライン

　　*breathe＝呼吸する　　*reach out ～＝～を差し伸べる

　　*goal＝ゴール　　*hug＝抱きしめる

1　下線部(1)の指す内容は何か。具体的に日本語で書きなさい。

2　本文中の ▢▢▢ に，適切な英語を**3語または4語**で書きなさい。

3　次の ▢▢ が，友子が下線部(2)と言った理由となるように，（　）に適切な日本語を書きなさい。

友子は，（　　　　　　　　　　）だと考えていて，絵美の行動がそれにふさわしいと思ったから。

4 本文の内容と一致するものはどれか。二つ選びなさい。

ア Emi didn't like Tomoko before the marathon race because Tomoko was perfect.

イ Tomoko gave up running with Emi because Emi couldn't run fast.

ウ Emi couldn't find Tomoko before the marathon race started.

エ Emi stopped running to help the student in the marathon race.

オ Tomoko was happy because Emi got the first prize in the marathon race.

カ Tomoko said that getting up early was important to win the marathon race.

6 クモ(spider)についての次の英文を読んで，1，2，3，4の問いに答えなさい。

Do you like spiders? Most of you will answer, "No." You may be scared when a spider appears suddenly. You may think spiders are dangerous and want to get away from them. But wait a minute! Spiders are 〔　　〕 *creatures.

You know spiders make *webs. The webs are made of *spider silk and can catch many things. Have you ever seen webs covered with *water drops? Yes, spider silk can catch water in the air. Scientists have studied the great power of spider silk. They thought it would be a solution to water problems. In some parts of the world, people don't get enough water. If they make something like spider silk, it will help people living in such places.

Spider silk is very *thin, so we think it is weak. | 　ア　 | However, it is so strong, light and *elastic that we want to use it for clothes. But collecting a lot of spider silk is difficult. | 　イ　 | So, scientists have found ways to make *artificial spider silk. | 　ウ　 | The clothes have become stronger and lighter. | 　エ　 | In addition, the artificial spider silk is good for the earth and our future. We must use oil to make other artificial *fibers, but we don't have to depend on oil to make artificial spider silk. If we use it, we can save oil. Like this, from spiders, we can learn some ways to live in the future.

You have found that spiders have 〔　　〕 powers. Now, can I ask the same question again? Do you like spiders?

〔注〕 ＊creature＝生き物 　＊web＝クモの巣
　　　＊spider silk＝クモの糸 　＊water drop＝水滴
　　　＊thin＝細い 　＊elastic＝伸縮性がある
　　　＊artificial＝人工の 　＊fiber＝繊維

1 本文中の〔　〕に共通して入る語を選びなさい。

ア joyful 　　イ amazing
ウ careful 　　エ boring

2 下線部の，科学者たちが考えた解決策とはどのようなことか。次の▢▢内の①，②に適切な日本語を書きなさい。

（　①　）ことのできるクモの糸が持つ力を使って，（　②　）人々を助けること。

3　本文中の ア から エ のいずれかに次の1文が入る。最も適切な位置はどれか。

By using this, some companies are making wonderful clothes.

4　本文の内容と一致するものはどれか。
　ア　We think spiders always appear in dangerous places.
　イ　Spider silk can get water and make oil from the earth.
　ウ　We should buy the clothes made by spiders to save the earth.
　エ　Spiders may give us several ideas to live in the future.

＜聞き方の問題放送台本＞

　これから聞き方の問題に入ります。問題用紙の四角で囲まれた $\boxed{1}$ を見なさい。問題は1，2，3の三つあります。

　最初は1の問題です。問題は(1)から(3)まで三つあります。英語の対話とその内容についての質問を聞いて，答えとして最も適切なものをア，イ，ウ，エのうちから一つ選びなさい。対話と質問は2回ずつ言います。（約3分）

　では始めます。

　〔注〕　(1)はカッコイチと読む。以下同じ。斜字体で表記された部分は読まない。

(1)の問題です。　　A：I'll go to the sea with my family tomorrow.
　　　　　　　　　　B：Sounds nice.　It is raining hard now, but the news says it will be cloudy tomorrow.
　　　　　　　　　　A：Oh, really？　I hope it will be sunny.
質問です。　　Q：What does the news say about tomorrow's weather？
　　　　　　　（約5秒おいて繰り返す。）（ポーズ約5秒）

(2)の問題です。　　A：Tom, I found your watch under your bed.
　　　　　　　　　　B：Thank you, Mother.　Where is it now？
　　　　　　　　　　A：It's on your desk.
質問です。　　Q：Where did Tom's mother find his watch？
　　　　　　　（約5秒おいて繰り返す。）（ポーズ約5秒）

(3)の問題です。　　A：Excuse me.　I want to buy a present for my sister.
　　　　　　　　　　B：How about these dolls？　The large dolls are 28 dollars and the small dolls are 10 dollars.
　　　　　　　　　　A：I have only 20 dollars.　My sister will like this one with a hat.　I'll take this.
質問です。　　Q：Which doll will the woman buy for her sister？
　　　　　　　（約5秒おいて繰り返す。）（ポーズ約5秒）

　次は2の問題です。問題は(1)と(2)の二つあります。英語の対話とその内容についての質問を聞いて，答えとして最も適切なものをア，イ，ウ，エのうちから一つ選びなさい。質問は問題ごとに①，②の二つずつあります。対話と質問は2回ずつ言います。（約5分）

　では始めます。

　〔注〕　(1)はカッコイチ，①はマルイチと読む。以下同じ。斜字体で表記された部分は読まない。

Mika : Hi, Peter. What are you reading ?

Peter : Hi, Mika. I am reading the travel magazine about this city. Next week, my parents will come to Japan, so I am looking for places to go with them.

Mika : That's nice. What are they interested in ?

Peter : Well, they are interested in the history and culture of Japan.

Mika : Have you visited the old castle ? It's very famous.

Peter : Yes, we have visited it before.

Mika : Then, how about the city museum ? You can see many historical things there and you can also wear kimonos. A lot of people from other countries enjoy taking pictures of themselves.

Peter : Wow, that's interesting. We will go to the museum. Thank you very much.

Mika : You're welcome.

①の質問です。 What is Peter looking for ?
　　　　　　（ポーズ約3秒）

②の質問です。 Where will Peter and his parents go ?
　　　　　　（約5秒おいて繰り返す。）（ポーズ約5秒）

(2)の問題です。

A girl : Excuse me, are you working here ?

Brian : Yes, I'm Brian. This is the Information Desk. May I help you ?

A girl : Oh, yes. I lost my wallet in this park. I went to the gift shop and found that I didn't have my wallet.

Brian : Will you tell me where you went today ?

A girl : First, I visited the English Garden. Next, I had lunch at the restaurant near the Japanese Garden.

Brian : OK. And . . . ?

A girl : Well. . . . Then, I went to the stage to see a show. During the show, I enjoyed dancing with the dancers. They taught me how to dance. It was fun. I got very thirsty, so I went to the restaurant.

Brian : And you bought something to drink there.

A girl : Yes! I had a glass of orange juice before I visited the gift shop. I'm sure my wallet is at the restaurant.

Brian : You mean the restaurant near the Japanese Garden, right ?

A girl : No, no. It's near the coffee shop.

Brian : OK. Wait a minute. I'll call the restaurant.

A girl : Thank you, Brian.

①の質問です。 How did the girl get to the gift shop ?
　　　　　　（ポーズ約3秒）

②の質問です。 What will Brian do next ?
　　　　　　（約5秒おいて繰り返す。）（ポーズ約5秒）

次は**3**の問題です。あなたは英語で学校新聞を作るために，サッカー部のキャプテンであるジョン(John)にインタビューをしています。そのインタビューを聞いて，英語で書いたメモを完成させなさい。英文は2回言います。(約**3**分)

では始めます。

Interviewer： John, you had a wonderful game yesterday.

  John： Thank you.

Interviewer： We are happy to hear that you won the game.　What was the point?

  John： Teamwork!　I believe teamwork is very important in soccer.　Every Friday we had a meeting after practice, so we could understand each other better.　That made our teamwork stronger.　An important member of our team, Ken, broke his leg and couldn't play in the game.　Before the game started, we told Ken that we would win. During the game, we could hear his voice clearly, and we felt we played the game with him.　His voice supported us a lot.　We never gave up and finally we won! We said to Ken, "Thank you so much for your help."　I learned all the members of our team are needed.

(約5秒おいて)繰り返します。(1回目のみ)　　(ポーズ約5秒)

数学

●満点 100点　●時間 50分

（注意）　答えはできるだけ簡単な形で表しなさい。

1 次の1から14までの問いに答えなさい。

1 $-7+5$ を計算しなさい。

2 $\dfrac{3x-2}{5} \times 10$ を計算しなさい。

3 $5ab^2 \div \dfrac{a}{3}$ を計算しなさい。

4 $(x+8)(x-6)$ を展開しなさい。

5 25の平方根を求めなさい。

6 右の図で，$\angle x$ の大きさを求めなさい。

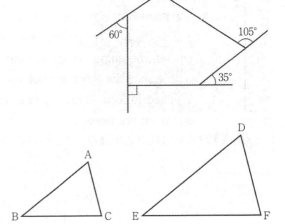

7 関数 $y=\dfrac{a}{x}$ のグラフが点$(6，-2)$を通る

とき，a の値を求めなさい。

8 △ABC と△DEF は相似であり，その相似
比は2：3である。△ABC の面積が$8\,\mathrm{cm}^2$で
あるとき，△DEF の面積を求めなさい。

9 連立方程式 $\begin{cases} 3x+y=-5 \\ 2x+3y=6 \end{cases}$ を解きなさい。

10 大小2つのさいころを同時に投げるとき，2つとも同じ目が出る確率を求めなさい。

11 右の図において，点A，B，C は円Oの周上の点である。
$\angle x$ の大きさを求めなさい。

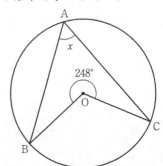

12 2次方程式 $x^2+7x+1=0$ を解きなさい。

13 長さ150mm のろうそくがある。このろうそくに火をつける
と，毎分2mm ずつ短くなる。火をつけてから x 分後のろうそ
くの残りの長さを y mm とするとき，x と y の関係を述べた文
として適するものを，次の**ア，イ，ウ，エ**のうちから1つ選ん
で，記号で答えなさい。

ア　yはxに比例する。

イ　yはxに反比例する。

ウ　yはxの1次関数である。

エ　yはxの2乗に比例する関数である。

14 右の図は，ある立体の投影図である。この投影図が表す立体の
名前として正しいものを，次の**ア，イ，ウ，エ**のうちから1つ選
んで，記号で答えなさい。

ア　四角錐　　**イ**　四角柱

ウ　三角錐　　**エ**　三角柱

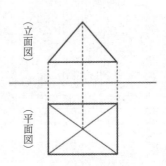

2 次の1，2，3の問いに答えなさい。

1 右の図のように，直線 l と線分 AB がある。このとき，下の【条件】をともに満たす点Cを作図によって求めなさい。ただし，作図には定規とコンパスを使い，また，作図に用いた線は消さないこと。

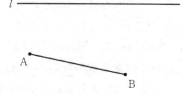

【条件】
・点Cは直線 l 上にある。
・△ABC は，辺AC を斜辺とする直角三角形となる。

2 次の健太さんと春子さんの会話文を読んで，下の(1), (2)の問いに答えなさい。

健太：「1331や9449のような4けたの数は，11で割り切れることを発見したよ。」
春子：「つまり，千の位と一の位が同じ数，そして百の位と十の位が同じ数の4けたの数は，11の倍数になるということね。必ずそうなるか証明してみようよ。」
健太：「そうだね，やってみよう。千の位の数を a，百の位の数を b とすればよいかな。」
春子：「そうね。a を1から9の整数，b を0から9の整数とすると，この4けたの数 N は…」
健太：「$N = 1000 \times a + 100 \times b + 10 \times \boxed{①} + 1 \times \boxed{②}$
　　　と表すことができるね。」
春子：「計算して整理すると，
　　　$N = \boxed{③} (\boxed{④} a + \boxed{⑤} b)$
　　　になるわね。」
健太：「$\boxed{④} a + \boxed{⑤} b$ は整数だから，N は11の倍数だ。」
春子：「だからこのような4けたの数は，必ず11で割り切れるのね。」

(1) $\boxed{①}$，$\boxed{②}$ に当てはまる適切な文字をそれぞれ答えなさい。

(2) $\boxed{③}$，$\boxed{④}$，$\boxed{⑤}$ に当てはまる適切な数をそれぞれ答えなさい。

3 下の図のように，関数 $y = ax^2 (a > 0)$ のグラフ上に2点A，Bがあり，x 座標はそれぞれ -6，4である。直線 AB の傾きが $-\dfrac{1}{2}$ であるとき，a の値を求めなさい。

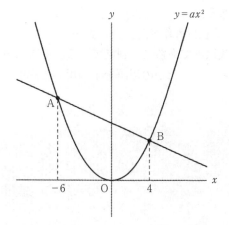

3　次の1，2の問いに答えなさい。

1　花子さんは，定価150円のジュースを50本買うことにした。そのジュースが定価の2割引き
で売られているA店に行き，そのジュースを買った。しかし，50本には足りなかったので，そ
のジュースが定価で売られているB店に行き，A店で買った本数と合わせて50本になるように
そのジュースを買った。B店では500円分の値引券を使用したので，花子さんがA店とB店で
支払った金額の合計は6280円であった。A店で買ったジュースの本数を x 本として方程式をつ
くり，A店で買ったジュースの本数を求めなさい。ただし，途中の計算も書くこと。なお，消
費税は考えないものとする。

2　ある農園のいちご狩りに参加した20人が，それぞれ食べたいちごの個数を
記録した。右の表は，参加者全員の記録について，最大値（最大の値），最小
値（最小の値），平均値，中央値，最頻値をまとめたものである。また，下の
図は，参加者全員の記録をヒストグラムで表したものであり，例えば，16個
以上20個未満の人数は2人であることがわかる。

最大値	39個
最小値	12個
平均値	27個
中央値	25個
最頻値	23個

表

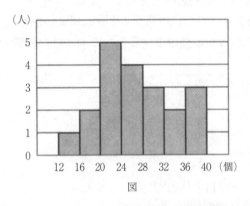

図

このとき，次の(1)，(2)の問いに答えなさい。

(1)　次のア，イ，ウ，エの中から，正しいことを述べている文を1つ選んで，記号で答えなさ
い。

　ア　平均値は，度数が最も大きい階級に含まれている。

　イ　いちごを14個食べたのは，1人である。

　ウ　24個以上の階級において，最も小さい度数は3人である。

　エ　20人が食べたいちごの個数の範囲は，27個である。

(2)　このいちご狩りに参加したひかりさんは，いちごを26個食べた。上の表から，「いちごを
26個以上食べた参加者の人数は，参加者20人の半数以下である」と判断できる。そのように
判断できる理由を，平均値，中央値，最頻値のうち，いずれかの用語を1つ用いて説明しな
さい。

4 次の**1**，**2**の問いに答えなさい。

1 右の図のように，△ABC の辺 AB 上に点D，辺 BC 上に点 E をとる。このとき，△ABC∽△EBD であることを証明しなさい。

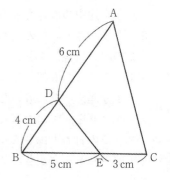

2 次の(1)，(2)の問いに答えなさい。

(1) 図1のような，半径4 cm の球がちょうど入る大きさの円柱があり，その高さは球の直径と等しい。この円柱の体積を求めなさい。ただし，円周率はπとする。

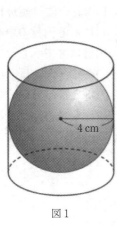 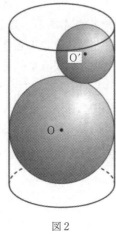 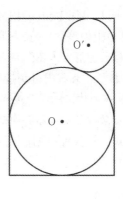

　　図1　　　　　　図2　　　　　　図3

(2) 図2のような，半径4 cm の球 O と半径2 cm の球 O′ がちょうど入っている円柱がある。その円柱の底面の中心と2つの球の中心O，O′とを含む平面で切断したときの切り口を表すと，図3のようになる。この円柱の高さを求めなさい。

5 ある日，あすかさんは，7時ちょうどに家を出て1800m先の学校に向かった。家を出てから毎分100mの速さで3分間歩き，友人と合流した。その後，毎分60mの速さで5分間歩いたところで忘れ物に気がついたため，友人と別れ1人で家まで毎分150mの速さで走って戻った。忘れ物をかばんに入れた後，学校まで毎分150mの速さで走った。ただし，あすかさんの通学路は一直線であり，友人と合流する際の待ち時間と，家に戻ってから忘れ物をかばんに入れて再び家を出るまでの時間は考えないものとする。

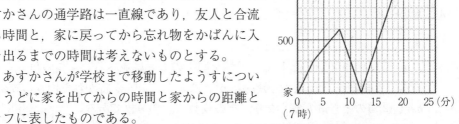

右の図は，あすかさんが学校まで移動したようすについて，7時ちょうどに家を出てからの時間と家からの距離との関係をグラフに表したものである。

このとき，次の**1**，**2**，**3**の問いに答えなさい。

1 あすかさんが家を出てから忘れ物に気がつくまでに歩いた距離を答えなさい。

2 あすかさんがはじめに家を出てからの時間をx分，家からの距離をymとして，あすかさんが友人と合流したときから忘れ物に気がついたときまでのxとyの関係を式で表しなさい。た

だし，途中の計算も書くこと。

3　あすかさんの兄の太郎さんは，あすかさんと同じ通学路で同じ学校に通っている。次の(1)，(2)の問いに答えなさい。

(1)　この日，太郎さんは，7時6分に家を出て一定の速さで学校に向かい，あすかさんよりも1分遅く学校に着いた。このとき，太郎さんが家を出てから学校まで移動したようすを表すグラフを，図にかき入れなさい。

(2)　この日，太郎さんが7時3分に家を出て毎分100mの速さで学校に向かったとすると，太郎さんとあすかさんがすれ違うのは家から何mの地点か。

6　形も大きさも同じ半径1cmの円盤がたくさんある。これらを図1のように，縦m枚，横n枚(m，nは3以上の整数)の長方形状に並べる。このとき，4つの角にある円盤の中心を結んでできる図形は長方形である。さらに，図2のように，それぞれの円盤は×で示した点で他の円盤と接しており，ある円盤が接している円盤の枚数をその円盤に書く。例えば，図2は$m=3$，$n=4$の長方形状に円盤を並べたものであり，円盤Aは2枚の円盤と接しているので，円盤Aに書かれる数は2となる。同様に，円盤Bに書かれる数は3，円盤Cに書かれる数は4となる。また，$m=3$，$n=4$の長方形状に円盤を並べたとき，すべての円盤に他の円盤と接している枚数をそれぞれ書くと，図3のようになる。

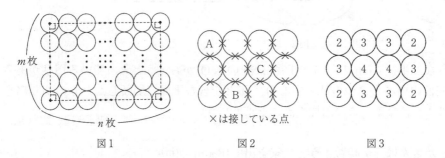

図1　　　　　　　　　図2　　　　　　　　　図3

×は接している点

このとき，次の**1**，**2**，**3**，**4**の問いに答えなさい。

1　$m=4$，$n=5$のとき，3が書かれた円盤の枚数を求めなさい。

2　$m=5$，$n=6$のとき，円盤に書かれた数の合計を求めなさい。

3　$m=x$，$n=x$のとき，円盤に書かれた数の合計は440であった。このとき，xについての方程式をつくりxの値を求めなさい。ただし，途中の計算も書くこと。

4　次の文の①，②，③に当てはまる数を求めなさい。ただし，a，bは2以上の整数で，$a<b$とする。

> $m=a+1$，$n=b+1$として，円盤を図1のように並べる。4つの角にある円盤の中心を結んでできる長方形の面積が780cm²となるとき，4が書かれた円盤の枚数は，$a=$（　①　），$b=$（　②　）のとき最も多くなり，その枚数は（　③　）枚である。

社　会

●満点 100点　●時間 45分

（注意）「□に当てはまる語を書きなさい」などの問いについての答えは，一般に数字やカタカナな
　　　　どで書くもののほかは，できるだけ漢字で書きなさい。

1 次の1，2の問いに答えなさい。

1　次の(1)から(4)までの文中の□に当てはまるのはどれか。

(1) スペイン語を話す，メキシコやカリブ海諸国からアメリカ合衆国への移民は，□□□□と
よばれている。

　　ア　マオリ　　イ　イヌイット　　ウ　アボリジニ　　エ　ヒスパニック

(2) 優れた人材を役人に登用するため，聖徳太子は□□□□という制度を設けた。

　　ア　大宝律令　　イ　冠位十二階　　ウ　武家諸法度　　エ　御成敗式目

(3) 1492年，スペインの援助を受け，インドなどのアジアをめざした□□□□は，大西洋を
横断し，西インド諸島に到達した。

　　ア　コロンブス　　イ　バスコ・ダ・ガマ　　ウ　マゼラン　　エ　ザビエル

(4) 地方公共団体間の財政格差を調整するために，国から□□□□が配分される。

　　ア　国債費　　イ　地方交付税交付金　　ウ　国庫支出金　　エ　社会保障関係費

2　次の(1)から(4)までの文中の□に当てはまる語を書きなさい。

(1) 発展途上国などでみられる，特定の農産物や鉱産資源などに依存している経済を，
□□□□経済という。

(2) 東北地方の太平洋側では，□□□□とよばれる冷たい北東風の影響を強く受けると，稲
が十分に育たず収穫量が減ってしまうことがある。

(3) 室町幕府の3代将軍である□□□□は，南北朝を統一し長年続いた内乱を終わらせた。

(4) 最高裁判所は，法律などが憲法に違反していないかどうかを，最終的に決定できる権限を
もつことから，「□□□□」とよばれている。

2 あすかさんの旅行記の一部を読み，1から5までの問いに答えなさい。

成田からインドのデリーへ向かう飛行機の窓から，
ⓐ世界で最も高い山がある山脈が見えた。デリーでは，
インドで最も多くの人々が信仰している　Ⅰ　教
の文化にふれた。

デリーの後に，ⓑタイのバンコクとインドネシアの
ジャカルタを訪れた。両都市ともⓒ経済発展が進む国
の首都であり，活気にあふれていた。

最後に中国を訪れた。ⓓコワンチョウ(広州)では白
かゆなど，ペキン(北京)ではマントウ(蒸しパンの一
種)など，伝統的な料理を楽しんだ。

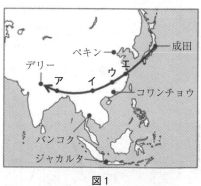

図1

1　図1は，あすかさんが乗った飛行機の，成田からデリーへの飛行経路を示している。図1の

ア，イ，ウ，エのうち，下線部@の山脈に最も近い位置にあるのはどれか。

2 旅行記中の I に当てはまる語を書きなさい。

3 下線部⑥に関して，バンコクとジャカルタは同じ気候帯に属する。両都市が属する気候帯に関して，正しく述べているのはどれか。

ア 1年を通して雨が降り，長い冬が続く。寒さに強いじゃがいもなどが栽培されている。

イ 雨が少なく，草木がほとんど育たない。農業は難しく，羊などの遊牧が行われている。

ウ 雨が多く，1年を通して気温が高い。農園で，バナナなどが大規模に栽培されている。

エ 冬に雨が多く降り，夏はほとんど降らない。乾燥に強いぶどうなどが栽培されている。

4 下線部©に関して，図2は日本，インド，タイ，インドネシア，中国の主な輸出品，乗用車保有台数，GDPに関する統計をまとめたものである。タイに当てはまるのは，図2のア，イ，ウ，エのどれか。

	主な輸出品(上位3品目)の輸出額に占める割合(％) (2014年)	乗用車保有台数(万台) (2016年)	1人あたりのGDP(ドル) (2015年)
日本	機械類(35.2)，自動車(20.6)，精密機械(6.2)	6,140	34,522
ア	機械類(41.4)，衣類(8.0)，繊維と織物(4.8)	16,560	8,109
イ	石油製品(19.2)，ダイヤモンド(7.6)，機械類(7.4)	3,436	1,614
ウ	石炭(10.6)，パーム油(9.9)，機械類(9.0)	1,348	3,346
エ	機械類(30.5)，自動車(11.3)，石油製品(4.3)	829	5,815

図2 （「地理統計要覧」ほかにより作成）

5 下線部@に関して，あすかさんは，ホーペイ(河北)省とコワントン(広東)省の米と小麦の生産量(2016年)を図3にまとめ，図4の雨温図を作成した。

図3から読み取れる，ホーペイ省とコワントン省の米と小麦の生産の特徴について簡潔に書きなさい。また，図4から読み取れる，コワンチョウの気候の特徴を，ペキンと比較して簡潔に書きなさい。

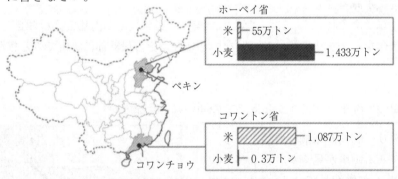

図3 （「データブック オブ・ザ・ワールド」により作成）

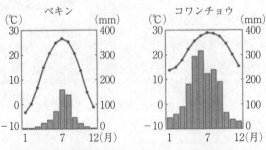

図4 （「気象庁ホームページ」により作成）

3 九州地方に関して，次の1から5までの問いに答えなさい。

1　次の文中の ⎡ I ⎤ に共通して当てはまる語を書きなさい。

> 九州南部には ⎡ I ⎤ とよばれる土壌が分布している。⎡ I ⎤ 台地は水もちが悪いため，稲作に適さず，畜産が盛んに行われている。

2　図1は，あるカルデラの立体地図である。この立体地図にみられるくぼ地には，市街地が広がっている。図1の地形がみられる場所は，図2のア，イ，ウ，エのどれか。

図1　（「地理院地図」により作成）

図2

3　図3は，東北，関東，中国，九州各地方の水力，地熱，風力，太陽光による発電量（2015年度）をまとめたものである。地熱による発電量は，図3のア，イ，ウ，エのどれか。

	東北地方	関東地方	中国地方	九州地方
ア	1,819	400	377	659
イ	666	1,339	691	1,628
ウ	1,083	11	0	1,358
エ	15,896	14,069	4,141	7,478

単位：百万kWh

図3　（「日本国勢図会」により作成）

4　図4は，青森県，東京都，愛知県，沖縄県について，労働力人口に占める農林業，製造業，宿泊・飲食サービス業の割合（2015年）を示したものである。沖縄県は図4のア，イ，ウ，エのどれか。

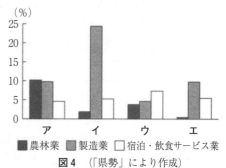

図4　（「県勢」により作成）

5　図5は，東京都中央卸売市場におけるきゅうりの取扱量と平均価格（2016年）を示している。また，図6は，きゅうりの生育に適した気温と，きゅうりの主産地である宮崎市，福島市の平均気温を示している。

宮崎県が，平均価格の高い時期に，福島県よりも，きゅうりを多く出荷できる理由について，図6から読み取れることにふれ，「ビニールハウス」，「暖房費」の二つの語を用いて簡潔に書きなさい。

図5　（「東京都中央卸売市場ホームページ」により作成）

○きゅうりの生育に適した気温　18〜25℃
○宮崎市と福島市の平均気温（℃）

	1〜3月	4〜6月	7〜9月	10〜12月
宮崎市	9.3	19.7	26.3	14.4
福島市	3.0	16.1	23.4	9.5

図6　（「気象庁ホームページ」ほかにより作成）

4 次の**A**から**E**のカードは，古代から近代までの5人の女性についてまとめたものである。これらを読み，1から7までの問いに答えなさい。

A【光明皇后】彼女は，民衆に伝染病が広がっていたため，病人に薬を与え治療する施設を都に設けた。また，ⓐ天皇である夫も，寺院を建て，仏教の力によって，国の安定をめざした。

B【和宮（かずのみや）】彼女は，孝明（こうめい）天皇の妹であり，公武合体策により将軍の家茂と結婚した。夫である家茂が亡くなった後，慶喜が将軍となった。

C【出雲の阿国】彼女は，豊臣秀吉が活躍した頃に，出雲大社の巫女（みこ）として諸国を巡ったとされている。彼女が始めた　Ⅰ　は，現代でも多くの人に親しまれている伝統文化の原型となった。

D【建礼門院徳子（けんれいもんいんとくこ）】彼女は，武士として初めて太政大臣となった平清盛の娘である。彼女は，高倉（たかくら）天皇と結婚した。生まれた子がのちに安徳（あんとく）天皇となり，ⓑ平氏はさらに勢力を拡大した。

E【津田梅子】彼女は，岩倉使節団に加わり，政府が派遣した最初の女子留学生の一人となった。彼女は留学の経験をいかし，ⓒ日本の女子教育と英語教育の発展のために尽力した。

図1

1 下線部ⓐに関して，**図1**の仏像がある寺院を何というか。

2 次の文のうち，**B**のカードの時代と同じ時代区分のものはどれか。
　ア　かな文字がつくられ，多くの優れた文学作品が生み出された。
　イ　大名が結婚する場合，幕府の許可が必要であった。
　ウ　女性にも口分田が与えられ租を負担したが，兵役は課されなかった。
　エ　女性にも幕府によって相続権が認められ，地頭や御家人になる者もみられた。

3 **C**のカードの　Ⅰ　に当てはまる語はどれか。
　ア　浄瑠璃　　イ　狂言
　ウ　能　　　　エ　かぶき踊り

4 **D**のカードの平清盛と，**図2**の藤原道長が栄華を誇ることができた理由を，**D**のカードと**図2**をふまえ，簡潔に書きなさい。

5 下線部ⓑについて，平氏が滅んだ戦いはどれか。
　ア　壇ノ浦の戦い
　イ　関ヶ原の戦い
　ウ　白村江の戦い
　エ　桶狭間の戦い

6 下線部ⓒについて，明治時代を通して，女子の就学率は徐々に

今日は女御藤原威子（いし）が皇后となった日である。威子は、藤原道長の三女で、一つの家から三人の皇后がでるのはいまだかつてないことである。…道長は、「この世の中は自分の世のように思われる。まるで満月が少しも欠けていないように思われることだ」とよんだ。…

「小右記」（しょうゆうき）（一部を要約し、現代語訳したもの）

図2

上昇し，1907(明治40)年には，100%近くに達した。女子教育が普及した背景として，明治時代に**当てはまらない**のはどれか。

　ア　日清戦争から日露戦争にかけて，軽工業や重工業が発展し，国民生活が向上したこと。

　イ　全国各地に小学校がつくられるとともに，大学など高等教育機関の制度も整ったこと。

　ウ　憲法にもとづく政治を守る護憲運動がおこり，政党内閣が成立したこと。

　エ　学制が公布され，教育を受けさせることが国民の義務となったこと。

7　AからEのカードを，年代の古い順に並べなさい。ただしEを最後とする。

5　略年表を見て，1から5までの問いに答えなさい。

年	日本と夏季オリンピックの関わり	年	日本をめぐる国際情勢
1912	第5回大会に日本が初めて参加………A	1914	第一次世界大戦に参戦……………… ⓐ
1920	第7回大会で日本がメダルを初めて獲得	1931	満州事変がおこる…………………
1938	第12回東京大会(1940)開催権を返上……B	1945	ポツダム宣言の受諾………………… ⓑ
1964	第18回東京大会の開催……………… ⓒ	1978	日中平和友好条約の締結…………
2013	第32回東京大会(2020)の開催が決定……	1992	国連平和維持活動(PKO)協力法が成立

1　Aのできごとと同じ年に建国された，アジア最初の共和国を何というか。

2　ⓐの時期における，日本の生活や文化の様子を表したのはどれか。

　ア　「ぜいたくは敵だ」などのスローガンのもと，米の配給制も始まり，戦時色が強まった。

　イ　テレビが普及し，プロ野球中継が多くの国民の娯楽として人気を集めた。

　ウ　太陽暦が採用され，都市では西洋風のレンガ造りの建物もみられるようになった。

　エ　文化の大衆化が進むにつれ，新聞や雑誌が多く発行され，ラジオ放送も始まった。

3　Bのできごとに関して，次の文中の　　に当てはまるのはどれか。

　　1936年に，日本はオリンピックの開催権を得たが，その後，　　　　　　　　ため，開催権を返上した。

　ア　朝鮮戦争が始まった

　イ　日中戦争がおこった

　ウ　シベリア出兵が行われた

　エ　日英同盟が解消された

4　ⓑの時期におきたできごとを，年代の古い順に並べなさい。

　ア　サンフランシスコ平和条約の締結

　イ　日本国憲法の公布

　ウ　沖縄の返還

　エ　国際連合への加盟

5　ⓒの時期について，**図1**は，モスクワ大会とロサンゼルス大会における，参加辞退国を示し，**図2**は，アトランタ大会から，独立国として初参加した国を示したものである。

図1の国々が参加を辞退した背景と，図2の国々が初めて参加できるようになった背景をそれぞれ簡潔に書きなさい。なお，いずれも「ソ連」の語を用いること。

〔主な参加辞退国〕
・モスクワ大会(1980年)：アメリカ，西ドイツ，
　　　　　　　　　　　　　日本
・ロサンゼルス大会(1984年)：ソ連，東ドイツ

図1 （「JOC ホームページ」ほかにより作成）

〔主な初参加国〕
・アトランタ大会(1996年)：ウクライナ，
　　　　　　　　　　　　　ベラルーシ，
　　　　　　　　　　　　　カザフスタン

図2 （「JOC ホームページ」ほかにより作成）

6 次の1，2の問いに答えなさい。

1 次の(1)から(4)までの問いに答えなさい。

(1) 株式会社が利潤を上げた場合，所有する株式数に応じ，株主に支払うお金を何というか。

(2) 次の文中の I ， II に当てはまる語の組み合わせとして正しいのはどれか。

> 消費税は税負担者と納税者が I 税金であり，その税率は所得に II 。

ア　I―同じ　　II―関係なく同じである
イ　I―同じ　　II―応じて異なる
ウ　I―異なる　II―関係なく同じである
エ　I―異なる　II―応じて異なる

(3) 仕事と家庭生活などとの調和を図り，働き方や生き方の充実をめざす考えはどれか。

ア　インフォームド・コンセント
イ　バリアフリー
ウ　メディアリテラシー
エ　ワーク・ライフ・バランス

(4) ODA について，正しく述べているのはどれか。

ア　発展途上国に対して，資金の提供に加え，農業技術や教育などの援助を行っている。
イ　貿易の自由化を促進するため，関税をなくすなど，経済関係の強化をめざしている。
ウ　地球温暖化を防ぐため，先進国に対して温室効果ガスの削減を義務付けている。
エ　各国の貴重な自然や文化を世界遺産として登録し，保護する活動をしている。

2 中学生のゆりさんと姉のあやさんの会話文を読み，(1)から(6)までの問いに答えなさい。

> ゆり「ⓐ国連総会で演説したマララさんについて学び，教育の大切さを改めて考えたよ。」
> あや「そうだね。16歳で，堂々と意見を主張していたね。ゆりも18歳になったらⓑ選挙権を持てるから，自分の意見をきちんと言えるといいね。」
> ゆり「それに，国会で I が改正され，成年年齢も18歳になったよね。自分の意思でほとんどのⓒ契約が結べるし，有効期間10年のⓓパスポートも取得できるよ。」
> あや「でも，ⓔ裁判員は重大な判断を求められるので，選ばれる年齢は20歳からなのよ。」
> ゆり「自分でできることが増える分，責任が伴うから，しっかりしないとね。」

(1) 会話文中の I に当てはまる語はどれか。

ア　条例　　イ　憲法
ウ　法律　　エ　政令

(2)　下線部ⓐに関して，次の文中の［Ⅱ］に当てはまる語を書きなさい。

> 第二次世界大戦の後，人権の尊重は世界共通の基礎であるとして，1948年12月10日に，［Ⅱ］が採択された。1966年には，法的拘束力をもつ規約が採択された。

(3)　下線部ⓑに関して，都道府県知事の選出方法として，正しく述べているのはどれか。

ア　被選挙権は25歳以上で，地方議員の中から議会で指名される。

イ　被選挙権は30歳以上で，地方議員の中から議会で指名される。

ウ　被選挙権は25歳以上で，住民の直接選挙で選ばれる。

エ　被選挙権は30歳以上で，住民の直接選挙で選ばれる。

(4)　下線部ⓒに関して，特定の販売方法において，一定期間内であれば契約を取り消すことができる制度を何というか。

(5)　下線部ⓓに関して，氏名や国籍などの個人の私生活に関する情報を，他人に知られたり，勝手に利用されたりしないために，主張されている新しい人権を何というか。

(6)　下線部ⓔに関して，**図**は，裁判員に選ばれた人の，選ばれる前の気持ちと裁判に参加した後の感想を示している。裁判員制度の導入のねらいについて，**図**から読み取れることにふれ，「国民の理解」の語を用い，簡潔に書きなさい。

（裁判員に選ばれる前の気持ち）
特に考えていなかった 15.4%
無回答 0.8%
積極的にやってみたい 9.0%
やってみたい 24.6%
あまりやりたくなかった 32.0%
やりたくなかった 18.2%
（裁判員として裁判に参加した感想）
特に感じることはなかった 0.5%
無回答 0.8%
よい経験とは感じなかった 0.8%
非常によい経験と感じた 56.8%
よい経験と感じた 38.8%
あまりよい経験とは感じなかった 2.1%

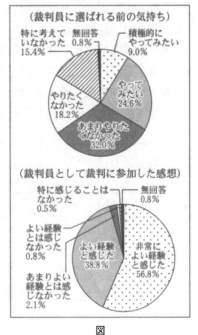

図
（「最高裁判所ホームページ」により作成）

7　まさとさんは，社会科のまとめとしての課題研究に，「**A**市の魅力をいかしたまちづくり」を取り上げ，**A**市の課題を「観光の充実」ととらえ，その方法を提案することにした。**図1**から**図5**は，その課題研究の発表時に使うスライドの一部である。**1**から**4**までの問いに答えなさい。

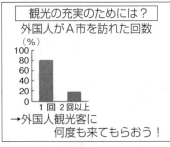

観光の充実のためには？
外国人がA市を訪れた回数
（%）
100
80
60
40
20
0
1回
2回以上
→外国人観光客に
何度も来てもらおう！

図1

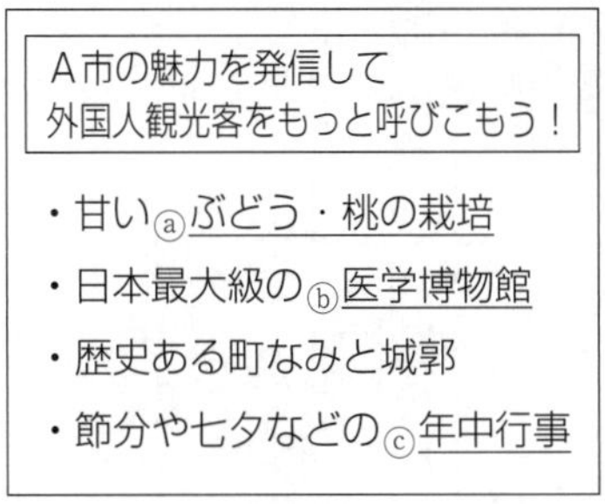

A市の魅力を発信して
外国人観光客をもっと呼びこもう！
・甘いⓐぶどう・桃の栽培
・日本最大級のⓑ医学博物館
・歴史ある町なみと城郭
・節分や七夕などのⓒ年中行事

図2

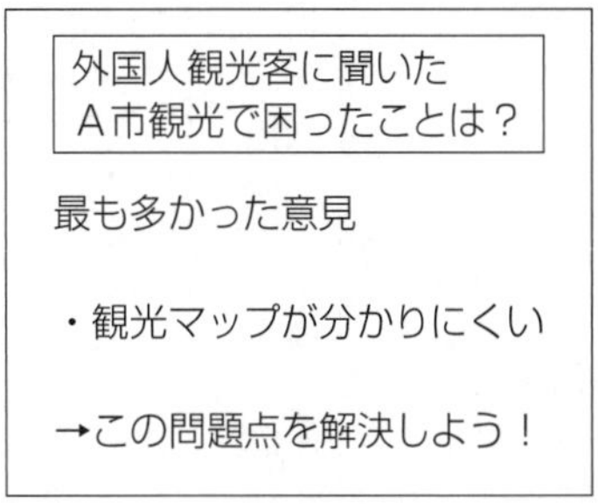

外国人観光客に聞いた
A市観光で困ったことは？
最も多かった意見
・観光マップが分かりにくい
→この問題点を解決しよう！

図3

1　**図2**の下線部ⓐを説明するために，まさとさんが作成した次の文中の［　　］に当てはまる語は何か。

> **A**市には，川が山地から平野に流れ出るときに堆積した土砂でできる［　　］という果樹栽培に適した地形が広がっています。

2 図2の下線部ⓑの展示は，古代，中世，近世，近代の時代区分から構成されている。次のⅠ，Ⅱの展示内容と時代区分の組み合わせとして正しいのはどれか。

Ⅰ— | 『解体新書』〜杉田玄白，解剖書の翻訳にかけた情熱〜 |

Ⅱ— | 海を越えて日本へ 〜鑑真，仏教とともに薬を伝える〜 |

 ア Ⅰ—近世 Ⅱ—古代 **イ** Ⅰ—近代 Ⅱ—古代

 ウ Ⅰ—近世 Ⅱ—中世 **エ** Ⅰ—近代 Ⅱ—中世

3 図2の下線部ⓒに関して，田植えの時期と最も関わりの深いのはどれか。

 ア 成人式 **イ** 端午の節句 **ウ** 盆おどり **エ** 七五三

4 まさとさんは，図3の問題点を解決するための一つとして，図4の観光マップを改善し，図5のように提案した。改善した点を説明するために作成した，次の文中の X ， Y に当てはまる文をそれぞれ簡潔に書きなさい。

> 　一つ目は，外国人観光客が読めるように， X しました。二つ目は，外国人観光客だけでなく，多くの人々にも分かりやすいように， Y しました。

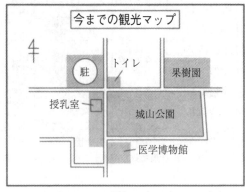

図4

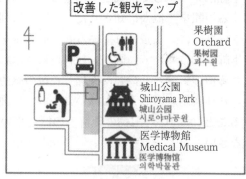

図5

1 次の1から8までの問いに答えなさい。

1 次のうち，最も直径が大きな惑星はどれか。

ア 火星　イ 水星　ウ 木星　エ 金星

2 次の物質のうち，単体はどれか。

ア 水　イ 窒素　ウ 二酸化炭素　エ アンモニア

3 次のうち，多細胞生物はどれか。

ア ミジンコ　イ ミカヅキモ　ウ アメーバ　エ ゾウリムシ

4 放射線について，正しいことを述べている文はどれか。

ア 直接，目で見える。

イ ウランなどの種類がある。

ウ 自然界には存在しない。

エ 物質を通り抜けるものがある。

5 物質が熱や光を出しながら激しく酸化されることを何というか。

6 血液中の血しょうの一部が毛細血管からしみ出したもので，細胞のまわりを満たしている液体を何というか。

7 東の空からのぼった天体が，天の子午線を通過するときの高度を何というか。

8 1Nの大きさの力で引くと2cm伸びるばねがある。このばねを2.4Nの大きさの力で引くと何cm伸びるか。

2 生物は，水や土などの環境や他の生物とのかかわり合いの中で生活している。図1は，自然界における生物どうしのつながりを模式的に表したものであり，矢印は有機物の流れを示し，A，B，C，Dには，生産者，分解者，消費者(草食動物)，消費者(肉食動物)のいずれかが当てはまる。また，図2は，ある草地で観察された生物どうしの食べる・食べられるの関係を表したものであり，矢印の向きは，食べられる生物から食べる生物に向いている。

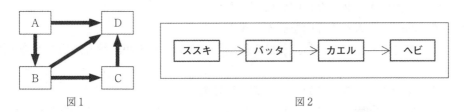

図1　　　　　　　　　　　　図2

このことについて，次の1，2，3の問いに答えなさい。

1 下線部について，ある地域に生活するすべての生物と，それらの生物をとりまく水や土などの環境とを，一つのまとまりとしてとらえたものを何というか。

2 図1において，Dに当てはまるものはどれか。

ア 生産者　　　　　　イ 分解者

ウ 消費者(草食動物)　エ 消費者(肉食動物)

3 ある草地では，生息する生物が図2の生物のみで，生物の数量のつり合いが保たれていた。この草地に，外来種が持ち込まれた結果，各生物の数量は変化し，ススキ，カエル，ヘビでは最初に減少が，バッタでは最初に増加がみられた。この外来種が**ススキ，バッタ，カエル，ヘビ**のいずれかを食べたことがこれらの変化の原因であるとすると，外来種が食べた生物はどれか。ただし，この草地には外来種を食べる生物は存在せず，生物の出入りはないものとする。

$\boxed{3}$ 水とエタノールの混合物の分離について調べるために，次の実験(1)，(2)，(3)を順に行った。

---

(1) 図1のような装置を組み立て，枝付きフラスコに水30cm³とエタノール10cm³の混合物と，数粒の沸騰石を入れ，ガスバーナーを用いて弱火で加熱した。

(2) 枝付きフラスコ内の温度を1分ごとに測定しながら，出てくる気体を冷やし，液体にして試験管に集めた。その際，加熱を開始してから3分ごとに試験管を交換し，順に試験管A，B，C，D，Eとした。図2は，このときの温度変化のようすを示したものである。

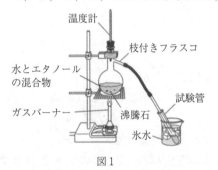

図1

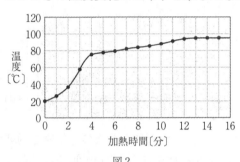

図2

(3) 実験(2)で各試験管に集めた液体をそれぞれ別の蒸発皿に移し，青色の塩化コバルト紙をつけると，いずれも赤色に変化した。さらに，蒸発皿に移した液体にマッチの火を近づけて，そのときのようすを観察した。右の表は，その結果をまとめたものである。

	液体に火を近づけたときのようす
試験管A	火がついた。
試験管B	火がついて，しばらく燃えた。
試験管C	火がついたが，すぐに消えた。
試験管D	火がつかなかった。
試験管E	火がつかなかった。

このことについて，次の1，2，3の問いに答えなさい。

1 実験(1)において，沸騰石を入れる理由を簡潔に書きなさい。

2 実験(2)において，沸騰が始まったのは，加熱を開始してから何分後か。最も適切なものを選びなさい。

ア 2分後 **イ** 4分後 **ウ** 8分後 **エ** 12分後

3 実験(2)，(3)において，試験管B，Dに集めた液体の成分について，正しいことを述べている文はどれか。最も適切なものを次のうちからそれぞれ選びなさい。

ア 純粋なエタノールである。

イ 純粋な水である。

ウ 大部分がエタノールで，少量の水が含まれている。

エ 大部分が水で，少量のエタノールが含まれている。

4 モーターについて調べるために，次の実験(1)，(2)，(3)を順に行った。

(1) 図1のように，エナメル線を巻いてコイルをつくり，両端部分はまっすぐ伸ばして，P側のエナメルは完全に，Q側のエナメルは半分だけをはがした。

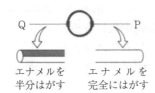

図1

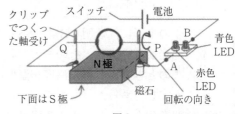

図2

このコイルをクリップでつくった軸受けにのせて，なめらかに回転することを確認してから，コイルの下にN極を上にして磁石を置きモーターを製作した。これを図2のような回路につないで電流を流した。回路のAB間には，電流の向きを調べるためLED（発光ダイオード）を接続して，この部分を電流がAからBの向きに流れるときに赤色が，BからAの向きに流れるときに青色が点灯するようにした。また，コイルが回転するようすを調べたところ，10回転するのにちょうど4秒かかっていた。

(2) コイルの下にあった磁石を，図3や図4のように位置や向きを変え，それぞれの場合についてコイルが回転する向きを調べた。

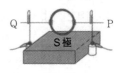

図3

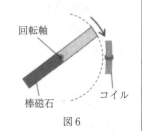

図4

(3) コイルのQ側に半分残していたエナメルを全部はがしてからコイルを固定した。図5のようにコイルのすぐ近くで棒磁石を回転させ，そのときコイルを流れる電流のようすをオシロスコープで調べた。図6は，このときのコイルと棒磁石の位置関係を模式的に表したものである。

オシロスコープ

図5

回転軸

棒磁石

コイル

図6

このことについて，次の1，2，3，4の問いに答えなさい。

1 実験(1)において，二つのLEDのようすを説明する文として，最も適切なものはどれか。
　ア 赤色のみ点滅し，青色は点灯しない。　　イ 赤色は点灯せず，青色のみ点滅する。
　ウ 赤色と青色が同時に点滅する。　　　　　エ 赤色と青色が交互に点滅する。

2 実験(1)において，1分間あたりのコイルの回転数を求めよ。

3 実験(2)で，図3や図4のように磁石を置いたとき，コイルが回転する向きは，実験(1)のときに対してそれぞれどうなるか。「同じ」または「逆」のどちらかの語で答えなさい。

4 実験(3)において，図6のように棒磁石がコイルの近くをくり返し通り過ぎていく。オシロスコープで観察される波形のようすを示す模式図として，最も適切なものはどれか。

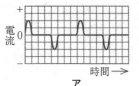

ア

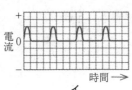

イ

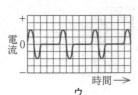

ウ

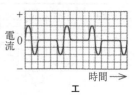

エ

5 　日本付近の気圧配置は，夏と冬では大きく異なる。その理由について調べるために，次の実験(1)，(2)，(3)を順に行った。

(1)　図1のように，透明なふたのある容器の中央に線香を立てた仕切りを入れ，その一方に砂を，他方に水を入れた。このときの砂と水の温度を温度計で測定すると，どちらも30℃であった。

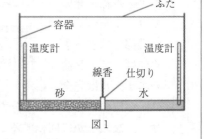

図1

(2)　容器全体をよく日の当たる屋外に10分ほど置き，線香に火をつけたところ，線香の煙によって空気の流れが観察できた。このときの砂の温度は41℃，水の温度は33℃であった。この後，線香を外してから，さらに30分ほど容器を同じ場所に置いた。

(3)　容器全体を日の当たらない室内に移動してしばらくしてから，線香を立てて火をつけたところ，線香の煙の流れる向きが実験(2)と逆になった。

このことについて，次の1，2，3，4の問いに答えなさい。

1　図2のような気圧配置が現れる時期の，栃木県の典型的な天気の説明として，最も適切なものはどれか。
　ア　暖かい大気と冷たい大気の境界となり，雨の多い天気が続く。
　イ　乾燥した晴れの天気が続く。
　ウ　移動性高気圧によって天気が周期的に変化する。
　エ　暖かく湿った風が吹き，晴れて蒸し暑い。

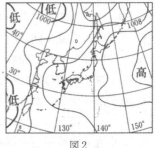

図2

2　実験(2)で線香を外した後の，容器内の空気の流れを示した模式図として，最も適切なものはどれか。

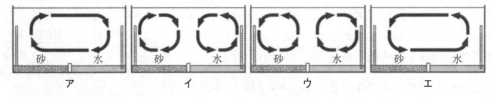

3　実験(2)，(3)のような結果になったのは，砂と水のある性質の違いによる。その性質の違いを「水の方が砂に比べて」という書き出しで，簡潔に書きなさい。

4　次の☐内の文章は，冬の日本付近の気圧配置や気象について述べたものである。①，②，③に当てはまる語の正しい組み合わせはどれか。

　　冬の日本付近では，大陸の方が海洋より温度が（ ① ）ので，大陸上に（ ② ）が発達し，海洋上の（ ③ ）に向かって強い季節風が吹く。

	①	②	③
ア	高い	高気圧	低気圧
イ	高い	低気圧	高気圧
ウ	低い	高気圧	低気圧
エ	低い	低気圧	高気圧

6 酸とアルカリの反応について調べるために，次の実験(1)，(2)を行った。

(1) 5個のビーカーA，B，C，D，Eを用意し，それぞれに水酸化バリウム水溶液をメスシリンダーで50cm³ずつはかって入れた。

(2) (1)のビーカーA，B，C，D，Eにうすい硫酸をそれぞれ体積を変えて加え，生じた白色の沈殿の質量を測定した。下の表は，その結果をまとめたものである。

	A	B	C	D	E
うすい硫酸の体積〔cm³〕	2.0	4.0	6.0	8.0	10.0
白色の沈殿の質量〔g〕	0.4	0.8	0.9	0.9	0.9

このことについて，次の**1**，**2**，**3**，**4**の問いに答えなさい。

1 酸とアルカリを混ぜたときに起こる，互いの性質を打ち消し合う反応を何というか。

2 実験(1)において，メスシリンダーで水酸化バリウム水溶液をはかろうとしたところ，右の図のようになった。50cm³にするためには，さらに水酸化バリウム水溶液を何cm³加えればよいか。

3 実験(2)のビーカー内で起こる変化は，化学反応式で次のように表される。①，②に当てはまる物質の化学式をそれぞれ書きなさい。

$H_2SO_4 + Ba(OH)_2 \longrightarrow$ (①) $+ 2($ ② $)$

4 実験(2)において，加えたうすい硫酸の体積と生じた白色の沈殿の質量との関係を表すグラフをかきなさい。

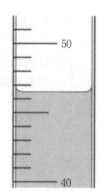

7 物体がもつエネルギーについて調べるために，次の実験(1)，(2)，(3)，(4)を順に行った。

(1) 図1のように，水平な床に木片を置き，糸とばねばかりを取り付け，手で引いて木片を20cm動かした。

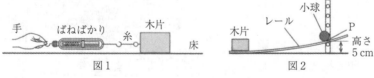

図1　　　　　図2

(2) 図2のように，うすいレール上に木片を置き，レール上の点Pから小球をはなして木片に衝突させた。点Pの高さを5cmにして，質量50gの小球A，100gの小球B，150gの小球Cを衝突させたときの木片の移動距離をそれぞれ測定した。このとき，小球や木片はレールから外れなかった。

(3) 点Pの高さを10cm，15cm，20cm，25cmに変え，それぞれ実験(2)と同様の測定を行った。図3は，その結果から，点Pの高さと木片の移動距離との関係をグラフに表したものである。

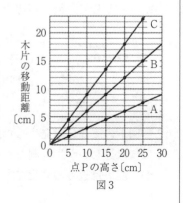

図3

(4) 木片を取り除き，図4のようにレールの端点
Qを少し高くした。点Pの高さを25cmにして，
そこから小球Aを静かにはなしたところ，レー
ル上を動いて点Qから飛び出し，最高点Rを通
過した。

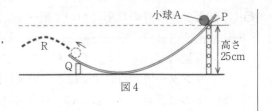
図4

このことについて，次の1，2，3の問いに答えなさい。

1 実験(1)で木片を引く間，ばねばかりは常に2Nを示していた。木片が受けた仕事は何Jか。

2 点Pの高さを20cmにして，質量75gの小球を点Pからはなし，実験(2)と同様の測定をする
とき，木片の移動距離として最も適切なものは次のうちどれか。

ア　3cm　　イ　9cm

ウ　15cm　　エ　21cm

3 小球がもつ力学的エネルギーは保存されるが，点Qから飛び出した後，到達する最高点Rの
高さは点Pよりも低くなる。その理由として，最も適切なものは次のうちどれか。ただし，摩
擦や空気の抵抗は考えないものとする。

ア　小球は，点Rで運動エネルギーをもつから。

イ　小球は，点Rで位置エネルギーをもつから。

ウ　小球は，点Rでは運動エネルギーをもたないから。

エ　小球は，点Rでは位置エネルギーをもたないから。

8 　図1は，ある年の1か月間に日本付近で
発生した地震のうち，マグニチュードが2
以上のものの震源の位置を地図上に示した
ものである。震源の深さによって印の濃さ
と形を変え，マグニチュードが大きいもの
ほど印を大きくして表している。

　このことについて，次の1，2，3の問
いに答えなさい。

1 　図1の領域F－Gにおける断面での震源
の分布のようすを「・」印で模式的に表し
たものとして，最も適切なものはどれか。

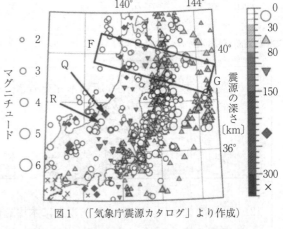
図1　（「気象庁震源カタログ」より作成）

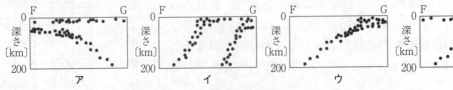
ア　　　　イ　　　　ウ　　　　エ

2 　図1の震源Qで発生した地震と，震源Rで発生した地震とは，震央が近く，マグニチュード
はほぼ等しいが，観測された地震のゆれは大きく異なった。どちらの震源で発生した地震の方
が，震央付近での震度が大きかったと考えられるか，理由を含めて簡潔に書きなさい。

3　ある地震が発生し，図2の「•」印のＡ，Ｂ，Ｃ各地点でゆれを観測した。下の表は，各地点に地震の波が到達した時刻と，そこから推定された震源からの距離をまとめたものである。この地震の震央として最も適切なものは「×」印の**ア**，**イ**，**ウ**，**エ**のうちどれか。また，その震源の深さは何 km か。ただし，地震の波は直進し，地表も地下も一定の速さで伝わるものとする。

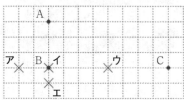

図2　（方眼の1目盛りは10km）

	Ｐ波到達時刻	Ｓ波到達時刻	震源からの距離
Ａ	5 時20分47.7秒	5 時20分52.5秒	50km
Ｂ	5 時20分46.2秒	5 時20分50.0秒	40km
Ｃ	5 時20分53.7秒	5 時21分02.3秒	89km

9　植物のはたらきについて調べるために，次の実験(1)から(5)を順に行った。

(1)　青色のBTB溶液にストローで息を吹き込んで緑色のBTB溶液をつくり，4本の試験管に入れ，試験管Ａ，Ｂ，Ｃ，Ｄとした。

(2)　試験管Ａ，Ｂは，空気が入らないように注意しながらそのままゴム栓をした。

(3)　試験管Ｃ，Ｄには，同じ長さのオオカナダモを入れ，空気が入らないように注意しながらゴム栓をした。

(4)　試験管Ｂ，Ｄを，アルミニウムはくで完全におおった。
　　図1は，このときの4本の試験管について，その中のようすがわかるように模式的に表したものである。

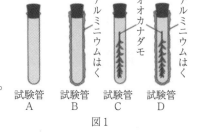

図1

(5)　試験管Ａ，Ｂ，Ｃ，Ｄに十分に光を当て，溶液の色を調べた。下の表は，その結果をまとめたものである。また，このとき試験管Ｃでは，オオカナダモの葉から気泡がさかんに発生していることが観察された。

	Ａ	Ｂ	Ｃ	Ｄ
溶液の色	緑	緑	青	黄

このことについて，次の**1**，**2**，**3**，**4**の問いに答えなさい。

1　試験管Ａ，Ｂを用意したのは，試験管Ｃ，Ｄで見られた溶液の色の変化が，次のどれによることを確かめるためか。

ア　オオカナダモ　　**イ**　吹き込んだ息
ウ　BTB溶液　　**エ**　光

2　次の　　　内の文章は，実験(5)について，試験管Ｃで起きたことについて述べたものである。①，②，③に当てはまる語をそれぞれ（　）の中から選んで書きなさい。

　気泡に多く含まれている気体は①（酸素・二酸化炭素）である。また，溶液中の②（酸素・二酸化炭素）が③（減少・増加）したため，溶液が青色になった。

3　次のうち，実験(1)から(5)によってわかることはどれか。

ア　呼吸には酸素が必要なこと　　**イ**　光合成には二酸化炭素が必要なこと
ウ　光合成には光が必要なこと　　**エ**　明るいところでは呼吸をしていないこと

4 図2は，地球全体における大気中の二酸化炭素濃度の変化を表しており，図3は，2010年における世界の森林分布を示している。これらを参考にして，4月から8月にかけて二酸化炭素濃度が減少している理由を簡潔に書きなさい。

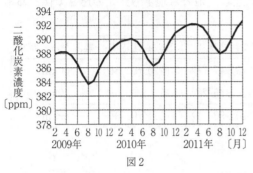

図2

（「温室効果ガス世界資料センターWebサイト」により作成）

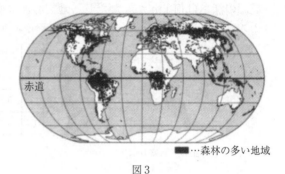

■…森林の多い地域

図3

（「国際連合食糧農業機関Webサイト」により作成）

五 Aさん、Bさん、Cさん、Dさんの四人が下のグラフを見な
がら、会話をしている。四人の会話とグラフを参考にして、
「自分の意見を伝える」ということについてあなたの考えを書
きなさい。

Aさん「自分の意見を相手に伝えるのは難しいよね。」
Bさん「うん、そうだね。グラフを見てみると、積極的に意見
　　　を伝える人と消極的な人は同じくらいの割合だね。私は
　　　自分の意見を積極的に言う方だな。普段から、相手に伝
　　　わる表現を使うようにしているんだ。」
Cさん「私は自分の意見を伝えることには消極的な方かな。だ
　　　から相手との人間関係を意識して、相手にどうしたら伝
　　　わりやすいか気を付けているよ。」
Dさん「グラフをよく見ると、『場合によると思う』という人
　　　もいるね。」
Aさん「どのように自分の意見を伝えるかは人それぞれの考え
　　　があるんだね。」

《注意》
　・自分の考えとその理由を明確にして書くこと。
　・自分の体験を踏まえて書くこと。
　・国語解答用紙(2)に二百四十字以上三百字以内で書くこと。

意見の表明や議論などについてどのような意識を持っているか。

Ⅰ　自分の考えや意見を積極的に表現する方だ

Ⅱ　自分の考えや意見を表現することには消極的な方だ

Ⅰに当てはまると思う 43.1%	Ⅱに当てはまると思う 41.9%	場合による と思う 14.8%

分からない 0.1%

（文化庁　平成28年度「国語に関する世論調査」により作成）

るうちに家を抜け出して、他家の人のようになってお百度参りをする母親を目にしたひさしは、もう、それを知らないうちのひさしに戻るわけにはいかなかった。これはひさし自身にも、どうにもならないことであった。

行きには誰とも会わなかった道で、帰りには、荷馬車と擦れ違った。自転車の人に追い抜かれ、(注3)大八車を引く頬被りの人にも会った。鍬を担いだ農夫は、擦れ違う時、お早うございますと言ってひさし達に頭を下げた。ひさし達も、お早うございますと言って頭を下げた。

（竹西寛子「虚無僧」から）

（注1） 頬被り＝頬を隠すように頭から手ぬぐいや布などをかぶること。

（注2） 願かけ＝自分の願いの実現を神仏に頼むこと。特定の物を食べない断食（断ち物）やお百度参りなど、祈願のためには様々な方法がある。

（注3） 大八車＝荷物を運ぶ大きな二輪車。

1 「(1)どうしたの！」と言ったときの母親の様子として最も適切なものはどれか。

ア 涙を流し自分を呼ぶひさしの声を聞き悲しみ嘆いている。

イ ついて来ないという約束を破ったひさしに困惑している。

ウ 家にいるはずのひさしが目の前にいて気が動転している。

エ 楽しみの時間を邪魔されたことに気付き悔しがっている。

2 「短いような、長いような時間が過ぎた。」という一文は、大きく場面が転換する位置に入る。この一文が入る最も適切な位置は、本文中の ア ～ エ のうちどれか。

3 (2)自分が脱いだコートをまた頭から被らせて、からだに巻きつけてやった とあるが、ここには母親のどのような思いが表れているか。

ア ひさしには暖かくして縁側に坐ったまま待っていてほしい。

イ ひさしには得体のしれないものから遠ざかっていてほしい。

ウ ひさしには裸足で歩く自分の痛々しい姿を見てほしくない。

エ ひさしには二度と大声で自分のことを呼んでほしくない。

4 (3)毎朝こうしていた とあるが、ひさしは母親がどうしていたことを知ったのか。二十字以内で書きなさい。

5 次の図は、ひさしの変化についてまとめたものである。 □ に当てはまる最も適切な箇所を本文中から三十字で抜き出し、初めと終わりの五字を書きなさい。

◎ひさしの変化が読み取れる主な箇所
・悪いような気がしてきて、途中でやめた。
・妬ましさとさびしさは、ひさしにはちょっと類のないものであった。
↓
ひさしの成長

6 この文章の表現上の特徴として最も適切なものはどれか。

ア 母親とひさしそれぞれの視点から場面を描くことで、父親への思いを対比的に表現している。

イ 母親の行動を丁寧に描写することで、母親のひさしや夫に対する思いを間接的に表現している。

ウ 過去の場面にのみ会話文を使用することで、かつての母親とひさしの心の交流を表現している。

エ 隠喩表現を効果的に用いることで、母親とひさしに対する父親の心情を象徴的に表現している。

四　次の文章を読んで、1から6までの問いに答えなさい。

　早朝、人目を避けて家から出かけていく母親に気付き、ひさしはひそかにその後をつけた。しかし、ついて行くのに精一杯で母親を見失ってしまいそうになる。

　明け方の世界にひとり見放されて、何もかも滅茶滅茶（めちゃめちゃ）になってゆきそうなのがたまらなくなり、自分でもおぼえず母親を呼んだ時には、心にもあらず涙声になっていた。

「(1)どうしたの！」

　という母親の声は、やさしくは響かなかった。むしろ叱りつけられたようにひさしには感じられた。

　母親のおどろきがあまりにも強くて、叱りつける声ででもなければ鎮（しず）まらない程のものだということを理解するには、ひさしはまだ幼な過ぎた。しかし、子供が、寒い朝、しかも学校へ行く前にこんな所まで出て来てはいけないと畑の中で白い息を吐き続ける母親に、ひさしは少しも靡（なび）かなかった。

　ひさしの態度に母親は諦めたのか、自分のショールをとって、ひさしに（注1）頬被（ほおかぶ）りさせると、ひさしの肩を抱えるようにして歩き出した。それから、行き先はお地蔵様のお堂で、それは父親の病気が一日も早く癒（い）えるように、もう何日も前から続けているお百度参りのためであることなどを、順々に話して聞かせた。

ア

　ひさしはその時になって、（注2）願かけのためだったということも初めて知らされた。これはお母さんがすればよいので、ひさしが真似（まね）をするのはよくないとも母親は言った。

　畑を通り抜けた所に、その地蔵堂はあった。民家が寄り合ってい

る場所なので、気をつけていないと素通りしかねない入口である。

　ひさしには、境内に入ってからの広さが意外であった。

イ

　母親は、お堂の縁側にひさしを坐（すわ）らせると、今度は(2)自分が脱いだコートをまた頭から被らせて、からだに巻きつけてやった。

「達磨（だるま）さんになって、待っておいで。」

　そう言い置いてひさしの前を離れた。馴（な）れた足どりで境内の一隅に行くと、草履（ぞうり）を脱いだ。白い足袋（たび）をとってその上に置いた。

　何が祀（まつ）ってあるのかはひさしには分らないのだが、かなり大きな石像の前に跪（ひざまず）いて一礼した母親は、それから何ごとかを唱えながら、決まっているらしい石の道を一と廻りした。一礼するとまた唱えごとをしては一と廻りする。

ウ

　ひさしは初めのうち、一回、二回と数えていたが、そうして待つのは母親に対しても、また、母親が願いごとをしている何かに対しても悪いような気がしてきて、途中でやめた。母親の唱える声は、気のせいかしだいに強くなり、石の上を廻る速度も少しずつ早くなっていくように見える。ひさしは、母親の足の裏から、血が出ていはしないかと心配であった。

　自分の起きる前に、母親は(3)毎朝こうしていたのだと思うと、自分には分らないところで生きている時間の母親は他家の人のような気もするのであるが、いちばん気味悪いのは、母親をそうさせてしまう何かで、その何だか知れないものに、母親が逆らうことも出来ずに連れ出されて行く妬（ねた）ましさとさびしさは、ひさしにはちょっと類のないものであった。

エ

　明け方の世界にひとり見放されたかという、来る時の心細さは、帰り道ではほとんどなくなっていた。しかし、家の者がまだ寝てい

ウ　自然と関わりを持たず、消費者として生活すること。

エ　自然環境を破壊しながら、生産者として生きること。

(2)　この生命の大きな輪の中の一端を担っている　とはどういうことか。そのことについて説明した次の文の □ に当てはまるように、二十字以内で書きなさい。

人間もまた □ させ、死ぬと自然に戻るという循環の一部であるということ。

3　本文中の A 、 B に入る語の組み合わせはどれか。

ア　A　自然　　B　人工

イ　A　意識　　B　無意識

ウ　A　動物　　B　植物

エ　A　非言語　B　言語

4　人間同士の関係性の希薄化　について、次の(I)、(II)の問いに答えなさい。

(I)　人間同士の関係は、かつてどのようにして築かれたと筆者は考えているか。四十字以内で書きなさい。

(II)　人間同士の関係性が希薄化したきっかけを筆者はどのように考えているか。最も適切なものを選びなさい。

ア　各都市で貨幣を統一し都市住民の行動範囲を狭めたこと。

イ　インターネットの普及でコミュニティが弱体化したこと。

ウ　経済の発展により人々の生活が便利で豊かになったこと。

エ　自然の脅威が及ぶことのない都市で生活をし始めたこと。

5　段落の関係について説明したものとして最も適切なものはどれか。

ア　③段落は、①、②段落で提起した問題に対する筆者の見解を述べ、それ以降の論点を提示している。

イ　④段落は、②、③段落で提起した新たな問題に対して、筆者独自の視点から解決策を提示している。

ウ　⑥段落は、④、⑤段落の抽象的な内容を具体的に言い換えたうえで、補足的な説明を付け加えている。

エ　⑦段落は、⑤、⑥段落で示された内容を一般化したうえで、新たな視点から別の問題を提起している。

三 次の文章を読んで、1から5までの問いに答えなさい。①〜⑨は形式段落の番号である。

① 海や土と関わりながら生産者が生きる場がふるさとであり田舎だとすれば、海や土との関わりを絶って生きる消費者はふるさと難民であり、その場は程度の差こそあれ都会的だといえる。

② (1)生命のふるさとから離れて生きることの問題はどこにあるか。それは「生命体としての自分」を自覚できなくなることにあるのではないだろうか。だからこそふるさと難民である都市住民は、リアリティ(生きる実感)と関係性(つながり)を(注1)渇望している。生きる実感とは、噛み砕いていえば、自分が生きものであるということを自覚、感覚できるということ。生命のふるさとである海と土から自らを切り離してしまった都市住民が生きる実感を失っていくのも、当然のことではないだろうか。

③ 生命のふるさととは、言い換えれば自然だ。自然は生きている。その自然の生命を自分に取り入れることで、私たちは生命を持続させる。私たちも死ねば最後は土や海に戻り、微生物に食べられる。

④ 生命の大きな輪の中の一端を担っているという無意識の感覚が、生きる実感なのだと思う。自然には意識はない。だから、動物や昆虫、植物にも意識がない。人間も言葉がなかった非言語の時代には、無意識の領域が大きく、「自分は自然で、自然は自分」という感覚を無意識に持っていただろう。ところが、人間が言語を獲得してから、[Ａ]の世界が[Ｂ]の世界を(注2)凌駕していった。

⑤ (2)その意識の世界一色になった現代でも、自然と共に生きる農家や漁師には無意識の領域が残っている。だから、彼らには「生きる実感」があっても自覚はないし、言葉にならない。

⑥ その一方で、「自然」という無意識から完全に離れて「人工」という意識の世界にだけ生きている私たちは、生きる実感がない。ゆえに、自然という無意識の世界の扉が少し開き、生物としての自分を自覚すると「ない」ものが埋まるので、「ある」と意識でき、「生きる実感を感じた」という言葉になる。

⑦ もうひとつ、(3)人間同士の関係性の希薄化も、人々がふるさとから離れてしまったことに大きく関係しているように思う。

⑧ かつて人間は、剝き出しの自然に日常生活をさらして生きていた。自然災害だけでなく、獣などの動物から身を守る必要もあった。ひとりでは到底生きていくことなどできなかったのだ。だからこそ人々は群れをつくり、コミュニティを形成し、互いの役割を果たし合いながら力を合わせて生きていた。そこには他者のために自分が必要とされているというわかりやすい依存関係が存在した。

⑨ ところが自然の脅威から守られた都市という要塞に暮らすようになる。この共依存関係が崩れ、コミュニティは弱体化することになる。貨幣経済に組み込まれることで、問題解決は「相互扶助」ではなく、サービスの購入や税金という対価を支払った末の行政サービスという形に変わる。さらにインターネットの普及でますますコミュニティの存在意義は薄れ、解体へと向かっていく。

(高橋博之『都市と地方をかきまぜる『食べる通信』の奇跡』から)

(注1) 渇望=心から強く望むこと。
(注2) 凌駕=他のものを超えること。

1 (1)生命のふるさとから離れて生きること とあるが、その説明として最も適切なものはどれか。

ア 食事に地元の食材を取り入れず、暮らしていくこと。

イ 田舎から遠い距離にある、都会で生活していくこと。

ウ お借りした

ア お借りになられた　　イ お借りになった

エ お借りいただいた

二　次の文章を読んで、1から5までの問いに答えなさい。

(注1)異朝に負局といふ仙人ありき。この仙人は希代の術どもほどこして、人の喜ぶことを、もっぱらに好めり。あるとき、天下の人民、疾病にをかされて、あるひは死し、あるひは苦しむこと、おしなべて見えたり。医工をほどこすといへども、しるしをえず。ただ(1)天道に心を入れて、おのおの祈誓申すばかりなり。かく万民の嘆き悲しびけるを、負局こそ、深くあはれに思ひ、深谷へ(注2)ゆいて、岩のはざまにしたたる水を、(注3)八功徳水なればとて、(2)心のままに湧きいだしけり。その水の色は、いかにも鮮やかにして白し。この功徳水をくみて、瓢箪に入れ、(注4)杖にかけて、国々をめぐりて、疾病にをかさるる人をみては、その者のもちける鏡をとって、かの功徳水をもってみがき、あらためて病人にみせければ、たちどころに、病療しかのみならず、はだへもうるはしく、齢もながしと(注5)云々。病人は喜びに堪へで、(注6)まひなひを引きけれども、あへて一銭もうけ侍らず。かくして四百余州をめぐりて、(3)人民をたすけ侍る。されば、一切の仙人の長といへり。年月をへて失せければ、人々、かれが恩を謝せんために、かの八功徳水の上に(注7)ほこらを建てて、神に祭りてうやまへりと云々。

（「室町殿物語」から）

(注1)異朝＝今の中国のこと。
(注2)ゆいて＝行って。
(注3)八功徳水＝八つの優れた点がある水。
(注4)杖にかけて＝杖の両端に瓢箪を引っかけ、担いで。
(注5)云々＝～ということである。
(注6)まひなひ＝贈り物。

(注7)ほこら＝神を祭る小さな社。

1　(1)あはれ　は現代ではどう読むか。現代かなづかいを用いて、すべてひらがなで書きなさい。

2　(1)天道に心を入れて、おのおの祈誓申すばかりなり　とあるが、人々が天に祈るしかない理由として、最も適切なものはどれか。
ア　病気を治さないと、八功徳水を手に入れられないから。
イ　病気を治したいが、医術では全く効果がなかったから。
ウ　病気を治した者が、感謝の気持ちを伝えたかったから。
エ　病気を癒やすため、恵みの雨を降らせようとしたから。

3　(2)心のままに湧きいだしけり　の意味として、最も適切なものはどれか。
ア　自分の思った通りに八功徳水を湧き出させた。
イ　病人のために各地で八功徳水を湧き出させた。
ウ　天の意向で仕方なく八功徳水を湧き出させた。
エ　万民の言うがままに八功徳水を湧き出させた。

4　(3)人民をたすけ侍る　とあるが、負局は八功徳水をどのように用いて病人を助けたのか。文末が「という方法。」になるように、三十字以内の現代語で書きなさい。ただし、文末の言葉は字数に含めない。

5　本文において、負局はどのように描かれているか。
ア　人々から受けた恩恵をいつまでも忘れず、感謝の気持ちを伝えるために、諸国を旅しながら恩返しをした。
イ　厳しい修行に励み、自分自身のためだけの究極の術を習得したことで、多くの仙人から長として敬われた。
ウ　各地を歩き病気で苦しむ万民のために尽力したことで、多くの人々から慕われ、後世に神として祭られた。
エ　誰よりも信心深いところがあり、神を敬うために様々な場所にほこらを建て、人々と共に祈りをささげた。

一

（注意）答えの字数が指示されている問いについては、句読点や「」などの符号も字数に数えるものとします。

1　次の──線の部分の読みをひらがなで書きなさい。

(1)　英文を和訳する。

(2)　労力を費やす。

(3)　傾斜のゆるやかな坂。

(4)　参加人数を把握する。

(5)　卒業式の厳かな雰囲気。

2　次の──線の部分を漢字で書きなさい。

(1)　海でオヨぐ。

(2)　うさぎをシイクする。

(3)　手紙がトドく。

(4)　会場のケイビをする。

(5)　フクザツな思考。

3　次はAからCを話題にして先生と生徒が会話をしている場面である。それらを読んで、(1)から(5)までの問いに答えなさい。

A　今年より　　①　知りそむる桜花

　　散るといふことはならはざらなむ
　　　　　　　　　　　　　　　紀貫之
　　　　　　　　　　　　　　　きのつらゆき

B　夏の花みな水晶にならむとす　②　かはたれ時の夕立の中
　　　　　　　　　　　　　　　与謝野晶子
　　　　　　　　　　　　　　　よ　さ　の　あきこ

C　花　開　不二　同賞一　花　落ツルモ

　　欲レ問相思處　　　③　不二　同悲一

　　花　開キ花　落ツルノ　時

　　　　　　　　　　　　薛濤
　　　　　　　　　　　　せつとう

生徒「先生、三つの作品を選んできました。」

先生「どうしてこれらを選んだのですか。」

生徒「私は花が好きで、どれも花を詠んでいるもの④だと思ったからです。」

先生「なるほど。花は、今も昔も多くの歌人によって詠まれている素材ですね。」

生徒「そうなのですね。Cは以前、先生から（　⑤　）本で見つけたのですが、どのような内容の漢詩ですか。」

先生「これは、大切な人と花が咲き喜びや散る悲しみを共有できない切なさを詠んだ漢詩です。花に心を動かされて歌を詠むのは、時代や国が違っても同じですよ。」

(1)　　①　に入る語として最も適切なものはどれか。

　ア　春　イ　夏　ウ　秋　エ　冬

(2)　　②　かはたれ時の夕立の中　の部分に用いられている表現技法はどれか。

　ア　擬人法　　　イ　反復法

　ウ　直喩　　　　エ　体言止め

(3)　　③　不二　同悲一　の書き下し文として正しいものはどれか。

　ア　同にず悲しま　イ　同に悲しまず

　ウ　悲しまず同に　エ　悲しま同にず

(4)　　④　だ　と文法的に同じ意味・用法のものはどれか。

　ア　明日は雨が降るそうだ。　イ　朝の商店街は静かだ。

　ウ　友人と会話を楽しんだ。　エ　これは弟の自転車だ。

(5)　　⑤　に入る正しい敬語表現はどれか。

Memo

誰にもよくわかる 解説と解答　2019年度

栃木県 正答率

全日制課程の受検者から
1,000名を抽出して集計。
（右段は部分正答も含めた割合）

英　語

大問	小問	枝問	正答率	部分正答含
1	1	(1)	61.4%	
		(2)	38.7%	
		(3)	38.7%	
	2	(1) ①	51.2%	
		②	86.2%	
		(2) ①	66.2%	
		②	57.5%	
	3	(1)	62.6%	70.2%
		(2)	44.8%	54.1%
		(3)	26.6%	29.8%
		(4)	29.5%	33.0%
2	1	(1)	87.3%	
		(2)	76.0%	
		(3)	71.5%	
		(4)	40.5%	
		(5)	91.5%	
		(6)	61.4%	
	2	(1)	88.2%	
		(2)	52.3%	
		(3)	72.0%	
3	1		56.0%	72.6%
	2		46.4%	
	3		37.9%	
	4		35.2%	69.3%
4	1	(1)	15.8%	40.4%
		(2)	28.7%	46.5%
	2	(1) ①	41.1%	62.2%
		②	24.7%	46.6%
		(2)	12.0%	87.7%
5	1		42.6%	67.4%
	2		18.0%	24.4%
	3		11.3%	36.1%
	4		53.0%	
6	1		72.2%	
	2	①~②	31.3%	54.1%
	3		57.8%	
	4		49.3%	

社　会

大問	小問	枝問	正答率	部分正答含
1	1	(1)	90.1%	
		(2)	97.0%	
		(3)	74.0%	
		(4)	62.8%	
	2	(1)	77.8%	
		(2)	80.5%	
		(3)	55.8%	
		(4)	60.4%	
2	1		54.6%	
	2		79.8%	
	3		77.0%	
	4		35.9%	
	5		46.3%	92.1%
3	1		85.1%	
	2		63.8%	
	3		32.3%	
	4		73.5%	
	5		31.0%	56.5%
4	1		84.6%	
	2		66.2%	
	3		57.1%	
	4		33.2%	72.0%
	5		75.3%	
	6		42.5%	
	7		57.5%	
5	1		14.8%	
	2		47.0%	
	3		64.5%	
	4		28.4%	
	5		10.3%	47.5%
6	1	(1)	62.9%	
		(2)	51.5%	
		(3)	92.6%	
		(4)	71.3%	
	2	(1)	60.1%	
		(2)	52.6%	53.5%
		(3)	47.4%	
		(4)	77.0%	
		(5)	73.4%	
		(6)	10.0%	53.5%
7	1		66.6%	
	2		33.5%	
	3		64.2%	
	4	X	80.0%	93.4%
		Y	87.9%	91.1%

数　学

大問	小問	枝問	正答率	部分正答含
1	1		98.2%	
	2		84.3%	
	3		86.4%	
	4		89.9%	
	5		59.7%	
	6		75.8%	
	7		80.7%	
	8		55.2%	
	9		81.2%	
	10		85.6%	
	11		80.3%	
	12		70.4%	
	13		52.8%	
	14		64.9%	
2	1		56.0%	
	2	(1)	73.9%	74.6%
		(2)	48.3%	49.7%
	3		28.3%	
3	1		34.2%	54.6%
	2	(1)	43.8%	
		(2)	15.4%	46.4%
4	1		21.7%	76.2%
	2	(1)	51.8%	
		(2)	2.9%	
5	1		83.2%	
	2		36.5%	46.3%
	3	(1)	52.6%	56.8%
		(2)	18.6%	
6	1		69.8%	
	2		43.9%	
	3		4.9%	16.7%
	4		0.2%	1.0%

理　科

大問	小問	枝問	正答率	部分正答含
1	1		93.9%	
	2		85.9%	
	3		80.0%	
	4		85.2%	
	5		64.5%	70.4%
	6		64.9%	68.5%
	7		84.6%	85.8%
	8		81.6%	81.6%
2	1		49.7%	53.3%
	2		36.0%	
	3		69.9%	69.9%
3	1		66.5%	69.6%
	2		65.0%	
	3	B	69.1%	
		D	23.3%	
4	1		35.6%	
	2		80.0%	80.0%
	3	図3	56.9%	56.9%
		図4	76.5%	76.6%
	4		16.1%	
5	1		32.5%	
	2		54.1%	
	3		26.3%	42.0%
	4		36.7%	
6	1		84.5%	85.4%
	2		71.5%	72.0%
	3	①	49.2%	50.9%
		②	63.2%	63.5%
	4		22.5%	25.3%
7	1		54.0%	54.2%
	2		72.1%	
	3		24.5%	
8	1		53.5%	
	2		38.3%	44.7%
	3	震央	24.0%	
		深さ	22.0%	22.0%
9	1		69.7%	
	2	①	78.8%	78.8%
		②	75.2%	75.3%
		③	74.0%	74.0%
	3		71.7%	
	4		14.2%	48.0%

国　語

大問	小問	枝問	正答率	部分正答含
一	1	(1)	93.3%	
		(2)	90.9%	
		(3)	93.0%	
		(4)	95.4%	
		(5)	59.2%	
	2	(1)	94.9%	
		(2)	81.5%	
		(3)	93.1%	
		(4)	77.3%	
		(5)	71.5%	
	3	(1)	91.6%	
		(2)	65.4%	
		(3)	86.3%	
		(4)	59.0%	
		(5)	93.2%	
二	1		98.2%	98.4%
	2		89.7%	
	3		68.7%	28.5%
	4		42.7%	64.6%
	5		85.0%	
三	1		71.5%	
	2		42.4%	80.1%
	3		63.4%	
	4（Ⅰ）		15.1%	76.9%
	4（Ⅱ）		61.1%	
	5		55.4%	
四	1		84.6%	
	2		57.1%	
	3		83.0%	
	4		17.3%	76.2%
	5		46.2%	
	6		79.6%	
五				96.8%

英語解答

1 1 (1)…イ　(2)…イ　(3)…エ
　　2 (1) ①…ア　②…イ
　　　 (2) ①…ウ　②…ア
　　3 (1) teamwork　(2) Friday
　　　 (3) leg　(4) voice

2 1 (1)…イ　(2)…エ　(3)…ア　(4)…ウ
　　　 (5)…ウ　(6)…ア
　　2 (1)　エ→イ→ア→ウ
　　　 (2)　ウ→ア→エ→イ
　　　 (3)　イ→エ→オ→ウ→ア

3 1 (例)ギターの音　　2　ウ
　　3　ウ→イ→ア
　　4 (例)将来，世界中を旅して，多くの
　　　 人々に自分の国〔ペルー〕について伝
　　　 えること。

4 1 (1) (例1) water and air are
　　　　　 clean
　　　　　 (例2) we have clean water
　　　　　 and air
　　　 (2) (例1) many people are kind
　　　　　 (例2) there are many kind
　　　　　 people
　　2 (1) ①　(例1) Let's have lunch
　　　　　　 together.
　　　　　　 (例2) Shall we eat
　　　　　　 lunch ?
　　　　 ②　(例1) Do you want to
　　　　　　 eat some sandwiches ?
　　　　　　 (例2) Would you like

one of my sandwiches ?

　　　 (2)　(例1) I like school lunch
　　　　　 better. I don't have to
　　　　　 bring lunch every day and
　　　　　 my parents will be happy. I
　　　　　 can also eat several kinds
　　　　　 of food. It is very healthy.
　　　　　 I look forward to the school
　　　　　 lunch menu every month.
　　　　　 (例2) I like box lunch
　　　　　 better because I can eat my
　　　　　 favorite foods. I always
　　　　　 feel happy when I see my
　　　　　 lunch. I sometimes make
　　　　　 my own lunch. It takes
　　　　　 time but it's fun.

5 1 (例)(友子と絵美が)毎朝一緒に走る
　　　 こと。
　　2 (例1) you won't be
　　　 (例2) you will not be
　　3 (例)人生における真の勝者とは，他
　　　 人のことを気にかけることができる
　　　 人
　　4　ア，エ

6 1　イ
　　2 ①　(例)空気中の水分を捕らえる
　　　 ②　(例)水を十分に得られない
　　3　ウ　　4　エ

---

1 〔放送問題〕

1. (1)≪全訳≫Ａ：明日，家族と海に行くんだ。／Ｂ：いいね。今はすごい雨だけど，明日は曇りになるってニュースでいってたよ。／Ａ：えっ，ほんと？　晴れるといいんだけどな。

　　Ｑ：「ニュースでは，明日の天気はどうだといっていますか」―イ

(2)≪全訳≫Ａ：トム，あなたの時計をベッドの下で見つけたわ。／Ｂ：ありがとう，お母さん。今はどこにあるの？／Ａ：あなたの机の上よ。

　　Ｑ：「トムの母は彼の時計をどこで見つけましたか」―イ

(3)≪全訳≫Ａ：すみません，妹にプレゼントを買いたいんですが。／Ｂ：こちらの人形はいかがですか？　大きい方の人形は28ドルで，小さい方は10ドルです。／Ａ：20ドルしか持ってないんです。妹は帽子をかぶってるこっちのが好きそうだな。これにします。

　　Ｑ：「この女性は妹にどの人形を買うつもりですか」―エ

2. (1)≪全訳≫ミカ(M)：こんにちは，ピーター。何を読んでるの？／ピーター(Ｐ)：やあ，ミカ。

この町の旅行雑誌を読んでるんだ。来週，うちの両親が日本に来るから一緒に行く場所を探してるんだよ。／M：それはいいわね。ご両親は何に興味があるの？／P：そうだなあ，日本の歴史や文化に興味を持ってるよ。／M：この古いお城は行ったことある？　すごく有名だよ。／P：うん，前に3人で行ったことがある。／M：じゃあ，町の博物館はどう？　あそこなら歴史的な物がたくさん見られるし，着物も着られるのよ。外国から来た大勢の人が自分たちの写真を撮って楽しんでるわ。／P：へえ，それはおもしろいね。その博物館に行ってみるよ。どうもありがとう。／M：どういたしまして。

① 「ピーターは何を探していますか」―ア．「訪れる場所」　② 「ピーターと両親はどこに行くことになりましたか」―イ．「博物館」

(2)≪全訳≫少女（G）：すみません，こちらで働いている方ですか？／ブライアン（B）：ええ，僕はブライアンといいます。こちらはインフォメーションデスクです。何かお困りですか？／G：はい。この公園内でお財布をなくしてしまったんです。お土産屋さんに行ったら，お財布がないことに気づいたんです。／B：今日どこに行ったか教えてもらえますか？／G：まず，イングリッシュ・ガーデンに行きました。次に，日本庭園の近くにあるレストランでお昼を食べました。／B：わかりました。それから…？／G：えっと…，それから，ショーを見に，ステージに行きました。ショーの間，ダンサーの方たちと踊って楽しみました。その人たちが踊り方を教えてくれたんです。楽しかったな。すごく喉が渇いたから，レストランに行ったんです。／B：そしてそこで飲み物を買ったんですね。／G：そうです！　お土産屋さんに行く前に，オレンジジュースを1杯飲みました。私のお財布はきっとあのレストランにあると思います。／B：つまり日本庭園の近くのレストランのことですね？／G：いいえ，違います。喫茶店の近くにある方です。／B：わかりました。少々お待ちください。そのレストランに電話してみます。／G：ありがとう，ブライアンさん。

① 「この少女はどうやってお土産屋さんまで行きましたか」―ウ　② 「ブライアンは次に何をするつもりですか」―ア．「喫茶店の近くにあるレストランに電話をかける」

3 ≪全訳≫インタビュアー（I）：ジョン，昨日はすばらしい試合でしたね。／ジョン（J）：ありがとう。／I：あなたたちが試合に勝ったと聞いて，私たちは喜んでいます。勝利のポイントは何だったんですか？／J：チームワークです！　サッカーではチームワークがとても大切だと僕は思っています。毎週金曜日，練習後にミーティングを開いていたので，僕たちはお互いをよりよく理解し合えるようになりました。そのおかげで僕らのチームワークはより強固になったんです。うちのチームの主要メンバーであるケンが，足を骨折して試合に出られなくなってしまいました。試合が始まる前，僕らはケンに，僕らは勝つ，って言ったんです。試合中，彼の声がはっきりと聞こえて，僕らは彼と一緒に試合をしているように感じました。彼の声が僕らを大いに支えてくれたんです。僕らは決して諦めず，そしてついに勝ちました！　僕らはケンに「力になってくれて本当にありがとう」って言いました。うちのチームのメンバー全員が必要なんだってことを学びました。

2 〔総合問題〕

1 <長文読解―適語(句)選択・語形変化―スピーチ>≪全訳≫私の夢は動物園で働くことで，それは動物が好きだからです。パンダは世界中の全ての動物の中で最もかわいいと思います。日本では上野動物園でパンダを見ることができますが，中国にはたくさんのパンダがいます。いつか私はそこへ行って，パンダと一緒に時を過ごし，パンダについて学びたいと思います。でも，私は中国へ一度も行ったことがありません。だから今年の夏休み中に，中国語を勉強するつもりです。

(1)主語の My dream は3人称単数で現在の文なので，is が適切。　(2)空所の前の the と後ろの of all animals「全ての動物の中で」から，最上級の文だとわかる。　cute－cuter－cutest　(3)can は助動詞。助動詞の後は動詞の原形が続く。　(4)'spend＋時間' で「〈時間〉を過ごす」。(5)'have/has＋過去分詞' の現在完了にする。be の過去分詞形は been。have/has been to ～ で「～へ行ったことがある」という意味を表せる。　(6)特定の '期間' を表す名詞の前に置いて「～

の間」の意味を表す前置詞は during。なお，while にも「〜の間」の意味があるが，while は前置詞ではなく接続詞なので後ろには '主語＋動詞…' が続く。

2＜整序結合＞

(1)動詞は 'be動詞＋〜ing' の進行形で was writing「〜を書いていた」とまとめ，主語に my sister，目的語に a letter を置けばよい。　My sister was writing a letter in English.「姉〔妹〕は英語で手紙を書いていた」

(2)'tell＋人＋to 〜' で「〈人〉に〜するように言う」。　Ms. Brown told her students to go to the gym.「ブラウン先生は生徒たちに体育館へ行くようにと言った」

(3)take care of 〜 で「〜の世話をする」。疑問詞の who が主語になっている文。　Who will take care of the dog?「誰がこの犬の世話をするつもりですか」

3 〔長文読解総合—対話文〕

≪全訳≫**❶**綾子（A）：今日のコンサートは楽しかったわ，カミラ。特にギターの音がすごく気に入ったな。

❷カミラ（K）：そう？　私もあの音がすごくいいと思ったよ。

❸A：カミラ，質問があるの。箱の上に座ってる演奏者が１人いたでしょ。あの人はそれを自分の手や指でたたいて，蹴ることもあったよね。あの箱が何なのか知ってる？

❹K：ああ，あれはペルーでは人気のある楽器よ。カホンっていうの。カホンっていうのはスペイン語で「箱」っていう意味なんだ。

❺A：あの人，その上に座っていたから，最初，あれは椅子なのかと思っちゃった。

❻K：カホンは打楽器の一種で，演奏するときはその上に座るの。カホンの裏側には大きな穴が開いていて，そこから音が出るのよ。

❼A：ほんと？　穴は見えなかったな。新しくできた楽器なの？

❽K：ううん，違うよ。カホンには歴史があるの。昔，ペルーの奴隷たちは音楽が大好きだったんだけど，彼らは楽器を持つことを許されていなかったの。／→ウ．だから彼らは何か演奏する物を探したのよ。／→イ．そこで彼らは木でできた箱を見つけたの。／→ア．彼らは音楽を奏でるためにその箱を使い始めたのよ。／こうしてカホンは生まれたんだ。

❾A：なるほどね。あれは簡単に演奏できるの？

❿K：うん，できるよ。手と指とかかとを使って音を出せるんだ。

⓫A：それはいいわね！　ところで，どうしてあなたはカホンのことをよく知ってるの？

⓬K：私のおばあちゃんがこの話を教えてくれたんだ。私は今，自分たちの歴史や文化について知ることがすごく大切だって思ってるの。将来は世界中を旅して，多くの人に私の国について伝えたいな。

⓭A：へえ，あなたはすばらしい夢を持ってるんだね！　カミラ，私は世界中のもっと多くの人に日本について知ってもらいたいよ。私は自分の国についてもっと学ばないといけないな。

1＜指示語＞直前で綾子は「ギターの音がとても気に入った」と言い，その発言に対してカミラは「私もそれがとても気に入った」と言っていることから，下線部の it は綾子が loved「とても気に入った」と言っている the sound of the guitars「ギターの音」を指すとわかる。

2＜適語選択＞A．第10段落でカホンの演奏の仕方が説明されており，「手と指とかかとで音を出す」と言っているので，「かかと」で行う動作である kick(ed)「蹴る」が適する。　pull(ed)「引っ張る」　　B．この文の前半に「その上に座っていたから」とあるので，綾子は座るための道具である chair「椅子」だと思ったのだとわかる。　drum「ドラム，太鼓」

3＜文整序＞それぞれの文中の指示語や接続詞に注目する。アの them は「それらを音楽のために利用した」という意味から，これはイに含まれる boxes made of wood「木でできた箱」を指すとわかる。また，イの Then はウの内容を受けて「演奏する物を探した」→「そして箱を見つけた」とつながり，ウの So は空所の前文の内容を受けて「奴隷たちは楽器を持つことを禁止されて

いた」→「だから演奏する物を探した」とつながる。

4 <語句解釈>綾子がカミラに「あなたはすばらしい夢を持っている」と言っているので，第12段落最終文でカミラが語ったI want to 〜 in the future.「私は将来，〜したいと思う」の内容をまとめればよい。 travel「旅をする」 around the world「世界中を」 in the future「将来は」

4 〔作文総合〕

1 <和文英訳—完全記述>≪全訳≫私の町／私は自分の町が本当に好きです。この町にはいくつかの長所があります。第1に，私の町は自然が豊かです。ここは，(1)水や空気がきれいです。また，夜は星がきれいです。第2に，食べ物がおいしいです。私の町はお米で有名です。第3に，(2)親切な人が大勢います。私の町に来てくれれば，きっと皆さんは幸せになると思います。

(1)メモの「水や空気がきれい」の部分を書く。ここでの「きれい」は「清潔だ，汚くない」という意味なので，beautiful「美しい」ではなく clean が適切。 (2)メモの「親切な人が多い」の部分を書く。「〜な人が多い」は「多くの人は親切だ」と考えて many people are kind と表してもよいし，「親切な人がたくさんいる」と考え，there is/are 〜「〜がいる〔ある〕」の形で there are many kind people と表してもよい。people「人々」は複数扱いなので，be動詞は are を使う。 kind「親切な」

2 <条件・テーマ作文>≪全訳≫**1** ジェーン（J）：とってもおなかがすいたな。もうすぐ正午だね。①一緒にお昼を食べよう。**2** 華（H）：うん，そうしよう。私もおなかがすいたよ。**3** 10分後**4** H：今日はおにぎりを持ってきたんだ。**5** J：わあ！ おいしそう。私はサンドイッチをつくったんだ。②サンドイッチ食べない？**6** H：うん，もらうね。ありがとう！ じゃあ，私のおにぎり1つあげるね。**7** J：わあ，ありがとう。ところで，私たちはいつもは給食があるよね。あなたはお弁当と給食とどっちの方が好き？

(1)①この後，華が Yes, let's.「うん，そうしよう」と答えていることから，Let's 〜.「〜しましょう」や Shall we 〜?「〜しませんか」と誘う表現が適するとわかる。内容は，2人とも空腹だと言っており，この後2人で昼食をとっている絵があるので，「一緒に昼食をとろう」という文を書けばよい。「(食事を)とる，食べる」を表す動詞は have，または eat。 ②この後華がお礼を言って，自分のおにぎりを渡していることから，ジェーンは華に自分のサンドイッチを食べないかと勧めている場面だとわかる。Do you want to eat 〜?「〜を食べたいですか」や，Would you like 〜?「〜はどうですか」などの表現で表せる。あげようとするのはサンドイッチの一部なので，解答例のように some sandwiches や one of sandwiches と表現できるとよい。なお，疑問文でも，この例のように Yes の返答を期待している場合，any ではなく some を用いる。

(2)お弁当と給食のどちらか一方を選んで，I like 〜 better.「私は〜の方が好きです」と答えた後，その理由を述べる。理由は解答例のほか，お弁当であれば，家族がつくってくれるので愛情を感じられる，自分でつくると料理の練習になってよい，友達のおかずと交換するのが楽しい，などもよいだろう。給食であれば，温かい料理や麺類などをおいしく食べられる，皆が同じ物を食べるので差が生じなくてよい，なども考えられる。

5 〔長文読解総合—物語〕

≪全訳≫**1** 私の名前は絵美。中学3年生だ。姉の友子は高校生。彼女はとても頭がよく，スポーツも得意だ。彼女はあらゆることが私よりもうまくできる。彼女は完璧なのだ。だから，最後の長距離走大会までずっと，私は姉が好きではなかった。

2 私は中学の長距離走大会が嫌いだったが，それは自分がいつもビリになるからだった。ある日，私は母と友子に言った。「今年は長距離走大会に出ないつもりなんだ」 母はこう言った。「どうして？ 今年が最後でしょ。出た方がいいわよ」 私はこう答えた。「どうせまたビリだもん」 すると友子がこう言った。「うーん…いいこと考えた。私たち2人で毎朝走ろうよ，絵美。長距離走大会までまだあと2週間あるんでしょ」 私は言った。「お姉ちゃんと一緒に2週間毎朝走るの？ そんなことしたくな

いよ」「またビリになりたいの, 絵美?　私が一緒に走るからさ。きっと大丈夫だよ」「絶対に?　わかった。やってみるよ」と私は答えた。

❸翌朝から, 私たちは走り始めた。私はそんなに速く走れなかったが, 友子はいつも私に合わせて走ってくれ, いろいろなことを話してくれた——学校生活のこと, 友達のこと, 私たちが子どもの頃の思い出。少しずつ, 私は友子と一緒に走るのが楽しくなってきた。ある日, 友子が私にこう言った。「10年くらい前, お父さんとお母さんと一緒に動物園に行ったときに, 私たち, 迷子になったよね。あのときのこと覚えてる?　私はものすごく疲れて歩くのをやめちゃって, そしたらあなたが私を見て私の手を引っ張ってくれたんだよ」「私が?」と私は尋ねた。「うん, そうだよ。あなたが一緒に歩いてくれて, それで私たちはお父さんとお母さんを見つけられたのよ。すごくうれしかったな」

❹とうとう, 長距離走大会の日がやってきた。スタートラインで, 私は逃げ出したい気持ちだった。そのとき, 友子がいるのに気づいた。彼女はこう言った。「絵美, あなたは毎朝練習してきたんだからビリになんかならないよ。あなたならできるよ!」　私は深呼吸した。

❺「用意, スタート!」　私は懸命に走った…が, 他の生徒たちの方が私よりも速かった。私の後ろには誰も走者は見当たらなかった。私はひどく疲れて, 諦める寸前だった。突然, 私の前で, 1人の生徒が転んだ。私はこう思った。「これでビリにならなくて済む!」　そのとき, 子どもの頃の記憶がよみがえった。私は立ち止まって, 手を差し伸べ, その子の手を引っ張った。私はその子と一緒に走り, 2人でゴールした。

❻家に帰って, 私は友子に言った。「またビリになっちゃったよ。ごめんね」「何よ, そんなこと言わないで。私はあなたを誇らしく思ってるわよ。みんなあなたに大きな拍手を送ってたじゃない。みんなあなたの親切な行動に感動したんだよ。私はね, 人生における真の勝者は, 他の人のことを思いやれる人のことだと思うんだ。私にとっては, あなたが勝者だよ」「私が?　じゃあ, 友子お姉ちゃんだって勝者だよ。毎朝早起きして, 私と一緒に走ってくれたじゃない。お姉ちゃんはいつも私のこと気にかけてくれてるから!」　友子と私はお互いに抱きしめ合った。

1　<語句解釈>この idea は, 走るのが苦手な絵美のための長距離走大会に向けたアイデアなので, 下線部の後の I think we can run every morning, Emi. という部分を指すとわかる。毎朝走る練習をして, 少しでも速くなろうと提案しているのである。この部分は友子の発言なので, we「私たち」は友子と絵美を指す。

2　<適語句補充>絵美が姉の友子と2週間毎朝走っていたのは, 長距離走大会でビリにならないためだったのだから, 「あなたは毎朝練習してきたんだから」に続く内容として適切なのは「ビリにはならない」という文。未来のことなので助動詞の will を否定形にし, 「～になる」は be動詞を使って, You will not〔won't〕be「あなたは～にならないだろう」と表せばよい。

3　<文脈把握>下線部は「私にとっては, あなたは勝者だ」という意味。この直前に I think the true winner in life is ~ others.「人生における真の勝者は, 他の人のことを思いやれる人のことだと思う」とある。友子にとっての勝者とはこのような人物であり, 絵美が転んだ生徒を助けて一緒にゴールしたことは真の勝者にふさわしい行動だと考えたのである。　true「本当の, 真の」　winner「勝者」　person「人」　care about「～を気にかける」　others「他者」

4　<内容真偽>ア.「友子は完璧だったので, 長距離走大会の前は, 絵美は友子が好きではなかった」…○　第1段落終わりの2文と一致する。　イ.「絵美が速く走れなかったので, 友子は絵美と一緒に走るのを諦めた」…×　第3段落第2文参照。いつも一緒に走ってくれた。　ウ.「長距離走が始まる前, 絵美は友子を見つけられなかった」…×　第4段落第2, 3文参照。　エ.「長距離走中, 絵美は生徒を助けるために走るのを中断した」…○　第5段落終わりの2文と一致する。　オ.「絵美が長距離走で1着になったので, 友子はうれしかった」…×　第6段落第1, 2文参照。またビリだった。　カ.「長距離走で優勝するには早起きすることが重要だと友子は言った」…×　このような記述はない。

6 〔長文読解総合─説明文〕

≪全訳≫**1** あなたはクモが好きだろうか。皆さんのうちのほとんどが「いいえ」と答えることだろう。クモが突然現れたら，あなたは怖がるかもしれない。クモは危険だと考えていて，クモからは逃げたいと思っているかもしれない。でも，ちょっと待ってもらいたい。クモは驚くべき生物なのである。

2 クモが巣を張ることはご存じだろう。クモの巣はクモの糸でできていて，いろいろな物を捕らえることができる。クモの巣が水滴で覆われているのを見たことがあるだろうか。そう，クモの糸は空気中の水分を捕らえることができるのだ。科学者たちはクモの糸のすばらしい力について研究してきた。クモの糸は水問題の解決策となるかもしれないと彼らは考えているのである。世界のある地域では，十分な水を得られない人々がいる。もし科学者たちがクモの糸のような物をつくり出せば，そのような場所で暮らす人々の役に立つだろう。

3 クモの糸は非常に細いので，弱いと思われている。ところが，クモの糸は大変丈夫で軽く，それに伸縮性があるので，衣服に利用したいと考えられているのだ。だが，大量のクモの糸を集めるのは難しい。そこで，科学者たちは人工のクモの糸をつくる方法を発見した。これを利用することで，すばらしい衣服をつくっている企業もある。その衣服はより丈夫でより軽量になっている。加えて，人工のクモの糸は地球や我々の未来にとって有益なものである。他の人工繊維をつくるには石油を使わなければならないが，人工のクモの糸をつくるのに石油に依存する必要はない。それを使えば，石油を節約できるのだ。このように，クモから我々は将来生きていく方法を学ぶことができるのである。

4 これでクモには驚くべき力があることがおわかりいただけただろう。そこで，もう一度同じ質問をさせていただこう。あなたはクモが好きですか。

1 <適語選択>最初の空所の前にある'逆接'の But に注目。クモは危険だと恐れられているかもしれないが，実は（　　）生物だ，という文脈。第2段落ではクモの糸の特性が水問題の解決策になりえることが，第3段落では人工のクモの糸が地球や我々の将来にとって有益であることが説明されているので，amazing「驚くべき，すばらしい」が適切。また，第4段落の空所を含む文から，空所には power「力」を修飾する語が入ることがわかり，これも手がかりとなる。　joyful「楽しい」　careful「注意深い」　boring「退屈な」

2 <要旨把握>①「クモの糸が持つ力」とは，第2段落第4文の(spider silk) can catch water in the air「空気中の水分を捕らえられる」という力を指す。　②ここで助けるべき人々とは，第2段落後ろから2文目の(people) don't get enough water「水を十分に得られない」人々のことである。

3 <適所選択>脱落文は「これを使うことにより，いくつかの企業はすばらしい衣服をつくっている」という内容。文の意味から，この this は衣服をつくる素材を指しているとわかる。ウの前に衣服の素材と考えられる artificial spider silk「人工のクモの糸」のつくり方が発見されたとあり，直後には「その衣服はより丈夫でより軽量になっている」と続いていることから，ここに入れると話がつながる。

4 <内容真偽>ア.「我々は，クモは危険な場所に現れると考えている」…× 「危険な場所に現れる」という記述はない。　イ.「クモの糸は地球から水分を集め，石油をつくることができる」…× 「石油をつくることができる」という記述はない。　ウ.「我々は，地球を救うために，クモによってつくられた衣服を買うべきである」…× クモが衣服をつくるわけではない。　エ.「クモは未来に生きるためのいくつかのアイデアを我々に与えてくれる」…○ 第3段落最終文と一致する。

数学解答

1 1 -2 2 $6x-4$ 3 $15b^2$

4 $x^2+2x-48$ 5 ±5 6 $70°$

7 -12 8 18cm^2

9 $x=-3,\ y=4$ 10 $\dfrac{1}{6}$

11 $56°$ 12 $x=\dfrac{-7\pm3\sqrt{5}}{2}$

13 ウ 14 ア

2 1 （例）

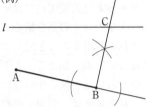

2 (1) ①…b ②…a

(2) ③…11 ④…91 ⑤…10

3 $\dfrac{1}{4}$

3 1 24本

2 (1) エ

(2) （例）26個という記録は，<u>中央値</u>の25個よりも大きいから。

4 1 （例）△ABC と △EBD において，

AB：EB＝10：5＝2：1……①

BC：BD＝8：4＝2：1……②

①，②より，

AB：EB＝BC：BD……③

共通な角であるから，

∠ABC＝∠EBD……④

③，④より，2組の辺の比とその間の角がそれぞれ等しいから，

△ABC∽△EBD

2 (1) $128\pi\text{cm}^3$ (2) $6+4\sqrt{2}\,\text{cm}$

5 1 600m 2 $y=60x+120$

3 (1) 下図 (2) 540m

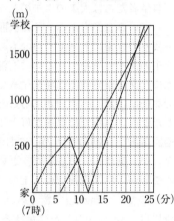

6 1 10枚 2 98 3 11

4 ①…13 ②…15 ③…168

---

1 〔独立小問集合題〕

1 ＜数の計算＞$-7+5=-2$

2 ＜式の計算＞与式$=(3x-2)\times2=6x-4$

3 ＜式の計算＞与式$=5ab^2\times\dfrac{3}{a}=\dfrac{5ab^2\times3}{a}=15b^2$

4 ＜式の計算＞与式$=x^2+\{8+(-6)\}x+8\times(-6)=x^2+2x-48$

5 ＜数の性質＞25の平方根は，2乗すると25になる数である。$5^2=25$，$(-5)^2=25$ だから，25の平方根は±5である。

6 ＜図形—角度＞多角形の外角の和は360°だから，右図1で，$\angle x$ ＋60°＋90°＋35°＋105°＝360°である。これより，$\angle x=70°$ となる。

7 ＜関数—比例定数＞関数$y=\dfrac{a}{x}$ のグラフが点$(6,\ -2)$を通るので，$y=\dfrac{a}{x}$ に $x=6$，$y=-2$ を代入して，$-2=\dfrac{a}{6}$ より，$a=-12$ となる。

8 ＜図形—面積—相似＞△ABC∽△DEF で，相似比が2：3だから，面積比は，相似比の2乗より，

図1

$\triangle$ABC：$\triangle$DEF $= 2^2 : 3^2 = 4 : 9$ となる。よって，$\triangle$ABC $= 8$ より，$\triangle$DEF $= \dfrac{9}{4}\triangle$ABC $= \dfrac{9}{4} \times 8 = 18(\text{cm}^2)$ である。

9＜連立方程式＞ $3x + y = -5$……①，$2x + 3y = 6$……②とする。①×3 より，$9x + 3y = -15$……①′ ①′－②より，$9x - 2x = -15 - 6$，$7x = -21$　$\therefore x = -3$　これを①に代入して，$3 \times (-3) + y = -5$，$-9 + y = -5$　$\therefore y = 4$

10＜確率—さいころ＞ さいころの目の出方は 6 通りだから，大小 2 つのさいころを同時に投げるとき，目の出方は全部で $6 \times 6 = 36$(通り)ある。このうち，2 つとも同じ目が出るのは，(大，小) $= (1, 1)$，$(2, 2)$，$(3, 3)$，$(4, 4)$，$(5, 5)$，$(6, 6)$ の 6 通りだから，求める確率は $\dfrac{6}{36} = \dfrac{1}{6}$ である。

11＜図形—角度＞ 右図 2 で，$\angle$BOC $= 360° - 248° = 112°$ である。$\overparen{\text{BC}}$ に対する円周角と中心角の関係より，円周角の大きさは中心角の大きさの $\dfrac{1}{2}$ だから，$\angle x = \dfrac{1}{2}\angle$BOC $= \dfrac{1}{2} \times 112° = 56°$ となる。

図 2

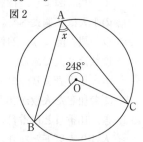

12＜二次方程式＞ 解の公式より，$x = \dfrac{-7 \pm \sqrt{7^2 - 4 \times 1 \times 1}}{2 \times 1} = \dfrac{-7 \pm \sqrt{45}}{2} = \dfrac{-7 \pm 3\sqrt{5}}{2}$ となる。

13＜関数—一次関数＞ ろうそくは，火をつけると毎分 2 mm の割合で短くなるので，x 分で $2x$ mm 短くなる。火をつける前のろうそくの長さは 150mm だから，火をつけてから x 分後のろうそくの長さ y は，$y = 150 - 2x$，$y = -2x + 150$ と表せる。よって，y は x の一次関数である。

図 3

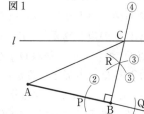

14＜図形—図形の名称—投影図＞ 投影図で表された立体は，右図 3 のような四角錐である。

2 〔独立小問集合題〕

1＜図形—作図＞ 右図 1 で，$\triangle$ABC は辺 AC を斜辺とする直角三角形なので，$\angle$ABC $= 90°$ である。また，点 C は直線 l 上にあるから，点 B を通り直線 AB に垂直な直線と直線 l との交点が点 C となる。作図は，
①線分 AB を B の方に延長し，
②点 B を中心とする円の弧をかき(直線 AB との 2 つの交点を P，Q とする)，
③2 点 P，Q を中心とする半径の等しい円の弧をかき(交点を R とする)，
④2 点 B，R を通る直線を引く。④の直線と直線 l との交点が点 C となる。解答参照。

図 1

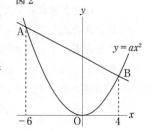

2＜整数の性質＞ (1)4 けたの数 N は，千の位と一の位が同じ数，百の位と十の位が同じ数だから，千の位の数を a とすると一の位の数も a となり，百の位の数を b とすると十の位の数も b となる。よって，$N = 1000 \times a + 100 \times b + 10 \times b + 1 \times a$ と表すことができる。
(2)$N = 1000a + 100b + 10b + a = 1001a + 110b = 11 \times 91a + 11 \times 10b = 11(91a + 10b)$ となる。

3＜関数—比例定数＞ 右図 2 で，2 点 A，B は関数 $y = ax^2$ のグラフ上にあり，x 座標がそれぞれ -6，4 だから，y 座標はそれぞれ $y = a \times (-6)^2 = 36a$，$y = a \times 4^2 = 16a$ となり，A$(-6, 36a)$，B$(4, 16a)$ と表せる。これより，直線 AB の傾きは，$\dfrac{16a - 36a}{4 - (-6)} = \dfrac{-20a}{10} = -2a$ となる。直線 AB の傾きは $-\dfrac{1}{2}$ だから，$-2a = -\dfrac{1}{2}$ が成り立ち，$a = \dfrac{1}{4}$ となる。

図 2

3 〔独立小問集合題〕

1<一次方程式の応用> A店では，定価150円のジュースが2割引きで売られていたので，ジュース1本の値段は $150 \times \left(1 - \dfrac{2}{10}\right) = 120$（円）である。花子さんは，50本のジュースを，A店で x 本，B店で $50-x$ 本買い，B店では500円分の値引券を使用して，支払った金額の合計が6280円になったので，$120x + 150(50-x) - 500 = 6280$ が成り立つ。これを解くと，$120x + 7500 - 150x - 500 = 6280$，$-30x = -720$ より，$x = 24$（本）となる。

2<資料の活用> (1)ア…誤。図より，度数が最も大きい階級は，20個以上24個未満の階級である。表より，平均値は27個だから，平均値は，度数が最も大きい階級に含まれない。

イ…誤。図より，12個以上16個未満の階級の度数は1人である。表より，最小値が12個だから，この1人は12個食べた。つまり，14個食べた人はいない。

ウ…誤。図より，24個以上の階級において，度数が最も小さい階級は32個以上36個未満の階級で，度数は2人である。

エ…正。表より，最大値が39個，最小値が12個だから，範囲は，$39 - 12 = 27$（個）となる。

(2)参加した人数が20人で，表より中央値は25個だから，食べたいちごの個数を小さい順に並べたとき，10番目と11番目の平均が25個となる。10番目と11番目がともに25個とすると，26個以上食べた人は9人以下となり，ともに25個でないとすると，10番目は24個以下，11番目は26個以上となるから，26個以上食べた人は10人となる。いずれにおいても20人の半数以下である。解答参照。

4 〔独立小問集合題〕

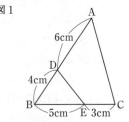

図1

1<図形—論証> 右図1の△ABCと△EBDで，AB：EB = $(6+4):5 = 10:5 = 2:1$，BC：BD = $(5+3):4 = 8:4 = 2:1$ である。解答参照。

2<図形—体積，長さ> (1)半径4cmの球がちょうど入るので，円柱の底面の半径は4cmである。また，円柱の高さは，球の直径と等しいから，$4 \times 2 = 8$ である。よって，円柱の体積は，$\pi \times 4^2 \times 8 = 128\pi$（cm³）となる。

(2)右図2のように，切り口の長方形をABCD，円O，円O′と長方形ABCDの辺との接点をE，F，G，H，2つの円O，O′の接点をIとし，点O′からOFに垂線O′Jを引く。OF⊥CD，O′G⊥CDより，四角形O′JFGは長方形となるから，JF = O′G = 2 であり，OJ = OF − JF = 4 − 2 = 2 となる。接点Iは線分OO′上の点となるから，OO′ = OI + O′I = 4 + 2 = 6 である。よって，△OO′Jで三平方の定理より，O′J = $\sqrt{\text{OO}'^2 - \text{OJ}^2} = \sqrt{6^2 - 2^2} = \sqrt{32} = 4\sqrt{2}$ となる。これより，GF = O′J = $4\sqrt{2}$ である。また，O′H⊥AD，OE⊥BC，∠C = ∠D = 90° だから，四角形O′GDH，OECFは長方形であり，DG = O′H = 2，FC = OE = 4 である。したがって，円柱の高さは，DC = DG + GF + FC = $2 + 4\sqrt{2} + 4 = 6 + 4\sqrt{2}$（cm）となる。

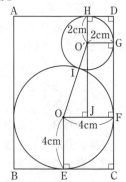

図2

5 〔関数の利用〕

1<距離> 右図のように，点P，Q，Rを定めると，点Pが友人と合流したとき，点Qが忘れ物に気がついて友人と別れて家に走って戻るとき，点Rが家に着いて忘れ物をかばんに入れて再び学校に向かって走るときを表している。点Qは，7時8分に家から600mの地点にいることを表しているから，忘れ物に気がつくまでに歩いた距離は600mとなる。

≪別解≫あすかさんは，7時ちょうどに家を出て，毎分100mの速さで3分間歩き，その後毎分60mの速さで5分間歩いたところで忘れ

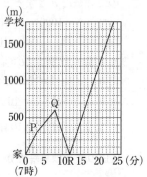

物に気がついたので，忘れ物に気がつくまでに歩いた距離は，$100×3+60×5=600$(m)である。

2<関係式> 前ページの図で，あすかさんが友人と合流したときから忘れ物に気がついたときまでを表すグラフは，線分PQである。このときの速さは毎分60mだから，直線PQの傾きは60であり，直線PQの式は$y=60x+b$とおける。また，P$(3, 300)$だから，$300=60×3+b$より，$b=120$となり，求める関係式は$y=60x+120$となる。

≪別解≫あすかさんが友人と合流するのは，家を出て3分後で，そのときまでに歩いた距離は$100×3=300$(m)である。ここから忘れ物に気がつくときまでは毎分60mの速さで歩くので，毎分60mの速さで歩いた時間は$x-3$分である。よって，家からの距離は$300+60(x-3)=60x+120$(m)となるので，$y=60x+120$である。

3<グラフ，距離> (1)前ページの図で，あすかさんが家から1800m離れた学校に着いたのは7時24分である。太郎さんは，あすかさんより1分遅く学校に着いたので，太郎さんが学校に着いたのは7時25分である。太郎さんは7時6分に家を出たから，グラフは点$(6, 0)$，$(25, 1800)$を結ぶ線分となる。解答参照。

(2)あすかさんが家を出てからt分後に太郎さんとあすかさんがすれ違うとする。太郎さんは家を7時3分に出て，毎分100mの速さで学校に向かうから，7時t分に太郎さんがいるのは家から$100(t-3)=100t-300$(m)の地点である。また，あすかさんは7時8分に家から600mの地点にいて，そこから毎分150mの速さで家に向かって走ったので，7時t分にあすかさんがいるのは家から$600-150(t-8)=-150t+1800$(m)の地点である。2人がすれ違うとき家からの距離は等しいから，$100t-300=-150t+1800$が成り立ち，$250t=2100$，$t=\dfrac{42}{5}$となる。よって，$100t-300=100×\dfrac{42}{5}-300=540$より，すれ違うのは家から540mの地点である。

⑥〔特殊・新傾向問題〕

1<円盤の枚数> $m=4$，$n=5$より，円盤は，縦に4枚，横に5枚並んでいるので，$4×5=20$(枚)ある。このうち，2が書かれた円盤は，4つの角にある4枚である。また，4が書かれた円盤は，長方形の内部にある円盤で，縦に$4-2=2$(枚)，横に$5-2=3$(枚)並んでいるので，$2×3=6$(枚)ある。円盤に書かれる数は2か3か4のいずれかだから，3が書かれた円盤は，$20-4-6=10$(枚)である。

2<書かれた数の合計> 1.と同様に考えると，$5×6=30$(枚)の円盤のうち，2が書かれた円盤は4枚，4が書かれた円盤は$(5-2)×(6-2)=12$(枚)，3が書かれた円盤は$30-4-12=14$(枚)である。よって，円盤に書かれた数の合計は，$2×4+4×12+3×14=8+48+42=98$となる。

3<xの値> 1.と同様に考えると，x^2枚の円盤のうち，2が書かれた円盤は4枚，4が書かれた円盤は$(x-2)^2=x^2-4x+4$(枚)，3が書かれた円盤は$x^2-4-(x^2-4x+4)=4x-8$(枚)である。円盤に書かれた数の合計は$2×4+4×(x^2-4x+4)+3×(4x-8)=8+4x^2-16x+16+12x-24=4x^2-4x$と表せ，これが440であったことより，$4x^2-4x=440$が成り立つ。これを解くと，$x^2-x-110=0$，$(x+10)(x-11)=0$より，$x=-10$，11となる。$x≧3$より，$x=11$である。

4<a，bの値，円盤の枚数> $m=a+1$，$n=b+1$より，円盤は，縦に$a+1$枚，横に$b+1$枚並んでいる。円盤の半径が1cmより，直径は2cmだから，4つの角にある円盤の中心を結んでできる長方形は，縦が$2(a+1)-1×2=2a$(cm)，横が$2(b+1)-1×2=2b$(cm)となる。この長方形の面積が780cm²だから，$2a×2b=780$が成り立ち，$ab=195$となる。$a≧2$，$b≧2$，$a<b$だから，$195=3×65$，$5×39$，$13×15$より，a，bの組は$(a, b)=(3, 65)$，$(5, 39)$，$(13, 15)$が考えられ，このとき，$(m, n)=(4, 66)$，$(6, 40)$，$(14, 16)$となる。よって，4が書かれた円盤は，$m=4$，$n=66$のとき$(4-2)×(66-2)=128$(枚)，$m=6$，$n=40$のとき$(6-2)×(40-2)=152$(枚)，$m=14$，$n=16$のとき$(14-2)×(16-2)=168$(枚)となるから，4が書かれた円盤の枚数が最も多くなるのは，$m=14$，$n=16$のとき，つまり$a=13$，$b=15$のときで，その枚数は168枚である。

社会解答

1 1 (1)…エ (2)…イ (3)…ア (4)…イ
　　2 (1)…モノカルチャー
　　　　(2)…やませ (3)…足利義満
　　　　(4)…憲法の番人

2 1 ア　　2 ヒンドゥー　　3 ウ
　　4 エ
　　5 図3 (例)ホーペイ省は小麦の生産
　　　　　　が盛んで，コワントン省は米
　　　　　　の生産が盛んである。
　　　図4 (例)コワンチョウは，ペキン
　　　　　　と比較し，1年を通して，気
　　　　　　温が高く降水量が多い。

3 1 シラス　　2 イ　　3 ウ
　　4 ウ
　　5 (例)宮崎県は，福島県に比べ，冬で
　　　　も温暖である。そのため，宮崎県で
　　　　は，ビニールハウスを暖める暖房費
　　　　を抑えながら，冬にきゅうりを生産
　　　　することができるから。

4 1 東大寺　　2 イ　　3 エ
　　4 (例)自分の娘を天皇と結婚させるこ
　　　　とで権力を強め，朝廷の政治の実権
　　　　を握ったから。
　　5 ア　　6 ウ

　　7 A→D→C→B

5 1 中華民国　　2 エ　　3 イ
　　4 イ→ア→エ→ウ
　　5 図1 (例)アメリカを中心とする西
　　　　　　側諸国と，ソ連を中心とする
　　　　　　東側諸国の対立があった。
　　　図2 (例)ソ連の解体により，独立
　　　　　　国となった。

6 1 (1)…配当〔配当金〕 (2)…ウ (3)…エ
　　　(4)…ア
　　2 (1)…ウ (2)…世界人権宣言 (3)…エ
　　　(4)…クーリング・オフ
　　　(5)…プライバシーの権利〔プライバ
　　　　シーを守る権利〕
　　　(6) (例)やりたくなかった人の多く
　　　　　が，裁判に参加してよい経験と
　　　　　感じているように，裁判員制度
　　　　　は，司法に対する国民の理解を
　　　　　深めることにつながるため。

7 1 扇状地　　2 ア　　3 イ
　　4 X (例)英語や中国語などの複数の
　　　　　　言語も表記
　　　Y (例)絵や記号なども表記

---

1 〔三分野総合―小問集合問題〕

1(1)<ヒスパニック>ヒスパニックとは，メキシコなどの中南米のスペイン語圏からアメリカへ来た移民のことである。なお，アのマオリはニュージーランドの先住民，イのイヌイットはカナダの北部などに住む先住民，ウのアボリジニはオーストラリアの先住民である。

(2)<冠位十二階>冠位十二階は，推古天皇の摂政であった聖徳太子が家柄にとらわれず才能や功績のある人物を役人に取り立てるためにつくった制度である。なお，アの大宝律令は唐の律令を手本として701年に制定された法律，ウの武家諸法度は江戸幕府が大名を統制するために定めた法律，エの御成敗式目〔貞永式目〕は鎌倉幕府第3代執権北条泰時が1232年に定めた法律である。

(3)<コロンブス>1492年にスペインの援助を受けて西インド諸島に到達したのは，コロンブスである。なお，イのバスコ・ダ・ガマはインド航路を開いた人物，ウのマゼランは世界周航に出発した人物であり，世界周航はマゼランの部下によって1522年に達成された。エのザビエルはイエズス会の宣教師で，1549年に日本に来て初めてキリスト教を伝えた。

(4)<地方交付税交付金>地方交付税交付金は地方公共団体の間の財政格差を抑えるために国から配分される地方公共団体の財源である。アの国債費は国債の利子や元本の支払いに充てられる国の歳出，ウの国庫支出金は国が道路建設などの特定の費用の一部を負担する目的で配分される地方公共団体の財源，エの社会保障関係費は国の支出する社会保障に関する費用のことである。

2 (1)**＜モノカルチャー経済＞** モノカルチャー経済は，国の経済を特定の作物や資源の生産と輸出に頼る経済のことで，天候や景気によって価格が大きく変動するため経済が不安定になりやすい。

(2)**＜やませ＞** 東北地方の太平洋側では，夏になると親潮〔千島海流〕の影響を受けて，やませと呼ばれる冷たく湿った北東風が吹くことがある。この風は冷気と霧をもたらし，農作物に悪影響を与えることがある。

(3)**＜足利義満＞** 1392年に南北朝を統一した室町幕府第3代将軍は足利義満である。

(4)**＜憲法の番人＞** 裁判所は制定された法律や内閣のつくる命令などが憲法に違反していないか審査する違憲審査権を持ち，特に最高裁判所は審査の最終決定権を持っており，「憲法の番人」とも呼ばれる。

2 〔世界地理―アジア〕

1 **＜ヒマラヤ山脈の位置＞** 世界で最も高い山であるエベレストがあるヒマラヤ山脈は，中国とネパール，インドなどの国境地帯に連なっているため，アが最も近い。

2 **＜ヒンドゥー教＞** インドでは人口の約8割の人々がヒンドゥー教を信仰している(2011年)。なお，ヒンドゥー教では，牛を聖なる動物として大切にし，食べることを禁止している。

3 **＜熱帯の特徴＞** バンコク(タイ)は熱帯のサバナ気候，ジャカルタ(インドネシア)は熱帯雨林気候で，ともにウのように年中高温の熱帯気候に属する。なお，アは冬の寒さが厳しい冷帯〔亜寒帯〕気候，イは乾燥帯の砂漠気候，エは温帯の地中海性気候である。

4 **＜資料の読み取り＞** タイは近年，日本などの外国企業が盛んに進出し，機械類や自動車などの生産や輸出が増加している。なお，アは衣類や繊維と織物の輸出割合が比較的大きく，乗用車保有台数が多いことから中国，イは輸出品目のダイヤモンドなどからインド，ウは輸出品目のパーム油などからインドネシアとわかる。

5 **＜中国の農業と気候＞** 図3と図4から，中国の首都ペキンを含むホーペイ省など中国の北部では，比較的気温が低く降水量が少ないために小麦などの畑作が盛んであること，一方，コワンチョウを含むコワントン省など中国の南部では，温暖多雨の気候のために稲作〔米作〕が盛んであることがわかる。

3 〔日本地理―九州地方〕

1 **＜シラス台地＞** シラス台地は，鹿児島県から宮崎県南部にかけての火山灰の台地で，大規模な畜産のほか，さつまいもや茶などの畑作農業も盛んである。

2 **＜阿蘇山のカルデラ＞** 図1のカルデラは，熊本県北東部の阿蘇山の火山活動によってできた巨大な円形のくぼ地である。アは佐賀県南部の筑紫平野，ウは宮崎平野，エは沖縄県の県庁所在地那覇市付近である。

3 **＜地熱発電＞** 地熱による発電量は，九州地方や東北地方に火山が多いことから，他の地方と大きな差がついている。なお，東北地方で発電量の多いアは騒音被害を防ぐために住宅地を避けて設置される風力発電，関東地方でも発電量が多いイは設置場所の制約が少ないため都市部でも導入が進められている太陽光発電，最も発電量が多いエは水力発電が当てはまる。

4 **＜沖縄県の労働力人口＞** 沖縄県は，観光業が盛んであることから，宿泊・飲食サービス業の割合が比較的大きいウが当てはまる。なお，アは農林業の割合が最大であることから青森県，イは製造業の割合が特に大きいことから愛知県，エは農林業の割合が特に小さいことから東京都である。

5 **＜宮崎県の農業の特色＞** 宮崎県の宮崎平野では冬でも比較的温暖であることを利用して，きゅうりなどの夏野菜をビニールハウスで暖房費を抑えて生産し，出荷時期を早める促成栽培が盛んである。

4 〔歴史―古代～近代〕

1 **＜東大寺＞** 図1の大仏を本尊とする東大寺は，Aの光明皇后の夫，聖武天皇によって奈良に建てられた。

2 <江戸時代の出来事>Bの和宮が結婚した家茂は江戸幕府第14代将軍である。幕府は1615年に大名が結婚するときには幕府の許可を必要とするなど，大名を統制するために武家諸法度を定めた。なお，アのかな文字は平安時代について，ウは奈良時代を中心とする律令制度のもとで行われた税について，エの幕府は鎌倉幕府で，1232年に第3代執権北条泰時が定めた御成敗式目の内容などについて述べている。

3 <かぶき踊り>かぶき踊りは出雲の阿国が江戸時代初期に京都で始め，後に歌舞伎に発展した。なお，アの浄瑠璃は江戸時代に人形浄瑠璃として盛んになった演劇，イの狂言は室町時代に民衆に受け入れられた喜劇，ウの能は室町時代に観阿弥・世阿弥父子によって大成された歌舞劇である。

4 <平清盛と藤原道長の栄華の理由>平清盛はDのカードの建礼門院徳子，藤原道長は図2の藤原威子など，いずれも娘を天皇と結婚させ，生まれた子が天皇になることにより，政治の実権を握った。

5 <壇ノ浦の戦い>平氏は1185年に源義経らによって，壇ノ浦(現在の山口県下関市)の戦いで滅ぼされた。なお，イの関ヶ原(岐阜県)の戦いは1600年に徳川家康らの東軍が石田三成らの西軍に勝利した戦い，ウの白村江の戦いは663年に倭(日本)が唐と新羅の連合軍に敗れた戦い，エの桶狭間(愛知県)の戦いは1560年に織田信長が今川義元を破った戦いである。

6 <女子教育普及の背景>ウの(第一次)護憲運動(1912年)は大正時代に起こり，1918年には初の本格的な政党内閣である原敬内閣が成立した。なお，アの日清戦争(1894〜95年)と日露戦争(1904〜05年)は明治時代後半，イの小学校や高等教育制度の整備とエの学制の公布(1872年)は明治時代初めの出来事である。

7 <年代整序>年代の古い順に，A(聖武天皇の皇后，光明皇后－奈良時代)，D(平清盛の娘，建礼門院徳子－平安時代末)，C(出雲の阿国－安土桃山時代〜江戸時代初め)，B(皇女和宮－江戸時代末)，E(津田梅子－明治時代)となる。

5 〔歴史—明治時代以降の日本と世界〕

1 <中華民国>アジア最初の共和国である中華民国は，清を倒し(辛亥革命)，1912年にナンキン〔南京〕を首都として建国された。

2 <大正時代〜昭和時代初めの日本の生活と文化>ラジオ放送の開始は大正時代末の1925年である。なお，アの米の配給制は，1937年に起こった日中戦争が長期化したため，1941年から行われた。イのテレビの普及は第二次世界大戦後の高度経済成長期である。ウの太陽暦の採用は明治時代初めの1872年である。

3 <日中戦争の影響>1937年に日中戦争が起こり，長期化したために，日本は1938年に第12回オリンピック東京大会の開催権を返上した。なお，アの朝鮮戦争は1950〜53年，ウのシベリア出兵は1918年に日本，アメリカ，イギリス，フランスがソビエト政権に対して行った。エの日英同盟は1902年に結ばれ，1921年に開催されたワシントン会議で調印された四か国条約により，解消された。

4 <年代整序>年代の古い順に，イ(日本国憲法の公布－1946年)，ア(サンフランシスコ平和条約の締結－1951年)，エ(国際連合への加盟－1956年)，ウ(沖縄の返還－1972年)となる。

5 <オリンピックと東西対立，ソ連の解体>図1から，ソ連の首都であったモスクワで行われたオリンピック(モスクワ大会)ではアメリカなど西側諸国が，アメリカでのオリンピック(ロサンゼルス大会)ではソ連など東側諸国が，それぞれ参加を辞退した背景は，1979年にソ連がアフガニスタンに侵攻し，東西両陣営の対立が激化したことにある。また，図2のアトランタ大会には，1991年のソ連の解体によって分離独立したウクライナなどの国々が初参加した。

6 〔公民—総合〕

1(1)<配当>配当〔配当金〕は，株式会社が利潤の一部を株主に支払うものである。

(2)<消費税>消費税は間接税の1つで，実際の税負担者と納税者が異なる税金である。また，その税率は所得に関係なく一定で，1989年の導入時は3％であったが，1997年に5％，2014年には8％に

引き上げられた。

(3)＜ワーク・ライフ・バランス＞ワーク・ライフ・バランスとは，仕事と生活の調和のことで，この実現のために育児・介護休業法などが定められている。なお，アのインフォームド・コンセントは個人の自己決定権の1つ，イのバリアフリーは，高齢者や障がい者などが生活するうえでの妨げとなるものを取り除こうという考え方，ウのメディアリテラシーは新聞やテレビなどのマスメディアによって伝えられる情報を批判的に読み取る力のことである。

(4)＜ODA＞ODA〔政府開発援助〕は政府による発展途上国に対する援助である。なお，イの貿易の自由化などを目的とする国際機関は世界貿易機関〔WTO〕，ウは1997年に開催された地球温暖化防止京都会議で採択された京都議定書の内容，エの世界遺産の登録，保護などの活動は，UNESCO〔国連教育科学文化機関〕が行っている。

2 (1)＜民法＞国会の重要な仕事として法律の制定(立法)がある。法律には民法や刑法などがある。ここで，成年の年齢が20歳から18歳に引き下げられたのは，2018年6月に民法が改正されたことによる。なお，条例は地方公共団体の議会が定める法令，憲法は国の最高法規，政令は内閣が定める命令である。

(2)＜世界人権宣言＞世界人権宣言は1948年に国連総会で採択された。しかし，法的な拘束力がなかったので，これを条約化する目的で1966年の国連総会で国際人権規約が採択された。

(3)＜都道府県知事の被選挙権＞都道府県知事の被選挙権は，参議院議員と同じ30歳以上である。また，任期は4年で，住民の直接選挙によって選ばれる。なお，市(区)町村長や都道府県・市(区)町村議会の議員の被選挙権は25歳以上である。

(4)＜クーリング・オフ＞クーリング・オフは，消費者が訪問販売などの突然の取り引きで商品を購入しても，8日間(マルチ商法は20日間)は書面により無条件で契約を取り消せる制度である。

(5)＜プライバシーの権利＞プライバシーの権利〔プライバシーを守る権利〕は，個人の私生活に関する情報を公開されない権利で，日本国憲法第13条の幸福追求権などを根拠に主張されている。

(6)＜裁判員制度＞裁判員制度は2009年から司法制度改革の柱の1つとして行われている。重大な刑事裁判の第一審について国民が裁判員として参加し，裁判官と評議のうえ被告人の有罪・無罪や刑罰の内容を決める制度である。裁判員制度によって司法に対する理解や信頼が高まることなどが期待されている。

7 〔三分野総合─観光の充実を題材にした問題〕

1 ＜扇状地＞扇状地は川が山地から平地に流れ出るときに土砂が堆積してできた扇形の地形で，水はけのよさを利用した果樹栽培を行う地域も多い。

2 ＜時代区分＞Ⅰの『解体新書』が出版されたのは江戸時代の中頃で近世に当たる。蘭学者の杉田玄白や前野良沢らがヨーロッパの解剖書を翻訳し，この本を出版した。また，Ⅱの鑑真が唐から日本に渡り戒律を伝えたのは，奈良時代の中頃で古代に当たり，鑑真は奈良の平城京に律宗の総本山，唐招提寺を建てた。

3 ＜端午の節句＞年中行事のうち，端午の節句は5月5日で，田植えが行われる時期(5〜6月)と重なる。なお，アの成人式は20歳のときに行われる通過儀礼で，通常は1月中旬の成人の日に，ウの盆おどりは夏に，エの七五三は男子が3歳と5歳，女子が3歳と7歳のときの通過儀礼で，11月15日に行われる。

4 ＜観光マップの改善点＞X．文字表記の2段目に英語，3段目に中国語，4段目にハングルがそれぞれ記され，多くの外国人観光客にとって便利なものとなった。　　　Y．施設や場所を絵や記号などで表記したことでわかりやすくなった。

理科解答

1 1 ウ 2 イ 3 ア 4 エ
5 燃焼 6 組織液
7 南中高度 8 4.8cm

2 1 生態系 2 イ 3 カエル

3 1 (例)フラスコ内の液体が急に沸騰することを防ぐため。
2 イ
3 試験管B…ウ 試験管D…エ

4 1 ア 2 150回転
3 図3…同じ 図4…逆 4 エ

5 1 エ 2 ア
3 (例)あたたまりにくく冷めにくい。
4 ウ

6 1 中和 2 $3.5cm^3$
3 ① $BaSO_4$ ② H_2O
4 右図

7 1 0.4J 2 イ 3 ア

8 1 エ

2 (例)震源Rで発生した地震の方が震源が浅いので震度が大きかった。
3 震央…イ 震源の深さ…40km

9 1 ア
2 ①…酸素 ②…二酸化炭素
③…減少
3 ウ
4 (例)森林が多い北半球が夏になり，光合成が盛んに行われているから。

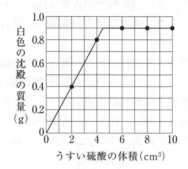

1 〔小問集合〕
1 <惑星>太陽系の惑星の中で最も直径が大きいものは木星で，直径の大きい順に並べると，木星＞土星＞天王星＞海王星＞地球＞金星＞火星＞水星となる。
2 <単体>単体は，1種類の原子だけでできている物質であり，2種類以上の原子でできている物質を化合物という。ア〜エのうち，単体は窒素(N_2)で，水(H_2O)，二酸化炭素(CO_2)，アンモニア(NH_3)は化合物である。
3 <多細胞生物>多細胞生物は体が多くの細胞でできている生物で，体が1つの細胞だけでできている生物を単細胞生物という。ア〜エのうち，多細胞生物はミジンコで，ミカヅキモ，アメーバ，ゾウリムシは単細胞生物である。
4 <放射線>放射線は，直接目で見ることができず，物質を通り抜ける性質(透過性)がある。なお，ウランなどの放射線を出す物質を放射性物質といい，自然界にも存在する。
5 <燃焼>物質が酸素と化合することを酸化といい，熱や光を出しながら激しく酸化することを燃焼という。
6 <組織液>血液の液体成分である血しょうが，毛細血管からしみ出して細胞の周りを満たしている液を組織液という。組織液は，細胞と血液との間の物質のやり取りの仲立ちをする。
7 <南中高度>天の子午線とは，天球上で天頂と天の北極，南極を通る円のことである。東の空から昇った天体が，天の子午線を通過するとき，つまり，南中したときの高度を南中高度という。
8 <フックの法則>フックの法則より，ばねの伸びはばねに加える力に比例する。よって，1Nの力で2cm伸びるばねに2.4Nの力を加えたときの伸びは，2×2.4÷1＝4.8(cm)である。

2 〔自然と人間〕
1 <生態系>ある地域に生活する全ての生物と，それらをとりまく環境とを1つのまとまりとしてと

らえたものを，生態系という。

2 **＜分解者＞**図1で，生物Dは他のどの生物からも有機物を得ていることから，生物の死がいなどに含まれる有機物を無機物に分解する分解者と考えられる。

3 **＜食物連鎖＞**最初にバッタが増加したことから，バッタをえさとして食べるカエルが減少したと考えられる。よって，外来種が食べた生物はカエルである。

③ 〔身の回りの物質〕

1 **＜沸騰石＞**液体を加熱するときに沸騰石を入れるのは，液体が急に沸騰（突沸）して飛び出すのを防ぐためである。

2 **＜沸騰＞**図2より，実験(2)において沸騰が始まったのは，温度の変化の割合が急に小さくなり，グラフがほぼ水平になった4分後と考えられる。なお，エタノールと水の混合物を加熱すると，エタノールの沸点である78℃付近で沸騰が始まり，水の沸点である100℃付近まで温度が上がり続ける。

3 **＜蒸留＞**実験(3)で各試験管に集めた液体に青色の塩化コバルト紙をつけると，いずれも赤色に変化したことから，各試験管に集めた液体全てに水が含まれていることがわかる。また，火をつけると，エタノールは燃えるが，水は燃えない。よって，表より，火を近づけると，試験管Bに集めた液体には火がついてしばらく燃えたことから大部分がエタノールであることがわかり，試験管Dに集めた液体には火がつかなかったことから大部分が水であることがわかる。なお，蒸留では，純粋な物質を取り出すことはできない。

④ 〔電流とその利用〕

1 **＜LEDの性質＞**モーターが回転しているとき，図1でコイルのQ側のエナメルを半分はがした部分が軸受けに接触しているときにだけ回路に電流が流れる。このとき，電流は，常に図2のAからBの向きに流れるから，赤色LEDだけが点滅し，青色LEDは点灯しない。

2 **＜コイルの回転数＞**実験(1)で，コイルが4秒間に10回転したことから，1秒間当たりのコイルの回転数は，$10 \div 4 = 2.5$（回）である。よって，1分間，つまり60秒間当たりのコイルの回転数は，$2.5 \times 60 = 150$（回）である。

3 **＜コイルの回転する向き＞**図2〜4では，コイルに流れる電流の向きは変わらないから，コイルの回転する向きは，磁界の向きが同じ場合は同じになり，逆の場合は逆になる。磁石による磁界の向きはN極→S極だから，図2では上向きであり，図3では上向き，図4では下向きである。よって，コイルの回転する向きは，図3では同じ，図4では逆になる。

4 **＜誘導電流＞**右図1〜4のように，コイルの近くで棒磁石を回転させると，コイルの周りの磁界が変化し，電磁誘導によりコイルに誘導電流が流れる。誘導電流が流れる向きは，棒磁石を近づけるときと遠ざけるときで逆になり，近づける棒磁石の極を変えると逆になる。棒磁石を1回転させる場合，図1のように，N極がコイルに近づくときに流れる誘導電流の向きをa，aと逆向きに流れる誘導電流の向きをbとする。図2では，N極がコイルから遠ざかっているので，誘導電流は図1のときと逆のbの向きに流

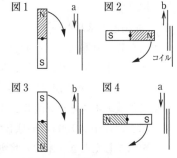

れ，図3では，S極がコイルに近づいているから，誘導電流は図1のときと逆のbの向きに流れる。また，図4では，S極がコイルから遠ざかっているので，誘導電流は図1のときと同じaの向きに流れる。よって，棒磁石を1回転させると，電流が流れる向きはa→b→b→aと変化しているから，オシロスコープで観察される波形の様子を示す模式図は，電流が＋→－→－→＋と変化しているエである。

⑤ 〔気象とその変化〕

1 <夏の気圧配置>図2では，日本列島が太平洋側にある高気圧（小笠原高気圧）におおわれているので，夏によく見られる気圧配置である。よって，このとき，栃木県では，暖かく湿った南東の季節風が吹き，晴れて蒸し暑い天気となる。

2 <空気の流れ>よく日の当たる所に図1の装置を置くと，水よりも砂の方があたたまりやすいため，水より砂の温度が高くなる。このとき，砂の上の空気はあたためられて軽くなって上昇するため，水の上の空気が砂の方へ移動する。よって，容器内の空気の流れを示した模式図はアのようになる。

3 <水の性質>水は砂に比べてあたたまりにくく，冷めにくい。よって，海岸付近では，日中は陸側で温度が高くなって上昇気流が生じるため，海から陸へ風（海風）が吹く。一方，夜間は逆で，海側で温度が高くなって上昇気流が生じるため，陸から海へ風（陸風）が吹く。

4 <季節風>冬の日本付近では，大陸の方が海洋より温度が低くなるため，大陸上には中心付近に下降気流が生じる高気圧が発達し，海洋上には中心付近に上昇気流が生じる低気圧が発達する。よって，海洋上の低気圧に向かって，北西の季節風が吹くことが多い。

6 〔化学変化とイオン〕

1 <中和>酸性の水溶液とアルカリ性の水溶液を混ぜ合わせると，互いの性質を打ち消し合う反応が起こる。この反応を中和という。

2 <メスシリンダー>図より，メスシリンダーの中に入っている水酸化バリウム水溶液の体積は46.5cm³である。よって，水酸化バリウム水溶液の体積を50cm³にするためには，50−46.5＝3.5（cm³）加えればよい。

3 <化学反応式>うすい硫酸（H_2SO_4）を水酸化バリウム水溶液（$Ba(OH)_2$）に加えると，硫酸（H_2SO_4）と水酸化バリウム（$Ba(OH)_2$）が反応して，硫酸バリウム（$BaSO_4$）と水（H_2O）が生じる。化学反応式は，矢印の左側に反応前の物質の化学式，右側に反応後の物質の化学式を書き，矢印の左右で原子の種類と数が等しくなるように化学式の前に係数をつける。

4 <グラフ>水酸化バリウム水溶液にうすい硫酸を加えると生じる白色の沈殿は，硫酸バリウムである。水酸化バリウム水溶液とうすい硫酸が反応すると，生じる硫酸バリウムの質量は加えたうすい硫酸の体積に比例するが，水酸化バリウム水溶液が全て反応すると，それ以上うすい硫酸を加えても硫酸バリウムは生じないため，生じた硫酸バリウムの質量は一定になる。よって，表より，A〜Eの値を・で記入し，原点とBの点を通る直線とCの点とEの点を通る直線を引くと，求めるグラフは，原点と2直線の交点までは右上がりの線分になり，交点からは横軸に平行な直線となる。解答参照。

7 〔運動とエネルギー〕

1 <仕事>仕事は，〔仕事（J）〕＝〔力の大きさ（N）〕×〔力の向きに動いた距離（m）〕で求めることができる。よって，2Nの力で木片を20cm，つまり0.2m動かしたときに手がした仕事は，2×0.2＝0.4（J）となり，木片が受けた仕事は，手がした仕事と等しいので，0.4Jである。

2 <位置エネルギー>図3より，小球を20cmの高さからはなしたときの木片の移動距離は，50gの小球Aで6cm，100gの小球Bで12cm，150gの小球Cで18cmである。これより，同じ高さから小球をはなしたとき，木片の移動距離は小球の質量に比例すると考えられる。よって，質量75gの小球を20cmの高さからはなしたときの木片の移動距離を$x$cmとすると，$50:6=75:x$が成り立つ。これを解くと，$50 \times x = 6 \times 75$より，$x = 9$（cm）となる。

3 <力学的エネルギーの保存>力学的エネルギーの保存より，物体の持つ位置エネルギーと運動エネルギーの和（力学的エネルギー）は常に一定に保たれる。図4で，小球は点Qから飛び出した後，最高点Rを通過するときも左向きに動いている。つまり，点Rで小球は運動エネルギーを持っているので，このとき小球が持つ位置エネルギーの大きさは，点Pでの位置エネルギーより小さい。その

ため，最高点Rの高さは点Pより低くなる。

8 〔大地のつくりと変化〕

1 <震源>図1の領域F—Gにおいて，震源の深さが0〜30kmであることを示す○の記号は全域に
散らばっているが，震源の深さが80〜150kmであることを示す▼の記号や，150〜300kmであるこ
とを示す◆の記号はFに近い側に見られる。これより，領域F—Gにおける断面での震源の分布の
様子を模式的に表したものはエである。

2 <地震によるゆれ>図1より，震源の深さは，震源Rで0〜30km，震源Qで150〜300kmである。
マグニチュードが等しい場合，震源に近いほど地震のゆれは大きくなるから，震央が震源に近い震
源Rで発生した地震の方が，震源Qで発生した地震より震度が大きかったと考えられる。

3 <震央と震源の深さ>震源からの距離が大きい観測地点ほど震央までの距離も大きくなるので，表
より，震央から最も遠いのはC地点，最も近いのはB地点である。これより，図2のウは，求める
震央として適さない。また，観測地点から震央までの距離は，観測地点から震源までの距離より大
きくなることはない。よって，C地点からアまでの距離は100kmで，震源からC地点までの距離
89kmより大きいので，アは震央として適さない。さらに，震源（X），震央（Y），観測地点（Z）の
位置の関係は，右図のようになり，△XYZは直角三角形であるから，三平方の定
理より，$a^2 + b^2 = c^2$ が成り立つ。震央がイの場合，A地点では $a^2 + 30^2 = 50^2$ より a^2
$= 1600$，B地点では $a^2 + 0^2 = 40^2$ より $a^2 = 1600$ となり，A地点とB地点での a^2 の値
が一致するので，適する。震央がエの場合，A地点では $a^2 + 40^2 = 50^2$ より $a^2 = 900$，
B地点では $a^2 + 10^2 = 40^2$ より $a^2 = 1500$ となり，A地点とB地点での a^2 の値が一致し
ないので，適さない。以上より，求める震央の位置として適切なのはイで，B地点
は震央に当たるので，震源の深さは震源からB地点までの距離に等しく40kmであ
る。

9 〔植物の生活と種類〕

1 <対照実験>試験管A，Bにはオオカナダモが入っていないが，試験管C，Dにはオオカナダモが
入っている。よって，試験管A，Bを用意したのは，試験管C，DでBTB溶液の色が変化したの
がオオカナダモのはたらきによることを確かめるためである。このように，ある条件を調べるため
に目的の条件だけを変え，それ以外の条件は同じにして行う実験を対照実験という。

2 <光合成>十分に光を当てると，試験管Cに入れたオオカナダモは呼吸より光合成を盛んに行うの
で，全体として二酸化炭素を吸収して酸素を放出する。よって，オオカナダモの葉から盛んに発生
していた気泡に多く含まれている気体は酸素である。また，二酸化炭素は水に溶けると酸性を示す
ので，光合成によって水溶液中の二酸化炭素の量が減少すると，水溶液は中性からアルカリ性に戻
り，BTB溶液は緑色から青色に変化する。

3 <光合成>BTB溶液の色の変化から，光が十分に当たった試験管Cのオオカナダモは光合成を行
い，光が当たらなかった試験管Dのオオカナダモは光合成を行わなかったことがわかる。これより，
光合成には光が必要なことがわかる。

4 <二酸化炭素濃度>図3より，地球上で森林の多い地域は北半球と赤道付近に分布している。北半
球では4月から8月にかけて夏になり，植物が活発に光合成を行い二酸化炭素を吸収する。そのた
め，地球全体の大気中の二酸化炭素濃度は減少する。

国語解答

一 1 (1) わやく　(2) つい
　　(3) けいしゃ　(4) はあく
　　(5) おごそ
　2 (1) 泳　(2) 飼育　(3) 届
　　(4) 警備　(5) 複雑
　3 (1)…ア　(2)…エ　(3)…イ　(4)…エ
　　(5)…ウ

二 1 あわれ　　2 イ　　3 ア
　4 (例) 病人の鏡を八功徳水で磨き，改
　　めて病人に鏡を見せ，病を治す(28
　　字)[という方法。]
　5 ウ

三 1 ウ
　2 (例)[人間もまた]自然の生命を取り
　　入れて自己の生命を持続[させ，死

ぬと自然に戻るという循環の一部で
あるということ。]
　3 イ
　4 (Ⅰ) (例) 群れをつくりコミュニティ
　　　を形成し，互いが役割を果たし
　　　協力し合うことで築かれた。
　　　　　　　　　　　　　　(39字)

　　(Ⅱ)…エ
　5 ア

四 1 ウ　　2 エ　　3 ア
　4 (例) 一生懸命にお百度参りをしてい
　　たこと。
　5 もう，それ〜なかった。　　6 イ

五 (省略)

一〔国語の知識〕
　1＜漢字＞(1)外国語を日本語に翻訳すること。　　(2)音読みは「消費」などの「ヒ」。　　(3)傾いて斜めになること。　　(4)しっかりと理解すること。　　(5)音読みは「厳粛」などの「ゲン」と，「荘厳」などの「ゴン」。
　2＜漢字＞(1)音読みは「水泳」などの「エイ」。　　(2)動物を飼い育てること。　　(3)出したものが向こうに着く，という意味。　　(4)非常の場合に備えて，注意して守ること。　　(5)物事がからみ合い，入り組んでいること。
　3(1)＜和歌の内容理解＞この歌は，今年から花を咲かせ始め，春を知り始めたかのような桜の花よ，どうか他の桜のように，散るということは習わないでください，という意味である。桜の花は春咲くので，初めて花を咲かせたことを，春を知り始めたと表現している。　　(2)＜短歌の技法＞この歌は，薄暗い夕暮れ時の夕立の中，雨にぬれた夏の花が皆水晶のように輝いている，という意味である。「かはたれ時の夕立の中」の「中」は名詞であり，歌の最後が体言で終わっている。　　(3)＜漢文の訓読＞「同」→「悲」→「不」の順に読む。まず返り点のついていない「同(に)」を読み，次に一点のついている「悲(しま)」を読み，それから二点のついている「不」に返って「ず」と読む。　　(4)＜品詞＞「ものだ」と「自転車だ」の「だ」は，断定の助動詞「だ」の終止形。「降るそうだ」の「だ」は，伝聞の意味の助動詞「そうだ」の終止形の活用語尾。「静かだ」の「だ」は，形容動詞「静かだ」の終止形の活用語尾。「楽しんだ」の「だ」は，過去の意味の助動詞「た」の終止形が，動詞の連用形の撥音便に伴って「だ」となったもの。　　(5)＜敬語＞先生に対する自分の行為なので，自分の行為を低めることで相手に敬意を表す謙譲語の「お借りする」を使う。

二〔古文の読解―物語〕出典；『室町殿物語』。
　≪現代語訳≫中国に負局という仙人がいた。この仙人は不思議なまじないをいろいろ行って，人が喜ぶことを，ひたすら好んだ。あるとき，世の中の人々が，病気に侵されて，死ぬ人や，苦しむ人が，どこにもかしこにもいた。医者が治療を施しても，効き目がなかった。ただ頼りにするのは，天に心を込めて，それぞれ人々が祈り誓いを立てることだけであった。このように多くの人々が嘆き悲しんでいた

のを，負局は，たいそう気の毒に思い，深い谷に行って，岩の間からしたたる水を，八功徳水であるからということで，自分の思ったとおりに(八功徳水を)湧き出させた。その水の色は，きわめて鮮やかで白い。(負局は)この功徳水をくんで，瓢箪に入れ，杖の両端に瓢箪を引っかけ，担いで，国々を巡って，病気に侵された人を見かけては，その者の持っている鏡を取って，あの功徳水で(鏡を)磨き，改めて病人に(鏡を)見せると，すぐに，病気が治っただけではなく，肌もうるわしく，寿命も長くなったということである。病人は大変喜んで，贈り物を持っていったけれども，(負局は)決して一銭も受け取りません。(負局は)このようにして四百州余りを巡って，人々を助けました。そのため，(人々は負局のことを)全ての仙人の最上位の人と言った。年月がたって(負局が)亡くなると，人々は，負局の恩に感謝するために，あの八功徳水の上にほこらを建てて，神に祭って敬ったということだ。

1 <歴史的仮名遣い>歴史的仮名遣いの語頭以外のハ行は，現代仮名遣いでは，原則として「わいうえお」と読む。

2 <古文の内容理解>人々は，病気を治そうとしたが，医者が治療を施しても効き目がなかった。そのため，人々は，ただ天に祈るしかなかった。

3 <古文の内容理解>「心のままに」は，思うとおりに，という意味。負局は，深い谷に行ったが，そこの岩の間からしたたる水が八功徳水であったため，自分の思ったとおりに，八功徳水を湧き出させた。

4 <古文の内容理解>負局は，病人を見かけては，その者の持っている鏡を取って功徳水で磨き，改めて病人に鏡を見せた。すると，病人はすぐに治った。こうして負局は，人々を助けた。

5 <古文の内容理解>負局は，病気で苦しむ人々を助けるために諸国を巡り，人々から感謝されて全ての仙人の最高位の人として敬われ，死んでからは，神として祭られた(ア・イ…×，ウ…○)。負局に助けられた人々は，その恩に感謝するために，負局の死後，八功徳水の上にほこらを建て，負局を神として祭った(エ…×)。

三 〔論説文の読解─社会学的分野─都市〕出典；高橋博之『都市と地方をかきまぜる「食べる通信」の奇跡』。

≪本文の概要≫生命のふるさとから離れ，自然との関わりを絶って消費者として生きる都市住民は，生きる実感と人とのつながりを強く望む。生きる実感とは，人間も自然の生命を取り入れて自分の生命を持続させ，死ぬと自然に戻る，自然の生命の循環の一部であるという無意識の感覚である。人間は，言葉を持たなかった時代には，自然と自分とのつながりの感覚を持てるだけの無意識の領域があったが，言語を獲得してからは，意識が占める世界に生きるようになった。人工という意識の世界に生きる都市住民は，生きる実感がないため，自然という無意識の世界にふれると生物としての自分を自覚し，生きる実感を得る。人々がふるさとから離れると，人間どうしのつながりも薄くなる。かつて日常生活を自然にさらして生きていた人間は，自然災害や動物から身を守るために，コミュニティを形成し，互いの役割を果たし合いながら生きていた。ところが，自然の脅威から守られた都市に暮らすようになると，共依存関係が崩れてコミュニティが弱体化し，相互扶助ではなく，サービスの購入や税金を払っての行政サービスで問題を解決するようになった。

1 <文章内容>「生命のふるさとは，言い換えれば自然」であり，「生命のふるさとから離れて生きること」とは，海や土という自然との関わりを絶って，消費者として生きることである。

2 <文章内容>人間は，「自然の生命を自分に取り入れることで〜生命を持続させ」，死ねば「土や海に戻り，微生物に食べられる」ことで自然に戻るという，自然の生命の輪の中の一端を担っている。

3 <文章内容>動物や植物などと同様に，人間も，「非言語の時代には，無意識の領域」が大きかったが，言語を得たことで変化し，現代では，人間は，ほぼ意識の領域だけで生きている。もとは大きかった無意識の世界を(…B)，意識の世界が超えていったのである(…A)。

4 **<文章内容>**(Ⅰ)かつて人々は，自然から身を守るために，「群れをつくり，コミュニティを形成し，互いの役割を果たし合いながら」協力することで，人間どうしの関係を築いた。　（Ⅱ）「自然の脅威から守られた都市」に暮らすようになったことで，人間どうしの共依存関係が崩れ，関係性は薄くなっていった。

5 **<段落関係>**①段落では，生産者と消費者の生活を対比することで，自然と関わりながら生産者が生きる場がふるさとであり，ふるさとから離れ，自然との関わりを絶って生きるのが消費者であるということを述べている。それを受けて②段落では，「生命のふるさとから離れて生きること」にはどのような問題があるかを提起している。③段落では，①，②段落で提起された問題に対して，「それは『生命体としての自分』を自覚できなくなることにある」と自分の見解を述べ，さらに，ふるさとから離れて生きることで，生きる実感と関係性が失われていることにふれ，④段落以降で展開する「生きる実感」と「関係性」という二つの論点を提示している。

四 〔小説の読解〕出典；竹西寛子『虚無僧』。

1 **<文章内容>**母親は，早朝人目を避けて家から出かけた。ひさしは家にいるものと思っていたが，ひさしが自分を呼んだので，「叱りつける声ででもなければ鎮まらない程」に驚き慌て，「どうしたの！」ときつく言った。

2 **<文脈>**ひさしは，母親に追いついて一緒に地蔵堂へ行き，そこで母親がお百度参りをするのを，心配や寂しさなど複雑な気持ちを抱きながらじっと待っていた。それから，「短いような，長いような時間が」過ぎて，母親とひさしは，地蔵堂から帰途についた。

3 **<心情>**母親は，お百度参りをする自分を待っている間に，ひさしの体が冷えないかと心配して，ショールを頬かぶりしているひさしに，「コートをまた頭から被らせて，からだに巻きつけて」暖かくしてやった。母親はひさしに，だるまのような格好をさせ，だるまのようにじっと座ったまま待っていてほしいと思っている。

4 **<文章内容>**母親は，早朝に一人で地蔵堂へ行き，何事かを唱えながら，「足の裏から，血が出ていはしないかと心配」になるほど石の上を回ることを，何日も前から続けていた。そのようにして，母親は，全力を尽くしてお百度参りをしていた。

5 **<文章内容>**ひさしは，お百度参りをする母親を目にしたことで，心のあり方が変化し，「もう，それを知らないうちのひさしに戻るわけにはいかなかった」のである。そして，母親の一面を知ったことを通して，人間の深い思いを理解する力が芽生え，ひさしは成長した。

6 **<表現>**この文章は，ひさしの視点だけから描かれており，また，ひさしの父親に対する思いは描かれていない（ア…×）。自分を追ってきたひさしを驚きのあまり叱りつけたり，ショールで頬かぶりさせたり，コートをかけてやったりする行動をていねいに描くことで，母親のひさしに対する愛情を表現し，また，地蔵堂でお百度参りをしている様子を細かく描くことで，夫に対する深い思いも表現している（イ…〇）。この文章は，全てが過去の場面であり，また，母親の「どうしたの！」や「達磨さんになって，待っておいで」という言葉には母親の気持ちが表れているが，それによるひさしとの心の交流は描かれていない（ウ…×）。この文章では，あることを「まるで」「ように」などの言葉を使わないで，別のことにたとえる隠喩表現は使われておらず，また，父親の心情も描かれていない（エ…×）。

五 〔作文〕

自分は，自分の意見を伝えることに積極的か消極的かを自己分析して述べ，自分の経験した場面を具体的に挙げて，それに対して自分はどう対処したか，それはなぜか，また，言葉での表明に限らず，人に意見を伝えるために，ふだん心がけていることなどについて述べる。

2025 年度用

別　冊

栃木県公立高校

書き込み式
解答用紙集

2024年度

英 語 解 答 用 紙

受 検 番 号 （算用数字ではっきり書くこと。）	番

得 点 計

◎「得点」の欄には受検者は書かないこと。

問題		答え	得点
1	1	(1) (　　　) (2) (　　　) (3) (　　　) (4) (　　　)	
	2	(1) (　　　) (2) (　　　) (3) (　　　)	
	3	(1) (　　　) (2) (　　　) (3) (　　　)	
		(4) (　　　) (　　　)	
2	1	(1) (　　　) (2) (　　　) (3) (　　　) (4) (　　　)	
		(5) (　　　) (6) (　　　)	
	2	(1) (　→　→　→　) (2) (　→　→　→　)	
		(3) (　→　→　→　→　)	
	3	I recommend	
3	1	(　　　)	
	2	10　　　　　　　　　20 25	
	3	10　　　　15	
	4	(　　　)	
4	1	(　　　)	
	2	10　　　　　　　　　20 25	
	3	(　　　) (　　　) (　　　)	
	4	(　　　)	
	5	(　　　)	
5	1		
	2	(　　　)	
	3	(　　　)	
	4	(1)	
		(2)	
		(3)	
	5	(　　　)	
	6	10　　　　　　　　　20 30　　　　　35	

配点表

英 語	1	2	3	4	5	合計
	1，3(1)〜(3)－2点×7 2，3(4)－3点×4	1，2－2点×9 3－6点	1，4－3点×2 2，3－4点×2	1－2点 2〜5－3点×4	1，4〜6－3点×6 2，3－2点×2	100点

2024年度

（注）この解答用紙は実物を縮小してあります。185%拡大コピーすると、ほぼ実物大で使用できます。（タイトルと配点表は含みません）

数 学 解 答 用 紙 （1）

受 検 番 号 (算用数字ではっきり書くこと。)	番

		(1)	(2)	計
得 点				

◎「得点」の欄には受検者は書かないこと。

問　題	答　　　　　　　　　　　　　　　　　　え	得　点

1

1		2	
3	個	4	$x =$
5	$a =$	6	倍
7	cm³	8	

2

1	
2	答え（ 走る距離　　　　 m, 歩く距離　　　　 m ）
3	

3

1	

2	(1)	cm
	(2)	cm

3	（証明）

2024年度

数 学 解 答 用 紙 ②

受 検 番 号 (算用数字ではっきり書くこと。)		番

得 点	

◎「得点」の欄には受検者は書かないこと。

問 題		答	え	得 点
4	1 (1)	分		
	1 (2)			
	2 (1)	通り		
	2 (2)			
5	1 (1)			
	1 (2)	① ( ) ② ( )		
	1 (3)	答え($a =$)		
	2 (1)	① ( ) ② ( )		
	2 (2)			
	2 (3)	答え(秒後)		
6	1	列		
	2	人		
	3	① ( ) ② ( ) ③ ( )		

配点表	数 学	**1**	**2**	**3**	**4**	**5**	**6**	合 計
		2点×8	1−3点 2−6点 3−5点	1, 2(2)−4点×2 2(1)−3点 3−7点	1−3点×2 2(1)−2点 2(2)−4点	1(1), 2(2)−3点×2 1(2), 2(1)−4点×2 1(3)−6点 2(3)−7点	1−3点 2−4点 3−6点	100点

2024年度

社 会 解 答 用 紙

受 検 番 号
（算用数字ではっきり書くこと。）　　　　　番

得 点 計

◎「得点」の欄には受検者は書かないこと。

問題		答　　　　　　　　　え	得 点

1

1 （　　　）　2 （　　　）　3 （　　　）

4
(1) （　　　）　(2) （　　　）
(3) （　　　）　(4) （　　　）
(5)

2

1 (1) （　　　）　(2) （　　　）　(3) （　　　）
2 （　　　）
3 （　　　）　4 （　　　）
5　I：　　　　　　　　　　　　　　　　　〔こと〕
　　II：　　　　　　　　　　　　　　　　〔から〕

3

1 （　　　）　2 （　　　）
3　I （　　　）　II （　　　）
4 (1) （　　　）　(2) （　　　）
　(3)
5 （　　　）

4

1 (1) （　　　）　(2) （　　　）　(3) （　　　）
2　I：　　　　　　　　　　　　　　　〔と考えられる〕
　　II：　　　　　　　　　　　　　　〔と考えられる〕
3 (1) （　　　）　(2) （　　　）
　(3) （　　　）

5

1 （　　　）〔主義〕　2 （　　　）
3 （　　　）〔制〕　4 （　　　）〔的〕
5 (1) （　　　）　(2) （　　　）
6 （　　　）
7　I：　　　　　　　　　　　　　　　〔の両立〕
　　II：　　　　　　　　　　　　〔と考えられており〕

6

1 （　　　）　2 （　　　）
3 （　　　）　4 （　　　）　5 （　　　）
6　I：　　　　　　　　　　　　　　〔ということ〕
　　II：　　　　　　　　　　　　　　　　〔こと〕

配点表

社 会	1	2	3	4	5	6	合 計
	1～3，4(1)～(4)－2点×7 4(5)－4点	1～4－2点×6 5－4点	1～3，4(1)，(2)，5－2点×7 4(3)－4点	1，3－2点×6 2－4点	1～6－2点×7 7－4点	1～5－2点×5 6－4点	100点

2024年度

理　科　解　答　用　紙

受　検　番　号
（算用数字ではっきり書くこと）　　　番

得　点　計

◎「得点」の欄には受検者は書かないこと。

問　題		答　　　　　　　　　　　　　　　え	得　点
1	1	（　　　）　2　（　　　　）　3　（　　　　）　4　（　　　　）	
	5	（　　　　　　　　　）	
	6	（　　　　　　　　　）m	
	7	（　　　　　　　　　）	
	8	（　　　　　　　　　　　）	
2	1	（　　　　）	
	2	①（　　　　　　　　）　②（　　　　　　　　）	
	3	（　　　　　　　　）	
	4	変化が起こる順：（　　　）→（　　　）→（　　　）	
3	1	電気器具（　　　　　　　　）　電流（　　　　　）A	
	2	時間帯（　　　　）　電力量（　　　　　　）Wh	
	3	（　　　　　）	
4	1	（　　　　）	
	2	（　　　）月（　　　）日（　　　　）時	
	3	（　　　　）	
5	1	①（　　　　　　　　）　②（　　　　　　　　）	
	2	①（　　　　）　②（　　　　）	
	3	（　　　　　）	
	4	①（　　　　）　②（　　　　　　　　）	
6	1	（　　　　　　　　）	
	2	①（　　　　　　　）　②（　　　　　　　）	
	3	古い順：（　　　）→（　　　）→（　　　）→（　　　）	
	4	①（　　　　）　②（　　　　）	
7	1	種子をつくらないグループ（　　　）　つくるもの（　　　　　　　）	
	2	（　　　　）	
	3	分類されるグループ（　　　）　　理由	
8	1	①（　　　　　　）　②（　　　　　　）	
	2	重力の大きさ（　　　　）N　浮力の大きさ（　　　　）N	
	3	（　　　　）	
	4	ようす（　　　　）　　理由	
9	1	発生した液体が	
	2		
	3	質量（　　　　　　　）g	
```
炭酸ナトリウムの質量[g]
1.0
0.5
0
　0　0.5　1.0　1.5　2.0
炭酸水素ナトリウムの加熱前の質量[g]
```

二〇二四年度

国 語 解 答 用 紙 (1)

受検番号
（算用数字で横書きに
はっきり書くこと）

番

	得 点
(1)	
(2)	
計	

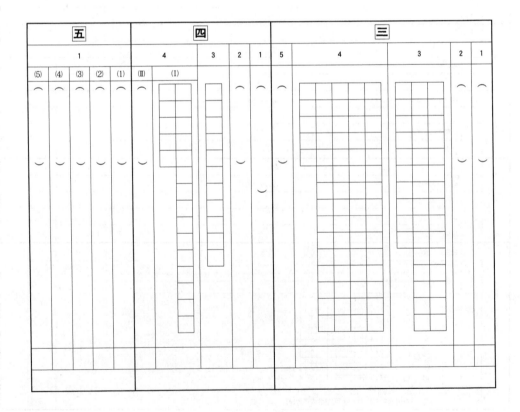

一

問題	1				2			
	(1) 創刊	(2) 車窓	(3) 裁 つ	(4) 促 す	(1) テ れる	(2) ジュン ジョ	(3) カギ る	(4) ハ ソン
				(4) す				(5) エン カク
	(4) 促 す	(5) 捕 獲						

答 え

小計 計 / 得点 計

二

問題	1	2	3	4	5
					(I) X Y / (II)

答 え

三

	1	2	3	4	5

四

	1	2	3	4
				(I) (II)

五

	1				
	(1)	(2)	(3)	(4)	(5)

受検番号（算用数字で横書きに書くこと。）　番

得 点

	甲	乙	計

五　2

◎受検番号と題名は書かないこと。

100字

200字

240字

2023年度

英 語 解 答 用 紙

受 検 番 号 （算用数字ではっきり書くこと。）	番

得 点 計	

◎「得点」の欄には受検者は書かないこと。

問題		答　え	得点
1	1	(1) (　　　)　(2) (　　　)　(3) (　　　)　(4) (　　　)	
	2	(1) (　　　)　(2) (　　　)　(3) (　　　)	
	3	(1) (　　　　　　)　(2) (　　　　　　)	
		(3) (　　　　　　)	
2	1	(1) (　　　)　(2) (　　　)　(3) (　　　)　(4) (　　　)	
		(5) (　　　)　(6) (　　　)	
	2	(1) (　→　→　→　)　(2) (　→　→　→　)	
		(3) (　→　→　→　→　)	
3	1	(　　　　)	
	2	(　　　　　　)	
	3	アリは〔　　　　　　　10　　　　　　　20〕〔　　25　〕から，アリがゾウに勝つ。	
	4	(　　　　)	
4	1		
	2		
	3	(　　　　　　)	
	4	(　　　)	
	5	(　　　)	
5	1	(　　　　　　)	
	2	(　　　)	
	3	〔　　　　10　　　15〕	
	4	(3)	
		(4)	
		(5)	
	5		
	6	(　　　)	
	7		

配点表	英 語	**1**	**2**	**3**	**4**	**5**	合 計
		1－2点×4 2，3－3点×6	2点×9	1，4－3点×2 2，3－4点×2	1－2点 2～5－3点×4	1，6－2点×2 2～5－3点×6 7－6点	100点

2023年度

数　学　解　答　用　紙　(1)

| 受　検　番　号 （算用数字ではっきり書くこと。） | | 番 |

得　点	(1)	(2)	計

◎「得点」の欄には受検者は書かないこと。

問　題		答　　　　　　　　　　　　　　　　　え			得　点
1	1		2		
	3		4		
	5		6	$y =$	
	7	度	8	倍	

2	1	$x =$	
	2	答え（　使用できる教室の数　　　　　　　　　）	
	3	①（　　　　　　）　②（　　　　　　　）	
		③（　　　　　　）　④（　　　　　　　）　⑤（　　　　　　）	

3	2	(1)	cm
		(2)	cm³
	1		
	3	（証明）	

2023年度

数 学 解 答 用 紙 (2)

受 検 番 号
（算用数字ではっきり書くこと。） 　番

得 点

◎「得点」の欄には受検者は書かないこと。

問 題		答　　　　　　　　　　　　　え	得 点
4	1		
	2 (1)	人	
	2 (2)	秒	
	3 (1)		
	3 (2)		
5	1 (1)	(2)	
	1 (3)	答え（　$t =$　　　　）	
	2 (1)	毎分　　　　　　　　　　　　m	
	2 (2)	答え（　　　　　　　）	
	2 (3)	分　　　秒後	
6	1	枚	
	2	黒いタイル　　　枚, 白いタイル　　　枚	
	3	①（　　　　） ②（　　　　） ③（　　　　）	

配点表

数 学	1	2	3	4	5	6	合 計
	2点×8	1 − 3点 2 − 7点 3 − 5点	1, 2(2)− 4点×2 2(1)− 3点 3 − 7点	1 − 3点 2, 3(1)− 2点×3 3(2)− 4点	1(1)− 2点 1(2), 2(3)− 4点×2 1(3)− 7点 2(1)− 3点　2(2)− 5点	1 − 3点 2 − 4点 3 − 6点	100点

2023年度

（注）この解答用紙は実物を縮小してあります。185％拡大コピーすると、ほぼ実物大で使用できます。（タイトルと配点表は含みません）

社 会 解 答 用 紙

受 検 番 号
（算用数字ではっきり書くこと。）　　番

得 点 計

◎「得点」の欄には受検者は書かないこと。

問題		答　　　　　　　　　　　　　　　　　　え		得　点

1

1	( )	2	( )

3
(1)	( )	(2)	( )
(3)	( )	(4)	( )
(5)	( )		

(6)
X：　　　　　　　　　　　　　　　　　　　　　　　　　　　〔という特徴〕
Y：　　　　　　　　　　　　　　　　　　　　　　　　　　　〔ということ〕

2

1	( )	2	( )
3	( )	4	( )〔農業〕
5	( )	6	( )

7

3

1	( )	2	( )

3　(　　→　　　→　　　→　　)

4	(1) ( )	(2)	( )
5	( )	6	( )

7

4

1	( )	2	( )〔運動〕
3	(1) ( )	(2)	( ) ( )

4
(1)
P：　　　　　　　　　　　　　　　　　　　　　　　　　　　〔から〕
Q：　　　　　　　　　　　　　　　　　　　　　　　　　　　〔こと〕

(2)	( )	(3)	( )

5

1	( )〔法〕	2	( )

3　(栃木県 ―　　　　　　 国庫支出金 ―　　　　　)

4	( )	5	( )

6　( )〔法〕

7

6

1	( )	2	( )
3	( )	4	( )
5	( )	6	( )

7
X：　　　　　　　　　　　　　　　　　　　　　　　　　　　〔こと〕
Y：(　　　　　　　)〔％〕
Z：　　　　　　　　　　　　　　　　　　　　　　　　　　　〔こと〕

配点表

社　会	**1**	**2**	**3**	**4**	**5**	**6**	合 計
	1, 2, 3(1)〜(5)－2点×7　3(6)－4点	1〜6－2点×6　7－4点	1〜6－2点×7　7－4点	1〜3, 4(2), (3)－2点×6　4(1)－4点	1〜6－2点×6　7－4点	1〜6－2点×6　7－4点	100点

2023年度

理 科 解 答 用 紙

受 検 番 号
（算用数字ではっきり書くこと。）　　　　番

得 点 計

◎「得点」の欄には受検者は書かないこと。

問	題	答	え	得	点
1	1	（　　　）　2（　　　）　3（　　　）　4（　　　）			
	5	（　　　　　　）	6（　　　　　　）		
	7	（　　　　　）A	8（　　　　　　　）		
2	1	（　　　　）	2（　　　　　）Hz		
	3	砂ぶくろの重さと音の高さの関係　：　条件（　　　）と条件（　　　） 弦の太さと音の高さの関係　　　：　条件（　　　）と条件（　　　） 弦のPQ間の長さと音の高さの関係：　条件（　　　）と条件（　　　）			
	4	①（　　　　）　②（　　　　） 波形の変化			
3	1	①（　　　　）　②（　　　　）			
	2	装置Aと装置Bの結果の比較 装置Aと装置Cの結果の比較			
	3	①（　　　）　②（　　　）　③（　　　）			
4	1	（　　　）			
	2				
	3	（　　），（　　），（　　）			
	4	①（　　　）　②（　　　）　③（　　　）			
5	1				
	2				
	3	（　　　）			
6	1	（　　　　）J			
	2	小球の速さの大小関係：　a（　　）b　　a（　　）d　　c（　　）e			
	3				
7	1	（　　　）%　2（　　　）g　3（　　　）			
	4	記号（　　　） 理由			
8	1	方法（　　　）　無性生殖（　　　）　2（　　　）			
	3				
9	1	（　　　）			
	2	記号（　　　）　時間帯（　　　）	3		
	4	（　　　）			

運動エネルギーの大きさ　A Q R S T　小球の位置
力学的エネルギーの大きさ　A Q R S T　小球の位置

金星の画像
（　　　）
図3の金星の位置　太陽
図3の地球の位置

配点表

理科	**1**	**2**	**3**	**4**	**5**	**6**	**7**	**8**	**9**	合計
	2点×8	1-2点 2,3-3点×2 4-4点	1-2点 2-4点 3-3点	1-2点 2,3-3点×2 4-4点	3点×3	1-2点 2-3点 3-4点	1-2点 2,3-3点×2 4-4点	3点×3	1-2点 2,4-3点×2 3-4点	100点

二〇二三年度

国 語 解 答 用 紙 (1)

受検番号 （算用数字で横書きに書くこと。）　　番

得　点　　(1)　(2)　計

問題		答　　　　　　　　　　　　　　　　　　　　　　え	得点
一	1	(1) 併　止　(2) 模　型　(3) 襲う　(4) 遅れる　(5) 抑揚	小計 計
	2	(1) リョク チャ　(2) フセ く　(3) ショク フク く　(4) ヒタイ　(5) ク れる れる	
	3	(1) (　　　　)	
		(2) (　　　　)	
		(3) (　　　　)	
	4	(1) (　　　　)	
		(2) (　　　　)	
二	1	(　　　　　　)	
	2	(　　　　)	
	3	（マス目）	
	4	(　　　　)	
	5	(　　　　)	
三	1	(　　　　　　)	
	2	縄文時代の人びとは　（マス目）　ということ。	
	3	(　　　　)	
	4	(　　　　)	
	5	(Ⅰ) （マス目）	
		(Ⅲ) （マス目）	
四	1	(　　　　)	
	2	(　　　　)	
	3	(　　　　)	
	4	(　　　　)	
	5	（マス目）	
	6	（マス目）	

五

| 受検番号 | （は算用数字で略書きこと。） | 番 |

| 得 点 | 甲 | 乙 | 計 |

100字

200字

240字

配点表	国 語	一	二	三	四	五	合 計
		2点×15	2点×5	1，3，4，5(Ⅰ)－3点×4 2，5(Ⅱ)－4点×2	1－2点 2～4－3点×3 5－5点 6－4点	20点	100点

2022年度

英 語 解 答 用 紙

受 検 番 号 （算用数字ではっきり書くこと。）		番

得 点 計	

◎「得点」の欄には受検者は書かないこと。

問	題	答　　　　　　　　　　え	得	点
1	1	(1)（　　　）　　(2)（　　　）　　(3)（　　　）　　(4)（　　　）		
	2	(1)（　　　）　　(2)（　　　）　　(3)（　　　）		
	3	(1)（　　　　　　　　　）　　　　(2)（　　　　　　　　　　　）		
		(3)（　　　　　　　　　）		
2	1	(1)（　　　）　　(2)（　　　）　　(3)（　　　）　　(4)（　　　）		
		(5)（　　　）　　(6)（　　　）		
	2	(1)（　　→　　→　　→　　）　　(2)（　　→　　→　　→　　）		
		(3)（　　→　　→　　→　　→　　）		
3	1	（　　　　　　　）（　　　　　　　）		
	2	(1)		
		(2)		
		(4)		
	3	（　　　）		
	4			
	5	（　　　）		
	6			
4	1			
	2			
	3			
	4			
	5	（　　　）		
5	1	（　　　）		
	2	（　　→　　→　　→　　）		
	3			
	4	（　　　）		

配点表	英 語	**1**	**2**	**3**	**4**	**5**	合 計
		1 － 2 点 × 4 2，3 － 3 点 × 6	2 点 × 9	1 ～ 3，5 － 3 点 × 6 4 － 4 点 6 － 6 点	1 － 2 点 2 ～ 5 － 3 点 × 4	1，4 － 3 点 × 2 2，3 － 4 点 × 2	100点

2022年度

数　学　解　答　用　紙　(1)

(注) この解答用紙は実物を縮小してあります。Ａ３用紙に156％拡大コピーすると、ほぼ実物大で使用できます。(タイトルと配点表は含みません)

受　検　番　号 (算用数字ではっきり書くこと。)		番

得　点	(1)	(2)	計

◎「得点」の欄には受検者は書かないこと。

問　題		答　　　　　　　　　　　　　　　　　　　　　え			得　点
1	1		2		
	3		4	$x =$	
	5		6	cm	
	7	度	8		
2	1	$n =$			
	2	答え (大人　　　　円, 子ども　　　　円)			
	3	$a =$ 　　　　, $x =$			
3	1		2	およそ　　　　個	
	3	(1) 第1四分位数　　　　日 / 第2四分位数(中央値)　　　　日 / A市 0　5　10　15　20　25　30(日)			
		(2) 　　　　市 / (理由)			

2022年度

数 学 解 答 用 紙 (2)

受 検 番 号
（算用数字ではっきり書くこと。）　　番

得　点

◎「得点」の欄には受検者は書かないこと。

問 題		答			え		得 点
4	1	A ────────── ℓ ・B		2	(1)	cm	
					(2)	cm³	
	3	(証明) D A B C					
5	1	(1)		(2)	a =		
		(3)				答え（ a =　　　　）	
	2	(1)	kWh	(2)			
		(3)					
6	1	記号(　　), (　　)度目		2		回	
	3	I (　　　　　　　　　　)			II (b = 　　　　　)		

配点表

数 学	**1**	**2**	**3**	**4**	**5**	**6**	合 計
	2点×8	1－3点 2－7点 3－5点	1, 2－3点×2 3(1)－6点 3(2)－4点	1, 2(2)－4点×2 2(1)－3点 3－7点	1(1)－2点 1(2), 2(3)－4点×2 1(3)－6点 2(1), (2)－3点×2	1－4点 2－3点 3－6点	100点

2022年度

社 会 解 答 用 紙

受 検 番 号 （算用数字ではっきり書くこと。）	番

得 点 計	

◎「得点」の欄には受検者は書かないこと。

問 題		答　　　　　　　　　　　　え	得 点
1	1	（　　　　　　　　　）—〔都市〕	
	2	（　　　　　）　3（　　　　　）　4（　　　　　）	
	5	（　　　　　）　6（　　　　　）　7（　　　　　）	
	8		
2	1 (1)	（スペイン—　　　　　ロシア—　　　　　）	
	(2)	（　　　　　　　　）	
	(3)	（　　　　　　　　）　(4)（　　　　　）	
	(5)	X：　　　　　　　　　　　　　　　Y：	
	2 (1)	（　　　　　）　(2)（　　　　　）	
3	1	（　　　　　）　2（　　　　　）	
	3	（　　　　　）　4（　　　　　）	
	5	（　　　　　）　6（　　　　　）〔貿易〕	
	7		
	8	（　　　　　）〔時代〕	
4	1	（　　　　　）　2（　　→　　→　　→　　）	
	3		
	4	（　　　　　）　5（　　　　　）	
	6 (1)	（　　　　　）　(2)（　　　　　）	
5	1 (1)	（　　　　　）　(2)（　　　　　）	
	(3)	（　　　　　）	
	2 (1)	（　　　　　）　(2)（　　　）（　　　　）	
	(3)	（　　　　　）	
	(4)	（　X　・　Y　）の政策に賛成	
6	1	A（　　　　　　　　）　B（　　　　　　）〔協定〕	
	2	（　　　　　）　3（　　　　　）	
	4	（　　　　　）　5（　　　　　）	
	6	X：　　　　　　　　Y：	

2022年度

理 科 解 答 用 紙

受 検 番 号 （算用数字ではっきり書くこと。）	番

得 点 計	

◎「得点」の欄には受検者は書かないこと。

問題		答　　　　　　　　　え	得点
1	1	（　　　）　2（　　　）　3（　　　）　4（　　　）	
	5	（　　　　　　） 6（　　　　　　）	
	7	（　　　　　　） 8（　　　　　　）	
2	1	（　　　　） 2（　　　　）	
	3	斑晶（　　　　　　　　　　　　　　　　　　　　　）	
		石基（　　　　　　　　　　　　　　　　　　　　　）	
3	1		
	3	記号（　　　）	
		理由	
	2	発生する気体の質量（　　　　）g	
4	1	（　　　　　　）mA	
	2	電圧（　　　　）V　　電気抵抗（　　　　）Ω	
	3	記号（　　　） 電流の大きさ（　　　　）A	
5	1	（　　　　）	
	2	①（　　　　　）　②（　　　　　）　③（　　　　　）	
	3	①（　　　　　）　②（　　　　）	
6	1	（　　　　）	
	2		
	3		
	4	（　　　　）	
7	1	（　　　　　　）	
	2	①（　　　　）　②（　　　　　）	
	3	（　　　　　　）	
	4	①（　　　　）度　②（　　　　）度　③地点（　　　）	
8	1	（　　　　） 2（　　　　　　）	
	3	（　　　　）	
	4		
9	1	（　　　　）cm/s 2（　　　　　　）	
	3	（　　　） 4（　　　）	

発生した気体の質量〔g〕／加えた炭酸水素ナトリウムの質量〔g〕

配点表 理科	**1**	**2**	**3**	**4**	**5**	**6**	**7**	**8**	**9**	合計
	2点×8	1,2-2点×2 3-4点	1-2点 2-3点 3-4点	1-2点 2,3-4点×2	1-2点 2-3点 3-4点	1-2点 2,4-3点×2 3-4点	1,2-2点×2 3-4点 4-5点	1-2点 2,3-3点×2 4-4点	1-2点 2~4-3点×3	100点

二〇二三年度

国 語 解 答 用 紙 (1)

（注）この解答用紙は実物を縮小してあります。Ａ３用紙に154％拡大コピーすると、ほぼ実物大で使用できます。（タイトルと配点表は含みません）

受検番号（算用数字で横書きに書くこと。）　番

◎「得点」の欄には受検者は書かないこと。　国は「国語解答用紙(2)」を用いること。

得　点	(1)	(2)	計

問題		答　え	小計	計
一	1	(1) 礼儀　(2) 健やか　(3) 陳列　(4) 書しい　(5) 稚拙		
	2	(1) ヒロ う　(2) ウン チン　(3) サ まし　(4) コウ セキ　(5) タン ショウ		
	3	(　　　　　)		
	4	(　　　　　)		
	5	(　　　　　)		
	6	(　　　　　)		
	7	(　　　　　)		
二	1	(　　　　　)		
	2	(　　　　　)		
	3	(　　　　　)		
	4	(　　　　　)		
	5	夜道を歩いているとき、臆病な気持ちによって		
三	1			
	2	(　　　　　)		
	3	(　　　　　)		
	4	(I)　　(II)		
	5	(　　　　　)		
四	1			
	2	(　　　　　)		
	3	(　　　　　)		
	4	という生き方		
	5			
	6	(　　　　　)		

二〇二三年度

国 語 解 答 用 紙 ②

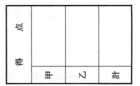

得 点			
	甲	乙	計

五

◎受検者名と題名は書かないこと。

100字

200字

240字

300字

配点表

国語	一	二	三	四	五	合計
	2点×15	2点×5	1，4(Ⅱ)-4点×2 2，3，4(Ⅰ)，5- 3点×4	1，4，5-4点×3 2-2点 3，6-3点×2	20点	100点

2021年度

(注) この解答用紙は実物を縮小してあります。Ａ３用紙に156%拡大コピーすると、ほぼ実物大で使用できます。(タイトルと配点表は含みません)

英 語 解 答 用 紙

受 検 番 号 （算用数字ではっきり書くこと。）　　　番

得 点 計

◎「得点」の欄には受検者は書かないこと。

問	題	答　　え	得　点
1	1	(1) (　　　)　(2) (　　　)　(3) (　　　)	
	2	(1) ① (　　　)　② (　　　)　(2) ① (　　　)　② (　　　)	
	3	(1) (　　　　　　　　)　(2) (　　　　　　　　)	
		(3) (　　　　　　　　)　(4) (　　　　　　　　)	
2	1	(1) (　　)　(2) (　　)　(3) (　　)　(4) (　　)	
		(5) (　　)　(6) (　　)	
	2	(1) (　→　→　→　)　(2) (　→　→　→　)	
		(3) (　→　→　→　→　)	
3	1	(　　　　　) (　　　　　)	
	2	(1)	
		(2)	
		(5)	
	3	カナダと比べ日本では、 ……（10）……（20）……（30）	
	4	(　　　)	
	5	① (　　　) ② (　　　)	
	6		
4	1	(　　　)	
	2	(　　　) (　　　)	
	3		
	4	① ……（10）……	
		② ……（10）……（15）……	
	5	(　　　)	
5	1	(　　　)	
	2		
	3	(　　　)	
	4	(　　　)	

配点表	英語	1	2	3	4	5	合計
		1, 3 ― 2点×7 2 ― 3点×4	2点×9	1, 4 ― 2点×2 2, 3, 5 ― 3点×6 6 ― 6点	1, 2, 4 ― 2点×4 3, 5 ― 3点×2	1, 3 ― 3点×2 2, 4 ― 4点×2	100点

数 学 解 答 用 紙 (1)

(注) この解答用紙は実物を縮小してあります。Ａ３用紙に156%拡大コピーすると、ほぼ実物大で使用できます。（タイトルと配点表は含みません）

受 検 番 号 (算用数字ではっきり書くこと。)	番

得 点	(1)	(2)	計

◎ 「得点」の欄には受検者は書かないこと。

問 題	答		え	得 点

1

1		2	
3		4	
5	$c =$	6	
7	度	8	$y =$
9	cm^3	10	$x =$
11		12	
13	$x =$	14	

2

1

2

3
① （ AB = ）
② （ $a =$ ）

3

1

答え（ 大きい袋 枚, 小さい袋 枚 ）

2
(1)	分
(2)	
(3)	分

2021年度

数 学 解 答 用 紙 (2)

受 検 番 号
（算用数字ではっきり書くこと。）
番

得 点

◎ 「得点」の欄には受検者は書かないこと。

問 題		答 え	得 点
4	1	(証明)	
	2	(1) cm (2) cm²	
5	1	cm²	
	2	答え（ ）	
	3	$t =$	
6	1	【作り方Ⅰ】（ ） 【作り方Ⅱ】（ ）	
	2	答え（ $x =$ ）	
	3	① （ $n =$ ） ② （ $n =$ ）	

配点表

数 学	1	2	3	4	5	6	合 計
	2点×14	4点×3	1－7点 2(1), (2)－2点×2 2(3)－3点	1－8点 2(1)－3点 2(2)－4点	1－3点 2－7点 3－5点	1－4点 2－7点 3－5点	100点

(注) この解答用紙は実物を縮小してあります。Ａ３用紙に156％拡大コピーすると、ほぼ実物大で使用できます。(タイトルと配点表は含みません)

受 検 番 号 (算用数字ではっきり書くこと。)		番

得 点 計

◎「得点」の欄には受検者は書かないこと。

問 題		答　　　　　　　　　　　　　　　　　　　え			得 点
1	1	(　　　　　　)	2	(　　　　　)	
	3	(　　　　　)	4	(　　　　)	
	5	(1) (　　　　　　　　　　)〔現象〕			
		(2) 　　　　　　　　　　　　　　　　　　　　　　〔ので〕			
	6	(　　)(　　)	7	(　　　　　)	
2	1	(　　)	2	(　　　　　　)	3 (　　　　)
	4	(　　　)	5	アフリカ州 ―(　　) ヨーロッパ州 ―(　　　)	
	6	オーストラリア ―(　　)　　石油 ―(　　　)			
	7	〔記号〕 (　　) 〔理由〕			
3	1	(　　　　　)	2	(　　　　　　)	
	3	(　　　　　　)	4	(　　　　　)	
	5	(1) (　　　　　　)			
		(2)			
	6	(　　　　)	7	(　→　　→　　→　)	
4	1	(1) (　　　　　)	(2)	(　　　　)	
		(3)			
	2	(　　　　　)	3	(　　　　)	
	4	(　　　)	5	(　　　)	
5	1	(1) (　　) 　　(2) (　　　　)	2	(　　　)	
	3	図2 :			
		図3 :			
	4	(1) (　　　) 　　(2) (　　　) 　(3) (　　　)			
6	1	(　　　　)	2	(　　　　)〔制度〕	
	3	(1) (　　　　)	(2)	(　　　)	
	4	(　　　)	5	(　　)	
	6				

配点表

社 会	1	2	3	4	5	6	合 計
	1〜5(1), 6, 7― 2点×7 5(2)―4点	1〜6― 2点×6 7―4点	1〜5(1), 6, 7― 2点×7 5(2)―4点	1(1),(2), 2〜5― 2点×6 1(3)―4点	1, 2, 4― 2点×6 3―4点	1〜5― 2点×6 6―4点	100点

2021年度

理科 解 答 用 紙

受 検 番 号 （算用数字ではっきり書くこと。）	番
得 点 計	

◎「得点」の欄には受検者は書かないこと。

問 題		答　　　　　　　　え	得 点
1	1	（　　　） 2 （　　　　） 3 （　　　） 4 （　　　　）	
	5	（　　　　　　　） 6 （　　　　　　　）	
	7	（　　　　　　　） 8 （　　　　）%	
2	1	（　　　　） 2 ①（　　　） ②（　　　） ③（　　　）	
	3	記号（　　　）	
		理由（　　　　　　　　　　　　　　　　　　　　）	
3	1	（　　　　　　）	
	2		
	3	葉の表側（　　　　）　　葉以外（　　　　）	
	4	記号（　　　　）	
		理由（　　　　　　　　　　　　　　　　　　）	
4	1	（　　　） 2 ①（　　　） ②（　　　　）	
	3	コイルがつくる磁界の強さは	
5	1	（　　　　　　　　　）	
	2	①（　　　　） ②（　　　　） ③（　　　）	
	3	（　　　　）	
	4		
6	1	（　　　　　） 2 （　　　）	
	3	丸い種子の数：しわのある種子の数＝（　　　）：（　　　）	
7	1	（　　　　　）	
	2	①（　　　　） ②（　　　　）	
	3		
	4	地表からの深さ〔m〕 0 10 20 30 40 50 60	
8	1	2 ①（　　　） ②（　　　） ③（　　　）	
	3	記号（　　　）	
		理由（　　　　　　　　　　　　　　　）	
9	1	（　　　）	
	3	（　　　）	
	2	R	
	4	凸レンズ（　　）の方が（　　）cm 長い	

配点表

		1	2	3	4	5	6	7	8	9	合 計
理科		2点×8	1−2点 2−3点 3−4点	1, 2−2点×2 3, 4−4点×2	1−2点 2−3点 3−4点	1−2点 2, 3−3点×2 4−4点	1−2点 2−3点 3−4点	1−2点 2, 3−3点×2 4−4点	1−2点 2−3点 3−4点	1−2点 2, 3−3点×2 4−4点	100点

二〇二二年度

国 語 解 答 用 紙 (1)

（注）この解答用紙は実物を縮小してあります。Ａ３用紙に154％拡大コピーすると、ほぼ実物大で使用できます。（タイトルと配点表は含みません）

受検番号（算用数字で横書きに書くこと。）	番

	得 点	
得	(1)	
	(2)	
	計	

◎「得点」の欄には受検者は書かないこと。　　五は「国語解答用紙(2)」を用いること。

問題		答　　　　え	小計	計点

一

1
(1) 専属
(2) 爽快
(3) 調子
(4) 慰める
(5) 草履

2
(1) キョウ
(2) ヒキいる
(3) ショウタイ
(4) テむ
(5) ジュクレン

3　(1) (　　)　(2) (　　)　(3) (　　)　(4) (　　)

4　(　　)

二

1　(　　)

2　(　　)

3　(　　)

4

5　(　　)

三

1　(　　)

2　　　　　　　　　　という不思議な現象。

3　(　　)

4　(　　)

5

6　(　　)

四

1　(　　)

2　(　　)

3　(　　)

4　　　　　　　　　　と考えたから。

5

6　(　　)

二〇二二年度

国 語 解 答 用 紙 ②

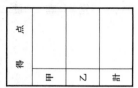

		番
受検番号（算用数字で横書きにつり書くこと。）用数字で横書きに		

得 点			
	甲	乙	計

五

◎受検者名と題名は書かないこと。

100字

200字

240字

300字

2020年度

（注）この解答用紙は実物を縮小してあります。Ａ３用紙に156％拡大コピーすると、ほぼ実物大で使用できます。（タイトルと配点表は含みません）

英 語 解 答 用 紙

受 検 番 号 （算用数字ではっきり書くこと。）		番

得 点 計	

◎「得点」の欄には受検者は書かないこと。

問	題	答　　　　　　　　　　え	得	点
1	1	(1) (　　　) 　　(2) (　　　) 　　(3) (　　　)		
	2	(1) ① (　　　) 　② (　　　) 　　(2) ① (　　　) 　② (　　　)		
	3	(1) (　　　　　　　　　) 　　　(2) (　　　　　　　　)		
		(3) (　　　　　　　　　) 　　　(4) (　　　　　　　　)		
2	1	(1) (　　　) 　(2) (　　　) 　(3) (　　　) 　(4) (　　　)		
		(5) (　　　) 　(6) (　　　)		
	2	(1) (　　→　　→　　→　　) 　　(2) (　　→　　→　　→　　)		
		(3) (　　→　　→　　→　　→　　)		
3	1	(　　　　　) (　　　　　　)		
	2	(　　　　　　　)		
	3	(　　　)		
	4	(3)		
		(4)		
		(5)		
	5	(　　　)		
	6	....		
	7	....		
4	1	(　　　)		
	2	(　　　　　) (　　　　　) (　　　　　)		
	3	①		
		②		
	4	(　　　) (　　　)		
5	1	(　　　)		
	2			
	3	(　　　)		
	4	(　　　)		

配点表	英語	**1** 1, 3 − 2 点 × 7 2 − 3 点 × 4	**2** 2 点 × 9	**3** 1 ～ 3 − 2 点 × 3 4, 5 − 3 点 × 4 6 − 4 点 7 − 6 点	**4** 1, 2, 4 − 2 点 × 4 3 − 3 点 × 2	**5** 1 − 2 点 2 ～ 4 − 4 点 × 3	合 計 100点

2020年度

（注）この解答用紙は実物を縮小してあります。Ａ３用紙に156％拡大コピーすると、ほぼ実物大で使用できます。（タイトルと配点表は含みません）

数 学 解 答 用 紙 (1)

受 検 番 号 （算用数字ではっきり書くこと。）		番

得　点	(1)	(2)	計

◎「得点」の欄には受検者は書かないこと。

問　題		答　　　　　　　　　　　　　　　　え		得　点
1	1		2	
	3		4	
	5		6	$a =$
	7		8	度
	9	$x =$	10	
	11	cm^3	12	$x =$
	13		14	およそ 個

| **2** | 1 | | 2 | ① （　　　　　　）
② （　　　　　　）
③ （　　　　　　） |
| | | | 3 | $a =$ |

3	1	答え（ A中学校　　　　人， B中学校　　　　人 ）	
	2	(1)	
		(2)	℃
		(3)	

2020年度

数　学　解　答　用　紙　(2)

受　検　番　号
（算用数字ではっきり書くこと。）　　　　番

得　点

◎「得点」の欄には受検者は書かないこと。

問　題	答　　　　　　　　　　　　　　　　え	得　点
4 1	（証明） F A　　　　　D B　E　　C	
2	(1)　　　　　　　　　cm²　(2)　　　　　　　　　cm²	
5 1	倍　　2　　　　　　　　m	
3	答え(　　　　　　　　　)	
4	分　　　秒	
6 1	番目　　2　　　　　　　　個	
3	答え(　n =　　　　　　　　)	
4	①（　b =　　　　　　　）　②（　a =　　　　　　　）	

配点表

数学	①	②	③	④	⑤	⑥	合　計
	2点×14	1, 3 − 4点×2 2 − 3点	1 − 6点 2(1), (2)− 2点×2 2(3)− 3点	1 − 7点 2(1)− 3点 2(2)− 4点	1, 2 − 3点×2 3 − 6点 4 − 5点	1 − 2点 2 − 3点 3, 4 − 6点×2	100点

2020年度

社 会 解 答 用 紙

受 検 番 号
（算用数字ではっきり書くこと。）　　　　番

得 点 計

◎「得点」の欄には受検者は書かないこと。

問 題		答　　　　　　　　　　　　　　　　　え	得　点
1	1	(1) (　　　　) 　　　(2) (　　　　　　　　)	
		(3) (　　　　　　　) 　2 (　　　　　)	
	3	(1) (　→　→　→　) 　(2) (　　　　　)	
	4	〔課題〕	
		〔特徴・成果〕	
2	1	(　　　　) 　2 (　　　　・) 　3 (　　　　)	
	4	(　　　　)〔教〕 5 (　　　　)	
	6	〔記号〕(　　　) 　〔理由〕	
3	1	(　　　　) 　2 (　　　　) 　3 (　　　　)	
	4	(　　　　) 　5 (　　　　) 　6 (　　　　)	
	7		
	8	(　A　→　　→　　→　　→　　→　F　)	
4	1	(　　　　) 　　　2 (　　　　)	
	3	(　→　→　→　) 　4 (　　　　)	
	5	(　　　　)	
	6		
5	1	(　　　　) 2 (1) (　　　　) 　(2) (　　　　)	
	3	(　　　　) 4 (1) (　　　　) 　(2) (　　　　)	
6	1	(　　　　) 　　　2 (　　　　)	
	3	(　　　　　　　　　　　　　　　　　　)	
	4	(　　　　) 　5 (　　　　)	
	6		
7	1	(　　　　) 　2 (　　　　) 　3 (　　　　)	
	4	(　　　　)	
	5	I 　　　　　　　　　　　　　　　　〔です。〕	
		II 　　　　　　　　　　　　　　　　〔です。〕	

配点表	社　会	**1**	**2**	**3**	**4**	**5**	**6**	**7**	合　計
		1～3－2点×6　4－4点	1～5－2点×5　6－4点	1～6, 8－2点×7　7－4点	1～5－2点×5　6－4点	2点×6	1～5－2点×5　6－4点	1～4－2点×4　5－4点	100点

2020年度

理 科 解 答 用 紙

(注) この解答用紙は実物を縮小してあります。A3用紙に156%拡大コピーすると、ほぼ実物大で使用できます。(タイトルと配点表は含みません)

| 受 検 番 号 (算用数字ではっきり書くこと。) | | 番 |

| 得 点 計 | |

◎「得点」の欄には受検者は書かないこと。

問 題		答 　 え	得 点
1	1	(　) 2 (　) 3 (　) 4 (　)	
	5	(　) 6 (　)	
	7	(　) 8 (　)cm/s	
2	1	(　)	
	3	(　) 2	
3	1	(　)A	
	2	白熱電球Pの電力量(　)Wh 　　 LED電球の使用時間(　)時間	
	3		
4	1	(　) 2 (　)	
	3	① (　) 　　 ② (　)	
	4		
5	1	(　)cm³	
	2		
	3	（酸素の質量のグラフ）	
	4	(　)cm³	
6	1	(　)	
	2		
	3	(　)秒	
7	1	(　)g/cm³ 2 (　)	
	3	液体(　)	
		実験結果(　)	
8	1	(　)℃ 2 (　)g	
	3	(　) 4 (　)	
9	1	(　)N	
	2	(　)N	
	4	① (　) ② (　) ③ (　) ④ (　)	3 （重力・糸が引く力の図）

配点表 理科	1	2	3	4	5	6	7	8	9	合 計
	2点×8	3点×3	1-2点 2-4点 3-3点	1-2点 2,4-3点×2 3-4点	3点×4	3点×3	3点×3	3点×4	1-2点 2,4-3点×2 3-4点	100点

二〇二〇年度

国 語 解 答 用 紙 (1)

受検番号（算用数字で横書きに書くこと。）

番

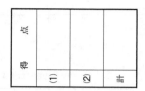

	得	点	
得 点	(1)	(2)	計

◎「得点」の欄には受検者は書かないこと。　　五は「国語解答用紙(2)」を用いること。

問	題	答	え	得 点
				小計　計
一	1	(1) 貢　献　(2) 映　え　る　(3) 承　諾　(4) 背　け　る　(5) 赴　く		
	2	(1) ゲ ン キョ ウ　(2) カ り る　(3) ニ た　(4) フ タ ン　(5) コ ウ ザ		
	3	(1) （　　　）(2) （　　　）(3) （　　　）(4) （　　　）(5) （　　　）		
二	1	（　　　　　）		
	2	（　　　　　）		
	3	（　　　　　）		
	4			
	5	（　　　　　）		
三	1	（　　　　　）		
	2			
	3	（　　　　　）		
	4	（　　　　　）		
	5	状態。		
	6	（　　　　　）		
四	1	（　　　　　）		
	2			
	3	（　　　　　）		
	4	（　　　　　）		
	5			
	6	（　　　　　）		

二〇二〇年度

国 語 解 答 用 紙 ②

		点	
得			
	甲	乙	計

五

◎受検者名と題名は書かないこと。

（400字詰の原稿用紙形式）

100字

200字

240字

300字

配点表	国語	一	二	三	四	五	合計
		2点×15	2点×5	1，3，4，6－3点×4 2，5－4点×2	1，3，4，6－3点×4 2，5－4点×2	20点	100点

2019年度

英 語 解 答 用 紙

受 検 番 号 （算用数字ではっきり書くこと。）	番
得 点 計	

◎「得点」の欄には受検者は書かないこと。

問	題	答　　　　　　　　　　　え	得	点
1	1	(1) (　　　)　　(2) (　　　)　　(3) (　　　)		
	2	(1) ① (　　)　②(　　)　　(2) ① (　　)　②(　　)		
	3	(1) (　　　　　　　)　　　(2) (　　　　　　　)		
		(3) (　　　　　　　)　　　(4) (　　　　　　　)		
2	1	(1) (　)　(2) (　)　(3) (　)　(4) (　)		
		(5) (　)　(6) (　)		
	2	(1) (　→　→　→　)　　(2) (　→　→　→　)		
		(3) (　→　→　→　→　)		
3	1			
	2	(　　　)		
	3	(　→　→　)		
	4	....		
4	1	(1)		
		(2)		
	2	(1) ①		
		②		
		(2)		
5	1			
	2			
	3	....		
	4	(　　) (　　)		
6	1	(　　)		
	2	① (　　　　　　　)		
		② (　　　　　　　)		
	3	(　　)		
	4	(　　)		

配点表	英語	1	2	3	4	5	6	合計
		1, 3－2点×7 2－3点×4	2点×9	1－2点 2, 3－3点×2 4－4点	1－2点×2 2(1)－3点×2 2(2)－6点	1, 2－2点×2 3－4点 4－3点×2	1－2点 2～4－3点×4	100点

2019年度

数 学 解 答 用 紙 (1)

受 検 番 号 （算用数字ではっきり書くこと。）	番

得 点	(1)	(2)	計

◎「得点」の欄には受検者は書かないこと。

問 題		答		え	得 点
1	1		2		
	3		4		
	5		6	度	
	7	$a =$	8	cm^2	
	9	$x =$ ， $y =$	10		
	11	度	12	$x =$	
	13		14		

2

1

ℓ ————————

A •
　　B •

(1)	① （　　　　）
	② （　　　　）
(2)	③ （　　　　）
	④ （　　　　）
	⑤ （　　　　）

2

3	$a =$

3

1

答え（　　　　本）

2	(1)	
	(2)	

数 学 解 答 用 紙 ⑵

受 検 番 号 (算用数字ではっきり書くこと。)		番

得 点	

◎「得点」の欄には受検者は書かないこと。

問 題		答	え	得 点

4

1 (証明)

A

6 cm

D

4 cm

B 5 cm E 3 cm C

2 | (1) | cm³ | (2) | cm |

5

1 m

2 答え( ) **3**

(1)

(m)
学校

1500

1000

500

家
(7時)
0 5 10 15 20 25 (分)

(2) m

6

1 枚 **2**

3

答え(x =)

4 ① ( ) ② ( ) ③ ( )枚

配点表	数 学	①	②	③	④	⑤	⑥	合 計
		2点×14	1, 3 − 4 点 × 2 2 − 2 点 × 2	1 − 6 点 2(1) − 2 点 2(2) − 4 点	1 − 7 点 2(1) − 3 点 2(2) − 4 点	1 − 2 点 2 − 6 点 3(1) − 4 点 3(2) − 5 点	1 − 2 点 2 − 3 点 3, 4 − 6 点 × 2	100点

2019年度

社 会 解 答 用 紙

受 検 番 号 （算用数字ではっきり書くこと。）		番
得 点 計		

◎「得点」の欄には受検者は書かないこと。

問 題		答　　　　　　　　　　　　　　　え		得　点
1	1	(1) (　　　　) (2) (　　　　) (3) (　　　　) (4) (　　　　)		
	2	(1) (　　　　　　) 〔経済〕 (2) (　　　　　　) (3) (　　　　　) (4) (　　　　　)		
2	1	(　　　　)	2 (　　　　　) 〔教〕	
	3	(　　　　)	4 (　　　　)	
	5	図3： 図4：		
3	1	(　　　　　)	2 (　　　　)	
	3	(　　　　)	4 (　　　　)	
	5			
4	1	(　　　　　)	2 (　　　　)	
	3	(　　　　)		
	4	〔平清盛と藤原道長は〕		
	5	(　　　　)	6 (　　　　)	
	7	(　　　→　　　→　　　→　　　→　**E**　)		
5	1	(　　　　　)	2 (　　　　)	
	3	(　　　　)	4 (　　　→　　　→　　　→　　　)	
	5	図1： 図2：		
6	1	(1) (　　　　　) (2) (　　　　) (3) (　　　　) (4) (　　　　)		
	2	(1) (　　　　) (2) (　　　　　) (3) (　　　　) (4) (　　　　　) 〔制度〕 (5) (　　　　　) (6)		
7	1	(　　　　　)	2 (　　　　)	
	3	(　　　　)		
	4	**X** 〔しました。〕 **Y** 〔しました。〕		

配点表

		1	2	3	4	5	6	7	合 計
	社 会	2点×8	1～4－2点×4 5－4点	1～4－2点×4 5－4点	1～3,5～7－ 2点×6 4－4点	1～4－2点×4 5－4点	1,2(1)～(5)－ 2点×9 2(6)－4点	2点×5	100点

2019年度

理 科 解 答 用 紙

受 検 番 号 （算用数字ではっきり書くこと。）		番

得 点 計	

◎「得点」の欄には受検者は書かないこと。

問	題	答　　　　　　　　　　え	得	点
1	1	（　　　　　）2 （　　　　　　）3 （　　　　　　）4 （　　　　　）		
	5	（　　　　　　　　　　）6 （　　　　　　　　　）		
	7	（　　　　　　　　　）8 （　　　　）cm		
2	1	（　　　　　　　　）2 （　　　　　）		
	3	（　　　　　　　　）		
3	1			
	2	（　　　　　　）		
	3	試験管 B（　　　　　　　）　　　試験管 D（　　　　　　）		
4	1	（　　　　　）2 （　　　　）回転		
	3	図3 （　　　　　）　　　図4 （　　　　　）		
	4	（　　　　　）		
5	1	（　　　　　）2 （　　　　）		
	3	水の方が砂に比べて		
	4	（　　　　）		
6	1	（　　　　　　　　）		
	2	（　　　　　）cm³		
	3	① （　　　　　　　）		
		② （　　　　　　　）		
	4			
7	1	（　　　　）J		
	2	（　　　　）3 （　　　　）		
8	1	（　　　　）		
	2			
	3	震央（　　　　　）　　　震源の深さ（　　　　）km		
9	1	（　　　　）		
	2	① （　　　　）　　② （　　　　）　　③ （　　　　）		
	3	（　　　　）		
	4			

問6-4 グラフ：縦軸「白色の沈殿の質量〔g〕」0〜1.0、横軸「うすい硫酸の体積〔cm³〕」0〜10

配点表	理科	① 2点×8	② 3点×3	③ 1-3点 2-2点 3-4点	④ 1, 2-3点×2 3-2点 4-4点	⑤ 1-2点 2〜4-3点×3	⑥ 1-2点 2, 4-3点×2 3-4点	⑦ 3点×3	⑧ 1, 2-3点×2 3-4点	⑨ 1-2点 2, 3-3点×2 4-4点	合計 100点

二〇一九年度

国 語 解 答 用 紙 (1)

受検番号 （算用数字で横書きにすること）　　番

得　点		
(1)	(2)	計

◎「得点」の欄には受検者は書かないこと。　　五は「国語解答用紙(2)」を用いること。

（注）この解答用紙は実物を縮小してあります。A3用紙に154%拡大コピーすると、ほぼ実物大で使用できます。（タイトルと配点表は含みません）

問題			答　え								得点 小計	計
一	1	(1) 和訳	(2) 費やす	(3) 傾斜	(4) 把握	(5) 厳かな						
	2	(1) ヨ〔　〕ク	(2) シイタ	(3) ドク〔　〕	(4) ケイ〔　〕ト	(5) フラ〔　〕ザツ						
	3	(1) (　　)	(2) (　　)	(3) (　　)	(4) (　　)	(5) (　　)						
二	1	(　　　　　)										
	2	(　　　　　)										
	3	(　　　　　)										
	4	☐☐☐☐☐☐☐☐☐☐☐☐☐☐☐☐☐☐☐☐という方法。										
	5	(　　　　　)										
三	1	(　　　　　)										
	2	人間もまた☐☐☐☐☐☐☐☐☐☐☐☐☐☐☐☐☐☐☐☐☐☐せ、死ぬと自然に戻るという循環の一部であるということ。										
	3	(　　　　　)										
	4	(I) ☐☐☐☐☐☐☐☐☐☐☐☐☐☐☐☐☐☐☐☐☐☐☐☐☐☐										
		(II) (　　　　　)										
	5	(　　　　　)										
四	1	(　　　　　)										
	2	(　　　　　)										
	3	(　　　　　)										
	4	☐☐☐☐☐☐☐☐☐☐☐☐☐☐☐☐										
	5	☐☐☐☐☐～☐☐☐☐☐										
	6	(　　　　　)										

二〇一九年度

国 語 解 答 用 紙 ②

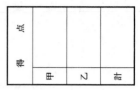

受検番号（算用数字で横書き書くこと。）　番

得　点

甲　乙　計

五

◎受検者名と題名は書かないこと。

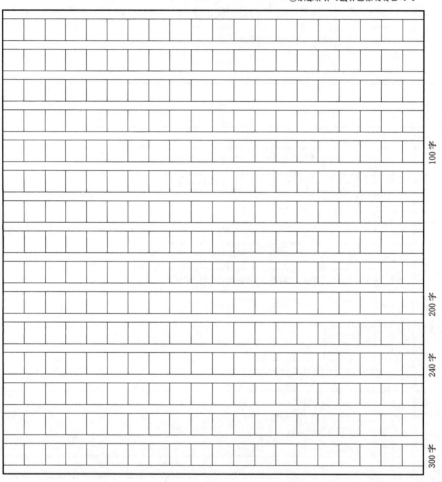

100字

200字

240字

300字

配点表

国 語	一	二	三		四		五	合 計
	2点×15	2点×5	1，3，4(II)，5－3点×4 2，4(I)－4点×2		1～3，6－3点×4 4，5－4点×2		20点	100点

Memo

Memo